# 中国智能交通行业发展年鉴
# （2010）

中国智能交通协会　编

電子工業出版社
Publishing House of Electronics Industry
北京·BEIJING

## 内 容 简 介

中国智能交通协会、国家智能交通产业技术创新战略联盟联合国内智能交通技术领域知名专家、地方政府和协会组织、典型企业等共同编写的《中国智能交通行业年鉴（2010）》共分为综述篇、政策与标准篇、技术篇、市场及应用篇、大事记及附录。《年鉴》全面反映我国智能交通行业发展现状，分析预测未来我国智能交通产业发展趋势，介绍国内外智能交通领域的新产品和技术发展状况，总结行业典型案例，展示企业形象，增进产业技术交流，并作为政府制定相关政策的参考依据及政府、企业之间交流与合作的专业平台。

本书适用于智能交通相关领域的科研，管理人员及专家学者，对政府部门和相关企业也有重要的参考价值，具备一定的收藏意义。



**图书在版编目（CIP）数据**

中国智能交通行业发展年鉴.2010 / 中国智能交通协会编. —北京：电子工业出版社，2011.9
ISBN 978-7-121-14439-4

Ⅰ. ①中… Ⅱ. ①中… Ⅲ. ①公路运输－交通运输管理－智能控制－中国－2010－年鉴 Ⅳ. ①U495-54

中国版本图书馆 CIP 数据核字（2011）第 172683 号

责任编辑：赵　娜
特约编辑：王　纲　赵树刚　田学清
印　　刷：涿州市京南印刷厂
装　　订：涿州市桃园装订有限公司
出版发行：电子工业出版社
　　　　　北京市海淀区万寿路 173 信箱　　邮编 100036
开　　本：787×1092　1/16　印张：43.25　字数：1107 千字
印　　次：2011 年 9 月第 1 次印刷
定　　价：298.00 元

凡所购买电子工业出版社图书有缺损问题，请向购买书店调换。若书店售缺，请与本社发行部联系，联系及邮购电话：（010）88254888。

质量投诉请发邮件至 zlts@phei.com.cn，盗版侵权举报请发邮件至 dbqq@phei.com.cn。

服务热线：（010）88258888。

# 《中国智能交通行业发展年鉴》（2010）

# 序

我国于 20 世纪 90 年代末开始智能交通系统的研究和推广应用。十几年来，我国的智能交通建设和发展总体上取得了积极的成果，基本奠定了我国智能交通科技的基础，建设了一系列具有广泛影响的智能交通系统示范工程，在重大国际活动交通保障与服务中发挥了强有力的支撑作用。科技创新推动我国智能交通系统的建设和发展后来者居上，为世界所瞩目，在我国智能交通系统建设和发展的实践中，结合实际应用需求，创新发展了许多具有国际先进水平的智能交通技术和应用成果。智能交通系统对提升交通效率，保障交通安全，增强交通服务等方面发挥了重要作用。

我国的智能交通目前尚处于发展阶段，整体技术水平和应用规模与发达国家相比还有较大的差距，在前沿技术领域还比较落后，在智能交通核心技术领域许多关键技术问题还有待突破。但随着我国社会经济的发展，特别是全社会城市化、机动化进程的加速及现代信息技术的日新月异，我国智能交通技术应用发展前景广阔、潜力巨大。

《中国智能交通发展年鉴（2010）》的编辑出版，是我国智能交通领域具有里程碑意义的盛举。年鉴比较全面地总结和反映了现阶段我国智能交通行业的主要情况和发展趋势，为智能交通行业、社会各界关注和推动智能交通发展提供了重要的信息资料。年鉴的出版，必将对我国智能交通领域的技术进步和应用发展起到积极的促进作用。

“十二五”是我国经济社会发展模式转型的关键时期,未来 5 年，将是我国智能交通系统发展提升的重要阶段。智能交通领域的许多重点技术将取得突破，主要关键技术会得到更加广泛的应用，智能交通产业规模将进一步发展壮大，智能交通系统建设发展对促进交通运输发展的战略转型，提升综合交通的安全性和效率及智慧城市建设，低碳经济发展等都将产生巨大的作用。我们将积极推进和构建产学研用相结合的智能交通科技创新联盟平台，形成具有中国特色的智能交通系统产业，以更大的力度来推动中国绿色交通的技术开发和规模化应用，为人民大众提供快捷、舒适、便利安全的出行环境和交通服务，让现代化的先进交通科技广泛惠及民生。

值《中国智能交通发展年鉴（2010）》付梓之际，谨代表中国智能交通协会，对参与年鉴编辑工作的所有人员及为年鉴编辑出版提供支持和帮助的单位、个人及国外协会组织表示诚挚的谢意。

全国人大教科文卫委员会委员
中国智能交通协会理事长

# 《中国智能交通发展年鉴（2010）》编辑说明

为了总结和展示我国智能交通行业发展的综合情况，中国智能交通协会组织业内专家和有关单位编写了《中国智能交通发展年鉴（2010）》。本年鉴是我国智能交通行业领域集权威性与实用性于一体的资料性工具书。

《中国智能交通发展年鉴（2010）》收集了我国智能交通相关行业发展的基本资料，编录了智能交通发展相关的政策和标准，汇集了近年我国智能交通领域的主要技术进展，主要城市和地区的智能交通建设发展，重大科技成果示范应用及智能交通产业，主要企业和市场发展等相关资料，比较系统、客观地反映了我国智能交通行业的基本情况和发展趋势。全书分为综述篇、政策及标准篇、技术篇、市场及应用篇、纪事篇和附录六部分内容。年鉴提供的资料将为政府部门、相关行业和社会各界了解我国智能交通行业发展提供重要的信息资源。

在《中国智能交通发展年鉴（2010）》的编辑出版过程中，得到了科技部、公安部、交通运输部、铁道部、住房和城乡建设部和中国民航局的指导和帮助，得到了有关行业、城市和地区的交通管理部门、高校和研究单位及国外相关协会组织的大力支持，在此谨表谢意。国家智能交通产业技术创新战略联盟、全国智能运输系统标准化技术委员会及香港智能交通协会、安徽省智能交通协会、深圳市智能交通行业协会等为年鉴的编辑出版开展了积极的工作，许多行业专家为撰写整理年鉴资料付出了辛勤的劳动，有关企业为年鉴资料征集和出版工作提供了大力支持，在此致以诚挚的谢意。

本年鉴是我国智能交通行业的第一部年鉴，具有一定的探索意义。年鉴在系统性和全面性方面还需要加强，对国内外智能交通技术领域发展的覆盖面、建设应用情况的完整性、产业市场资料的规范性和准确性等方面尚需完善提高，智能交通全行业参与的广泛性也有待进一步提高。我们将认真总结年鉴编辑出版工作经验，力求今后年鉴的质量和水平不断提升。

限于时间、人力、水平和经验等因素，本书的资料收集和编辑工作，难免存在错误和疏漏之处，敬请批评指正。

中国智能交通协会

《中国智能交通发展年鉴（2010）》

编委会

# 目　录

## 第一篇　综述篇

# 第二篇　政策及标准篇



# 第三篇　技术篇

## 第四篇 市场及应用篇

## 第五篇 纪事篇



## 第六篇 附录

# 第一篇

# 综述篇

# 第一章

## 会议讲话与报告

# 让科技引领中国可持续发展（节选）

## ——在首都科技界大会上的讲话

国务院总理　温家宝

2009 年 11 月 3 日

……

世界各国都高度重视新能源产业发展，正在加快推进以绿色和低碳技术为标志的能源革命。中国在调整能源结构，提高能源资源利用效率，应对气候变化方面，已经并将继续做出积极努力。新能源发展要突出清洁能源和可再生能源，包括水电、核电、风力发电、太阳能发电、沼气发电，以及地热利用、煤的洁净利用等。要加强宏观规划和配套设施建设，推动清洁能源和可再生能源有序发展。同时，要采取更强有力的措施，突破关键技术，提高能源利用效率和优化能源消费结构。新能源汽车已成为全球汽车工业发展方向。世界主要国家为保障能源安全，都在加快新能源汽车研发和市场开拓的步伐。中国经过近１０年的自主研发和示范运行，在这个领域与世界先进水平的差距大大缩小。当前紧迫的任务是，通过技术经济、市场需求和经济效益三个方面的充分论证，尽快确定技术路线和市场推进措施，推动新能源汽车工业的跨越发展。

……

信息网络产业是世界经济复苏的重要驱动力。全球互联网正在向下一代升级，传感网和物联网方兴未艾。“智慧地球”简单说来就是物联网与互联网的结合，就是传感网在基础设施和服务领域的广泛应用。我在无锡考察时参观了中国科学院微系统所无锡传感网工程中心，很高兴看到一批年轻人正在从事传感网的研究。我相信他们一定能够创造出“感知中国”，在传感世界中拥有中国人自己的一席之地。我们要着力突破传感网、物联网的关键技术，及早部署后 IP 时代相关技术研发，使信息网络产业成为推动产业升级，迈向信息社会的“发动机”。

……

要更加重视基础研究和战略高技术研究。基础研究相当重要，因为原始创新源于基础研究。而基础研究没有十到几十年的积累不可能出重大成果，这绝不是急功近利的事情，是要花费心血长年积累的事情。重大战略高技术是引不进、买不来的。原始创新是一个国家竞争力的源泉。中国要抢占未来经济科技发展的制高点，就不能总是跟踪模仿别人，也不能坐等技术转移，必须依靠自己的力量拿出原创成果。科学技术是老老实实的学问，来不得半点虚假，需要充满艰辛、敢担风险的探索，需要“面壁十年”、甘坐冷板凳的精神。要脚踏实地、潜心钻研，切忌浮躁。我希望中国能够诞生更多世界级的科学家和科技领军人才，我们也一定能够出现这样的人才。

……

中国的现代化是人类历史上前所未有的大变革。科学技术是推动这场变革的重要原动力。只要用现代科学技术武装起来，中国这艘巨轮就能产生无尽的力量，任何人都阻挡不了我们前进的步伐。我坚信，中国科技一定能够支撑和引领我们伟大的祖国实现现代化宏伟目标，中国的现代化一定能够为人类文明进步事业做出新的更大贡献！

# 第十四届智能交通世界大会上的讲话

## 科学技术部万钢部长开幕式致词

2007 年 10 月 9 日　北京

尊敬的全国政协罗豪才副主席，各位代表、各位同事，女士们、先生们，大家下午好！

今天来自于世界 50 多个国家和地区的专家、学者、企业家和政府官员相聚在北京，参加第 14 届智能交通世界大会，围绕“智能交通创造美好的生活”这个主题进行研讨和交流，这对提高交通运输的效率和安全的水平，对缓解能源、资源和环境的制约，对满足社会和经济的发展都具有十分重要的意义。在此，我谨代表大会组织委员会向各位来宾和朋友们的到来表示热烈的欢迎，并致以良好的祝愿。

交通，是现代生活中最重要的组成部分之一，交通的畅通、舒适、安全、高效与环保，也是检验现代城市生活质量的重要标志，由公路、铁路、航空、水运及城市等多种交通运输方式组成的综合交通体系的发展水平，是一个国家经济发展水平和科学技术实力的综合体现。智能交通大会十几年来致力于推动智能交通技术的研究和开发，并大大推进了应用的发展，今年第 14 届智能交通世界大会首次在北京举行，也是首次在发展中国家举办，我们相信大会的召开将会有力地推动中国、亚洲，乃至世界智能交通技术的进步，促进相关技术的研发与应用。特别是 2008 年奥运会即将在北京举办，智能交通作为科技奥运的重要组成部分，将为有效改善北京的交通环境做出重要贡献。

2006 年底，中国的公路通车总里程已经达到了 348 万千米，其中高速公路的总里程已经达到了 45 400 千米，已跃居世界第二位。内河航道的通航历程达到了 123 300 千米，铁路的运营历程也已经达到了 76 600 千米，以北京市为例，截止于 2007 年上半年，北京的机动车保有量已经超过了 300 万辆。在交通事业飞速发展的同时，传统交通工具消耗了惊人的化石能源，占用了大量的土地资源，排放了大量的温室气体，交通事业的发展与能源、资源、环境的矛盾日益尖锐。重视节能减排工作是我国建设资源节约型、环境友好型社会的战略需要，也是应对全球气候变化，共同履行责任的迫切要求。

智能交通技术将出行者、道路和交通运输工具三者作为一个整体系统来综合考虑，因此，使交通运输基础设施得以发挥更大的效能，交通拥挤的现象得到有效的解决，出行者的安全度和舒适度得到有效的改善，并通过节约能源和保护环境使全社会获得巨大的社会经济效益。发展智能交通技术，将以更经济、节约、有效的方式来满足社会对交通的需求，也是我国开展节能减排工作的重要内容。

为应对面临的挑战，在未来的几年，我们将重点围绕着特大城市的智能交通技术的应用，高速公路、清洁汽车等方面开展技术研究，开发和应用的示范工作，通过 2008

年在北京举办的奥运会和2010年在上海举办的世博会的应用，把它推广到全国各大城市。同时，我们也将开展交通领域前沿科学技术的研究，将有选择地开展交通领域的基础科学研究，加快中国交通科技水平，逐步进入世界先进行列的步伐，我们将鼓励采用智能交通的新技术，为新技术、新产品的应用提供资金上的支持，为智能交通的产业形成提供帮助，我们将加快和加强有关标准和规范的制订，形成一个完整的智能交通的标准体系，为中国的交通事业发展提供强有力的科技支撑。

中国近几年来在智能交通领域进行了积极的部署，为国家在新时期的发展提供了有力的支撑。在筹办北京2008奥运会的过程中，我们提出了绿色奥运、科技奥运、人文奥运的三大理念，其中，科技奥运是指把现代科学技术多角度、多渠道地嵌入到奥运会的运行当中，通过广泛地应用当代最先进的科技成果，让科学精神、思维和成就渗透到奥运会的每一个环节，使奥运这个全世界的体育盛会成为先进、科学与技术的展示台，并为奥运的顺利进行提供科技保障。

在科技奥运提出的十大重要内容当中就包括了加速发展智能交通的内容，我们的目标是在智能交通、清洁汽车和绿色能源方面突破一些关键技术，并进行示范推广，为奥运会提供快捷、安全、清洁的交通服务体系。此外，在"十五"期间，中国政府已经在加强交通设施建设的同时，把智能交通技术作为提高运行效率和运输服务质量、减少事故的重要手段。根据中国国家中长期科学和技术发展规划纲要，在"十一五"期间，中国高技术发展研究计划首次建立了现代交通技术领域，设立了智能交通与安全的专题，在国家的科技支撑计划中，对智能交通的应用技术的研究和应用示范做出了重要的部署。国家科技部将继续联合各有关部委和各地方政府以更大的力度来推动中国智能交通的技术开发和规模化应用，让智能交通技术为大众提供快捷、舒适、便利的出行环境和交通服务。通过开发绿色交通技术的装备，提高交通安全、节能和环保的水平，运用智能交通的技术，提升运往能力和运输效率，形成具有中国特色的智能交通系统设备制造产业和交通服务产业，同时，为加强、加快中国智能交通产学研联盟建立的步伐，和与世界智能交通组织的联系，中国政府正在积极推动成立中国智能交通协会。与此同时，每年一届的中国智能交通年会已经举行了三届，年会在中国的影响越来越大，为积极推动中国智能交通的发展起到了很好的作用。

女士们，先生们，科技创造了美好生活，人类将越来越多地享受到科技进步带来的福祉，智能交通技术必将引起生产效率的空前提高，市场范围的全面扩大，管理方式的根本变革，交通成本的大幅度下降，资源配置的全面优化和充分的利用法制环境、管理体制、思想观念的重大变革。本次大会在北京召开，为中国学习世界智能交通技术领域的先进技术和经验提供了一次很好的机会，希望与会专家们密切交流，在交流中深化了解，在交流中进行合作，在交流中共享成果。我们愿与世界有关国际组织和国家建立有效的合作渠道和交流机制，不断拓宽智能交通技术领域里的国际合作范围，推动我国智能交通技术向更高的层次发展，我们愿与世界各国一道共同推动全球智能交通技术的进步，让世界人民享受更美好的交通技术。

最后，我祝大会圆满成功，祝各位在北京度过愉快的时光，谢谢大家。

# 北京市人民政府吉林副市长开幕式致词

2007年10月9日　北京

尊敬的罗豪才副主席，尊敬的各位来宾，女士们，先生们：

大家下午好！

今天第十四届智能交通世界大会在北京隆重召开，我代表北京市政府对大会的召开表示热烈的祝贺，向出席会议的各位嘉宾表示热烈的欢迎！

智能交通世界大会是全球交通领域最具规模，最具权威性的国际性会议，大会首次在发展中国家召开，是中国和北京市的荣幸，也是各国智能交通界同仁对北京的信任，相信这次盛会必将促进北京智能交通系统的应用和发展，促进中国，特别是智能交通领域的国际交流与合作。

交通是现代化城市高效运行的动脉，近年来，随着北京经济、社会的全面发展和城市现代化步伐的加快，为交通发展提供了前所未有的机遇和条件。北京市制定了北京交通发展纲要，且已经组织实施。确立了构建以轨道交通和大容量快速公交为骨干，以地面公交为主体，多层次、多方式衔接的新北京交通体系的战略构想。政府财政不断加大投入力度，北京轨道交通和其他交通设施建设也步入了快车道，城市交通体系正在实现着跨越式的发展。同时，我们坚持公交优先发展战略，坚持公共交通的公益性和低票价政策，引导和鼓励市民选择绿色出行、绿色交通。

北京交通发展既面临世界大城市的共性问题，也有着自己的特殊性，解决交通问题，不仅要靠发展，靠建设，更要靠科技、靠管理、靠提升服务水平，北京作为一个快速发展的城市，面对不断增长的交通需求，和每天增加1000多辆机动车的现实，面对城市空间布局、古都风貌保护和自然环境约束之间的矛盾，北京很难再靠大量扩充道路和停车设施来解决交通问题，必须加快城市空间结构与功能的布局调整，加快城市交通结构优化调整，特别是要通过大力发展智能交通，充分挖掘现有交通设施的利用效率，发展智能交通系统是提高道路通行效率和科学管理水平的重要途径。智能交通的核心理念是信息和通信技术的充分利用，解决交通出行中的信息不对称和系统运行的效果。近几年，北京市整合各方面交通信息资源，先后建设了综合交通信息平台示范工程，道路交通指挥管理系统，高速公路监控系统等一批智能交通工程项目，并在实际应用中取得了明显的成效。但是从全世界的范围看，北京起步较晚，技术体系尚处于完善的过程中，同时在建设、管理、技术、人才和配套政策等方面，与国际先进水平还有较大的差距，因此这一次智能交通世界大会的召开，是全国及北京发展智能交通难得的一次机遇。希望各位嘉宾、代表对北京智能交通建设献计献策，共同为实现本次大会的主题——智能交通创造美好生活，这个目标而努力奋斗。

秋天是北京最美的季节，值此盛会，我们有机会向各位代表展示北京智能交通系统的发展成果，展示北京城市发展建设的成就，展示北京古都风貌和风土人情，希望各位嘉宾、代表在繁忙的会务活动之余，亲身感受一下新北京迷人的风采。愿此次北京之行给你们留下美好的记忆。

最后，祝第十四届智能交通世界大会取得圆满的成功，谢谢各位。

## 科学技术部曹健林副部长开幕式致词

2007 年 10 月 9 日　北京

尊敬的全国政协罗豪才副主席，各位来宾，女士们，先生们：

下午好，第十四届智能交通世界大会开幕式现在开始。

请允许我代表第十四届智能交通世界大会组委会向参加此次会议的各位来宾表示热烈的欢迎。

众所周知，交通的发展为世界的文明做出了重要贡献，道路、铁路、水路和航空运输为我们的生活和经济发展提供了基础条件，为世界人民的交往提供了便利。但是在能源、资源和环境的制约越来越突出的今天，道路基础设施的增长必然受到限制，能源的使用效率还要提高，交通的安全性必须得到保证，这就需要采用各种先进技术和方法来提高交通运输工具和交通基础设施的能力，以更经济、有效、节约的方式来满足社会对交通的需求，为此，世界各国都在积极探索可持续发展的交通运输模式，每年一届的智能交通世界大会都为来自世界各地的官员、学者和企业家提供了互相交流和分享先进经验的平台。

本次智能交通世界大会也是全球交通运输业和交通科技发展的一次盛会，大会设立了 200 多个专题会议和学术会议，将有近千位专家、学者和企业家进行演讲，对世界各地智能交通的政策、规划、科学研究和技术开发及智能交通产业的发展等各类专题进行广泛和深入的交流、研讨。

本次大会还特别设立了部长论坛、市长论坛和企业论坛，将从不同的视角探讨未来交通运输、交通安全和交通科技发展的策略以及科技创新成果的推广和应用。大会的展览和技术考察为代表们了解世界智能交通技术和成果的最新发展提供了难得的机会。

各位来宾，2008 年，北京将举办第 29 届夏季奥林匹克运动会，中国人民正在为此进行精心的准备，为了让朋友们亲身观察和感受中国为奥运会所做的准备工作，体验中华民族悠久的历史和文化，我们在大会期间还专门安排了奥运展馆的参观，与奥运相关的智能交通系统的体验和各种文化活动。参加本届大会的 3000 多名代表和展商，来自世界 50 多个国家和地区，现在我荣幸地向各位代表介绍出席开幕式的主要领导和嘉宾。

在主席台就座的中方领导有中国人民政治协商会议全国委员会副主席罗豪才先生，中华人民共和国北京市人民政府常务副市长吉林先生，中华人民共和国科学技术部部长万钢先生，科技部副部长尚勇先生，公安部副部长刘京国先生，北京市副市长赵奉宏先生；参加演讲的嘉宾有印度城市发展部部长阿杰.马肯先生，日本经济产业省制造产业局副局长内山俊一先生，欧盟委员会信息总司罗莎丽女士，挪威交通通信大臣李辛格女士，日本智能交通运输协会主席丰田章一郎先生，等等，让我们用掌声对各位领导和各位嘉宾出席本次会议表示热烈的欢迎。

现在，让我们用热烈的掌声恭请全国政协副主席罗豪才先生宣布第十四届智能交通世界大会开幕。

## 交通部翁孟勇副部长在部长论坛上的发言

2007年10月11日　北京

尊敬的各位部长，女士们，先生们，朋友们：

金秋时节，我们相聚在北京，共同迎来了第十四届智能交通世界大会的召开。今天，各位同仁又相约部长论坛，共商交通发展与合作大事。在此，我谨代表中华人民共和国交通部对本次论坛的举办表示热烈祝贺，对各位部长和与会来宾表示热烈的欢迎，对长期以来关心和支持中国交通发展的朋友们表示诚挚的谢意。

近年来，经济全球化进程加快，人类社会步入了一个科学技术迅猛发展，新技术不断涌现的历史时期。以数字化、网络化为特征的信息化浪潮席卷全球，信息技术已经渗透到经济和社会的各个领域，成为提升产业发展水平，提高劳动生产率，推动经济增长，增强国家综合实力的最重要手段。现代信息技术与传统产业的有机融合，是当今世界科学技术和经济发展的一个重要特点。在交通运输领域，越来越多的国家注重依靠信息技术，提高交通基础设施的运营效率，提高公众出行的安全性和便捷性，降低货物运输与综合物流成本，增强经济活力和提升国际竞争力，以信息技术为代表的现代交通技术已经成为促进交通运输发展的决定性因素。特别是在自然资源日趋紧张、生态环境更加脆弱的今天，我们更加清醒地认识到，最大限度的开发利用信息技术，降低交通发展对资源的占用和消耗,减少对生态环境造成的不利影响，已经成为交通实现可持续发展的必然选择。这是发达国家给我们的启示，也是我们在实践中得到的重要体会。

中国是世界上最大的发展中国家。改革开放近三十年来，国民经济平稳发展，人民生活水平迅速提高，经济社会面貌发生了深刻变化。这一时期也是中国交通运输业发展最快的阶段，通过需求拉动、技术进步和制度创新实现了跨越式发展，在基础设施规模和运输供给能力等方面取得了巨大成就。到2006年底，公路通车总里程达到345.7万千米，其中高速公路4.53万千米；铁路营业里程达到7.7万千米，其中电气化里程2.44万千米；万吨级以上港口泊位达到1203个，港口货物吞吐量55.7亿吨，港口集装箱吞吐量9361万标准箱；民用航空航线里程达到211.3万千米，航空运输取得长足发展。最近10年，中国交通运输业完成的客货运周转量的年平均增长率分别达到了7.4%和9.5%，为中国经济社会的快速发展做出了突出贡献。

中国交通运输的发展不仅仅是规模的扩充和数量的增加，更重要的是技术的创新和科技含量的提高。我们一直在积极探索应用信息通信等高新技术，改善交通运输系统的管理和运行效率，智能交通系统的开发应用就是其中之一。经过近十年的发展，智能交通技术在中国已经从概念引入发展到广泛应用阶段，并在基础理论研究、关键技术攻关、应用系统建设和相关产品研发等方面取得了一系列成果。目前，在城市交通管理中，先进的交通管理技术、智能化公交调度技术、现代物流管理技术，正在发挥着重要作用；在城间道路交通管理中，智能交通系统得到有效应用，27 个省区实现了省区内不同范围的高速公路联网收费。“国家综合智能交通技术集成应用示范”重大项目正在京津冀和长三角地区全面推进，将为国家高速公路联网不停车收费系统的建设起到示范作用。此外，在集装箱跟踪、港口管理、海事管理和道路运输管理等领域，广泛应用了 IC 卡和射频识别技术，大大提高了交通运营管理的效率。

中国正处于全面建设小康社会的重要时期。随着工业化、城镇化、市场化和国际化进程的加快，交通需求更加旺盛；科学技术日新月异，现代信息技术、管理技术的广泛应用，为交通发展创造了极为有利的条件。我们必须提供满足工业化发展所需的交通供给，让每个人感受到交通发展所带来的更高品质生活，同时更要面对如何减少占用和消耗宝贵的自然资源，减少交通对环境产生的不良影响，这是我们面临的巨大挑战。按照科学发展观和构建和谐社会的要求，我们正在制订一个从国情出发，既满足一个处于工业化进程中的发展中国家所产生的巨大交通需求，又体现保障安全、最有效地节约和集约利用资源、最大程度减少对环境影响的交通发展战略。这个战略的出发点首先基于对各类交通需求的合理引导，核心是在保障安全的前提下，大力发展以公众交通方式为主轴的综合运输体系；途径是大力推进理念创新、体制机制创新、科技创新和政策创新。实施这个战略的交通政策将把转变交通发展方式放在更加突出的位置，使发展由主要依靠资金、土地、劳动力等生产要素的规模投入，逐步转变到更多地依靠提高生产要素的利用效率，更加重视节能、节材、环保和土地、岸线的集约利用，重视发展交通循环经济。同时，还将致力于提高交通运输安全水平，更加关注社会公平，减少贫困，缩小城乡差距，满足公众的基本交通需求。

在这个转变过程中，科技创新是关键。我们要通过大力推进以信息技术为代表的高新技术、现代管理技术的集成创新和应用，促进综合运输体系的有效衔接，全面提升交通运输的供给能力、运行效率、安全性能和服务水平，促进交通产业升级和结构优化。特别是在智能交通领域，要进一步应用和推广区域联网不停车收费技术，充分发挥智能交通系统的综合效用；同时要深入研究和开发交通信息采集和应用技术，智能化公路和水路管理技术等。以提高公路交通安全水平为目的，覆盖范围更广的交通信息采集技术，对运输车辆和物品的监控技术、车路信息交互与协调技术等。积极推广使用新技术、新材料、新工艺，鼓励废旧材料再利用，以期降低基础设施的建设和使用成本，提高耐久性和可靠性，有效的利用资源和更好的保护环境。目前我们正在组织实施的交通资源节约、环境友好专项行动计划，将从土地与岸线集约利用、材料节约与循环利用、运输车辆和与港口节能减排以及港口防污染等为重点，切实推动作为发展发展绿色交通具体实践予以重点推动。

中国的发展已与世界的繁荣紧密联系在一起。我们真诚期望与世界各国进一步增进交通运输领域的交流与合作，热忱欢迎世界各国企业把先进的交通发展理念、经验和技术带到中国，促进中国交通现代化建设。中国交通是世界交通的重要组成部分，我们将一如既往地承担起应尽的国际义务，为繁荣世界交通做出我们应有的贡献。我们有信心也有能力能够走出一条有中国特色的交通发展之路，使中国交通朝着更安全、更经济、更通畅、更可靠、更便捷、更和谐的方向发展。

预祝本次论坛取得成功！

欢迎各位再来北京观看 2008 年奥运会！

谢谢大家。

# 第四届中国智能交通年会上的讲话

中国智能交通协会理事长　吴忠泽

2008 年 9 月 26 日　青岛

各位来宾、女士们、先生们：上午好！

丹桂飘香，秋风送爽。在这个美好的时节，中国智能交通界的盛事——第四届中国智能交通系统年会，今天在美丽的“帆船之都”—青岛隆重召开了。首先，我代表科学技术部及中国智能交通协会（ITS China），对第四届中国智能交通年会的召开表示热烈祝贺；向山东省和青岛市人民政府为年会召开所付出的辛勤努力表示衷心感谢；向国内各界与会代表和欧盟、日本、韩国智能交通协会的代表表示热烈欢迎！

第四届中国智能交通年会的召开，标志着一年一度的中国智能交通年会已经成为中国智能交通领域学术交流、成果展示、产学研互动的重要平台，且正在国际智能交通界形成独特的中国影响力。本届年会以“交通安全”为主题。安全是交通运输业永恒的主题，也是智能交通广泛运用信息技术，系统化地提升交通运输系统安全水平的主要研究和应用领域。伴随着经济的迅猛增长，我国交通安全尤其是道路交通安全形势日趋严峻，突出表现为交通事故率居高不下，群死群伤特大恶性事故频繁发生，万车死亡率远远高于发达国家水平，严重危害了人民群众生命财产安全与社会和谐稳定。党和政府高度重视交通安全问题，积极制定国家交通安全策略，以扭转交通安全的恶劣局面。党的“十七大”明确指出要“更加注重社会建设，着力保障和改善民生”，要“坚持安全发展，强化安全生产管理和监督，有效遏制重特大安全事故”；国务院颁发的《国家中长期科学和技术发展规划纲要》，首次把智能交通管理系统、交通运输安全列为优先主题，要求以科学发展观为指导，以智能交通技术为支撑，提高交通运输管理水平，建设高效、安全的综合运输体系。

为认真贯彻落实《国家中长期科学和技术发展规划纲要》，科技部联合公安部和交通运输部启动了“国家道路交通安全科技行动计划”。该计划旨在机制创新和技术创新，为我国交通运输业安全水平和保障能力的不断提升提供可持续的技术与装备支撑。通过强化部门联合、资源整合、产学研结合，依靠科技进步与创新，建立我国交通安全保障技术、手段和可持续发展能力体系，以大幅度全面提高我国道路交通安全保障水平，最大限度减少人民群众生命财产损失，为人民创造更加安全、更加美好、更加和谐的生活。智能交通技术作为面向交通运输领域的主要技术，将先进的信息技术、数据通信传输技术、电子控制技术、计算机处理技术等应用于交通运输，从而实现各种运输方式发展规划的现代化、决策的科学化和管理的智能化，必将对我国交通运输业整体安全水平的提升起到全局性的创新支撑作用。

本届年会将为我国智能交通领域搭建高端的学术、技术和产业交流平台。与会各界代表将围绕交通安全的主题，重点交流国内外智能交通的发展趋势，交通安全、智能交通控制、交通领域节能减排等国内最新科技成果和管理应用经验，共同为国家战略目标的实现和科技行动计划的落实献计献策。我相信，本届年会的召开必将为我国交通安全技术发展和交通安全保障能力的提高发挥积极作用。

随着社会经济的高速发展，城市化、汽车化进程的加快，智能交通已成为目前世界交通运输领域共同面对的热点问题。为适应中国智能交通快速发展的需要，加快中国智能交通与国际接轨的步伐，由科技部、公安部、住房与城乡建设部、交通运输部、铁道部和中国民航局等共同发起的中国智能交通协会（ITS China），经过充分酝酿、精心筹备，已于今年5月14日在北京正式成立了。中国智能交通协会的成立是我国ITS发展进程中具有里程碑意义的事件，它标志着我国智能交通发展即将开始一个新的历史阶段，是中国智能交通事业步入产业化发展的新起点。

作为中国智能交通领域的代表者和研究、技术、产业及政府资源的集成者——中国智能交通协会肩负着促进中国智能交通事业健康发展的重要使命。协会将积极支持中国智能交通年会的举办，充分发挥年会作为中国智能交通界交流、展示与合作平台的作用，使年会成为协会团结会员、凝聚资源、共谋发展的重要纽带；努力使年会水平及影响力不断提高，和协会的健康持续发展形成良性互动，相得益彰，共同推动中国智能交通的发展。

创建伊始，围绕着把人民群众和国家发展战略需求所形成的巨大市场潜力，转化为由智能交通所支撑的我国交通运输业现实生产力这一目标，如何通过完善组织、健全机制、提供服务、促进交流、引导发展，凝聚和引导全国智能交通各类资源，实现技术上的自主创新和发展模式上的机制创新，协会将面临许多机遇和挑战。我相信，在国家主管部门的领导下，在协会会员共同努力下，在年会所有代表的大力支持下，中国智能交通协会一定能为中国智能交通事业发展做出不可替代的贡献。

同志们，朋友们，让我们为使中国智能交通事业成为技术先进、经济合理、惠及民生的伟大事业而共同努力！

预祝大会取得圆满成功，谢谢大家！

# 中国智能交通协会工作报告

## 第一届常务理事会第一次会议工作报告

中国智能交通协会理事长　吴忠泽

2009 年 3 月 26 日

各位常务理事：

根据《中国智能交通协会章程》有关内容，我向常务理事会报告工作，请予审议。

## 一、过去一年的主要工作

2008 年，是不平凡的一年,也是中国智能交通协会从无到有的一年，具有重大历史意义，在相关领导的大力支持和协会各理事单位的不懈努力下，中国智能交通协会较为圆满地完成了 2008 年的各项工作任务。在协会成立大会上，已向大家报告了 2008 年 5 月以前的工作,这次主要报告协会成立大会以后的工作。

### （一）中国智能交通协会成立大会顺利召开

依据《民政部关于中国智能交通协会筹备成立的批复》（民函[2007]325 号）的规定，2008 年 5 月 14 日，协会筹备工作组在北京组织召开了中国智能交通协会会员大会暨中国智能交通协会成立大会。科技部、公安部、交通运输部、住房和城乡建设部、铁道部和中国民航局等部门的相关领导，我国交通运输行业各个领域和信息技术领域的企事业单位、研究机构、大学等单位的 200 多名代表与会。会议期间，审议并通过了《中国智能交通协会章程（草案）》，选举产生了协会第一届理事会理事长、副理事长，并聘请科技部万钢部长担任协会名誉理事长，讨论通过了协会财务、会费、印章、人事和固定资产等管理办法草案，圆满完成了会议的各项议程。中国智能交通协会的正式成立，为中国智能交通事业的发展注入了活力。

### （二）协会各项业务逐步开展

1. 举办了第四届中国智能交通年会

2008 年 9 月 26~27 日，第四届中国智能交通年会在青岛召开，这是中国智能交通协会成立后的第一次重要活动。来自科技部、公安部、交通运输部、铁道部、中国民航局等协会发起成立部门的代表，863 计划现代交通技术领域专家组，863 计划节能与新能源汽车重大项目总体专家组，863 计划汽车开发先进技术重点项目总体专家组，山东省科技厅、公安厅、交通厅、青岛市科技局及地方公安、交通管理部门、智能交通相关企业、研究机构、大学院校的 400 余名代表参加了年会。

第四届中国智能交通年会的主题是“交通安全”，年会由开幕式、全体会议、专场会议、学术会议和技术考察等活动组成。来自国内外的政府、学术、企业界代表围绕智能交通发展、交通安全、交通控制、交通节能减排、智能车辆和交通出行服务等进行了广泛而深入的研讨。会议期间共举办了学术交流会议 6 场，征集论文 245 篇，录用了 140 篇。

欧洲智能交通协会、日本智能交通协会、韩国智能交通协会的代表参加了本届年会，并向与会代表介绍了国外智能交通发展动态和第十六、十七届智能交通世界大会的筹备情况。美国智能交通协会也向年会发来贺信。年会召开期间，王笑京副理事长会见了日本智能交通协会代表，双方就交通信息服务、电子不停车收费、道路交通安全、公共交通等方面进行了交流。

第四届中国智能交通年会的成功召开，标志着一年一度的中国智能交通年会已经成为中国智能交通领域学术交流、成果展示、产学研互动的重要平台，并且正在国际智能交通界产生深远的影响。

2. 出席第十五届智能交通世界大会

2008 年 11 月 16~20 日，第 15 届智能交通世界大会（以下简称“世界大会”）在美国纽约召开。吴忠泽理事长率领中国代表团赴纽约参加了世界大会，这也是中国智能交通协会正式成立后首次参加世界大会。

吴忠泽理事长作为贵宾，出席了 16 日晚举行的大会开幕式，并在 17 日的部长全体会议上，就未来交通政策与智能交通主题进行了主旨发言。会议期间，中国代表团还与美国、欧盟、日本、韩国、瑞典等国家、地区的政府官员和协会组织分别进行了会谈。吴忠泽理事长代表中国智能交通协会分别与日本智能交通协会、韩国智能交通协会签署合作备忘录。闭幕式上，王笑京副理事长代表中国参加了象征智能交通世界大会主办权交接的“地球仪传递仪式”。

在中国智能交通协会的组织下，来自国内研究院所、大学和企业的 120 多名代表参加了本届大会，多名代表分别在行政会议、科学会议、技术会议和特别会议上发言，向世界介绍一年来中国在智能交通领域的最新进展。行政会议中，王笑京副理事长就全球交通安全问题进行了演讲；北京市信息中心王刚主任就交通走廊管理问题进行了演讲；北京市交管局委托清华大学代表介绍了智能交通在北京奥运会中的应用。中国智能交通协会还组织了一场“道路使用者收费”的专题会议，来自国内以及美国、欧洲等其他国家和地区的代表做了发言。此外，还参加了“亚太地区智能交通国家动态”专题会议，介绍了中国智能交通发展的最新动态。

此次美国之行，是中国智能交通协会第一次正式出现在国际智能交通界。大会期间，协会代表团活跃在各项重要活动中，并主动组织了一系列的双边会谈，介绍中国智能交通协会及中国智能交通发展的最新情况，为扩大协会在国际上的影响力和促进未来的国际合作迈出了重要一步。特别是我们积极主动与国际智能交通界建立了双边或多边联系，积极促进中国产业界与国际智能交通界进行交流，组织国内专家和学者较大规模地参与学术活动，为协会在国内外树立形象，为企业界和专家服务平台搭建打下了良好的基础。

3．参与上海世博会智能交通规划

2008 年 12 月，协会组织国内有关专家参与了上海世博园区专项调研工作，对上海世博智能交通应用实施方案提出建议。如建议有关部门就城市交通和世博园区交通结合部的设置、接泊模式和交通组织形成完整的方案；统筹考虑远端集散地设置、世博园和远端集散地连接专用通道规划、以及专用通道交通流的管理组织模式，提出世博交通组织和交通流线的需求分析设计方案；就世博园区交通组织方式、交通信号控制系统和园内交通指挥调度系统形成完整的总体规划和技术方案；建议在现有方案基础上制定世博会智能交通系统建设的总体方案，总体方案中应考虑采用开放和成熟的标准及应用技术，并可借鉴北京奥运会智能交通系统建设与应用的成功经验等。目前，相关意见已提交上海有关部门。

4．获得主办境内国际科学技术展览资质

为了更好地推进国内智能交通领域技术发展和成果应用，促进与国外同行的交流与合作，中国智能交通协会提出了举办科技会展资质的申请，10 月底科技部正式批复了协会在境内举办国际科学技术展览资质（国科发外[2008]627 号）。

5．参加国内行业相关学术活动

2008 年 11 月 24 日，张志宏常务理事、武平常务副秘书长等应邀出席中国道路交通安全协会主办的“2008 第三届中国国际交通安全论坛”开幕式。张志宏常务理事在开幕式上介绍了国家科技支撑计划“国家智能交通技术集成应用示范”重大项目和《国家道路交通安全科技行动计划》的有关情况，并向大会报告了中国智能交通协会成立的消息。协会还派员参加了 2008 年 12 月 27 日在北京召开的“交通 7+1 论坛第十三次会议”。会上，王笑京副理事长作了《智能交通发展的回顾与展望》的主题发言，并向全体与会代表介绍了美国第十五届智能交通世界大会情况。通过参与智能交通相关行业学术会议及论坛，增进了协会同国内行业组织、主办单位的交流与合作，扩大了协会的影响力和知名度。

**（三）切实加强自身建设**

加强自身建设是协会 2008 年工作重点，在完善协会组织机构、基本条件建设和运行管理等方面开展了如下工作：

1．完成注册登记等程序

中国智能交通协会成立大会召开后，按照《社会团体登记管理条例》有关规定向民政部提交了申请材料，2008 年 7 月 17 日，民政部批复中国智能交通协会正式成立（《民政部关于中国智能交通协会成立登记的批复》，民函[2008]215 号），2008 年 8 月民政部颁发了社团登记证（社证字第 4854 号）；9 月 10 日，经民政部门批准刻制协会印章，并在相关部门进行备案；根据全国组织机构代码中心要求，于 9 月 16 日取得了协会组织机构代码证（代码：50002114-x）；9 月 20 日经工商局审批，取得税务登记证书，并分别在协会所在地的不同税务所进行报到。11 月落实了协会基本存款账户。

2. 落实协会办公地点、组建协会秘书处

协会日常办公地点设在北京市丰台区南四环西路 188 号总部基地二区七号楼十层，北京奥运会前确定了装修改造方案，奥运结束后立即开始施工。目前，装修改造工作已全部完成，办公家具已全部到位。需要特别指出的是，在协会发起成立、登记注册以及办公环境建设过程中，中国汽车技术研究中心给予了大力的支持，我代表中国智能交通协会表示感谢，希望中国汽车技术研究中心一如既往地大力支持协会发展。

协会在前期筹备工作组的基础上组建了协会秘书处，武平同志任常务副秘书长，负责主持协会日常工作；金茂菁同志、张进华同志任副秘书长，协助开展工作。秘书处下设行政办公室、业务办公室。由李宏刚同志担任行政办公室主任、宁中同志担任业务办公室主任。协会各项工作已全面启动。

3. 制定协会内部管理规章制度

根据协会章程有关规定，在 2008 年 5 月 14 日协会会员大会上，审议通过了《中国智能交通协会财务管理暂行办法》、《中国智能交通协会会费管理暂行办法》、《中国智能交通协会印章管理办法》、《中国智能交通协会人事管理暂行办法》、《中国智能交通协会固定资产管理暂行办法》。2008 年下半年又陆续制定出《中国智能交通协会发文管理暂行办法（草案）》、《中国智能交通协会机动车辆管理暂行办法（草案）》、《中国智能交通协会差旅费报销规定（草案）》等协会内部管理规章制度。

4. 建立协会官方网站

为了扩大协会的行业影响，拓展会员间的横向联系，2008 年 9 月正式开通了中国智能交通协会官方网站（www.itschina.org）。在网站中主要设置了协会介绍、通知通告、会员专区等频道，及时发布协会重要信息和动态更新国内外行业新闻，同时为即将开展的专家委员会版块、英文版面等做好了充分准备。

5. 完成年度工作总结

按照《科学技术部主管的社会团体管理办法》有关规定，完成并向协会业务主管单位——科技部，协会委托管理单位——高技术研究发展中心提交了《中国智能交通协会 2008 年度工作总结报告》。

6. 做好会员会籍管理

协会会员档案数据库的建设已经完成。在成立大会之后，协会开展了新会员的征集工作，目前有20家提出入会申请，按照章程，我们整理了新申请入会单位名录，待此次常务理事会审议批准。

各位常务理事！

过去的一年中国智能交通协会所取得的成绩，是在有关部门的支持下，第一届常务理事会的正确领导下，全体会员单位共同协作以及协会秘书处辛勤工作的结果。在此，向大家表示衷心感谢！

我们也认识到，工作中还有不少需要改进的地方。一是如何进一步突出重点，提高工作质量，为会员单位做好服务工作。二是继续提升协会在国内外智能交通领域中的影响，充分发挥行业作用。三是加强与各有关部门的联系，争取更多的支持。我们将虚心听取各会员单位、相关部门和社会各界的意见，更好地按照协会章程开展业务，为我国智能交通事业发展做出更多的贡献。

## 二、今后一年的主要任务

为贯彻落实中央应对国际金融危机、保持经济平稳较快发展的战略部署，必须充分发挥科学技术在扩内需、保增长、调结构、上水平、惠民生中的重要支撑作用。最近国务院决定，推广一批具有自主知识产权，并能带动形成市场需求、改善民生的成熟技术产品，加大产业化、商业化和规模化应用力度。其中包括推广一批智能交通技术、交通安全信息集成技术、国家高速公路运行安全保障技术、营运车辆安全保障技术、道路交通应急指挥技术等，降低年亿车千米交通伤亡人数和年亿车千米特重大交通事故数，提高合法营运车辆安全受检率。中国智能交通协会将毫无疑问地发挥重要作用。

2009 年，是协会打基础求发展的关键一年。将中国智能交通协会办成我国智能交通领域具有影响力、权威性和凝聚力的行业协会是我们的奋斗目标。经过多次研究，现提出中国智能交通协会2009年度工作重点如下：

### （一）协助做好国家有关科技项目管理工作

#### 1. 做好国家道路交通安全科技行动计划项目管理

2008年2月18日，科技部、公安部、交通运输部联合签署了《国家道路交通安全科技行动计划》（以下简称“行动计划”）。今年，协会要按照科技部万钢部长的指示，协助三部门参与行动计划项目的相关管理工作。为完成行动计划确定的任务，确保“十一五”国家科技支撑计划“重特大道路交通事故综合预防与处置集成技术开发与示范应用”重大项目总体目标的实现，科技部、公安部、交通运输部联合成立了项目管理办公室，办公地点设在中国智能交通协会。协会将配合项目办，主要负责交通安全项目的统一管理；协助专家组检查项目的实施及落实情况，协助主管部门推动项目成果的实施及应用。

2. 协助做好有关国家科技支撑计划项目验收

“十一五”科技部启动实施了国家科技支撑计划“国家智能交通技术集成应用示范”重大项目。协会将协助主管部门做好项目的验收工作，推动科技成果的示范应用，总结北京奥运会成功经验，为上海世博会、广州亚运会等重大活动以及国家高速公路不停车联网收费提供技术支撑。

### （二）进一步参与上海世博会智能交通规划与组织实施

按照万钢部长指示，协会将继续组织专家就上海世博会期间交通规划、组织、运营等相关问题展开进一步调研，针对上海提出的世博交通方案提出建议，促进智能交通先进技术在上海世博会的示范应用。

### （三）做好第五届中国智能交通年会及论坛的筹备工作

为推动我国智能交通、节能与新能源汽车、汽车电子等战略产业发展，促进交通、汽车行业科技创新成果推广应用，加强国内外先进技术交流与合作，经科技部主管领导批准，第五届中国智能交通年会暨第六届国际节能与新能源汽车创新发展论坛将于2009 年 12 月 11~13 日在深圳召开，活动主题为“智能交通 新能源汽车——创造出行新方式”，将由全国智能交通系统协调指导小组、全国清洁汽车行动协调领导小组、中国智能交通协会、深圳市人民政府联合主办。协会将做好活动的策划及筹备工作。

### （四）筹备召开会员大会及理事会

本年度会员大会及理事会计划于 2009 年 12 月，在深圳第五届中国智能交通年会暨第六届国际节能与新能源汽车创新发展论坛期间一并召开。

### （五）开展国际交流与合作

组团参加瑞典第十六届智能交通世界大会，继续加强与美国智能交通协会、欧洲智能交通协会、日本智能交通协会等三大组织以及加拿大、韩国等国外其他协会组织的交流与合作，在合作备忘录基础上，开展互访、会员培训、学习、考察、合作、咨询等活动。

### （六）组建专家委员会

根据协会发展需要，筹备成立协会专家委员会。为政府部门、会员单位在市场、战略、标准、规划、技术和人才等方面提供全方位咨询服务。

### （七）进一步完善自身基础建设

进一步落实环境及制度建设。结合实际工作需要，修改、完善协会内部各项工作流程，规范协会日常管理，更好地为会员单位和行业提供优质服务。

1. 继续加强会员服务工作

在协会现有网站的基础上，总结经验，完成协会网站的改版工作，着重建设会员服务、行业新闻版块，完成与国内外行业组织网站的信息交流与合作，收集、分析和发布行业发展动态信息，跟踪了解技术成果的国内外市场动态和技术发展趋势，更好地为会员、政府和社会提供信息服务。此外，定期向会员通报协会的工作动态、国内外智能交通行业的权威资讯，以及会员单位的重要消息，增加会员与协会、会员与会员间的交流和沟通。向会员单位免费发放季刊。

2. 继续完善会籍服务

在前期会员工作的基础上，协会将继续征集会员、完善会员数据库。向会员单位、理事单位以及常务理事等发放相应证书和证牌。按照协会章程，2009 年 3 月开始启动了 2009 年度会费收缴工作。

按照《社会团体登记管理条例》等有关规定，做好 2009 年度各项年检工作。

各位常务理事，在科技部、公安部、交通运输部、住房和城乡建设部、铁道部、中国民航局等部门的领导和关怀下，在各会员单位的大力支持下，中国智能交通协会将致力于建立政府与企业之间的桥梁，推进产学研合作，推动智能交通领域的国际交流与合作，为中国智能交通事业的发展做出重要贡献！

# 第一届会员大会第二次会议暨 2009’ 中国智能交通年会工作报告

中国智能交通协会理事长　吴忠泽

2009 年 12 月 12 日

各位会员：

根据《中国智能交通协会章程》有关内容，我受常务理事会的委托向协会第一届会员大会第二次会议报告中国智能交通协会（以下简称“协会”）自 2008 年 9 月在青岛召开的第四届中国智能交通年会以来所开展的工作，请予审议。

## 一、过去一年的主要工作

过去的一年，是中国智能交通协会从起步到发展的关键一年。在科技部和有关部门领导的大力支持下，协会按照章程的规定和常务理事会的工作部署，发挥自身特有的功能与优势，积极为政府部门和会员单位服务，不断扩大协会的社会影响力，在业务发展、会员服务、国际交流、自身建设等方面都取得了一定的成绩，比较圆满地完成了 2009

年的各项工作任务，为智能交通行业的发展做出了贡献。

### （一）协会各项业务工作取得进展

1. 承担智能交通领域国家科技支撑计划相关项目的实施工作

协会正在积极协助科技部高新司和高技术中心对“十一五”国家科技支撑计划智能交通项目课题进行验收工作。此外，协会还牵头承担了“十一五”国家科技支撑计划“交通安全信息集成、分析及平台构建技术开发与示范应用”课题的研究工作。为规范和加强课题的组织与管理，结合项目的总体要求，协会秘书处设立课题管理办公室，并成立了课题监督咨询专家组，指导检查课题实施，还通过编辑印发课题工作快报，及时通报课题实施进度。该课题进展情况将在技术专场进行详细介绍。

2. 筹备成立了专家委员会

为提高协会的行业影响和整体业务水平，增强协会学术力量，为行业搭建智能交通领域咨询服务平台，协会经过酝酿并征询多方意见和建议，筹备成立了由国内知名专家、学者以及企业、研究机构及高校代表组成的中国智能交通协会专家委员会，专家委员会主任由中国工程院院士、黄卫教授担任。专家委员会将发挥各专家的学术专长，为政府部门提出我国智能交通领域的发展战略、规划、政策和建设项目等方面的建议，对我国智能交通行业重大决策提供咨询，为智能交通项目进行评审和评估，引导中国智能交通行业发展。

3. 组织参加国内智能交通领域交流

协会相继组织、参与了多项智能交通领域的学术交流和研讨活动。2008 年 9 月，以“交通安全”为主题，在青岛举办了第四届中国智能交通年会，国内外 400 余名代表参加会议。围绕智能交通发展、交通安全、交通控制、交通节能减排、智能车辆、交通出行服务等进行了广泛而深入的研讨。会议期间共举办了学术交流会议 6 场，征集论文 245 篇，录用了 140 篇。一年一度的中国智能交通年会已经成为中国智能交通领域学术交流、成果展示、产学研互动的重要平台，并正在国际智能交通界产生深远的影响。

2009 年 7 月，协会秘书处邀请美国著名证券公司资深证券分析师就在美国融资、上市等经验等与会员单位代表进行了交流分享。国务院发展研究中心产业经济研究部到协会开展调研工作，协会秘书处组织部分会员单位代表及行业专家参加讨论。此外，协会代表还参加了 2009’上海浦江创新论坛、第五届北京中国交通高层论坛、第三届中国国际交通安全论坛等多个学术和研讨活动并做主题演讲。

4. 参与上海世博会智能交通规划的咨询

根据全国政协副主席、科技部部长万钢同志的提议，2008 年 12 月和 2009 年 3 月，分别由协会理事长和副理事长带队两次组织国内有关专家参与了上海世博园区专项调研工作，还调研了上海市交通信息中心和上海市公安局指挥中心，对上海世博智能交通应用实施方案提出咨询建议。例如建议有关部门就城市交通和世博园区交通结合部的设置、接驳模式和交通组织形成完整的方案；统筹考虑远端集散地设置、世博园和远端集散地连接专用通道规划、以及专用通道交通流的管理组织模式，提出世博交通组织和交通流线的需求分析设计方案；就世博园区交通组织方式、交通信号控制系统和园内交通指挥调度系统形成完整的总体规划和技术方案；建议在现有方案基础上制定世博会智能交通系统建设的总体方案，总体方案中应考虑采用开放和成熟的标准及应用技术，并可借鉴北京奥运会智能交通系统建设与应用的成功经验等。目前，相关意见已被上海市有关部门采纳，促进了智能交通先进技术在上海世博会的示范应用。

5. 参与国际活动，拓宽联系渠道

在加强国内联系的同时，协会与国外行业组织建立了良好的联系。自协会成立以来，已分别接待了来自美国、加拿大、欧洲、韩国、日本、瑞典等多国政府部门、知名企业、行业组织机构的来访，介绍了中国智能交通协会及中国智能交通发展的最新情况。

2008 年 11 月，协会组织中国代表团赴美国纽约参加了第十五届智能交通世界大会，这是协会成立后第一次正式出现在国际智能交通领域。协会领导出席了大会开幕式，并在部长全体会议上，就未来交通政策与智能交通主题进行了主旨发言。会议期间，中国代表团还与美国、欧盟、日本、韩国、瑞典等国家、地区的政府官员和协会组织分别进行了双边会谈，并与日本智能交通协会、韩国智能交通协会分别签署了合作备忘录。

2009 年 9 月，协会理事长率由政府和会员单位、企业、研究机构等 100 余名代表组成的中国代表团赴瑞典斯德哥尔摩参加了第十六届智能交通世界大会。协会领导出席大会开幕式并在全体大会及圆桌会议上就中国智能交通的发展进行了对话发言。会议期间，协会与瑞典智能交通协会签署了关于未来在智能交通领域开展合作的备忘录。协会圆满完成 100 余名中国代表团成员的大会注册和行程安排工作。此外，还组织搭建了 ITS CHINA 展台，为协会会员编制宣传手册并在展台向各国参观代表发放。

通过参加两届智能交通世界大会，积极主动地与国际智能交通界建立双边或多边关系，协会在国际上树立了良好的形象，为推动国内外行业交流合作迈出了重要一步。协会在国际活动中得到了日本、欧洲、韩国等国智能交通协会和国际汽联等组织的大力支持和帮助，在此，我代表中国智能交通协会表示衷心的感谢！

6. 组织筹备 2009’中国智能交通年会暨第六届国际节能与新能源汽车创新发展论坛和展览

为推动我国智能交通、节能与新能源汽车、汽车电子等战略产业发展，促进交通、汽车行业科技创新成果推广应用，加强国内外先进技术交流与合作，经科技部批准，协会作为 2009’中国智能交通年会暨第六届国际节能与新能源汽车创新发展论坛和展览的主办方和承办方，为本次活动的顺利举办做了大量的前期准备工作，并对日程进行了精心安排，既包括政府部门和专家代表的主题演讲，又涵盖广泛的学术交流，同期展出智能交通和新能源汽车科技成果，专门开辟互动体验区，还为公众设立科普区。

本次活动以“智能交通 新能源汽车——创造出行新方式”为主题，围绕智能交通、新能源汽车产业发展、自主创新、科研成果等方面内容，共征集论文300余篇，经本次活动学术委员会专家评审，录用论文266篇，其中优秀论文集收录论文176篇，推荐到核心期刊33篇，录用论文制成光盘和论文集在活动期间发放。70余家来自智能交通与节能与新能源汽车领域的企业、院校、研究院所积极参展，室内外展览总面积达2万平方米，这一届年会、论坛和展览的举办为中国交通领域健康、可持续发展搭建了一个良好的互动平台。

### （二）切实加强自身建设

1. 完善协会内部管理规章制度

根据协会章程有关规定，在2008年5月第一次会员大会上，审议通过了《中国智能交通协会财务管理暂行办法》、《中国智能交通协会会费管理暂行办法》、《中国智能交通协会印章管理办法》、《中国智能交通协会人事管理暂行办法》、《中国智能交通协会固定资产管理暂行办法》。2008年下半年又陆续制定《中国智能交通协会发文管理暂行办法（草案）》、《中国智能交通协会机动车辆管理暂行办法（草案）》、《中国智能交通协会差旅费报销规定（草案）》等协会内部管理规章制度。2009年10月，协会秘书处对以上制度进行修订，并制定了《中国智能交通协会会客制度》。

2. 为会员及行业搭建服务沟通平台

为建立协会与会员单位及行业的沟通渠道，为会员单位提供宣传展示的平台和行业资讯，2008年9月，中国智能交通协会官方网站正式开通。在2009年5月协会成立一周年之际，协会完成了中文网站的改版工作，并开通了英文版网站，同时协会会刊《ITS世界》创刊，至今已出版三期。通过网站及会刊及时发布协会新闻、国内外行业资讯、会员动态，此外还设立了专家访谈、会员介绍、政策法规、科普知识等专栏。目前，协会已与会员单位建立了通信员机制，并评选年度优秀通信员。此外，协会正在探讨与国外协会组织建立信息交流渠道，协会将努力为国内外智能交通及相关领域的交流、拓展会员间的横向联系等方面做出贡献。随着各项业务的逐步展开，协会的行业影响力正在逐步提升、内部凝聚力也逐步增强，智能交通领域相关企业、研究机构、高等院校等积极申请入会，目前协会会员已有127个。

回顾协会成立以来的总体情况，由于政府有关部门的大力支持和全体会员单位的共同协作，一年多来的工作是卓有成效的，应该讲，我们已经顺利走过了艰难的初创阶段。在此，向大家表示衷心的感谢！

我们也清楚地认识到，协会工作中还存在不少需要改进的地方。一是如何进一步发挥好政府和企业之间的桥梁纽带作用，推动各种交通方式之间及智能交通领域同其他相关领域之间的横向联系，推进产学研合作，促进行业技术进步和产业资源整合，加快交通领域的信息化、智能化的进程；二是如何进一步提高服务水平，更好地发挥会员单位和行业的作用，维护会员单位和行业的合法权益；三是如何进一步突出重点，抓住政府部门、行业以及会员单位关心的关键问题开展工作，提高协会业务工作的质量和实效；

四是如何进一步加强协会的宣传工作，加强与有关部门的联系，争取更多的支持。如何继续提升协会在国内外智能交通领域中的知名度和影响力，推动国际交流与合作。我们将自觉接受会员单位的监督，虚心听取会员意见，认真研究新情况、新问题，不断加强和改进协会工作。

## 二、今后一年的主要任务

2010 年是实施“十一五”规划的最后一年，为贯彻落实中央经济工作会议精神，加快转变我国经济发展方式，夺取应对国际金融危机冲击全面胜利，努力实现经济平稳较快发展，为“十二五”规划启动实施奠定良好基础，必须充分发挥科学技术在保增长、调结构、惠民生中的重要支撑作用。国务院［2009］9 号文件提出，要推广一批具有自主知识产权，并能带动形成市场需求、改善民生的成熟技术产品，加大产业化、商业化和规模化应用力度。其中包括推广一批智能交通技术，交通安全信息集成技术，国家高速公路运行安全保障技术、营运车辆安全保障技术、道路交通应急指挥技术等，以降低特重大交通事故数，提高我国交通运输效率，推进节能减排，加快建设资源节约型、环境友好型社会。显然，智能交通作为一个技术领域和产业领域，已经成为交通管理、出行服务、保障安全和社会管理的重要手段和百姓生活的组成部分。毫无疑问，中国智能交通协会将发挥重要作用。经研究，现提出中国智能交通协会 2010 年度工作的主要任务。

### （一）做好会员服务工作，构筑行业资讯平台

2009 年协会利用网站和会刊两种沟通手段，加深了会员与协会之间，会员与会员之间的相互了解，逐步扩大了协会会员的知名度，许多项目单位纷纷来电咨询，希望协会推荐信誉良好的会员单位与其合作。2010 年协会将进一步把协会会刊和网站做精、做全，在联合智能交通领域上下游企业，攻关智能交通技术构架、技术瓶颈，深入研究市场经营，解读技术政策和标准等方面为会员提供更好的服务，继续向会员单位免费发放协会会刊（季刊）。

### （二）充分发挥专家委员会的作用

完善专家委员会的工作机制，通过学术研讨、行业咨询、培训等多种方式为政府部门、会员单位和行业组织在市场、战略、标准、规划、技术和人才等方面提供全方位的咨询服务。

### （三）筹备智能交通与道路安全产业技术创新战略联盟

为推进我国智能交通与道路安全产业技术创新体系的建设和发展，培育智能交通产业成为我国高科技领域的新兴产业和新的经济增长点，2010 年协会将牵头联合部分具有代表性的会员单位，积极推动发起成立智能交通与道路安全产业技术创新战略联盟。联盟将以技术创新为导向，以促进产业发展、形成核心竞争力为目标，探索和构建产业

技术创新战略联盟的体制和发展机制，并积极取得政府部门和相关行业的支持，以智能交通与道路安全产业技术为突破口，创新研发协作机制，力争掌握行业技术创新核心，开发出若干项具有自主知识产权、对行业有重大影响的共性技术，促进智能交通与道路安全产业形成和可持续健康发展。

**（四）协助做好国家有关科技项目管理和示范推广工作**

2010 年，协会将继续协助科技部承担智能交通领域国家科技支撑计划的相关项目实施和验收工作，推动科技成果的示范应用和产业化。重点配合项目办确保由科技部、公安部、交通运输部等三部门联合实施的“十一五”国家科技支撑计划“重特大道路交通事故综合预防与处置集成技术开发与示范应用”重大项目总体目标的实现。

**（五）推动国际合作深入开展**

协会将与国外智能交通协会组织和国际汽联等，在加强交流的同时，积极探索实质性合作内容，在双边合作备忘录基础上，开展互访、会员培训、学习、考察、合作研发、咨询等活动。组织国内代表参加 2010 年 10 月下旬在韩国举行的第十七届智能交通世界大会，并做好参展筹备工作。

**（六）在加强自身建设方面取得新进展**

1. 加强制度建设

坚持依照协会章程办事，进一步完善议事程序和工作规划，规范协会的日常管理，做到民主、公开、公正、公平。

2. 加强工作作风建设

深入实际调查研究，牢固树立为会员服务的思想，为会员单位和行业组织提供优质服务，把协会办成“会员之家”。

3. 加强组织建设

做好会员发展和管理工作，完善会籍服务，增强协会的广泛性和代表性。

4. 加强干部队伍建设

增强协会秘书处干部队伍的素质能力，加强工作协调，全面提高业务工作质量和水平。

各位会员，在科技部、公安部、交通运输部、住房和城乡建设部、铁道部、中国民航局等部门的领导和关怀下，在各会员单位的大力支持下，中国智能交通协会将致力于建立政府与企业之间的桥梁，推进产学研合作，推动智能交通领域的国际交流与合作，为中国智能交通事业的发展做出重要贡献！

最后，预祝本届年会取得圆满成功！

谢谢大家！

# 2009'中国智能交通年会暨第六届国际节能与新能源汽车创新发展论坛上的讲话

科学技术部副部长　杜占元

2009年12月11日　深圳

各位专家、各位嘉宾，女士们、先生们、朋友们：

下午好！今天上午，2009'中国智能交通年会暨第六届国际节能与新能源汽车创新发展论坛和展览隆重开幕了。国内外专家、企业家和各方嘉宾共聚一堂，围绕"智能交通和节能与新能源汽车"主题进行交流和对话，这对于扩大国际交流与合作、发展绿色交通，促进交通运输节能减排，实现交通运输可持续发展具有重要意义。在此，我谨代表科技部，对年会和论坛的召开表示热烈的祝贺！对前来参加论坛的各位专家、企业家和来宾表示诚挚的欢迎！

借此机会，我首先向大家简要介绍一下我国交通运输领域节能减排的严峻形势。

能源环境问题是21世纪人类共同面临的巨大挑战。全球性的能源紧张日益凸显，温室气体排放增加，地球变暖加剧，对自然生态和人类活动产生了重大影响。节能与减排已经成为国际社会的一致声音和共同责任。中国作为负责任的发展中大国，一直高度关注能源和环境问题，高度重视全球气候变化，认真履行在《联合国气候变化框架公约》和《京都议定书》中的义务，中国对节能减排的努力已成为全球应对气候变化的重要组成部分。就在上月底，我国政府向全世界做出了郑重承诺：到2020年，中国单位GDP碳排放量将比2005年下降40%~45%。为实现这一目标，改变能源结构是降低单位GDP碳排放量的必然选择，到2020年我国"零排放"的非化石能源的消费比重必须达到15%以上。

交通运输行业是全国节能减排的重点行业之一，对降低单位GDP碳排放量作用巨大。目前，交通运输能耗以燃油为主，能源结构单一，随着我国交通用能量的快速增长，交通运输用石油及制品消耗约占全国石油消费总量的30%以上，单位能耗、能源利用率、主要耗能设备效率等指标与世界先进水平相比差距较大，交通领域节能减排形势严峻、任务艰巨。因此，加大创新，促进交通运输能源结构调整，发展绿色交通，提供高效、安全、便捷的交通运输服务是新形势下交通运输领域实现节能减排重任的必然要求。

在战略领域超前部署，通过自主创新突破关键技术来带动产业崛起，已成为我国经济发展的重要形式。多年来，科技部一直致力于交通领域的新能源技术布局和智能交通关键技术攻关，在"十五"和"十一五"期间，通过863等国家科技计划支持，相继启动了"电动汽车重大科技专项"、"节能与新能源汽车"重大项目以及"国家综合智能交通技术集成应用示范"、"国家道路交通安全科技行动计划"和"中国高速列车科技行动计划”等重大科技支撑计划项目，对交通领域节能减排进行强有力的支撑。

在节能与新能源汽车开发方面，建立以企业为主体的产学研紧密结合的技术创新体系，以整车产品为载体、动力系统和关键零部件为核心，重点突破燃料电池汽车、混合动力汽车、纯电动汽车、代用燃料汽车关键技术。目前，自主研制出的混合动力、纯电动、燃料电池、燃气等 4 大类轿车和客车，70 款电动汽车和 400 款燃气汽车已进入国家机动车新产品公告，2008 年财政部和科技部联合启动的“十城千辆”新能源汽车示范推广工作正在有条不紊地开展，这些都将有力地推动节能、新能源汽车整车和关键零部件产品产业化发展。

就在上个月，美国总统奥巴马访华，中美签署了联合声明，提出中美启动电动汽车倡议，在十几个城市开展联合示范项目，并努力开发共同的技术标准以推动产业规模快速增长，使两国在未来数年有几百万辆电动汽车投入使用。这无疑对调整我国交通运输能源结构具有里程碑意义。

在智能交通领域，建成了奥运交通管理指挥调度系统、运营系统及车辆监控服务系统，成功保障了奥运会交通运输，该成果喜获今年国家科技进步一等奖；建成了上海市交通综合信息平台等 4 大系统及示范工程，为确保世博交通的高效、安全、畅通创造条件；建成了京津冀和长三角区域高速公路联网不停车收费系统和远洋船舶及货物运输在线监控系统等，为公路网通行能力和远洋运输效率的提高提供了科技保障。

在特大道路交通事故综合预防与处置集成技术开发与示范应用方面，重点突破交通安全信息集成平台构建关键技术以及山区公路网、国家高速公路网以及区域公路网的安全保障技术等，在全国范围内选择重点区域示范应用，以预防群死群伤特大道路交通事故、提高道路交通安全水平。

在中国高速列车关键技术及设备研制方面，全面突破了高速列车集成、车体、转向架、牵引传动与制动、列车网络系统、牵引供电、列车运行控制和高速铁路网运营组织等关键技术，研制出时速 350 千米以上能满足京沪高速铁路运营需求的高速列车，并与京沪高速铁路同步开通运营。

显然，“十一五”期间我国交通领域科技工作方兴未艾、成果显著，而今后五年我国交通领域的重点目标仍将立足科技创新，发展绿色交通。一方面，要继续攻克新型载运工具关键技术，推进低能耗和零排放载运工具产业化，实现交通运输能源结构调整；另一方面，要以提高大城市综合交通运营效率和安全性为目标，依托产业技术创新战略联盟，突破车路智能协同关键技术，以抢占智能交通国际前沿技术制高点。继续推进我国交通科技的自主创新和关键技术产业化进程。

各位来宾，立足科技创新，发展绿色交通，是时代赋予我们的光荣使命，是广大交通科技工作者、企业家义不容辞的历史责任，我们必须进一步增强紧迫感、责任感和使命感，下大力气，集智攻关，通过自主创新实现交通运输节能减排的历史重任，为建设资源节约型、环境友好型社会不懈努力！

最后，预祝 2009’中国智能交通年会暨第六届国际节能与新能源汽车创新发展论坛和展览圆满成功，祝各位会议期间工作愉快、身体健康！

# 2010'中国智能交通（道路交通安全）论坛致辞

十一届全国人大教科文卫委员会委员、中国智能交通协会理事长吴忠泽

2010年9月8日　北京

各位来宾，女士们、先生们、朋友们：

上午好！

今天，中国智能交通协会和国家道路交通安全科技行动计划项目管理办公室共同在北京举办2010'中国智能交通（道路交通安全）论坛。国家及地方有关政府部门、大学研究机构、企业、国外组织代表以及有关专家学者齐聚一堂，围绕"道路交通安全"的主题进行交流和对话，总结国家道路交通安全科技行动计划成果，探讨国内外交通安全管理经验和技术动态，共商"十二五"智能交通科技发展，这对于推动科技支撑我国道路交通安全发展具有重要意义。在此，我谨代表论坛主办方，向与会各位来宾以及媒体界的朋友们致以诚挚的问候和良好的祝愿，对博世公司和大陆公司的大力支持表示衷心的感谢！

随着社会经济的快速发展，交通安全涉及到我们生活的方方面面，正如2010年6月15日世界卫生组织发布的《道路安全全球现状报告》所描述的，道路交通伤害是世界各地的一大公共卫生问题以及死亡和伤害的一个主要原因，全球每年有127万人死于道路交通事故。以2008年为例，美国37 261人，俄罗斯29 936人，印度122 130人，中国73 484人死于道路交通事故。这不仅对受害者及其家人造成极大的痛苦，而且由其造成的经济损失是巨大的，间接影响到各国的可持续发展。如果不采取适当行动，道路交通安全问题将在今后进一步恶化，据预测，如果道路交通安全状况不加以改善，到2030年，全球每年死于交通事故的人数将达到240万。

我国在道路通车里程和机动车、驾驶人数量以及交通流量持续大幅度增长的情况下，道路交通事故高发态势得到了有力遏制。到2009年底，全国公路通车里程已达382.8万千米，其中高速公路通车里程6.5万千米，机动车保有量1.87亿辆，驾驶人接近2亿。分别比2003年增加了111.5%，118.9%，93.4%和94.4%。与此同时，全国道路交通事故由2003年的66.7万起下降到2009年的23.8万起，死亡人数从10.4万人下降到6.8万人，万车死亡率从10.8下降到3.6，10万人口死亡率由8.1降至5.1。

尽管全国道路交通安全形势保持了总体平稳态势，但是，当前影响道路交通安全的因素依然很多，道路交通安全形势依然严峻。一方面，我国正处于城市化、工业化快速发展阶段，道路交通依法规划建设、依法履行职责、依法提高保障的能力有待进一步提高，国民整体安全意识、法制意识也有待进一步加强。例如，近年来因机动车未礼让行人导致事故致死人数年均增长5%。另一方面，机动车快速增长与道路基础设施建设水

平、交通参与者文明素质、道路交通管理力量和管理水平的矛盾越来越突出，影响和制约道路交通安全的一些问题尚未得到全面解决。

在 2003 年 10 月召开的第十届智能交通世界大会上，交通安全就已经开始成为关注的焦点，面对安全问题的重要性和必要性，各国政府纷纷拿出行之有效的方案进行应对。2009 年 11 月，首届全球道路安全问题部长级会议上，150 个国家的部长和高级官员通过了《莫斯科宣言》，制订了 11 条促进道路安全的决定。2010 年 3 月 2 日，联合国大会通过决议，宣布 2011~2020 年为"道路安全行动十年"，并将每年 11 月的第三个星期日定为"世界道路交通事故受害者纪念日"。在密切关注道路安全问题的同时，我国政府也制订了相应的措施。例如，最近全国人大常委会开始审议刑法修正案（八）（草案），其中对醉酒驾车、飙车等危险驾驶的，原来规定由行政管理手段或者民事手段调整改为刑事犯罪，加大惩处力度。在《国家中长期科学和技术发展规划纲要（2006－2020 年）》中，把"重点开发交通事故、应急处理技术，开发运输工具主动与被动安全技术，交通运输事故再现技术，交通应急反应系统和快速搜救等技术"列入了重点领域及优先主题。此外，2008 年 2 月 18 日，科技部、公安部、交通运输部开始实施《国家道路交通安全科技行动计划》。运用交通工程和技术手段积极开展预防重特大道路交通事故的研究和探索，着力破解道路安全中的一些重点、难点问题。全国已有 568 个城市建成了集接处警、信息采集、交通控制于一体的交通指挥中心，390 个城市主干道实现了交通信号智能控制。高速公路、重要国道、省道安装了超速监测系统以及行车安全提示系统。依法在危险化学品运输、长途客车等营运汽车上安装使用行车记录仪，强化了对重点车辆和驾驶人的安全动态监管。2010 年初，国家科技支撑计划"重特大道路交通事故综合预防与处置集成技术开发与示范应用"重大项目依托国家道路交通安全科技行动计划，由科技部、公安部和交通运输部共同组织实施。预计项目实施完成后，在示范区域内，年亿车千米交通伤亡人数同比 2007 年下降 20%；年亿车千米特重大交通事故数同比 2007 年下降 50%；合法营运车辆安全受检率达到 90%以上。

"十二五"是我国经济社会发展模式转型的关键时期，交通运输作为国家的基础产业和支撑经济社会发展的基础设施，在优化国家产业布局、促进经济结构调整、降低发展成本、实现低碳发展等方面具有极为重要的战略作用。因此，提升我国交通装备水平和自主研发能力，对提高我国经济竞争力极为重要。我国交通科技将紧紧围绕"低碳、高效、安全、便捷"的发展目标，面向建设"安全交通、高效交通、绿色交通、和谐交通"的重大需求，在道路交通安全设施、车辆安全性能、交通运输企业安全监管和交通安全管理手段等方面研究推广使用信息化技术和先进管理方法，提高道路交通管理科技含量。同时，要通过加快前沿技术研发，突破核心技术，特别是交通装备监测和控制技术，交通基础设施无损检测和养护技术，城市交通运行安全技术，车路协同的智能交通系统技术等等，把道路交通安全工作提高到一个新水平，为促进经济社会全面协调发展、保障人民群众生命财产安全创造一个安全、有序、畅通的道路交通环境。

中国智能交通协会将致力于推动我国交通安全科技进步和产业发展。

最后，预祝2010’中国智能交通（道路交通安全）论坛取得圆满成功，祝各位会议期间工作愉快、身体健康。

谢谢大家！

# 第十七届智能交通世界大会致词

中国智能交通协会理事长 吴忠泽
2010 年 10 月 26 日 韩国釜山

尊敬的主席先生、女士们、先生们：

上午好！

金秋十月，很高兴能够和大家相聚在美丽的釜山，参加一年一度智能交通领域的国际盛会，交流智能交通技术的应用和发展。非常荣幸，并感谢主席先生和大会主办方能给我机会，与各位同事和朋友们分享中国智能交通系统的建设和发展。

由公路、铁路、航空、水运及城市轨道交通等多种交通运输方式组成的综合交通体系的发展水平，是一个国家经济发展水平和科学技术实力的综合体现。进入新世纪以来，中国交通基础设施建设成效显著，高速铁路、民航机场、高速公路、乡村公路、港口等的建设实现了历史性突破，运输保障能力不断提高，交通安全监管水平和突发事件应急处置、救助能力显著加强。在加强交通基础设施建设的同时，中国政府提出了新型工业化的战略，积极应用通信、信息和材料新技术，改善中国交通运输系统的管理和运行效率，积极探索应用新技术改变交通运输的方式，把智能交通技术（ITS）作为提高交通安全和运输效率、降低碳排放的重要手段。

中国在 20 世纪末开始追踪国际智能交通的发展，从开展国际技术交流起步，中国结合国情研究发展智能交通系统理论和技术体系，在“十五”期间，实施了“智能交通系统关键技术开发和示范工程”和“现代中心城市交通运输与管理关键技术研究”等国家科技计划项目，率先在北京、上海、广州等大城市开展智能交通系统的关键技术攻关、关键产品的开发和示范应用，形成了以智能化交通管理为主的智能交通体系，使中国的智能交通从探索进入到实际的开发和应用。

结合 2008 北京奥运会、2010 上海世博会、2010 广州亚运会等重大活动的举办需求，2006 年科技部启动实施了“国家综合智能交通技术集成应用示范”科技计划项目。项目设立了“国家高速公路联网不停车收费和服务系统”、“北京奥运智能交通集成系统”、“上海世博智能交通技术综合集成系统”、“广州亚运智能交通综合信息平台系统”和“远洋船舶及战略物资运输在线监控系统”五个方面研究内容。研究成果在为大型国际活动提供高效的智能交通服务方面成绩斐然。2008 年北京奥运会所采用的智能交通系统，集成了交通信息采集与处理、交通信号控制、交通指挥与调度、交通信息服务、应急管理等 22 个子系统，是中国国内规模最大的智能交通管理综合系统，完成了对大范围交通状况宏观把握，同时对具体地点、车辆和人员进行了精细化管理，实现了对社会交通和奥运赛事交通周密组织、协调指挥，有效保证了奥运会的顺利举办。2010 年上海世博会所应用的世博智能交通系统，通过广泛的信息采集和实时交通信息发布，保障了7000 万游客安全抵达园区并均衡游览，它是中国智能交通在北京奥运会成功之后又一次高水平大规模的示范应用，向世界展现中国在智能交通领域的最新进展。另外，“十一五”期间，交通运输部组织实施的京津冀和长三角区域国家高速公路联网不停车收费示范工程，通过科技攻关和示范工程形成了比较完整的技术体系和标准规范体系。截止到 2009 年 8 月，在中国经济较发达的地区有 10 多个省（直辖市）建设并开通了不停车收费系统，开通了 600 多条不停车收费（ETC）车道，用户发展到 60 多万个。在轨道交通领域，由中国学者系统提出的铁路智能运输系统（RITS）技术和应用得到长足的发展。目前已建成了世界规模最大、覆盖了包括近 7000 千米高速铁路在内的全国铁路网计算机联网售票和旅客服务系统（TRS）、铁路运输管理信息系统（TIMS）、铁路综合监控及应急指挥系统等超大型 RITS 系统。最近，国家科技支撑计划项目“智能高速列车关键技术与装备研制”和“城市轨道交通网络化运输组织、控制与保障一体化关键技术与装备研制 ”启动实施，这将极大地推动我国高速铁路智能化和城市轨道交通的可持续发展，也将为世界 ITS 的发展提供前所未有的范例。

为加强道路交通运输安全保障，2008 年 2 月 18 日，中国科技部、公安部、交通运输部联合签署了《国家道路交通安全科技行动计划》，按照“需求引导、自主创新、综合集成、重点突破、示范带动”的原则，围绕“人、车、路、环境”等要素，以科技为支撑，着力破解道路安全中的一些重点、难点问题，开展道路交通安全领域关键技术研发，组织实施示范工程，为道路交通安全提供技术保障。中国政府希望通过几年努力，实现“道路交通事故死亡人数逐年下降，特大道路交通事故进一步减少，万车死亡率接近中等发达国家水平”的目标，最大限度地保障人民群众生命财产安全，创建安全和谐的道路交通环境。结合行动计划的实施，2010 年初，由科技部、公安部和交通运输部共同启动了国家科技支撑计划“重特大道路交通事故综合预防与处置集成技术开发与示范应用”重大项目，预计项目实施完成后，在示范区域内，年亿车千米交通伤亡人数同比 2007 年下降 20%；年亿车千米特重大交通事故数同比 2007 年下降 50%；合法营运车辆安全受检率达到 90%以上。

智能交通国家科技计划项目的实施，得到了地方政府和相关部委的重要支持，同时中国国内有关高校、研究机构和企业也积极投入力量，形成了以企业为主体、市场为导向、产学研相结合的技术创新体系，取得了许多具有创新意义的技术成果，也推进了中国智能交通系统的建设和发展。继《国家道路交通安全科技行动计划》实施后，中国已有 568 个城市建成了集接处警、信息采集、交通控制于一体的交通指挥中心，390 个城市主干道实现了交通信号智能控制。高速公路、重要国道、省道安装了超速监测系统和车辆卡口记录系统以及行车安全提示系统，依法在危险化学品运输、长途客车等营运汽车上安装使用行车记录仪，强化了对重点车辆和驾驶人的安全动态监管。

2006—2010 年的 5 年间，中国在智能交通领域取得了积极的成果，基本形成了中国智能交通系统科技发展的基础，但仍有一些不足之处。中国智能交通系统的发展还处于基础阶段，发展水平尚不能满足现代化交通运输体系建设的要求和国民经济社会发展的总体要求，科技对智能交通系统发展的引领和支撑作用还有待加强。从具体技术领域来说，中国在道路交通运营管理方面的技术比较成熟，普遍比较重视智能化交通管理的研究和应用，相对而言，在智能化交通服务领域的研究应用发展较缓慢，在车路协同等智能交通前沿技术领域还处于初步探索阶段，在大城市区域交通智能化控制、交通仿真、个性化交通服务等技术领域有待于进一步的开发，在智能交通系统综合集成方面的研究也还有很大的发展空间。

从 2011 年开始的下一个五年计划，是中国经济社会发展模式转型的关键时期,交通运输作为国家的基础产业和支撑经济社会发展的基础设施，在优化国家产业布局、促进经济结构调整、降低发展成本、实现低碳发展等方面具有极为重要的战略作用。目前，中国社会正处于城市化进程加快、机动化程度迅速提高的阶段，交通运输效率、交通服务水平亟待提升，交通安全、交通环境、交通拥堵等诸多问题集中出现。目前中国机动车保有量 1.99 亿辆，驾驶人已超过 2 亿，预计未来 10～15 年内机动车保有量仍将保持两位数的增长率，上述问题面临愈加严重的趋势。

结合中国社会交通发展实际状况，展望中国智能交通系统的发展，以下几个方面值得关注：

（1）在智能化交通管理技术不断丰富和完善的同时，智能化交通服务技术的发展将更加迅速。在智能交通技术发展中，智能化交通服务技术将越来越受到关注和重视，服务理念在智能交通系统中日益凸现，以人为本、服务社会，是中国智能交通系统发展的重要原则。

（2）安全是永恒的主题。正如 2010 年 6 月 15 日世界卫生组织发布的《道路安全全球现状报告》所描述的，道路交通伤害是世界各地的一大公共卫生问题以及死亡和伤害的一个主要原因，全球每年有 127 万人死于道路交通事故。以 2008 年为例，美国 37 261 人，俄罗斯 29 936 人，印度 122 130 人，中国 73 484 人死于道路交通事故。在传统的安全管理和安全保障技术基础上，人车路协同提升安全水平成为重要的手段。近年，国际上对车路协同的研究空前重视，智能车路协同技术也将成为中国智能交通领域研究的技术热点和前沿。

（3）交通信息采集、处理和发布作为智能交通技术的核心内容之一，发展推陈出新。新型检测传感技术、高清视频技术、移动通信技术等的发展，使大范围进行交通动态信息获取和交互成为可能。信息技术领域的技术进步大大提升了交通信息的处理和服务水平，物联网、云计算、智慧地球等新的理念和技术，使交通信息的获取、交互和服务更为方便快捷。低成本、高可靠性的基础交通信息获取和交互、更为先进的网络化交通信息系统的建设和服务等，是中国智能交通系统发展的重要技术内容。

（4）基于信息共享实现多种运输方式的协同和效能提升，是中国智能交通发展的重要趋势。随着交通运输的发展和信息技术的广泛应用，建立综合交通信息的共享机制和平台，促进综合交通系统的协同服务，利用综合交通信息平台进行多种运输方式间的有效协同已经成为综合信息数据处理与集成技术的一个发展趋势。

（5）随着应用需求的不断提高和智能交通技术的进步，智能交通系统核心理念、关键技术和主要内容也在不断完善和丰富。适应中国社会经济发展需求，立足国情，运用新技术手段，构建具有中国特色的新一代智能交通系统成为中国智能交通系统发展的重要方向。

未来5年，将是中国智能交通系统发展的重要提升阶段。我们将力求在重点技术领域取得突破，在主要关键技术领域内取得具有实际意义的重大成果，为智能交通系统建设和智能交通产业化发展提供技术支持，从而形成具有中国特色的智能交通系统产业，以更大的力度来推动中国绿色交通的技术开发和规模化应用，为人民大众提供快捷、舒适、便利安全的出行环境和交通服务，让现代化的先进交通科技广泛惠及民生。

女士们、先生们，中国智能交通系统的建设发展，将在自主创新发展的同时，积极借鉴国际智能交通领域的成就和经验，开展广泛的国际合作交流。相信通过不懈努力和不断创新，智能交通技术将会更快速地发展，智能交通无处不在，将更好地服务我们的生活，愿我们共同拥有一个美好的明天！谢谢！

# 第二章

## 相关行业发展概况

# 公路行业发展概况

## 一、公路运输发展状况

### （一）公路建设

1. 公路网规模不断扩大

2010 年底，全国公路总里程突破 400 万千米，达 400.82 万千米，比 2009 年末增加 14.74 万千米，“十一五”期间新增 66.30 万千米。全国公路密度为 41.75 千米/百平方千米，比 2009 年末提高 1.53 千米/百平方千米，比“十五”末提高 6.90 千米/百平方千米，如图 2.1 所示。

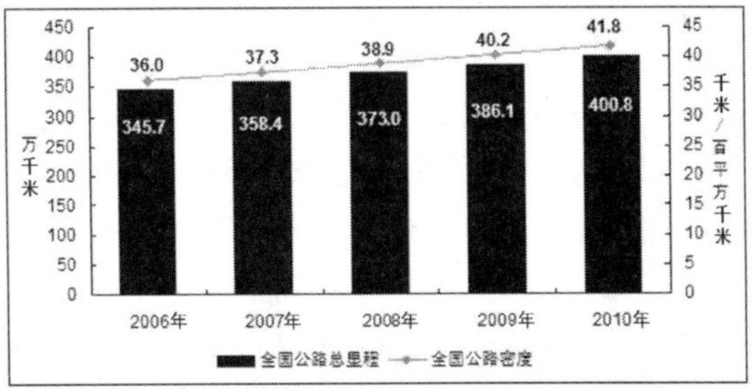


图 2.1　2006—2010 年全国公路总里程及公路密度

2. 高速公路网络更加完善

全国高速公路达 7.41 万千米，居世界第二位，比“十一五”规划目标增加 9108 千米。其中，国家高速公路 5.77 万千米，比 2009 年末增加 0.54 万千米，如图 2.2 所示。全国高速公路车道里程为 32.86 万千米。“五纵七横”12 条国道主干线提前 13 年全部建成。11 个省份的高速公路里程超过 3000 千米，见表 2.1。

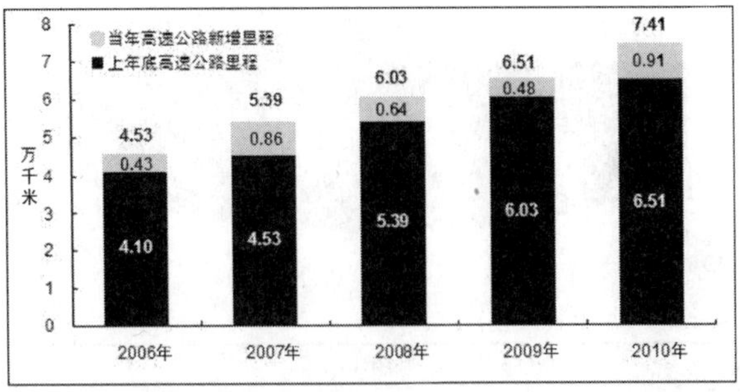


图 2.2　2006—2010 年全国高速公路里程

表 2.1　高速公路里程超过 3000 千米的省份（单位：千米）

| 省份 | 里程 | 省份 | 里程 |
|---|---|---|---|
| 河南 | 5016 | 陕西 | 3403 |
| 广东 | 4839 | 浙江 | 3383 |
| 河北 | 4307 | 辽宁 | 3056 |
| 山东 | 4285 | 江西 | 3051 |
| 江苏 | 4059 | 山西 | 3003 |
| 湖北 | 3674 | | |

3. 等级公路所占比重明显提高

全国等级公路里程 330.47 万千米，比 2009 年末增加 24.84 万千米。等级公路占公路总里程的 82.4%，比 2009 年末提高 3.3 个百分点，比“十五”末提高 18.5 个百分点。其中，二级及以上公路里程 44.73 万千米，比 2009 年年末增加 2.21 万千米，占公路总里程的 11.2%，比 2009 年年末提高 0.1 个百分点，比“十五”末提高 1.3 个百分点。

4. 路面状况显著改善

全国有铺装路面和简易铺装路面公路里程 244.22 万千米，比上年末增加 18.97 万千米，占总里程的 60.9%，比上年末提高 2.6 个百分点，比“十五”末提高 20.2 个百分点。各类型路面里程分别为：有铺装路面 191.80 万千米，其中沥青混凝土路面 54.25 万千米，水泥混凝土路面 137.55 万千米，比上年末分别增加 19.80 万千米、5.35 万千米和 14.45 万千米；简易铺装路面 52.42 万千米，比上年末减少 0.83 万千米；未铺装路面 156.60 万千米，比上年末减少 4.23 万千米。

各行政等级公路里程分别为：国道 16.40 万千米、省道 26.98 万千米、县道 55.40 万千米、乡道 105.48 万千米、专用公路 6.77 万千米、村道 189.77 万千米，具体构成比例如图 2.3 所示，比上年末分别增加 0.55 万千米、0.38 万千米、3.46 万千米、3.53 万千米、0.06 万千米和 6.77 万千米。

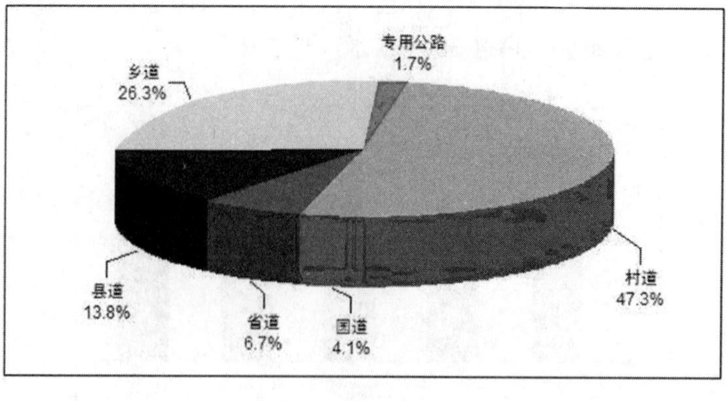


图 2.3　2010 年全国各行政等级公路里程构成

5. 农村交通条件进一步改善

全国农村公路（含县道、乡道、村道）里程达350.66万千米，比上年末增加13.75万千米。其中县道、乡道、村道比上年末分别增加3.46万千米、3.53万千米和6.77万千米，五年新增农村公路59.13万千米。全国通公路的乡（镇）占全国乡（镇）总数的99.97%，通公路的建制村占全国建制村总数的99.21%，比上年末分别提高0.37个和3.44个百分点，比"十五"末分别提高6.33个和22.30个百分点。通硬化路面的乡（镇）占全国乡（镇）总数的96.64%，通硬化路面的建制村占全国建制村总数的81.70%，比上年末分别提高4.18个和4.10个百分点，比"十五"末分别提高16.24个和28.81个百分点。

6. 公路桥梁、隧道总量持续增加

全国公路桥梁达65.81万座、3048.31万米，比上年末增加3.62万座、322.25万米，比"十五"末增加32.15万座、1573.56万米。其中，特大桥梁2051座、346.98万米，大桥49489座、1167.04万米。全国公路隧道为7384处、512.26万米，比上年末增加1245处、118.06万米，比"十五"末增加4495处、359.55万米。其中，特长隧道265处、113.80万米，长隧道1218处、202.08万米。"十一五"期间，杭州湾跨海大桥、苏通长江大桥、舟山连岛工程、秦岭终南山隧道、上海崇明隧桥、厦门翔安海底隧道等重大工程相继建成。

### （二）公路营运工具

公路客货营运车辆运载能力持续增长。2010年底，全国拥有公路营运汽车1133.32万辆，比上年底增长15.1%。

拥有载货汽车1050.19万辆、5999.82万吨位，比上年底分别增长15.8%和28.9%，平均吨位5.71吨/辆，比上年底提高0.58吨/辆。其中，普通载货汽车996.43万辆、5223.23万吨位，分别增长16.0%和30.5%，平均吨位5.24吨/辆，提高0.58吨/辆；专用载货汽车53.77万辆、776.59万吨位，分别增长13.7%和19.0%，平均吨位14.44吨/辆，提高0.65吨/辆。

拥有载客汽车83.13万辆、2017.09万客位，比上年底分别增长5.9%和8.0%，平均客位24.26客位/辆，比上年底提高0.47客位/辆。其中，大型客车24.78万辆、1031.79万客位，平均客位41.65客位/辆。

### （三）公路交通状况

2010年，全国国道网年平均日交通量为11918辆/日（当量标准小客车，下同），比上年增长10.7%，比"十五"末增长23.2%。全年国道网车流量较大的地区主要集中在北京、天津、上海、江苏、浙江和广东，上述地区国道网的年平均日交通量均超过2万辆。全国国道网年平均行驶量为195 505万车千米/日（当量标准小客车，下同），比上年增长9.4%，比"十五"末增长52.3%。河北、江苏、山东和广东的国道网年平均行驶量均超过 10 000 万车千米/日，如图 2.4 所示。全国国道网年平均交通拥挤度为 0.41，比上年增长 8.8%，比“十五”末下降 23.3%。北京、天津、河北、上海、浙江和广东的国道年平均拥挤度均超过 0.6。其中，国家高速公路年平均日交通量为 18 244 辆/日，平均行驶量为 105 346 万车千米/日，年平均交通拥挤度为 0.30，比上年分别增长 10.5%、22.0%和 13.6%；一般国道年平均日交通量为 9 293 辆/日，比上年增长 6.8%，比“十五”末增长 11.6%，年平均行驶量为 98 795 万车千米/日，比上年增长 6.9%，比“十五”末增长 17.7%；年平均交通拥挤度为 0.58，比上年增长 9.7%，比“十五”末下降 18.0%，如图 2.5 所示。

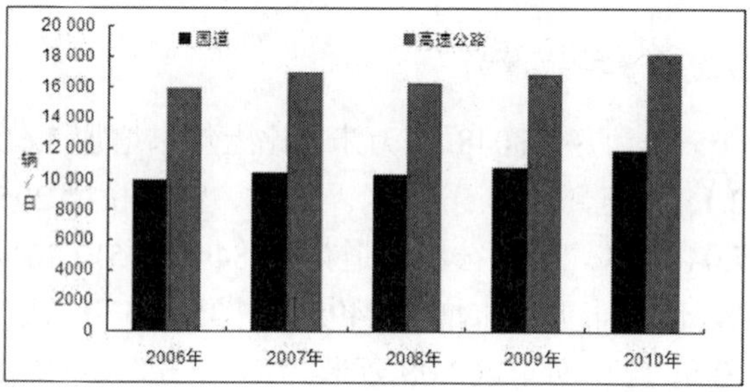


图 2.4　2006—2010 年国道、高速公路年平均日交通量

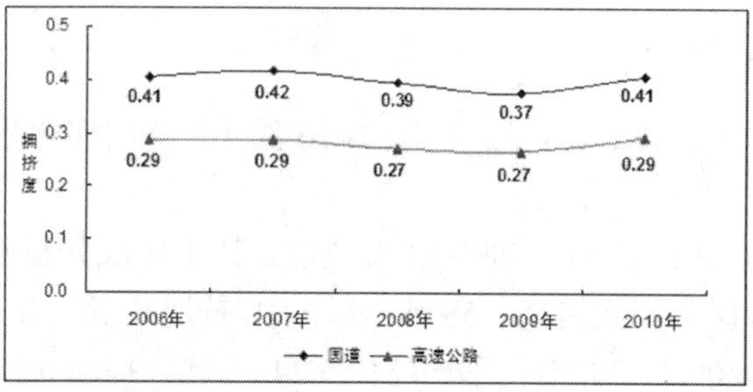


图 2.5　2006—2010 年国道、高速公路年平均交通拥挤度

## 二、公路及其运输行业“十二五”发展需求和规划

到 2015 年，基础设施网络更趋完善，结构更加合理，交通运输供给能力明显增强，运输装备进一步改善，运输组织不断优化，运输效率和服务水平明显提升，创新能力不断增强，科技进步和信息化水平不断提高，行业监管能力明显加强，以低碳为特征的交通运输体系建设取得成效，资源节约型、环境友好型行业建设取得明显进展，交通安全监管体系逐步完善，应急反应能力进一步加强，安全保障能力明显提高。便捷、安全、经济、高效的综合运输体系初步形成，基本适应国民经济和社会发展的需要。

### （一）基础设施方面

公路交通方面，要全面完善公路网规划，推进国家公路网规划建设，形成层次清晰、功能完善、权责分明的干线公路网络系统，重点建设国家高速公路，实施国省道改造，继续推进农村公路建设。具体目标是：公路网规模进一步扩大，技术质量明显提升，公路总里程达到450万千米，国家高速公路网基本建成，高速公路总里程达到10.8万千米，覆盖90%以上20万以上城镇人口的城市，二级及以上公路里程达到65万千米，国省道总体技术状况达到良等水平，农村公路总里程达到390万千米。

综合运输方面，要统筹各种运输方式发展，加快综合运输体系建设，强化基础设施优化衔接，优化综合运输基础设施网络布局，加快综合运输枢纽建设，发挥综合运输的整体优势。现代物流方面，要依托货运枢纽发展现代物流，支持运输企业向现代物流企业转型，大力发展农村物流，促进现代物流发展。具体目标是：运输枢纽建设取得明显进展。建成100个左右铁路、公路、城市交通有效衔接的综合客运枢纽，建设200个功能完善的综合性物流园区或公路货运枢纽。

### （二）运输服务方面

要提高交通运输服务水平，满足多样化的运输需求，逐步提升运输准备专业化、标准化水平，显著提高运输组织化程度，不断延伸运输服务范围，显著提升运输服务水平和效率。具体目标是：

运输装备专业化、标准化水平显著提升。中高级营运客车比例达到40%，重型车、专用车和厢式车占营运货车比例达到25%，10%和25%，内河货运船舶船型标准化率达到50%。

运输组织化程度明显提高，服务范围进一步延伸。集装箱、大宗货物水铁联运、江海联运较快发展。所有具备条件的乡镇和92%的建制村通客车，有条件的地区实现城乡客运一体化。

服务水平和运行效率显著提升。国道平均运行速度提高到60千米/小时。

## 三、ITS应用需求

### （一）构建国家公路交通基础设施状态感知和动态监管体系

充分应用智能网络化新型传感器技术、新一代信息网络技术，建立公路交通基础设施、运载工具和交通运行环境的三大感知网络，研发新一代低成本交通运行状态获取技术与装备，研发基于传感器网络的基础设施状态获取技术与装备，开发和建设覆盖国家高速公路网的路网运行监管与服务系统，力争在“十二五”末实现对国家高速公路网和重要国省干线公路的可视、可测和可控，动态掌握路网的运行状态，对特大桥梁、隧道、枢纽、重点路段等关键设施实现状态感知、实时监管，为公路网的协调运行提供有效手段，在遇有灾害和突发事件时，能够对路网实现动态调度管理和应急处置。

应用电子身份识别技术、传感网络技术、新一代通信技术，实现对国家重点公路基础设施建设项目质量安全的全过程、全方位实时监控和管理，重点实现公路施工区监管，切实提高公路建设施工安全水平。

通过构建国家公路交通基础设施动态监管体系，全面提升政府部门和运营单位对以高速公路为代表的国家公路交通战略基础设施的管理能力和服务水平。

### （二）电子不停车收费应用功能和规模拓展，取得产业化突破

继续推广 ETC 应用，扩大其应用规模和范围，为构建畅通、高效、安全、绿色交通体系提供有力支撑。加大高速公路 ETC 车道建设力度。对于新建高速公路同步建设 ETC，对于已建高速公路安排 ETC 改建计划。积极推进收费公路车辆通行费非现金支付方式，以满足公路用户特别是货车车主的现实需要。力争到“十二五”期末，全国高速公路 ETC 平均覆盖率达到 60%，ETC 车道数达到 6000 条，ETC 用户量达到 500 万个，非现金支付使用率达到 40%。严格按照国家和行业标准规范，在各省级行政区划内 ETC 联网的基础上，拓展区域联网电子不停车收费示范区域的范围，实施大区域联网电子不停车收费应用示范工程，为实现全国联网电子不停车收费奠定坚实的基础；研究实施跨地域数据交换和清算服务，搭建统一的全国跨省市联网电子收费结算体系网络信任平台，为跨区域联网电子收费数据的互联互通以及通行费的结算提供安全保障。

研究与建立 ETC 价值链和产业链，争取在“十二五”期间初步形成 ETC 产业链，在产业化方面有所突破。通过与商业银行、汽车经销商合作，借助商业渠道加快 ETC 普及。研究制定 ETC 价值链和产业链的相关政策和机制，营造良好的发展环境；进一步完善 ETC 标准规范体系，在现有国家和行业标准规范及检测方法的基础上，建立完善 ETC 产品检测体系，以及具有 ETC 储值和银行卡应用功能的 IC 卡相关技术规范，为 ETC 产业化提供标准规范保障；完善 ETC 服务体系，提升 ETC 用户服务水平。

大力推进 ETC 扩展应用的技术研发与示范应用。开展基于 ETC 终端的道路交通数据采集和信息服务扩展应用的技术研发；研发具有扩展应用功能的 ETC 车载终端，开展 ETC 功能扩展示范应用，形成不同功能、不同档次、可供消费者按需选择的 ETC 车载终端产品体系。以 ETC 系统为基础，进一步发展为 DSRC 交互平台；引入新一代移动通信技术；探索城市道路收费与公路收费在技术上的一致性，自由流收费与公路收费的一致性。

### （三）积极探索建立公路出行信息服务的运行机制和服务体系，基于新一代信息技术拓展新型出行信息服务

以基于广播、面向全国公路网的公众出行信息服务为切入点，积极探索建立公路出行信息服务的运行机制和服务体系。研发基于广播的全网可定制高速公路服务走廊技术，开发基于公路网运行状态和出行路径感知的交通服务定制技术、覆盖特定路域的以交通广播为主多元化专用接收设备，在国家公路网的主要通道实现基于广播的推送式公路出行信息服务。

基于新一代信息技术拓展新型出行信息服务，包括基于智能手机、移动终端的个性化定制信息服务，基于车载终端和实时路况信息的动态路径导航服务和基于车路信息交互的个性化定制信息服务。

研究建立适合中国文化和发展特点，满足个性化增值服务要求的交通信息服务机制，探索适合中国特色的交通信息服务价值链和产业链，力争在交通信息服务产业化方面有所突破。

### （四）通过构建营运车辆状态感知网络，提升公路运输管理与服务水平

综合应用新一代通信技术、传感器网络技术、电子身份识别技术、卫星定位技术、云计算技术，构建营运车辆状态感知网络，对营运车辆实现实时状态感知。研发建立公路运输监管与服务平台，实现对集装箱运输供应链和甩挂运输的智能化、可视化监管和信息服务；实现对危险品运输车辆、鲜活农副产品绿色通道运输车辆、长途客运车辆的全过程安全监管，实现面向运输企业和公众的运输信息服务。研发货运市场规范与监管支撑技术和货运车辆载重对公路基础设施影响的动态监测技术，通过公路收费的优化调整、治超、货源监管、多部门协调联动，规范货运市场，鼓励合法装载，有效遏制超载超限运输。

研究建立面向营运驾驶员的专有服务体系及相应的技术支撑体系。实现驾驶员在岗状态、驾驶状态的监管，沿途道路状况和安全提示，交通状况和服务设施信息的告知，在途服务的电子支付，为安全驾驶和高效运行提供有力支撑。

### （五）以经济适用的 ITS 技术为农村出行者提供可靠的基本交通运输服务，改善交通安全状况

研发面向农村公路的经济适用型公路设施状态和交通运行状态监测技术及装备；研发适用于自然环境恶劣地区的公路安全辅助驾驶技术与装备，提高基本交通服务的可靠性，改善交通安全状况；建立面向农村公路的交通运输安全保障和应急处置体系，提高农村公路安全保障和应急救援能力；研究适合于农村地区的出行信息服务功能和发布方式，特别是农村客运动态信息服务，确保农村出行者享受到便捷高效的农村客运服务，大幅提升出行效率。

（主要撰稿人：王笑京、李　斌）

# 铁路行业发展概况

## 我国铁路发展概况

铁路作为国民经济大动脉、国家重要基础设施和大众化交通工具，在我国经济社会发展中发挥着重要的作用。

### 一、发展现状

近年来，全国铁路以科学发展观为指导，深入贯彻落实党中央、国务院关于加快发展铁路的决策部署，立足经济社会发展大局，加快实施中长期铁路网规划，实现了铁路快速发展，为经济社会发展做出了重要贡献。一批快速铁路建成投产，大大缩短区域时空距离，为促进区域协调发展、加快城镇化和工业化进程提供支撑。高速铁路发展推动了产业结构优化升级、增强了企业科技创新能力并带动沿线旅游、商贸等服务业的快速发展，促进了综合运输体系优化。铁路始终坚持把国家利益和社会利益放在第一位，90%的运力用于确保关系国计民生的煤炭、冶炼、石油和粮食等重点物资运输，承担了学生、农资等大量公益性运输任务，保障了国民经济平稳运行和人民群众生产生活需要。在应对南方部分地区低温雨雪冰冻灾害，抗击汶川、玉树特大地震灾害及其他应急运输中发挥了骨干作用。

1. 铁路建设取得重要进展

“四纵四横”为骨架的快速铁路，长三角、珠三角、环渤海等地区城际铁路开工建设，京津、武广、郑西、沪宁、沪杭等高速铁路建成运营。青藏、包西、太中银铁路等建成投产，向莆、兰渝、云桂、山西中南部铁路等区际干线、煤运通道和西部铁路有序推进。北京、上海、广州等中心城市的新客站建成投产，形成与其他交通方式无缝衔接的综合交通枢纽。编组站、集装箱中心站、动车检修基地、大功率机车检修基地、基础设施维修基地等进展顺利。“十一五”期间，铁路基本建设投资完成 1.98 万亿元，是“十五”投资的 6.3 倍；新增营业里程 1.6 万千米，复线投产 1.1 万千米，电气化投产 2.1 万千米，分别是“十五”的 2.3、3.1 和 3.9 倍。截止到 2010 年底铁路营业里程 9.1 万千米，其中西部地区铁路 3.6 万千米，复线率、电化率分别由 2005 年的 34%，27%提高到 41%，47%，路网规模和质量大幅提升。

2. 铁路技术创新取得显著成效

坚持原始创新、集成创新、引进消化吸收再创新相结合，在较短时间内实现了关键领域跨越发展。通过京津、武广、京沪等高速铁路建设和运营，掌握了高速铁路建造和装备制造等领域核心技术，初步形成了高速铁路技术标准体系。在引进消化吸收时速200~250 千米高速列车、大功率机车技术基础上，自主研制生产并批量投入运营时速300~350 千米的高速列车及大功率交流传动机车。CRH380 新一代高速列车成功下线，相继在沪杭高速铁路试验时速达 416.6 千米，在京沪高速铁路先导段试验时速达 486.1 千米。按照发展低碳经济、构建绿色交通的要求，大力发展电气化铁路，"十一五"末电力牵引完成工作量达到 65%。中国铁路在高速铁路、高原铁路、重载运输和机车车辆等方面技术创新取得重要突破。"青藏铁路工程"荣获国家科技进步特等奖，"大秦铁路重载运输成套技术及应用"、"时速 250 千米动车组高速转向架及应用"、"遂渝线无砟轨道关键技术研究与应用"和"6 轴 7200 千瓦大功率交流传动机车研发及应用"荣获国家科技进步一等奖。

3. 铁路客货运量保持快速增长

深化内涵扩大再生产，统筹利用新线和既有线资源，提高运输效率，开拓运输市场，客货运量持续增长，多元经营保持良好发展势头。优化列车开行方案，创新售票方式，提高服务水平，旅客日发送人数连创新高。加强路网干线和重点区域货运组织，加快实施战略装车点建设、路企直通运输和大客户战略，日装车能力大幅提升。大秦铁路实现年运量 4 亿吨目标。繁忙干线普遍开行 5000~6000 吨重载列车。2005 年到 2010 年，全国铁路旅客发送量由 11.6 亿人增加到 16.8 亿人，增长 45.3%；货物发送量完成由 26.8 亿吨增加到 36.3 亿吨，增长 35.3%；总换算周转量由 26788 亿吨千米增加到 36406 亿吨千米，增长了 35.9%。

4. 铁路信息化在运输组织、客货营销、经营管理等领域的作用更加突出

（1）运输组织智能化程度有新提高。列车调度指挥系统（TDCS）实现了全路主要干线全覆盖，高速铁路运营调度系统建设加快推进，调度集中系统（CTC）运用范围不断扩大，运输调度管理系统（TDMS）完成升级，运输调度指挥信息化水平大大提高。运输生产组织信息化程度不断提高，货物运输管理信息系统不断完善，货运制票和列车预确报系统逐步升级，编组站信息化程度大幅度提升。信息技术在保障运输安全方面发挥了重要作用。

（2）客货营销社会化水平有新成效。铁路客运售票全部实现计算机化，开通了铁路客户服务中心网站，受到了社会的广泛关注和欢迎。新建客运站全面采用了新一代集成化旅客服务系统。铁路站车无线交互系统在主要干线推广应用。货运营销信息化取得新成绩，铁路货运大客户管理信息系统在 183 家大客户企业使用。"集中受理、优化装车"系统在全路推广应用，1700 多个签约客户通过网上申报计划。

（3）经营管理现代化取得新进展。铁路安全监督管理信息系统投入运用，建设项目管理信息系统在京津、武广、贵广等 48 个建设单位不同程度地得到应用，车辆、机务、工务、公安、人力资源、财务会计、统计、办公、电子政务等信息系统功能不断完

善，提高了管理水平和工作效率。

（4）铁路信息基础设施得到加强。目前，铁路已拥有世界先进的大型计算机、小型计算机、服务器等设备，铁道部、铁路局两级数据中心初具规模，铁道部、铁路局、站段三级信息网络基本形成。铁路通信网质量有较大改善，铁路干线全部实现了数字化传输，铁路无线移动通信（GSM-R）网得到快速发展。

## 二、发展趋势

“十二五”时期，是我国全面建设小康社会的关键时期，也是铁路实现科学发展、全面提升现代化水平的关键时期。铁路发展既面临重要战略机遇，又面对新挑战和新要求。全国铁路以邓小平理论和“三个代表”重要思想为指导，深入贯彻落实科学发展观，按照全面建设小康社会的目标要求，以科学发展为主题，以加快转变发展方式为主线，深入推进铁路体制机制创新和科技进步，科学有序推进铁路建设，确保运输安全，提升服务水平，提高发展质量和效益，实现铁路协调、和谐和可持续发展，更好地适应经济社会发展的新要求和满足人民群众的新期待。

### （一）发展需求

1. 贯彻主题主线、保持经济平稳较快发展，需要铁路提升服务能力和水平

铁路作为国家重要基础设施，是符合我国国情、适合区域及城乡大规模人员和物资流动的运输方式。“十二五”期间，需要进一步完善铁路运输网络，重点建设快速铁路、区际干线、煤运通道等，不断提高服务能力和品质，充分发挥铁路骨干作用，为保持经济平稳较快发展提供可靠运输保障。

2. 实施主体功能区战略、促进区域协调发展，需要增强铁路基础保障能力

铁路基础设施是促进区域协调发展的重要保障，也是区域发展总体战略的重要组成部分，系统形成高效畅通的铁路运输网络，实现人便其行、货畅其流，对促进生产要素合理流动和产业梯度转移，推动区域协调发展，实现区域基本公共服务均等化具有重要作用。

3. 积极稳妥推进城镇化、促进城市群发展，需要铁路提供可靠的运力支撑

适应我国城镇化发展需要，尽快形成高速铁路、区际干线、城际铁路和既有线提速线路有机结合的快速铁路网络，满足大流量、高密度、快速便捷的客运需求，为拓展区域发展空间，促进产业合理布局和城市群健康发展提供基础保障，同时也为广大城乡居民提供大众化、全天候、便捷舒适的基本公共服务。

4. 加快建设资源节约型、环境友好型社会，需要加快构建低碳绿色的综合运输体系

铁路在节能、节地、环保和经济等方面具有明显的比较优势，进一步发展铁路运输，形成分工合作、优势互补、协调发展的运输体系，是落实国家节约资源，保护环境基本

国策的重要体现，也是以较低的社会成本和资源环境代价满足经济社会发展对运输需求的客观需要，对加快转变交通发展方式，促进经济社会可持续发展具有重要作用。

### （二）规划设想

“十二五”铁路发展的总体目标是：路网布局更加完善，技术装备先进适用，运输安全持续稳定，创新能力不断增强，信息化水平全面提高，运输能力和服务水平大幅提升，经营效益和职工收入同步增长。到 2015 年，全国铁路营业里程达 12 万千米左右，其中西部地区铁路 5 万千米左右，复线率和电化率分别达到 50%和 60%左右。初步形成便捷、安全、经济、高效、绿色的铁路运输网络，基本适应经济社会发展的需要。

（1）基本建成快速铁路网，营业里程达 4.5 万千米左右，基本覆盖省会及 50 万人口以上城市，区域间时空距离大幅缩短，旅客出行更加快捷、高效和舒适。

（2）大能力区际干线和煤运通道进一步优化完善，重点物资和跨区域货运服务能力显著增强，大幅提升铁路对经济发展的支撑和保障能力。

（3）加快构建与其他交通方式紧密衔接的综合交通枢纽及综合物流中心，提高服务效率，促进综合交通运输体系建设。

## 三、大力推进铁路信息化建设

铁路信息化是铁路现代化的重要标志，起着关键性、基础性的重要作用。大力推进信息化是实现铁路现代化的迫切需要和必然选择，是覆盖铁路现代化建设全局的战略举措。

### （一）发展形势

1. 国内外发展形势

信息化发展将加速人类社会迈向信息社会的进程，信息化在经济和社会发展中的领跑作用日益显现，以创新、融合、转型为特征的信息化发展将再次掀起新一轮的世界浪潮。从现代信息技术发展形势看，新技术新应用新发展不断涌现，信息获取、处理、传输、存储等技术将更加成熟，智能制造、智能处理、海量存储、高速传输等技术将不断取得新进展，传感网、物联网、云计算、虚拟现实等技术的应用将实现对现实世界的实时控制和精准管理；通信网络技术将向宽带、融合、安全、泛在方向发展，与第三代、第四代无线移动通信网络和下一代互联网的创新发展共同构建出无处不在的高速网络环境。从我国信息化发展看，数字化、网络化、智能化、绿色化成为经济社会各领域现代化的主要特征，需要全面推进铁路、交通等国家重要基础设施的数字化、智能化建设，加快铁路、交通等领域的数字化、网络化、智能化转型，实现国家战略基础设施的精准管理和高效运行，构建安全、畅通、高效、绿色、智能的综合交通运输体系。

2. 我国铁路发展形势

“十二五”期间我国将加快形成发达完善铁路网，以高速铁路为主骨架的快速铁路网基本建成，客货运量将会大幅度增加。高速铁路和快速铁路网建设和运营对信息化、数字化、智能化提出了更高要求；确保不同速度标准列车特别是高速列车运行安全需要信息化为列车运行计划、调度指挥、运行控制、安全检测监控等业务提供支撑和保障；实施铁路多元化经营战略需要现代信息技术与客货运输及延伸服务、经营管理深度融合，推动铁路客货营销和服务由传统方式向电子商务转变。从铁路信息化自身看，铁路信息化建设和发展机遇和挑战并存，还需要在信息技术队伍综合素质、技术创新能力、信息资源开发和利用、信息系统集成和共享、网络与信息安全保障、运行维护机制等方面花大力气、下大功夫。

**（二）重点任务**

铁路信息化建设和发展以科学发展观为指导，把科学发展主题和加快转变发展方式主线作为引领铁路信息化发展全局的根本方针，全面推动铁路信息化协调发展、和谐发展、可持续发展；把统一领导、统一规划、统一标准、统一资源、统一管理作为铁路信息化发展的基本原则，充分发挥铁路各级信息化管理部门、信息系统业务主管部门的组织、指导、规范、推进、监管作用；把保障网络与信息安全作为铁路信息化发展的前提和基础，健全完善铁路网络与信息安全保障体系，确保铁路网络和信息系统安全稳定运行；把业务驱动、创新提高作为铁路信息化发展的内在动力，提高信息系统研发质量和应用效果；把采用先进、成熟、经济、适用、可靠技术作为铁路信息化发展的重要技术政策，积极开展前瞻性、基础性、关键性应用技术研究，为铁路信息化科学发展做好技术储备。

“十二五”期间，铁路信息化工作以运输组织、客货服务、经营管理三大领域为主攻方向，以技术创新、机制创新、管理创新为动力，以发展数字化智能化铁路，加强铁路信息基础设施建设，强化信息资源整合和共享，推进现代信息技术与铁路业务发展深度融合为重点，全面提升铁路信息化水平，促进铁路信息化科学发展，为实现铁路现代化提供强有力的技术支撑和保障。

1. 推进信息基础设施建设

建设覆盖全路的宽带信息网络，构建新一代信息处理平台。整合信息资源，建成铁路信息共享平台、公用基础信息平台、网络与信息安全保障平台和铁路门户。建设铁路数据中心，构建技术先进、结构合理、安全可靠的铁路信息化技术体系。

2. 推进运输组织智能化建设

高速铁路、繁忙干线采用调度集中系统，不断优化完善列车调度指挥系统和运输调度管理系统。建成高速铁路调度指挥中心、调度所运营调度系统，基本建成覆盖全路移动和固定设备设施运行状态监控网络，基本实现运输生产组织全过程信息化，全面提升铁路运输组织智能化水平。

3. 推进客货服务社会化建设

大力发展铁路电子商务，建成铁路客货运输服务系统、铁路客户服务中心和电子支付平台，基本建成铁路现代物流信息系统，促进铁路客货服务方式转型，实现客货运服务电子化、网络化，全面提高铁路客货运服务和营销现代化水平。

4. 推进经营管理现代化建设

建设铁路车务、机务、工务、电务、车辆、安全监督等管理信息系统，加快动车检修基地、大功率机车检修基地、基础设施维修基地等信息化建设，推广应用建设项目管理信息系统，优化完善电子政务、人力资源、财务会计和统计等信息系统，全面提升铁路经营管理水平。

（主要撰稿人：谷晓明）

# 我国铁路行业发展概况

新中国铁路事业长达 60 年的发展历程不是一帆风顺的，经历了由小到大、由少到多和由弱变强的渐进过程。20 世纪 70 年代末和 80 年代初，中国铁路进入改革开放新时期，在新的路线和新的方针、政策指引下，铁路事业推陈出新，突飞猛进。截止到 2010 年底，我国铁路营业里程达 9.1 万千米，居亚洲第一位，世界第二位。“十二五”期间，铁路建设将进一步发展，预计到 2020 年，全国铁路营业里程将达到 12 万千米以上。

## 一、2000 年以来我国铁路的发展现状

### （一）我国铁路营业里程发展概况

中国铁路迄今已有 100 多年的历史。1876 年 7 月 3 日，中国土地上出现了第一条铁路：由英、美合谋擅自在中国的土地上修建的第一条营业性铁路上海吴淞铁路，较世界上第一条正式营业的铁路落后 51 年。1881 年，在清政府洋务派的主持下，我国开始修建唐山至胥各庄铁路，揭开了我国自主修建铁路的序幕。此后，我国铁路经历了漫长而缓慢发展时期。1949 年新中国成立前夕，中国铁路里程为 2.18 万千米。中国共产党十一届三中全会以来，国民经济开始了新的发展时期，铁路工作得到恢复和发展，到 1980 年底，铁路营业里程达 49 940 千米，全国铁路网骨架基本形成。1982 年，针对“铁路运输已成为制约国民经济发展的一个重要原因”，制定了“北战大秦，南攻衡广，中取华东”的战略。到 1985 年底，全国铁路营业里程达 52 119 千米，客货换算周转量突破 1 万亿吨千米。到 2003 年底，中国铁路有 7.3 万千米。

2003 年，铁道部提出了“推动我国铁路跨越式发展”的总战略，从此，中国铁路进入了跨越式发展的阶段。到 2005 年年末，全国铁路营业总里程达 7.5 万千米，居世界第三位。自 2006 年起，年均修建铁路超过 30 000 千米，为旧中国年均建设里程的近 10 倍。截止到 2010 年底，全国铁路营业里程比 2005 年增加了 1.56 万千米，增长率为 20.7%，如图 2.6 所示。逐渐形成了现在的八纵（京哈通道、沿海通道、京沪通道、京九通道、京广通道、大湛通道、包柳通道、兰昆通道）八横（京兰通道、煤运北通道、煤运南通道、陆桥通道、宁西通道、沿江通道、沪昆（成）通道、西南出海通道）的铁路网，如图 2.7 所示。

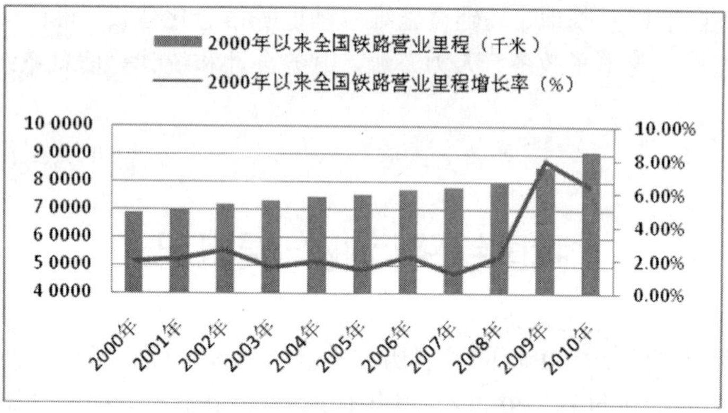


图 2.6　2000 年以来全国铁路营业里程及其增长率

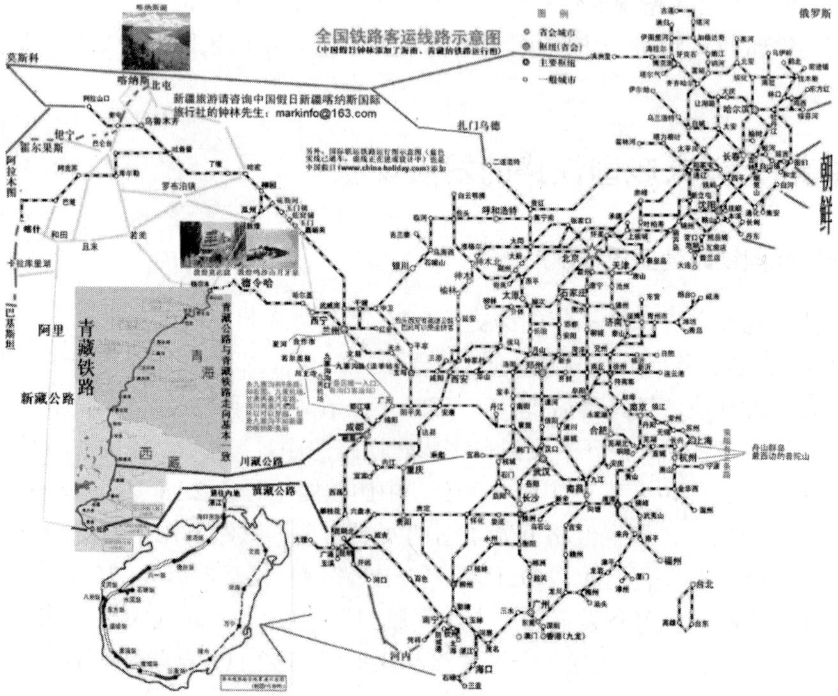


图 2.7　中国铁路图

### （二）我国高速铁路的发展概况

1994 年，我国第一条广州——深圳准高速铁路建设成并投入运营，旅客列车速度为 160～200km/h，不仅在技术上实现了质的飞跃，更主要的是通过科研与试验、引进和开发，为建设我国高速铁路做好了前期的准备，成为我国高速铁路化的起点。

2003 年，我国第一条秦皇岛——沈阳快速客运专线建成并投入运营，通过秦沈线的建设和运营的实践，探索到了适合中国国情的高速客运专线的技术标准、施工方法、运营管理及维护等一系列经验，为我国高速客运专线的建设奠定了基础。根据我国《中长期铁路网规划》和铁路跨越式发展的思路，到 2020 年，我国将建立省会城市及中大城市间的快速客运通道，建成"四纵四横"铁路快速通道及四个城际快速客运系统，建设客运专线 1.2 万 km 以上，构成我国高速铁路的基本框架，解决我国主要干线铁路运力不足和满足社会经济发展的需要。

目前，已经开工和即将开工的客运专线总里程达到 9700km。其中，时速 300km 的京津城际客运专线于 2008 年奥运会开始前建成并投入运营，从北京到天津半小时即可到达；京沪高速铁路 2008 年 4 月全线开工，2011 年建成并试运行。再经过 3~5 年的时间，京哈、京广、陇海（东段）、哈大、东南沿海等客运专线将全线贯通，加上既有提速线路，我国铁路快速客运网初步形成。

### （三）我国城市轨道交通的发展概况

1908 年，我国第一条有轨电车在上海建成通车，1909 年大连市也建成了有轨电车，随后北京、天津、沈阳、哈尔滨和长春等城市相继修建了有轨电车线路，在当时的城市公共交通中发挥了骨干作用。新中国成立 60 年来，我国的城市轨道交通从无到有，从单一线路到四通八达，实现了跨越式发展。由于经济实力和技术水平的限制，我国的城市轨道交通建设起步较晚。

2000 年之前，内地仅有北京、上海、广州、天津 4 个城市拥有轨道交通线路。进入 21 世纪以来，随着国家经济的飞速发展和城市化进程的加快，城市轨道交通也进入大发展时期。2006 年底，中国已开通城市轨道交通的城市有北京、上海、天津、广州、长春、大连、重庆、武汉、深圳、南京 10 个城市 21 条线路，运营线路总长 621km。截至 2010 年底，已有 12 个城市建成并投入运营城市轨道交通线路共计 47 条，总里程约 1300 千米。目前，已有 28 个城市的城市轨道交通近期建设规划获国家批复，在 2015 年前后规划建设总里程 3000 多千米，总投资 12 000 多亿元，还有多个城市的城市轨道交通建设规划已上报等待审批。

2015 年前后，北京、上海和广州等 22 个城市将建设 79 条轨道交通线路，总长 2259.84 千米。我国建成和在建轨道交通线路将达到 158 条，总里程将超过 4189 千米。至 2020 年，京、沪、穗三地的城市轨道交通运营里程都将超过 500 千米，其中上海将以 877 千米的总长度处于领先地位。

### （四）我国铁路的大提速

铁路的六次大提速，引起了世界的注目。在提速区段既开行时速200千米及以上的动车组，又开行900米长、5500吨重载的货物列车和双层集装箱列车，这是世界铁路首创；在繁忙干线客货混行、行车密度很大的情况下，密集开行时速200千米及以上的动车组列车，这种运输组织方式也是世界铁路独有；一次提速到200千米及以上的线路里程总量、最高时速值等，亦居世界铁路首列。六次大提速的具体情况见表2.2。

表2.2　我国铁路的六次大提速

| | 时间 | 提速范围 | 时速超过120千米线路 | 时速超过140千米线路 | 时速超过160千米线路 | 全国列车平均时速 |
|---|---|---|---|---|---|---|
| 第一次 | 1997.4.1 | 京广、京沪、京哈三大干线 | 1398千米 | 588千米 | 752千米 | 54.9千米 |
| 第二次 | 1998.10.1 | 京广、京沪、京哈三大干线 | 6449千米 | 3522千米 | 1104千米 | 55.16千米 |
| 第三次 | 2000.10.21 | 京广、京沪、京哈、京九四大干线和陇海、兰新、京九和浙赣线 | 9581千米 | 6458千米 | 1104千米 | 60.3千米 |
| 第四次 | 2001.11.21 | 京九线、武昌—成都（汉丹、襄渝、达成）、京广线南段、浙赣线和哈大线 | 13 166千米 | 9779千米 | 1104千米 | 61.4千米 |
| 第五次 | 2004.4.18 | | | | 7700千米 | 65.7千米 |
| 第六次 | 2007.4.18 | 纵向干线及陇海、兰新、沪昆、胶济、广深等18条线路 | 22 000多千米 | | 14 000千米（其中，200千米时速里程6003千米，250千米时速里程846千米） | 70.18千米 |

由于提速，铁路旅客年发送量从1997年第一次提速时的9.33亿人次增加到2006年的12.57亿人次，增长34.7%。第六次提速相当于每天增加30万个坐席，客运能力提高18%。货物年发送量从1997年17.20亿吨增加到2006年的28.72亿吨，增长66.9%，其中第五次提速增长了15%，而第六次提速货运能力又增长了12%。经过第六次铁路大提速，我国进入了高速铁路时代。

### （五）铁路在综合交通运输体系中的作用及地位

铁路运输在国民经济中占有重要地位，是国民经济的大动脉和国民经济三大支柱产业之一。其载运质量大、运行成本低、能源消耗少，在大宗、大流量的中长以上距离的客货运输方面具有绝对优势，担负着城乡、工况各种物资和人员交流的主要运输任务，在我国综合交通运输体系中起骨干作用。随着我国铁路的不断发展，铁路运输在整个交通运输体系中的作用越来越明显。2000 年以来，全国铁路客运量占各种交通方式总客运量的比重都在 5%以上，如图 2.8 所示，全国铁路货运量占各种交通方式总货运量的比重都在 11%以上，如图 2.9 所示。2002 年以来，全国铁路煤炭运量占原煤产量的比重都在 60%左右，如图 2.10 所示。

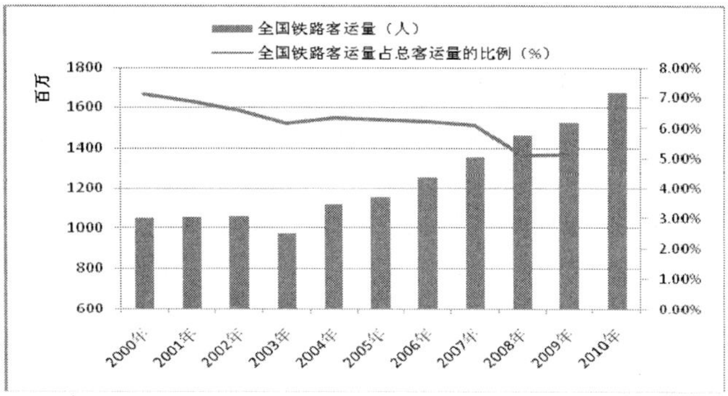


图 2.8　2000 年以来全国铁路客运量及占总客运量的比例

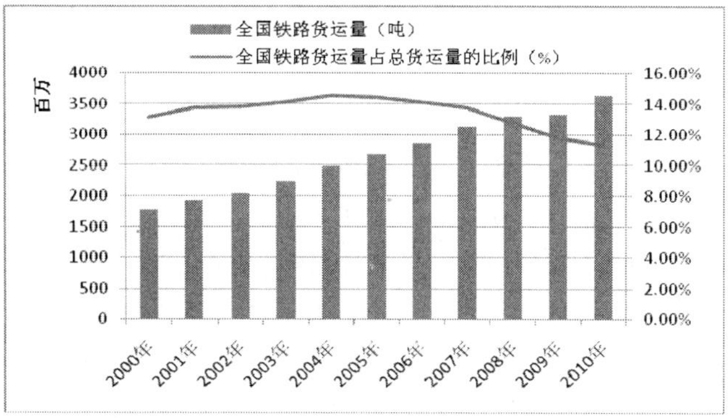


图 2.9　2000 年以来全国铁路货运量及其占总货运量的比例

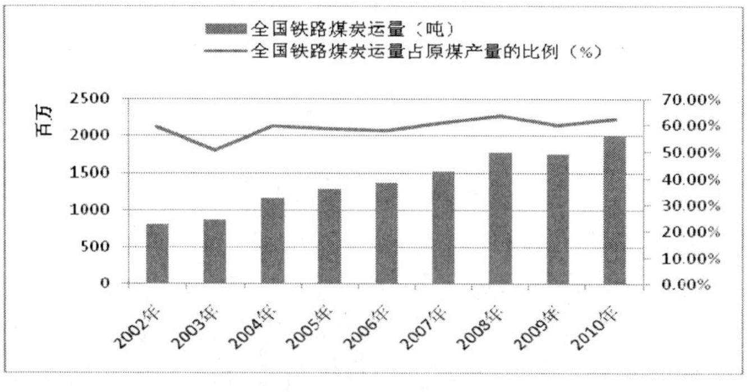


图 2.10　2000 年以来全国铁路煤炭运量及占原煤产量的比例

城市轨道交通是城市公共交通的骨干，具有节能、省地、运量大、全天候、无污染

（或少污染）又安全等特点，属绿色环保交通体系，符合可持续发展的原则。随着经济的发展和城市化进程的加快，城市轨道交通在公共交通体系中呈现出越来越重要的作用，如图 2.11 所示。

图 2.11　2000 年以来全国城市轨道交通客运量及占城市公共交通客运总量的比例

## 二、“十二五”我国铁路发展展望

### （一）坚持快速发展，铺就小康社会新坦途

继续加快发展铁路，既是解决运输“瓶颈”制约的当务之急，更是提高服务保障能力、全面建设小康社会的客观要求。“十二五”期间，我国铁路将加快实施《中长期铁路网规划》，全面推进高速铁路、城际铁路、区际干线、西部铁路、国际通道和煤运通道建设，基本建成发达完善铁路网，尽快解决运能与需求的矛盾。

到 2015 年，全国铁路营业里程将达到 12 万千米左右，其中高铁线路 1.6 万千米左右，西部铁路 5 万千米以上，复线率和电化率分别达到 50%和 60%。繁忙干线实现客货分线运输，以高速铁路为骨架的总规模 5 万千米快速铁路网基本建成，总规模 7 万千米的区际大能力通道布局成网，集装箱运输系统、客货运枢纽及配套设施进一步完善，路网布局和技术结构更加合理。

### （二）坚持安全发展、巩固铁路建设新成就

保持运输安全稳定的环境，是确保圆满完成“十二五”铁路发展任务最根本的前提，是巩固铁路发展大好形势的基石。

“十二五”期间，铁路系统将继续牢固树立以人为本、安全发展的理念，依靠科技进步，加大安全投入，强化安全基础设施和保障体系建设，推进安全管理创新，全面提升安全管理水平，确保运输安全持续稳定，为铁路发展创造持续稳定的环境；将进一步强化安全管理和保障机制，严格施工安全管理，进一步强化提速干线和高铁的治安防范、综合治理，加快构筑防控严密、反应迅速、保障有力的安全治安防范体系和保障体系；建立健全安全管理规章制度，强化规章制度管理，实现安全管理科学化、规范化。

### （三）坚持创新发展，铸造“又好又快”新引擎

“十二五”期间，我国铁路将基本实现技术装备现代化。时速 200 千米及以上动车组列车成为快速客运主要技术装备，主要干线大量使用大功率交流传动电力或内燃机车，客货车辆基本实现更新升级，高速铁路的检测和养护维修实现信息化和机械化，基础设施的现代化水平进一步提升。同时，大力推动信息化与铁路各项业务的深度融合，推进资源整合和信息共享，全面提高铁路信息化水平。

将继续推进高速铁路、机车车辆技术装备等重点领域技术再创新，不断增强自主创新能力。到 2015 年，投入运营的动车组列车达 1500 列以上，基本满足高速铁路、主要提速干线的运输需要；全国铁路机车拥有量将达 2 万台以上，其中和谐型大功率机车达到 1.25 万台~1.3 万台，占全路总机车保有量 60%以上；客车保有量达到 4.5 万辆，其中空调客车将达 3.6 万辆；货车保有量达到 90 万辆，其中 70 吨级及以上通用货车占总保有量的 30%以上。

### （四）坚持绿色发展，引领“两型”社会新格局

“十二五”后，铁路网络覆盖全国 20 万人口以上城市，快速铁路网基本覆盖省会及 50 万人口以上城市，为旅客出行提供高效便捷、安全舒适的现代化运输服务；大能力区际干线和煤运通道为跨区域运输提供基本保障，煤运通道总能力达 30 亿吨，大宗货物运输实现重载化，高附加值货物运输实现快捷化，与其他交通方式衔接更加紧密。

在加快发展、满足社会需要的同时，将加强铁路运输环境保护，提高运输环境质量。“十二五”期间，将贯彻落实国家关于加快建设“两型”社会的要求，建立铁路节能减排管理体系和机制。

## 三、铁路智能交通系统发展需求

目前，铁路运输日益面临“高密度、高速度、高安全”的要求，充分挖掘交通基础设施和信息基础设施的潜力，实现更高效率，更高安全，更高品质服务的铁路运输十分必要。因此，铁路智能运输系统是铁路发展的迫切需求。

铁路智能运输系统（RITS）集成了电子技术、计算机技术、现代通信技术、现代信息处理技术、控制与系统技术、管理与决策支持技术和智能自动化技术等，在崭新的框架体系规范下对现有的各类信息化系统进行更高层次的整合和优化，全面实现信息共享，加强综合调度系统，列车控制系统和安全保障系统的建设。在确保行车安全的同时，进一步加强电子商务、客货营销系统和信息服务系统的建设，大幅度提高服务的质量、效率和适应市场的能力。加强基于管理和控制的智能化综合决策支持建设，提高决策的时效性和科学性。系统建成后将覆盖客货运管理、用户服务、电子商务、安全保障、基础设施的管理与维护等领域，形成一个完整的集智能化控制、管理、决策于一体的新一代铁路运输系统，实现我国铁路跨越式发展。

与传统的铁路运输系统相比，铁路智能运输系统具有智能性、高效性、高安全、高品质服务特性，综合性以及人、车辆、线路的高度协调性等特点，核心特征是系统的智能性。

铁路智能运输系统可划分为三个层次：

1. 初级铁路智能运输系统

应用计算机技术、信息处理技术、地理信息技术、数据通信技术等采集、传输、共享来自铁路运输环境中的各类信息，并根据上述信息进行初级的决策和控制。如现有的TMIS，DMIS，ATIS，PMIS等，以及正在积极研究的铁路地理信息系统等。

2. 中级铁路智能运输系统

应用系统辨别、模式识别技术等对确定环境建立数学模型，从而对未来做出规划和推理。如基于运筹学模型编制列车时刻表，编组站调车自动化系统和列车速度智能控制等。

3. 高级铁路智能运输系统

在应用数学模型对确定环境进行建模的同时，引用知识模型对非确定对象建模，从而模拟人类的理解能力，完成复杂环境下的决策。如综合调度系统、综合营运管理系统和列车自动驾驶系统等。

目前，我国正处于初级铁路智能运输系统的发展阶段，初级阶段的任务已部分完成，但还有许多问题有待解决。迫切需要在追踪和采用现代先进技术的同时，结合技术引进和自主创新，使我国的铁路运输水平早日达到或超过发达国家的水平，带动我国铁路运输系统智能化水平的不断提高。

（主要撰稿人：贾利民、秦　勇）

# 水运行业发展概况

## 一、总体概况

水路运输是国家综合运输体系和水资源综合利用的重要组成部分，作为传统且仍处于发展中的运输方式，具有运能大、占地少、能耗低、污染小、安全可靠等特点，对国民经济、对外贸易和区域经济社会的发展起到了重要的支撑作用。内贸货物周转量的约50%，外贸货运量的90%以上是通过水路运输完成的，水路运输为中国国民经济和社会发展做出了巨大贡献。

水路运输按运输范围可分为远洋运输、沿海运输和内河运输：远洋运输主要指从事国际航线的货物和旅客运输；沿海运输主要指沿海各港口间的海上运输；内河运输主要指通过内江湖河川等天然或人工水道运送货物和旅客的运输方式。按运输内容可分为货运运输和旅客运输。

水路运输由船舶、船员、港口、航道和辅助支持系统等组成。其中，船舶按用途不同可分为：客船、集装箱船、滚装船、载驳船、杂货船、木材船、油船、液化气体船、液体化学品船、冷藏船和多用途船等，船舶制造和维护复杂，与科技和生产力发展水平关联度高。辅助支持系统包括与船舶航行、操作和停泊等作业直接相关的通信、导航、管理和服务等系统，涉及面广、信息化程度高。

水路运输距离长，国际化程度高，航行区域涉及国内外，相关管理、操作不仅要满足国内法律、规范的要求，还要服从于国际社会相关公约和标准的规定。水路运输的安全性与公共安全的关联度高，国际社会、我国政府和公众对水路运输的安全性关注度高。

随着科学技术的发展，水路运输科学技术也不断进步，使航海从技艺逐步发展成为科学技术，船舶呈现大型化、专业化、自动化、电子化、信息化和智能化的趋势，在船舶操纵和避碰技术、通信导航技术、救助打捞技术、航道建养技术、船舶建造和维护技术等方面都有了较大的发展。

## 二、主要发展成就

改革开放以来，中国水运建设与发展实现了历史性突破，“十一五”期间，水路交通发展又迈上一个新的台阶，中国已成为世界航运大国和港口大国。主要体现在以下方面：

### （一）运输服务效率和水平明显提高

内河货运市场继续保持快速增长，内河货运量年均增长速度超过 10%，货物周转量年均增速达到 14.2%，江海运输量年均增速达到 12.6%。截至 2010 年，全国内河航道通航里程 12.4 万千米，位居世界第一。

### （二）港口建设取得显著成效，成为带动临港工业，促进区域经济发展的引擎

“十一五”期间，沿海港口建设投资超过 3500 亿元，在长江干线、西江航运干线和京杭运河等沿线相继建成了一批规模化、专业化港区。2009 年沿海港口完成货物吞吐量 55.7 亿吨，预计 2010 年达到 61 亿吨，比 2005 年净增 27 亿吨，年均增长 11.8%。沿海港口吞吐量五年增长 80%，22 个港口进入亿吨大港行列。集装箱吞吐量于 2007 年突破 1 亿标箱，并连续九年保持世界第一。

### （三）内河水运大发展，内河水运建设总投资预计为 1000 亿元，超过新中国以来至“十五”期末的投资总额

“十一五”期间，全国内河货运量年均增速超过 10%，集装箱和汽车滚装港口吞吐量年均增速超过 18%。航道的改善与水运的发展，为沿线地区承接产业转移提供了重要支撑。确立了“大力发展内河航运，不断开拓海洋运输”的发展方向，国务院于 2011 年 1 月正式印发了《关于加快长江等内河水运发展的意见》，标志着内河水运发展上升为国家战略。长江黄金水道等内河水运建设取得了重大进展，内河港口生产运营的码头泊位有 2.6 万个。全国内河航道新增及改善 4181 千米，通航里程达 12.4 万千米，其中三级及以上航道 9085 千米，初步形成了国家高等级航道网络。长江干线航道水深全线提高，12.5 米深水航道上延至太仓，万吨级海轮直达城陵矶。在京杭运河和长江干线船型标准化、农村客渡船改造、老旧运输船舶和单壳油轮报废更新等领域取得重大进展，三峡船闸和京杭大运河通过能力大幅提高，京杭运河航运面貌大为改观，降低了对环境的污染，为国民经济平稳运行和群众正常生产生活提供了有力的运输保障。

### （四）水路交通事故频发的势头得到遏制，水上交通突发事件应急体系初步建立

事故频发的状况得到有效遏制，事故的发生率、死亡率和损失程度都持续降低。建立了国家级、地方和专业水上交通事故应急预案，人员和装备水平显著提高，“十一五”期间中国海上救助中心成功组织救助遇险人员近十万人，平均每年两万人，救助的成功率达到了 96%。

### （五）两岸航运翻开历史新篇章

2008 年 11 月 4 日，大陆海协会与中国台湾地区海基会签署了《海峡两岸海运协议》，同年 12 月 15 日，中国台湾地区海峡两岸之间双向直航正式开通。开通两年后，大陆有 57 个、中国台湾地区有 14 个，共 71 个港口（港区）开通了直航运输。两岸客货直航班轮航线开通两年，累计运送货物 1.2 亿多吨，运送旅客 300 多万人次。

### （六）水运法规体系基本建立

颁布了港口、航道建设和水路运输和港口管理等十余部重要规章，建立和完善了一批重大制度。水运立法强调服务型交通的立法理念，立法程序更加规范，立法机制不断健全，有序推进立法工作并在重大问题上取得实质性突破，提升了水运法规的层次和水平，基本建立了水运法规体系。

## 三、“十二五”展望

到2020年，中国将实现水运业的现代化，由海洋大国、航运大国向航运强国转变。“十二五”期间，我国将积极发展海洋运输，保障海上运输通道安全，有序推进沿海港口建设，加快内河水运发展；强化运输保障能力建设，不断提高运输服务水平；加强市场监管，进一步提高行业管理水平；加强科技创新能力，推进信息化建设；进一步推动节能减排，构建绿色交通运输体系；提高交通运输安全监管和应急能力，有效预防和应对特大自然灾害与突发性事件。完善海洋防灾减灾体系，增强海上突发事件应急处置能力。

深化港口岸线资源整合和优化港口布局。建设北方煤炭下水港装船码头及华东、华南煤炭中转储运基地工程，大连等港口的大型原油接卸码头工程，宁波——舟山等港口的大型铁矿石接卸码头工程，上海、天津等港口的集装箱码头工程。新增万吨级及以上深水泊位440个左右。鉴于岸线是不可再生资源，“十二五”期间交通运输部将加强港口规划实施监督，严格岸线使用审批，鼓励公共码头发展，提高岸线、土地等资源的利用效率。尤其在岸线审批上，真正做到“深水深用，浅水浅用”，实现港口资源的优化整合，满足国民经济和区域经济发展的需要。

加快推进现代化内河水运体系建设，利用10年左右的时间，建成畅通、高效、平安、绿色的现代化内河水运体系。具体体现在以下方面：

### （一）加快内河航道建设，加快长江干线航道系统治理

到“十二五”末，力争全国内河高等级航道达标里程比“十一五”末增加3000千米。重点实施实施长江中游荆江河段航道治理工程，稳步推进长江口12.5米深水航道向上延伸。全面治理完成后，长江干线航道的通航尺度和通过能力将获大幅提升。下游12.5米深水航道上延至南京，长江下游安庆到武汉，确保枯水期航道水深4.5米以上，船队通行能力可从现在1万吨级提高到2万~4万吨级；武汉到上游城陵矶，水深确保在3.7米，可通行万吨级船队。实施西江航运干线扩能工程和京杭运河升级改造工程，推进长江三角洲高等级航道网及其他高等级航道建设，西江航运干线、京杭运河和珠江三角洲高等级航道网全面或基本达到规划标准，长江三角洲高等级航道网60%达到规划标准。

**（二）港口吞吐能力增加 13 亿吨，并提高港区的规范化、规模化、现代化、专业化**

加快内河主要港口和部分重要港区建设。加快老旧码头的加固改造和港区功能调整。实现高等级公路或高速公路与内河主要集装箱港区的联接。推进主要港口向货物中转基地、大宗货物交易中心发展，逐步建成综合货运枢纽。

**（三）船舶平均吨位提高 67%**

加快推进内河运输船舶船型标准化，力争“十二五”末基本实现内河客船、危险品船等重点船型的标准化、系列化，其他船舶的船型标准化率达到 50%以上；内河船舶平均吨位达到 800 载重吨，其中长江干线达到 1600 载重吨。

**（四）构建绿色内河水运体系，单位运输成本较 2010 年降低 10%**

严格执行和逐步提高船舶排放标准，鼓励老旧运输船舶和单壳油轮提前报废更新，加速淘汰高耗能、高污染、低性能船舶。2013 年 1 月 1 日起，禁止生活污水排放达不到规范要求的客船、载货汽车滚装船和单壳油船、单壳化学品船进入三峡库区。将节约资源和保护环境的理念贯穿于内河水运的规划、设计、施工、养护和运营全过程。在长江干线、西江航运干线等重点地区建设船舶溢油和危险品应急基地，力争长江干线、西江航运干线达到一般水域 100 吨，重点水域 200 吨的清污能力。

**（五）着力优化内河水运结构**

大力发展现代航运服务业；继续推进内河航运的公司化经营；完善江海直达、干支直达、江海转运运输服务网络；大力发展多式联运，积极推进集装箱、大宗货物的水铁联运；鼓励港航企业延伸产业链。

**（六）着力提高内河水运安全保障和应急处置能力**

加强内河水运安全监管、应急处置及治安防控能力建设，建成长江干线全方位覆盖、全天候监控、具有快速反应能力的水上安全监管和应急搜救体系。制定内河防污染、水上搜救和航道保畅应急预案，不断完善应急预案体系。

（主要撰稿人：严新平、吴超仲）

# 民用航空行业发展概况

## 一、行业发展状况

### （一）航空公司与机队规模

目前，国内共有26家航空公司，其中包括中国国际航空公司、中国东方航空公司、中国南方航空公司等大型航空集团公司和厦门、上海、四川、山东等地方航空公司，以及奥凯、春秋等民营航空公司。拥有的机型包括波音777，747，757，737，空客A330，321，320，319，300等各式运输机。运输飞机总数见表2.3。

表2.3　2003～2010年机队规模

| 年　份 | 2003年 | 2004年 | 2005年 | 2006年 | 2007年 | 2008年 | 2010年 |
|---|---|---|---|---|---|---|---|
| 运输飞机总数 | 661 | 754 | 863 | 998 | 1134 | 1259 | 1604 |

### （二）机场数量

2005年，我国境内民用航空定期航班通航机场142个（不含香港特区和澳门特区，下同）。“十一五”期间，新增机场33个，改扩建机场33个，迁建机场4个，保护完善机场41个，已动工在建机场11个。2010年颁证运输机场到达175个，初步形成了以北京、上海、广州等枢纽机场为中心，以成都、昆明、重庆、西安、乌鲁木齐、深圳、杭州、武汉、沈阳、大连等省会或重点城市机场为骨干及其他城市支线机场相配合的基本格局，我国民用运输机场体系初步建立。

### （三）行业运行数据

近10年来，航空运输业在各项行业数据中保持了良好的增长态势，运输总周转量由2003年的171亿吨千米增长到2010年的536亿吨千米，年平均增长率为16.45%；旅客吞吐量由2003年的8759万人次增长到2010年的56 431万人次，年平均增长率为15.85%；货邮吞吐量由2003年的219万吨增长到2010年的1129万吨，年平均增长率为12.93%，如图2.12所示。

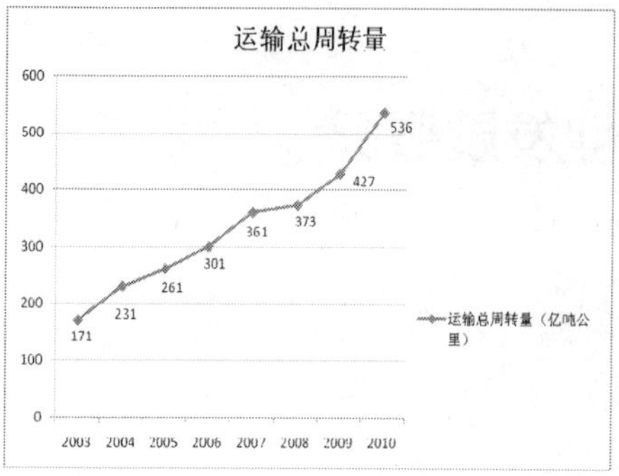


（a）2000—2010年运输总周转量

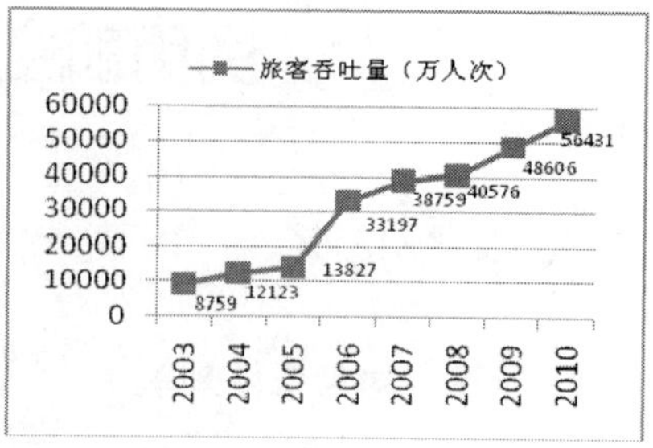


（b）2003—2010年旅客吞吐量增长

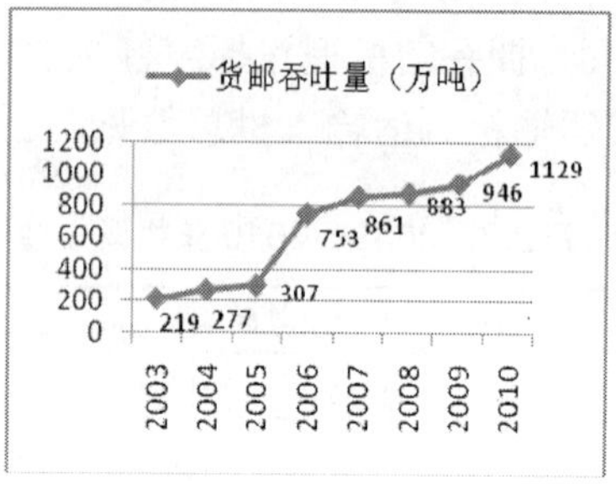


（c）2003—2010年货邮吞吐量增长

图2.12　2003—2010年航空运输业运行数据

### （四）综合交通比较

通过近10年的统计数据显示，航空运输业在综合交通中所占的比重在逐年提升，与其他综合交通相比较增长幅度最大。货物运输周转量份额由0.11%增长到0.13%，如图2.13所示。旅客运输周转量份额由8.17%增长到14.51%，如图2.14所示。航空运输业长距离运输的优势得到体现，发展态势良好。

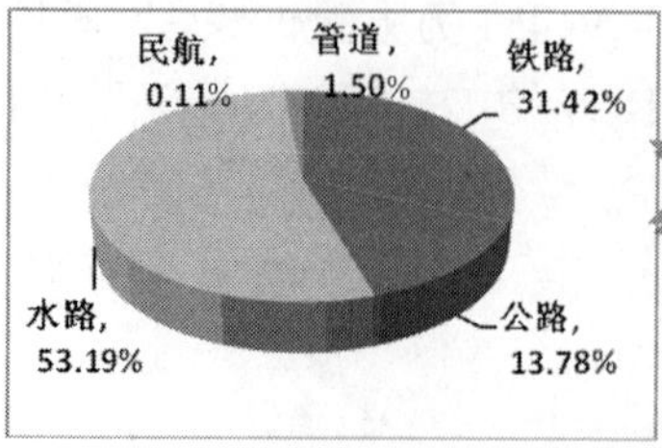


2000年货物运输周转量份额图

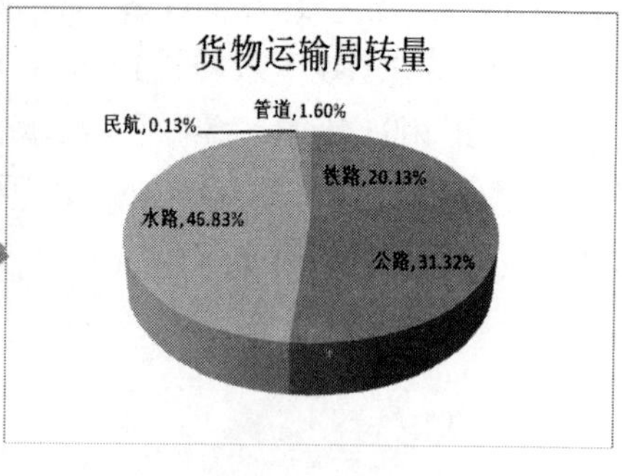


2010年货物运输周转量份额图

图2.13　2000年与2010年货物运输周转量对比

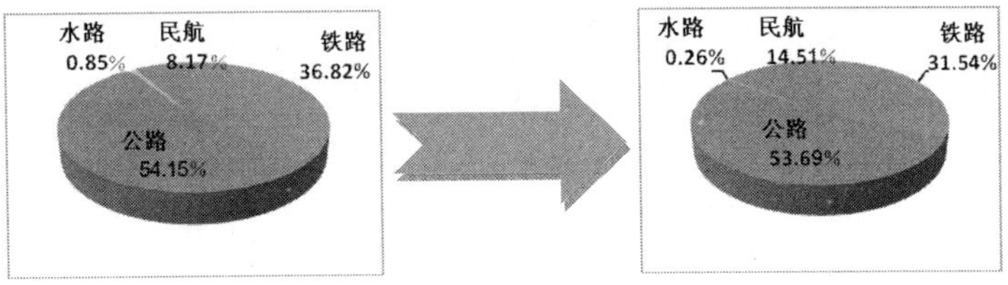


2000 年旅客运输周转量份额图　　　　2010 年旅客运输周转量份额图

图 2.14　2000 年与 2010 年旅客运输周转量对比

**（五）空管技术的发展**

空中交通管理（空管）系统是保证飞行安全，维护空中交通秩序，实施空域资源管理，提高航空运行效率的核心系统，是空基与地基功能的综合，主要包括空中交通服务、空域管理和空中交通流量管理。随着飞机数量的增长，空管系统管理手段不断进步。

进入 21 世纪后，全球航空客运量在未来 20 年预计以平均每年 4.7%的速度增长，全球市场新增民航飞机的数量将达到 2.5 万架，快速发展的航空运输为空管系统提出了前所未有的挑战。新航行系统技术促进了新的空管运行模式的产生，空地协同的空管系统正得到迅速的发展。空地协同的空管系统将面向“自由飞行”，支持四维航迹运行、复杂空域内高密度飞行，同时朝着绿色环保化的方向发展。

空地协同的空管系统要求能实现通信、导航、监视等基础设施及其信息的共享、融合与交换，在充分融合空管部门、航空公司、机场、军航等各单位信息的基础上，使空中交通管理所有参与者对整个系统运行状态产生一个公共的态势认知，通过飞行流量与空域容量的匹配，提高资源利用率，保证空中交通安全、流畅地运行，同时也在最大程度上满足各参与方的需求。

“十一五”期间，在国家 863 计划“新一代国家空中交通管理系统”重大项目的支持下，在 RNP/RNAV，ADS-B，GNSS 等领域开展了深入研究，取得了一批高水平的科研成果，为我国新一代空管系统的建设奠定了技术基础。

**（六）通用航空的发展**

通用航空是民用航空的重要组成部分，也是民用航空发展的坚实基础。低空空域是通用航空活动的主要区域。目前，低空空域管理还存在空域划分不够合理，管理体制不够科学，运行机制不够顺畅，法规制度不够健全，手段建设不够配套，安全责任不够明晰，服务保障不够完善等问题，与通用航空用户和社会公众期望还有较大差距。

2009 年 10 月，国家空管委提出，通过 5～10 年的全面建设，逐步推动低空空域管理改革，充分开发利用低空空域这一宝贵战略资源，促进空中管理手段、能力与水平的提升和通用航空产业的快速发展，带动航空产业升级，提升国际竞争能力，培育新的经济增长点，为国家经济建设、国防建设和社会发展做出积极贡献。随着我国空域改革的不断深入，目前已在黑龙江、吉林、广东、海南等地试行低空开放。2011

年将扩大到湖北、湖南、广西和内蒙古东部，随后会逐年扩大范围，在 2015 年将实现全面低空放开，预计通航年均作业量将达到 18 万小时左右，至 2020 年我国需要通用飞机将近 10 000 架。

## 二、行业发展趋势

2011 年 4 月 7 日，《中国民用航空发展第十二个五年规划》（以下简称《规划》）发布。《规划》回顾了民航“十一五”发展情况，分析了“十二五”民航发展面临的形势，明确了“十二五”期间民航发展的指导原则和发展目标，提出了民航“十二五”期间提高持续安全水平，增强机场保障能力，建设现代空管服务系统，提升航空运输服务能力，加快通用航空事业发展五大任务，强调了促进民航发展方式转变以及规划保障措施的具体要求。

预计到 2015 年，我国航空运输总周转量将比 2010 年提高近一倍，机队规模比 2010 年扩大 68%。民航局在建设民航强国战略构想中提出，到 2020 年航空旅客 14 亿人次，民用机场 290 个以上；2030 年航空旅客 30 亿人次，民用机场 400 个以上。航空运输的快速增长迫切需要不断提高民航空中交通管理系统的保障能力和服务水平。

### （一）空管保障能力

“十二五”期间，全国空管系统要确保年均增长 13%的保障能力发展速度；2015 年实现安全保障起降飞行 1143 万架次，比 2010 年增长 97%，民航运输及其他飞行各类保障 3318 万架次。

### （二）空域组织

推动空域管理改革，创新空域运行机制；进一步推动大区域运行，最终实现 8 个大高空管制区域运行；机场比较集中、流量密集的地区建设大终端区；进一步发挥技术效能，提升空域容量；以提升空域性能管理为重点，优化航路网络，推进平行航路建设，完善空域灵活使用机制；低空空域逐步得到开放，适应国家经济发展和航空活动需求。

### （三）运行管理

#### 1. 管制运行

全面提升雷达管制水平，东部地区应用国际民航组织要求的雷达管制的最小飞行间隔，西部地区实施与其流量之相适应的雷达管制飞行间隔。基本完成民航运行和流量管理系统的组织构架、基础设施、系统硬件平台和部分核心软件系统建设任务。初步实现对全国空管运行状况及时、全面、有效的掌控，形成规范统一、机制健全、信息通畅、运行高效、保障有力的空管运行管理体系。因空管原因导致航班延误量占航班延误总量的比例力争逐年降低。

2. 设备保障

进一步提升通信导航监视系统整体保障能力，降低设备运行风险，建成管理规范、机制健全、设施完善、技术先进的空管一体化设备保障系统，提供连续、可靠、优质的通信导航监视服务，确保空管安全、高效。设备运行正常率达到90%以上。

3. 气象服务

通过改进探测、预报技术，提高气象信息分析、处理能力，满足飞行安全、正常与效益需求，全面提升我国航空气象的技术水平和服务能力，缩小与发达国家航空气象保障能力的差距。最大限度地减少天气对航空运行安全与效率造成的危害，整体服务水平接近同期国际先进水平。

## 三、ITS 应用需求

传统空管系统是陆基航行系统，以无线电地面台站为基础，需要沿着飞行航路部署相应的地面通信、导航和监视设施。航空器的飞行路径受到导航技术的约束，同时陆基系统存在建设成本高，使用维护复杂的问题，且其布设受地形影响很大。传统的空管系统信息收集管理能力不足，自动化程度低，信息资源不能完全集成共享，无法保障日益密集的航班需求，为确保安全不得不牺牲运行效率。目前，全国主要骨干机场和东部地区空中交通容量已基本处于饱和状态。随着科学技术的高速发展，现代卫星、信息、网络和自动化技术被大量采用，为构建新一代国家空中交通管理系统奠定了基础。

新一代空中交通管理系统是通过构建以星基系统、现行陆基系统和飞行器等为基础的天空地一体化网络，实现飞机、地面用户（空管、机场和航空公司等用户部门）和卫星之间互通互联，支持全球范围、全天时、全天候飞行器的指挥监视和全球空中交通服务的无缝隙连续覆盖，突破了对地面通信导航监视设备的依赖，可以克服海洋、高山地形等限制，使飞行从受地面管制的被动飞行向空地协同的主动飞行方向发展，从而彻底改变了现有的空中交通管理方式。新一代空管系统主要包括航空通信、航空导航、航空监视和协同管制等几个部分。

### （一）航空通信

航空通信是航空部门之间利用电信设备传递飞机飞行动态、空中交通管制指示、气象情报及航空运输业务等情报为主的通信，是空管系统的前提和基础。早期的航空通信业务以语音通信为主，可同时通信的航空器数目少，性能差。随着全球民航客流量和空中交通持续增长，现行的民用航空通信系统存在传输速度慢、频谱利用率不高、可靠性差等缺陷和局限性，早已不能适应日益增长的空中交通流量和新型飞机航速航程扩展的需要。

按照新一代空中交通管理系统对未来运行概念的规划，未来航空通信系统要求带宽更宽、延时更小、可靠性更高。航空宽带移动通信可保证飞机之间、飞机与地面航空部门之间快速地交换情报资料，共享各飞机掌握的所有情报，传递空中交通管制指示、气象情报，实时监视空中飞机态势，增强驾驶员、地面指挥员、管制员的态势认知能力，从而保障飞行安全。随着数字宽带通信技术的不断发展和成熟，紧密结合航空通信的自身特性，使得研制满足未来空管需求的航空通信系统成为可能。

### （二）航空导航

航空导航设施可分为三种：陆基导航设施、空基导航设施以及星基导航设施。其中卫星导航系统具有无可比拟的优势，已经广泛应用于军事和民用航空各领域，并将作为航空主用导航系统。

我国西部多高原，地形条件复杂。由于建设成本和布设条件等方面的限制，现有陆基空管系统无法广泛采用。为了保证飞行安全，管制员在对航空器运行控制中不得不人为拉大航空器之间间隔，无疑造成西部空域资源的巨大浪费，也造成了相当大的经济损失。基于星基的导航系统将极少依赖地面设施，它不仅会提高飞行的安全性，还将极大地节省投资，缓解西部地区机场建设需求迫切及耗资巨大的难题。

与一般卫星导航应用相比，民用航空对卫星导航系统有及其严格的要求，特别是在完好性、连续性和可用性方面，在最常用的CAT I精密进近中，其完好性为（1~2）$\times 10^{-7}$/进近，连续性为 1~8$\times 10^{-6}$/15s，而可用性为 0.99~0.99999。为了满足民用航空应用的需求，必须针对民航的特殊要求研究可用的导航系统、增强系统及其应用系统。

### （三）航空监视

航空监视即对空中交通活动信息的准确掌握，是空中交通系统安全保障的重要手段之一。传统的雷达系统自身具有很多局限性，限制了监视性能的提高：雷达波束的直线传播形成了大量雷达盲区；无法覆盖海洋和荒漠等地区；雷达旋转周期限制了数据更新率的提高，从而限制了监视精度的提高；无法获得飞机的计划航路、速度等态势数据，限制了跟踪精度的提高和短期冲突告警的能力。因此，需要发展新的监视手段。

新一代航空监视系统将使卫星系统、飞机以及陆基系统通过高速数据链进行空天地一体化协同监视，使 ADS-B，MDS，TCAS，ADS-C 及雷达等多种监视手段进行网络化协同工作，对全国范围、飞行全周期的监视信息更加丰富，目标相关态势更加精确，大大提高了全国范围飞行流量动态调配能力和飞机航路优化、综合避险能力。

未来的航空监视系统将形成多种监视手段共存的广域多级相关监视系统，通过实现不同协议体系下监视信息的采集和时空统一，实现多元监视信息的融合。在网络化环境下利用分级提取、按需分发与优先级判决实现从机场、终端区、航路、空域到机间的分级监视，分级地向目标系统提供决策支持。

### （四）协同管制

协同管制包括空中交通管制、空中交通流量管理两方面的内容。其中，管制的主要任务是保证飞机飞行安全，避免飞机相撞；流量管理的主要任务是避免空中拥塞，保证空中交通畅通的空中交通流量管理。

未来的交通流量管理的发展将基于空中交通管理运行概念，以改进和提高交通流的安全性；促进航空器运营者、流量管理人员和空管人员之间的紧密合作和协调；完善和开发出更多更有效的分析、预测等辅助决策工具；逐步向新航行系统过渡，最终达到空域的合理高效利用，实现安全、高效的自由飞行。未来空中交通管制系统目标的是实现基于航空器的四维轨迹的空域和航空器轨迹管理。

（主要撰稿人：张　军、张学军）

# 汽车产业发展概况

建国六十年以来，中国汽车产业经历了从无到有、从小到大的曲折发展历程。改革开放以后，中国汽车产业进入全新发展阶段，尤其是近十多年，中国汽车产业保持了年均20%以上的增速。中国自2009年开始一跃成为全球第一汽车产销国，2010年汽车产销量均突破1800万辆，创全球历史新高。“十二五”期间，中国汽车产业仍将高速发展，全球汽车产销中心将逐渐向中国转移，预计到2020年汽车保有量将超过2亿辆。2009年，仅汽车制造业对GDP增长的贡献就达到0.9%，贡献率超过10%，汽车产业已经成为国民经济重要的支柱产业。

## 一、我国汽车工业发展现状及特点

### （一）汽车工业发展概况

1953年，第一汽车制造厂破土动工，标志着新中国汽车工业开始起步。在长达二十多年的计划经济体制下，我国汽车工业体系大体成型，基本满足了国民经济发展的需要。但我国汽车工业的主要特点是“缺重少轻，轿车基本为空白”，汽车工业技术水平更新较慢，轿车工业几乎一直处于停滞状态。1978年，中国汽车产量为14.9万辆，其中，载货汽车产量为12.5万辆，轿车仅为2640辆。1982年，国家做出“轿车可以合资”的重要决定，1994年2月，国家计划委员会正式颁布了《汽车工业产业政策》，这是我国唯一正式颁布实施的行业产业政策。到1999年，中国汽车产量为183.16万辆，其中轿车达到56.61万辆，汽车工业总产值占全国工业总产值的4.3%，汽车工业增加值占GDP的0.91%。

进入21世纪以来，我国汽车工业飞速发展，这与一系列的产业政策导向有着密切的关系。2000年10月，国家把“鼓励汽车进入家庭”写进了《中共中央关于制定国民经济和社会发展第十个五年计划的建议》。2001年，我国汽车产销量分别达到234.15万辆和237.11万辆，其中轿车产销量分别达到70.35万辆和77.79万辆，汽车工业总产值占全国工业总产值的4.6%。2004年6月，国家发展改革委正式颁布实施了《汽车产业发展政策》，明确指出，使我国汽车产业在2010年前发展成为国民经济的支柱产业。2005年，我国汽车产销量分别达到393.07万辆和397.11万辆，其中轿车产销量分别达到236.53万辆和238.07万辆，我国轿车工业迎来了快速发展时期。2009年3月，国务院办公厅发布了《汽车产业调整和振兴规划》，把“加强自主创新，培育自主品牌”放在重要位置，我国民族汽车工业迎来大发展。2010年我国汽车产销分别为1826.47万辆和1806.19万辆，其中乘用车产销量分别为1389.71万辆和1375.78万辆，自主品牌轿车市场占有率达到30.89%，自2006年以来，自主品牌轿车保持年均约30%的增长率。

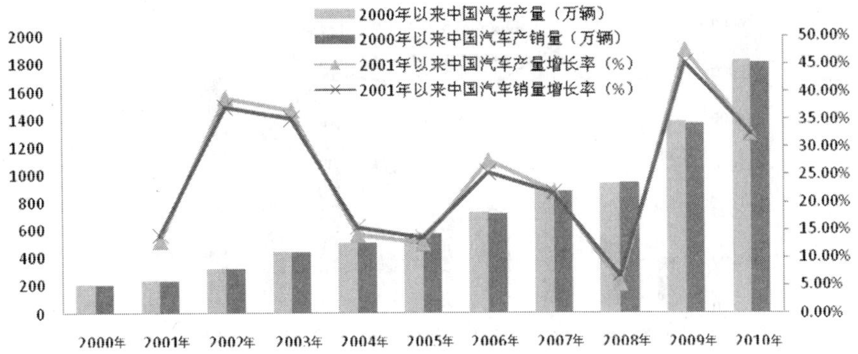


图 2.15　2000 年以来中国汽车产销量及其增长率

### （二）汽车工业在国民经济中的地位

汽车产业是国民经济重要的支柱产业，产业链长、关联度高、就业面广、消费拉动大，在国民经济和社会发展中发挥着重要作用。随着我国汽车工业的不断发展，汽车制造业在整个工业中的比重不断提高，2001 年以来，汽车工业占整个工业总产值的比重基本都在 4%以上，如图 2.16 所示，汽车工业增加值占 GDP 的 1%以上，如图 2.17 所示。

研究表明，由于汽车工业对发展相关工业的拉动作用，整个工业投入要比汽车工业本身的投入增加一倍，汽车产业上下游关联产业 150 多个，对上游的原材料工业、装备制造业、产品工业、能源工业等，以及下游的交通运输业、销售业、基础建设业等产业带动效果很大。

从世界各国的发展趋势来看，我国汽车工业还有较大的增长潜力，如 2009 年我国汽车制造业产值占全国工业总产值比重为 4.5%，而日本 1970 年汽车总产值占制造业的比重就在 8%以上。

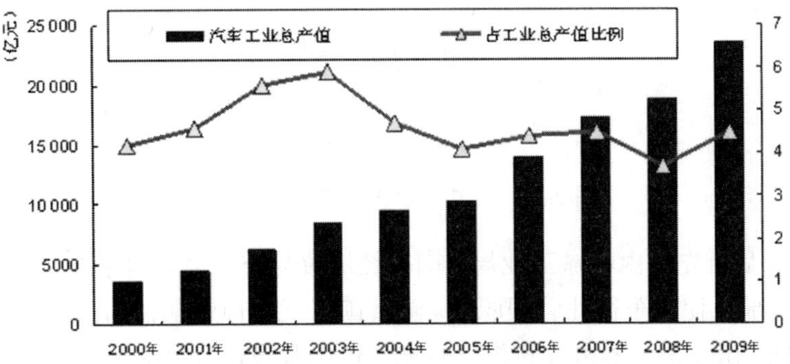


图 2.16　2000 年以来汽车工业总产值及占工业总产值的比例

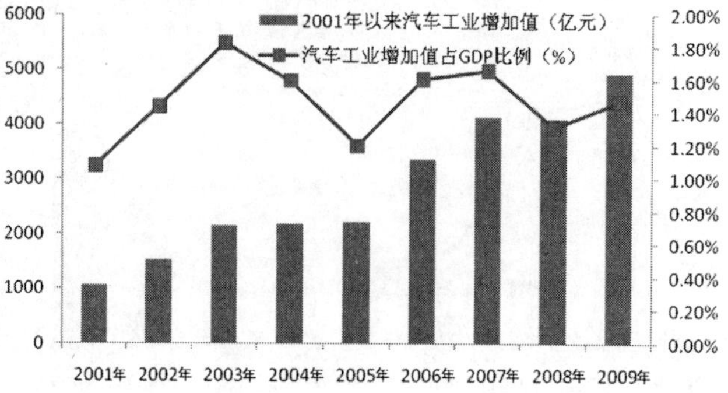


图 2.17　2000 年以来汽车工业增加值及占 GDP 的比例

## （三）2000 年以来我国汽车产业发展特点

2000 年以来，我国逐渐形成了产品类别齐全的汽车工业体系，汽车产销量大增，汽车保有量逐年攀升，私人汽车比重越来越大，汽车产品成为人们日常生活中不可缺少的一部分。到 2009 年，全国汽车保有量达到 6288 万辆，是 2001 年保有量的 3.5 倍，其中私人汽车保有量为 5218 万辆，是 2001 年的 6.8 倍，轿车保有量为 2605 万辆，是 2003 年的 6.1 倍，如图 2.18 所示。

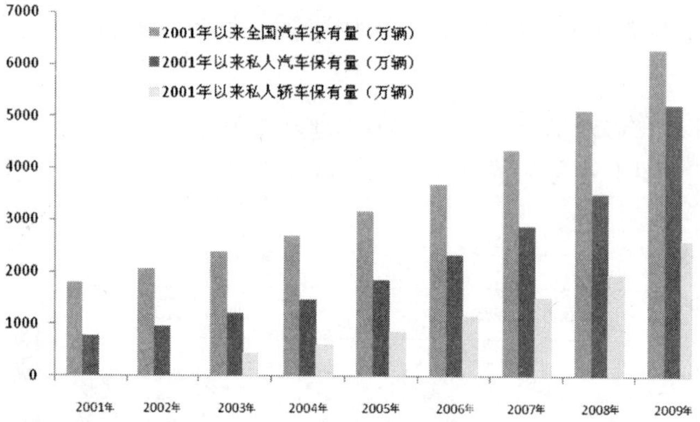


图 2.18　2001 年以来我国汽车保有量

2000 年以后，先后由机械工业局、国家经济贸易委员会、国家发展和改革委员会、工业和信息化部行使汽车行业管理职能。随着国家汽车行业主管部门的调整，汽车管理逐渐步入正规，出台了一系列促进汽车行业发展的政策，结合我国国情，利用市场规律引导中国汽车产业的健康发展。

我国自主品牌汽车企业得到较大发展，涌现出一批如比亚迪、吉利和奇瑞等发展迅速的汽车企业。中国汽车研发技术、制造技术有了显著提升，许多关键技术产品在中国生产，自主品牌发展更上一个新台阶。自主品牌在国内商用车市场上的占有率一直保持在 95%以上，2010 年自主品牌轿车销售 293.30 万辆，占轿车销售总量的 30.89%，如图 2.19 所示。

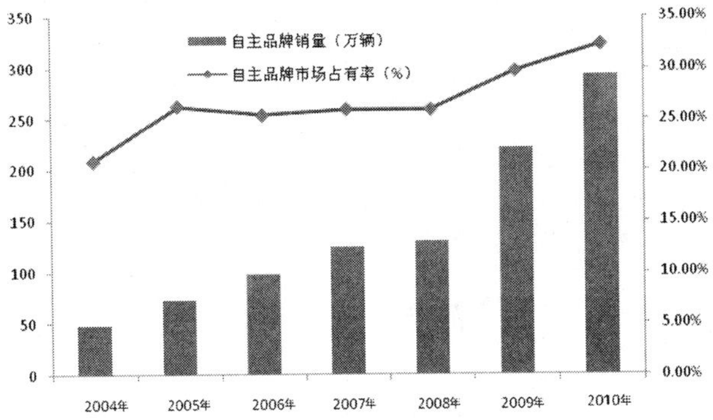


图 2.19　自主品牌销量及市场占有率

中国汽车产业开始迈向国际市场，参与国际汽车的研发、制造、企业收购等，2009 年，中资企业在全球大举收购在金融危机中面临破产的国际汽车巨头的亏损品牌，当年中国境外并购总值达 426 亿美元，占全球并购总值的 7.5%。近年中国汽车及零部件企业跨国并购事件如表 2.4 所示。

**表 2.4　2001—2010 中国汽车及零部件企业主要跨国并购事件**

| 时间 | 事　件 |
|---|---|
| 2001.8 | 万向集团美国公司正式收购美国上市公司“UIA” |
| 2002.10 | 上汽集团收购通用大宇 10%的股份 |
| 2004.7 | 上汽集团收购韩国双龙汽车 |
| 2005.7 | 南汽成功竞购了英国“百年老厂”罗孚汽车公司和其发动机生产分部 |
| 2009.3 | 吉利收购澳大利亚 DSI 自动变速器公司 |
| 2009.11 | 北京京西重工有限公司签约收购美国德尔福公司的减震制动部门 |
| 2009.12 | 北汽收购萨博博 9-5、9-3 等三个整车平台和两个系列涡轮增压发动机、变速器的技术所有权，以及部分生产制造模具 |
| 2010.3 | 吉利收购沃尔沃轿车公司 |

## 二、“十二五”我国汽车产业展望

### （一）汽车产销量保持稳定增长，汽车工业由大到强

“十二五”期间，中国汽车市场仍将处于高速发展阶段，汽车产、销量增速仍可望保持较快速度。从宏观经济增长前景看，促进中国经济持续较快增长的主要动力依然存在，“十二五”期间预计经济增长速度可望达到 7.9%，从历年来中国 GDP 和工业产值

同汽车产销量的相关性分析来看，中国汽车增长仍可望保持较快的速度；从政策导向看，在一系列的汽车产业政策中明确指出了汽车产业在国民经济中的重要地位，“十二五”期间为巩固和发挥汽车产业的重要作用，支持汽车产业持续、健康、稳定发展将是国家汽车政策的重要内容之一；从增长动力看，国际金融危机后，许多地区在新一轮发展规划中把发展汽车产业作为地区经济增长的重要动力。基于以上考虑，预计“十二五”期间汽车年产量将稳定在1500万辆以上，2015年的汽车产量预计将超过2000万辆，汽车产销量都将稳居全球第一位，全球汽车产销中心将逐渐向中国转移，中国汽车工业由大变强，将成为世界汽车体系的重要组成部分。

### （二）产品结构进一步优化，产品结构的调整基本完成

“十二五”期间，中国汽车产业受国家政策导向、节能环保、气候变化和市场趋势等因素影响，汽车产品结构呈现以下变化特点：

（1）随着汽车成为普通日常用品，以及二、三线城市和农村汽车市场的发展，中、低排量汽车产销比例将越来越大。

（2）汽车行业集中度稳步上升，自主品牌汽车市场份额迅速提高，《汽车产业调整和振兴规划》指出：“产销规模占市场份额 90%以上的汽车企业集团数量由目前的 14家减少到10家以内”，“自主品牌乘用车国内市场份额超过40%”。

（3）出口产值稳步增长，《促进中国汽车产品出口持续健康发展的意见》提出了“到2015年，汽车和零部件出口达到850亿美元，年均增长约20%；到2020年实现我国汽车及零部件出口额占世界汽车产品贸易总额10%”的战略目标。

（4）新能源汽车市场份额不断扩大，通过近10年的自主研发和示范运行，我国新能源汽车已具备一定的研发和产业化基础，在诸多关键技术领域取得明显进步，“十二五”期间将奠定新能源汽车的发展基础。

### （三）节能与新能源汽车发展加速

2020 年前，我国将建立起较为完整的节能与新能源汽车产业体系，争取掌握具有自主知识产权的整车和关键零部件核心技术，具备自主发展能力，整体技术达到国际先进水平。培育形成若干具有较强国际竞争力的节能与新能源汽车整车和关键零部件企业集团。

到2015年，新能源汽车初步实现产业化，纯电动汽车和插电式混合动力汽车市场保有量达到50万辆以上；混合动力汽车实现产业化，中/重度混合动力乘用车保有量达到100万辆；乘用车新车平均油耗达到5.9升/百千米。2020年，新能源汽车累计产销量达到500万辆，中/重度混合动力乘用车占乘用车年产销量的50%以上，我国节能与新能源汽车产业规模位居世界前列。

## 三、智能交通系统（ITS）对汽车技术发展的需求

### （一）车载综合信息系统

车载综合信息系统是实现智能交通系统的关键技术之一，是人、车、环境的充分交互，集电子、通信、网络、嵌入式等技术为一体的高端车载综合信息显示和控制系统，主要包括车辆状态监控系统、行车环境感知系统和无线传输系统。车辆状态监控系统主要由车载速度、加速度、横摆角速度、方向盘转角和信号灯等传感器组成，用来监控汽车行驶状态，辨识汽车危险行为；行车环境感知系统主要由车载微波雷达、激光雷达、摄像头、GPS 和 GIS 等设备组成，用来识别车外的车道线、交通标识、车辆和行人等行车环境，提供信息服务，感知危险状态；无线传输系统主要通过车辆自组网络（VANET）、车载环境下的无线接入（WAVE）等车载无线接入和 GPRS，3G，DSRC 等无线传输设备，实现车车和车路通信，达到目标识别和危险辨识的目的，同时也为宏观层面的智能交通系统调度和路径规划提供数据支持。

车载综合信息系统是以上三个系统的综合集成，从目前汽车技术发展的程度来看，各独立系统的应用已经开始，如基于 GPS，GIS 和 GPRS（3S 技术）的电子导航技术，基于车载摄像头的车道偏离预警系统（LDWS）。而车车和车路通信技术还处于研究阶段，在未来五年，将取得突破性进展。随着越来越多的信息技术在车辆上应用，综合考虑车辆行驶安全、交通控制等目标，发展一体化集成的车载综合信息系统势在必行。

### （二）车辆主动控制技术

车辆主动控制技术是实现智能交通系统的关键技术之一，通过人、车交互控制车辆行驶状态，从而实现车辆主动安全控制，在特殊条件下部分实现自主驾驶。车辆主动控制技术主要包括动力总成控制技术、底盘控制技术、车身控制技术和集中综合控制技术。其代表性控制系统主要有：汽车动力总成控制技术中的汽油机电控、柴油机电控和多能源动力控制；传动系控制技术中的自动变速器电控、差速器电控等；转向系总成控制技术中的液压助力电控、电动助力电控等；行驶系控制技术中的主动和半主动悬架等；制动与综合控制技术中的 ABS、主动避撞、ACC、车道保持、ASR 和 ESP 等；车身电控系统中的乘员约束系统、行人保护系统等。

基于 ITS 的车辆主动控制技术不再将车辆作为一个单独的个体进行考虑，而是作为宏观交通或微观交通领域的组成部分。宏观上通过路径规划和交通流控制等技术，实现降低整体交通能耗，减少污染物排放，提高通行效率；微观上通过车——路和车——车通信，了解实时交通状态、交通信号和标识等信息，实现安全行车和主动避撞等功能。基于车路协同的车辆安全控制技术是 ITS 研究的热点和前沿技术，主要研究基于车路信息交互的目标识别、危险辨识和安全控制等技术，实现车路协同式安全预警、辅助驾驶和主动避撞等功能，主要应用于交叉口的安全通行和主动避撞。在交叉口，路侧设备向车辆提供交通信号相位，车辆基于交通规则判断安全通行可行性和方案，优化驾驶员行

为，避免违章行驶；在有遮挡的交叉口，路侧设备向车辆提供局部交通区域的车辆和行人运动状态信息，预测潜在的冲突危险，进而预防交通事故；在普通路段，路侧设备向车辆提供路面状态、交通规则、道路线形等信息，车辆根据自身运动状态适时调整车速，实现安全行驶。

### （三）智能车辆技术

智能车辆是指能够感知和理解周围环境，根据交通状况和驾驶者意图规划自己的行车路线，能够辅助甚至代替驾驶员进行自主驾驶的车辆，主要包括以下四个方面的能力：环境实时感知和理解、行车路线规划、驾驶行为决策和驾驶控制。智能车辆的研究开始于20世纪50年代，从20世纪80年代开始，世界各国纷纷大力投入对智能车辆的开发，2010年谷歌公司开发了“Google Fleet 1”，是目前智能车辆发展的最新趋势。我国智能汽车的研究始于20世纪80年代，开展这一研究工作的以高校和科研院所为主，目前最新的研究成果包括清华大学研制的THMR-V和THISV，吉林大学的JLUIV-Ⅲ视觉导航智能车、中国第一汽车集团公司和国防科学技术大学合作研制的红旗CA7460自主驾驶轿车。

目前，智能车辆还处于研究阶段，离真正上路行驶还有很长的距离。基于ITS的智能车辆的研究要求结合节能和新能源汽车的发展，通过对行车环境感知和理解、行车路线规划、车辆主动控制等关键技术的深入研究，解决车辆的安全、排放等问题，突破困扰智能车辆发展的技术和问题，从而实现整个交通系统高效、安全和环保。

（主要撰稿人：李克强）

# 电子信息产业发展概况

当今世界，电子信息产业作为新经济的主导产业，增长势头迅猛。由于其技术含量高、附加值高、污染少、潜力大，对国民经济及社会发展的其他部门起引领带动作用。因此发达国家和新兴发展中国家对本国的电子信息产业发展都投入了极大的热情和高度的关注。20 世纪 90 年代以来，电子信息产业凭借其惊人的增长速度，一举成为当今世界上最重要的战略性产业，在各行业激烈的经济技术竞争和产业结构调整升级中高速发展，年增长速度基本保持在 6%～10%，平均为同期世界 GDP 增长率的 2 倍。

## 一、产业发展情况

### （一）发展概况

据国际权威机构统计，2007 年世界电子信息产业总产值达 4.65 万亿美元，同比增长 9.5%，占世界总产值的 9.3%，居各产业之首。2008 年达 4.96 万亿美元，同比增长 6.6%，占世界总产值的 9.6%，进一步加强龙头地位。受经济危机影响，2009 年总产值约 5.15 万亿美元，同比增长 3.8%，增长幅度下降，但占世界总产值的 9.7%，占比进一步上升。

据国内权威机构统计，2007 年我国电子信息产业总产值为 5.6 万亿元，同比增长 19.9%，占世界电子信息产业总产值的 17.2%，名列美国之后，居世界第二位，占全国总产值的 22.7%，居国内各产业之首。2008 年我国电子信息产业总产值达 6.3 万亿元，同比增长 12.5%，占世界电子信息产业总产值的 18.5%，超过美国居世界首位（2008 年世界各国和地区电子产品产值排前 10 名的分别是中国大陆、美国、日本、韩国、德国、马来西亚、新加坡、中国中国台湾地区、墨西哥和巴西），占全国总产值的 21.0%，进一步强化产业首位地位。2009 年我国电子信息产业总产值达约 7.4 万亿元，同比增长 17.5%，占世界电子信息产业总产值的 21.0%，占全国总产值的 22.7%。

我国电子信息产业增速高于全国 GDP 增速，且在世界电子信息产业中的比重及在全国 GDP 中的比重逐步加大；我国电子元件产业增速高于世界电子元件产业增速及全国电子信息产业增速，且在世界电子元件产业中的比重及在全国电子信息产业中的比重逐步加大。但由于受世界金融危机的影响，近两年我国电子元件产业增速减缓。

目前，电子信息产业已成为全球及许多国家经济增长和社会发展的关键要素，其增加值在 GDP 中的比重不断提高。随着高科技及各国信息基础设施建设和全球信息化建设的发展，电子信息产业作为高科技产业群的主导产业，在知识经济时代的新世纪仍将保持高速增长。总体上，电子信息产业引领国家和世界经济发展，电子元件产业引领电子信息产业发展；电子元件技术水平和创新能力决定电子信息产业技术水平和创新能力，电子信息产业技术水平和创新能力决定国家和世界技术水平和创新能力；一个国家的综合国力和在世界上的竞争力，越来越依重于电子元件的创新力和竞争力。

### （二）发展趋势

1. 电子信息产品制造业增长率明显下滑

2005 年以来，世界电子信息产品制造业整体上处于平稳增长态势，年平均增速大多处于 6%～7%，但 2008 年增长速度均有较大降幅。世界电子信息产业进入新一轮调整期，市场疲软导致增长率明显下滑。

2. 软件与信息服务业发展迅速

随着信息技术的不断创新与应用，电子信息产业的结构不断调整，信息服务业（软件业、信息技术服务及电信服务）在整个电子信息产业中所占的比重逐步增大。目前，世界电子信息产业呈现出由硬件制造向信息服务转型的态势，北美、西欧等地区近年来的年复合增长率都在 7%以上，亚太（除日本）市场年复合增长率达到 10.0%以上。

3. 技术创新内涵更加丰富

信息技术创新步伐稳健，内涵更加丰富，不仅体现在重大技术的突破上，更多地体现在技术的融合，系统的集成，产品的综合性能提高及产品的多样性和差异化方面。此外，虚拟技术已经实现了 IT 资源的管理和再分配，在异构的环境中实现多个操作系统运行。云计算正在引领计算模式的一场革命。伴随着通信、网络技术及移动多媒体技术的发展，电子信息产品也越来越向集成化、多样化和移动化方向发展，集成多种技术和功能的电子信息产品层出不穷，技术和产品更新换代的速度在加快。

4. 融合成为产业发展主旋律

信息技术的发展具有速度快、渗透性强和覆盖面广等特点。当前，信息技术相互渗透的趋势更加明显，产品的界限日趋模糊，融合的内涵也日益丰富，涵盖了技术、产品、业务和产业等各个层面。在产品领域的融合，如手机已经成为集成多种产品功能的移动平台，照相、音乐播放、移动视频、蓝牙、Wi-Fi（无线保真），GPS（全球定位系统）等越来越多的应用功能被整合进手机。业务融合也在不断拓展，电信网、广电网及互联网传统业务已经开始相互渗透、相互集成，并衍生出新的业务形态。

## 二、相关技术

### （一）云计算

云计算为企业提供了一种获得和使用计算资源更经济的方法，尤其是在经济低迷的情况下，对企业来说非常重要。根据 Gartner 的研究，企业每 10 元的 IT 投资中，约有 8 元用在既有系统的维修，而非更新升级上，若能将企业内部的 IT 架构交给云计算的服务供应商，就可将 80%的维护费用大幅降低。因此，云计算已经被视为继 Web2.0 之后，下一轮电子信息产业的重要商机。Gartner 的报告认为，到 2012 年，将有 80%的《财富》中的 500 强企业使用各种不同的云计算服务。IDC 2008 年年底的预测则宣称，2012 年全球云计算开支占 IT 开支的比例将从 2008 年的 4%提高到 9%～10%。云计算背后庞大的商机潜力，使谷歌、微软、亚马逊、IBM 和甲骨文等各领域的科技大公司，都大举跨入其中，抢占先机，这使得云计算从概念阶段开始进入应用阶段。

云计算的基本原理是，通过使计算分布在大量分布式计算机上，而非本地计算机或远程服务器中，企业数据中心的运行将更与互联网相似。这使得企业能够将资源切换到需求的应用上，根据需求访问计算机和存储系统。这是一种革命性的举措，好比是从古老的单台发电机模式转向了电厂集中供电的模式，意味着计算能力也可以作为一种商品进行流通，就像煤气、水电一样，取用方便，费用低廉。在未来，只需要一台笔记本电脑或一个手机，就可以通过网络服务来实现我们需要的一切，甚至包括超级计算这样的任务。从这个角度而言，最终用户才是云计算的真正拥有者。

### （二）汽车电子

随着社会的发展，人类对汽车的性能、环保、能源和安全等方面提出了更高的要求。传统的机械装置已经无法解决某些与汽车功能要求有关的问题，电子技术成为支撑现代汽车工程的技术基础之一，广泛地应用在汽车的发动机、传动、悬架、制动和仪表等各个系统，提高汽车的动力性、经济性、安全性、稳定性和舒适性，逐步融合而成现代汽车电子技术。目前电子技术的应用几乎深入到汽车所有的系统中。

按照对汽车行驶性能作用的影响划分，可以把汽车电子产品归纳为两类：一类是汽车电子控制装置，汽车电子控制装置要和车上机械系统进行配合使用，即所谓“机电结合”的汽车电子装置，包括发动机、底盘、车身电子控制。如电子燃油喷射系统、制动防抱死控制、防滑控制、牵引力控制、电子控制悬架、电子控制自动变速器、电子动力转向等。另一类是车载汽车电子装置，车载汽车电子装置是在汽车环境下能够独立使用的电子装置，与汽车本身的性能并无直接关系，包括汽车信息系统（行车电脑）、导航系统、汽车音响及电视娱乐系统、车载通信系统和上网设备等。

电子技术向集中综合控制发展：将发动机管理系统和自动变速器控制系统，集成为动力传动系统的综合控制（PCM）；将制动防抱死控制系统（ABS）、牵引力控制系统（TCS）和驱动防滑控制系统（ASR）综合在一起进行制动控制；通过中央底盘控制器，将制动、悬架、转向、动力传动等控制系统通过总线进行连接。控制器通过复杂的控制运算，对各子系统进行协调，将车辆行驶性能控制到最佳水平，形成一体化底盘控制系统（UCC）。

由于汽车上的电子电器装置数量的急剧增多，为了减少连接导线的数量和重量，网络、总线技术在此期间有了很大的发展。通信线将各种汽车电子装置连接成为一个网络，通过数据总线发送和接收信息。电子装置除了独立完成各自的控制功能外，还可以为其他控制装置提供数据服务。由于使用了网络化的设计，简化了布线，减少了电气节点的数量和导线的用量，使装配工作更为简化，同时也增加了信息传送的可靠性。通过数据总线可以访问任何一个电子控制装置，读取故障码对其进行故障诊断，使整车维修工作变得更为简单。

汽车电子技术的应用将使汽车的机械结构发生重大的变化，汽车的各种操纵系统向电子化和电动化发展，实现“线操控”。用导线代替原来的机械传动机构，如“导线制动”、“导线转向”、“电子油门”等。此外，汽车12V供电系统将向42V伏转化。随着汽车电子装置越来越多，消耗的电能正在大幅度地增加，现有的12V动力电源，已满足不了汽车上所有电气系统的需要。今后将采用集成起动机——发电机42V供电系统，发电机最大输出功率将会由目前的1kW提高到8kW左右，发电效率将会达到80%以上。42V汽车电气系统新标准的实施，将会使汽车电器零部件的设计和结构发生重大的变革，机械式的继电器、熔丝式保护电路将被淘汰。

汽车电子技术的应用将使汽车更加智能化。智能汽车装备有多种传感器，能够充分感知驾车者和乘客的状况，交通设施和周边环境的信息，判断乘员是否处于最佳状态，车辆和人是否会发生危险，并及时采取对应措施。

社会进入了信息网络时代，人们希望汽车不仅仅是一种代步工具，更希望汽车是生活及工作范围的一种延伸，在汽车上就像呆在自己的办公室和家里一样，可以收听广播、打电话、上互联网、处理工作。随着数字技术的进步，汽车也将步入多媒体时代。利用windows操作系统开发的车载计算机多媒体系统，具有信息处理、通信、导航、防盗、语言识别、图像显示和娱乐等功能。在可以预见到的将来，汽车将具备自动导航和辅助驾驶系统，驾驶员可把行车的目的地输入到汽车电脑中，汽车就会沿着最佳行车路线行驶到达目的地。人们可以通过语言识别系统操纵着车内的各种设施，一边驾驶着汽车，一边欣赏着音乐电视，还可上网预定饭桌、机票等。

### （三）RFID

近年来，随着大规模集成电路、网络通信、信息安全等技术的发展，RFID（Radio Frequency Identification，无线射频识别）技术进入商业化应用阶段。由于具有高速移动物体识别、多目标识别和非接触识别等特点，RFID技术显示出巨大的发展潜力和应用空间，被认为是21世纪最有发展前途的信息技术之一。一些国家和国际跨国公司都在加速推动RFID技术的研发和应用进程。在过去十年间，共产生数千项关于RFID技术的专利，主要集中在美国、欧洲和日本等国家。

按照能量供给方式的不同，RFID标签分为有源、无源和半有源三种；按照工作频率的不同，RFID标签分为低频（LF）、高频（HF）、超高频（UHF）和微波频段（MW）的标签。目前国际上RFID应用以LF和HF标签产品为主；UHF标签开始规模生产，由于其具有可远距离识别和低成本的优势，有望在未来五年内成为主流；MW标签在部分国家已经得到应用。中国已掌握HF芯片的设计技术，并且实现了产业化。

目前RFID标签天线制造以蚀刻/冲压天线为主，其材料一般为铝或铜，随着新型导电油墨的开发，印刷天线的优势越来越突出。RFID标签封装以低温倒装键合工艺为主，也出现了流体自装配、振动装配等新的标签封装工艺。中国低成本、高可靠性的标签制造装备和封装工艺正在研发中。

在应用系统集成和数据管理平台等方面，某些国际组织提出基于 RFID 的应用体系架构，各大软件厂商也在其产品中提供了支持 RFID 的服务及解决方案，相关测试和应用推广工作正在进行中。中国在 RFID 应用架构、公共服务体系、中间件、系统集成及信息融合和测试工作等方面取得了初步成果，建立国家 RFID 测试中心已经被列入科技发展规划。

中国已经将 RFID 技术应用于铁路车号识别、身份证和票证管理、动物标识、特种设备与危险品管理、公共交通及生产过程管理等多个领域。在 RFID 标准方面，标准体系主要由空中接口规范、物理特性、读写器协议、编码体系、测试规范、应用规范、数据管理和信息安全等标准组成。目前国际上制定 RFID 标准的主要组织是国际标准化组织（ISO/IEC），ISO/IEC JTC1 负责制定与 RFID 技术相关的国际标准，ISO 其他有关技术委员会也制订部分与 RFID 应用有关的标准，还有一些相关组织也开展了 RFID 标准化工作。值得注意的是，相关标准之间缺乏达成一致的基础，国际标准化组织正在积极推动 RFID 应用层面上的互联互通。中国在 RFID 技术与应用的标准化研究工作上已有一定基础，目前已经从多个方面开展了相关标准的研究制定工作。在频率规划方面，已经做了大量的试验；在技术标准方面，依据 ISO/IEC15693 系列标准已经基本完成国家标准的起草工作，参照 ISO/IEC 18000 系列标准制定国家标准的工作已列入国家标准制订计划。此外，中国 RFID 标准体系框架的研究工作也已基本完成。

（主要撰稿人：关志超）

# 第三章

## 智能交通发展综述

# 智能交通系统技术发展综述

智能交通系统（ITS）又称为智能运输系统，是在较完善的交通基础设施之上，通过应用信息、通信、计算机、自动控制和系统集成等技术，加强载运工具、载体和用户之间的联系，提高交通系统运行的有序性和可控性，实现提高运行效率，减少事故，降低污染，建立一个高效、便捷、安全、环保、舒适的综合交通运输体系。

## 一、国内外智能交通系统发展现状

智能交通系统的出现是现代社会发展的必然产物。交通控制技术萌芽于20世纪60年代，当时，美国、欧洲、日本等国家和地区纷纷开始将电子技术、计算机技术、传感技术等应用于交通控制领域；20世纪80年代中期，随着计算机技术、无线通信技术和卫星定位导航技术的迅速发展，各国开始有意识地将人、车、路等交通要素进行综合研究。智能交通系统的内涵逐渐丰富，研究方向渐趋一致，1994年ITS这个名称得到美国IVHS AMERICA、欧洲ERTICO和日本VERTIS等组织的支持，正式登上历史舞台。

美国政府先后通过了ISTEA法案、TEA-21法案和SAFETEA.LU法案支持ITS技术的发展，近几年分别开展了IVI，VII，Intellidrive$^{SM}$和CVHAS等国家项目，强调以人车路一体化方法来解决现代交通所存在的严重问题，希望在2030年减少90%与交通事故有关的死亡人数和相应的损失；日本在政府的主导下先后制定了“日本智能交通综合计划”和“日本智能交通系统结构”等一系列ITS发展指导计划，启动了Smartway项目，以期实现人车路一体化的战略构想，设立了10年内道路交通事故死亡人数减半的目标，同时在电子收费系统（ETC）和车辆信息和通信系统（VICS）上取得了巨大成功；欧洲国家于1991年成立欧洲智能交通组织ERTICO，在欧盟科研框架计划下，启动了esafety，eCoMove等项目，希望能够减少全部交通燃油消耗量的20%。

我国智能交通系统的前期研究始于20世纪90年代，2000年成立了“全国智能运输系统协调指导小组及办公室”，发布了《中国智能运输系统体系框架》。“十五”期间，国家科技攻关计划安排了“智能交通系统关键技术开发和示范工程”、“现代中心城市交通运输与管理关键技术研究”项目，确定了我国10个智能交通系统示范城市；在产业化项目中安排了“卫星导航应用产业化专项”、“汽车电子产业化专项”和“下一代互联网示范工程”重大项目的全面实施；促进了我国智能交通系统从技术研究到工程示范应用的全国开展，智能交通系统建设已经成为各地交通工作的重点内容之一。“十一五”期间科技支撑计划重大项目“国家综合智能交通技术集成应用示范”取得了重大进展，其中“北京奥运智能交通管理与服务综合系统”、“上海世博智能交通技术综合集成系统”、“广州亚运智能交通综合信息平台系统”和“国家高速公路联网不停车收费和服务系统”

为近年来我国举办的大型国际活动提供了智能化交通管理和出行服务技术支撑。

## 二、智能交通系统关键技术发展概况

### （一）交通信息采集技术

在智能交通系统中，信息是最为核心的内容，交通信息的采集和处理是智能交通系统的关键技术之一。交通信息采集技术分为固定式和移动式采集，固定式采集技术又分为接触式和非接触式交通检测技术。常用的接触式交通检测技术有环形线圈感应式检测技术、地磁车辆检测（GVD）技术、气压管与压电检测技术；非接触式交通检测技术主要包括微波检测技术、视频检测技术、红外线检测技术和超声波检测技术。移动式采集技术是指将传感检测设备安装在车辆上，通过车辆的行驶，采集实时的道路交通信息。近年来发展了一系列基于车载传感设备的移动式交通信息采集技术，主要有基于RFID的交通信息采集系统、浮动车交通信息采集系统（FCD）和无线定位技术（WLT）。2010年，我国厦门市开发了全国第一个“道路交通信息射频采集与处理系统”，浮动车交通信息采集系统（FCD）在北京、上海和广州等城市中已经得到应用，此外，我国目前正在开展无线定位技术研究。

### （二）交通信息处理技术

交通信息具有巨量性、多源异构性、层次性的特点，数据压缩、信息融合和智能决策技术的出现，为智能交通系统信息的处理提供了智能化的方法。专用的智能交通系统数据压缩技术要求运用信号处理领域内的恰当的数据压缩方法去除交通信息的时间和空间相关性，常用的方法有 Huffman 编码、LZW 编码，前沿的压缩方法有小波变换编码、分形编码等。信息融合是多源信息综合处理技术，将来自不同信息源的信息按一定的准则加以分析、处理与综合。信息融合采用的主要方法有卡尔曼滤波技术、贝叶斯估计、人工神经网络和综合统计分析技术，主要用于城市交通监控系统、智能交通安全系统和智能驾驶系统。数据仓库和数据挖掘技术针对交通信息的特点，建立交通信息数据仓库，通过采用统计模式识别神经网络方法遗传规划和多源复杂信息知识挖掘技术等数据挖掘方法，可以为交通信息的综合管理智能分析和实时决策支持提供可行的方案。

### （三）通信技术

智能交通系统通信技术分为有线通信和无线通信技术，其中无线通信技术又包括无线电通信、卫星通信和移动通信技术。

光纤通信技术在干线通信方面已有广泛体现，用于构建高速公路或城市道路计算机广域网（WAN）与局域网（LAN），目前主要用于动态称重（WIM），道路、隧道及桥梁安全监测，高速公路收费系统，交通流量监测。

无线电通信技术包括无线电广播、无线电数据广播（RDS）和无线数字音频（DAB）、多媒体（DMB）广播，无线电广播技术已经得到大面积应用。2005年，北京市建立了基于RDS－TMC技术的动态交通信息发布和车载导航示范系统，并于2007年颁布了《交通信息广播频道数据格式 DB 11/T 416—2007》标准，上海、广州和杭州等地的RDS-TMC也正在论证和建设之中。

在我国智能交通系统体系框架的8大领域34种用户服务中，有二十多种服务以车辆的动态位置为基础，进行交通监控、调度、导航等服务，因此卫星通信技术在ITS中有着广泛的应用。通过综合集成GPS，GIS，RS（3S技术）与通信、计算机技术，在ITS的道路交通管理、物流运输管理、智能导航、交通信息服务和道路交通安全等方面发挥重要作用；我国自行开发的"北斗"卫星导航系统具有定位导航和短报文功能，不依赖任何其他通信手段就可以很容易地实现系统组网。北京、上海等城市均建立了基于GPS的各种智能交通系统，我国已经利用"北斗"系统开展了"北京市奥运交通与导航定位信息服务系统"等一系列ITS示范工程。

移动通信技术是实现交通信息实时交互的关键技术，在我国智能交通体系框架中，出行者子系统、车辆子系统、路侧子系统中的大部分信息交互都是通过无线通信的方式实现的，最常见的移动通信技术主要包括GSM，GPRS，3G和DSRC。在智能交通系统中，GPRS技术作为一种常用的无线传输手段，通常与交通信息采集技术、定位导航技术、Internet网络技术、电子显示和交通诱导技术等联合使用。3G技术具有数据、音频、视频传输能力，能与Internet网络无缝对接，目前，我国正在研究基于3G的视频监控系统、交通指挥系统、动态交通信息服务系统。专用短程通信（DSRC）是一种专用于交通领域的短程通信系统，2007年我国颁布了《GB/T 20851 电子收费 专用短程通信》标准，DSRC技术已经广泛应用于我国的电子收费系统（ETC）中。

### （四）无线接入技术

目前，无线接入技术主要包括IEEE的802.11、802.15、802.16和802.20等标准，根据各种无线接入技术的特点和应用范围，在智能交通系统的各分系统中已经有比较多的应用。

Wi-Fi的覆盖半径可达100米左右，在ITS中，Wi-Fi主要用于车辆传感器网络（VSN）中，Wi-Fi AP通常用作路侧无线路由，与车载RFID传感器进行无线通信，从而获取并上传车辆信息，在上海网格项目中，对RFID/Wi-Fi技术进行了研究。Ad Hoc是一种无中心自组织的多跳无线网络，车辆自组网络（VANET）是Ad Hoc网络在智能交通中的最新应用，VANET结合全球定位系统（GPS）和无线通信网络，为处于高速运动中的车辆提供一种高速率的数据接入网络，由于VANET在车辆的安全行驶、计费管理、交通管理、数据通信和车载娱乐等方面起着很重要的作用，近年来形成了无线自组网络的研究热点。Zigbee网络技术主要用于交通信息传感器网络和交通信号控制系统。蓝牙（Blue Tooth）技术是一种支持设备短距离通信的无线电技术，可应用于智能公交系统、城市路边停车诱导管理系统、车载电话等。车载环境下的无线接入（WAVE）是专门为车间通信设计的车载无线通信网络，主要由IEEE P1609和IEEE 802.11p协议组成，主要可以用于智能交通系统、车辆安全服务及车上 Internet 接入，我国已开始相关基础设施的布设。

### （五）智能交通信息服务技术

交通信息服务是指通过各种传输和网络设备、显示装置、车载装置，为交通参与者提供出行前信息服务、途中驾驶员信息服务、途中公共交通信息服务、个性化信息服务、可变情报板、可变标志、路径引导、车辆导航和交通广播等。

道路交通信息服务在我国的发展很快。2003 年，我国多个大中城市在交通信息采集、处理和发布系统建设和设备研发等方面开展了深入研究；2004 年，北京市动态交通信息服务示范平台项目开始建设；2007 年，北京移动呼叫中心 12580 正式推出实时路况查询业务；2008 年，提供北京地区数据的首款支持动态交通信息导航的产品推出；2008 年 8 月，在北京奥运会期间，北京市已经可以通过导航仪、手机、互联网和动态交通信息板向公众实时提供交通信息；2009 年，由汽车厂商主导的 Telematics 服务在中国正式商用，可以同时提供北京、上海、广州、深圳的交通信息；2010 年，世博会期间，上海建立了出行综合信息服务系统，通过手机、电话、网站、电视、广播、可变信息标志、触摸屏查询终端等方式为公众提供交通信息服务；亚运会期间，广州建立了实时交通路况信息发布系统。

交通地理信息服务系统（GIS-T）是面向交通运输，以地理信息系统技术和空间定位技术为依托的信息服务技术。我国在 1995 年就开发了第一套国产地理信息系统平台软件 MapGIS。目前，以 MapGIS、SuperMap 为代表的国产 GIS 平台软件在技术水平上与国外地理信息系统平台软件相当。新一代网格地理信息系统（GIS）软件平台与空间数据库管理的核心技术已得突破，开发了基于主流网格计算环境的数据网格原型系统，实现国产 GIS 平台网格化提升的验证。目前，北京、上海、重庆、广东、江苏和福建等多个省市都已经建立了交通地理信息服务平台。

公众出行交通信息服务系统面向社会公众提供交通信息服务，用户可以通过各种终端设备获得出行前信息、公交信息、在途换乘信息，极大地提高出行效率。2005 年，交通部启动了“公众出行交通信息服务系统”等三项信息化建设示范工程，要求“在52%的省、自治区、直辖市交通厅（局、委）建成以多种方式满足不同出行人群需要的公众出行交通信息服务系统”。北京开发了浮动车采集实时交通数据，实时提供城市交通路况；山东开发了“探路者”搜索引擎，可在线检索全省路网、区域路网、主要路线以及主要城市的路网图形；浙江则以满足不同交通出行需求的专题地图为主，也提供交通视频与交通流分析的交通动态。

### （六）城市交通管理和控制技术

城市交通和控制系统通过生成交通管理与控制方案，管理和诱导交通流，主要包括交通监视、交通控制、公共交通管理、紧急事件管理和交通组织优化控制等技术。

交通监视系统通常由交通信息采集系统和电子警察处罚系统组成，用于交通动态信息采集、交通违章检测和交通信号控制等方面，我国于 2004 年发布了《交通电视监视系统工程验收规范 GA/T 514》，目前，交通监视系统在我国得到广泛应用，已经普及到县一级的交通管理系统。

交通控制系统主要包括交通信号控制和城市交通流诱导技术。智能交通信号控制出现于 20 世纪 80 年代，近年来，我国也开发了一些交通信号控制系统，如由公安部交通管理科研所、工信部 28 所、同济大学联合研发的 NUTCS，深圳的 SMOOTH，吉林大学的 MACS，上海的 SUATS。同时，我国先后发布了《城市道路交通信号控制方式适用规范 GA/T 527》、《城市交通信号控制系统术语 GA/T 509》等标准。城市交通流诱导系统（UTFGS）可分为车载诱导系统、交通诱导信息发布系统和停车诱导系统，由动态交通信息采集子系统、数据融合与处理平台子系统和交通诱导信息发布子系统三部分组成，近年来，我国部分城市建立了交通流诱导系统，如北京市就在主干道上安装了二百多块可变信息板。

交通组织优化设计可以分为静态和动态，静态为资源管理，动态为对象管理。静态交通组织解决交通资源配置问题，其任务包括路网各节点不同流向通行能力分配和路权分配；动态交通组织主要任务是交通流分配以及指挥疏导，确保路网发挥最大效能。欧、美等国自从 20 世纪 80 年代就根据交通需求的变化改变交通组织形式，以达到缓解交通拥堵的目的，并提出了一些交通组织策略，例如：公交优先政策，鼓励拼车，限制小汽车在市区中心的出行，鼓励政府部门、公司实施错时出行等。我国目前的研究主要集中于城市主干道和交叉路口的交通组织优化策略。

### （七）电子收费系统

电子收费系统（ETC）是智能交通系统的一个重要组成部分，具有车辆的自动识别、自动分类、自动交易功能，可实现收费车道的无人值守和车辆的快速通行。欧洲主要国家在 1995 年底就安装了基于 DSRC 和电子标签的第二代电子收费系统；日本在 2000 年也开始大范围部署 ETC；美国在 1997 年运行了 E-Zpass 系统。我国在 1998 年就开始了“网络环境下 ETC 收费系统研究与推广应用”的联合攻关项目，1999 年组织部分省市开展示范工程，2004 年，广东省粤卡通 ETC 收费系统基本实现了高速公路联网收费。目前，全国十几个省市相继开通了一千多条 ETC 车道。

不停车收费的车道控制系统包括三大关键子系统：车辆自动识别技术（AVI）、自动车型分类技术（AVC）和违章车辆抓拍技术（VEC）。自动车辆识别（AVI）是 ETC 系统的核心技术，用于 ETC 的 AVI 技术主要有微波和红外两种方式，而微波方式的 ETC 已成为各国 DSRC 的主流。2007 年我国颁布了《电子收费 专用短程通信 GB/T 20851.1～5》标准，明确指出我国 ETC 使用 5.79～5.84GHz 的通信频段，我国电子收费系统以 5.8GHz 的 DSRC 系统为主。近年来，开始出现以车载 GPS 和全球移动通信系统（GSM）技术的车辆定位系统（VPS），基于移动通信网络 GPRS 和手机（电子标签）的技术也开始在 AVI 系统中有应用。

### （八）车辆主动安全与智能汽车

车辆是智能交通系统的重要载体，是关键的交通参与者。在智能交通系统中，车辆主动安全既涵盖传统的车辆动力学控制技术，也包括车辆通过感知行车环境和辨识车辆状态，实现主动安全控制的技术。在车辆主动控制技术迅速发展的情况下，随着汽车对环境感知和理解能力的提高，出现了智能车辆（Intelligent Vehicle,IV）。基于 ITS 的车辆主动安全与智能汽车的关键技术主要包括行车环境感知、车—路/车—车协同安全控制和主动避撞技术。

行车环境感知技术是指车辆通过车用机器视觉、微波雷达、激光雷达等探测和定位技术，感知行车环境和自身位置，进行车道线识别、车辆识别和行人识别。车—路/车—车协同安全控制技术主要研究基于车—路/车—车信息交互的目标识别、危险辨识和安全控制等技术，实现协同式安全预警、辅助驾驶和主动避撞等功能。汽车主动避撞系统将环境信息传递给驾驶员，监控车辆当前运行状况，辨识危险行车状态，为驾驶员提供安全信息服务，必要时采取措施控制汽车，使汽车主动避开危险。根据主动避撞功能的发展历程、系统层次和复杂程度，主动避撞系统可分为 3 类：车辆主动避撞报警系统（CWS）、车辆自适应巡航控制（ACC）系统和复合型车辆智能控制系统,该系统集成了 ACC 系统和车辆停走（stop&go）系统。

智能车辆研究开始于 20 世纪 50 年代，从 20 世纪 80 年代开始，世界各国纷纷大力投入对智能车辆的开发，自 2004 年起，美国 DARPA 连续三年举行了智能车挑战赛活动，促进了智能车技术的发展，2010 年谷歌公司开发了“Google Fleet 1”，是目前智能车辆发展的最高水平。我国智能汽车的研究也始于 20 世纪 80 年代，目前开展这一研究工作的以高校和科研院所为主，从 2009 年开始,国家自然科学基金委举办了每年一届的中国“智能车未来挑战赛”，吸引了众多国内知名大学和研究机构的参加。

## 三、智能交通系统关键技术发展方向

《国家中长期科学和技术发展规划纲要 2006—2020》中指出我国智能交通管理系统将“重点开发综合交通运输信息平台和信息资源共享技术，现代物流技术，城市交通管理系统、汽车智能技术……”。由科技部、交通运输部和公安部联合开展的“国家道路交通安全科技行动计划”，以提高道路交通安全水平为目标，围绕人、车、路、环境、管理等影响道路交通安全的因素，开展道路交通安全领域关键技术的研究和开发，并组织实施示范工程。从国家的指导方针可以看出，我国今后智能交通技术的发展将主要围绕交通信息采集、处理和共享技术，车—路/车—车协同技术，智能车辆技术展开。

（主要撰稿人：李克强）

# 我国智能交通科技发展实践与展望

智能交通系统在我国已有十多年的发展历史，从“十五”期间科技部智能交通科技攻关计划的实施和示范城市的建设，到“十一五”期间科技部863计划和科技支撑计划的一系列项目部署，我国智能交通领域的科技发展取得了长足的进步，科技为智能交通系统发展起到了良好的引领和支撑作用。

## 一、我国智能交通科技发展的基本情况

1997年中欧智能交通系统国际会议在北京召开，智能交通科技开始为我国社会所关注并受到重视。2000年科技部成立了全国ITS协调领导小组，并相继批复成立了国家智能运输系统工程研究中心、国家铁路智能运输系统工程中心和国家道路交通工程研究中心。科技部还设立了中国ITS体系框架和中国ITS标准体系等专题研究项目，为中国智能交通系统科技的发展奠定了基本的基础。“十五”期间，国家科技攻关ITS重大专项启动了12个研究项目，同时科技部支持在全国12个城市进行了ITS示范城市建设，对智能交通科技的发展起到了积极的推动作用，部分地方政府和城市也都设立了智能交通科技专项课题，投入了相应的经费对研究进行支持。这一时期的工作，可以说是我国智能交通科技发展的启动阶段。

进入“十一五”，国家高技术研究计划（“863”计划）设立了现代交通技术领域，在现代交通技术领域具体设立了“综合交通运输系统与安全技术”专题。“综合交通运输系统与安全技术”专题以“提高交通运输的效率和安全”为指导思想，按照综合交通运输和服务的网络优化与配置技术、智能化交通控制技术、综合交通信息采集、处理及协同服务技术、交通安全新技术和新型载运概念技术5个技术方向进行了总体部署，立项的研究项目超过100余项。“863计划”对智能交通科技的发展起到了重要的引领作用。

2006年科技部启动实施了“十一五”科技支撑计划项目“国家综合智能交通技术集成应用示范”。项目设立了“国家高速公路联网不停车收费和服务系统”、“北京奥运智能交通集成系统”、“上海世博智能交通技术综合集成系统”、“广州亚运智能交通综合信息平台系统”、“远洋船舶及战略物资运输在线监控系统”和“军交运输智能化监控指挥系统”六个课题。项目面向重大技术问题和重要活动的交通保障，开展集成创新研究和应用，取得了一系列成果，对我国智能交通系统发展起到了积极的推动作用。

2008年，科技部、公安部和交通部联合开展了国家道路交通安全科技行动计划，作为行动计划的重要技术支撑，科技部组织了“重特大道路交通事故综合预防、处置集成技术开发与示范应用”科技支撑计划项目。项目从信息共享平台、山区公路安全保障、

高速公路安全控制、营运车辆运行安全、全民交通行为安全提升、路网安全态势监测、交通安全执法等多个方面部署了 7 个研究课题，对交通安全的主要问题进行研究和示范应用。该项目跨部委联合、多单位协同攻关、研究与示范紧密结合，对提高我国道路交通安全水平具有重要意义。

在国家科技计划项目实施的同时，地方政府和相关部委也对智能交通科技发展给予了必要的支持，有关高校、研究单位和企业也积极投入力量，对智能交通科技进行研究，涌现出了许多具有创新意义的技术成果和产品，共同推进我国智能交通系统的建设和发展，取得了显著成效。

在经历了二个五年计划之后，我国智能交通科技的发展总体上取得了一定的成果，基本构建了我国智能交通科技的基础。科技创新推动我国智能交通系统的建设和发展后来居上，为世界瞩目。2009 年在北京召开的第 14 届世界 ITS 大会，集中展示了我国智能交通领域的科技和建设成就，受到来自全球智能交通领域的广大与会代表的赞赏。

但我们也要清醒地认识到，我国智能交通科技发展尚处于基础阶段，整体水平与发达国家还有较大的差距，在前沿技术领域还比较滞后，在智能交通核心技术领域还有许多关键技术问题有待突破，总体上智能交通技术应用发展水平仍然比较落后。

从具体技术领域来说，我国在道路交通运营管理方面的技术比较成熟，普遍比较重视智能化交通管理技术领域的研究，相对来说，在智能化交通服务技术领域的研究发展迟缓，在车路协同等智能交通前沿技术领域还处于初步探索研究，在区域交通控制、交通仿真等核心技术领域缺乏成熟的研究成果，在智能交通系统综合集成方面的研究也与世界发达国家存在较大差距，具有广泛应用需求的交通基础信息获取技术主要设备仍长期依赖进口。

## 二、关于我国智能交通科技发展的基本认识

应该承认，我国智能交通科技的发展水平距交通运输现代化体系建设的要求和国民经济社会发展的总体要求尚有较大的差距，智能交通科技对智能交通系统发展的引领作用和科技支撑作用也未得到充分发挥。

科技对产业的形成和发展具有重要的作用。由于我国智能交通科技水平的制约，我国智能交通产业发展比较缓慢，具体表现在：产业特点和内容不清晰，产业导向以服务管理部门为主，核心技术和市场普适性强的产品较少，从业企业的经营规模普遍偏小，多数企业的专业化水平不够，行业内覆盖全国的主流性代表产品稀少，产业发展以项目为导向被动发展，重点技术产品（如不停车收费和车载导航等）等具有潜力的产业发展迟缓。

我国的社会发展目前正处于城市化进程加快、机动化程度迅速提高的阶段，交通运输效率、交通服务水平、交通安全、交通环境、交通拥堵等众多问题集中出现，成为制约社会发展的重要问题。智能交通系统对于缓解及解决上述问题具有直接的作用和意义，重视智能交通科技的发展，事关我国交通运输可持续发展乃至社会的可持续发展。

智能交通技术集成应用了以信息技术为主体的多个领域的高新技术成果，具有很强的跨领域和多技术特征，集成创新是智能交通科技发展的重要模式。智能交通系统作为实用化程度很高的技术领域，任何国家和地区在智能交通技术发展中，必须在借鉴先进技术经验的同时，要强调和立足自主开发。

我国智能交通科技研究的基础条件还比较薄弱，智能交通科技的发展要注意和加强条件平台的建设。在具体研究中，要突出强调产学研结合、基础研究与应用研究和示范应用相结合，发挥政府、管理部门、研发单位和企业的不同作用，重视产业技术联盟和企业创新主体作用的发挥。

## 三、我国智能交通科技发展展望

《国家中长期科学和技术发展规划纲要》（2006—2020 年）明确提出把智能交通管理系统作为交通运输领域的 6 个优先发展主题之一。进入“十二五”，我国社会经济发展面临许多新的机遇和挑战。“以信息化、网络化为基础，加快智能型交通的发展”是我国交通运输业实现跨越式发展、缓解资源和环境压力的有效途径，是实现我国交通运输现代化的关键。智能交通是交通运输业发展和服务水平提高的重要基础，是交通信息化发展、提升交通运输管理水平的重要手段。大力开展智能交通领域的科技研究，对促进和保障交通运输业的全面发展具有主要的战略意义。

国际上智能交通科技领域的发展动态值得我们借鉴。综合交通运输协同技术受到关注，智能化交通管理控制技术的不断发展，交通信息服务技术发展迅速并催生相关产业发展，交通安全技术始终是发展的焦点，智能汽车与车路协同技术是近年国际智能交通领域的发展热点。

“十二五”将是我国智能交通科技发展的提升阶段，要力求在重点基础技术领域取得突破，在主要关键技术领域内取得具有实际意义的重大成果，为智能交通系统建设和产业化发展提供技术支持。

发展主线上应该集中于交通系统效能提升、智能化管控与服务、车路协同与安全保障等三条主线。发展思路上，要从重视智能化管理向智能化服务转变、从以道路管控为主向人车路协同转变、从单项系统技术向综合集成转变。发展部署上，要进一步加强 863 计划的引领和导向作用，加大支撑计划的示范和支撑作用，同时，要充分调动和发挥科研院所、企业、大专院校作为创新主体的作用，重视创新技术联盟在科技发展中的作用。

具体技术研究方面，我国智能交通科技发展要有打“攻坚战”的指导思想和具体行动部署。车路协同是智能交通科技的前沿技术领域，我国智能交通科技研究应积极介入、尽早布局，以占领智能交通科技领域的战略制高点。交通信号控制、交通仿真技术等一直是我国交通控制领域缺乏的核心技术，主要产品长期依赖进口，应组织力量协同攻关，结合中国实际交通特点，创新提高，取得本质性的突破。我国交通管理实际发展中，智能交通领域系统化成套技术和装备严重不足、综合集成水平落后，为此，要加强集成创新研究，提升我国智能交通综合应用服务水平。近年高新技术发展迅猛，新型传感器网络技术、高清视频技术、第三代移动通信技术以及物联网、云计算等技术的发展，也为智能交通科技带来新的研究方向和内容。另外，综合运输系统的一体化和先进公交技术等仍然是智能交通科技发展的重要内容。

纵观我国智能交通科技的发展，以下方面值得关注：

（1）智能化交通管理技术不断丰富和完善，智能化交通服务技术发展将更加迅速。新技术发展促进了智能交通管理控制的技术不断提升和完善，如以往的交通信号控制系统主要是基于对路口交通流的检测来实现对区域交通信号的联网控制，随着交通流信息获取范围的扩大、信息受众的增加及控制理念的转变，新一代交通信号控制系统的关键技术和设备与以往有很大的不同。在智能交通技术发展中，智能化交通服务技术越来越受到关注和重视，不同国家对智能化交通服务的内容和重点有所侧重，但服务理念在智能交通系统中日益凸现。

（2）安全是永恒的主题，在传统的安全管理和安全保障技术基础上，人车路协同提升安全水平成为重要的手段。安全是交通的焦点问题，一些发达国家对安全的重视甚至超过了对交通效率的关注，交通安全始终是智能交通的关注点。驾驶员安全辅助、安全预防、安全管理等技术一直受到重视。近年，智能汽车技术的发展取得了一系列重要成果，国际上对车路协同的研究空前重视，车路协同技术成为当今国际智能交通领域研究的技术热点和前沿，主要发达国家和地区都在致力于建立基于车路协作的智能人车路协同系统，以实现高效、安全、环保的目标。

（3）交通信息采集、处理和发布作为智能交通技术的核心内容之一，发展推陈出新，方兴未艾。各种信息采集技术的发展，为交通信息技术和设备产品研发提供了基础。高清视频、电磁波（包括红外和激光）和电磁感应等技术带来更多实用性强的信息采集设备。定位技术、车辆自动识别技术和移动通信技术的发展，使大范围进行交通动态信息采集和服务成为可能。信息技术领域的技术进步大大提升了信息的处理和传输能力，物联网、云计算、智慧地球等新的理念和技术，使交通信息的处理传输和发布服务更为方便快捷，物联网背景下的广域多维交通信息获取、车联网等关键技术及路网智能监管、车辆远程综合信息服务等集成应用应予以高度关注。低成本、高可靠性的基础信息采集和处理、发布手段，将仍然是智能交通技术发展的热点。

（4）基于信息共享实现多种运输方式协同和效能提升，是智能交通科技发展的重要趋势。以往国际上智能交通技术比较侧重于道路交通管理和服务，随着交通运输研讨会的发展和信息技术的广泛应用，建立综合交通信息共享机制和平台，促进综合交通系统的协同服务，在美国、日本等国的 ITS 相关规划中都有突出描述。利用综合交通信息平台进行多种运输方式间的有效协同已经成为综合信息数据处理与集成技术的一个发展趋势。

（5）智能交通系统发展，随着需求的不断提高和技术的进步，智能交通系统工程核心理念、关键技术和主要内容也在不断完善和丰富。

（主要撰稿人：关积珍）

# 中国智能交通产业发展概况

中国智能交通产业的发展是随着智能交通科技的不断发展而逐步建立的。智能交通系统的建立在我国已有十多年，从20个世纪末在北京召开的中欧智能交通系统国际会议开始，智能交通科技开始为我国社会所关注并受到重视。2000年科技部成立了全国ITS协调领导小组，并相继批复成立了国家智能运输系统工程研究中心、国家铁路智能运输系统工程中心、国家道路交通工程研究中心，设立了中国ITS体系框架、中国ITS标准体系等专题研究项目，为中国智能交通系统科技的发展奠定了基础。

## 一、发展动力和环境

回顾中国智能交通产业发展脉络，其发展动力和支撑基础主要体现在国家经济发展环境、社会需求环境和高新技术发展环境三个方面。

### （一）国家经济发展

中国智能交通系统具有公共属性，项目建设投资模式以政府投资为主。城市智能交通政府投资部分又以地方投资为主，世行、亚行、社会资金参与建设的形式相对较少，处于补充投资建设的位置。因此，地方经济实力决定了智能交通投资的力度。

近十年，中国智能交通快速发展，中国GDP年增长率长期保持在8～11%。以2010年各省、直辖市公开的GDP数据，广东、江苏、山东、浙江、河南GDP位居前五，其中江苏、广东、浙江位居2010年城市智能交通市场投资前三，山东第六位[1]；截至2010年各省高速公路里程统计数据，河南、广东、河北、山东、江苏五省位居前五，浙江位居第八位[2]。2010年城市GDP排名前十位的包括上海、北京、广州、深圳、天津、苏州、重庆、杭州、无锡和青岛，这些城市也都是2010年城市智能交通市场投资的热点地区。

### （二）社会需求

随着经济的发展，中国城镇化率不断提高。2000—2009年，中国城镇化率由36.2%提高到46.6%，年均提高约1.2个百分点；城镇人口净增1.6亿人；城镇县城区面积增加了62%。截至2008年末，中国共有建制城市655座，其中百万人口以上的特大城市122座，城市市辖区地区生产总值占到当年全国GDP的62.7%。[3]

[1] 除特别注明外，本文数据均来源：2011年中国城市智能交通市场研究报告.-中国交通技术网.

[2] 数据来源：中国高速网，http://www.cngaosu.com/a/2011/0105/76108.html.

[3] 数据来源：2010年城市蓝皮书.中国社会科学院.

城市化进程的加快，带来城市人口数量迅猛增加，城市交通压力加剧随之而来，城市道路里程不断增加。1999—2008 的十年间，城市道路里程年平均增长率达到 7%；2005—2008 年平均增长率为 4.4%。

与此同时，城市交通拥堵状况并未得到有效抑制。北京、广州、兰州、武汉、西安、郑州、成都等城市交通拥堵状况在省会城市中已经具有普遍性，经济发展较快的东部沿海城市、二线城市也开始频繁发生拥堵状况。快速增长的交通出行需求和日益恶化的交通拥堵状况使得道路交通安全问题依然突出。城市交通拥堵的大面积爆发让人们对智能交通改善交通环境带来更多的期望。

社会民众对交通安全、交通个性化信息服务的旺盛需求显示出人们通过智能交通提升生活品质的愿望。

### （三）高新技术发展

智能交通是随着工业技术、通信技术的进步而发展的。智能交通系统四个主要特征：数据采集、传输、处理和发布，主要的技术进步表现在数据采集和传输环节。雷达检测技术、超声波检测技术、视频检测技术、地磁感应技术、系统的工业控制技术、多频段多方式的信息传送技术等都不同程度上带来了产业变革。这一发展特征将一直伴随产业的发展。

## 二、发展阶段

结合国家“五年计划”制定实施、行业企业发展史和产业服务对象的变化，可以将中国近 40 年智能交通发展史划分为以下三个阶段：

### （一）2000 年之前

2000 年之前，主要是“七五”、“八五”和“九五”三个五年计划阶段。中国智能交通基本处于城际智能交通（高速公路三大系统）的科技攻关，国家智能交通体系框架和标准的研究等层面，示范或开工建设的项目不多，主要围绕北京、上海、大连、广州等地展开。

1995—2000 年间产生了中国城际智能交通的第一批企业，亿阳信通（1998）、云星宇（1997）、紫光捷通（1995）、皖通科技（1999）、上海交技（2000）和瑞华赢（2001）均是伴随经济发展在这一阶段起步的公司。如今，这些企业多数都已经进入资本市场，并成为中国城际智能交通行业的领军者。

### （二）2000—2005 年

“十五”期间，国家科技攻关 ITS 重大专项启动了 12 个研究项目，并支持了在全国 12 个城市进行 ITS 应用示范，部分地方政府和城市纷纷设立智能交通科技专项课题，投入了相应的经费对研究进行配套，对智能交通科技的发展起到了积极的推动作用。进入"十一五"，国家"863"计划设立了现代交通技术领域，在现代交通技术领域具体设立了"综合交通运输系统与安全技术"专题。"综合交通运输系统与安全技术"专题以"提高交通运输的效率和安全"为指导思想，按照综合交通运输和服务的网络优化与配置技术，智能化交通控制技术，综合交通信息采集、处理及协同服务技术，交通安全新技术和新型载运概念技术 5 个技术方向进行了总体部署，立项的研究项目超过了 100 余项。863 计划对智能交通科技的发展起到了重要的引领作用。从"十五"期间科技部智能交通科技攻关计划的实施和示范城市的建设，到"十一五"期间科技部 863 计划、科技支撑计划的一系列项目部署，我国智能交通领域的科技发展取得了长足的进步，科技为智能交通系统的产业发展起到了良好的引领和支撑作用。

"十一五"期间，国家也加紧制定行业标准、发展规划、相关科技的应用研究，《信息产业科技发展"十一五"规划和 2020 年中长期规划纲要》中也把智能交通系统作为交通领域优先发展的产业之一，这为智能交通产业的健康发展打下了坚实基础。

城市智能交通方面，国家科技攻关计划"智能交通系统关键技术开发和示范工程"中确定了北京、上海、广州、天津、深圳、重庆、济南、青岛、杭州、中山共十个具有不同交通特点、交通基础设施建设水平和地方经济水平的城市进行智能交通示范工程建设。这五年的建设重点是交通信息采集、交通信号控制、交通视频监控、交通诱导（包括道路交通诱导和停车诱导）、智能公交（主要是公交调度和公交信号优先）、综合交通信息平台和服务。这些示范工程的实施等也推动了企业在技术攻关、产品研发、市场化方面的发展，部分智能交通系统得以广泛应用。由此阶段开始，中国智能交通发展进入实质性建设、应用实验阶段。

随着示范项目的开展，2000 年，中国开始涌现第一批城市智能交通企业。海信网络科技（1998）、航天智通科技（1999）、四通智能交通（1999）、北大千方（2000）、安徽科力（2000）、易华录（2001）、安徽蓝盾光电子（2001）和中盟科技（2002）等知名企业相继成立，其中银江、千方、高德等受到资金追捧成功上市，哈尔滨新中新、上海电科、易华录，南京莱斯等智能交通企业均公开表示正在准备或已经提交了上市申请，还有一些企业正着手准备上市的工作，这为智能交通产业的发展起到了积极的推动作用。这些企业也成为中国城市智能交通行业的中坚力量。国内一批政府级的智能交通项目投资已经纷纷亮相，这一切都将带动我国智能交通产业快速有效的发展。2010 年，中国智能交通系统建设投资的年均复合增长率超过了 20%，预计未来 3 年行业投入将达到 1500 亿元。无论是城市还是城际智能交通都得到了强有力发展支持。

城际智能交通方面，2001 年 8 月，中国公路水路交通行业第一个五年计划发布，既《公路水路交通"十五"发展计划》。计划重点发展高速公路交通综合信息服务系统、网络环境下收费系统、高速公路交通事故预防和紧急救援系统等关键技术。"十五"期间共修建高速公路 2.47 万千米，是"八五"和"九五"建成高速公路总和的 1.5 倍[4]，这些建设投资有力地推动了行业发展。

[4] 交通部部长李盛霖 2006 年 1 月 15 日全国交通工作会议上讲话。

2002年开始，参与城际智能交通设计的公司从原来的3～4家快速增加到目前的几百家。第一批成立的城际智能交通企业开始拓展销售网络，企业实力逐渐增强。行业标准、规范、投资、建设、监理等产业架构逐渐清晰、不断成熟。同期，国内企业的快速成长导致最早进入中国的外资企业（集成商）开始陆续退出中国市场。

### （三）2005—2010年

智能交通发展进入高速发展期。“十一五”期间国家综合智能交通技术集成应用示范项目以提供人性化交通运输服务、发展交通系统智能化技术和安全高速的交通运输技术作为项目研究，重点布置了五个子项目。示范项目中应用了众多未来智能交通发展的可能用到主流技术。如北京奥运智能交通管理与服务综合系统示范项目中全国首次规模应用交通高清监测技术，提供个性化实时交通信息服务；上海世博智能交通技术综合集成系统示范项目中基于手机移动技术采集的动态交通信息服务，基于视频或激光技术的世博场馆客流监测系统，上海虹桥综合交通运输枢纽智能交通系统，上海世博会全国重点营运车辆联网联控等也都是首次规模性项目应用。除此之外，国家“863”计划设立智能交通系统专题、道路交通安全保障关键技术研究及示范项目、国家道路交通安全科技行动计划的设立和执行也都推动了产业发展。

智能交通产业的兴起，引起社会各界的高度重视，行业内如雨后春笋般出现了各种智能交通组织机构。2008年，由科技部牵头，交通部、公安部、铁道部、民航总局、住建部等联合发起成立了中国智能交通协会，各地城市先后成立了地方智能交通协会，如安徽智能交通协会、南京智能交通协会、济南智能交通协会和深圳智能交通协会等。产业联盟的形式也逐渐被智能交通行业所采纳，2010年，由中国智能交通协会、北京北大千方科技有限公司、北京航空航天大学、北京宏德信智源信息技术有限公司、北京交通大学、北京市交通信息中心、北京四通智能交通系统集成有限公司、重庆长安汽车股份有限公司、东南大学、青岛海信网络科技股份有限公司、清华大学、上海市交通信息中心、同济大学、中国汽车工程研究院有限公司、中国汽车技术研究中心和中山大学16家单位共同发起成立了国家智能交通产业技术创新战略联盟，一些新兴城市也在智能交通不同领域成立了地方联盟，如广东智能交通信息服务产业联盟、成都物联网产业发展联盟、中关村智能交通产业联盟等。这些机构的成立标志着我国智能交通产业已进入了一个新阶段。

2009—2011年值得行业关注的是，中国第一批智能交通企业开始陆续迎来成立10周年纪念日。十年的市场沉淀让企业在销售网络、企业研发、技术积累、资金实力、行业品牌、企业人才等方面具备了规模优势，各企业均形成自身竞争力。2008年7月千方集团在美国纳斯达克登陆资本市场，2009年10月银江股份也成为中国第一批进入创业板的企业之一，进入2010年，更多的智能交通概念企业开始陆续准备或进入资本市场。智能交通产业发展得到社会资本的认可，智能交通行业进入快速发展期。

# 三、智能交通产业发展现状

根据社会需求增长、市场增长率、产品种类、竞争者数量、进入壁垒、技术变革、用户购买行为、行业标准规范性和市场投资模式等参数来判别目前中国智能交通行业生命周期所处阶段。

（1）城际智能交通

处于产业发展成长期向成熟期过渡阶段，更接近于成熟期。产业发展的特点表现为市场增长率维持高水平，产品技术基本成熟，买方市场形成，行业盈利能力呈下降趋势，新产品和产品的新用途开发更为困难，市场竞争格局基本平稳，行业进入壁垒很高。行业标准规范逐步完善，市场投资模式成熟。

（2）城市智能交通

处于产业发展幼稚期向成长期过渡阶段，更接近于幼稚期。产业发展表现为年市场增长率平均为 13%左右，高于 GDP 的增长率。建设需求增长较快，少部分细分行业产品技术、解决方案渐趋稳定（如停车诱导系统），但大部分细分行业产品仍不稳定，技术变动较大（如电子警察）。企业主要致力于开发新用户、占领市场，重点拓展销售网络。企业在产品、市场、服务等策略上有较大的余地，对行业特点、行业竞争状况、用户特点等方面的信息掌握不多，市场门槛比较低。市场参与者的竞争格局未最终形成，仍不断有其他行业者加入，竞争者数量仍在增加。

## （一）产业链

随着智能交通不断发展，其内涵逐渐丰富。如部分城市的环境监测部门开始通过电子警察对排放尾气不合格车辆进行抓拍，环保部门成为智能交通产业发展中新的投资建设者；车辆行驶轨迹的视频监控增强了对道路交通管理的支持，公安交通管理部门既是智能交通建设者同时又是系统的使用者，如图 3.1 所示。

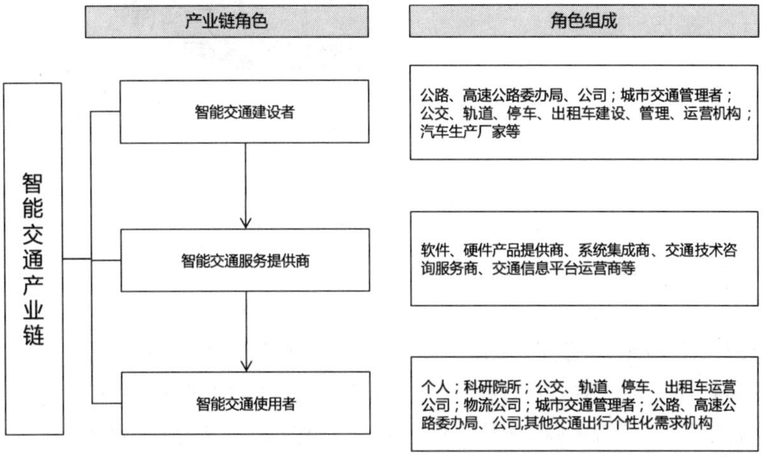


图 3.1　中国智能交通产业链

### （二）政府投资建设模式的影响

相比城际智能交通，城市智能交通建设投资模式还不完善。在目前城市智能交通建设更多倾向于工程建设的情况下，行业标准规范、规划设计、监理、建设资金来源和维护维修等环节都有待梳理。城市智能交通投资以地方政府投资为主，地方经济实力强投入就多，发展就快。除世行、亚行等外来建设资金外，城市智能交通建设中社会资金使用缺乏有效的模式，城际智能交通成熟使用的BOT[5]模式在倾向交通管理的城市被验证并不合适使用，而 BT[6]模式在行业发展初期，企业资金实力不强的状况下可执行性也比较差。某种意义上讲，投资模式的缺乏和地方资金的不足阻碍了城市智能交通产业化发展速度。

### （三）市场规模及投资热点分布

根据 2010 年统计数据，中国城市智能交通市场总规模为 100.2 亿元，年度市场规模首次超过 100 亿。

从投资热点分布来看，目前中国城市智能交通建设投资的重点是交通信号控制、交通视频监控和电子警察三个细分行业，三个行业占市场总投资的 73%左右。城市智能交通产业建设仍以硬件设备投入为核心，交通基础设施建设需求强劲，软件和服务等方面的比重不大，如图 3.2 所示。

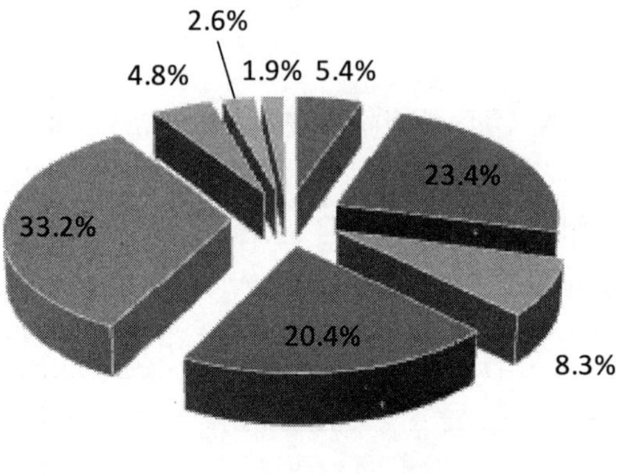


图 3.2　2010 年城市智能交通市场细分行业项目数量比例分布

[5] BOT 是私人资本参与基础设施建设，向社会提供公共服务的一种特殊的投资方式,包括建设（Build）、经营（Operate）、移交（Transfer）三个过程：建设—经营—转让。

[6] BT（building—transfer）模式：即建设—转让是政府利用非政府资金来进行基础非经营性设施建设项目的一种融资模式。项目工程由投资人负责进行投融资，具体落实项目投资、建设、管理。工程项目建成后，经政府组织竣工验收合格后，资产交付政府；政府根据回购协议向投资人分期支付资金或者以土地抵资，投资人确保在质保期内的工程质量。

### （四）千万级项目数量增长迅速

2009 年以来城市智能交通单个项目投资额一改往年普遍偏小、综合性采购多的特点，千万级项目变得非常普遍。2010 年千万级项目共有 85 项（包），合计金额约 22 亿元，占全年市场规模的 22%，如图 3.3 所示。

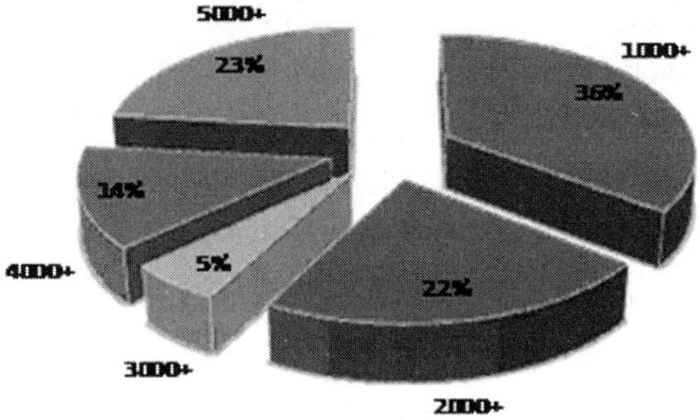


图 3.3　2010 年城市智能交通千万级项目金额区间分布

这些千万级项目特点是单一系统采购居多，且分布在城市智能交通的各个交通管理基础系统中，视频监控、智能公交、违章抓拍和信号控制等。从这些项目中还可以看出，目前城市智能交通建设仍以硬件设备投入为核心，软件和服务等方面的比重不大。

千万级项目频出，并且合同额度还有不断增大的趋势，一方面说明部分地区地方经济状况足以支撑这样大规模的投资建设；另外一方面也说明城市交通拥堵状况日益恶化，人们出行质量要求不断提高，交通管理工作任务繁重；第三方面，这也说明了市场在向规范化方向发展，政府对大项目的监管更有力。

### （五）市场集中度低

从市场集中度来看，市场份额排名前列的企业占全年市场规模不足 4%，前五名企业占全年市场规模 12%，市场集中度处于低水平。

这一方面说明了城市智能交通行业处于低水平竞争阶段，市场位于较低层次的均衡状态，没有行业的绝对领导者，众多企业无力（或无心）打造品牌，安于各自偏居一隅，从而导致行业市场集中度低下；另外一方面说明了行业市场并没有完全开放，这主要是由于存在地方保护，人为营造区域竞争壁垒，影响了行业市场集中度；第三说明了城市智能交通市场容量较大，市场区域较广，行业标准严重滞后，导致了行业门槛较低，新的企业很容易进入，从而导致大企业的市场占有率降低，影响了行业市场集中度。

### （六）市场竞争格局

2000 年以后，中国智能交通发展提速，目前市场竞争形成了传统企业之间，本土其他行业企业与传统企业，外资企业与本土企业三种主要格局。

1. 传统企业之间的竞争

从产业链、业务范围角度看，中国智能交通企业可以分为产品商、子系统集成商、综合系统集成商三类。产品商特点是生产和销售某类或某几类单独智能交通硬件专业设备或系统软件，如只生产电子警察闪光灯、视频监控解码器、硬盘等。整体而言，目前产品商的竞争主要还体现在价格、售后服务方面，产品技术差异性不大。子系统集成商特点是可能只研发智能交通某一行业的系统软件，硬件外购或企业自身有部分硬件设备，连带软件自研和外购其他设备，如交通信号控制系统集成商。这类企业在智能交通产业链上数量最多。综合系统集成商特点是企业一般规模较大，业务涉及智能交通领域的多个细分行业，具有综合的系统集成、工程施工能力，其产品可能是代理、贴牌或自主知识产权生产。构成全国市场区域竞争的综合系统集成商不多，集成商之间的竞争主要体现在综合系统集成商之间区域市场的交叉竞争；综合系统集成商和地方业务系统集成商之间的合作和竞争两个方面。

2. 本土其他行业企业与传统企业竞争

随着城市交通拥堵的日益严重，越来越多的非传统企业开始进入城市智能交通领域。传统安防企业、电信等三大运营商、车载信息服务相关企业等已通过各种方式和切入点进入智能交通领域，并已经占据了一定规模的市场份额。这类企业与传统行业企业目前处于合作和竞争关系。

3. 外资企业与本土企业竞争

除已经进入中国智能交通市场多年，比较好地完成本土化之外的外资企业，外资与本土企业的直接竞争目前表现不显著。外资企业在中国智能交通市场目前以设备的核心组件、高技术含量的设备为主要生存空间。

针对我国智能交通产业发展的现状，“十二五”期间，我国智能交通产业依托智能交通科技的高速发展，在以下几个方面将会有更加突出的表现：

（1）智能化交通管理技术不断丰富和完善，智能化交通服务技术发展将更加迅速。智能交通企业将会在管理和服务两个方面开发出更多产品，同时产品市场也将扩大。

（2）车路协同将会成为智能交通产业的一个新的发展方向。

（3）交通信息采集、处理和发布作为智能交通产业技术产品的核心内容之一，发展推陈出新，方兴未艾。各种信息采集技术产品的发展，为交通信息技术和设备的进步提供了基础。高清视频、电磁波（包括红外和激光）和电磁感应等技术产品带来更多的实用性强的信息采集设备。定位技术、车辆自动识别技术和移动通信技术的发展，使大范围采用交通动态信息采集和服务系统成为可能。信息技术领域的技术进步大大提升了信息的处理能力和传输，物联网、云计算、智慧地球等新的理念和技术，使交通信息的处理传输和发布服务更为方便快捷。低成本、高可靠性的基础信息采集和处理、发布手段，是智能交通技术产品发展的热点。

（4）智能交通系统发展，随着需求的不断提高和技术的进步，智能交通系统工程核心理念、关键技术和主要内容也在不断完善和丰富。适应我国社会经济发展需求，结合我国交通管理发展要求和交通的具体特点，充分运用新技术手段，构建具有中国特色的新一代智能交通系统已具备基础条件并成为可能。

（主要撰稿人：徐　赫）

# 公安交通管理领域智能交通的应用发展

公安交通管理的主要任务是根据《中华人民共和国道路交通安全法》、《中华人民共和国道路交通安全法实施条例》和其他有关道路交通管理的法规、规章实施道路交通安全管理。各级人民政府公安交通管理部门是道路交通管理的职责部门，主要工作包括：负责维护辖区内道路交通秩序，纠正和查处各类交通违法行为；负责辖区内道路交通事故的现场勘查、取证、责任认定以及侦破交通肇事逃逸案件等；负责辖区内机动车和非机动车的管理、登记、牌证核发工作及驾驶人的考试、驾驶证发放等；参与道路交通安全规划和建设；负责宣传道路交通法律、法规和交通安全常识；承担各级交通警卫任务，应急各类突发事件等特勤工作等。

随着道路交通的发展，机动车保有量和驾驶人数量的迅猛增加，公安交通管理工作迫切需要应用先进的科学技术来提高道路交通秩序管理的效率，维护道路交通安全。ITS技术的发展为提高道路交通科学管理水平创造了条件。如公安交通管理部门通过设置在道路上的磁感线圈、微波、红外线和视频检测等先进的交通信息采集设备和技术，把采集到的各种道路交通信息和相关的环境信息传输到交通指挥中心，利用电子控制技术和计算机处理等技术，对采集到的实时交通信息进行分析、处理、优化，并据此形成交通管理方案和交通服务信息，通过数据通信传输设备分别传输到各种交通控制设备、交通诱导设施和交通系统的各类用户，实现对交通的智能化管理与控制，有效缓解交通拥堵，保障道路交通安全。

ITS 技术在道路交通管理中已得到广泛的应用，并随着技术和理论的发展而发展。道路交通信号控制由单点定周期控制发展到全面系统化的交通状态检测、决策支持和控制服务，车辆和驾驶人管理由手工登记、录入发展到全面信息化管理和数据挖掘分析，交通违法管理由人工发现和处理发展到全面自动化监测、抓拍和告知服务等，目前逐渐形成了具有公安交通管理特色的智能化交通管理系统。

## （一）交通管理主要业务基本实现信息化，节约了工作程序，提高了工作效率，方便了办事群众

2005 年以来，公安交通管理部门在机动车、驾驶人、交通事故和交通违法等管理业务中引入 ITS 相关的信息技术、通信技术和计算机处理技术，建成应用于机动车登记、驾驶证管理、交通违法处罚和交通事故处理、交警队信息平台、危化品管理等交通管理业务系统。并于 2010 年，构建了交通管理信息系统综合应用平台，利用信息集成技术整合了上述业务系统，突破了交通管理系统之间、交通管理信息系统与综合警务平台、大情报系统、外挂软件之间资源独立的局面，实现信息顺畅流动和高度复用，并在江苏和四川等地开展示范应用。

2010年年底，主要业务数据已实现自动上传和统计分析，为交通管理执法提供了重要技术支撑，初步建立了以信息化为支撑的警务机制，提升了交通管理工作的整体效能。

全国30个交警总队、152个交警支队使用互联网将群众关心的机动车临检日期、报废期限、驾驶人体检日期、换证日期、违法信息主动告知群众。所有城市实现通过互联网进行机动车选号、提交身体条件证明信息，群众足不出户即可办理部分交通管理业务。15个省（区、市）推行省内异地交通违法罚款缴纳工作，方便当事人网上查询、接受处理并缴纳罚款。各级公安交通管理部门顺应经济社会发展需求，不断调整完善系统功能，拓展与其他行业系统的关联，减少群众等候时间和往返次数，简化办事流程，显著增强了公安机关服务群众的能力。

### （二）提高了执法装备应用水平，规范了执法工作，推动了道路交通的和谐发展

随着ITS的发展，相关技术逐步应用到执法装备的设计和研发中，使得执法装备的智能化程度越来越高，不仅完善了执法装备的功能，也提高了执法装备的可靠性和准确度，为提供更加客观的执法证据创造了条件，保证了执法的公正性和科学性，强化了执勤民警路面查控的实时性与准确性。目前，全国公安交管部门装备酒精检测仪近2万台，各类测速记录设备1万多台（套），安装闯红灯记录仪2万6千处。酒精检测仪、测速仪、闯红灯记录仪等智能化执法设备大大提高了路面管控能力，节约了警力，对降低事故、保障交通安全起到重要而积极的作用。

各地利用智能化执法装备，在提高执法效率、规范民警执法行为的同时，进一步落实了便民利民措施，主要表现在：一是提高了获取执法信息的实时性。警务通等智能化装备可对驾驶人、机动车的历史违法行为进行全面检索，民警在现场执法的同时可以对驾驶人、机动车的历史交通违法行为一并处理。通过对历史违法行为的告知，避免违法当事人再次发生类似的违法行为。提高了民警对假牌、假证、套牌、报废、盗抢、拼（改）装车上路等严重违法行为的识别判断水平，快速实时地实现信息精确比对，对车辆、驾驶人的违法行为进行准确的判断，从而达到更为有效地纠处交通违法行为，遏制严重交通违法行为和交通事故发生的目的。北京、郑州、宁波、苏州、廊坊和常熟等城市完成了无线警务通综合系统的开发与应用，强化了路面查控的实时性与准确性。二是进一步落实规范执法。非现场执法装备和警务通等智能化装备的配套使用，进一步规范了民警执法行为。非现场执法装备记录信息的完整有效，大大降低了违法驾驶人与民警发生冲突的可能性，同时执法装备或警务通严格按工作规范自动打印的法律文书，无需手工填写法律文书，避免了数据误差，维护了交通管理执法的严肃性。三是落实了便民利民措施。酒精检测仪、测速仪和其他智能化执法装备可以在现场进行交通违法处罚，利用微型打印机可立即打印出违法处罚决定书，并通过移动通信技术将交通违法信息自动上传至道路交通违法信息数据库，使违法当事人可以在第一时间持违法处罚决定书到银行缴纳罚款，极大地方便了违法当事人，特别是需接受处罚的外地（过境）驾驶人，有效避免了传统交通违法处罚过程中，违法当事人来回奔波、费时、费力之苦。

### （三）提高了城市道路交通管理科学化水平，缓解了交通拥堵，改善了道路交通秩序

全国公安交通管理部门以“畅通工程”建设为平台，大力开展智能交通和交通工程技术在城市道路交通管理中的应用。一是进一步优化交叉口信号配时。信号控制系统应用从单点优化扩展到“绿波”控制，从“绿波”控制扩展到区域协调，将区域联动控制效益最大化，充分利用城市道路资源，最大限度地提高了城市通行效率。北京、上海、宁波、大连和青岛等城市实现了信号区域控制。常州为进一步发展公交优先战略，专门建设了大容量公交车信号控制系统，提高了公交车的通行效率，同时在无公交车通行需求的时间内，适当补偿其他车辆通行时间，既做到公交优先，又不至于影响其他交通运行。二是完善了交通管理信息采集体系及信息发布技术手段。各地充分利用电视监视和交通信号控制系统等所采集的流量信息，同时加强新系统新技术的应用。北京、上海、杭州等地开展了交通流信息采集系统建设，在城市主干道和快速路上建设了较完善的交通流信息采集系统，初步建立了信息采集和突发交通事件自动检测系统。广州、宁波等地开展浮动车交通信息采集系统建设，建立了多种手段的信息采集体系，实时反映路段的交通运行状态，为交通疏导、交通组织和诱导提供详实数据。各地还通过建立实施动态、静态交通诱导系统，拓展信息发布渠道及时向交通参与者发布相关信息，减少无效交通，提高道路网络通行效率，缓解城市交通拥堵。南京、成都、大连等城市在城市中心商贸区建立了停车诱导和行车诱导系统，实时提供交通信息。三是初步建立信息指导警务的工作机制。各地通过警情监测、警情研判、警力报备等工作，建立科学高效规范的动态化、扁平化指挥调度管理体系。北京通过警情监测平台和流量检测系统，实时监测、研判交通拥堵、交通事故、交通事故重复报警率、重点路段流量车速等数据变化情况，建立警情研判—警力报备—警情监测—检查督导的闭环指挥调度工作机制。四是初步构建了现代化的交通应急处突体系。各地综合应用交通事件自动检测与定位、交通突发事件态势分析及交通管制、自动紧急呼救与定位、交通突发事件应急资源配置与优化调度等 ITS 先进技术，建立突发事件应急预案智能决策支持系统，在预案中明确各部门职责定位，形成分工明确、职责清晰、措施得当、保障有力的交通应急处突体系。上海、广州等地在交通指挥控制中心建立专家辅助决策系统，各类突发事件发生后计算机自动向指挥调度人员提供事件处置预案，极大提高了交通应急处突效率。广东、山东两省建立了省级交通指挥控制中心，利用 GPS 定位系统、公路监控系统、缉查布控系统等技术，专门处置协调跨地区交通事件，提高了区域道路交通事件处置水平。

目前，全国共有 461 个城市建成了集接处警、信息采集、交通控制等功能于一体的智能化交通指挥控制中心，404 个城市实现了交通信号区域控制或主次干道“绿波”控制。智能交通和交通工程技术综合应用，对科学组织交通，提高现有道路通行能力，缓解交通堵塞，协调处置突发性事件，增强交警快速反应能力具有重要的作用，在城市机动车近年来大幅增长的情况下，全国城市道路未出现区域性瘫痪或堵塞事件，充分体现了 ITS 技术应用的重要成果。

### （四）公路交通安全管理具备新手段，减少了公路交通违法和犯罪，提高了公路交通安全水平

近年来，各地为加强公路交通安全管理，积极应用 ITS 技术手段，在公路网主要节点、省际、市际交界处和事故多发点段等重点路段，安装公路交通监控设备和系统。目前，全国在公路沿线共建设交通监控点 6 千多个，初步建立了点、线、面相结合的网格化公路交通监控网络，提高监控公路交通状况、查获肇事逃逸、交通违法、被盗抢、报废等车辆的预警和缉查布控能力。

公路交通安全管理智能化水平有了新提高。一是公路监控设备功能趋于完善。目前各地建设的公路监控系统不但具备过往车辆的记录监控功能，还集成了违法变道、占道行驶、逆向行驶、超速等违法行为记录功能，不仅具备自动识别机动车号牌、车型等信息，同时具备自动识别车身颜色等车辆信息，单台设备功能趋于完善，多种信息记录使得在侦破肇事逃逸、涉案车辆等方面更加方便迅捷。二是区域性公路管理平台初步建成。各地在公路监控系统建设中，突出监控系统集成平台的建设，统一数据接口和存储技术标准，提高监控信息的数据共享和交换水平，进一步发挥系统整体效益。除了查处交通违法行为、侦破事故逃逸之外，进一步加深对监控信息的分析，为“大公安”提供更为有效的信息，为侦破刑事案件、治安案件提供服务。山东、浙江、广东分别由总队负责全省统一公路监控平台的建设工作，实现与全国机动车交通监控信息应用系统无缝衔接，可以对全国范围内机动车违法、涉案车辆、事故逃逸车辆等信息进行布控报警，建立车辆轨迹及行车时间分析系统，为侦破各类治安、刑事案件及打击套牌车辆提供技术手段。三是公路交通监控系统得到广泛应用，全国主要高速公路和国省道的省际卡口基本实现了交通安全监控，北京、上海、浙江、山东和河北等省市已在交通流量大、易发生交通堵塞和交通事故的高速公路和国省道率先实行了全程监控，部分国道完成了监控单点系统向监控网络系统的跳跃。

### （五）提高了事故预防和处理的智能化水平，抑制了交通事故的高发态势

近年来，全国道路交通事故仍然处于高发态势，事故起数、死亡人数等高居不下，面对这种形势，公安交通管理部门采取了多种 ITS 技术手段，在事故预防和处理工作中进行了积极探索。在事故隐患排查治理方面，广泛应用事故隐患排查技术，采用增设护栏、减速垄等交通安全设施，以及设置避险车道等工程手段，有效治理了大量公路交通安全隐患；在交通安全宣传引导方面，利用三维动画、立体影视等计算机虚拟现实技术，采用事故车展台、宣传车、宣教基地等新形式，不断拓展宣传的深度和广度；在交通事故处理方面，应用交通事故现场照明车、事故现场勘查设备、事故现场绘图系统、事故再现分析系统等各类技术装备，提高了交通民警事故现场勘查能力与事故处理水平。

ITS 技术在事故预防与处理方面的应用已经开始显现成效，全国道路交通安全形势保持了总体平稳，道路交通事故高发态势得到了有效遏制。2010 年比 2009 年全国道路交通事故起数减少了 1.88 万起（下降 7.9%），死亡人数减少了 2534 人（下降 3.7%），

受伤人数减少 21050 人（下降 7.7%），一次死亡 3 人以上道路交通事故减少了 32 起（下降 2.5%）。全国道路交通事故死亡人数减少量占全国道路安全生产事故死亡人数减少总量的 70%以上，为全国安全生产形势总体稳定并趋向好转，为保增长、保民生、保稳定的国家发展大局做出了重要贡献。

（主要撰稿人：俞春俊）

# 公共交通运营领域智能交通的应用发展

“十一五”期，智能化信息采集与处理技术、公共交通 IC 卡系统技术、卫星定位技术（GPS）、智能公共交通调度与信号控制技术、可视化查询系统、应急救援技术等新技术和科技创新成果在城市公共交通领域得到应用。部分城市还建立了智能化公共交通调度管理系统。

## 一、发展现状

我国已基本确定了由自动车辆定位系统（Automatic Vehicle Location，AVL）、自动乘客计数系统（Automatic Passenger Counting，APC）、自动收费系统（Automatic Fare Collecting，简称 AFC）、车载公交信息系统（On-board Bus Information System）、综合乘客信息系统（Comprehensive Passenger Information System，CPIS）、站点请求系统（Stop Requesting System，SRS）及中央调度系统（Central Dispatching system）等构成整个智能公交系统的组成框架。北京、上海、广州、杭州和南京等城市积极进行了城市公共交通客运运营管理数据中心、管理平台的建设。

奥运会期间，北京市形成了以“一个中心，三个平台”为主体的智能交通管理框架体系，结合北京市环形路网结构和混合交通的特点，开发建成了在计算机管理平台下的多控制系统管理模式的交通区域信号控制系统、快速路交通信号控制系统及公交优先信号控制系统，在奥运场馆周边主干路设置了 14 处奥运车辆优先信号控制点为万余奥运车辆提供了 7 万多次信号优先，累计缩短行驶时间 600 小时，为奥运观赛人群提供了高效、快捷的交通服务；推行实施了数字化的综合交通监测系统，实现了对奥运交通服务志愿者驾驶员、专业客运驾驶员、物流车辆驾驶员等 14 大类驾驶员的动态监管，有效保证了奥运车辆的行车安全。

世博会期间，上海市综合应用了出行综合信息服务系统、公共交通信息服务系统、道路交通联动诱导系统、公共停车信息服务系统、枢纽交通信息服务系统、客流预测预报系统、手持和车载移动终端系统及牌照识别比对系统等来保障世博会交通顺畅，充分利用了当代信息技术和网络通信技术，为 7000 万人次的世博会交通组织、运管者及游客提供了先进的交通信息服务，提高了世博会游客出行效率，保障了世博会交通的高效运营。

亚运会期间，广州市 APTS 建设覆盖了广州市 500 多条公共汽（电）车线路、10000 多辆公共汽（电）车、市公共交通总监控调度中心、4 个公交公司监控调度中心、310

块电子站牌（总站110块，中途停靠站200块），以及1万多台公共汽（电）车车载终端系统；城市公共交通平行管理系统-PtMS成功试用于电车公司14条线路273辆公交车，实现了从人工调度向GPS系统远程调度的跨越；在近10条道路共设置了约50km的公交专用道，提高了公交运营速度，取得了良好的实施效果；采用了自学习式公共交通线路智能排班系统，实现了“一人多线”调度，达到减员增效的目的；ITS共用信息平台的使用实现了道路实时拥堵变化情况、旅行时间预测服务、行车诱导服务、停车诱导服务、优选路线计算等功能；出租车综合管理服务系统实现了出租车卫星定位监控、防盗反窃、电话召车、羊城通电子消费、语音通话、车辆营运数据统计分析、外语翻译及导航指路等功能，是目前我国同类系统中功能最全面的系统；客运联网售票系统实现了16个站场，40多个代理点的长途客运联网售票，覆盖广州市、南海珠江三角洲周边城市；羊城通发行量突破2200万张，且仍在不断增加中；96900呼叫中心拥有40多个坐席，日均交通信息服务5000多次，具备交通业务查询、投诉登记与查询、报失登记与查询、报检登记、出租车电召、问路服务和公交查询等功能，保障了2010年亚运会期间广州公共交通的畅通。

未来我国城市智能公交系统发展将呈现如下趋势：

- 建立完善的智能公交调度系统，实现大范围、大规模运营的公交区域调度；
- 建立“人性化、智能化”的公共交通信息服务系统；
- 建立完善的公交车辆信号优先系统；
- 建立政府管理部门主导的城市公共交通运营监管信息平台及城市公共交通数据库。

## 二、主要成就

### （一）应用技术

#### 1. 车辆自动定位技术

自动车辆定位技术，即通过在车辆上安装车载定位单元来确定公交线路上公交车辆的运行状态，综合利用全球卫星定位（GPS）、无线通信（GSM）和地理信息系统（GIS）等前沿技术将车辆位置、车辆运行状态等信息发送至调度中心。通过对公交车辆位置信息的监控，公交企业可了解路网中车辆的运营状况进而发布有针对性的调度指令。常用的自动车辆定位技术见表3.1。

**表3.1 常用的自动车辆定位技术类型及优缺点比较**

| 车辆信息采集 | 采集信息类型 | | 采集设备类型 | 主要优点 | 主要缺点 |
|---|---|---|---|---|---|
| | 直接信息 | 间接信息 | GPS 定位系统 | 定位精度高、应用范围广、设备可靠性高、厂商众多 | 成本较高，城市中存在定位盲区，传送车辆位置要增加通信费用 |

（续表）

| | 采集信息类型 | | 采集设备类型 | 主要优点 | 主要缺点 |
|---|---|---|---|---|---|
| 车辆信息采集 | 线路编号；车辆 ID；车辆位置；时间。 | 到达站点时间；到达站点编号。 | 无线电定位系统 | 技术较成熟，系统设备成本较低 | 设备安装、维护费用相对较高，定位精度及速度一般 |
| | | | 北斗卫星定位系统 | 定位精度高、可同时进行数据传输、基本不存在定位盲区 | 设备成本较高，数据通信费用较高，设备厂商较为单一 |
| | | | 推算定位系统 | 定位精度较高，不存在定位盲区，设备可靠性高 | 设备成本高，系统维护工作量较大，工作时间长导致积累误差 |
| | | | 惯性导航系统 | 定位精度高，不存在定位盲区，隐蔽性好，数据更新率高 | 设备成本高，系统维护工作量较大，工作时间长导致积累误差 |
| | | | 基于车路通信的定位技术 | 利用车路通信单元定位，设备投入少 | 受路侧通信单元限制存在定位盲区 |

2. RFID 技术

RFID 技术是利用线路沿线设置的信标（电子接收装置）和公交车辆上的车载接收、发送设备之间的信息交换实现车辆自动定位。GPS 与 RFID 技术的比较见表 3.2。

表 3.2　GPS 技术与 RFID 技术优缺点比较

| 技术名称 | 可靠性 | 实用性 | 稳定性 | 操作性 | 扩展性 | 建设费用 |
|---|---|---|---|---|---|---|
| GPS 技术 | 信号易受外界干扰，定位难度较大；运营成本较高 | 以固定时间间隔采集数据，不便于取定，实用性一般 | GPS 坐标易飘移导致系统复杂度提高；抗干扰能力较差 | 仅对车辆进行改造，操作方便 | 仅提供位置信息，在特定场合不能作为识别标志，扩展应用易受限制 | 要求每车均安装 GPS 接收装置，技术成本较高 |
| RFID 技术 | 采用近距离识别，抗干扰性好，准确性高；传输延时短；显示位置效果直观 | 以固定位置间隔采集数据，便于处理分析，实用性较好 | 采用近距离无线通信，低功耗、辐射环保、抗干扰能力强；稳定性易于调整 | 较依赖读写设备，操作性较差 | 可准确判定车辆身份，扩展应用较好 | 使用成本较低（但要求站台供电带来站台改造等费用） |

目前 RFID 系统使用的通信协议有 WiFi、WiMax、蓝牙、ZigBee、专用短程通信协议（DSRC）等。信息交换的方法主要有两种：一种是信标将自身的信号传送给车辆，车辆通过车载计算机计算方位，并将信息传送给管理中心；另一种方式是每一辆车都有其专用的 ID 标号，当其经过信标时，车辆将自身信息发给路边的信标，信标再将信息发送给管理中心。

3. 客流自动计数技术

客流自动计数技术是指自动收集乘客上下车时间和地点的信息，结合车辆自动定位、无线信息传输等技术，传送实时客流信息；通过数据管理系统和地理信息系统，经过数据统计和空间分析获取大量实时高准确度（约 85%）的数据资料，应用于公交系统实时和后期管理工作中（如：制定合理的发车计划、实时乘客信息统计、全市范围的公交运营数据统计报告、调度规划、站点规划、车队管理计划等），见表 3.2。

**表 3.3　客流自动计数系统的分类及其优缺点比较**

| 类型 | 优点 | 缺点 |
|---|---|---|
| 压力板式自动乘客计数 | 压力板公交客流统计仪安装在车辆的前、后门踏板上，自动记录通过触发压力传感器的上下车乘客数，原理简单、成本较低 | 不能判别上下车方向，要求乘客必须前门上车，后门下车；不适用于当乘客上下车秩序较差或客流量大的情况；在没有台阶的公交车辆上使用时存在着计数不可靠的问题；系统部件易损坏，可维护性差，安装调试费用较高 |
| 被动红外式自动乘客计数 | 采用的热释红外线探头只能检测到人体发出的信号，避免了其他物体的干扰；探测到人体红外光谱所造成的变化即得到乘客上下车的过程；通过信号处理可判别上下车方向和上下车人数 | 红外传感器的探测信号易受乘客着装、环境温度快速变化、强烈日光照射的影响，使传感器不能有效感应出乘客上下车过程 |
| 基于图像处理的公交客流计数 | 通过对监测区域视频进行运动检测、跟踪和识别，获取客流信息，准确率达 85%以上；对于高密度客流，检测能力优良 | 易受振动、光线的影响；检测精度依赖于软件水平，实际应用较少；对安装位置有一定要求；成本较高 |
| 主动红外式自动乘客计数 | 计数系统安装在公交车前后门附近特定的高度，通过传感器检测从乘客身上反射回来的光线，自动识别乘客上下车方向及人数。不易受外界环境温度、光线状况的影响，具有较高精度 | 易受区域限制 |
| 复合系统自动乘客计数 | 被动红外式自动乘客计数的固有缺点可采用主动式红外计数器构成复合系统补偿计数的误差 | 系统成本增加，存在重复计数问题 |

4. 电子站牌技术

电子站牌技术，即采用先进的无线通信、微处理机控制和计算机网络等技术，通过调度中心将公交线路上的车辆位置和车辆运行时间等动态信息快速、准确地传递给正在候车的乘客和司机等人员。

### （二）应用系统

#### 1. 公交智能化监控与调度系统

公交智能化监控与调度系统是利用全球卫星定位系统（GPS）提供位置信息，借助数字移动通信网络（GPRS）进行信息传递，辅以地理信息系统（GIS）细化显示和线路简图概要显示，通过计算机数据处理技术整合而成的信息系统。该系统实现了客流统计、客流分析、计划排班、监控调度效果分析的闭环管理；保障了基于网管平台的系统监控、基于 INTERNET 和公交监控调度专网的报修系统及公交车载终端接收系统的协调运行。

目前广州智能公交监控调度系统已成为国内乃至国际范围内规模最大、实用性最突出、技术最领先、运行最稳定的系统，彻底改变了现行落后的运营管理和调度模式，有效提高了公交企业生产效率和安全防范水平。

2. 公交企业资源计划管理系统（ERP）

公交企业资源计划管理系统（公交 ERP）是建立在 APTS 总体规划上的先进公交企业管理系统，是充分利用现代计算机及网络通信技术，建设企业生产流程控制与管理、信息资源共享、网上协同办公的高效可控的管理信息平台。该平台主要由人力、运营、技术物资、财务等四大核心模块组成，具有业务系统化、控制流程链式化、管理精细化、资源共享优化、数据集中化、拓展性能最大化等特点。

公交 ERP 系统实现了 GPS 智能化安全监控与调度系统的各类数据查询，人力资源等基础数据管理，车辆线路运营管理，车辆安全行车管理，车辆车厢服务管理，驾驶员星级服务管理，工资项目管理，设备管理等功能。目前从总体上来说我国公交 ERP 应用还处在起步阶段，成行业的大面积推广应用还很少，但我国的 ERP 市场潜力巨大。

3. 公交行业运营监管系统

公交行业监管平台是政府交通行政管理部门对公交行业进行行业监管、智能决策、科学管理、综合服务和资源共享的系统平台；起到面向公共交通领域，承担公交行业运营监管、辅助决策和服务窗口的作用；监管系统主要包括基础行车信息监管、安全行车监管、行业服务质量监管、辅助决策分析及行业优化配置等方面。

世博会期间，上海市完成了 1196 条公交线路的基础信息采集，信息化平台共接收了约 10 000 辆公交车辆的基础运行信息。此外，系统在前期试点运行的基础上，继续加强对公交车实时运行情况的监管，通过系统及时掌握公交线路车辆的间隔时间、准点率、线路配车数量等基础信息，为监管线路运能分配、线路计划执行和企业服务供应行为提供重要的考核依据，进一步增强了公交行业监管的主动性与实时性。

4. 公共交通出行信息服务系统

智能公交信息服务系统是面向公共交通使用者的交通信息系统，主要采用 GPS 技术和 GSM 技术将公交控制中心与公交车辆实时联系起来，通过无线模块与智能站台进行通信，发布最新信息。该系统由公交信息管理中心、车载集成系统和站台服务系统信息平台 3 个子系统组成。我国城市的公交信息服务的发展基本呈现如下特点：

（1）公交服务网站成为城市最重要的公交信息服务模式

在国内的大型城市及经济发达区域的中型城市中，城市公交企业基本都建立了自己的公交服务网站。其中，以北京、杭州、南京等为代表的城市公交服务网站采用了以 GIS 平台为基础的 Web 服务模式，能够进行换乘查询等服务。

（2）电子站牌应用规模开始扩大

国内一批积极进行智能公交系统建设的城市，在实现了公交车辆的实时监控后，开始将公交车辆信息通过电子站牌提供给公交乘客。电子站牌除了常规站牌的内容外，还可以显示下一班公交车辆的预计到站时间以及线路上公交车辆当前所在位置等动态信息。

（3）公交车载信息服务系统投入实用化应用

目前北京、上海、广州、深圳和青岛等多个城市的公交企业在车辆上安装了车载信息系统，通过液晶显示器和音响系统可以播放多种信息，通常包括新闻、广告和娱乐节目等。由于可以通过广告资源的置换获得系统设备的建设投资，目前各城市车载信息服务系统已经形成良性循环，进入实用化阶段。

## 三、总体效益

截至目前，我国智能交通的发展可概括为“以应用为主线，以支撑发展为目的，不断跟踪国际前沿，逐步缩小差距”。公共交通运营管理信息化、智能化系统的发展和应用为缓解交通拥挤、减少交通事故、降低交通环境影响及提高生产效率等带来了一系列的社会经济效益。

### （一）技术经济效益

1. 技术效益

目前，我国 GPS 定位技术已基本成熟，其差分定位精度可保证在 5 m 以内，完全可满足智能公共交通调度对定位精度的要求，且随着电子、通信技术精度的提高，信息采集技术的日趋完善，车辆与综合信息服务中心双向通信的可靠性得到保证，进而推动公交运营智能化调度与安全保障技术、城市轨道交通运营应急保障技术、城市公共交通多源客流数据采集、融合分析以及线网优化技术、IC 卡数据分析技术等智能公共交通技术精度的提高，促进全国公共交通的智能发展。

2. 经济效益

公共交通运营企业通过提高公交的信息化水平与企业自身管理的信息化水平，可以大幅提高运营生产效率，降低人车比，提高车辆的周转率，根据现有公交智能化监控调度平台企业的统计，1~2 年可以初见成效，2~3 年基本可以通过提高运营生产小题实现建设平台项目投资的收回。公交智能化管理系统建设的市场巨大，经济效益空间巨大。

### （二）社会环境效益

1. 社会效益

我国交通智能化产业的发展涉及通信、计算机、电子、汽车、自动控制、信息服务、网络技术等众多的领域，其技术发展与市场需求将推动相关产业的发展，增加就业岗位，促进社会经济的健康发展；同时，公交智能化作为节能减排的一项技术性措施，对降低城市客运能源消耗与碳排放也具有重要意义，具有重要的社会效益。

2. 环境效益

通过提高城市公交的信息化水平，从而减少能源使用，降低污染物排放。积极研发和推广智能交通综合调度系统，建立智能公交的综合调度平台，实现智能化道路和车辆运营管理、数字化管理，不仅能提升城市公交的现代化水平，也是节能减排的一项技术性措施，对降低城市客运能源消耗与碳排放也具有重要的环境效益。

（主要撰稿人：江玉林）

# 城市轨道交通领域智能交通的应用发展

## 一、城市轨道交通信息化与自动化水平

1863 年世界上第一条地下铁道 1 月 10 日在伦敦建成。1888 年美国弗吉尼亚州世界上第一条有轨电车系统投入运行；1908 年中国第一条有轨电车在上海建成通车；1969 年中国第一条城市轨道线路在北京建成。1978 年在比利时国际公共交通联合会上，确定了新型有轨电车交通，简称轻轨交通（LRT）。据统计，已有约 50 个国家的 130 座城市建有总长近 1 万千米的城市轨道线路。其中，我国已有 12 座城市，拥有 1300 多千米的地铁与轻轨线路。

城市轨道交通本身就是综合的大系统，经历了近 150 年的发展。尤其是近三十年，在协同学和突变学等理论的指引下，结合城市轨道交通机电系统设备的特点，灵活运用信息技术以及计算机、通信、定位、自动控制与安全等技术。尤其是行车指挥与列车运行自动化（即列车自动控制 ATC）、综合监控及乘客信息等系统成功的用于世界各地城市轨道交通，保证了城市轨道交通高效与安全的运行，提高了乘客出行的顺畅性及乘座的舒适性，减少了行车管理人员和司机的劳动强度，实现了正常运营模式与灾害处理模式的快速转换。列车运行可以达到 2 分钟或更短的行车间隔，促进了城市轨道交通的发展。

城市轨道交通具有专有线路、按线路运行的特点，已率先实现了包括无人驾驶系统及适应线网所有列车的集中管理、统一指挥的综合运营调度系统。根据城市轨道交通按线运行、线网内相关线路协调运行的特点，城市轨道交通在线系统通常可分为线路层、区域层及线网层等三个层次。

### （一）线路层系统

线路层由在线机电系统及离线支撑系统组成。在线机电系统主要包括供电、通信、信号、综合监控、自动售检票、防灾报警、乘客信息、门禁及安防等系统，车辆也可纳入机电系统。各机电系统多为中心级及车站级二级管理，中心、车站及现场三级控制模式。线路层与信息化、自动化相关的主要系统，包括通信、信号、乘客信息、自动售检票、防灾报警与综合监控等系统。

1. 通信系统

通信系统是轨道交通运营指挥、企业管理、服务乘客的网络平台，是轨道交通正常运转的神经系统。通信系统由传输、无线、公务电话、专用电话（包括调度电话、站内电话、站间行车电话和区间电话）、闭路电视监视、广播和时钟等子系统组成。

传输系统是城市轨道交通工程通信系统的主要子系统，为通信系统中的各子系统、

列车监控信息（ATS）、综合监控系统（ISCS）、自动售检票系统（AFC）、乘客信息系统（PIS）和办公自动化系统（OA）等专业提供可靠的传输通道，是保证城市轨道交通运行所必需的信息传输媒体。

无线通信系统对保证正常运营，提高服务质量，维持社会治安和抢险救灾具有至关重要的作用。系统经历了从模拟到数字，从专用到共享，从提供单一话音业务到提供综合业务的发展过程。目前，城市轨道交通无线系统主要选用 TETRA 数字集群通信，采用 TDMA 多址方式，提供集群、非集群话音、电路数据、短数据信息、分组数据业务和直通模式（移动台对移动台）通信。无线系统一般由中心交换子系统、线路基站子系统、终端、射频延伸部分和天馈部分组成。

闭路电视监视系统用于调度员和车站值班员监视列车运行、客流情况、变电所设备运行情况，提高行车指挥透明度的辅助通信工具。当车站发生灾情时，闭路电视监视系统可作为防灾调度员指挥抢险的工具。通常，闭路电视监视系统由图像摄取、图像显示及录制、车站控制处理、中心控制处理及显示、视频信号传输和网管等设备组成。

时钟系统是为控制中心调度员、车站值班员、与行车相关的各部门工作人员及乘客提供统一标准时间信息。时钟系统由一级母钟、二级母钟、子钟、网管设备和传输通道组成，采用控制中心、车站/车辆段两级组网方式。在控制中心设置一级母钟，车站/车辆段设置二级母钟。中心一级母钟至车站/车辆段二级母钟时钟信号和网管信息的传送，由传输系统的低速数据通道提供。通常，母钟与子钟间通过电缆连接。

广播系统在正常状态下，具有控制中心调度人员及车站值班员向乘客通告城市轨道列车运行及安全、向导等服务信息及向车站和区间工作人员发布作业通知的作用。在灾害状态下，具有控制中心调度人员及车站值班员向乘客发出通告并指挥疏导乘客的作用。广播系统采用控制中心与车站/车辆段/停车场两级组网方式。广播系统由中心广播设备、车站广播设备、车辆段广播设备、网管设备和传输通道构成。

2. 乘客信息系统 PIS

PIS 系统依托多媒体网络技术、数字视频压缩编码技术及流媒体技术，以计算机系统为核心，以车站和车载显示终端为媒介向乘客提供信息服务。正常情况下，提供乘车须知、服务时间、列车到发时间、列车时刻表、管理者公告、政府公告、出行参考、股票信息、媒体新闻、赛事直播和广告等实时动态的多媒体信息。在火灾、阻塞及恐怖袭击等非正常情况下，提供动态辅助紧急疏散提示。

系统兼有列车车厢乘客乘车情况的监视功能，通过摄像机采集的运营中列车车厢内旅客乘车情况视频信息，在司机室记录、显示并能实时上传至控制中心，其上传信息可作为管理部门决策的辅助信息。

系统采用无线局域网技术自建车地无线网络，在列车上、正线区间、停车场及车辆段出入段线及停车列检库等处设置无线设备，从而实现列车与地面的双向通信。

3、信号系统

城市轨道交通信号系统的技术水平主要体现在列车自动控制系统和无人驾驶系统。

（1）列车自动控制系统

城市轨道交通信号系统主要由正线的列车自动控制系统（ATC）和车辆段（场）信号子系统构成。ATC（Automatic Train Control）通常包括三个子系统，即列车自动监控子系统（Automatic Train Supervision，ATS）、列车自动防护子系统（Automatic Train Protection，ATP）、列车自动运行系统（Automatic Train Operation，ATO），三个子系统通过信息交换网络构成闭环系统。

按传统的分类方法，ATC 系统主要包括基于固定闭塞的 ATC 系统、基于准移动闭塞的 ATC 系统和基于通信的 ATC 系统。在我国，基于固定闭塞或基于准移动闭塞的 ATC 系统主要是通过轨道电路实现地对车的信息传输，并实现列车的速度控制。上述两类信号系统已分别在我国的大连和长春投入运行。

我国基于通信的 ATC 系统主要采用移动闭塞制式。移动闭塞定义为“前方列车与后续列车之间的最小安全追踪间隔距离单元不预先设定，并随列车的移动、速度的变化而变化的闭塞方式”。该制式可实现列车按最小安全间隔追踪。

目前，我国采用的适应于移动闭塞的系统主要是基于通信的列车控制系统 CBTC，自主研发的 CBTC 系统已在北京亦庄线运用。系统不依靠轨道电路检测列车位置，向车载设备传递信息，而是通过车—地连续、双向、高速的通信，实现列车、车站、控制中心的信息交换，利用地面交叉环线、漏缆、波导管、自由空间波等列车定位及信息传输技术和列车控制技术实现列车的速度控制。图 3.4 为移动闭塞系统常用的列车速度控制—追踪示意图。

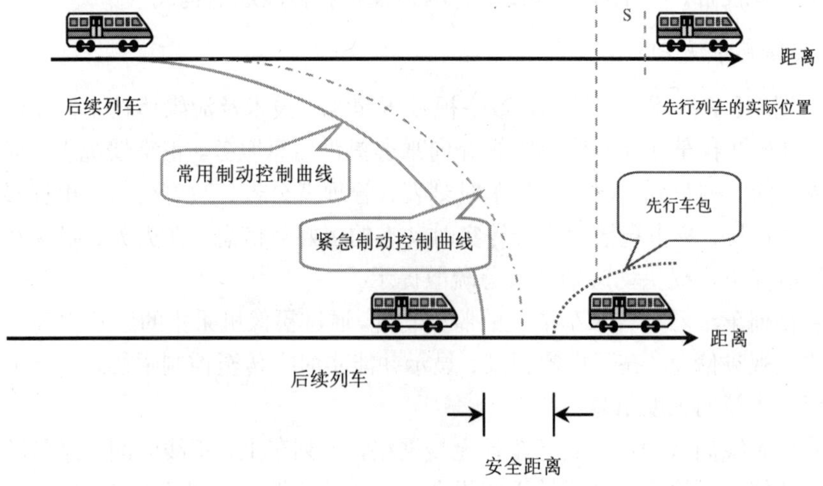


图 3.4　移动闭塞系统列车速度控制—追踪示意图

（2）无人驾驶系统

无人驾驶系统也可称为全自动驾驶系统（Fully Automatic Operation，FAO），主要是在 ATC 基础上逐渐发展而成的。FAO 系统实现列车的自动启动及自动运行、车站定点停车、全自动驾驶自动折返、自动出入车辆段等功能。同时对车上乘客状况、车厢状态、列车设备状态进行监视和检测，将列车设备状况信息及故障报警信息传送至控制中心，对事件分类，制定处置预案。目前，北京、上海和广州等城市轨道交通均有采用无人驾驶系统的实例。

4. 防灾报警系统 FAS

城市轨道交通的防灾报警系统直接联动控制消防水泵、防火卷帘、消防专用排烟风机等设备。FAS 系统主要由中心级设备，车站级设备，现场各类探测器、输入输出模块、手动火灾报警按钮、消防专用电话系统及全线设备维修维护系统、信息传输网络等组成。

5. 自动售检票系统 AFC

AFC 系统包括两类系统，即面向乘客的售检系统及用于票款统计、清分的清算系统 ACC。AFC 系统可为在线系统，ACC 可称为后台支撑系统或离线系统。AFC 系统网络传输系统可在通信系统提供的传输通道的基础上，实现车站与线路中心、票务中心、维修系统间的数据传送和交换。图 3.5 是北京城市轨道交通 ACC 和 AFC 关系示意图。

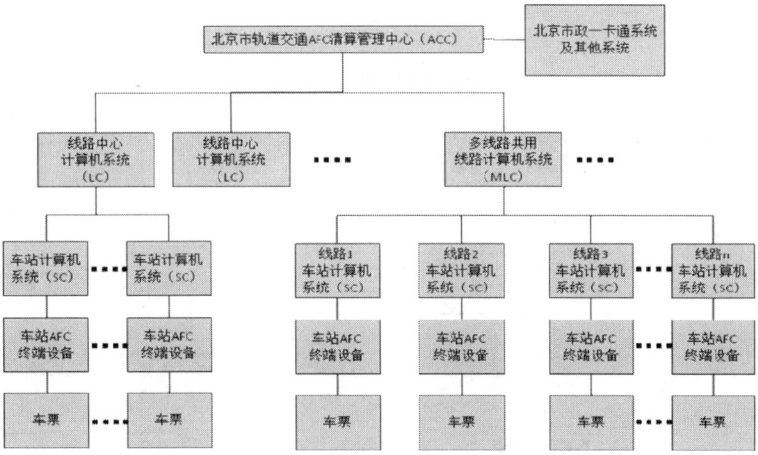


图 3.5　北京城市轨道交通 ACC，AFC 关系示意图

6. 综合监控系统 ISCS

传统城市轨道交通系统的监控、防灾报警、通信、信号、自动售检票等弱电系统均为独立的系统，相互之间通过接口通信。随着科技的高速发展，越来越多的新技术应用于城市轨道交通领域，通过统一的系统平台将传统的独立系统如 FAS，BAS，SCADA 和通信等集成于一个系统中，即综合监控系统。

20 世纪 80 年代，综合监控系统逐渐投入运行，至 20 世纪 90 年代，随着计算机网络技术的进步，很多新建城市轨道系统，对主要弱电系统进行集成。同时，发达国家对城市轨道交通旧线改造时也逐步实现了一条线或多条线路的综合管理，使综合监控技术得以飞速发展，并达到了实用化阶段。1994 年西班牙比尔堡城市轨道交通采用了与 ADtranz 公司提供的基于数字化轨道电路的准移动闭塞系统 ATC 相结合的综合监控系统。实现了列车自动监控系统、电力控制、车站设备监控和通信系统管理等系统的综合监控。

我国新建的城市轨道交通几乎均建设综合监控系统，如深圳城市轨道交通三号线集成了 BAS，FAS，SCADA 及 ACS 等系统,与通信、信号等多个系现互联；北京城市轨道六号线拟建基于列车自动监控系统 ATS 的综合监控系统。

### （二）区域层与线网层系统

区域层或线网层系统用于区域或线网所辖线路的列车运营管理，包括线路间运行的协调和应急指挥。北京、上海、深圳等城市轨道交通均设置了相应的运营管理中心,虽然系统构成规模、功能有所不同，但基本上遵循了各线路信息上传至线网/区域管理中心，中心对线路机电系统只监不控的原则。目前，国内已着手研究线网运营管理中心对于线路相关机电系统参与实时监控的方案。图 3.6 为北京轨道交通网络指挥控制系统总体结构。

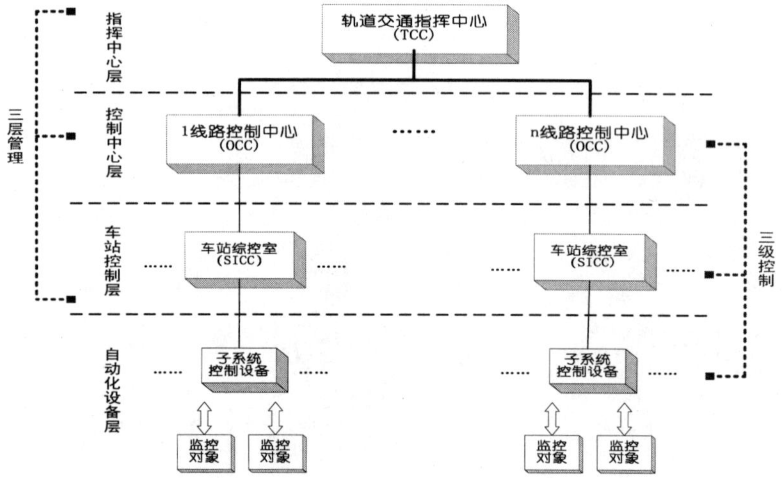


图 3.6　北京轨道交通网络指挥控制系统总体结构

## 二、信号系统效益

城市轨道交通系统对经济效益经常起促进作用的主要是车辆、机电设备和运营管理。城市轨道交通的列车通常采用固定编组（2～8 辆/列车）模式，列车长度确定后，列车的载客量基本确定。在机电系统中，通信、供电、乘客信息、环境控制、自动售检票及防灾系统等系统，乃至综合监控系统，对于行车安全、应急处理、改善乘客出行环境、改善有关人员的劳动强度、充分发挥机电系统的整体效能等具有重要作用，是不可或缺的系统。

城市轨道机电自动化系统引发的效益主要体现在提高线路利用率，提高行车密度；提高旅行速度；提高乘客乘座的适应度和安全度；减少了一线工作人员的劳动强度和人员数量（但往往增加了维护人员的数量）；降低了维修难度，提高了维修工作人员的效率；提高了事故及应急事件的处理能力，强化了不同机电系统间、线路与线路间的协调性；充分发挥了各自系统的最大潜力。

在众多机电系统中，与行车效率直接相关，并能充分体现经济效益的系统主要是信号系统。根据设计及实际统计，运营中的城市轨道系统，在只有基础信号系统的站间闭塞模式时，达到的行车间隔约为 5～7 分钟，而采用先进信号系统时的设计行车间隔约为 2 分钟，提高输送能力约 3 倍，其效益可见一斑。

（主要撰稿人：申大川）

# 公安交通管理信息系统的建设发展

在党中央、国务院和各级党委、政府的领导关心下，全国公安部门积极实施科技强警战略，组织开展了“金盾工程”建设，全国公安交通管理部门按照“金盾工程”的工作部署，大力加强交通管理信息系统建设和应用。目前，全国公安交警系统建成了交通管理信息系统框架体系，交通管理主要业务工作已经实现了信息化，在预防和减少道路交通事故，保障道路交通安全和畅通，提高道路交通管理工作效率和执法水平等方面，已经无法离开信息系统的技术支撑。

## 一、公安交通管理信息化包含的主要建设内容

全国公安交通管理信息系统包括信息化标准体系、基础资源库及分布、数据交换传输平台、请求访问服务平台、公安交通管理查询系统、各类交通管理业务系统、跨行业交换平台和路面交通执法管理系统 8 个部分。

其中：

- 信息标准体系是为各个信息系统提供基础数据存贮模型、数据采集和交换接口和安全访问模式；
- 交通基础资源库是汇总分布于各地的各类交通管理信息，是为跨警种、跨地区用户提供信息共享的基础性数据；
- 数据交换传输平台是保证跨地区信息共享交换的基础平台，是确保资源库数据鲜活的前提条件；
- 请求访问服务平台是解决公安信息网上分布式数据安全访问和应用系统之间的互操作问题；
- 公安交通管理查询系统是一个综合查询系统，方便各地用户查询、查证机动车/驾驶人信息，它是实现全国信息共享的最基本需求；
- 各类交通管理业务系统是实现交通管理业务计算机管理和基本信息采集的工具和手段；
- 跨行业交换平台则是交通管理业务对外拓展应用和对群众和经济社会提供行业信息服务的基础保障；
- 路面交通执法管理系统（如 PDA 警用无线移动应用系统、非现场执法管理系统）是公安网络信息向路面执法的延伸应用。

上述 8 个部分形成了包括交通管理数据采集、交换、共享查询和综合利用等各环节在内的交通管理信息化有机整体，为各地提供了一套完整的数据规范、基础信息资源库及更新机制、共享访问平台、业务管理核心软件和对外服务平台。

全国公安交通管理信息系统及基础资源库的组织结构图如图 3.7 所示。

其中，信息化标准体系、基础资源库及分布、数据交换传输平台和请求访问服务平台等构成了公安交通管理信息系统应用支撑平台，是公安交通管理信息系统的基础和关键。

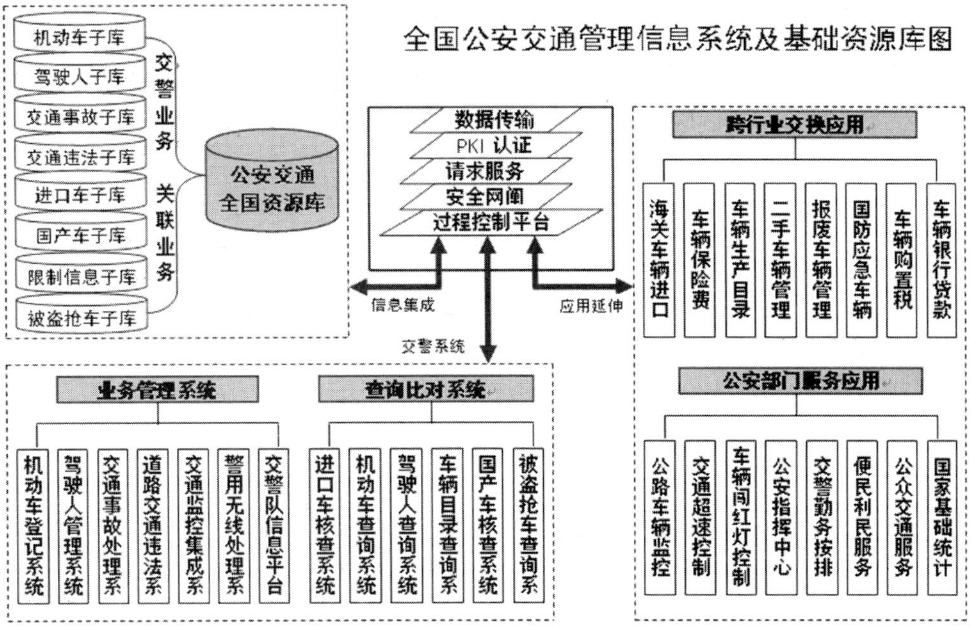


图 3.7　公安交通管理信息系统总体结构图

## 二、公安交通管理信息化标准体系

为了避免各地盲目开发交通管理信息系统而造成的极大浪费和大片零碎的“信息孤岛”，逐步建立行业内统一数据标准的部、省、地市三级交通管理数据库，最大限度地实现交通管理业务系统的互联互通和信息高度共享，保证交通管理信息资源的高质量开发利用和深层次挖掘，从 2000 年年底开始，经公安部交管局和科技局立项同意，项目组有计划地研究交通管理信息标准体系，并逐年制订各业务数据标准、代码规范、数据交换格式和数据安全访问接口规范。

目前已形成了具有的内在联系、相互协调有序的交通管理信息化标准体系，满足全国公安交通管理业务系统和数据库建设、信息资源共享的需求。

标准的出台和标准体系的建立，对于推动各地公安交通管理电子政务及交通管理信息管理系统建设，促进交通管理信息资源整合具有重要意义。

从功能上划分，整个系列标准分为业务数据规范、代码规范、数据交换规范、产品接口规范和交通管理牌证五大部分；从业务上划分，整个系列标准分为机动车管理、驾驶人管理、交通违法处理、交通事故处理、危险品安全运输管理及综合执法管理六大部分。

在信息系统建设过程中，首次在国内建立了完整的公安交通管理信息系统系列标准及其体系，提供了一整套面向各地公安交通管理业务部门的数据采集规范、数据项代码规范、跨区域数据交换规范和安全访问接口规范等符合中国国情的公安交通管理信息化建设基础标准，如图 3.8 所示。

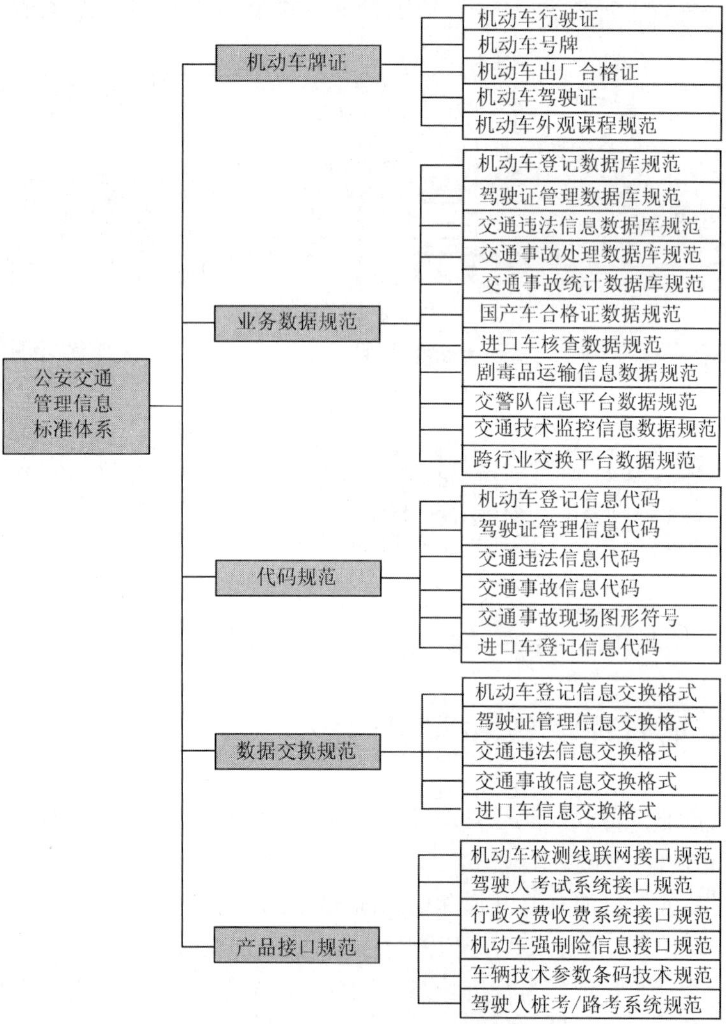


图 3.8　交通管理信息化标准体系

## 三、公安交通管理信息系统建设的重大历程

1. 建立进口车核查系统，迈出了交通管理信息系统建设和应用的第一步

1998 年，为了贯彻全国打击走私工作会议精神，严厉打击日益猖獗的走私汽车犯

罪活动，公安部要求各级公安机关采取一切措施，严防死守，坚决堵住走私车非法入户的漏洞。但在遏制走私车非法入户问题上遇到了很大困难，无论是对伪造证件的准确甄别，还是控制异地重复上牌办证，都缺乏有效措施，各级交通管理部门面临着巨大的压力。经过广泛调研，我认识到只有利用计算机网络技术和数据库，才能从根本上防范和堵住走私车违法入户的漏洞。在公安部信通局、装财局等部门的大力支持下，国家投入资金 1750 万元，构建了部、省两级进口车计算机核查系统网络软硬件平台，将正常进口汽车信息及海关、工商、公安罚没的走私车信息进行汇总，建立部、省两级进口车核查数据库，供各地车管所办理进口车入户时核查比对，克服了过去仅凭“眼看手摸”鉴别进口凭证真假、查获的假证也无法确定等诸多弊端，在短短半年时间里解决了困扰进口汽车入户管理工作中的一大难题。系统开通仅半个月，广西就查获 33 辆使用假进口凭证的走私汽车。系统投入使用的第一年，共查获假进口凭证案件 77 起，查获走私车 87 辆，案值约 2600 万元。2003 年以后，公安部与海关总署建立了进口车数据信息交换系统，从进口车到岸、海关报批、车管所上牌核对，实现了进口车数据的实时交换比对。2004 年，通过进口车核查系统监控发现并查处了 8 起非法入侵事件。自 1998 年以来，通过进口车核查系统共核对进口车凭证 93 万次，查获假进口凭证案件 210 起，堵住了走私汽车违法入户的漏洞，实现了进口车核查的唯一性、安全性、准确性，体现了信息技术不可替代的作用。进口车核查系统是建设最早、见效最快的业务应用系统，迈出了交通管理信息系统建设和应用具有里程碑意义的第一步。各级交通管理部门领导尝到了使用信息系统的甜头，对信息系统作用的认识水平有了较大的提高。

2. 建立全国机动车和驾驶人信息查询系统，初步形成了交通管理信息系统的框架体系

进口车核查系统的成功应用，促使公安部“金盾工程”下决心考虑整个交通管理信息系统建设和应用问题。1999 年底，公安部交通管理局开始对全国交通管理信息系统建设进行整体规划，在部金盾办的指导下，经过充分调研和多次专家论证，编制了全国公安交通管理信息系统总体设计方案，明确了交通管理信息系统建设的基本需求、目标任务以及系统平台设计的总体框架体系。期间，在创建“平安大道”、实施“畅通工程”过程中，各地急需先进的科技手段加大对无牌无证和假牌假证等交通违法行为的查处力度。为此，我们将机动车和驾驶人信息查询系统建设作为实施交通管理信息系统总体方案的龙头项目，要求各地精心组织，集中力量，确保系统按时开通运行。公安部党委高度重视该系统的建设，投入 5000 万元作为系统建设专项经费，并明确中央和地方共建模式。部金盾办多次组织专家论证，批准了系统实施方案。在项目实施过程中，我们克服了经费严重短缺，数据结构不统一，网络资源紧张，技术人才匮乏，项目管理经验不足等实际困难，在各级公安机关的大力支持和各级交通管理部门的共同努力下，在不到半年的时间内，完成了系统平台建设和软件推广应用任务，首次统一了机动车和驾驶人数据标准以及部、省、市三级系统网络平台，实现了对全国范围内的机动车和驾驶人信息查询，为“金盾工程”确定的“全国机动车和驾驶人资源库”建设奠定了坚实基础。

3. 实施全国机动车/驾驶人信息资源库建设，交通管理信息系统建设迈入快速发展轨道

2003年12月，公安部“金盾工程”领导小组决定将“全国机动车/驾驶人信息资源数据库”列为全国“金盾工程”八大基础性信息资源库，对交通管理信息系统建设和应用提出了新的更高的要求。为了确保资源库数据质量，公安部交通管理局适时提出统一全国机动车登记和驾驶人管理软件的工作建议。2004年3月3日，时任白景富常务副部长在听取汇报后，指示要按照“高标准、高质量、高效率、快速度”的要求，尽快统一全国机动车登记和驾驶人管理软件。项目建设涉及交通管理信息系统的全面调整，要求高、时间紧、任务重，我局采用“集中开发、以点带面、片区管理、协同推进”的项目管理模式，只用了半年时间就完成了全国400多个省、市车管所、2600多个县级交警部门的推广应用任务，建成了全国机动车和驾驶人信息资源库，实现了地市支队到省厅、省厅到公安部的36小时数据更新，确保了资源库数据的鲜活、准确、完整。2004年5月27日，张新枫副部长专门听取了项目进展情况汇报，要求我局不等不靠，以超常规的工作方式，加快全国统一的资源库建设步伐，提前开通查询。经过努力如期完成任务。截止目前，资源库共存贮全国机动车数据1.6亿多条、驾驶人数据1.7亿多条，平均每天更新机动车数据20多万条、驾驶人数据26多万条。投入使用以来，平均每天查询访问量15万次。本项目信息标准规范最多、信息集成度最紧密、系统安全性最高，首次统一了全国机动车登记和驾驶证管理系统软件，并将以往分散运行的业务系统集成在以资源库为核心的统一系统环境中。系统的启用，标志着交通管理信息系统建设迈入了快速发展轨道。

4. 建立交通事故统计和交通违法处理两大业务系统，交通管理信息系统建设和应用全面发展

公安交通管理部门在重点组织开展机动车和驾驶人两大基础系统建设和应用的同时，紧紧围绕“降事故、保安全、保畅通”交通管理中心工作，建立了交通事故统计和交通违法处理两大业务信息系统。截止到目前，交通事故统计系统已在全国推广应用，建立了部、省、市三级道路交通事故数据库，存贮交通事故数据360万条，事故人员信息719万条。事故系统的应用，实现了对事故原因、形态、天气、道路、驾驶人和车辆等因素的定量分析，可以及时发现交通事故发生的特点和规律，为预防和减少交通事故提供了科学决策的依据。交通违法处理信息系统已在23个省（区、市）建成和应用，建立了省、市两级交通违法处理信息数据库，全国累计交换省际异地交通违法数据2000万多条。通过交通违法处理信息系统的建设应用，实现了对交通违法的计算机管理和异地交通违法信息的网上交换，满足了一线民警处理交通违法的实战需求，为加强机动车/驾驶人源头管理提供了准确的信息，为立法决策和执法对策提供了技术支持，为跨行业的信息查询和数据交换提供服务。同时也方便了车主和驾驶人的查询和异地处理交通违法行为。另外，各地交通管理部门积极拓展信息系统的应用范围，实现了信息系统与城市信号控制、道路交通监控、交通违法取证（电子警察）、无线移动通信、办公自动

化等系统的资源关联和共享。

5. 建立交警队信息平台，切实推进信息技术在基层实战的全面应用

2005 年底，为贯彻落实公安部党委在全国公安机关开展"抓基层、打基础、苦练基本功"建设的决定，切实加强信息系统在交警大、中队中的拓展应用，公安部交通管理局决定开展交警队信息平台建设应用工作。经过近两年的建设，全国已有 29 个省的 451 个交警支队开始应用交警队信息平台，占全国交警支队总数的 94.95%，全国交警大、中队平均每年通过交警队信息平台查询 1600 万多人次，新增或更新机动车和驾驶人属地信息 1200 万多条次，及时发出安全与执法告知等信息 300 万多次，发出各类信息通报 18 万多次。各级交警部门通过交警队信息平台平均每年通报协查涉牌涉证，事故逃逸等违法犯罪行为 5 万多起，在全国范围内建立了重点交通安全社区 16 万多个，全国基层交警大、中队累计采集台帐信息近 2000 万条。交警队信息平台是公安交通管理部门贯彻落实"三基"工程建设、预防和减少交通事故，保障道路安全畅通的重要措施，是使用履盖面最广、最贴近一线实战的业务工具软件。该系统的建成和应用，实现了交警大、中队业务工作台账管理的信息化，整合机动车登记系统、驾驶人管理系统、交通事故信息系统和交通违法信息系统等功能，实现对辖区内机动车/驾驶人、重点单位的综合管理，成为机动车/驾驶人事故安全隐患防范的最基层防线，提高基层交通管理部门的执法水平和服务能力。

## 四、取得的主要成效

信息系统经过 10 多年的建设，全国公安交通管理部门已经建成了基于公安主干网络的公安部、31 个省及地市三级交通管理信息系统平台，实现了交警部门为主的分级管理，为系统持续发展、广泛应用奠定了可靠基础。建立了以机动车/驾驶人信息资源库为核心的交通管理基础数据库，运行应用的有机动车登记、驾驶证管理、交通违法处理、交通事故处理、危险品公路运输和交警队信息平台 6 个业务软件，以及 16 个外挂系统软件，实现了全国交警主要业务的数字化、信息化管理。交通管理信息系统达到了较大规模的应用效果，全国交警部门共配置小型机 650 台、PC 服务器 9500 台、计算机 11 万多台，交通信息查询访问量累计达到 1.1 亿人次。全国公安交警部门年均办理机动车业务 8100 万笔，驾驶证业务 9000 万笔，交通违法业务 2.5 亿笔，交通事故处理业务 255 万笔。全国 31 个省交警总队、400 多个交警支队、4000 多个交警大队的联网率分别达到 100%，100%，99.2%。车管、驾管、交通事故信息系统在交警支队、大队应用的覆盖率达到 100%；交通违法信息系统在支队、大队、中队普遍应用，路面执法和打击涉车违法犯罪都实现了实时查询。近年来，先后举办信息化应用培训班 200 多期，培训 2.4 万多人次，共培养信息系统管理员约 800 名，形成了一支懂业务又懂技术的开发和运行维护队伍。系统建设至今，组织编制了《全国公安交通管理信息系统总体方案》、《全国机动车/驾驶人信息系统及资源库建设实施方案》、《公安交通指挥中心建设与发

展的若干意见》等10类技术性指导文件，拥有《证卡防伪技术及识别方法》等国家专利4项，《机动车登记系统软件》等软件著作权16项，编制了技术标准25项，发表论文50余篇，编写交警案头资料400多万字，先后荣获国家科技进步二等奖1项、公安部科技进步一等奖1项、二等奖2项、三等奖8项。

当前，信息系统正处于由交通管理窗口业务管理向一线路面实战、跨行业综合需求延伸的“大应用”的转折期，总体对策是紧紧围绕公安部“金盾工程”的总体规划，全面完善机动车登记、驾驶证管理、交通违法处理、交通事故处理、交警队信息平台等业务系统建设，建成预防攻击能力较强的系统安全框架体系，全面推进信息技术的实战应用，大幅提高依靠数据统计分析的决策能力，加大各类信息资源的整合，增进跨地区、跨警种、跨行业的信息共享；逐步形成科学规范、优质高效、满足一线实战、互联互通、监管严密、保障有力的交通管理信息系统，巩固和发展交通管理工作的全面信息化。

（主要撰稿人：赵新勇）

# 现代物流信息系统及其发展

## 一、系统概述

现代物流与传统物流的主要区别在于，现代物流应用现代信息技术及装备将传统的、各自分离的各物流基本环节：包装、装卸搬运、运输、储存保管、流通加工、配送和物流信息处理等有机组合起来，形成一个实物流、商流、资金流和信息流紧密联系的完整系统，最终实现顾客服务和总物流成本的最优化。

现代物流信息系统是以现代物流思想体系为基础，依靠现代科学技术，特别是计算机和网络等信息技术，在计划、管理和控制及作业环节等方面充分利用信息，快速反馈信息，为决策提供依据并辅助决策，提高物流效率和优化供应链的信息系统。

物流信息系统构建了现代物流的中枢神经，通过信息在物流系统中快速、准确和实时流动，使得企业具备快速的市场反应能力，优化组合各种物流资源，能有效降低物流成本，提高产品和企业的竞争力，满足各类用户需求。

据统计，2010 年我国的物流总费用占 GDP 的比重约为 18%，比发达国家高出一倍。通过推行现代物流技术，2002 年，美国等发达国家已将物流总成本控制在 GDP 的 8.7%以内。受国际金融危机影响，油价不断攀升，我国的物流成本将面临更大压力。因此，大力发展现代物流信息系统，充分发挥信息技术在资源优化配置上的作用，对于提升我国的物流水平具有重要意义。

## 二、系统组成及功能

总的来看，现代物流信息系统可以分为 3 大领域：企业物流信息系统、政府物流监管系统和物流公共信息平台。

### （一）企业物流信息系统

企业物流信息系统服务于企业的整个生产经营活动，从管理层次上可以分为 3 大类：作业控制层信息系统、管理控制层信息系统和战略规划层信息系统。

（1）作业控制层信息系统—主要保证具体物流作业能够高效地完成，包括顾客订单系统、出入库作业系统、仓库运营系统和配送工具安排系统等。

（2）管理控制层信息系统—满足部门管理人员的业务管理需要，包括进库计划系统、财务分析系统和库存分析系统等；

（3）战略规划层信息系统—辅助企业高层管理人员制定经营方针和战略决策，包括物流规划系统、战略辅助决策系统等。

企业物流信息系统贯穿于物流活动中的运输、仓库、搬运、包装、流通加工及其他一系列基本业务过程，通过对传统货物流通管理过程的改造，提升物流活动的整体效益和服务水平。

### （二）政府物流监管系统

政府物流监管系统是指与物流运作和管理相关的行业主管部门所使用的物流业务信息系统，涉及海关、税务、银行、经贸、工商、港务和交通等多个部门。

政府部门通过一系列的物流监管系统，实现对企业物流活动的服务、监督和调控、物流市场的规范化管理和物流产业的宏观引导。包括海关报关清关系统、检验检疫系统、税务综合管理系统、运输车辆管理系统、危险品监管系统、食品和药品监管系统等。

### （三）物流公共信息平台

物流公共信息平台是对区域内物流过程的相关数据进行采集、组织、处理和发布的公共信息交换平台，为企业物流活动提供基础信息和多样化的物流信息服务，同时也为政府的行业管理与规划决策提供信息支持。

物流公共信息平台着眼于区域范围内的整个物流系统，旨在提高整个社会物流效率，降低物流成本。根据服务范围的不同，可以分为：园区物流信息平台、港口物流信息平台、城市物流信息平台和省际信息平台等。

## 三、应用案例

相比于企业物流信息系统和政府物流监管系统，我国的物流公共信息平台发展比较滞后。目前我国 90%的物流公共信息平台，仅仅停留在货主和物流企业简单交换供需信息的层面。由于我国的物流市场集约化程度较低，以中小物流企业为主，通过建设物流公共信息平台对于中小物流企业的发展具有重要意义。

浙江省从 2007 年开始建设“浙江省物流公共信息系统”，采取“行业扶持、协会推动和企业自主”的建设方式，已取得阶段性成果，为我国物流公共信息平台建设提供了良好的借鉴。

### （一）系统功能组成

浙江省物流公共信息系统是一个“1+3N”架构的多层次软件体系，包括 1 个系统管理中心、若干个物流业务通用软件、若干个物流公共应用中心、以及与若干个外部重要物流系统联网。

1 个系统管理中心是系统的核心，也称为“浙江物流电子枢纽”，包括：中心目录服务、数据交换、行业管理信息发布、标准和代码管理、行业统计和分析等功能。是物流信息应用的基础，企业和部门的各异构信息系统必须通过电子枢纽的数据交换、信息翻译功能，才能实现互通互联。

若干个物流业务通用软件，是一系列针对不同类型的物流业务开发的软件系统，包括通用网站、小件快运、普通运输、物流站场、集装箱、仓储、货代、堆场、配送和水运等通用软件。这些软件内嵌了数据接口，可以实现与物流电子枢纽或公共应用中心的数据交换。

若干个物流公共应用中心，是在通用软件推广及联网的基础上，提供区域或行业的基本信息服务和增值服务，包括信息数据交换和数据转换中心和公共信息发布和统计中心、物流企业信用和行业监管中心、物流状态跟踪中心和网上车货交易中心等。其中，信息数据交换和数据转换中心解决各物流业务通用软件的连接和数据交换问题，公共信息发布和统计中心、物流企业信用和行业监管中心为行业主管部门提供基础监管信息，物流状态跟踪中心、网上车货交易中心为物流企业提供信息增值服务。

与若干个外部重要物流系统联网，主要包括与电子口岸等相关公共服务平台、第四方物流企业信息服务平台、重要供应商的 ERP 系统、其他区域物流信息平台、港口码头大型船务公司物流系统、主流 GPS 运营商等联网，形成全局性的物流信息网络。

### （二）系统实施效果

通过政府买单方式，为全省 26 万家物流企业免费提供物流业务通用软件，满足物流企业大部分流程和管理的需求，扶持和引导企业快速走上了信息化道路。正如浙江省运管局所言，政府送给企业的不仅仅是一套软件，同时也是送一套标准，更是送一种先进的管理模式和经营理念。

浙江省物流公共信息系统拟在 5 年内建成，其中，2008—2010 年为标准软件建设期，2009—2011 年为货运平台建设期，2010—2012 年为物流平台建设期。通过相互交错的三个阶段，将实现行业信息系统使用率提高 30%、重点联系物流企业 90%使用物流业务信息系统、与 50 家重要物流及相关系统联网；初步实现物流企业之间、物流企业与工商企业的数据交换、货运状态的全程跟踪；利用公共信息系统，行业主管部门能快速获取第一手市场运行数据，并推出物流企业的诚信评价指标体系。

由于采取了开放式的系统架构，浙江省物流公共信息系统可以方便的进行扩展。浙江省向各兄弟省市发出了共建区域性物流公共信息平台的倡议，并得到积极响应，截止 2009 年 9 月，已与沪、苏、鲁等 16 个省市达成了《省际物流公共信息平台共建协议》，将“浙江模式”推广到全国范围。

### （三）系统建设经验

浙江省物流公共信息系统的成功得益于良好的建设和运维模式。

政府定位准确，强调服务功能，前期的物流业务通用软件、数据交换中心、公共应用中心等均由政府投资并牵头建设，在相关系统建成后，委托第三方企业进行运维，逐步开展增值服务，实现自负盈亏。

采用“总体规划、分期实施”的建设策略，在建设之初制定了总体技术规划，并在实施过程中不断完善，对系统的成功推进起到重要作用。采用多阶段、多层次同时推进，不同功能软件分头同时开发，缩短了软件开发周期；边试点边完善，提高了产品的适用性。

在开发过程中同时制订物流信息标准，以信息化促进标准化，在破解信息标准难题上进行了有益的尝试。浙江省将以物流公共信息系统建设为基础，逐步推出一整套标准规范和参考架构，作为信息交换和共享服务的基础，并进一步促进增值服务的开发和应用。

## 四、发展趋势

经过 30 多年的发展，我国的物流信息化从无到有，从简单应用到深入业务，得到了快速的发展。2009 年 4 月，国务院出台的《物流业调整和振兴规划》把提高物流信息化水平列为“十大任务”之一。目前，物流信息化出现了由企业到行业、到区域、到整个物流运行环境全面推进的良好势头。

（1）企业物流信息系统建设方面，我国物流企业的信息化总体水平仍然较低，2008 年的调查表明，在已经进行信息化投入的企业中，2/3 的企业仍处于基础技术阶段，仅有 28%的企业应用信息技术实现业务管理和流程优化。

集成化资源整合将是企业物流信息化的发展重点，在经历了信息化初期以后，物流信息将从单点应用向跨企业、跨行业方向发展，由单个企业应用转向整个供应链的管理，实现企业内部和整个物流过程的信息共享、各合作伙伴之间的密切协作。

敏捷化智能化是供应链管理的发展方向，在市场需求驱动的经济环境下，变化越来越快，不确定因素也越来越多，JIT 生产、零库存等现代物流技术都是积极的应对措施，支持敏捷化柔性生产的供应链管理系统是企业物流信息的发展方向之一。

随着企业管理的不断深入，对物流全流程的监控要求也越来越高，随着物联网新时代的来临，GPS，RFID 和 3G 移动通信技术的发展和应用，将实现对物流过程的透明化管理和可视化监控。

（2）政府物流监管系统建设方面，以电子口岸、税务、经贸、工商等代表的电子政务系统发展和完善，将有效提高政府的物流服务和市场监管能力，提升社会物流效率；而政府部门对危化品、食品和药品的监管力度的加大，物流过程的动态监管信息系统是电子政务的发展重点，将促进物流过程的规范化和标准化。

（3）物流公共信息平台建设方面，面对我国物流企业“小少弱散”的现状，发展物流公共信息平台可以推动物流信息资源共享和整合，引导和支持中小物流企业的发展。在 2009 年的《物流业调整和振兴规划》中，也把物流公共信息平台工程列为“九大工程”之一。

企业物流信息化水平的提高和电子政务系统的不断完善，为物流公共信息平台的发展提供了良好的基础。“浙江模式”的成功表明，合理的建设、运营模式和盈利模式是物流公共信息平台成功的关键。

标准化是物流信息化的基础，现代物流的高度综合性决定了标准化体系的复杂性。

全国物流标准化技术委员会和全国物流信息管理标准化技术委员会，于 2005 年制定了《我国物流标准发展规划》，提出了急需编制、修订的 300 多项物流标准，形成了《物流标准体系表》。标准化工作在我国物流信息化中的作用将会越来越突出。

（主要撰稿人：杨东援）

# 第一届至第五届中国智能交通年会概况

## （一）第一届中国智能交通年会

2005 年 12 月 9～10 日，由科技部、上海市和全国智能交通系统协调指导小组主办，上海市科委、同济大学承办的“第 1 届中国智能交通年会”在上海市成功举办。来自国内政府、企业、高校、科研院所以及美国、日本、欧洲 ITS 协会组织代表和国外企业，共计 160 余家单位，约 300 人参加了年会。

科技部前副部长马颂德出席会议并在开幕式上致辞。马部长指出，智能交通系统作为解决交通问题的有效途径，已在中国得到广泛关注，希望借助本次年会的召开能够总结我国在该领域的最新成果，指引未来的发展方向。

年会由高层论坛和学术研讨组成。会议议题涉及交通信息采集与服务、交通智能控制、电子不停车收费、公交一卡通、行为诱导等多方面内容。来自国内及美国、日本、欧洲 ITS 组织代表等 50 余名专家学者进行了主题发言。会议共收录学术论文 250 余篇，收录 165 篇，由同济大学出版社出版发行。

第一届智能交通年会是我国智能交通领域的首次盛会，引起了全国乃至世界智能交通领域的极大关注。年会的顺利召开，为我国智能交通领域初步搭建了融学术、技术、产品交流为一体的高端平台，为各界人士提供了更多的交流、学习与合作的机会。

## （二）第二届中国智能交通年会

2006 年 12 月 20 日，由全国智能交通系统协调指导小组主办，交通部公路科学研究院、国家智能交通系统工程技术研究中心共同承办的第二届中国智能交通年会在北京召开。大会主题为“ITS 的现在与未来”。来自科技部、原交通部、铁道部和原信息产业部等部门及国内高校、科研机构、企事业单位的代表及专家学者近 300 余人参加了会议。

全国智能交通系统协调指导小组组长、科学技术部曹健林副部长在致辞中介绍了科技部“十一五”国家科技支撑计划智能交通项目的进展情况，并指出：2008 年北京奥运会和 2010 年上海世博会等大型国际活动的举办，既给中国的城市交通提出了挑战，也带来了前所未有的机遇。

大会还以 ITS 战略与政策、ITS 新理论与新技术、智能交通技术、ITS 成果与产业为主题，举办了多场专题研讨会。

此次大会的成功举办，为“2007 年第十四届智能交通世界大会”的顺利召开奠定了坚实基础，并为国家“十一五”智能交通的建设和发展创造了良好的社会环境。

### （三）第三届中国智能交通年会

2007 年 12 月 14～15 日，由全国智能交通系统协调指导小组主办，东南大学和国家道路交通管理工程技术研究中心共同承办的第 3 届中国智能交通年会在南京召开，主题为“智能交通让城市更畅通”。科技部曹健林副部长、江苏省何权副省长等领导出席开幕式并致词。来自科技部、公安部、交通部、铁道部、总后军交部等部门和国内智能交通领域专家、学者、地方政府及企事业代表 400 余名参加了年会。

随着经济社会发展和城镇化进程的加快，我国城市交通拥堵问题日益突出，并加剧了能源消耗、环境污染和交通安全形势的进一步恶化，严重影响了城市发展和人民群众生活水平的提高，“畅通”已成为城市发展和城市交通发展亟待解决的关键问题。针对这一问题，在本届年会上，众多交通领域的专家学者共同提出“智能交通”将使城市更加畅通，用智能交通技术来改造传统的交通产业，为公众提供更安全、更高效、更便捷的服务，是城市交通未来发展的方向，也是国际大趋势。专家们一致认为，以智能交通系统为背景，通信技术、计算机网络技术、传感器技术、GPS、GIS 等现代电子信息技术手段的广泛利用，将有效缓解城市交通拥堵，构建现代化、人性化和多样化的城市交通系统，推动城市的可持续发展。

曹健林副部长在致辞中指出，交通的顺畅、舒适、安全、高效与环保也是检验生活水准，特别是现代城市生活质量的重要标志。科技部将继续联合各有关部门和地方政府，以更大的力度推动中国智能交通的技术开发与规模化应用，让智能交通技术为百姓提供快捷、舒适、便利的出行环境和交通服务。

在专题研讨会上，来自科研院所、高等院校、公安交警系统以及 ITS 企业的 40 余名专家，分别就 ITS 战略与政策、城市公交智能化技术，基于 ITS 的道路交通管理、控制与安全技术，智能交通技术、ITS 成果与产业等三个专题进行演讲，针对国内外智能交通发展的现状和趋势，介绍了我国在智能交通领域的最新成果和经验，以及国外最新的智能交通理念和对今后研究方向的思考。

会议期间，代表们参观考察了南京市地铁控制中心、城市规划展览馆、110 指挥中心等。年会共收到投稿论文 164 篇，经学术委员会审稿，110 篇论文编入论文集，由东南大学出版社正式出版。

本次年会根据全国科技大会精神和《国家中长期科学和技术发展规划纲要》的各项要求，面向国内外智能交通发展的现状与趋势，总结我国在智能交通领域的最新成果和经验，交流刚结束的北京“第 14 届智能交通世界大会”带给国内同仁的启迪，为国家“十一五”的智能交通建设创造良好氛围。

具体会议主题为：中国 ITS 发展的战略与政策，世界智能交通系统发展现状与趋势，中国城市 ITS 发展的战略与政策，ITS 体系框架与规划，出行者信息服务系统，GIS 与车辆导航技术，城市智能交通系统，基于 ITS 的城市交通拥堵缓解技术，高速公路综合管理系统，联网收费与电子收费系统，智能交通与安全，ITS 标准，近年来 ITS 的建设成果和 ITS 产业研究与发展等。

### （四）第四届中国智能交通年会

2008 年 9 月 26～27 日，由全国智能交通系统协调指导小组和山东省人民政府共同主办的第 4 届中国智能交通年会在青岛召开，如图 3.9 所示。科技部副部长、中国智能交通协会理事长吴忠泽，山东省人民政府副省长李兆前，中共青岛市市委副书记、市长夏耕出席年会。来自科技部、公安部、交通运输部、铁道部、中国民航局等协会发起成立部门的代表、863 计划现代交通技术领域专家组、863 计划节能与新能源汽车总体专家组、863 计划汽车开发先进技术总体专家组，山东省科技厅、公安厅、交通厅、青岛市科技局以及地方公安交通管理部门、智能交通企业、研究机构、大学院校的 400 余名代表参加了年会。年会开幕式由科技部高新司司长、协会副理事长冯记春主持。

图 3.9　第四届中国智能交通年会现场

吴忠泽理事长在致辞中指出，第 4 届中国智能交通年会的召开，标志着一年一度的中国智能交通年会已经成为中国智能交通领域学术交流、成果展示、产学研互动的重要平台，并且正在国际智能交通界产生独特的影响。

本届年会的主题是“交通安全”，年会由开幕式、全体会议、专场会议、学术会议和技术考察等活动组成。来自国内外的政府、学术、企业界代表围绕智能交通发展、交通安全、交通控制、交通节能减排、智能车辆、交通出行服务等进行了广泛而深入的研讨。

中国智能交通协会将广泛参与国际智能交通领域交流，促进国内智能交通行业的发展，为我国智能交通事业发展做出重要贡献。

欧洲智能交通协会、日本智能交通协会、韩国智能交通协会的代表参加了年会，并向与会代表介绍了国外智能交通发展动态和第 16 届、17 届智能交通世界大会筹备情况。美国智能交通协会向年会发来贺信。

### （五）第五届中国智能交通年会

2009 年 12 月 11～13 日由全国智能交通系统协调指导小组、全国清洁汽车行动协调领导小组、中国智能交通协会、深圳市政府联合主办的“2009 年中国智能交通年会暨第 5 届国际节能与新能源汽车创新发展论坛和展览”在深圳召开，活动主题为“智能交通新能源汽车——创造出行新方式”，如图 3.10 所示。

图 3.10　2009’中国智能交通年会现场

全国政协副主席、科技部部长万钢，广东省委常委、深圳市代市长王荣，中国智能交通协会理事长吴忠泽出席本次活动并发表演讲。开幕式由科技部副部长杜占元主持。来自科技部、公安部、交通运输部、铁道部、中国民航局、住房和城乡建设部、总后军交部、国内外政府及国际汽联的代表、863 计划现代交通技术领域专家组、863 计划节能与新能源汽车总体专家组，深圳市政府及地方公安交通管理部门、相关企业、研究机构、大专院校的 600 余名代表参加了本次活动。

开幕式上，中国智能交通协会副理事长、科技部高新技术中心主任赵玉海宣布中国智能交通协会专家委员会成立，专家委员会主任由黄卫院士担任。成立后的专家委员会将发挥各专家的学术专长，为政府部门提出我国智能交通发展建议，对我国智能交通行业重大决策提供咨询和建议，为智能交通项目进行评审和评估，引导中国智能交通行业发展。全国政协副主席、科技部部长万钢为专家委员会成员颁发聘书并发表致辞。宣布“2009’中国智能交通年会暨第六届国际节能与新能源汽车创新发展论坛和展览”正式开幕，万部长、王荣市长等领导为“第六届国际节能与新能源汽车暨智能交通成果展览”剪彩。随后全体参会人员参观了展览。

本次活动为期 3 天，主题为“智能交通新能源汽车——创造出行新方式”。本次活动包括开幕式、全体大会、全体晚宴、智能交通年会、节能与新能源汽车示范推广试点城市经验交流会、智能交通和新能源汽车技术专场、技术成果展览、互动体验和技术考察等。活动期间，国内外与会嘉宾就我国道路交通建设规划、智能交通发展战略、国家道路交通安全科技、中国高速列车发展与智能化、汽车产业发展、新能源汽车示范推广规划和相关政策以及国际智能交通、汽车先进技术等领域最新发展动向做了主题报告。

全国政协副主席、科技部部长万钢对深圳以创新为龙头、高度重视自主创新，着力发展高新科技产业并取得显著成绩表示肯定。他说，气候变化和能源环境问题是当今社会共同面临的巨大挑战，节能减排已越来越成为人们共识。解决问题的关键在于行动，此次在深圳举行的智能交通和汽车产业盛会就是对哥本哈根会议的具体支持。

作为本次活动的重要组成部分之一，“第六届国际节能与新能源汽车暨智能交通成果展览”吸引了70余家来自智能交通及节能与新能源汽车领域的企业、院校、研究院所参展，室内外展览总面积达2万平方米。本次展览全面展示了我国节能与新能源汽车及智能交通领域最新科技成果，为社会各界更多地了解我国汽车、交通领域所取得的成就，促进国际间交流与合作做出了积极贡献。

其间，博世公司举办了ESP试乘试驾活动，以进一步支持“选择ESC!”活动。博世底盘控制系统中国区总裁苏帆渡先生说：“随着道路上车辆数目的持续增加，中国对先进的道路安全技术和产品的需求也正日益扩大。我们很自豪ESP能为中国的道路安全做出越来越重要的贡献。”

本次活动共征集论文300余篇，经活动学术委员会专家评审、录用论文266篇，其中优秀论文集收录论文176篇，推荐到核心期刊43篇。

欧洲智能交通协会、日本智能交通协会、韩国智能交通协会及国际汽联的代表应邀参加了本次活动，并向与会代表介绍了国外智能交通发展动态和第17届智能交通世界大会筹备情况。本次活动为政府部门、企业、研究机构、大专院校、协会组织代表以及业内专家学者搭建了一个交流、展示、互动平台，积极推动了我国智能交通和汽车先进技术的融合和协同发展。

# 第十二届至第十七届世界智能交通大会概况

## （一）第十二届世界智能交通大会

第十二届 ITS 世界大会于 2005 年 11 月 6～10 日在美国旧金山市圆满召开。由全国智能交通系统协调指导小组办公室和国家 ITS 中心组织的，以交通部副部长翁孟勇为团长，包括科技部、交通部、公安部、建设部及北京、上海、天津、重庆等十余所城市的有关管理部门和国内科研院校以及相关企业的代表共 140 余人组成的中国代表团参加了此次大会，如图 3.11 所示为第十二届 ITS 世界大会的会场入口。

图 3.11　第十二届 ITS 世界大会会场入口

本届 ITS 世界大会的主题是“Enabing Choices in Transportation”（增加交通中的可选择性），大会分为主题会议和展览两个部分；主题会议涵盖了 ITS 的公众信息服务、基础设施智能化、交通安全、ITS 标准化等多个技术领域，其中召开全体会议、行政会议、科学会议、技术会议及特别会议等各种会议 217 个，参会人数超过了 7000 人；展览部分的总面积约为 12 000 ㎡，共有 150 余家企业参展，上万名业内观众参观了展览。

在开幕式上，翁副部长代表中国向大会表示热烈的祝贺。他在发言中讲了中国交通的现状和由于目前正处在城市化进程中，经济的发展和城市人口的大量增加而使中国城市交通和城间交通面临着很大的压力。他还讲到中国通过进行智能交通的试验和应用认识到，这是一项巨大的系统工程，它不仅是技术的开发与应用，它的成功有赖于政府和社会的支持，有赖于法律和政策的协调，也有赖于社会中各个利益群体的协调，中国 ITS 的发展必须充分考虑中国国情。在发言中还讲到国家将在未来的五年中安排一系列的智能交通项目来应对挑战，在最后，翁副部长欢迎大家在 2007 年到北京参加第十四届智能交通大会，并预祝本届大会圆满成功！如图 3.12 所示。

图 3.12　翁副部长在开幕式上发言

本届大会展览面积 12 000 多平方米，共有 150 余家厂商参展；展览内容丰富，科技含量很高，涉及的领域众多，与历届世界大会一样，参加本次展览的汽车企业仍然很多，这些汽车厂家都积极在汽车应用 ITS 高新科技方面加大投入研发力量，并因此衍生带动起一个活跃和发展速度较快的汽车 ITS 产业，如图 3.13 所示。代表展商有 Aisin，Denso，Fujitsu，Iteris，Nissan，PTV，Toyota，VW-Audi 等。

图 3.13　第十二届智能交通大会展览现场

各大 ITS 行业协会组织都在本次大会上推出了大量宣传资料，内含各组织、国家、企业在发展 ITS 过程中所出版的很多宝贵的科技文献、商业经验和市场宣传等方面的资料。此外，一些宣传媒体也不失时机地参加展览，利用这次难得的机会大量报道并及时制作出版相关刊物和音像资料，代表媒体有 TTI，ITS International（Daily News）等。

本届大会中有许多展台都非常有特色，如：

（1）ITS-UK 和 London 2006 英国此次派遣了庞大的参展队伍，代表了英国运输部、ITS-UK、ATKINS、英国西门子公司等 23 个组织和企业共同展示。展览主题分“2006 年伦敦世界大会”和“ITS 在英国”两部分，展位面积 72 ㎡，主题突出，结构紧凑，内容丰富，并配有包括中文在内的外语资料，如图 3.14 所示。

图 3.14　ITS-UK 和 London 2006 的展台

（2）澳大利亚展台

在展示他们在 ITS 取得的成就和效益的同时，还不忘把社交活动带到展览现场，既是展台，又是吧台，活跃了展场气氛，吸引人群效果明显，适时为该国争办 2010 年 ITS 世界大会做宣传。

（3）Siemens 的 China Corner

这是本次展览中唯一以其产品和服务结合中国市场为主题的大型展台，该公司参展人员大部分也是负责中国市场的高层主管，显示了他们对中国浓厚兴趣、实力和信心。

（4）大众展台

美国大众公司展出的 VW-Audi 电子研究试验室开发的“无人驾驶越野车”，该项目已获得美国军方 2015 年 30%的车队采购合同，该车辆可以 240 千米的时速在沙漠上实现自动导航和无人员因素干预的驾驶。另外，大众作为本届大会钻石级赞助商还为大会提供了 20 辆 VIP 专用车辆，使用车型为“辉腾”，全部配备车载导航仪。

（5）丰田展台

除了展出汽车及导航产品等传统优势项目以外，还展出在爱知世博会面市的一款未来概念车型“i-Unit”，吸引了大量观众，如图 3.15 所示。

图 3.15　丰田公司的 i-Unit 概念车

（6）加拿大的 MARK-IV

首次展出即将问世的 OTTO 系统，该产品用于 ETC 的微波 DSRC 频点基于 5.9GHz，该公司总裁称：OTTO 将成为美国高速公路 50 年历史以来最伟大的创造。

大会还举办了创新技术展示（Innovative Mobility Showcase），集多种 ITS 技术展示于一体，使参会者能够在有限时间和空间内体验到最新 ITS 科技的应用。通过在 SBC 棒球场和旧金山街道上的现场车辆展示，亲自驾驶、乘坐装备有 ITS 设备的轿车、货车及公共汽车，使参会者可以亲身体验到了 ITS 的发展动向和趋势。

11 月 8 日中午，由 ITS America 和大会组委会专为中国代表团举办了招待午宴，宴请了中国代表团全体成员；ITS America 和大会组委会的主席、加州政府代表和旧金山大都市交通委员会主席都到场致词，对中国代表团表示热烈的欢迎。

本届大会专门设立了中国日，以供参会代表们了解中国 ITS 的发展现状及未来发展方向；在中国日上，众多的国外代表前来听取由北京市、海市和国家 ITS 中心所做的关于《北京智能交通建设》、《上海高架道路先进交通管理系统简介》、《中国 ITS 体系框架》等报告，听众反响强烈；科技部高新司许倞副司长在中国日上致词。

在 11 月 10 日的闭幕式上，许倞副司长作为嘉宾发了言，如图 3.16 所示，闭幕式上还播放了 2007 年第 14 届 ITS 世界大会举办城市北京的宣传片。

图 3.16　许倞副司长在闭幕式上讲话

在会议期间，中国代表团考察了美国的几个主要城市（旧金山、纽约、华盛顿、洛杉矶等），亲身体验了美国的汽车文化和交通的发达。

### （二）第十三届世界智能交通大会

第十三届 ITS 世界大会于 2006 年 10 月 12 日在英国伦敦闭幕，图 3.17 给出了第十三届世界 ITS 大会的会场外观。本届 ITS 世界大会的主题是：“ITS: Delivering Transport

Excellence”，大会分为主题会议和展览两个部分，涵盖了公众交通信息服务、智能化车辆道路系统、交通管理、交通安全、收费技术、紧急事件管理等领域；共举行全体会议、行政会议、技术会议及特别会议等各种会议 232 个，有 3000 多位专家和政府官员参加主题会议；共有 270 多个厂商参展，共有来自 75 个国家地区的 8000 多名代表参加了本届世界大会。

图 3.17　第十三届世界 ITS 大会会场

由国家 ITS 中心和第十四届 ITS 世界大会（北京）组委会共同组织的，包括科技部、交通部、建设部、北京市政府以及相关部门、科研院所和企业的中国代表团共 150 多人参加了本届大会；参加本届世界大会的中国代表共有 200 多人，大会有 2 个中国日，将近 30 名中国代表在不同的会议上作了演讲。中国作为下届大会的主办国，在本届大会上展开了强大的宣传攻势，搭设了 120 平方米的展台，用以宣传推广 2007 年在北京召开的第十四届世界大会、中国 ITS 发展状况和部分中国企业的展示。由北京工业大学交通研究中心学生报送的“2015 在北京”动漫作品获得大会三等奖，图 3.18 给出了与会专家参观台的情况。

图 3.18　与会专家参观展台

建设部副部长仇保兴在部长论坛上代表中国政府作了演讲，并应邀出席了展览开幕剪彩仪式，北京市交通委副主任刘小明在开幕式上代表北京市副市长吉林作了演讲，北京市副市长吉林出席了大会闭幕式，做了致辞，并从英国伦敦市代表的手上接过了象征世界交通一体化的 ITS 世界大会会标，如图 3.19 所示。吉林还参观了中国展台（图 3.20）和大会的部分展台。

图 3.19　北京市副市长吉林接过 ITS 世界大会会标

图 3.20　会展现场的中国展台

在接受媒体采访时吉林副市长表示，此次大会虽然只有短短 4 天时间，但给人的感受却非常丰富。在本次大会上，中国参展团不仅感受到了 ITS 技术日新月异带给人类生活的新变革，也与各国政府官员、行业专家、企业精英进行了深入的交流，分享了他们的真知灼见，同时也体验了伦敦及各国城市交通建设和 ITS 应用上的先进成果。这次大会带给人们的是一次技术的盛宴，一次智慧的洗礼，一次友谊的传递。他认为，ITS 技术不仅仅是技术和产品，更主要的是它改变着城市的建设、管理和沟通方式，为人们的日常生活带来高效、舒适、便捷和安全的交通保障。交通系统建设是城市重要的基础设施建设，交通智能化、信息化建设必将为城市交通发展开创崭新的局面。近年来，北京十分重视 ITS 的建设，希望 ITS 能给市民带来更美好的生活，也希望 ITS 能为有特色、高水平的奥运会提供有力的保障。

吉林副市长最后说，第十四届 ITS 世界大会 2007 年将在北京召开，欢迎各国朋友到北京去，为北京的智能交通系统发展出谋划策。

在大会上，交通部公路科学研究院副院长王笑京研究员接任 ITS 世界大会理事会主席职务。

会后，中国代表团考察了法、德、奥等国的交通建设情况，并参观了 KAPSCH 公司在奥地利的展示项目。

### （三）第十四届世界智能交通大会

经国务院批准，由科技部、北京市、交通部、公安部、建设部（以下简称“四部一市”）联合举办的第十四届智能交通世界大会（以下简称“大会”），于 2007 年 10 月 9～13 日在北京展览馆成功召开。会议展示了世界智能交通发展的最新技术成果，交流了智能交通各领域科技发展最新成就，促进了国内外智能交通研究、技术开发、市场应用的交流与合作，国内外近 5000 名参会代表普遍赞誉会议的筹备与组织工作，会议取得了圆满的成功。

大会开幕式于 2007 年 10 月 9 日下午在北展剧场举行，全国政协副主席罗豪才同志出席开幕式，国务委员陈至立同志为大会发来贺信，科技部部长万钢同志、北京市常务副市长吉林同志分别代表主办部门和主办城市致词，亚太地区、北美地区和欧洲地区的代表也相继致词，介绍各地区智能交通发展情况并祝贺大会的召开，有近 2000 名会议代表、展商参加了开幕式。

大会共收到论文 851 篇，举行了各种会议 200 场，各类讲演和报告 866 个，听众总数 10 530 人次。组织了北京奥运交通指挥中心、北京快速公交系统、交通部公路交通试验场和奥运比赛场馆等 4 条技术考察线路，共有 964 人参加；进行了动态车载导航服务和卫星定位不停车收费等两项技术演示，共有 426 人参加。大会注册学术会议代表来自 43 个国家和地区 1808 人，其中国内 306 人（含香港特区和中国台湾地区地区），国外 1502 人，大会组委会还向国内政府部门和大专院校的在校学生发放了 1990 个各种参会证。参展商代表来自 21 个国家和地区的 162 个展商 1558 人（含临时增加不记名展商 73 人），其中国外展商 83 个 894 人，国内展商（含港澳台）79 个 591 人，4 天展览参观人数 41136 人次。具有实时交通拥堵信息的车载导航仪，具备各种主动安全装置的模拟驾驶仪，安全辅助驾驶和车路协调技术演示，北京奥运交通指挥中心，我国自主研发的清洁燃料车和奥运场馆等给国内外专家和参观者留下了深刻印象。

本届大会举行了部长论坛、市长论坛和企业论坛等重要活动，共同探讨交通可持续发展战略和政策，推进各国和国际大城市高层领导的交流与合作。围绕“信息化促进和谐交通—资源节能、环境友好、科技创新”的主题，国家交通部和来自日本、韩国、印度、美国、挪威、瑞典、欧盟八个国家和组织主管交通的部级官员在会上作了主题演讲，交通部翁孟勇副部长介绍了多年来交通部在发展智能交通和坚持走和谐发展交通之路方面所取得的成功经验；市长论坛围绕“智能交通——缓解大城市交通拥堵”的主题，北京市和来自瑞典斯德哥尔摩市、美国纽约市、丹麦奥尔堡市、韩国首尔市、济南市、中山市七个城市的市长作了主题发言，北京市赵凤桐副市长介绍了北京智能交通系统建设对改善城市道路交通系统运行效率所起的积极作用和2008年奥运会智能交通建设项目；企业论坛关注智能交通未来技术发展趋势和新产品的开发。在“展望2020年的智能交通”圆桌会议上，科技部曹健林副部长展望了我国未来交通运输的前景。

### （四）第十五届世界智能交通大会

第十五届智能交通世界大会与2008年11月16～20日在美国纽约成功召开。由中国智能交通协会吴忠泽理事长率队，中国代表团赴纽约参加了本次世界大会。吴理事长作为贵宾，出席了16日晚举行的开幕式。在17日的部长全体会议上，吴理事长就未来交通政策这一主题进行了发言，如图3.21所示。闭幕式上，王笑京副理事长代表中国参加了重要活动－“地球仪传递仪式”。世界大会期间，吴忠泽理事长会见了国际智能交通组织和政府代表，正式建立了国际合作渠道。

图3.21　中国智能交通协会吴忠泽理事长致辞

本次智能交通世界大会的主题是“智能交通：救护生命、节省时间”。同以往世界大会相同，本届大会主要由开幕式、闭幕式、全体大会、行政会议、技术会议、展览、技术体验和技术考察等主要活动构成，会议的主题主要涉及环境保护、交通安全、通信、车辆和电子、基础设施和交通管理等。

本次世界大会共举办各种会议306场，发言人次达1200多，其中全体会议3场、行政会议17场、特别会议57场、科学会议30场、技术会议137场、国际成本效益评估会议4场、美国年会会议51场、美国年会论坛7场。

大会展览面积共350 000平方英尺，参展企业335家，主要领域涉及汽车制造、交通和车辆运营、系统集成、IT 和电子通信、软件，还有很多政府部门、国际组织和科研院所也参加了展览。

本次大会付费的注册代表 8500 多人（包括大会会议注册人员和展览参观注册人员），参观展览人数达10 000多人。

本次世界大会的重要活动包括开幕式、全体大会和闭幕式。11 月 16 日晚举行了大会的开幕式。此次开幕式打破了以往世界大会开幕式的常规，以娱乐表演为主，主题是“百老汇之夜”，仅有主办方和亚太、欧洲和美洲地区的一名代表简短致词，欢迎大家参加世界大会，并介绍各地区的贵宾代表。中国智能交通协会吴忠泽理事长最为亚太地区的贵宾代表出席了开幕式。

11 月 17 日上午举行了部长全体大会，会议由美国州际公路与交通官员协会（AASHTO）执行总监 John Horsley 先生主持，吴理事长代表中国在会议上发言。来自其他国家的 5 位部长会议中发言，包括美国运输部副部长 Tyler Duvall 先生、日本国土交通省审议官次官 Masahiko Naito 先生、瑞典运输部部长 Åsa Torstensson 女士、法国生态、能源、可持续发展和空间规划部基础设施、运输和海洋司司长 Daniel Bursaux 先生和加拿大运输部副部长 John Knubley 先生。

11 月 20 日下午举行了大会闭幕式，首先大会主席对此次大会进行了总结，接着介绍了 2009 年瑞典斯德哥尔摩世界大会、2010 年韩国釜山世界大会和 2011 年美国奥兰多世界大会，并播放了宣传片。最后举行了象征着世界大会的地球仪的传递仪式，纽约世界大会正式结束，协会王笑京副理事长代表中国参加了地球仪传递仪式。

同时，中国代表团还参加了大会学术会议的发言。行政会议中，王笑京副理事长在就全球安全问题进行了演讲，北京市信息中心的王刚主任也就交通走廊管理问题进行了演讲。特别会议中，中国组织了一场“道路使用者收费”的专题会议，邀请了来自中国，美国、欧洲等地区的代表发言。同时王笑京理事长还参加了“亚太地区智能交通国家动态”的专题会议，介绍了中国国内智能交通发展的最新动态。另外数十名专业人员参加了大会的技术会议，并发表了论文。

王笑京副理事长作为亚太地区智能交通理事会成员及世界大会理事会成员参加了分别在 16 日下午和 20 日晚上举行的亚太地区智能交通理事会会议和智能交通世界大会理事会会议。

中国智能交通协会第一次正式出现在国际智能交通界，主动召集和组织了一系列的双边会谈，介绍中国智能交通协会及智能交通发展的最新情况，为加强协会在国际上的影响力和未来促进国际合作迈出了关键的一步。

### （五）第十六届世界智能交通大会

2009 年 9 月 21～25 日，第十六届智能交通世界大会（以下简称“世界大会”）在瑞典斯德哥尔摩召开。中国智能交通协会组织了由国内政府部门、研究院所、大学和企业的共一百多名代表组成的中国代表团，出席了本次大会。代表团由中国智能交通协会理事长吴忠泽率领，一同参加大会的还有北京市人民政府秘书长周正宇、中国智能交通协会副理事长赵玉海 、中国智能交通协会副理事长王笑京、中国智能交通协会常务副秘书长武平 、科技部国际合作司欧洲处处长邢继俊等，图 3.22 给出了中国代表团的合影。

图 3.22　第十六届世界智能交通大会中国代表团合影

吴理事长作为贵宾，出席了大会开幕式，并在 9 月 22 日的全体大会及圆桌会议上就中国智能交通的发展进行了对话发言。会议期间，多名中国代表分别在行政会议、科学会议、技术会议和特别会议上发言，向世界介绍了中国智能交通产业的最新进展。

本届大会的主题是“日常生活中的 ITS”，大会重点关注 ITS 解决方案如何帮助我们降低当今交通对环境带来的负面影响，探讨航空、公路、铁路和海运等不同交通运输方式之间的协作。通过这种探讨，大会对政府机构、学术界和商业界在发展、实施和使用智能交通运输系统和服务方面实现有针对性的高效合作起到重大促进作用。本次大会首次对铁路运输进行了全方位的演示，并展示了多式联运、铁路、及陆路运输如何在现实应用中发挥综合作用。来自 64 个国家的 8500 多人参加了本届智能交通世界大会，注册会议代表 2800 多位（其中欧美日地区 1804 人，亚太地区 159 人，其他地区 838 人），参展人员共 3400 余人，主办方还邀请了 700 多位来自不同国家的贵宾参加本届大会。

本届大会由开幕式、闭幕式、会议、展览、技术体验、技术考察等主要活动构成，共举办全体大会、圆桌会议，以及主题各异的行政会议、特别会议、科技会议、互动会议等 236 场。

大会展览面积共 16 000 平方米，参展企业 250 家，主要领域涉及信息采集处理、物流、出行者信息、意外紧急事故管理、车载智能交通系统、交通安全及管理、收费系统以及 ITS 特殊模式。中国在此次大会上预定了一个 30 平方米的展台，冠名“ITS China”，这是中国智能交通协会成立后首次以展商身份参加智能交通世界大会。向世界同行展示了中国智能交通产业的发展现状及未来趋势。国家智能交通系统工程技术研究中心、深圳市金溢科技有限公司、上海电科智能系统股份有限公司、北京握奇数据系统有限公司、上海东海电脑股份有限公司、北京聚利科技有限公司、北京云星宇交通工程有限公司、北京快通高速路电子收费系统有限公司、首都高速路发展有限公司、广州新软计算机技术有限公司、北京世纪高通科技股份有限公司、北京公科飞达交通工程发展有限公司和北京诚达交通科技有限公司 13 家中国智能交通领域相关企业参加了展览，展示了他们的发展状况，核心技术及有竞争力的产品。

会议期间，中国政府代表团与瑞典智能交通协会签署了合作备忘录，如图 3.23 所示，这是中国智能交通协会与瑞典交通协会首次签署开展相关领域合作的协议,具有划时代的意义。通过这份合作备忘录，双方将加强在以下几方面的合作：

（1）为供应商、顾客、政府和研究机构提供交流的机会，从而加快智能交通技术方面的研究，促进其发展；

（2）为对方提供智能交通的标准、技术研发等方面的支持；

（3）通过网站、会刊、宣传册、研讨会等途径，加强信息交流；

（4）组织本国企业、机构等积极参与智能交通大会、展览、研讨会、技术考察等活动，为双方企业和机构提供交流合作平台。

图 3.23　中国智能交通协会与瑞典交通协会签订合作备忘录

此次备忘录的签订，是双方合作的里程碑，对我国借鉴欧洲智能交通发展的经验有着深远的意义，为双方在智能交通领域的交流和合作提供了一个发展的平台。

### （六）第十七届世界智能交通大会

第十七届智能交通世界大会（以下简称“世界大会”）于 2010 年 10 月 25～29 日在韩国釜山举办，中国智能交通协会吴忠泽理事长率领中国代表团参加了本次大会，图 3.24 给出了中国代表团的合影。

图 3.24　第十七届世界智能交通大会中国代表团合影

本届大会由韩国国土海洋部主办，以“无处不在的智能交通系统”（Ubiquitous Society with ITS）为主题，分为全体大会、高层论坛、特别会议、科学/技术会议、展览等多项议程，多方位展示智能交通领域最新学术成果和前沿科技动态。来自 84 个国家和地区的近 40000 名代表参加了本届大会，大会共收录优秀论文 1000 余篇，200 余家企业参展，展览面积超过 32 000 平方米。

在城市交通拥堵和可持续性发展要求的背景下，安全、便捷和环保日益成为交通领域追求的主旋律。本届大会大力倡导基于智能交通系统的“安全、便捷、绿色”的交通出行理念，就是利用车辆与车辆之间，车辆和基础设施之间的无处不在的通信系统，实现车辆与整个交通系统的信息无障碍沟通，并通过智能交通平台整合车辆出行信息链，引导车辆采取最优的出行方案，提高出行效率，保障交通安全，最终实现“安全、便捷、绿色”的目标。

在中国智能交通协会的组织下，国内来自政府部门、研究院所、大学和企业的近 300 名代表参加了本次大会。吴理事长作为大会贵宾出席了开幕仪式，并在 10 月 26 日全体大会上就中国智能交通的发展作了精彩的主题演讲，与各国代表深入探讨智能交通技术在中国的广泛应用及广阔前景。会议期间，多名中国代表分别在特别会议、科学论文会议、技术论文会议上发言，向世界介绍了中国智能交通产业的最新进展。为促进各国政府关注智能交通开发和应用，本届大会东道主还主持召开了主题为“安全、便捷和绿色的交通运输”政府部长会议，并通过了题为“进一步加强全球智能交通系统发展的共同文件”。中国交通运输部副部长翁孟勇参加了会议。

本届大会中国展台冠名“中国馆”（China Pavilion），占地面积 44 平方米，采用展板、实物和多媒体互动等多方式联合展出。青岛海信网络科技股份有限公司、世纪高通、汉王科技、浙江大华科技有限公司、东软集团、东海集团 6 家企业参展。中国智能交通协会吴忠泽理事长率领中国代表团参观中国展台，吴理事长亲切地询问了各企业的参展展品、技术研发和应用情况。大会期间有近 2000 名外国代表参观了中国展台，并对中国智能交通的发展表达浓厚的兴趣，希望能够与中国企业深入开展技术合作与交流，共同推动智能交通行业的发展。

# 第二篇

# 政策及标准篇

# 第一章

## 国家、行业政策

# 国家中长期科学和技术发展规划纲要
# （2006—2020年）

（节选）

……

## 三、重点领域及其优先主题

我国科学和技术的发展，要在统筹安排、整体推进的基础上，对重点领域及其优先主题进行规划和布局，为解决经济社会发展中的紧迫问题提供全面有力支撑。

重点领域，是指在国民经济、社会发展和国防安全中重点发展、亟待科技提供支撑的产业和行业。优先主题，是指在重点领域中急需发展、任务明确、技术基础较好、近期能够突破的技术群。确定优先主题的原则：一是有利于突破瓶颈制约，提高经济持续发展能力。二是有利于掌握关键技术和共性技术，提高产业的核心竞争力。三是有利于解决重大公益性科技问题，提高公共服务能力。四是有利于发展军民两用技术，提高国家安全保障能力。

……

### 6. 交通运输业

交通运输是国民经济的命脉。当前，我国主要运输装备及核心技术水平与世界先进水平存在较大差距；运输供给能力不足；综合交通体系建设滞后，各种交通方式缺乏综合协调；交通能源消耗与环境污染问题严峻。全面建设小康社会对交通运输提出更高要求，交通科技面临重大战略需求。

发展思路：（1）提高飞机、汽车、船舶、轨道交通装备等的自主创新能力。（2）以提供顺畅、便捷的人性化交通运输服务为核心，加强统筹规划，发展交通系统信息化和智能化技术，安全高速的交通运输技术，提高运网能力和运输效率，实现交通信息共享和各种交通方式的有效衔接，提升交通运营管理的技术水平，发展综合交通运输。（3）促进交通运输向节能、环保和更加安全的方向发展，交通运输安全保障、资源节约与环境保护等方面的关键技术取得重大突破并得到广泛应用。（4）围绕国家重大交通基础设施建设，突破建设和养护关键技术，提高建设质量，降低全寿命成本。

优先主题：

（34）交通运输基础设施建设与养护技术及装备

重点研究开发轨道交通、跨海湾通道、离岸深水港、大型航空港、大型桥梁和隧道、综合立体交通枢纽、深海油气管线等高难度交通运输基础设施建设和养护关键技术及装备。

（35）高速轨道交通系统

重点研究开发高速轨道交通控制和调速系统、车辆制造、线路建设和系统集成等关键技术，形成系统成套技术。开展工程化运行试验，掌握运行控制、线路建设和系统集成技术。

（36）低能耗与新能源汽车

重点研究开发混合动力汽车、替代燃料汽车和燃料电池汽车整车设计、集成和制造技术，动力系统集成与控制技术，汽车计算平台技术，高效低排放内燃机、燃料电池发动机、动力蓄电池、驱动电机等关键部件技术，新能源汽车实验测试及基础设施技术等。

（37）高效运输技术与装备

重点研究开发重载列车、大马力机车、特种重型车辆、城市轨道交通、大型高技术船舶、大型远洋渔业船舶以及海洋科考船等，低空多用途通用航空飞行器、高黏原油及多相流管道输送系统等新型运载工具。

（38）智能交通管理系统

重点开发综合交通运输信息平台和信息资源共享技术，现代物流技术，城市交通管理系统、汽车智能技术和新一代空中交通管理系统。

（39）交通运输安全与应急保障

重点开发交通事故预防预警、应急处理技术，开发运输工具主动与被动安全技术，交通运输事故再现技术，交通应急反应系统和快速搜救等技术。

……

# 国家科技计划支持产业技术创新战略联盟暂行规定

（国科发计[2008]338 号）

第一条 产业技术创新战略联盟（以下简称联盟）是市场经济条件下建设以企业为主体、市场为导向、产学研相结合的技术创新体系的有效组织模式。为推动联盟发展，引导产业技术创新与进步，根据国家有关科技计划管理办法，制定本规定。

第二条 本规定所称的联盟是指：企业、高校、科研机构或其他组织机构，以共同的发展需求为基础，以重大产业技术创新为目标，以具有法律约束力的契约为保障，形成的联合研发、优势互补、利益共享、风险共担的利益共同体和合作组织形式。

第三条 国际科技计划（重大专项、国家科技支撑计划、863 计划等）积极支持联盟的建立和发展。经科技部审核的联盟可作为项目组织单位参与国家科技计划项目的组织实施，审核的程序和办法另行规定。

第四条 在联盟承担国家科技计划项目的组织管理中，理事长单位是联盟的责任主体，承担项目组织实施的法律责任，重大事项须由联盟理事会审议，有关职责和管理程序遵照各有关科技计划管理办法执行。

第五条 国家科技计划支持联盟的原则和条件：

（一）符合国家战略目标。联盟的技术创新方向应符合《国家中长期科学和技术发展规划纲要（2006－2020）》确定的任务，以及国家产业、环保和能源等政策，符合国家科技计划支持的方向，符合区域支柱产业发展的重点。

（二）符合产业发展需求。联盟的组建应体现所在产业领域的共同需求，代表了产业技术创新的方向，符合产业发展的趋势。

（三）联盟的技术创新应具有较强的产业带动作用。联盟的研发项目具有产业代表性，技术突破能够解决产业发展的瓶颈制约，对产业发展和竞争力的提升具有较大的推动作用。

（四）联盟应以企业为主体。充分体现产学研结合。联盟必须有行业骨干企业和创新企业（试点），必须有研究型高校和高水平科研机构参加，高校和科研机构在合作的技术领域内应具有前沿水平。

（五）国家科技计划支持通过审核的联盟承担科技计划项目，同时，根据国家目标和关键产业技术创新需要，鼓励企业、高校和科研机构组建联盟承担项目。

（六）在联盟建立共同投入机制的基础上，国家科技计划创新支持联盟的方式，积极探索无偿拨款、贷款贴息、后补助等支持方式。

（七）联盟内各成员应签订有法律约束力的协议，建立规范的内部运行管理制度。

第六条 国家有关科技计划根据各自的管理程序反映和征集联盟的科技需求，并依据各自的管理程序进行评审、立项、检查、验收等各个环节的管理。联盟理事会根据联盟协议确定的技术创新方向，以及各有关科技计划的定位和支持重点，由理事长单位代表联盟向科技部提出项目建议，获得批准后，依据各有关科技计划的管理办法组织实施科技项目（课题）。

第七条 联盟理事长单位对项目实施负总责，并对科技计划管理部门负责。联盟内部建立责任分担机制，理事长单位据此向课题承担单位追究相应责任。

第八条 建立决策、执行、监督评估三位一体的监管机制。科技部组织或委托第三方科技监督评估机构加强对联盟执行项目的监督检查，联盟内部也要成立相应的监督管理机构，建立自我监督与评估机制。

第九条 根据国家科技计划管理办法的相关规定，当项目或课题在无法按计划正常实施时应及时调整或撤销。如遇作为联盟成员的课题承担单位中途退出联盟，应由联盟理事会提出调整或撤销课题的书面意见，报科技部核准后执行。如果作为项目组织单位的联盟发生解体，科技部可根据实施情况、评估意见等直接进行调整。

第十条 联盟承担国家科技计划项目形成的知识产权的管理，按照《科学技术进步法》、《关于国家科研计划项目成果知识产权管理的若干规定》（国办发[2002]30 号）以及各计划管理办法的有关规定执行，并需遵守以下规定：

（一）联盟承担国家科技计划项目形成的知识产权，由项目（课题）承担单位所有。

（二）联盟组织申报国家科技计划项目，应依据联盟协议在项目申请书和任务书中约定成果和知识产权的权利归属、许可实施及利益分配，以及联盟解散或成员退出的知识产权处理方案。对于知识产权约定不明确的项目不予立项。如联盟及课题承担单位违反成果和知识产权的权益分配约定，5 年内不得参与国家科技计划组织实施。

（三）联盟对承担国家科技计划项目形成的知识产权，有向国内其他单位有偿或无偿许可实施的义务。

（四）联盟承担国家科技计划项目形成的知识产权，向境外转让或许可独占实施的，须报科技部批准。

第十一条 联盟根据本规定及国家科技计划管理办法制定联盟承担国家科技计划项目配套管理办法，报科技部备案。办法应包括项目的组织管理体系、经费的匹配及使用、监督及责任追究体系、知识产权共享及分割等内容。配套办法应与联盟既定的管理办法相衔接。

第十二条 各有关部门（行业）、地方也要采取有效措施积极支持联盟的建立和发展。

第十三条 本规定由科技部负责解释，自发布之日起实行。

# 关于印发《关于推动产业技术创新战略联盟构建与发展的实施办法（试行）》的通知

国科发政〔2009〕648 号

各省、自治区、直辖市、计划单列市及新疆生产建设兵团科技厅（委、局），各有关单位：

为深入实施国家技术创新工程，推动产业技术创新战略联盟的构建与发展，加快建立以企业为主体、市场为导向、产学研相结合的技术创新体系，提升企业自主创新能力和产业核心竞争力，促进经济结构调整和产业优化升级，科技部研究制定了《关于推动产业技术创新战略联盟构建与发展的实施办法（试行）》。现印发给你们，请结合实际遵照执行。

附件：关于推动产业技术创新战略联盟构建与发展的实施办法（试行）

科学技术部

2009 年 12 月 1 日

## 附件：

关于推动产业技术创新战略联盟构建与发展的实施办法（试行）

为贯彻落实《国家中长期科学和技术发展规划纲要（2006-2020 年）》，以及国务院《关于充分发挥科技支撑作用，促进经济平稳较快发展的意见》（国发［2009］9 号），加快建立以企业为主体、市场为导向、产学研相结合的技术创新体系，促进经济结构调整和产业优化升级，提升产业核心竞争力，实现创新驱动发展，根据科技部等六部门《关于推动产业技术创新战略联盟构建的指导意见》（国科发政［2008］770 号）、《国家技术创新工程总体实施方案》（国科发政［2009］269 号），以及《国家科技计划支持产业技术创新战略联盟暂行规定》（国科发计［2008］338 号）等文件的规定，现就推动产业技术创新战略联盟的构建与发展制定如下实施办法。

## 一、总　则

第一条　产业技术创新战略联盟（以下简称联盟）是指由企业、大学、科研机构或其他组织机构，以企业的发展需求和各方的共同利益为基础，以提升产业技术创新能力为目标，以具有法律约束力的契约为保障，形成的联合开发、优势互补、利益共享、风险共担的技术创新合作组织。

第二条　产业技术创新战略联盟是实施国家技术创新工程的重要载体。推动产业技术创新战略联盟构建和发展，是整合产业技术创新资源，引导创新要素向企业集聚的迫切要求，是促进产业技术集成创新，提高产业技术创新能力，提升产业核心竞争力的有效途径。

第三条　联盟的主要任务是组织企业、大学和科研机构等围绕产业技术创新的关键问题，开展技术合作，突破产业发展的核心技术，形成产业技术标准；建立公共技术平台，实现创新资源的有效分工与合理衔接，实行知识产权共享；实施技术转移，加速科技成果的商业化运用，提升产业整体竞争力；联合培养人才，加强人员的交流互动，支撑国家核心竞争力的有效提升。

第四条　鼓励企业、大学和科研机构及其他组织机构根据六部门推动产业技术创新战略联盟构建意见的精神，从产业发展实际需求出发，遵循市场经济规则，积极构建联盟，探索多种长效稳定的产学研合作机制。

第五条　推动联盟构建要有序开展。防止脱离产业发展及产业技术创新内在需求的“拉郎配”；防止不切实际的一哄而上；防止地区分割、封闭发展；防止缺乏联盟成员单位自主投入的形式主义；防止造成各种形式的垄断和对市场竞争的压制。

## 二、联盟的构建

第六条　联盟的构建，要以国家重点产业和区域支柱产业的技术创新需求为导向，以形成产业核心竞争力为目标，以企业为主体，围绕产业技术创新链，运用市场机制集聚创新资源，实现企业、大学和科研机构等在战略层面有效结合，共同突破产业发展的技术瓶颈。

第七条　推动联盟构建要坚持以下基本原则。

（一）遵循市场经济规则。要立足于企业创新发展的内在要求和合作各方的共同利益，通过平等协商，在一定时期内，建立有法律效力的联盟契约，对联盟成员形成有效的行为约束和利益保护。

（二）体现国家战略目标。要符合《规划纲要》确定的重点领域，符合国家产业政策和节能减排等政策导向，符合提升国家核心竞争力的迫切要求。

（三）满足产业发展需求。要有利于掌握核心技术和自主知识产权，有利于引导创新要素向企业集聚，有利于形成产业技术创新链，有利于促进区域支柱产业的发展。

（四）发挥政府引导作用。要创新政府管理方式，发挥协调引导作用，营造有利的政策和法制环境，围绕经济社会发展的迫切要求推动重点领域联盟的构建。

第八条　联盟成立应当符合以下基本条件。

（一）要由企业、大学和科研机构等多个独立法人组成。企业处于行业骨干地位；大学、科研机构在合作的技术领域具有前沿水平；相关中介机构等可根据联盟技术创新的需要作为成员发挥积极的作用。

（二）要有具有法律约束力的联盟协议，协议中有明确的技术创新目标，落实成员单位之间的任务分工。联盟协议必须由成员单位法定代表人共同签署生效。

（三）要设立决策、咨询和执行等组织机构，建立有效的决策与执行机制，明确联盟对外承担责任的主体。联盟执行机构应配备专职人员，负责有关日常事务。

（四）要健全经费管理制度。对联盟经费要制定相应的内部管理办法，并建立经费使用的内部监督机制。联盟可委托常设机构的依托单位管理联盟经费，政府资助经费的使用要按照相关规定执行，并接受有关部门的监督。

（五）要建立利益保障机制。联盟研发项目产生的成果和知识产权应事先通过协议明确权利归属、许可使用和转化收益分配的办法，要强化违约责任追究，保护联盟成员的合法权益。

（六）要建立开放发展机制。要根据发展需要及时吸收新成员，并积极开展与外部组织的交流与合作。联盟要建立成果扩散机制，对承担政府资助项目形成的成果有向联盟外扩散的义务。

## 三、联盟试点工作

第九条　根据《关于推进产业技术创新战略联盟构建工作的指导意见》，选择一批产业技术创新战略联盟开展试点工作，积极探索联盟运行及产学研合作的新机制和新模式。

第十条　通过试点工作，支持试点联盟探索建立产学研合作的信用机制、责任机制和利益机制；探索承担国家重大技术创新任务的组织模式和运行机制；探索发挥行业技术创新的引领和带动作用；探索整合资源构建产业技术创新平台，服务广大中小企业；探索率先落实国家自主创新政策等。充分调动和发挥联盟各成员的优势和积极性，使试点联盟为更多联盟的建立和发展积累经验。

第十一条　联盟成立后可自愿申请参加试点。申请试点的联盟，可按其所属领域分工，向科技部相关司局提出审核申请。提出审核申请的联盟须提交材料的有关要求见材料一至材料四。

第十二条　在科技部技术创新工程协调领导小组的指导下，综合司局与专业司局分工合作，专业司局负责对联盟组建的必要性和技术性进行审核；综合司局负责对联盟的组织形式进行审核；并形成审核意见（见材料五）。联盟审核采取成熟一个审核一个的方式进行。

第十三条　专业司局进行必要性与技术审核的内容主要包括：

（一）联盟技术创新目标和任务应体现国家战略目标，符合《国家中长期科学和技术发展规划纲要（2006-2020 年）》确定的重点领域，以及国家产业、环保和能源政策等。

（二）联盟开展的技术创新活动应体现所在产业领域的重大技术创新需求，有利于推动相关产业实现重大技术突破，形成产业核心技术标准，支撑和引领产业技术创新。

（三）联盟开展的技术创新活动应具有较强的产业带动作用，有利于集聚创新资源，形成产业技术创新链。

（四）联盟的技术创新任务应有利于解决产业发展的关键和共性技术问题，提升产业核心竞争力，促进产业结构优化升级。

第十四条　在专业司局进行必要性与技术审核后，综合司局组织专家组，对通过必要性与技术审核的联盟进行组织形式审核。主要内容包括：

（一）符合第八条六项条件的规定。

（二）联盟协议应由成员单位法定代表人共同签署，建立的合作关系可受法律保护。联盟协议中应明确技术创新目标和成员单位的任务分工。

第十五条　科技部技术创新工程协调领导小组办公室组织会商，确认符合条件的联盟。确认的联盟名单向六部门推进产学研结合工作协调指导小组办公室通报。

第十六条　加强对试点工作的指导，建立试点联盟的跟踪调研和评价考核机制。研究建立试点联盟的评价考核体系，及时了解试点工作中出现的情况和问题，开展对试点联盟的定期评估考核工作，建立试点联盟的动态调整机制。总结试点形成的好的机制和做法，充分发挥试点联盟的示范带动作用。

## 四、对联盟的支持

第十七条　营造有利于联盟发展的政策环境，探索支持联盟构建和发展的有效措施。研究制定支持和规范联盟发展的政策措施，探索总结联盟运行的体制机制和模式。把体制机制创新和资源配置结合起来，加大对联盟的支持力度，引导形成产学研紧密结合的长效机制。

第十八条　在联盟先行投入的基础上，国家科技计划积极探索无偿资助、贷款贴息、后补助等方式支持联盟的发展。经科技部审核并开展试点的联盟，可作为项目组织单位参与国家科技计划项目的组织实施。鼓励联盟向国家科技计划专家咨询库推荐评审专家。国家科技计划根据各自的管理程序反映和征集联盟的科技需求。

第十九条　依托联盟制定产业发展技术路线图，为国家制定科技计划指南提供依据。充分发挥联盟在产业技术创新政策研究和制定中的重要作用。

第二十条　支持有条件的联盟整合相关成员单位优势，围绕产业发展的战略需求，集成产学研各方力量组建国家重点实验室，针对学科发展前沿和国民经济、社会发展及国家安全的重大科技问题，开展科技创新研究。

第二十一条　支持联盟开展国际科技合作，组织联盟成员单位承担国际科技合作计划项目，带动相关企业及高校、科研院所充分利用国际科技资源，在更高起点上提升技术创新能力。

第二十二条　鼓励银行、创业投资机构参与联盟，向联盟企业提供多样化的融资支持和金融服务。创业投资机构对联盟企业的投资符合条件的可在科技型中小企业创业投资引导基金中优先支持。

第二十三条 联盟协议约定的对外承担责任主体单位是联盟承担国家科技计划项目组织管理的责任主体，对项目实施负总责，承担项目组织实施的法律责任。联盟内部应建立相应的责任分担机制，联盟对外承担责任主体单位据此向课题承担单位追究相应责任。

第二十四条 联盟理事会审议联盟的重大事项，联盟根据联盟协议确定的技术创新方向，以及各有关科技计划的定位和支持重点，由理事长单位代表联盟向科技部提出项目建议，获得批准后，依据各有关科技计划和经费的管理办法组织科技项目（课题）。

第二十五条 对联盟组织实施国家科技计划项目建立决策、执行、监督评估三位一体的监管机制。科技部组织或委托第三方科技监督评估机构加强对联盟执行项目的监督检查，联盟内部也要成立相应的监督管理机构，建立自我监督与评估机制。

第二十六条 根据国家科技计划和相关经费管理办法的规定，联盟组织实施的项目或课题在无法按计划正常实施时应及时调整或撤销。如果作为联盟成员的课题承担单位中途退出联盟，应由联盟理事会提出调整或撤销课题的书面意见，报科技部核准后执行。如果作为项目组织单位的联盟解散，科技部可根据实施情况、评估意见等直接进行调整。

第二十七条 联盟承担国家科技计划项目形成的知识产权管理，按照《科学技术进步法》、《关于国家科研计划项目成果知识产权管理的若干规定》（国办发［2002］30 号）以及各计划管理办法的有关规定执行，并需遵守以下规定。

（一）联盟承担国家科技计划项目形成的知识产权，由项目（课题）承担单位依法取得。

（二）联盟组织申报国家科技计划项目，应依据联盟协议在项目申请书和任务书中约定成果和知识产权的权利归属、许可实施以及利益分配，以及联盟解散或成员退出的知识产权处理方案。对于知识产权约定不明确的项目不予立项。违反成果和知识产权权益分配约定的项目参与单位，5 年内不得参与国家科技计划组织实施。

（三）联盟对承担国家科技计划项目形成的知识产权，有向国内其他单位有偿或无偿许可实施的义务。

（四）联盟承担国家科技计划项目形成的知识产权，向境外转让或许可独占实施的，须报科技部批准。

第二十八条 联盟根据本规定及国家科技计划和相关经费管理办法制定联盟承担国家科技计划项目配套管理办法，报科技部备案。办法应包括项目的组织管理体系、经费的匹配及使用、监督及责任追究、知识产权共享及分割等内容。

## 五、充分发挥地方和协会在联盟构建中的重要作用

第二十九条 地方可参照本实施办法的规定，研究制定本地区的实施办法，紧紧围绕本地经济发展规划确定的支柱产业，突出区域经济发展和产业特色，运用市场机制推动本地区重点领域联盟的构建。

第三十条 各地方应将联盟的构建和发展作为实施技术创新工程的重要载体，在产业和区域上做出总体布局，加强工作指导，在政策、计划项目、创新平台建设等方面予以重点支持。推动联盟构建和发展可作为省部会商的重要内容。

第三十一条 地方开展试点的联盟，对国家相关产业发展具有重大影响的，可根据自愿的原则，报科技部政策法规司备案，并抄报相关专业司局。

第三十二条 各有关行业协会围绕本行业的重大技术创新需求，充分发挥组织协调、沟通联络、咨询服务等作用，推动本行业重点领域联盟的构建。

第三十三条 本办法由科技部负责解释，自发布之日起实施。

# 关于印发《国家道路交通安全科技行动计划》的通知

国科发高〔2008〕120号

各省、自治区、直辖市科技厅（委、局）、公安厅（局）、交通厅（委、局）：

为贯彻党的十七大关于“更加注重社会建设，着力保障和改善民生”的重大战略部署，进一步落实《国家中长期科学和技术发展规划纲要（2006－2020 年）》，充分发挥科技创新对交通安全保障的重要支撑作用，努力减少群死群伤特大道路交通事故，构建安全和谐的道路交通环境，科技部、公安部、交通部共同制定了《国家道路交通安全科技行动计划》。现印发给你们，请结合实际，积极推动实施。

附件：国家道路交通安全科技行动计划

科学技术部，公安部，交通部

2008年2月20日

## 附件：

## 国家道路交通安全科技行动计划

道路交通安全事关人民群众的安居乐业，事关社会的和谐稳定，建立健全道路交通安全保障体系是保障与改善国计民生的重大社会工程。为贯彻落实党的十七大关于“更加注重社会建设，着力保障和改善民生”的重大战略部署，以及党中央关于“高度重视改善民生，切实解决人民最关心、最直接、最现实的利益问题”的总体要求，落实《国家中长期科学和技术发展规划纲要（2006-2020年）》，努力构建安全和谐的道路交通环境，充分发挥科技创新对交通安全保障的重要支撑作用，建立符合国情的道路交通安全保障技术、标准、措施和可持续发展能力体系，特制定《国家道路交通安全科技行动计划》（以下简称《行动计划》）。

## 一、背景

在党中央、国务院的领导下，经过各部门以及各地的共同努力，我国道路交通事故起数、死亡人数、万车死亡率连续四年实现“三下降”，特大道路交通事故明显减少。但随着经济社会发展和城镇化、机动化进程的不断加快，影响道路交通安全的因素仍然很多，有的未得到有效解决，我国仍处于道路交通事故的高发期，道路交通事故死亡人数总量仍然很大，万车死亡率处于较高水平，群死群伤特大恶性事故时有发生，事故预防、预警预报和应急救援手段相对滞后于工作的需要，存在很大的道路交通事故反弹压力。据统计，2007 年全国共发生道路交通事故 32.7 万起，造成 8.16 万人死亡，占我国各类安全事故死亡人数的 75%左右；在我国汽车保有量仅占全世界汽车总量 8%的情况下，道路交通事故死亡人数却占了全世界的 16%左右；万车死亡率为 5.1，交通事故死伤比为 1:4.66，远远高于发达国家水平。道路交通事故已成为危害人民群众生命财产安全，影响社会和谐稳定的重要因素之一，并引起了党和政府的高度重视，以及社会各界的广泛关注。特别是 2008 年奥运会将在北京举办，创造安全畅通的道路交通环境，对于树立我国政府良好的形象，保障奥运会的顺利举行具有重要的现实意义。

我国人口众多、城市化与机动化快速发展的形势，决定了人、车、路、环境、管理等影响道路交通安全的因素比任何国家都要复杂。从国际经验和我国的实践来看，科技进步和应用是解决道路交通安全问题的重要手段。动员和集成相关科技、产业和政府资源，通过科技创新建立和完善我国道路交通安全保障技术、措施和标准体系，提升道路交通可持续发展能力，已成为全面提高我国道路交通安全保障水平的必然选择。

## 二、原则

1．需求引导。根据当前我国道路交通安全形势、突出矛盾及发展特点，有针对性开展研究，推进先进、适用的道路交通安全保障技术体系的建设。

2．自主创新。从增强道路交通安全保障相关科技创新能力出发，充分借鉴国外先进理念，形成适合国情的道路交通安全保障关键技术，实现解决我国道路交通安全问题的技术跨越。

3．综合集成。针对复杂的道路交通安全问题，采取综合措施，集成和提升围绕人、车、路、环境、管理等方面的适用技术研究和推广应用。

4．重点突破。针对群死群伤恶性交通事故危害大和安全保障技术薄弱的实际，以及保障奥运会道路交通安全畅通的需要，开展关键技术研究和工程示范，有效改善道路交通安全状况。

5．示范带动。选择典型路段、典型城市、典型工程，开展示范应用，形成与完善相关的国家或行业标准，引导和推动相关适用技术的标准化、规模化、普及化运用。

## 三、目标

组织国内相关行业和部门，开展道路交通安全保障关键技术的研究与示范应用，形成一批技术水平高、实践效果好、应用前景广、具有自主知识产权的科研成果。依靠科学技术，增强对道路交通事故的预防、预警、控制和应急救援能力，有效遏制群死群伤特大恶性交通事故。通过几年的努力，实现道路交通事故死亡人数逐年下降，特大道路交通事故进一步减少，万车死亡率接近中等发达国家水平的目标，最大限度保障人民群众生命财产安全。

## 四、重点任务

以群死群伤特大恶性交通事故为重点开展以下关键技术研究和典型示范工程：

1. 交通参与者行为干预技术

道路交通参与者行为特征分析技术，道路交通参与者行为监控、干预技术与装备，营运车辆驾驶人异常状态识别及预警技术，驾驶人培训、考试、管理新技术和装备，驾驶人交通环境适应技术，道路交通安全宣传新技术，交通安全科普技术与装备。

2. 车辆安全、运输组织技术

车辆安全性能及新技术、装备应用，道路运输组织安全技术，营运车辆运行安全监控技术与装备等。

3. 道路基础设施安全保障技术

道路基础设施安全设计、运营和评价技术及装备，道路交通基础设施病害监控、预警、整治技术及装备，特大桥梁、隧道安全运营监控、应急处置技术与装备，恶劣气候条件下道路运行状态监控、预警技术和装备等。

4. 道路交通管理与安全保障技术

道路交通管理执法新技术与装备，道路交通事故处置、紧急援救技术与装备，交通管理信息发布与服务技术，交通管制与诱导技术，道路交通安全管理规划、安全评价技术，非常态交通组织与安全保障技术，交通违法行为、交通事故分析及交通事故再现技术，特大交通事故快速处置技术、限制车辆的识别、信息交换与控制技术等。

## 五、组织与管理

1. 成立组织机构

成立由科技部、公安部、交通部领导组成的《行动计划》领导小组。下设由三部委主管业务司局领导组成的办公室，具体实施《行动计划》。根据需要，吸收有关部门和地方参加。

2. 成立专家组

由相关领域专家组成《行动计划》专家组，负责可行性研究和实施方案编制，并提供技术咨询。

3. 编制实施方案

在领导小组领导下，办公室组织专家组编制《行动计划》实施方案，经领导小组审批后编制项目建议书和可行性研究报告，按相关规定进入论证、审批、立项程序。

4. 设立专项资金

科技部、公安部、交通部安排专项资金启动《行动计划》，鼓励和调动社会资源共同推动《行动计划》的实施。

# 交通运输部关于印发《资源节约型环境友好型公路水路交通发展政策》的通知

交科教发〔2009〕80号

各省、自治区、直辖市、新疆生产建设兵团、计划单列市交通厅（局、委），有关港口管理局、中央管理的交通企业，大型港口集团，有关科研院所、高等院校，部属各单位：

为深入贯彻落实科学发展观，指导公路水路交通行业调整产业结构、转变发展方式，走资源节约、环境友好的发展道路，不断提高“三个服务”的能力和水平，推进现代交通运输业发展，部研究制定了《资源节约型环境友好型公路水路交通发展政策》，现印发给你们，请认真学习并组织好贯彻和实施工作。

交通运输部

2009年2月26日

# 资源节约型　环境友好型公路水路交通发展政策（节选）

……

**（六）强化交通科技创新。**

29．加强交通科技创新能力建设。政府积极引导，推进以市场为导向、以企业为主体、产学研相结合的行业科技创新体系建设。加强重点实验室建设，鼓励大型企业建立技术研发中心，引导建立专业特色明显的行业研发中心。加强交通科技信息资源共享平台建设，促进交通科技信息资源集成共享，提供数字化、智能化交通科技信息服务。加强科技人才队伍建设，加大对高水平研发人才、高技能人才和高层次管理人才的引进和培养，培育数量充足、结构合理、素质优良、勇于创新的科技人才队伍，形成比较完整的科研梯队。提高交通从业人员素质，推进职业资格制度与从业准入制度建设。开展资源节约、环境保护等方面的科普活动。

30．大力推进行业重大关键技术研发。针对全局性、方向性、综合性的关键技术问题，大力推进交通科技自主创新，鼓励原始创新，强化集成创新和引进消化吸收再创新。

在基础设施建设中实现重大工程的技术突破，在运输服务领域加大现代信息技术、管理技术等的集成应用，更加重视决策支持、智能交通、现代物流、交通安全、资源节约、环境保护、防灾减灾等方面的技术研发，强化基础性研究，攻克关键性技术，突破牵动性技术，普及应用型技术，促进高新技术在交通运输领域的应用。

31．加强先进适用技术研发应用。大力研发应用资源节约与循环利用技术，鼓励因地制宜、就地取材，选用适宜地方特点的工程材料和结构形式，加强运输车辆、船舶节能减排技术的研发和应用，鼓励使用清洁能源。大力研发应用生态环境保护技术，积极研发应用溢油监视、鉴别、处理、生态评价技术和船舶防污染技术。积极研发应用防灾减灾、风险源辨识监控预警等交通安全新技术。

32．加快现代信息技术研发应用。大力推进行业信息化建设，鼓励交通运输企业利用现代信息技术提升企业核心竞争力。综合开发利用行业信息资源，建立资源共享的政府公共信息服务平台和管理信息平台，完善公众出行信息服务系统，建立物流信息服务网络，为公众出行和货物运输提供及时、准确、高效的交通信息。推广高速公路不停车收费（ETC）系统，研发应用营运车辆的卫星监控和实时跟踪系统，建立全国道路运输车辆、营运驾驶员和经营业户数据库，加快交通电子口岸共享信息平台建设，研究推进内河航运综合信息服务建设，加强行业信用信息系统建设。

33．强化科技成果推广和转化。积极采用新技术、新材料、新工艺、新装备，鼓励使用创新成果，建立和完善科技成果推广应用的有效机制，促进科技成果的产业化发展。大力实施科技成果推广示范工程，加快资源节约、环境保护、节能减排等技术的示范和推广，通过培训使从业人员掌握节约资源、保护环境的新技术、新方法。鼓励把先进、适用的科技成果及时纳入标准规范，或通过发布技术指南的方式予以应用。政府采购应优先购买我国自主创新的产品或服务。

34．加强行业标准规范制修订。进一步完善交通技术标准规范体系，强化安全标准和运输服务标准，加强资源利用、环境保护、节能减排等标准建设。建立开放、及时的标准制修订机制，积极引进、消化和吸收国外先进标准，加快标准规范的更新。优先采用具有自主知识产权的标准，及时淘汰落后标准，支持企业、社会组织参与制订标准规范。鼓励结合地区特点制定地方标准。

……

# 关于促进高速公路应用联网电子不停车收费技术的若干意见

交公路发【2010】726号

各省、自治区、直辖市新疆交通厅（委）、发展改革委、财政厅（局），天津市市政公路管理局：

为进一步利用信息技术提升高速公路通行效率和服务水平，促进节能减排，加快高速公路联网电子不停车收费（简称 ETC）的推广应用，根据国务院《关于印发物流业调整和振兴规划的通知》（国发〔2009〕8 号）和《关于进一步加强节油节电工作的通知》（国发〔2008〕23 号）以及交通运输部《公路水路交通节能中长期规划纲要》的有关要求，现就促进高速公路应用 ETC 提出如下意见：

## 一、总体要求

### （一）充分认识高速公路实行 ETC 收费的重要意义

近年来，我国高速公路发展迅速，国家高速公路网络逐步形成，为我国经济社会发展和人民群众安全便捷出行做出了重要贡献。随着社会进步和机动车辆的快速增加，公路网交通流量急剧增加，部分公路因停车收费造成交通拥堵的现象时有发生。在交通运输部组织的“京津冀和长三角区域高速公路联网电子不停车收费示范工程”的带动下，我国已经拥有自主知识产权 ETC 技术、系列标准和相关设备，并在东中部的部分地区得到推广应用。实践证明，实施高速公路 ETC，是通过技术手段解决公路收费站拥堵、提高高速公路通行效率的有效措施；是促进交通运输节能减排、节约用地以及节约管理成本的重要举措;是适应公路网络化管理趋势、发挥公路网整体效益和提升服务水平的现实需要；也是推广应用高科技成果、发展现代交通运输业的重要载体。

### （二）基本思路

贯彻交通运输行业做好“三个服务”的要求，坚持以人为本的理念，充分发挥科技成果的支撑作用，在总结示范工程经验的基础上，按照需求引领、政策指导、稳步推进的基本思路，在基本具备条件的省、自治区、直辖市和区域加快推广应用高速公路 ETC，逐步形成跨省区联网的收费格局，并加快形成高速公路 ETC 的规模化应用和产业链，充分发挥高速公路 ETC 应用的规模效益，在大幅提升高速公路服务水平的同时，实现节能减排、节约土地和节省费用的目标，为广大人民群众提供畅通、便捷、安全、高效、绿色的公路交通运输服务体系。

### （三）基本原则

——落实主体、分级推进。交通运输部负责全国高速公路 ETC 总体规划、技术标准的制定、指导协调和推广应用工作。各省级交通运输主管部门负责区域内高速公路 ETC 的组织实施和协调指导。各级财政、发展改革（物价）部门分别从资金保障、项目审批、价格管理等方面给予支持和指导。

——统筹规划、分步实施。要依据各地实际需求和建设条件，合理确定高速公路 ETC 推广的目标和任务，并按照“统一规划、统一设计、统一管理、统一组织”的原则逐步推进。要以京津冀和长三角两个片区为基础，优先推进东中部地区高速公路 ETC 的普及使用，同时鼓励在西部确有需求的区域积极推广高速公路 ETC。

——发挥市场机制优势，充分利用社会资源。在高速公路 ETC 推广过程中，要充分发挥市场作用，利用现有社会资源，节省系统建设费用、运营成本和使用者负担。

——坚持自主创新，严格执行标准规范。大力推进我国拥有自主知识产权和核心技术的 ETC 技术和相关标准规范的应用，并严格按照已经发布的标准规范进行高速公路 ETC 建设、运营服务和管理，实现不同路段、不同省（区、市）之间系统的互联互通。

### （四）工作目标

总体目标：扩大我国高速公路 ETC 车道的覆盖率，实现高速公路主要出入口均建有专用的 ETC 车道;加快形成全国统一的 ETC 服务体系，向用户提供优质、高效、便捷的服务;建立分级管理、运转有效的 ETC 结算体系，提高结算效率，促进省际互联;通过政府引导、政策优惠、资金支持等措施，不断培育和扩大 ETC 用户规模;对尚不具备大规模实施 ETC 的地区，可先行在高速公路实施符合国家标准和行业规范的储值卡（含记账卡）付费方式。

具体指标：

——力争到 2011 年末，全国高速公路 ETC 平均覆盖率（设置 ETC 车道收费站数量占高速公路收费站点总数量的比例，下同）达到 30%，ETC 车道数达到 2500 条，ETC 用户量达到 200 万个，非现金支付使用率（非现金交易笔数与总交易笔数之比，下同）达到 10%。

——力争到“十二五”期末，全国高速公路 ETC 平均覆盖率达到 60%，ETC 车道数达到 6000 条，ETC 用户量达到 500 万个，非现金支付使用率达到 40%。

## 二、主要任务与实施要求

（五）全面推进收费公路联网收费。根据《收费公路管理条例》和《收费公路联网收费技术要求》（交通部 2007 年第 35 号公告）的有关规定，高速公路以及其他封闭式的收费公路应按照“统一规划、统一管理、分期实施、逐步完善”的原则，实行计算机联网收费。未实现辖区内高速公路统一联网收费的省、自治区、直辖市应在“十二五”

期内实现本省（区、市）内高速公路统一联网收费。经济关系密切、具备条件的区域内的各省级交通运输主管部门要加强协调，积极推进区域联网收费。

（六）大力推进重点地区实施高速公路 ETC。京津冀、长三角、珠三角地区的所有收费高速公路，以及其他区域内交通流量大、主要省际运输通道的收费高速公路以及大中城市周边的收费高速公路，在现有人工半自动收费系统的基础上，都应设置或预留 ETC 收费车道，逐步实施电子不停车收费系统。现阶段，要严格按照国家和行业的标准规范，首先实现省级区域内 ETC 联网。在此基础上，大力推进区域 ETC 联网。当前重点要推进珠三角地区的跨省区 ETC 联网。对于京津冀、长三角、珠三角地区的周边省份，可根据本地实际和需求，逐步并入上述三个区域 ETC 联网范围。西南、东北等其他经济联系密切的区域，也应根据未来发展需求，推进区域 ETC 联网。

（七）加大高速公路 ETC 车道建设力度。对于新建高速公路应严格按照《电子收费专用短程通信》（GB/T20851）和《收费公路联网收费技术要求》等相关标准规范的要求，同步建设 ETC，并在收费站设置或者预留必要的 ETC 车道，相关费用纳入高速公路建设总概算中。对于已经运营的高速公路，各省级交通运输主管部门、高速公路经营管理单位应安排改建计划，逐步在收费站设置 ETC 车道。所有 ETC 车道均应在来车方向提前设置醒目、统一的 ETC 车道标识。

（八）积极推进收费公路车辆通行费非现金付费方式。在积极推进 ETC 的同时，在现有人工收费车道以及现阶段尚不具备实施 ETC 的收费公路上，要积极推进实施以非现金付费为主的收费方式，以满足公路用户特别是货车车主的现实需要。

（九）进一步完善高速公路 ETC 相关标准规范和制度。根据示范工程实践，进一步完善高速公路 ETC 相关技术标准和规范，以及具有 ETC 储值和银行卡应用功能的 IC 卡相关技术规范，建立统一的服务监督、考核、投诉和管理制度。

（十）建立完善的 ETC 客户服务体系。由交通运输部组织制定全国统一的 ETC 车道及客服网点的标准、规范及标识，明确对用户的服务水平与要求。各地要加快建设并逐步扩展 ETC 客户服务网点，建立数据共享、代理充值、代理服务等合作机制，为 ETC 用户提供跨省（区、市）的服务功能。此外，ETC 客户服务网点也可充分依托现有高速公路服务区或基层窗口单位建立，还可充分发挥各商业银行的积极性，通过与多家商业银行合作，利用合作银行的服务网点，不断拓展 ETC 客户服务网点的覆盖范围，提高网点覆盖密度，为 ETC 客户充值、查询、车载设备维护等提供便利条件。

（十一）继续开展 ETC 相关新技术的研发。在对现有 ETC 技术进一步研究完善的基础上，可对卫星定位、3G、RFID 等技术在 ETC 领域的应用进行研究，不断提升 ETC 系统的安全性、便捷性、开放性与兼容性。各地在推广 ETC 的同时，还应研究并处理好高速公路 ETC 与城市道路收费的衔接问题。

## 三、保障措施与鼓励政策

（十二）加强组织管理，切实抓好落实。各省级交通运输主管部门要会同同级发展改革（价格）、财政部门，把促进高速公路应用ETC作为提升高速公路服务水平、促进节能减排的重要任务，加强组织领导，科学有序推进。同时，根据本意见要求，抓紧研究制定具体实施办法，加大资金投入和实施力度，强化宣传引导，切实抓好相关工作的落实，促进高速公路持续健康发展。

（十三）加大ETC车道和客服网点建设投资力度。各地要加大投入，加快ETC车道、客服网点和省级联网结算中心建设。从2011年起，交通运输部将根据国家有关政策，对ETC车道改造等，在政策、管理等方面给予一定支持。

（十四）采取多种措施，降低ETC用户安装车载设备的成本，发挥ETC规模化效益。为提高广大用户使用ETC的积极性，发挥ETC规模化运行效益，各地在推进ETC建设时，要加强与商业银行的合作，通过采取政府支持、银行合作、企业投入、市场开发等多种途径，降低用户安装ETC车载设备成本，鼓励具备条件的地区为用户免费安装ETC车载设备。鼓励频繁行驶高速公路的政府机关公务车辆和实行全额财政拨款事业单位的公务用车以及交通运输系统的国有运输企业车辆安装ETC车载设备。

（十五）实施高速公路车辆通行费优惠政策。鉴于实行高速公路不停车收费后，能够降低收费车道的建设费用及收费运营成本，对于已经实行联网不停车收费的省、自治区、直辖市，收费公路经营管理者要对ETC用户（包括记帐卡等非现金支付方式用户）给予通行费优惠，优惠幅度原则上不少于5%。具体由各省、自治区、直辖市按照有关规定，并结合本地实际予以落实。

（十六）加强ETC关键设备的检测工作。各地要把ETC相关设备、产品纳入年度交通产品质量行业抽查的范围，定期对关键产品开展抽查，确保不停车收费设备和系统的标准符合性、互联互通和可靠性。具体的检测标准与办法由交通运输部组织制定。

中华人民共和国交通运输部<br>中华人民共和国国家发展和改革委员会<br>中华人民共和国财政部<br>2010年11月30日

# 第二章

## 标准化

# 中国智能交通标准体系

## 一、修订目的及内容

随着我国智能运输系统发展的突飞猛进，企业的迅速崛起，要保证全国范围的兼容，其相关领域的标准制定工作显得尤为重要，如果不能及时有效地研究出适合我国国情的标准体系来做纲要性指导性的文件，将难以实现智能运输系统在全国范围内的协调统一，将会给国家造成极大的经济损失。因此及时地修订我国标准体系表是十分必要的。

新版的智能运输系统标准体系表，为了迎合当今信息化、数字化的高速发展，在体系框架方面作了一些调整，增加了一项数据管理；同时合并了一些内容相同或者相似的标准，增加了国际方面比较先进的，国内 ITS 发展需求较大的标准。

## 二、修订依据

（1）GB/T 13016－1991《标准体系表编制原则和要求》

（2）《中国智能交通系统体系框架》，国家智能交通系统专家委员会

## 三、与其他标准体系的协调

随着我国智能交通系统快速稳步的发展，根据国家对综合标准体系表的更高要求，重新修订的智能交通系统标准体系表重点突出行业、企业、专业间的配套标准，凡已纳入本产品、过程、服务、管理所属的行业、企业、专业标准体系表内的通用标准，在修订的智能交通系统标准体系表中将不再标出或从简注明。

智能交通系统涉及交通运输、计算机、通信等多个行业，遵从同一标准不能同时列入二个以上标准体系的指导思想，为表示出其他体系标准间的协调配套关系，将其他体系的标准列为本标准体系的相关标准。

## 四、智能交通系统标准体系总结构图

智能交通系统标准体系总结构如图 2.1 所示。

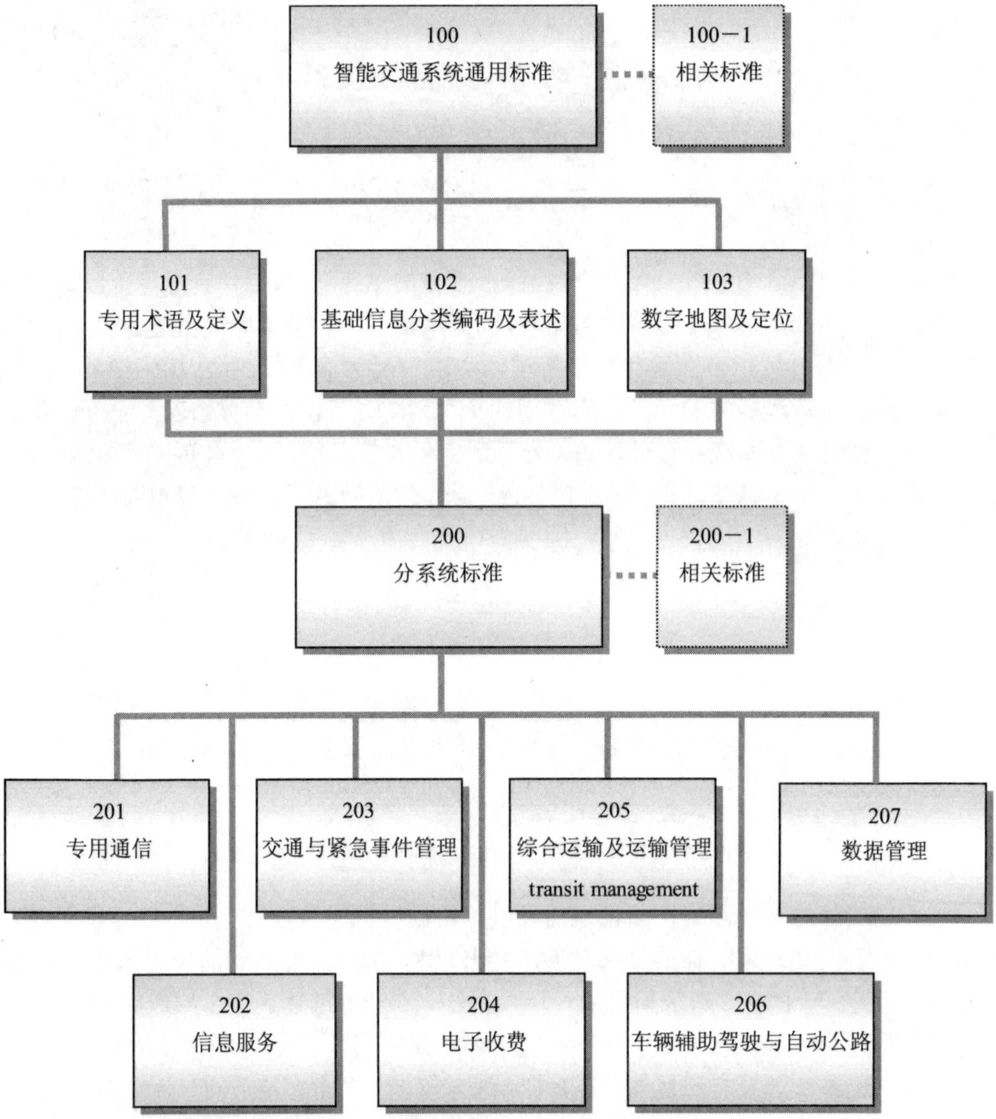


**图 2.1　智能交通系统标准体系结构层次图**

（主要撰稿人：杨　琪）

# 智能交通系统主要标准

## 一、国家标准

正式公布出版的ITS国家标准（截止至2010年6月）共25部，见表2.1。

表2.1 智能交通国家标准列表

| 序号 | 标准名称 | 编号 |
|---|---|---|
| 基础类 | | |
| 1 | 智能运输系统 数据字典要求 | GB/T 20606—2006 |
| 2 | 智能运输系统 体系结构 服务 | GB/T 20607—2006 |
| 3 | 智能运输系统 中央数据登记簿数据管理机制要求 | GB/T 20611—2006 |
| 4 | 智能交通系统通用术语 | GB/T 20839—2007 |
| 5 | 交通管理信息属性分类与编码 城市道路 | GB/T 21379—2008 |
| 6 | 交通管理地理信息实体标识编码规则 城市道路 | GB/T 21381—2008 |
| 交通专用短程通信类 | | |
| 7 | 电子收费 专用短程通信 第1部分：物理层 | GB/T 20851.1—2007 |
| 8 | 电子收费 专用短程通信 第2部分：数据链路层 | GB/T 20851.2—2007 |
| 9 | 电子收费 专用短程通信 第3部分：应用层 | GB/T 20851.3—2007 |
| 10 | 电子收费 专用短程通信 第4部分：设备应用 | GB/T 20851.4—2007 |
| 11 | 电子收费 专用短程通信 第5部分：物理层主要参数测试方法 | GB/T 20851.5—2007 |
| 电子收费类 | | |
| 12 | 智能运输系统 电子收费 系统框架模型 | GB/T 20135—2006 |
| 13 | 道路运输与交通信息技术 电子收费（EFC）参与方之间信息交互接口的规范 | GB/T 20610—2006 |
| 交通信息服务类 | | |
| 14 | 交通及出行者信息（TTI） 经交通报文编码的TTI报文 第1部分:使用ALERT-C的广播数据系统-交通报文频道（RDS-TMC）编码协议 | GB/T 20612.1—2006 |
| 15 | 交通及出行者信息（TTI） 经交通报文编码的TTI报文 第2部分:广播数据系统-交通报文频道（RDS-TMC）的事件和信息编码 | GB/T 20612.2—2006 |
| 16 | 交通及出行者信息（TTI） 经交通报文编码的TTI报文 第3部分:ALERT-C的定位参考 | GB/T 20612.3—2006 |
| 17 | 道路交通信息服务 信息分类与编码 | GB/T 21394—2008 |
| 交通与紧急事件管理类 | | |
| 18 | 道路交通信息采集 信息分类与编码 | GB/T 20133—2006 |
| 19 | 道路交通信息采集 事件信息集 | GB/T 20134—2006 |
| 20 | 交通信息采集 微波交通流检测器 | GB/T 20609—2006 |

（续表）

| 序号 | 标准名称 | 编号 |
|---|---|---|
| 21 | 交通信号控制机与上位机间的数据通信协议 | GB/T 20999—2007 |
| 22 | 交通信息采集　视频车辆检测器 | GB/T 24726—2009 |
| 综合运输及运输管理类 | | |
| 23 | 基于 XML 的道路客运结算数据交换 | GB/T 20925—2007 |
| 车辆辅助驾驶与自动公路类 | | |
| 24 | 智能运输系统 自适应巡航控制系统 性能要求和检测方法 | GB/T 20608—2006 |
| 25 | 运输信息及控制系统 车载导航系统 通信信息集要求 | GB/T 23434—2009 |

## 二、行业标准

正式公布出版的 ITS 行业标准（截止到 2010 年 6 月）2 部见表 2.2。

**表 2.2　智能交通行业标准列表**

| 序号 | 标准名称 | 编号 |
|---|---|---|
| 1 | 道路交通气象环境 能见度检测器 | JT2005—02 |
| 2 | 道路交通气象环境 埋入式路面状况检测器 | JT2005—03 |

（主要撰稿人：杨　琪）

# 智能交通系统相关标准

## 一、智能运输系统通用标准相关标准

表 2.3 智能运输系统通用标准相关标准列表

| 序号 | 标准名称 | 标准代号和编号 |
|---|---|---|
| 1 | 电子设备雷击试验方法 | GB/T 3482—1983 |
| 2 | 电子设备雷击试验导则 | GB/T 3483—1983 |
| 3 | 电子设备雷击保护导则 | GB/T 7450—1987 |
| 4 | 电子产品现场工作可靠性、有效性和维修性数据收集指南 | GB/T 5081—1985 |
| 5 | 电子设备用元器件（或部件）规范中可靠性条款的编写指南 | GB/T 6990—1986 |
| 6 | 电子元器件可靠性数据表示法 | GB/T 6991—1986 |
| 7 | 电子设备强迫风冷热特性测试方法 | GB/T 12992—1991 |
| 8 | 电子设备热性能评定 | GB/T 12993—1991 |
| 9 | 电工电子产品应用环境条件 无气候防护场所固定使用 | GB/T 4798.4—1990 |
| 10 | 电工电子产品应用环境条件 地面车辆使用 | GB/T 4798.5—1987 |
| 11 | 电工电子产品应用环境条件 携带和非固定使用 | GB/T 4798.7—1987 |
| 12 | 电子元器件环境试验使用导则 | GB/T 11279—1989 |
| 13 | 电工电子产品应用环境条件 运输 | GB/T 4798.2—1996 |
| 14 | 仪器仪表包装通用技术条件 | GB/T 15464—1995 |
| 15 | 工业电视系统工程设计规范 | GB J115—87 |
| 16 | 系统和设备研制生产中的可靠性程序 | GB/T 6993—1986 |
| 17 | 信息技术设备抗扰度限值和测量方法 | GB/T 17618—1998 |
| 18 | 系统可靠性分析技术 失效模式和效应分析（FMEA）程序 | GB/T 7826—1987 |
| 19 | 设备可靠性试验成功率的验证试验方案 | GB/T 5080.5—1985 |
| 20 | 设备可靠性试验 总要求 | GB/T 5080.1—1986 |
| 21 | 设备可靠性试验 试验周期设计导则 | GB/T 5080.2—1986 |
| 22 | 设备可靠性试验 可靠性测定试验的点估计和区间估计方法 （指数分布） | GB/T 5080.4—1985 |
| 23 | 设备可靠性试验 恒定失效率假设的有效性检验 | GB/T 5080.6—1996 |
| 24 | 设备可靠性试验 恒定失效率假设下的失效率与平均无故障时间的验证试验方案 | GB/T 5080.7—1986 |
| 25 | 设备可靠性试验 推荐的试验条件 室内便携设备 粗模拟 | GB/T 7288.1—1987 |
| 26 | 设备可靠性试验 推荐的试验条件 固定使用在有气候防护场所设备—精模拟 | GB/T 7288.2—1987 |
| 27 | 设备维修性导则 第一部分：维修性导言 | GB/T 9414.1—1988 |
| 28 | 设备维修性导则 第二部分：规范与合同中的维修性要求 | GB/T 9414.2—1988 |
| 29 | 设备维修性导则 第三部分：维修性大纲 | GB/T 9414.3—1988 |
| 30 | 设备维修性导则 第五部分：设计阶段的维修性研究 | GB/T 9414.4—1988 |
| 31 | 设备维修性导则 第六部分：维修性检验 | GB/T 9414.5—1988 |

（续表）

| 序号 | 标准名称 | 标准代号和编号 |
| --- | --- | --- |
| 32 | 设备维修性导则 第七部分：维修性数据的收集、分析与表示 | GB/T 9414.6—1988 |
| 33 | 通信设备可靠性通用实验方法 | YD/T 282 |
| 34 | 消息处理系统 电子数据交换消息处理系统 | GB/T 16651—1996 |
| 35 | 消息处理 电子数据交换消息处理业务 | GB/T 16520—1996 |
| 36 | 电子数据交换标准化应用指南 | GB/T 17539—1998 |
| 37 | 电磁兼容 试验和测量技术 供电系统及所连设备谐波、谐间波的测量和测量仪器导则 | GB/T 17626.7—1998 |

## 二、基础信息分类编码及表述相关标准

表 2.4 基础信息分类编码及表述相关标准列表

| 序号 | 标准名称 | 标准代号和编号 |
| --- | --- | --- |
| 1 | 货物运输常用残损代码 | GB/T 14945—1994 |
| 2 | 货物类型、包装类型和包装材料类型代码 | GB/T 16472—1996 |
| 3 | 剧毒物品分级、分类及品名编号 | GA 57—1993 |
| 4 | 城市公共交通经济技术指标分类与代码 | CJ/T 3045—1995 |
| 5 | 集装箱设备数据交换 通信代码 | GB/T 17272.2—1998 |
| 6 | 集装箱常用残损代码 | GB/T 15119—1994 |
| 7 | 包装 用于发货、运输和收货标签的一维条码和二维条码 | GB/T 19948—2005 |
| 8 | 公路路线标识规则 命名、编号和编码 | GB 917.1—2000 |
| 9 | 公路路线标识规则 国道名称和编号 | GB 917.2—2000 |
| 10 | 公路等级代码 | GB/T 919—2002 代替 GB/T 919—1994 |
| 11 | 公路路面等级与面层类型代码 | GB/T 920—2002 代替 GB/T 920—1989 |
| 12 | 公路桥梁命名编号和编码规则 | GB/T 11708—1989 |
| 13 | 国、省道主要控制点编码规则 | GB/T 17730—1999 |
| 14 | 公路数据库编目编码规则 | JT/T 132－2000 |
| 15 | 国道主要控制点代码 | JT/T 412—2000 |
| 16 | 公路交叉分类与编码 | JT/T 301—1996 |
| 17 | 公路管理养护单位代码编制规则 | JT/T 0022—1990 |
| 18 | 公路及主要构筑物、管理养护单位代码 省干线公路代码 | JT/T 307.1—1997 |
| 19 | 公路及主要构筑物、管理养护单位代码 国家干线公路桥梁代码 | JT/T 307.2—1997 |
| 20 | 公路及主要构筑物、管理养护单位代码 国家干线公路隧道代码 | JT/T 307.3—1997 |
| 21 | 公路及主要构筑物、管理养护单位代码 国家干线公路渡口代码 | JT/T 307.4—1997 |
| 22 | 公路及主要构筑物、管理养护单位代码 公路管理养护单位代码 | JT/T 307.5—1997 |
| 23 | 公路及主要构筑物、管理养护单位代码 省干线公路代码 | JT/T 307.1—1997 |
| 24 | 公路及主要构筑物、管理养护单位代码 国道交通量观测站代码 | JT/T 307.6—1997 |
| 25 | 中国及世界主要海运贸易港口代码 | GB/T 7407—1997 |
| 26 | 水路信息分类与代码 | GB/T 17734—1999 |
| 27 | 国际航行船舶识别代码 | GB/T 12410—1990 |

（续表）

| 序号 | 标准名称 | 标准代号和编号 |
|---|---|---|
| 28 | 中国海洋调查船代码 | GB/T 12461—1990 |
| 29 | 世界海洋名称代码 | GB/T 12462—1990 |
| 30 | 中国海区水上助航标志 | GB 4696—1999 |
| 31 | 内河助航标志 | GB 5863—1993 |
| 32 | 内河助航标志的主要外形尺寸 | GB 5864—1993 |
| 33 | 船舶安全开航技术要求　通信与导航 | GB/T 6551—1993 |

# 三、数字地图及定位相关标准

表 2.5　数字地图及定位相关标准列表

| 序号 | 标准名称 | 标准代号和编号 |
|---|---|---|
| 1 | 差分全球定位系统（DGPS）技术要求 | GB/T 17424—1998 |
| 2 | 地理信息技术基本术语 | GB/T 17694—1999 |
| 3 | 城市地理信息系统设计规范 | GB/T 18578—2001 |
| 4 | 地图用公共信息图形符号　通用符号 | GB/T 17695—1999 |
| 5 | 船用全球定位系统（GPS）接收机通用技术条件 | GB/T 15527—1995 |
| 6 | 地理格网 | GB 12409—1990 |
| 7 | 地理点位置的纬度、经度和高程的标准表示法 | GB/T 16831—1997 |
| 8 | 基础地理信息数字产品数据文件命名规则 | CH/T 1005—2000 |
| 9 | 全球定位系统（GPS）测量规范 | GB/T 18314—2001 |

# 四、专用通信相关标准

表 2.6　专用通信相关标准列表

| 序号 | 标准名称 | 标准代号和编号 |
|---|---|---|
| 1 | 铁路电话交换网所间直流信号方式 | TB/T 1691—1995 |
| 2 | 铁路电话交换网自动电话交换机的信号接口 | TB/T 1693—1995 |
| 3 | 铁路运输通信盒式磁带语音记录仪技术条件 | TB/T 2651－1995 |
| 4 | 铁路运输通信盒式磁带语音记录仪重放机技术条件 | TB/T 2652－1995 |
| 5 | 信号电缆盒 | TB/T 2674.1－1995 |
| 6 | SMC 复合材料信号电缆盒 | TB/T 2674.2－1995 |
| 7 | 列车无线调度电话 C 制式转接总机技术要求和试验方法 | TB/T 2675.1－1995 |
| 8 | 列车无线调度电话 C 制式转接选叫通话箱技术要求和试验方法 | TB/T 2675.2－1995 |
| 9 | 列车无线调度电话 C 制式转接分机技术要求和试验方法 | TB/T 2675.3－1995 |
| 10 | 2048kbit/s30 路脉码调制铁路通信设备终端机技术要求 | TB/T 2676.1－1995 |
| 11 | 2048kbit/s30 路脉码调制铁路通信设备终端机试验方法 | TB/T 2676.2－1995 |
| 12 | 2048kbit/s30 路脉码调制铁路通信设备分插设备技术要求和试验方法 | TB/T 2676.3－1995 |
| 13 | 2048kbit/s30 路脉码调制铁路通信设备中继器技术要求和试验方法 | TB/T 2676.4－1995 |

（续表）

| 序号 | 标准名称 | 标准代号和编号 |
|---|---|---|
| 14 | 铁路450MHz机车电台电源技术要求和试验方法 | TB/T 2677－1995 |
| 15 | 铁路450MHz车站电台电源技术要求和试验方法 | TB/T 2678－1995 |
| 16 | 交流电气化铁道对短波、超短波收信台（站）无线电干扰的防护距离 | TB/T 2679－1995 |
| 17 | 铁路长途人工电话无绳式交换设备技术条件 | TB/T 2925－1998 |
| 18 | 铁路分组交换数据通信网编号 | TB/T 2850－1997 |
| 19 | 铁路通信产品标志规则 | TB/T 2851－1997 |
| 20 | 铁路通信光缆数字段技术要求 | TB/T 2616－1994 |
| 21 | 调度集中和调度监督的数据通信系统终端接口和链路控制规程 | TB/T 2499－1994 |
| 22 | 铁路区间电话设备（有线）制式系列及主要技术条件 | TB/T 2500－1994 |
| 23 | 铁路电话交换网铃流及信号音 | TB/T 1723－1994 |
| 24 | 分组式终端进入分组交换数据网技术条件 | TB/T 2935－1998 |
| 25 | SDH 传输设备技术要求 | TB/T 2952－1999 |
| 26 | 铁路地面信号产品高温及低温试验方法 | TB/T 2953－1999 |
| 27 | 数字式电话集中机技术要求及试验方法 | TB/T 2996.1—2000 |
| 28 | 铁路程控共线电话设备 主控机技术要求及试验方法 | TB/T 2997.1—2000 |
| 29 | 铁路程控共线电话设备 共线话机技术要求及试验方法 | TB/T 2997.2—2000 |
| 30 | 铁路程控共线电话设备 汇接机技术要求及试验方法 | TB/T 2997. 3—2000 |
| 31 | 450MHz独立同步半双工列车无线调度设备 | TB/T 2998—2000 |
| 32 | 通信信号产品图样及技术文件的编号原则 | TB/T 1120—2000 |
| 33 | 水上通信、导航术语 | JT 4607—89 |
| 34 | 道路车辆 数字信息交换 高速通信局域网络控制器（CAN） | IDTISO 11898:1993<br>20030945—T—545 |
| 35 | 车内网络的P模式 | SAE J2590 已出版 |

# 五、信息服务及导航相关标准

**表 2.7 信息服务及导航相关标准列表**

| 序号 | 标准名称 | 标准代号和编号 |
|---|---|---|
| 1 | 铁路车站旅客引导显示系统设置标准 | TB/T 3003—2000 |
| 2 | 铁路车站客运广播设备制式系列及主要技术条件 | TB/T 1777—2000 |
| 3 | 导航术语 | GB/T 9390—1988 |
| 4 | 移动通信天线通用技术规范 | GB/T 9410—1988 |
| 5 | 子午仪卫星导航仪通用技术条件 | GB/T 14380—1993 |
| 6 | 数据安全性服务 | SAE J1760 |

# 六、交通与紧急事件管理相关标准

表 2.8　交通与紧急事件管理相关标准列表

| 序号 | 标准名称 | 标准代号和编号 |
|---|---|---|
| 1 | 道路交通事故现场图形符号 | GB/T 11797—1989 |
| 2 | 道路交通标志和标线 | GB 5769—1999 |
| 3 | 道路交通标线质量要求和检测方法 | GB/T 16311—1996 |
| 4 | 路面标线用玻璃珠 | JT/T 446—2001 |
| 5 | 路面标线涂料 | JT/T 280—1995 |
| 6 | 公路交通标志板技术条件 | JT/T 279－1995 |
| 7 | 轮廓标技术条件 | JT/T 388/1999 |
| 8 | 突起路标 | JT/T 390—1999 |
| 9 | 公路临时性交通标志技术条件 | JT/T429—2000 |
| 10 | 高速公路波形梁钢护栏 | JT/T 281—1995 |
| 11 | 公路三波形钢护栏 | JT/T 457—2001 |
| 12 | 公路防眩设施技术条件 | JT/T 333—1997 |
| 13 | 隔离栅技术条件 | JT/T 374—1998 |
| 14 | 高速公路 LED 可变信息标志技术条件 | JT/T 432—2000 |
| 15 | 高速公路 LED 可变限速标志 | JT 432—2000 |
| 16 | 高速公路光纤型可变限速标志 | JT 453－2001 |
| 17 | 铁路逆反射标志技术条件 | TB/T2929－1998 |
| 18 | 铁路信号技术中采用电子元器件时应遵循的主要安全条件 | GB/T 10495—1989 |
| 19 | 铁路信号灯泡 | GB/T 14046—1993 |
| 20 | 线路及信号标志 | TB/T 2493—1994 |
| 21 | 铁路信号设备防雷变压器技术条件 | TB/T 2653—1995 |
| 22 | 铁路信号彩色屏幕显示图形符号 | TB/T2893－1998 |
| 23 | 调度集中和调度监督系统技术条件 | TB/T1694－1995 |
| 24 | 铁路地面信号产品振动试验方法 | TB/T2846－1997 |
| 25 | 铁路信号故障——安全原则 | TB/T2615－1994 |
| 26 | 铁路道口自动广播机 | TB/T2502－1994 |
| 27 | 铁路信号电源屏通用技术条件 | TB/T1528－1994 |
| 28 | 电气化铁道故障显示器技术条件 | TB/T2807－1997 |
| 29 | 电气化铁道牵引供电系统电气图用图形符号 | TB/T1679－1997 |
| 30 | 铁道机车车辆称重台机车车辆重量测定方法 | TB/T1740－1997 |
| 31 | 铁路信号产品环境条件　地面固定使用 | TB/T1433－1999 |
| 32 | 铁路通信产品环境条件　地面固定使用 | TB/T1434－1999 |
| 33 | 铁路地面信号机及信号表示器用玻璃 | TB/T2121－1999 |
| 34 | 平交道口自动控制或报警的技术要求 | TB/T2969－1999 |
| 35 | 铁路灯光信号机的一般要求 | TB/T2970－1999 |
| 36 | 区间道口信号设备故障监测技术条件 | TB/T 2992—2000 |

（续表）

| 序号 | 标准名称 | 标准代号和编号 |
| --- | --- | --- |
| 37 | 信号微机监测系统技术条件 | TB/T 2496—2000 |
| 38 | 铁路运输放射性物质事故监测方法 | TB/T2508－1994 |
| 39 | 城市公共交通车辆自动监控系统 | CJ/T 3010—1993 |
| 40 | 城市公共交通信号系统——轻轨交通 | CJ/T3027.1—1993 |
| 41 | 道路交通堵塞度及评价方法 | GA 115—1995 |
| 42 | 道路作业交通安全标志 | GA 182－1998 |
| 43 | 故障车警告标志牌 | GA 184－1999 |
| 44 | 道路交通秩序评价 | GA/T 175－1998 |
| 45 | 道路车辆—安全气囊部件　第 1 部分：术语 | ISO 12097—1<br>20020771—545 |
| 46 | 道路车辆—安全气囊部件　第 2 部分：安全气囊模块试验 | ISO 12097—2<br>20020772—545 |
| 47 | 道路车辆—安全气囊部件　第 3 部分:气体发生器组件试验 | ISO 12097—3<br>20020773—545 |
| 48 | 机动车事件数据记录器 | IEEE P1616 |
| 49 | 安全防范工程程序与要求 | GA/T75—94 |

# 七、电子收费相关标准

表 2.9　电子收费相关标准列表

| 序号 | 标准名称 | 标准代号和编号 |
| --- | --- | --- |
| 1 | 公路收费亭 | JT/T 422—2000 |
| 2 | 收费栏杆技术条件 | JT/T 428—2000 |

# 八、综合运输及运输管理相关标准

1. 通用

表 2.10　通用相关标准列表

| 序号 | 标准名称 | 标准代号和编号 |
| --- | --- | --- |
| 1 | 公路运输术语 | GB/T 8226—1987 |
| 2 | 公路、水路货物运输气候环境条件 | GB/T 14507—1993 |
| 3 | 等级公路货物运输机械环境条件 | GB/T 14508—1993 |
| 4 | 铁路车站及枢纽术语 | GB/T 15165—1994 |
| 5 | 汽车运价信息分类与代码 货物运输 | JT/T 69.1—1993 |
| 6 | 汽车运价信息分类与代码 集装箱运输 | JT/T 69.2—1993 |
| 7 | 汽车运价信息分类及代码 货运站运输 | JT/T 69.3—1993 |

（续表）

| 序号 | 标准名称 | 标准代号和编号 |
| --- | --- | --- |
| 8 | 汽车运价信息分类及代码 客运站运输 | JT/T 69.4—1993 |
| 9 | 汽车运价信息分类及代码 旅客运输 | JT/T 148—1994 |
| 10 | 公路运输主要统计指标分类与代码 | JT/T 444—2001 |
| 11 | 载货汽车运行燃料消耗量 | GB/T 4352—1984 |
| 12 | 载客汽车运行燃料消耗量 | GB/T 4353—1984 |
| 13 | 汽车运输企业行车安全管理标准 | JT/T 3144－1991 |
| 14 | 道路车辆可回收及可再利用性的计算方法 | ISO/DIS 22628<br>20020765—T—545 |
| 15 | 道路车辆—有传导和耦合引起电磁骚扰 | ISO 7637<br>20020769—T—545 |
| 16 | 道路机动车辆—外部照明和光信号装置—环境耐久性 | ISO/DIS 12346:1998<br>GB/T 10485—1989<br>20020770—545 |
| 17 | 道路与街路照明灯具安全要求 | GB 7000.5—2005 |
| 18 | 汽车综合性能检测站能力的通用要求 | 20030269—T—348<br>GB/T 17993—2005 |
| 19 | 汽车节油技术评定方法 | 20030270—T—348 |
| 20 | 造船 机器数字控制 ESSI 格式 | IDT ISO 6582:1983<br>20030262—T—348 |
| 21 | 造船 内河船 多斗式挖泥船挖斗容量标度 | IDT ISO 7607:1984<br>20030261—T—348 |
| 22 | 运输包装标签 | 20020258—T—348 |
| 23 | 汽车维修业开业条件 | 代替标准<br>GB/T 16739.1—16739.3—1997<br>20020245—T—348 |
| 24 | 电动汽车定型试验规程 | 代替国标<br>GB/T 18388—2001<br>20032480—T—545 |
| 25 | 电动汽车用仪表 | MOD IEC<br>60783:1984<br>20032481—T—545 |
| 26 | 电动汽车 动力性能 试验方法 | GB/T 18385—2005<br>MOD ISO 8715:2001 |
| 27 | 电动汽车 能量消耗率和续驶里程 试验方法 | GB/T 18386—2005 |
| 28 | 电动汽车 定型试验规程 | GB/T 18388—2005 |
| 29 | 滚筒反力式汽车制动检验台 | GB/T 13564—1992<br>20020246—T—348 |
| 30 | 商用汽车汽油发动机大修竣工技术条件 | GB/T 3799—1983<br>20020263—T—348 |

（续表）

| 序号 | 标准名称 | 标准代号和编号 |
|---|---|---|
| 31 | 汽车维修业开业条件 第1部分：一类汽车维修企业 | GB/T 16739.1—1997 |
| 32 | 汽车维修业开业条件 第2部分：二类汽车维修企业 | GB/T 16739.2—1997 |
| 33 | 汽车维修业开业条件 第3部分：三类汽车维修业户 | GB/T 16739.3—1997 |
| 34 | 商用道路车辆 尺寸代码 | GB/T 17347—1998 |
| 35 | 运输车辆能源利用检测评价方法 | GB/T 18566—2001 |

2. 货运

**表 2.11 货运相关标准列表**

| 序号 | 标准名称 | 标准代号和编号 |
|---|---|---|
| 1 | 运输货物分类与代码 | JT/T 19－2001 |
| 2 | 水路货物运输机械环境条件 | GB/T 14509—1993 |
| 3 | 货物运输常用残损代码 | GB/T 14945—1994 |
| 4 | 板材成捆运输技术要求 | GB/T 14309—1993 |
| 5 | 汽车货物运输质量标准 | JT/T 3143－1990 |
| 6 | 铁路货运术语 | GB/T 7179—1997 |
| 7 | 铁路货物运输服务质量标准 | TB/T 2968－1999 |
| 8 | 铁路货物运输分类成本计算方法 | TB/T 665——1995 |
| 9 | 危险货物品名表 | GB 12268—1990 |
| 10 | 危险货物分类和品名编号 | GB 6944—1986 |
| 11 | 危险货物运输包装通用技术条件 | GB 12463－90 |
| 12 | 道路运输危险货物车辆标志 | GB 13392－92 |
| 13 | 汽车危险货物运输规则 | JT 3130—88 |
| 14 | 汽车危险货物运输、装卸作业规程 | JT 3145—1991 |
| 15 | 铁路危险货物分类试验方法 | TB/T 2688—1996 |
| 16 | 铁路危险货物运输包装 技术条件 | TB/T 2687—1996 |
| 17 | 包装 运输包装件 温湿度调节处理 | GB/T 4857.2—1992 |
| 18 | 包装 运输包装件压力试验方法 | GB/T 4857.4—1992 |
| 19 | 包装 运输包装件 正弦定频振动试验方法 | GB/T 4857.7—1992 |
| 20 | 包装 运输包装件 六角滚筒试验方法 | GB/T 4857.8—1992 |
| 21 | 包装 运输包装件 正弦变频振动试验方法 | GB/T 857.10—1992 |
| 22 | 水路、公路运输货物包装基本要求 | JT/T 365—1999 |
| 23 | 国际铁路联运出口货物运输包装质量要求 | TB/T 2974—2000 |
| 24 | 铁路零担货物运输包装 | TB/T 2617—1995 |
| 25 | 运输包装尺寸界限 | GB/T16471－1996 |
| 26 | 硬直直方体运输包装尺寸系列 | GB/T 4892－1996 |
| 27 | 圆柱体运输包装尺寸系列 | GB/T13201—1997 |
| 28 | 袋类运输包装尺寸系列 | GB/T 13757—1992 |
| 29 | 集装袋运输包装尺寸系列 | GB/T 174448—1998 |

（续表）

| 序号 | 标准名称 | 标准代号和编号 |
| --- | --- | --- |
| 30 | 集装箱名词术语 | IDT ISO 830:1999<br>GB/T 1992—1985 |
| 31 | 联运通用平托盘　主要尺寸及公差 | GB/T 2934—1996 |
| 32 | 联运通用平托盘　性能要求 | GB/T 4995—1996 |
| 33 | 联运通用平托盘　试验方法 | GB/T 4996—1996 |
| 34 | 塑料平托盘 | GB/T 15234—1994 |
| 35 | 集装箱运输术语 | GB/T 17271—1998 |
| 36 | 集装箱设备交接单 | GB/T 16561—1996 |
| 37 | 集装箱常用残损代码 | GB/T 15119—1994 |
| 38 | 国际集装箱货运交接方式代码 | GB/T 15419—1994 |
| 39 | 集装箱公路中转站级别划分及设备配备（被替代）<br>集装箱公路中转站级别划分、设备配备及建设要求 | GB/T 12419—1990<br>GB/T 12419—2005 |
| 40 | 国际集装箱运输电子数据交换—集装箱进/出门报告报文 | UN/EDIFACT CODECO |
| 41 | 国际集装箱运输电子数据交换—船舶离港报文 | UN/EDIFACT VESDEP |
| 42 | 国际集装箱运输电子数据交换—挂靠信息报文 | UN/EDIFACT CALINF |
| 43 | 国际集装箱运输电子数据交换—集装箱堆存报告报文 | UN/EDIFACT COEDOR |
| 44 | 国际集装箱运输电子数据交换—运输计划及实施信息报文 | UN/EDIFACT IFTSAI |
| 45 | 集装箱设备数据交换—通信代码 | IDT ISO 9897:1997 |
| 46 | 集装箱箱门密封条 | NEQ ISO 1496—1:1990 |
| 47 | 系列 1 集装箱装卸和拴固 | IDT ISO 3874:1997 |
| 48 | 集装箱进出港站检查交接要求 | GB/T 11601—2000 |
| 49 | 集装箱港口装卸作业安全规程 | GB 11602—1989 |
| 50 | 集装箱　空/陆/水（联运）通用集装箱技术要求和试验方法 | GB/T 17770—1999 |
| 51 | 集装箱自动识别 | GB/T 17894—1999 |
| 52 | 海上国际集装箱货物交付单证 | GB/T 18156—2000 |
| 53 | 集装箱角件的技术条件 | GB/T 1835—1995 |
| 54 | 铁路货物集装化运输　词汇 | TB/T 689.1—1996 |
| 55 | 集装箱运输成本的计算方法 | TB/T 2619—1995 |
| 56 | 铁路货物集装化运输　通用要求 | TB/T2689.2—1996 |
| 57 | 铁路货物集装化运输　一次性集装袋 | TB/T2689.3—1996 |
| 58 | 汽车零担货运站站级与建设要求 | JT/T 3134—1988 |
| 59 | 汽车货运站（场）级别划分和建设要求 | JT/T 402—1999 |
| 60 | 铁路货场设备使用能力的计算 | GB/T 14037—1993 |
| 61 | 铁路货场装卸机械通用技术要求和配置 | TB/T 2928－1998 |
| 62 | 道路运输危险货物车辆标志 | GB 13392—1992<br>20030252—Q—348 |
| 63 | 载货汽车车轮性能要求的试验方法 | GB/T 5909—1995 |
| 64 | 载货汽车辐板式车轮在轮载上的安装尺寸 | ISO 4107—1998<br>GB/T 5334—1995 |

（续表）

| 序号 | 标准名称 | 标准代号和编号 |
|---|---|---|
| 65 | 道路车辆 乘用车的行李箱—测量参考体积的方法 | IDT ISO 3832:1991<br>20030931—T—545 |
| 66 | 载客汽车大修竣工出厂技术条件 | 代替国标<br>GB/T 1798—1983<br>20020261—T—348 |
| 67 | 载货汽车汽油发动机大修竣工技术条件 | GB/T 3798—1983<br>20020262—T—348 |
| 68 | 汽车发动机电子控制系统修理技术要求 | GB/T 19910—2005 |
| 69 | 公路货物运输系统评价指标 | 20032293—T—348 |
| 70 | 公路货物运输服务质量评定 | 20032294—T—348 |
| 71 | 三峡枢纽过坝江海直达货船尺度系列 | 20032291—T—348 |
| 72 | 三峡枢纽过坝滚装船尺度系列 | 20032292—T—348 |
| 73 | 货运挂车产品质量检查 试验规程 | GB/T 13872—2002 |
| 74 | 货运挂车试验方法 | GB/T 13873—1992 |
| 75 | 载货汽车空气滤清器滤芯尺寸规范 | GB/T 14170—1993 |
| 76 | 危险货物运输包装类别划分原则 | GB/T 15098—1994 |
| 77 | 货车车钩、钩尾框采购和验收技术条件 | GB/T 17425—1998 |
| 78 | 集装箱代码、识别和标记 | GB/T 1836—1997 |
| 79 | 货运挂车系列型谱 | GB/T 6420—2004 |
| 80 | 货运挂车产品质量检查 试验规程 | GB/T 13872—2002 |
| 81 | 海关批关单中申报标准 | |
| 82 | 海关清单申报标准 | |
| 83 | 海事局危品申报标准 | |
| 84 | 公路运输危险货物包装检验安全规范 通则 | GB 19269.1—2003 |
| 85 | 公路运输危险货物包装检验安全规范 性能检验 | GB 19269.2—2003 |
| 86 | 公路运输危险货物包装检验安全规范 使用鉴定 | GB 19269.3—2003 |
| 87 | 水路运输危险货物包装检验安全规范 通则 | GB 19270.1—2003 |
| 88 | 水路运输危险货物包装检验安全规范 性能检验 | GB 19270.2—2003 |
| 89 | 水路运输危险货物包装检验安全规范 使用鉴定 | GB 19270.3—2003 |
| 90 | 铁路运输危险货物包装检验安全规范 通则 | GB 19359.1—2003 |
| 91 | 铁路运输危险货物包装检验安全规范 性能检验 | GB 19359.2—2003 |
| 92 | 铁路运输危险货物包装检验安全规范 使用鉴定 | GB 19359.3—2003 |
| 93 | 危险货物大包装检验安全规范 通则 | GB 19432.1—2004 |
| 94 | 危险货物大包装检验安全规范 性能检验 | GB 19432.2—2004 |
| 95 | 危险货物大包装检验安全规范 使用鉴定 | GB 19432.3—2004 |
| 96 | 空运危险货物包装检验安全规范 通则 | GB 19433.1—2004 |
| 97 | 空运危险货物包装检验安全规范 性能检验 | GB 19433.2—2004 |
| 98 | 空运危险货物包装检验安全规范 使用鉴定 | GB 19433.3—2004 |

## 3. 客运

表 2.12 客运相关标准列表

| 序号 | 标准名称 | 标准代号和编号 |
|---|---|---|
| 1 | 运营客车类型划分及等级评定 | JT/T 325—1997 |
| 2 | 长途客车内空气质量要求 | GB/T 177729—1999 |
| 3 | 水路客运术语 | GB/T 18225—2000 |
| 4 | 公路客运人员工作服试样和服务标志 | JT/T 3127－1987 |
| 5 | 汽车客运站（点）代码 | JT/T 309－1997 |
| 6 | 汽车客运线路代码 | JT/T 417—2000 |
| 7 | 汽车客运站卫生标准 | JT/T 296—1996 |
| 8 | 汽车旅客运输班车客运服务质量标准 | JT/T 3142—1990 |
| 9 | 汽车客运站级别划分和建设要求 | JT/T 200－1995 |
| 10 | 城市公共交通常用名词术语 | GB/T 5655—1985 |
| 11 | 城市公共交通标志 公共交通总标志 | GB/T 5845.1—1986 |
| 12 | 城市公共交通标志 公共汽车标志 | GB/T 5845.2—1986 |
| 13 | 城市公共交通标志 无轨电车标志 | GB/T 5845.3—1986 |
| 14 | 城市公共交通标志 快速有轨电车标志 | GB/T 5845.4—1986 |
| 15 | 城市公共交通标志 地下铁道标志 | GB/T 5845.5—1986 |
| 16 | 城市公共交通标志 缆车（索道）标志 | GB/T 5845.6—1986 |
| 17 | 城市公共交通标志 城市出租汽车标志 | GB/T 5845.7—1986 |
| 18 | 城市公共交通标志 城市轮渡标志 | GB/T 5845.8—1986 |
| 19 | 城市公共交通标志 运行线路图形符号 | GB/T 5845.9—1986 |
| 20 | 城市公共交通标志 禁令和一般标志 | GB/T5845.10—1986 |
| 21 | 城市公共交通标志 公共汽车、无轨电车、有轨电车站牌 | GB/T5845.11—1986 |
| 22 | 城市公共交通标志 快速有轨电车站牌 | GB/T5845.12—1986 |
| 23 | 城市公共交通标志 公共汽车、无轨电车、有轨电车路牌 | GB/T5845.13—1989 |
| 24 | 城市公共交通常用名词术语 | GB/T 5655—1985 |
| 25 | 公共电汽车报站装置 磁带放音 | CJ/T 5002—1992 |
| 26 | 城市公共交通车辆自动监控系统 | CJ/T 3010—1993 |
| 27 | 出租汽车运行技术条件 | CJ/T 3003—1993 |
| 28 | 公共交通客运服务－城市地铁 | CJ/T3024.1—1993 |
| 29 | 城市公共交通客运服务－城市公共气，无轨电车 | CJ/T3024.2—1995 |
| 30 | 城市公共交通客运服务－城市出租汽车 | CJ/T3024.3—1998 |
| 31 | 城市公共交通信号系统－轻轨交通 | CJ/T3027.1—1993 |
| 32 | 城市公共交通经济技术指标综合统计报表 公共气车、电车 | CJ/T3046.1—1995 |
| 33 | 城市公共交通经济技术指标综合统计报表 出租气车 | CJ/T3046.2—1995 |
| 34 | 城市公共交通经济技术指标综合统计报表 客渡 | CJ/T3046.3—1995 |
| 35 | 城市公共交通经济技术指标综合统计报表 地铁 | CJ/T3046.4—1995 |
| 36 | 城市公共交通客运设施—城市公共汽、电车候车亭 | CJ/T 107—1999 |

（续表）

| 序号 | 标准名称 | 标准代号和编号 |
| --- | --- | --- |
| 37 | 城市公共汽、电车收费设备－投币机 | CJ/T 116—2000 |
| 38 | 公共电汽车报站装置 磁带放音 | CJ/T 5002—1992 |
| 39 | 出租汽车运行技术条件 | CJ/T 3003—1993 |
| 40 | 城市公共交通经济技术指标分类与代码 | CJ/T 3045—1995 |
| 41 | 公共交通客运服务－城市地铁 | CJ/T3024.1—1993 |
| 42 | 城市公共交通客运服务－城市公共气，无轨电车 | CJ/T3024.2—1995 |
| 43 | 城市公共交通客运服务—城市出租汽车 | CJ/T3024.3—1998 |
| 44 | 城市公共交通客运设施—城市公共汽、电车候车亭 | CJ/T 107—1999 |
| 45 | 城市公共汽、电车收费设备—投币机 | CJ/T 116—2000 |
| 46 | 铁路客运服务图形标志 | GB/T 7058—1986 |
| 47 | 铁路旅客运输组织术语 | GB/T 13317—1991 |
| 48 | 铁路旅客运输餐营乘务作业规范 | TB/T 2621—1995 |
| 49 | 铁路旅客运输餐营作业规范 | TB/T 2691—1996 |
| 50 | 旅客列车餐车安全卫生要求 | TB/T 2680－1995 |
| 51 | 旅客列车乘务宿营车安全卫生要求 | TB/T 2681－1995 |
| 52 | 铁路旅客运输服务质量标准 | TB/T 2967－1999 |
| 53 | 双层客车结构要求 | ECE R107<br>20020766—T—545 |
| 54 | 轿车车轮性能要求和试验方法 | ISO 3894,<br>ISO 3006,<br>JIS D4103,<br>SAE J328,<br>SAE J1204,<br>SAE J267,<br>JASO C608—75<br>代替国标 5334—1995 |
| 55 | 摩托车和轻便摩托车 最高车速试验方法 | ISO 7116,ISO 7117<br>GB/T 5384—1996 |
| 56 | 摩托车和轻便摩托车 驻车性能要求和试验方法 | GB/T 15364—1994 |
| 57 | 摩托车和轻便摩托车尺寸和质量参数的测定方法 | GB/T 5373—1994 |
| 58 | 摩托车和轻便摩托车燃油消耗量限制及测试方法 | IDT ISO 7859:2000<br>GB/T 15744—1995,<br>GB/T 16486—1996<br>20030949—Q—545 |
| 59 | 摩托车和轻便摩托车驻车性能要求 | GB/T 15363—1994 |
| 60 | 摩托车操纵件、指示器及信号装置的图形符号 | GB 15365—1994 |
| 61 | 摩托车操纵装置的型式、位置及基本要求 | GB/T 15366—1994 |
| 62 | 摩托车和轻便摩托车三轮车零部件名称 | GB/T 15367—1994 |
| 63 | 摩托车和轻便摩托车后视镜及其安装要求 | GB 17352—1998 |

（续表）

| 序号 | 标准名称 | 标准代号和编号 |
|---|---|---|
| 64 | 摩托车和轻便摩托车转向锁止防盗装置 | GB 17353—1998 |
| 65 | 摩托车和轻便摩托车制动性能指标限值 | GB 17355—1998 |
| 66 | 摩托车链条 技术条件和试验方法 | GB/T 14212—2003 |
| 67 | 混合动力客车能量消耗量实验方法 | MOD SAE J1711 |
| 68 | 客车装载质量计算方法 | GB/T 12521—1990<br>20020271—T—348 |
| 69 | 客运站队结算数据交换标准 | 20030280—T—348 |
| 70 | 客车驾驶区尺寸 | GB/T 13053—1991 |
| 71 | 客车驾驶区尺寸术语 | GB/T 13054—1991 |
| 72 | 客车乘客区尺寸 | GB/T 13055—1991 |
| 73 | 客车乘客区尺寸术语 | GB/T 13056—1991 |
| 74 | 客车驾驶员座椅尺寸规格 | GB/T 13057—1991 |
| 75 | 客车驾驶员座椅技术条件 | GB/T 13058—1991 |
| 76 | 客车乘客座椅尺寸规格 | GB/T 13059—1991 |
| 77 | 客车乘客座椅技术条件 | GB/T 13060—1991 |

## 九、车辆辅助驾驶与自动公路

**表 2.13　车辆辅助驾驶与自动公路相关标准列表**

| 序号 | 标准名称 | 标准代号和编号 |
|---|---|---|
| 1 | 汽车乘员碰撞保护（被代替）<br>乘用车正面碰撞的乘员保护 | GB/T 11551—1989<br>GB 11551—2003 |
| 2 | 汽车道路试验方法通则 | GB/T 12534—1990 |
| 3 | 汽车起动性能试验方法 | GB/T 12535—1990 |
| 4 | 汽车滑行试验方法 | GB/T 12536—1990 |
| 5 | 汽车牵引性能试验方法 | GB/T 12537—1990 |
| 6 | 汽车重心高度测定方法 | GB/T 12538—1990 |
| 7 | 汽车爬陡坡试验方法 | GB/T 12539—1990 |
| 8 | 汽车最小转弯直径测定方法 | GB/T 12540—1990 |
| 9 | 汽车地形通过性试验方法 | GB/T 12541—1990 |
| 10 | 汽车发动机冷却系冷却能力道路试验方法 | GB/T 12542—1990 |
| 11 | 汽车加速性能试验方法 | GB/T 12543—1990 |
| 12 | 汽车最高车速试验方法 | GB/T 12544—1990 |
| 13 | 汽车燃料消耗量试验方法 | GB/T 12545—1990 |
| 14 | 汽车隔热通风试验方法 | GB/T 12546—1990 |
| 15 | 汽车最低稳定车速试验方法 | GB/T 12547—1990 |
| 16 | 汽车主要尺寸测量方法 | GB/T 12673—1990 |
| 17 | 汽车质量（重量）参数测定方法 | GB/T 12674—1990 |

（续表）

| 序号 | 标准名称 | 标准代号和编号 |
| --- | --- | --- |
| 18 | 汽车制动系统 结构、性能和试验方法 | GB 12676—1999 |
| 19 | 汽车技术状况行驶检查方法 | GB/T 12677—1990 |
| 20 | 汽车可靠性行驶试验方法 | GB/T 12678—1990 |
| 21 | 汽车耐久性行驶试验方法 | GB/T 12679—1990 |
| 22 | 机动车运行安全技术条件 | GB 7258—1997 |
| 23 | 汽车和挂车的术语及其定义 车辆尺寸 | GB/T 3730.3—1992 |
| 24 | 车辆振动输入 路面平度表示方法 | GB/T 7031—1986 |
| 25 | 地面车辆机械振动测量数据的表述方法 | GB/T 13860—1992 |
| 26 | 机动车电子电器组件的电磁辐射抗扰性限值和测量方法 | GB/T 17619—1998 |
| 27 | 道路车辆—操纵件、指示器及信号装置—词汇 | GB/T 4782—1984 |
| 28 | 客车车身术语 | GB/T 12484—1990 |
| 29 | 汽车操纵稳定性术语及其定义 | GB/T 12549—1990 |
| 30 | 自适应巡航控制：操作特性和用户界面 | SAE J2399 |
| 31 | 机动车检测维修设备及工具分类与代码 | JT/T 297—1996 |
| 32 | 列车运行安全监控记录装置技术条件 | TB/T 2765－1996 |
| 33 | 机车电子设备测试装置试验规则 | TB/T 2766－1996 |
| 34 | 机车电子设备测试装置试验规则 | TB/T 2766－1996 |
| 35 | 铁路机车动车电子设备元器件、可编程电子设备与电子系统的可靠性 | TB/T 2768－1996 |
| 36 | 列车超速防护技术条件 | TB/T 2667－1995 |
| 37 | 机动车安全检测站条件 | GA/T 0134—1996 |
| 38 | 移动式机动车安全检测站条件 | GA 123—1996 |
| 39 | 牵引车与挂车之间的电气连接第 1 部分：用于汽车制动系统及行走系连接的 24V 电系连接器 | IDT ISO 7638—1:1997<br>计划项目编号<br>20030943—T—545 |
| 40 | 牵引车与挂车之间的电气连接第 2 部分：用于汽车制动系统及行走系连接的 12V 电系连接器 | IDT ISO 7638—2:1997<br>计划项目编号<br>20030944—T—545 |
| 41 | 牵引车与全挂车的机械连接装置互换性 | ISO 1102:2001<br>代替国标<br>GB/T 4781—1984 |
| 42 | 24V 电系商用车辆—牵引车和挂车间的 15 极连接器—尺寸和接点分布 | ISO 12098 |
| 43 | 汽车倒车雷达 | MOD ISO/TR 12155:1994<br>计划项目编号 20030942—T—545 |
| 44 | 乘用车燃料消耗量试验方法 | 93/116/EC<br>GB/T 12545.1—2001<br>20020764—T—545 |
| 45 | 质量体系 汽车供方质量体系要求 | ISO/TS 16949:2002<br>GB/T 18305—2001 |

（续表）

| 序号 | 标准名称 | 标准代号和编号 |
|---|---|---|
| 46 | 汽车用液化石油气加气口（快插式） | 20020774—T—545<br>无国外标准号及代替国标 |
| 47 | 电动汽车用插头、插座 | SAE J1772 |
| 48 | 电动汽车操纵件、指示器及信号装置的标志 | JEVS Z804 |
| 49 | 汽车静侧翻稳定性台架试验方法 | GB/T 14172—1993 |
| 50 | 混合动力汽车排气污染物测试方法 | MOD SAE J1711 |
| 51 | 混合动力汽车定型试验规程 | |
| 52 | 混合动力汽车结构安全要求 | |
| 53 | 混合动力汽车动力性能试验方法 | |
| 54 | 电动汽车能量消耗率和续驶里程试验方法 | MOD ISO 8714:2002<br>GB/T 18386—2001 |
| 55 | 电动汽车动力性能试验方法 | MOD ISO 8715:2001<br>GB/T 18385—2001 |
| 56 | 汽车与挂车之间 24N 型电连接器 | MOD ISO 1185:1997<br>20030263—T—348 |
| 57 | 汽车和挂车之间 12N 型电连接器 | MOD ISO 1724:1997 |
| 58 | 汽车与挂车之间电连接器的试验方法与要求 | MOD ISO 4091:1992 |
| 59 | 汽车和挂车的七芯电缆线 | IDT ISO 4141—3:1998 |
| 60 | 汽车　牵引车和半挂车之间的机械连接互换性 | IDT ISO 1726:2000 |
| 61 | 汽车　半挂车牵引座　强度试验 | IDT ISO 8717:2000 |
| 62 | 汽车和挂车外部照明和信号装置基本环境试验 | GB/T 10485—1989 |
| 63 | 汽车座椅头枕性能要求和试验方法 | GB 11550—1995 |
| 64 | 汽车正面碰撞时对燃油泄漏的规定 | GB 11553—1989 |
| 65 | 汽车及挂车后雾灯配光性能 | GB 11554—1998 |
| 66 | 汽车风窗玻璃除雾系统的性能要求及试验方法 | GB 11555—1994 |
| 67 | 汽车风窗玻璃除霜系统的性能要求及试验方法 | GB 11556—1994 |
| 68 | 汽车和挂车转向信号灯配光性能 | GB 17509—1998 |
| 69 | 机动车安全检测设备　检定技术条件　第 1 部分：滑板式汽车侧滑试验台检定技术条件 | GB/T 11798.1—2001 |
| 70 | 机动车安全检测设备　检定技术条件　第 2 部分：滚筒反力式制动试验台检定技术条件 | GB/T 11798.2—2001 |
| 71 | 机动车安全检测设备　检定技术条件　第 3 部分：汽油车排气分析仪检定技术条件 | GB/T 11798.3—2001 |
| 72 | 机动车安全检测设备　检定技术条件　第 4 部分：滚筒式车速表试验台检定技术条件 | GB/T 11798.4—2001 |

（续表）

| 序号 | 标准名称 | 标准代号和编号 |
|---|---|---|
| 73 | 机动车安全检测设备 检定技术条件 第5部分：滤纸式烟度计检定技术条件 | GB/T 11798.5—2001 |
| 74 | 机动车安全检测设备 检定技术条件 第6部分：对称光前照灯检测仪检定技术条件 | GB/T 11798.6—2001 |
| 75 | 机动车安全检测设备 检定技术条件 第7部分：轴（轮）重仪检定技术条件 | GB/T 11798.7—2001 |
| 76 | 机动车安全检测设备 检定技术条件 第8部分：摩托车轮偏检测仪检定技术条件 | GB/T 11798.8—2001 |
| 77 | 机动车安全检测设备 检定技术条件 第9部分：平板制动试验台检定技术条件 | GB/T 11798.9—2001 |
| 78 | 滚筒式汽车车速表检验台 | GB/T 13563—1992 |
| 79 | 滚筒反力式汽车制动检验台 | GB/T 13564—1992 |
| 80 | 汽车 牵引车与全挂车机械连接装置 强度试验 | GB/T 15087—1994 |
| 81 | 汽车 半挂车牵引座牵引销 强度试验 | GB/T 15088—1994 |
| 82 | 专用汽车和专用半挂车术语和代号 | GB/T 17350—1998 |
| 83 | 汽车综合性能检测站通用技术条件 | GB/T 17993—1999 |
| 84 | 汽车发动机性能试验方法 | GB/T 18297—2001 |
| 85 | 汽车用压缩天然气加气口 | GB/T 18363—2001 |
| 86 | 汽车用液化石油气加气口（螺旋式） | GB/T 18364.1—2001 |
| 87 | 汽车及挂车后牌照板照明装置配光性能 | GB 18408—2001 |
| 88 | 汽车驻车灯配光性能 | GB 18409—2001 |
| 89 | 汽车安全带性能要求和试验方法 | GB 14166—1993 |
| 90 | 汽车安全带安装固定点 | GB 14167—1993 |
| 91 | 汽车后视镜的性能和安装要求 | GB 15084—1994 |
| 92 | 汽车前、后端保护装置 | GB 17354—1998 |
| 93 | 外壳防护等级 | GA 4208 |
| 94 | 机动车用三角警告牌 | GB 19151—2003 |

（主要撰稿人：杨 琪）

# 公安交通管理行业标准化发展

## 一、道路交通管理行业标准总体概况

1986年，国务院决定改革道路交通管理体制，公安机关负责道路交通管理工作，道路交通管理标准化工作随之起步，2000年成立公安部道路交通管理标准化技术委员会。

在公安部交通管理局的组织领导下，经历了十几年的发展壮大，道路交通管理标准化工作不断完善，目前已完成国家标准近30项；道路交通管理行业标准和信息行业标准近200项，正在起草的标准20余项。其内容覆盖道路交通秩序管理、车辆及驾驶人管理、交通安全管理、交通信息化管理等交通管理业务领域，道路交通管理标准体系已基本形成，有效规范和促进了交通管理科技应用工作，为保障道路畅通，预防交通事故，规范执勤执法等打下了坚实基础，发挥了重要作用。

2003年，公安部按照"金盾工程"要求，将车辆和驾驶人数据库纳入"金盾工程"数据库，并统一了全国机动车登记和驾驶证管理系统，交通管理信息化工作步入了快速发展的轨道。发展至今，交通管理主要业务基本实现了信息化。一是以车驾管数据库和业务系统为重点的交通管理信息系统大规模开发建设任务基本完成，二是交通管理信息系统在统一工作流程、提高工作效率、规范执法、提升管理和服务水平等方面发挥了突出作用，已经成为交管工作发展进步的强大推力，三是积累了丰富的信息资源，并初步开发利用，为交通管理、公安工作、社会经济发展做出了一定贡献。在做好信息化工作的同时技术标准同步完成。

## 二、道路交通管理标准体系基本建成

2003年为了配合《中华人民共和国道路交通安全法》出台，根据公安部交通管理局的要求，开始《道路交通管理标准体系》的起草工作，经过八年的努力，目前，道路交通管理标准体系已建立，主要由道路交通秩序管理、车辆管理、驾驶人管理、道路交通事故处理、道路交通事故预防、队伍建设管理、交通安全产品、道路交通信息管理等组成。覆盖了道路交通管理各业务领域，满足公安交通管理业务的实战需要，具有适度的可扩展性和前瞻性，同时兼容其他相关标准体系。技术标准在实际工作中发挥了重要作用，交通管理标准化工作取得了一定成效。

在这一标准体系框架下，截止2010年12月，目前已完成国家标准近30项；道路交通管理行业标准和信息行业标准近200项，正在起草的标准20余项。从标准业务分类看，涉及交通秩序管理业务的标准占总数的16%；涉及车辆管理业务的标准占总数的 15%；涉及驾驶人管理业务的标准占总数的 4%；涉及交通安全管理业务的标准占总数的 10%；涉及交通信息管理的标准占总数的 51%；其他基础标准占总数的 4%。从标准内涵来看，交通管理行业标准的覆盖面在扩大，标准数量在增加，标准质量在不断提高，标准和交通管理业务工作结合度更加紧密，技术支撑作用不断显现。从标准应用来看，各级交管部门领导和一线民警对标准应用越来越重视，依据标准、遵守标准、使用标准、执行标准的意识在不断增强，标准在交通管理各业务领域都发挥了重要作用。道路交通管理标准体系的建立为公安交通管理部门依法行政、科学管理提供了重要技术保障和支持；同时对加强道路交通管理科学研究、促进交通管理工作的现代化和科技进步具有重要作用。

## 三、标准服务于交通管理实际工作的作用越来越明显

多年以来，道路交通管理标准化工作始终围绕道路交通管理中心工作，不断提升标准质量和效力。一是开展标准制修订工作重点突出。为满足交通管理工作需要，配合相关法律法规的实施，狠抓标准制修订工作，特别是强化了执法方面标准项目的组织和协调。诸如已经完成的国家标准《呼出气体酒精含量检测仪》（GB/T 21254—2007）、《机动车测速仪》（GB/T 21255—2007）、公共安全行业标准《 闯红灯自动记录系统通用技术条件》（GA/T496—2004）、《公路车辆智能监测记录系统通用技术条件》（GA/T497—2004）为基层交警在实际工作中提供了客观的执法证据，保证执法的公正性和科学性。

具有代表性的标准中，国家标准《机动车运行安全技术条件》（GB7258—2004）是我国机动车安全技术管理最基本的技术性法规，也是公安机关交通管理部门新车注册登记检验和在用车定期安全技术检验、事故车辆检验等机动车安全性能检验的主要技术依据，还是我国机动车新车定型强制性检验、车辆产品公告审核、新车出厂检验及进口机动车检验的重要技术依据之一。该标准的实施不仅规范和加强了机动车运行安全技术管理、提高了机动车运行安全技术水平的实际需要，而且切实贯彻落实了《中华人民共和国道路交通安全法》的实际需要。

国家标准《机动车安全技术检验项目和方法》（GB21861—2008）的发布实施，在全国范围内统一了机动车安全技术检验的项目和方法，既是规范机动车安全技术检验行为的客观要求，也是贯彻《中华人民共和国道路交通安全法》及其实施条例的具体举措之一。不仅明确注册登记检验和在用车检验的不同要求，强化机动车安全技术检验的“源头管理”作用，确保国家现行机动车管理法律、法规、政策有效实施。而且明确机动车安全技术检验项目，细化了检验方法和审核要求，提高了标准的科学性和可操作性。

二是强化标准审查质量。为使标准更具科学性、代表性和可操作性，标委会秘书处克服人员少、标准制修订经费紧张的实际困难，先后采取召开标准征求意见会和座谈会、开辟公安网上征求意见渠道、组织行业专家召开标准审查会等多种形式对标准进行严格审查把关，确保标准质量。

## 四、下一步完善目标

一是进一步完善标准体系，加大相关标准的编制进度。进一步完善道路交通管理标准体系，加大对道路交通事故预防、交通事故现场处理、交通安全宣传教育类标准的制修订。

二是加强标准项目的组织管理。加大对已经立项的国家标准和行业标准的组织、协调力度，进一步规范标准编制过程的各项流程要求和规定，确保标准质量并按期完成。

三是加大标准宣贯力度。结合全国道路交通管理业务培训，加大对近两年制修订标准的宣贯力度，定期举办重点标准的宣贯会议，编辑标准汇编。

四是举办标准化工作学术研讨会。组织学习《道路交通安全法》及其配套法规、规章、交通管理业务和标准化知识，努力提高标委会的整体工作能力和水平。

（主要撰稿人：王长君、孙秀萍）

# 道路交通管理标准体系表（GA/Z03—2008）

## 前　言

本指导性技术文件由公安部道路交通管理标准化技术委员会提出并归口。

本指导性技术文件由公安部交通管理科学研究所负责起草。

本指导性技术文件主要起草人：应朝阳、赵振科、包勇强、潘汉中、孙秀萍、王峻极。

## 一、范围

本指导性技术文件规定了道路交通管理标准体系表的结构和基本内容。

本指导性技术文件适用于道路交通管理标准的编制和修订。

## 二、规范性引用文件

下列文件中的条款通过本指导性技术文件的引用而成为本指导性技术文件的条款。凡是注日期的引用文件，其随后所有的修改单（不包括勘误的内容）或修订版均不适用于本指导性技术文件，然而，鼓励根据本指导性技术文件达成协议的各方研究是否可使用这些文件的最新版本。凡是不注日期的引用文件，其最新版本适用于本标准。

GB / T 13016－1991　标准体系表编制原则和要求

## 三、术语和定义

GB / T 13016－1991 确立的以及下列术语和定义适用于本指导性技术文件。

（一）道路交通管理标准体系 standard system for road traffic management

道路交通管理领域及相关领域内的标准依其内在联系形成的有机整体。

（二）道路交通管理标准体系表 diagram of standard system for road traffic management

道路交通管理标准体系内的标准按一定形式撑列起来的图表。

（三）道路交通管理相关标准 relative standards for road traffic management

属其他体系（行业、专业），但与道路交通管理关系密切且被本体系直接采用的标准。

# 四、道路交通管理标准体系表结构

道路交通管理标准体系表结构框图如图 2.2 所示。

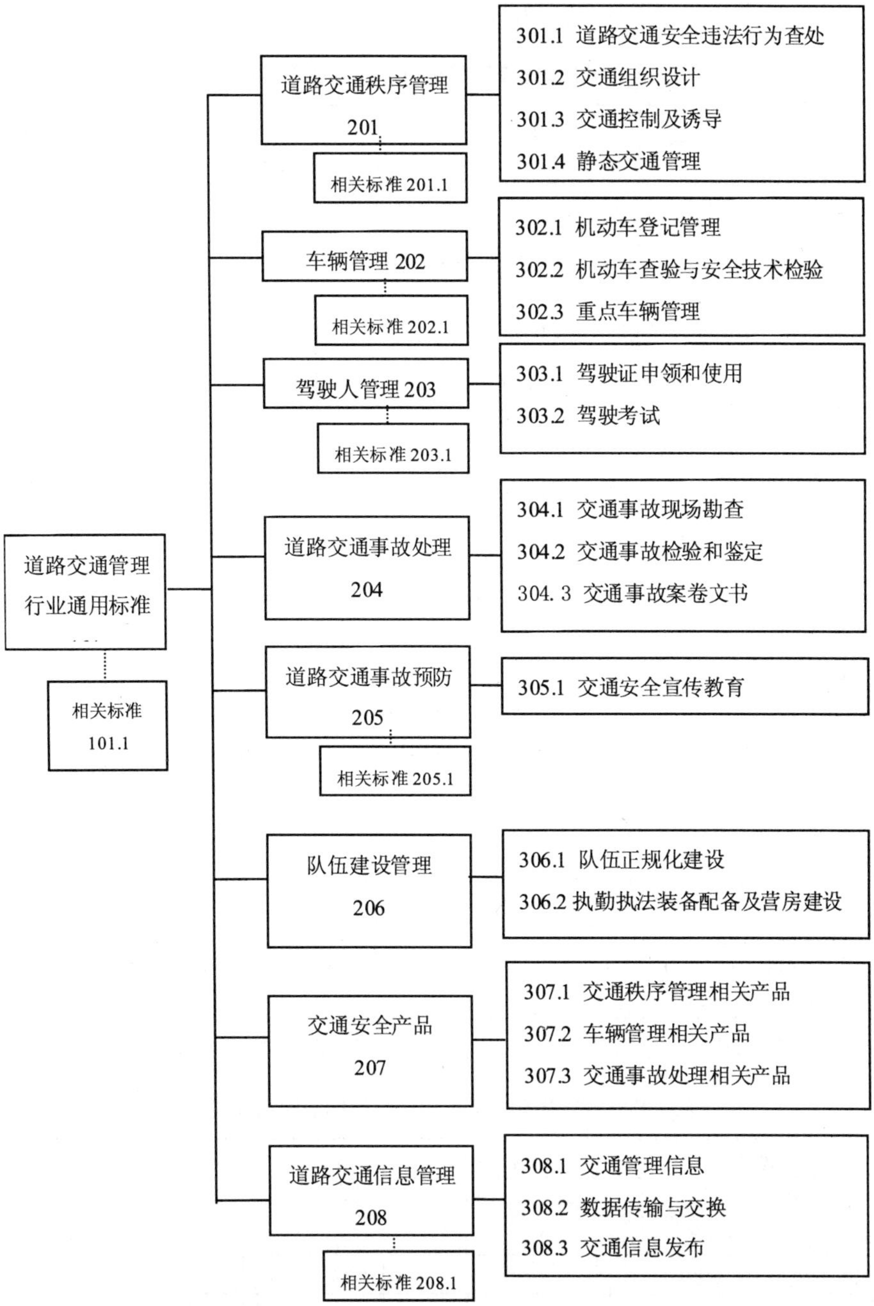


图 2.2　道路交通管理标准体系表结构框图

# 五、标准明细表

## （一）道路交通管理行业通用标准

101 道路交通管理行业通用标准现列入 2 个标准，详见表 2.14。

表 2.14　101 道路交通管理行业通用标准明细表

| 序号 | 标准名称 | 标准号 | 宜订级别 | 相应国际标准编号 | 备　注 |
|---|---|---|---|---|---|
| 1 | 道路交通管理标准体系表 | GA/Z03—2008 | 行标 | | |
| 2 | 道路交通管理通用术语 | | 国标 | | |

## （二）道路交通秩序管理专业通用和门类标准

### 1．道路交通秩序管理专业通用标准

201 道路交通秩序管理专业通用标准现列入 2 个标准，详见表 2.15。

表 2.15　201 道路交通秩序管理专业通用标准明细表

| 序号 | 标准名称 | 标准代号和编号 | 宜订级别 | 相应国际标准编号 | 备　注 |
|---|---|---|---|---|---|
| 1 | 城市道路交通标志和标线设置规范 | | 国标 | | |
| 2 | 道路交通信号灯设置与安装规范 | GB 14886—2006 | 国标 | | |

### 2．道路交通秩序管理门类标准

（1）301.1 道路交通安全违法行为查处门类标准现列入 4 个标准，详见表 2.16。

表 2.16　301.1 道路交通安全违法行为查处门类标准明细表

| 序号 | 标准名称 | 标准号 | 宜订级别 | 相应国际标准编号 | 备　注 |
|---|---|---|---|---|---|
| 1 | 道路交通技术监控设备使用技术要求 | | 行标 | | |
| 2 | 车辆驾驶人员血液、呼气酒精含量阈值与检验 | GB 19522—2004 | 国标 | | |
| 3 | 残疾人机动轮椅车、电动自行车行驶车速测定方法 | | 行标 | | |
| 4 | 道路交通安全违法行为档案 | | 行标 | | |

（2）301.2 交通组织设计门类标准现列入 18 个标准，详见表 2.17。

表 2.17　301.2 交通组织设计门类标准明细表

| 序号 | 标准名称 | 标准代号和编号 | 宜订级别 | 相应国际标准编号 | 备　注 |
|---|---|---|---|---|---|
| 1 | 道路交通流量调查 | GA/T 299—2001 | 国标 | | |
| 2 | 车辆归一化当量计算办法 | | 国标 | | |
| 3 | 道路限制通行路段设置规范 | | 国标 | | |
| 4 | 城市道路单向交通组织原则 | GA/T 486—2004 | 行标 | | |
| 5 | 道路运输剧毒化学品车辆行驶时间、路线、速度确定技术规范 | | 国标 | | |

（续表）

| 序号 | 标准名称 | 标准代号和编号 | 宜订级别 | 相应国际标准编号 | 备 注 |
|---|---|---|---|---|---|
| 6 | 超限车辆行驶时间、路线、速度确定技术规范 | | 国标 | | |
| 7 | 道路平面交叉口渠化技术规范 | | 国标 | | |
| 8 | 道路行人过街设施设置原则 | | 国标 | | |
| 9 | 城市道路交通隔离设施设置规范 | | 国标 | | |
| 10 | 公交专用车道设置 | GA/T 507—2004 | 国标 | | |
| 11 | 自行车专用道设置规范 | | 行标 | | |
| 12 | 摩托车专用道设置规范 | | 行标 | | |
| 13 | 城市客运车辆停靠站点设置规范 | | 国标 | | |
| 14 | 道路作业现场交通安全设施设置规范 | GA 182—1998 | 国标 | | |
| 15 | 道路施工交通组织、交通分流、疏导技术规范 | | 行标 | | |
| 16 | 道路施工交通安全验收技术规范 | | 国标 | | |
| 17 | 交通诱导电子显示屏设置规范 | | 国标 | | |
| 18 | 停车诱导电子显示屏设置规范 | | 国标 | | |

（3）301.3 交通控制及诱导门类标准现列入 15 个标准，详见表 2.18～表 2.20。

**表 2.18 301.3.1 公安交通指挥系统子门类标准明细表**

| 序号 | 标准名称 | 标准号 | 宜订级别 | 相应国际标准编号 | 备 注 |
|---|---|---|---|---|---|
| 1 | 公安交通指挥系统名词与术语 | | 行标 | | |
| 2 | 公安交通指挥系统建设技术规范 | GA/T 445—2003 | 行标 | | 拟修订 |
| 3 | 公安交通指挥系统工程建设通用程序和要求 | GA/T 651—2006 | 行标 | | |
| 4 | 公安交通指挥系统工程设计制图规范 | GA/T 515—2004 | 行标 | | |
| 5 | 公安交通管理设备路口安装基础施工通用技术要求 | GA/T 652—2005 | 行标 | | |
| 6 | 公安交通应急综合平台技术要求 | | 国标 | | |

**表 2.19 301.3.2 交通信号控制子门类标准明细表**

| 序号 | 标准名称 | 标准号 | 宜订级别 | 相应国际标准编号 | 备 注 |
|---|---|---|---|---|---|
| 1 | 道路交通信号控制系统术语 | GA/T 509—2004 | 行标 | | |
| 2 | 城市道路交通信号控制方式适用规范 | GA/T 527—2005 | 国标 | | |
| 3 | 道路交通信号控制机安装规范 | GA/T 489—2004 | 行标 | | |
| 4 | 交通信号控制参数设置规范 | | 行标 | | |
| 5 | 人行过街信号控制设置规范 | | 行标 | | |
| 6 | 交叉口公交优先信号设置规范 | | 行标 | | |
| 7 | 交通信号控制系统运行效益评价方法 | | 行标 | | |

表 2.20　301.3.3 电视监控子门类标准明细表

| 序号 | 标准名称 | 标准号 | 宜订级别 | 相应国际标准编号 | 备　注 |
|---|---|---|---|---|---|
| 1 | 交通电视监控系统测试方法 | | 行标 | | |
| 2 | 交通电视监控系统工程验收规范 | GA/T 514—2004 | 行标 | | |

（4）301.4 静态交通管理门类标准现列入 3 个标准，详见表 2.21。

表 2.21　301.4 静态交通管理门类标准明细表

| 序号 | 标准名称 | 标准代号和编号 | 宜订级别 | 相应国际标准编号 | 备　注 |
|---|---|---|---|---|---|
| 1 | 社会公共停车场　设置规范 | | 国标 | | |
| 2 | 公共建筑配建停车场　设置规范 | | 国标 | | |
| 3 | 占用道路停车泊位设置规范 | | 行标 | | |

（5）301.5 交通评价门类标准现列入 6 个标准，详见表 2.22。

表 2.22　301.5 交通评价门类标准明细表

| 序号 | 标准名称 | 标准代号和编号 | 宜订级别 | 相应国际标准编号 | 备　注 |
|---|---|---|---|---|---|
| 1 | 道路交通秩序评价技术规范 | GA/T 175—1998 | 国标 | | |
| 2 | 道路通行能力计算方法 | | 国标 | | |
| 3 | 道路交通堵塞度及评价方法 | GA 115—1995 | 国标 | | |
| 4 | 城市路网平均行车延误测算方法 | | 国标 | | |
| 5 | 交通影响评价技术方法 | | 国标 | | |
| 6 | 智能交通系统应用效果评价测试方法 | | 国标 | | |

## （三）车辆管理专业通用和门类标准

### 1. 车辆管理专业通用标准

202 车辆管理专业通用标准现列入 2 个标准，详见表 2.23。

表 2.23　202 车辆管理专业通用标准明细表

| 序号 | 标准名称 | 标准号 | 宜订级别 | 相应国际标准编号 | 备　注 |
|---|---|---|---|---|---|
| 1 | 车辆管理　术语和定义 | | 行标 | | |
| 2 | 机动车运行安全技术条件 | GB 7258—2004 | 国标 | | |

### 2. 车辆管理专业门类标准

302.1 机动车登记管理门类标准、302.2 机动车查验与安全技术检验门类标准、302.3 重点车辆管理门类标准现列入 12 个标准，详见表 2.24～表 2.26。

表 2.24　302.1 机动车登记管理门类标准明细表

| 序号 | 标准名称 | 标准号 | 宜订级别 | 相应国际标准编号 | 备　注 |
|---|---|---|---|---|---|
| 1 | 中华人民共和国机动车号牌 | GA 36—2007 | 行标 | | |
| 2 | 中华人民共和国机动车行驶证 | GA 37—2004 | 行标 | | |
| 3 | 中华人民共和国机动车登记证书 | GA 369—2005 | 行标 | | |
| 4 | 机动车检验合格标志 | | 行标 | | 制定中 |
| 5 | 机动车登记档案 | | 行标 | | |

表 2.25　302.2 机动车查验与安全技术检验门类标准明细表

| 序号 | 标准名称 | 标准号 | 宜订级别 | 相应国际标准编号 | 备　注 |
|---|---|---|---|---|---|
| 1 | 机动车安全技术检验项目和方法 | GA 468—2004 | 国标 | | 国标已报批 |
| 2 | 在用燃气汽车燃气供给系统泄露安全技术要求及检验方法 | GB 19344—2003 | 国标 | | |
| 3 | 发动机号码、车辆识别代号及车身颜色技术鉴定方法 | | 行标 | | |
| 4 | 机动车喷涂、粘贴标识技术要求 | | 行标 | | |
| 5 | 机动车号牌号码放大号技术要求 | | 行标 | | |

表 2.26　302.3 重点车辆管理门类标准明细表

| 序号 | 标准名称 | 标准号 | 宜订级别 | 相应国际标准编号 | 备　注 |
|---|---|---|---|---|---|
| 1 | 校车外观标识 | | 国标 | | 制定中 |
| 2 | 残疾人专用汽车外观标识 | | 国标 | | |

## （四）驾驶人管理专业通用和门类标准

### 1. 驾驶人管理专业通用标准

203 驾驶人管理专业通用标准现列入 1 个标准，详见表 2.27。

表 2.27　203 驾驶人管理专业通用标准明细表

| 序号 | 标准名称 | 标准号 | 宜订级别 | 相应国际标准编号 | 备　注 |
|---|---|---|---|---|---|
| 1 | 驾驶人管理 术语和定义 | | 行标 | | |

### 2. 驾驶人管理门类标准

303.1 驾驶证申领和使用门类标准、303.2 驾驶考试门类标准现列入 8 个标准，详见表 2.28、表 2.29。

表 2.28　303.1 驾驶证申领和使用门类标准明细表

| 序号 | 标准名称 | 标准号 | 宜订级别 | 相应国际标准编号 | 备　注 |
|---|---|---|---|---|---|
| 1 | 中华人民共和国机动车驾驶证 | GA 482—2005 | 行标 | | 已报批 |
| 2 | 中华人民共和国机动车驾驶证专用塑封套 | GA 546—2005 | 行标 | | 拟修订 |
| 3 | 机动车驾驶实习标志 | | 行标 | | |
| 4 | 机动车驾驶证档案 | | 行标 | | |

表 2.29　303.2 驾驶考试门类标准明细表

| 序号 | 标准名称 | 标准号 | 宜订级别 | 相应国际标准编号 | 备　注 |
|---|---|---|---|---|---|
| 1 | 考试车辆技术要求及配备标准 | | 行标 | | |
| 2 | 机动车驾驶人场地驾驶技能考试系统 | GA/T 554—2005<br>GA/T 555—2005 | 行标 | | 修订中 |
| 3 | 机动车驾驶人实际道路考试系统 | | 行标 | | |
| 4 | 机动车驾驶人考试场地及其设施设计、设置规范 | | 行标 | | 制定中 |

## （五）道路交通事故处理专业通用和门类标准

### 1. 道路交通事故处理专业通用标准

204 道路交通事故处理专业通用标准现列入 1 个标准，详见表 2.30。

表 2.30　204 道路交通事故处理专业通用标准明细表

| 序号 | 标准名称 | 标准号 | 宜订级别 | 相应国际标准编号 | 备　注 |
|---|---|---|---|---|---|
| 1 | 交通事故　术语和定义 | | 国标 | | |

### 2. 道路交通事故处理门类标准

304.1 交通事故现场勘查门类标准、304.2 交通事故检验和鉴定门类标准、304.3 交通事故案卷文书门类标准、304.4 交通事故统计与分析门类标准现列入 16 个标准，详见表 2.32～表 2.35。

表 2.32　304.1 交通事故现场勘查门类标准明细表

| 序号 | 标准名称 | 标准号 | 宜订级别 | 相应国际标准编号 | 备　注 |
|---|---|---|---|---|---|
| 1 | 交通事故现场保护设施布设技术规范 | | 行标 | | |
| 2 | 高速公路交通事故现场交通组织规范 | | 国标 | | |
| 3 | 交通事故痕迹物证勘验 | GA 41—2005 | 行标 | | |
| 4 | 交通事故勘验照相 | GA 50—2005 | 行标 | | |
| 5 | 道路交通事故现场摄像 | | 行标 | | |

（续表）

| 序号 | 标准名称 | 标准号 | 宜订级别 | 相应国际标准编号 | 备　注 |
| --- | --- | --- | --- | --- | --- |
| 6 | 道路交通事故信息采集项 | | 行标 | | |
| 7 | 道路交通事故信息采集规范 | | 行标 | | |
| 8 | 道路交通事故现场图绘制 | GA 49—1993 | 行标 | | 拟修订 |
| 9 | 道路交通事故现场图形符号 | GB/T 11797—2005 | 国标 | | |

表 2.33　304.2 交通事故检验和鉴定门类标准明细表

| 序号 | 标准名称 | 标准号 | 宜订级别 | 相应国际标准编号 | 备　注 |
| --- | --- | --- | --- | --- | --- |
| 1 | 道路交通事故尸体检验 | GA 268—2001 | 国标 | | |
| 2 | 道路交通事故受伤人员伤残评定 | GB 18667—2002 | 国标 | | |
| 3 | 交通事故车辆安全技术检验鉴定 | GA/T 642—2006 | 国标 | | |
| 4 | 典型交通事故形态车辆行驶速度技术鉴定 | GA/T 643—2006 | 行标 | | |
| 5 | 交通事故现场道路状况判别 | | 行标 | | |

表 2.34　304.3 交通事故案卷文书门类标准明细表

| 序号 | 标准名称 | 标准号 | 宜订级别 | 相应国际标准编号 | 备　注 |
| --- | --- | --- | --- | --- | --- |
| 1 | 交通事故档案 | GA 40—2004 | 行标 | | 修订 |

表 2.35　304.4 交通事故统计与分析门类标准明细表

| 序号 | 标准名称 | 标准号 | 宜订级别 | 相应国际标准编号 | 备　注 |
| --- | --- | --- | --- | --- | --- |
| 1 | 道路交通事故统计分析方法 | | 行标 | | |

## （六）道路交通事故预防专业通用和门类标准

### 1. 道路交通事故预防专业通用标准

205 道路交通事故预防专业通用标准现列入 7 个标准，详见表 2.36。

表 2.36　205 道路交通事故预防专业通用标准明细表

| 序号 | 标准名称 | 标准号 | 宜订级别 | 相应国际标准编号 | 备　注 |
| --- | --- | --- | --- | --- | --- |
| 1 | 道路交通安全评价指标体系和方法 | | 国标 | | |
| 2 | 疲劳驾驶认定方法 | | 国标 | | |
| 3 | 道路能见度测试方法 | | 国标 | | |
| 4 | 道路限速值设定技术规范 | | 国标 | | |
| 5 | 道路交通安全防护设施设置规范 | | 国标 | | |
| 6 | 公路和城市道路交通安全要求验收技术规范 | | 国标 | | |
| 7 | 停车场交通安全要求验收技术规范 | | 国标 | | |

2. 道路交通事故预防门类标准

305.1 交通安全宣传门类标准现列入 3 个标准，详见表 2.37。

表 2.37　305.1 交通安全宣传教育门类标准明细表

| 序号 | 标准名称 | 标准号 | 宜订级别 | 相应国际标准编号 | 备　注 |
|---|---|---|---|---|---|
| 1 | 交通安全宣传教育考评标准及方法 | | 国标 | | |
| 2 | 交通安全宣传调查方法 | | 国标 | | |
| 3 | 交通安全宣传教育台帐 | | 行标 | | |

## （七）交警队伍建设专业通用和门类标准

1. 交警队伍建设专业通用标准

206 交警队伍建设专业通用标准现列入 1 个标准，详见表 2.38。

表 2.38　206 交警队伍建设专业通用标准明细表

| 序号 | 标准名称 | 标准号 | 宜订级别 | 相应国际标准编号 | 备　注 |
|---|---|---|---|---|---|
| 1 | 群众满意率抽样调查方法 | | 行标 | | |

2. 交警队伍建设门类标准

306.1 队伍正规化建设门类标准、306.2 执勤执法装备配备及营房建设门类标准现列入 8 个标准，详见表 2.39、表 2.40。

表 2.39　306.1 队伍正规化建设门类标准明细表

| 序号 | 标准名称 | 标准号 | 宜订级别 | 相应国际标准编号 | 备　注 |
|---|---|---|---|---|---|
| 1 | 公安交警队和车管所外观标识 | | 行标 | | |
| 2 | 交通警察执勤执法台帐 | | 行标 | | |
| 3 | 交通警察个人执法档案 | | 行标 | | |

表 2.40　306.2 执勤执法装备配备及营房建设门类标准明细表

| 序号 | 标准名称 | 标准代号和编号 | 宜订级别 | 相应国际标准编号 | 备　注 |
|---|---|---|---|---|---|
| 1 | 基层公安交通警察队装备配备标准 | | 国标 | | |
| 2 | 基层公安交通警察队用房建设标准 | | 国标 | | |
| 3 | 高速公路公安交通警察队装备配备标准 | | 国标 | | |
| 4 | 高速公路公安交通警察队用房建设标准 | | 国标 | | |
| 5 | 执勤民警单警装备标准 | | 行标 | | |

## （八）交通安全产品专业通用和门类标准

307.1 交通秩序管理相关产品门类标准、307.2 车辆管理相关产品门类标准、307.3

交通事故处理相关产品门类标准、307.4 交通事故预防相关产品门类标准现列入 28 个标准，详见表 2.41～表 2.44。

**表 2.41 307.1 交通秩序管理相关产品门类标准明细表**

| 序号 | 标准名称 | 标准代号和编号 | 宜订级别 | 相应国际标准编号 | 备 注 |
|---|---|---|---|---|---|
| 1 | 道路交通信号灯 | GB 14887—2003 | 国标 | | |
| 2 | 道路交通信号控制机 | GA 47—2002 | 国标 | | 国标制定中 |
| 3 | 道路交通信号倒计时显示器 | GA/T 508—2004 | 国标 | | |
| 4 | LED 道路交通诱导可变标志 | GA/T 484—2004 | 国标 | | |
| 5 | 太阳能道路交通标志 | GA/T 580—2005 | 国标 | | |
| 6 | 城市道路交通护栏 | | 行标 | | |
| 7 | 呼出气体酒精含量检测仪 | GB/T 21254—2007 | 国标 | | |
| 8 | 唾液酒精含量检测试纸条 | | 行标 | | 制定中 |
| 9 | 机动车测速仪 | GB/T 21255—2007 | 国标 | | |
| 10 | 闯红灯自动记录系统通用技术条件 | GA/T 496—2004 | 行标 | | 修订中 |
| 11 | 公路车辆监测记录系统通用技术条件 | GA/T 497—2004 | 行标 | | 修订中 |
| 12 | 车载式道路交通信息显示屏 | GA/T 742—2007 | 行标 | | |

**表 2.42 307.2 车辆管理相关产品门类标准明细表**

| 序号 | 标准名称 | 标准代号和编号 | 宜订级别 | 相应国际标准编号 | 备 注 |
|---|---|---|---|---|---|
| 1 | 机动车号牌用反光膜 | GA 666—2006 | 行标 | | |
| 2 | 汽车车窗玻璃遮阳膜 | GA/T 744—2007 | 行标 | | |
| 3 | 汽车行驶记录仪 | GB/T 19056—2003 | 国标 | | 拟修订 |
| 4 | 车用电子警报器 | GB 8108—1999 | 国标 | | 拟修订 |
| 5 | 特种车辆标志灯具 | GB 13954—2004 | 国标 | | 修订中 |

**表 2.43 307.3 交通事故处理相关产品门类标准明细表**

| 序号 | 标准名称 | 标准号 | 宜订级别 | 相应国际标准编号 | 备 注 |
|---|---|---|---|---|---|
| 1 | 道路交通事故现场勘察车载照明设备通用技术条件 | GA/T 488—2004 | 行标 | | |
| 2 | 锥形交通路标 | GA/T 415—2003 | 国标 | | |
| 3 | 路面附着系数测定仪 | | 行标 | | |
| 4 | 便携式制动性能测试仪 | GA/T 485—2004 | 行标 | | |

表 2.44　307.4 交通事故预防相关产品门类标准明细表

| 序号 | 标准名称 | 标准号 | 宜订级别 | 相应国际标准编号 | 备　注 |
|---|---|---|---|---|---|
| 1 | 太阳能黄闪信号灯 | GA/T 743—2007 | 国标 | | |
| 2 | 道路交通闪光警告信号灯 | GA/T 414—2003 | 国标 | | |
| 3 | 道路交通防撞墩 | GA/T 416—2003 | 国标 | | |
| 4 | 橡胶减速垄 | GA/T 487—2004 | 国标 | | |
| 5 | 角锥回复反射诱导器 | GA 218—1999 | 国标 | | |
| 6 | 摩托车乘员头盔 | GB 811—1998 | 国标 | | 修订中 |
| 7 | 车载 GPS 安全行驶警示器 | | 行标 | | 制定中 |

## （九）道路交通信息管理专业通用和门类标准

1．308.1 道路交通信息门类标准现列入标准 97 项，详见表 2.45～表 2.52。

表 2.45　308.1 道路交通信息门类标准明细表

| 序号 | 标准名称 | 标准号 | 宜订级别 | 相应国际标准编号 | 备　注 |
|---|---|---|---|---|---|
| 1 | 全国公安交通管理信息查询系统数据规范 | | 行标 | | |
| 2 | 交警队信息平台数据规范 | | 行标 | | |

表 2.46　308.1.1 机动车管理信息子门类标准明细表

| 序号 | 标准名称 | 标准号 | 宜订级别 | 相应国际标准编号 | 备　注 |
|---|---|---|---|---|---|
| 1 | 全国道路交通管理信息数据库规范 第 2 部分：动车登记信息数据结构 | GA 329.2—2005 | 行标 | | |
| 2～18 | 机动车登记信息代码 | GA 24.1～17-2005 | 行标 | | |
| 19～21 | 机动车登记信息代码 | GA 24.19～21-2005 | 行标 | | |
| 22～23 | 进口机动车制造厂品牌名称代码 | GA 407.1～2-2003 | 行标 | | |
| 24 | 全国道路交通管理信息数据库规范 第 5 部分：进口机动车辆信息数据库规范 | GA 329.5-2003 | 行标 | | |
| 25 | 全国道路交通管理系统数据交换格式 第 5 部分：进口机动车档案数据交换格式 | GA 409.5—2003 | 行标 | | |
| 26 | 进口机动车登记信息代码 第 1 部分：证明书类型代码 | GA 410.1—2003 | 行标 | | |
| 27 | 进口机动车登记信息代码 第 2 部分：核对错误信息代码 | GA 410.2—200 3 | 行标 | | |
| 28 | 进口机动车登记信息代码 第 3 部分：证明书状态代码 | GA 410.3—2003 | 行标 | | |
| 29 | 机动车注册登记技术参数表二维条码技术规范 | GA 649—2006 | 行标 | | |

（续表）

| 序号 | 标准名称 | 标准号 | 宜订级别 | 相应国际标准编号 | 备　注 |
|---|---|---|---|---|---|
| 30 | 国产机动车整车合格证信息数据规范 | | 行标 | | |
| 31 | 国产机动车厂商厂牌目录代码 | | 国标 | | |
| 32 | 机动车电子档案格式 | | 行标 | | |
| 33 | 机动车注册登记数码照片及存储格式 | | 行标 | | |

**表 2.47　308.1.2 驾驶人管理信息子门类标准明细表**

| 序号 | 标准名称 | 标准号 | 宜订级别 | 相应国际标准编号 | 备　注 |
|---|---|---|---|---|---|
| 1 | 机动车驾驶人考试信息数据规范 | GA/T650—2006 | 行标 | | |
| 2 | 全国道路交通管理信息数据库规范<br>第 1 部分：机动车驾驶员信息数据结构 | GA329.1—2005 | 行标 | | |
| 3 | 全国道路交通管理系统数据交换格式<br>第 1 部分：机动车驾驶员数据交换格式 | GA409.1—2003 | 行标 | | |
| 4～12 | 机动车驾驶证管理信息代码 | GA581.1-9—2005 | 行标 | | |
| 13 | 驾驶证电子档案格式 | | 行标 | | |

**表 2.48　308.1.3 交通安全违法信息子门类标准明细表**

| 序号 | 标准名称 | 标准号 | 宜订级别 | 相应国际标准编号 | 备　注 |
|---|---|---|---|---|---|
| 1 | 全国道路交通管理信息数据库规范<br>第 3 部分：交通违法管理信息数据规范 | GA329.3—2006 | 行标 | | |
| 2 | 全国道路交通管理系统数据交换格式<br>第 3 部分：交通违章数据交换格式 | GA 409.3—2003 | 行标 | | 修订中 |
| 3～12 | 道路交通违章管理信息代码 | GA408.1～10—2006 | 行标 | | |
| 13 | 交通技术监控信息数据规范 | GA648—2006 | 行标 | | |

**表 2.49　308.1.4 交通事故管理信息子门类标准明细表**

| 序号 | 标准名称 | 标准号 | 宜订级别 | 相应国际标准编号 | 备　注 |
|---|---|---|---|---|---|
| 1 | 全国道路交通管理信息数据库规范<br>第 4 部分：交通事故统计信息数据库规范 | GA329.4—2003 | 行标 | | 修订中 |
| 2 | 全国道路交通管理系统数据交换格式<br>第 4 部分：交通事故统计数据交换格式 | GA 409.4—2004 | 行标 | | |
| 3～13 | 道路交通事故信息代码 | GA 16.1～11—2003 | 行标 | | |
| 14～24 | 道路交通事故现场信息代码 | GA 17.1～11—2003 | 行标 | | |
| 25 | 道路交通事故处理信息数据结构 | | 行标 | | |
| 26 | 公安交通应急综合平台数据规范 | | 国标 | | |

表 2.50　308.1.5 公安交通指挥平台子门类标准明细表

| 序号 | 标准名称 | 标准号 | 宜订级别 | 相应国际标准编号 | 备　注 |
| --- | --- | --- | --- | --- | --- |
| 1 | 公安交通指挥平台　数据规范 | | 行标 | | |
| 2 | 公安交通指挥平台　信息分类与代码 | | 行标 | | |
| 3 | 公安交通指挥平台　地理信息分层标准 | | 行标 | | |
| 4 | 公安交通指挥平台　地理信息系统图形符号 | | 行标 | | |
| 5 | 公安交通指挥平台　视频数据格式及存储要求 | | 行标 | | |
| 6 | 公安交通指挥平台　图片数据格式及存储要求 | | 行标 | | |
| 7 | 公安交通指挥平台　交通设施信息编码要求 | | 行标 | | |
| 8 | 公安交通指挥平台　交通流量数据存储格式 | | 行标 | | |
| 9 | 公安交通指挥平台　内部数据传输协议 | | 行标 | | |
| 10 | 公安交通指挥平台　接口规范 | | 行标 | | |

2．308.2 数据传输与交换门类标准现列入 1 个标准，详见表 2.51。

表 2.51　308.2 数据传输与交换门类标准明细表

| 序号 | 标准名称 | 标准号 | 宜订级别 | 相应国际标准编号 | 备　注 |
| --- | --- | --- | --- | --- | --- |
| 1 | 交通管理信息共享与交换平台 | | 行标 | | |

3．308.3 交通信息发布门类标准现列入 2 个标准，详见表 2.52。

表 2.52　308.3 交通信息发布门类标准明细表

| 序号 | 标准名称 | 标准号 | 宜订级别 | 相应国际标准编号 | 备　注 |
| --- | --- | --- | --- | --- | --- |
| 1 | 交通信息发布系统　数据规范 | | 行标 | | |
| 2 | 交通信息发布系统　接口规范 | | 行标 | | |

## 六、道路交通管理相关标准

1．101.1 道路交通管理行业相关通用标准现列入标准 8 项，详见表 2.53。

表 2.53　101.1 道路交通管理行业相关通用标准明细表

| 序号 | 标准名称 | 标准号 | 宜订级别 | 相应国际标准编号 | 备　注 |
| --- | --- | --- | --- | --- | --- |
| 1 | 公路运输术语 | GB 8226—1987 | 国标 | | |
| 2 | 公路工程技术标准 | JTG B01—2003 | 行标 | | |
| 3 | 公路路线设计规范 | JTG D20—2006 | 行标 | | |
| 4 | 公路项目安全性评价指南 | JTG/T B05—2004 | 行标 | | |
| 5 | 城市公共交通常用名词术语 | GB/T 5655—1985 | 国标 | | |
| 6 | 城市道路设计规范 | CJJ 37－1990 | 行标 | | |
| 7 | 城市道路　盲道设计规范 | | 行标 | | |
| 8 | 城市道路交通规划设计规范 | GB 50020－1985 | 国标 | | |

2．201.1 道路交通秩序管理相关标准、202.1 车辆管理相关标准、203.1 驾驶人管理相关标准、205.1 道路交通事故预防相关标准、208.1 道路交通信息管理相关标准现列入标准 97 项，详见表 2.54～表 2.58。

**表 2.54 201.1 道路交通秩序管理相关标准明细表**

| 序号 | 标准名称 | 标准代号和编号 | 宜订级别 | 相应国际标准编号 | 备 注 |
|---|---|---|---|---|---|
| 1 | 道路交通标志和标线 | GB 5768—1999 | 国标 | | |
| 2 | 道路交通标线质量要求和检测方法 | GB/T 16311—2005 | 国标 | | |
| 3 | 公路交通标志板 | JT/T 279—2004 | 行标 | | |
| 4 | 公路交通标志反光膜 | GB/T 18833—2002 | 国标 | | |
| 5 | 高速公路隧道监控系统模式 | GB/T 18567—2001 | 国标 | | |
| 6 | 车辆动态称重设备技术条件 | | 国标 | | |
| 7 | 国家管制的精神、麻醉药品 种类及名称 | | 国标 | | |
| 8 | 警用反光背心 | | 行标 | | |

**表 2.55 202.1 车辆管理相关标准明细表**

| 序号 | 标准名称 | 标准号 | 宜订级别 | 相应国际标准编号 | 备 注 |
|---|---|---|---|---|---|
| 1 | 道路车辆分类与代码 机动车 | GB/T 918.1—1989 | 国标 | | |
| 2 | 道路车辆分类与代码 非机动车 | GB/T 918.2—1989 | 国标 | | |
| 3 | 机动车辆及挂车分类 | GB/T 15089—2001 | 国标 | | |
| 4 | 道路车辆外廓尺寸、轴荷及质量限值 | GB 1589—2004 | 国标 | | |
| 5 | 道路车辆 车辆识别代号（VIN） | GB 16735—2004 | 国标 | | |
| 6 | 道路车辆 产品标牌 | GB/T 18411—2001 | 国标 | | |
| 7 | 汽车和挂车 侧面防护要求 | GB11567.1—2001 | 国标 | | |
| 8 | 汽车和挂车 后下部防护要求 | GB11567.2—2001 | 国标 | | |
| 9 | 道路运输危险货物车辆标志 | GB 13392—2005 | 国标 | | |
| 10 | 道路运输剧毒化学品和爆炸品车辆安全技术条件 | GB 20300—2006 | 国标 | | |
| 11 | 乘用车防盗标识 | | 国标 | | |
| 12 | 电动摩托车和电动轻便摩托车安全技术要求 | | 国标 | | 已报批 |
| 13 | 残疾人专用汽车改装技术规范 | | 行标 | | |
| 14 | 公路监督检查专用车辆 标志及警示灯 | | 行标 | | |
| 15 | 道路养护施工作业车辆、机械用示警灯 | | 行标 | | |
| 16 | 机动车强制报废标准 | | 国标 | | |
| 17 | 非机动车运行安全技术条件 | | 国标 | | |
| 18 | 电动自行车通用技术条件 | GB 17761—1999 | 国标 | | 修订中 |
| 19 | 机动轮椅车 | GB 12995—2005 | 国标 | | |
| 20 | 自行车安全要求 | GB 3565—2005 | 国标 | | |

（续表）

| 序号 | 标准名称 | 标准号 | 宜订级别 | 相应国际标准编号 | 备　注 |
|---|---|---|---|---|---|
| 21 | 机动车安全检测站条件 | GA/T134—1996 | 国标 | | |
| 22 | 移动式机动车安全检测站条件 | GA/T123—1995 | 国标 | | |
| 23 | 机动车安全技术检验机构联网技术规范 | | 国标 | | |
| 24 | 机动车安全检测设备检定技术条件 | GB/T11798—2001 | 国标 | | 拟作废 |
| 25 | 机动车第三者强制责任险保险标志 | | 行标 | | |
| 26 | 机动车出厂合格证 | GB/T21085—2007 | 国标 | | |
| 27 | 货物进口证明书 | | 行标 | | |
| 28 | 进口机动车检验证书 | | 行标 | | |
| 29 | 中华人民共和国海关监管车辆解除监管证明书 | | 行标 | | |
| 30 | 中华人民共和国海关监管车辆进（出）境领（销）牌照通知书 | | 行标 | | |
| 31 | 没收走私汽车、摩托车证明书 | | 行标 | | |
| 32 | 协助执行通知书 | | 行标 | | |
| 33 | 车身、车架和发动机来历凭证 | | 行标 | | |
| 34 | 机动车安全技术检验合格证明 | | 行标 | | |
| 35 | 报废机动车回收证明 | | 行标 | | |
| 36 | 汽车轮胎温度压力报警系统 | | 国标 | | 制定中 |
| 37 | 汽车限速装置 | | 国标 | | |
| 38 | 货车和挂车车身反光标识 | GA 406—2002 | 国标 | | 国标<br>制定中 |
| 39 | 2004 式警车汽车类外观制式涂装规范 | GA 524—2004 | 行标 | | 警标委<br>归　口 |
| 40 | 2004 式警车摩托车类外观制式涂装规范 | GA 525—2004 | 行标 | | |
| 41 | 警车车徽 | GA 522—2004 | 行标 | | |
| 42 | 警车外观制式涂装用定色漆 | GA 523—2004 | 行标 | | |
| 43 | 消防车、救护车、工程救险车标志图案 | | 国标 | | |
| 44 | 公路巡逻警车 | | 行标 | | |
| 45 | 城市道路巡逻警用摩托车 | | 行标 | | |
| 46 | 利用整车改装警车技术规范 | | 行标 | | |

**表 2.56　203.1 驾驶人管理相关标准明细表**

| 序号 | 标准名称 | 标准号 | 宜订级别 | 相应国际标准编号 | 备　注 |
|---|---|---|---|---|---|
| 1 | 机动车驾驶培训机构通用要求 | | 行标 | | |
| 2 | 教练员资格条件及管理办法 | | 行标 | | |
| 3 | 教练车技术条件 | | 行标 | | |
| 4 | 机动车驾驶员身体条件及其测评要求 | GB 18463—2001 | 国标 | | 修订 |

表 2.57　205.1 道路交通事故预防相关标准明细表

| 序号 | 标准名称 | 标准号 | 宜订级别 | 相应国际标准编号 | 备　注 |
|---|---|---|---|---|---|
| 1 | 道路照明设施 | | 国标 | | |
| 2 | 普通公路行道树种植规范 | | 国标 | | |
| 3 | 公路交通安全设施设计细则 | JTG/T D81—2006 | 行标 | | |
| 4 | 交通事故报警提示牌设置规范 | | 行标 | | |

表 2.58　208.1 道路交通信息管理相关标准明细表

| 序号 | 标准名称 | 标准号 | 宜订级别 | 相应国际标准编号 | 备　注 |
|---|---|---|---|---|---|
| 1 | 地理信息技术基本术语 | GB/T 17694—1999 | 国标 | | |
| 2 | 地理点位置的纬度、经度和高程的标准表示法 | GB/T 16831—1997 | 国标 | IS06709：1983 | |
| 3 | 地理格网 | GB 12409—1990 | 国标 | | |
| 4 | 数字地形图产品模式 | GB/T 17278—1998 | 国标 | | |
| 5 | 国土基础信息数据分类与代码 | GB/T 13923—1992 | 国标 | | |
| 6 | 1：5000　1：10000　1：25000　1：50000　1：100000 地形图要素分类与代码 | GB/T 15660—1995 | 国标 | | |
| 7 | 1：500　1：1000　1：2000 地形图要素分类与代码 | GB 14804—1993 | 国标 | | |
| 8 | 城市警用地理信息系统标准体系 | GA/Z 01—2004 | 行标 | | |
| 9 | 城市警用地理信息系统分类与代码 | GA/T 491—2004 | 行标 | | |
| 10 | 城市警用地理信息系统图形符号 | GA/T 492—2004 | 行标 | | |
| 11 | 城市警用地理信息系统建设规范 | GA/T 493—2004 | 行标 | | |
| 12 | 交通地理数据文件 | | 等同 | IS014825 | |
| 13 | 地理信息　参考模型 | | 参考 | IS019101 | |
| 14 | 地理信息　概念模式语言 | | 参考 | IS019103 | |
| 15 | 地理信息　一致性与测试 | | 参考 | IS019105 | |
| 16 | 地理信息　截用文件 | | 参考 | IS019106 | |
| 17 | 地理信息　元数据 | | 参考 | IS019115 | |
| 18 | 地理信息　应用模式规则 | | 参考 | IS019109 | |
| 19 | 地理信息　坐标空间参照 | | 参考 | IS019111 | |
| 20 | 地理信息　地物空间参照 | | 参考 | IS019112 | |
| 21 | 地理信息　空间模式及算符 | | 参考 | IS019107 | |
| 22 | 地理信息　时间模式 | | 参考 | IS019108 | |
| 23 | 地理信息　要素编目方法 | | 参考 | IS019110 | |
| 24 | 地理信息　定位服务 | | 参考 | IS019116 | |
| 25 | 地理信息　描绘 | | 参考 | IS019117 | |
| 26 | 地理信息　编码 | | 参考 | IS019118 | |

（续表）

| 序号 | 标准名称 | 标准号 | 宜订级别 | 相应国际标准编号 | 备　注 |
|---|---|---|---|---|---|
| 27 | 地理信息　服务 | | 参考 | IS019119 | |
| 28 | 地理信息　质量原则 | | 参考 | IS019113 | |
| 29 | 地理信息　质量评价过程 | | 参考 | IS019114 | |
| 30 | 交通运输地理信息　数据字典 | | 国标 | | |
| 31 | 交通基础设施地理信息 分类与编码 | | 国标 | | |
| 32 | 交通基础设施地理信息 位置坐标及编码 | | 国标 | | |
| 33 | 交通基础设施地理信息 数据字典 | | 国标 | | |
| 34 | 交通基础设施地理信息数据交换 | | 国标 | | |
| 35 | 交通电视监控系统通信接口 | | 行标 | | |

# 七、标准统计表

表 2.59　各类标准统计表

| 标准类别 | 应有数（个） | 现有数（个） | 现有数/应有数（%） |
|---|---|---|---|
| 国家标准 | 70 | 13 | 18.6 |
| 行业标准 | 167 | 108 | 64.7 |
| 共 计 | 237 | 121 | 51.1 |

# 第三篇

# 技术篇

# 第一章

## 国外智能交通技术发展

# 日本智能交通技术发展

## 一、基本情况

1996 年 7 月，为解决道路交通引起的社会问题，促进经济快速发展，早日实现交通信息化，有效提高交通效率，日本当时的警察厅、通商产业省、运输省、邮政省、建设省五部门制定了详细的 ITS 整体构思：即在 15～20 年间使日本的道路更加智能化，实现人、车、路的和谐互动。日本的 ITS 共有 9 个研发领域，分别为行车智能化（如车辆信息与通信系统）、自动收费系统（如不停车收费系统）、安全行车辅助（如安全行车辅助系统、先进安全机动车系统）、交通管理最优化（如交通量的最优化、发生交通事故时提供交通管制信息）、道路管理高效化（如对特殊车辆的管理及提供通行管制信息）、公共交通支持（如提供公共交通利用信息、公共交通的优先通行及管理支持）、商用车的高效化（如商用车的运行管理、多辆商用车连续行车）、步行者支持（如路线诱导及危险规避）、紧急车辆运行的支持（如紧急时自动通报、紧急车辆路线诱导及救援活动的支援）。此后，于 1999 年 6 月召开的日本 Smartway 推进会议提出实现 Smartway 的构想，结合通信（如 DSRC）、数据（如地理信息系统 GIS、道路通信标准等）、网络（如光纤、传感器、信息提供装置）及其他先进的 ITS 技术，将 Smartway 的构想不断推进。

目前，日本大多数道路及高速公路已经实现了集交通信息采集、传输处理、信息发布集成于一体的车辆信息与通信、道路交通管制、高速公路电子收费、安全驾驶辅助等 ITS 子系统。

## 二、主要技术、研究进程及其应用情况

### （一）VICS（Vehicle Information and Communication System）

为正确疏导交通，提高道路安全性及畅通性，改善道路环境，1986 年由原日本建设省土木研究所携手 25 家民间企业共同研发 VICS，于 1996 年 4 月在东京圈正式投入使用，由财团法人 VICS 中心建设与管理。VICS 主要通过 2.4GHz 无线电信标（Radio Beacon）、红外线信标（Infrared Beacon）技术采集车辆 ID、通过时刻、经纬度、车道数、车辆行进方向、车速及加速度等信息，经 VICS 中心处理编辑后采用 2.4GHz 无线电信标、红外线信标及 FM 多重放送技术提供信息服务。其中，2.4GHz 无线电信标多用于高速道路，红外线信标用于一般道路，FM 用于日本 NHK 的 FM 所覆盖地域。2007 年后，2.4GHz 无线电信标技术被 5.8 GHz 双向通信 DSRC 技术代替。VICS 通过高性能车载导航设备，能够根据驾驶员的需要，提供拥堵状况、区间行走时间、交通管制、停

车场等易于理解的文字和图形信息。VICS 提供的道路信息可直接在导航仪的屏幕上显示，道路的拥堵情况以颜色区分，如红色表示非常拥堵，橙色表示拥堵，驾车者可非常直观地了解堵塞的整体状况，比较周围道路状况，避开拥挤的道路。导航仪也可以根据驾驶员的指令回避拥堵道路，重新检索行车路线。VICS 不仅可以将道路信息反映到屏幕，还可以将地震、山崩、事故等紧急信息直接显示于屏幕，提高行车的安全系数。

（二）ETC（Electronic Toll Collection）

为缓解高速路收费站的拥堵状况，降低高速公路的建设及管理费用，1995 年，原日本建设省土木研究所携手 4 家公共团体及 10 家民间企业共同研发及试验 ETC 系统，1996 年发表了“共同研究报告书”，1997 年 3 月 31 日在小田原厚木道路收费站试点，现在已扩展到日本全国的高速路收费站。日本的 ETC 采用的是 5.8GHz 高速大容量的通信手段 DSRC（Dedicated Short Range Communication）无线通信装置，即专用短程通信方式。它使车辆和车辆、车辆和道路、车辆和各种设施、车辆和门户网站之间的更大容量的双向通信成为可能。2001 年 3 月大规模投入使用后，车载仪器迅速普及；截至 2008 年 3 月末，7 年内销售台数约为 2223 万台。利用台数也迅速增加到每日平均约 549 万台，利用率突破 73%，首都高速公路上的利用率约达到 80%。ETC 投入使用后，首都高速的交通拥堵量从 2003 年的 56.2km · h/日降到 2007 年的 2.8km · h/日。与 ETC 投入使用前相比，在 50%利用率的情况下，收费站的缓解拥堵所带来的经济效益每年高达 3100 亿日元，二氧化碳排放量约减少 34%（约 13 万吨）。装有 ETC 装置的车辆进入自动收费口时，双向大容量通信系统即刻将车牌号、信用卡持有人、进入地点和时间等信息双向留存；当车辆驶出收费路口时，出口通信系统便可以依据留存信息，瞬间结算费用。日本的 ETC 采用机卡分离的形式，机器装置固定在车辆上，使用者可将 ETC 卡插入任何车辆的 ETC 装置进行即时结算。

（三）AHS（Advanced Highway System）

日本的 AHS 的研发可分为两个阶段，第一阶段是 1996-2002 年，并在 2002-2003 年对其研发成果进行了试点。第二阶段是 2003-2007 年，第二阶段在第一阶段成果的基础上进行更具有实用性的研发。日本交通事故原因调查结果显示，交通事故的 47%是由于发现不及时引起的，16%是由于判断失误引起的，12%是由于错误驾驶引起的。因此在事故发生前提供相关情报、警报、操作指示等可有效防止交通事故发生。在障碍物未被发现或发现不及时的情况下，AHS 通过位置检测技术及双向车路通信技术先后分阶段向驾驶员提供相关信息，对错误驾车行为给予警报及紧急操作提示。日本 AHS 致力于 7 种场景的实用产品研发和提供安全服务，即弯道减速、车道监控、行人保护、预防追尾、避障、安全车距、预防右转撞车，并从 2002 年开始在全国 7 处高速公路进行试点。以国道 25 号线名阪国道段米谷区段为例，应用 AHS 之前（2000 年 12 月 1 日至 2002 年 5 月 31 日）的车速为 72km/h，应用 AHS 之后（2002 年 6 月 1 日至

2003 年 11 月 30 日）的车速为 65km/h，车速降低 10% ；应用 AHS 之前的事故数为 47 件，应用 AHS 之后的事故数为 26 件，交通事故减少了 45%。利用者问卷调查结果显示，50%以上驾驶员及 80%高龄驾驶员认为 AHS 对安全驾驶起到作用。预防安全技术主要是通过各种辅助装置，提高安全行车系数。一部分 AHS 技术已被应用于部分高级车。

### （四）新一代 ITS 车载装置

新一代 ITS 车载装置在车载机上实现了汽车导航、VICS、ETC、AHS 等功能的集成。新一代 ITS 车载装置采用的是 5.8GHz DSRC 技术，除了延续已经普及的 VICS 及 ETC 的功能外，还可通过 5.8GHz DSRC 路测装置提供音声画像信息，同时可通过网络接续及红外线信标提供各种媒体和服务等信息。与 VICS 的最大可提供 200 米范围内的道路信息及 1 幅简易图形的信息服务技术相比，新一代 ITS 可提供最大 1000 千米的区间道路拥堵状况、预计旅行时间，以及到目的地的 4 幅简易图形（近距离 2 幅及广域 2 幅）、前方 2～3 个服务站及停车场各区域的服务信息及拥堵程度信息。采用声音、图像及文字同步的形式提供前方道路的交通及气象状况、前方障碍物、事故多发地及道路合流等安全驾驶辅助信息。2009 年秋在首都高速等地试点。2011 年 1～3 月完成在全国范围内的实施，以高速公路主路为中心，在全国的高速公路上完成 1600 处路侧装置的安装。2010 年 9 月起，丰田、松下、三菱电机、先锋、三菱重工 5 个公司陆续将各自的新一代车载装置投入市场。根据 NPO 法人 ITS Japan 的测算结果，预计未来 5 年内共计可推广新一代车载装置 1000 万台。

### （五）先进安全车辆（ASV）

ASV 项目从 1991 年开始，主要由日本的汽车厂商组成的联合体进行，到现在已经执行了 4 期。前 3 期主要的技术内容有车辆与道路结合的安全告警技术、车道保持技术、安全辅助驾驶技术和车路信息交换技术，并将碰撞减轻装置、辅助车道保持装置、ACC 等大规模推向市场，大大提高了道路交通的安全性，日本实现了 2003 年比 2000 年死亡人数减少 1000 人的目标。基于此，日本已将 2010 年的目标设定为比 2000 年少死亡 2000 人（原目标为 1200 人）。

第 4 期从 2006 年开始，其主要工作是为 2010 年以后应用的主动安全系统进行开发和试验，其主要技术工作方向就是开发和应用车车通信技术和车路通信技术，并将它们用于车辆辅助安全系统。

如图 1.1 所示是日本前 4 期 ASV 技术发展路线图。

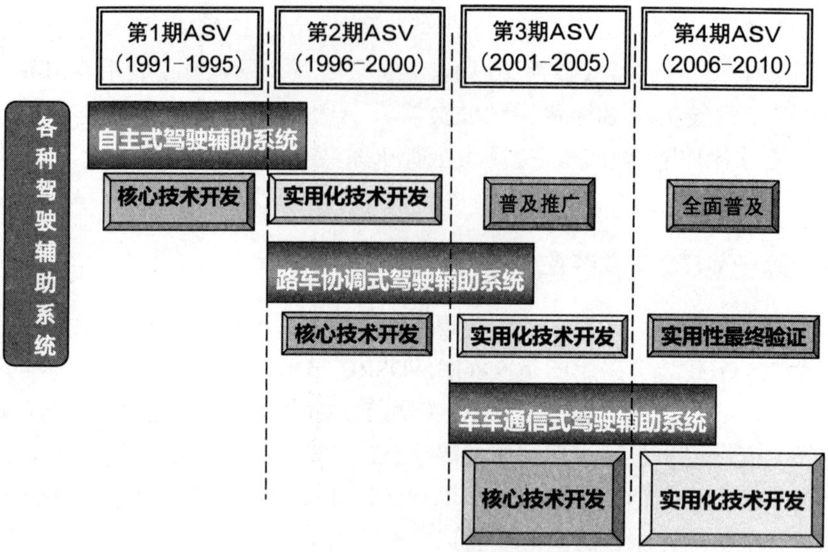


图 1.1　日本前 4 期 ASV 技术发展路线图

### （六）驾驶安全支持系统（DSSS）

DSSS 是日本另一项安全技术项目，其主要的支持方是警察厅和部分企业。该项开发计划的主要技术内容是将潜在的危险以视觉和声音的方式提供给驾驶员，预防交通事故。其车路数据交换的手段是应用城市警察当局安装在路口的红外信标。该项开发工作从 1998 年开始，2004 年在道路上进行了示范应用，结果显示该系统对 70%～80%的事件实现了响应，对提高驾驶安全性十分有用。从 2005 年开始，该系统在爱知县等 4 个地区开始应用，2008 年进行了更大规模的验证应用，2010 年开始普遍应用在车载系统中。

### （七）智能公路（Smartway）

Smartway 由日本国土交通省和几十家企业共同开发，计划将已经大量使用的车载导航系统（VICS）、不停车收费系统（ETC）、车载辅助安全系统、先进辅助巡航公路系统（AHS）与基础设施（如路上检测系统、可变信息板、信标、数字地图、光纤网络及专用短程通信系统等）进行集成，形成一个开放共用的基础平台，将车载装置一元化并实现车路一体化协调，提供多种多样的 ITS 服务。

Smartway 从 2004 年 8 月开始，2005－2006 年由政府和企业联合进行开发和试验，2006—2007 年进行了验证试验和展示。2005 年 3 月起在首都高速公路 4 号新宿线参宫桥转弯处进行示范应用，具体工程布置如图 1.2 所示，两年的试验效果如图 1.3 所示，效果是非常明显的，系统实施后交通事故减少近 80%。

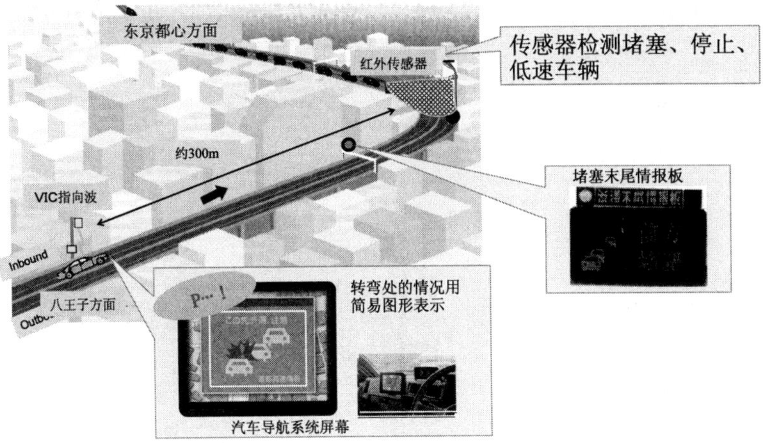


图 1.2　日本首都高速公路 4 号新宿线参宫桥转弯处实施 Smartway 示意图

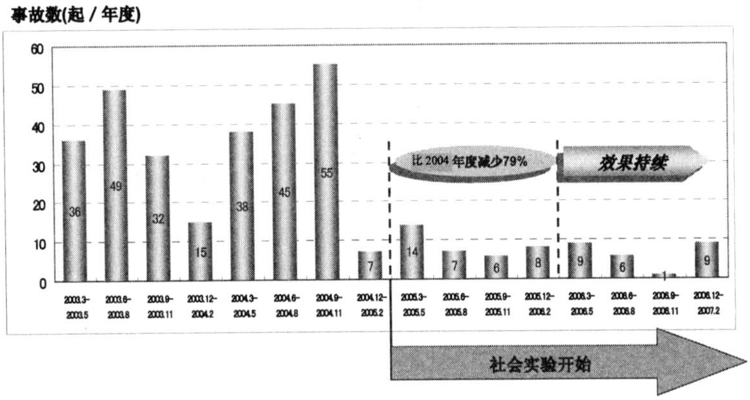


图 1.3　实施 Smartway 的效果

日本在最近几年里逐步提出车路通信平台和车载终端的一体化，如图 1.4 所示。

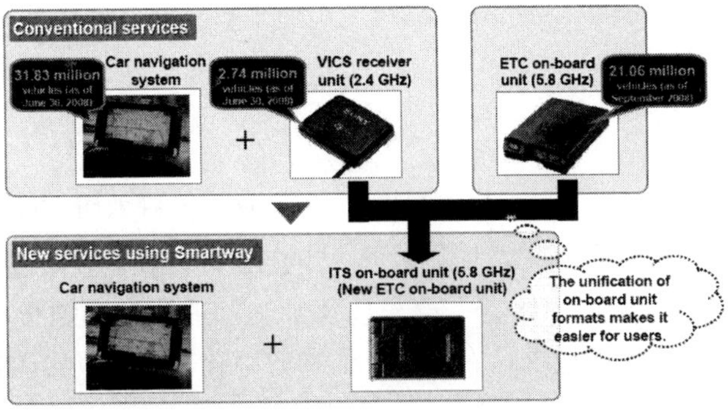


图 1.4　车载单元一体化

通过 Smartway 的建设，提供一个开放共用的基础平台，强调基础设施（如 VICS

的信标、数字地图、光纤网络及相关软件等）的共用和车载装置的一体化，提供与安全有关的信息、前方道路状况、大范围拥堵信息、收费服务（包括高速公路、停车场等）。图 1.5 是 Smartway 的发展路线图。

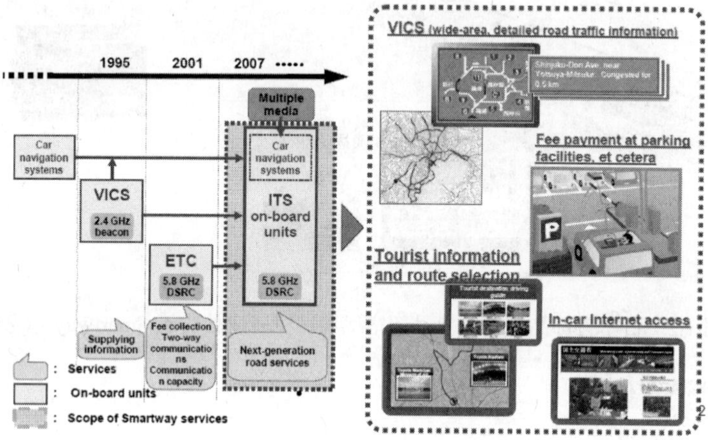


图 1.5 Smartway 的发展路线图

## 三、评价方法的研发

道路及相关设施的建设工程巨大，建后改修也极其困难。ITS 这种新型系统在研发阶段，需要对其效果进行事先评价，如投入使用后的效果如何，如何取得更好的效果等。为了可以对 AHS、ETC、VICS 等手段，交通需求管理（TMD）及道路网建设的道路利用有效性及其环境影响进行事前评价，国土技术综合研究所研发了 SIPA（Smart Infrastructure Performance Analyzer）。SIPA 装有全国道路网的数据，以及输入模块、输出模块及数据库模块。微观模拟器在计算机上再现每台车辆的运行过程，高精度再现交通现状及定量评价缓解交通拥堵措施的有效性。用户可根据目的选择宏观或微观轨迹再现，对立体交叉等复杂道路也可精确再现。

## 四、发展展望

ITS 在自动收费、车路协同、导航等方面已经覆盖了日本所有的主干道路，今后的任务是继续深化其功能研发和普及应用，进一步拓展新一代 ITS 车载器的服务功能，如物流车辆管理、公共设施出入管理、停车场和加油站的收费和缴费功能等。通过 ITS 实现减少交通事故、解决交通拥堵、收费及诱导效率化，使二氧化碳排放量减少，实现低碳化交通。

（主要撰稿人：刘　静、关积珍）

# 欧盟 eCoMove 发展情况

城市对交通需求的增加导致了交通低效和环境污染等不良后果，研究表明城市交通产生了40%的 $CO_2$ 和 70%的其他污染物排放。为此，欧盟委员会拨款 1370 万欧元，在 CVIS（Cooperative Vehicle-Infrastructure Systems）、SAFESPOT、COOPERS（cooperative Systems for Intelligent Road Safety）、Pre-Drive C2X 和 COMeSafety 等相关项目研究成果的基础上，开展了第 7 期欧盟科研框架计划（7th Framework Programme）中的“eCoMove 项目”。

eCoMove 项目从 2010 年 4 月开始，为期 3 年，由来自 10 个国家的 33 个单位组成，包括汽车制造厂、交通系统供应商、系统集成商、设备供应商、研究机构和高校。旨在利用车车（V2V）和车路（V2I）通信技术，通过高效节能的驾驶行为和交通管理、控制方法，减少全部交通燃油消耗量的 20%。

## 一、eComove 项目基本情况

当前的道路管理系统的目的是交通安全和效率，而不是减少燃料消耗。研究表明：低效的减速和缺乏预期（Lack of Anticipation，是指对当前的交通状况缺乏了解，从而做出不当的判断和操作）导致了 22%的燃油浪费；交通拥堵导致了 15%的燃油浪费；超速、低效的交通信号灯控制、道路施工和交通事故导致了 11%的燃油浪费。因此，为了提高交通效率，人们很早就提出了生态驾驶（Eco-driving）和绿色驾驶（Green-driving）的概念，在生态交通管理和控制的研究上取得了长足进步。但是，单项技术的进步，并不能为交通效率的整体提升作出突出贡献。因此，欧盟在以前研究的基础上，启动了 eCoMove 项目。

eCoMove 项目将在这些研究的基础上，着力解决目前 3 种低效的交通现象：低效的路线选择、低效的驾驶行为、低效的交通管理和控制。

首先，通过优化行车路线，减少不必要的行驶里程，节约燃油；其次，帮助驾驶员优化驾驶行为，节约燃油；最后，提高交通管理和控制效率，建立生态友好型交通管理和控制系统，节约燃油。

通过在以上 3 个研究中利用 V2I 和 V2V 通信技术，可以大力发掘当前交通运输在减少燃油消耗和降低污染物排放上的巨大潜力。与生态驾驶和绿色驾驶相比，eCoMove 项目的创新之处在于通过协同技术将其与远程信息处理系统（Telematics）进行集成，并使浪费的燃油最少和能量效率最大。此外，eCoMove 将继续在 CVIS 工作的基础上进行，使技术更加成熟和接近市场。

eCoMove 项目研究领域的三大支柱是驾驶行为、交通管理和控制、货运和物流。

前两个支柱来源于前面讨论过的燃油消耗因素，而货运和物流是空气污染的大户，并且在这一领域的细微改变将带来较大的影响。

这三大支柱通过 V2I 通信技术在路侧设备和车辆间交互数据。eCoMove 研究领域如图 1.6 所示。

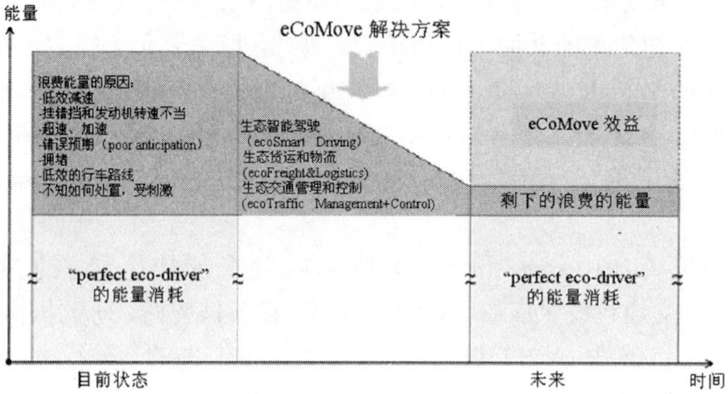


图 1.6　eCoMove 研究领域

## 二、主要技术、研究进程和技术路线

城市和城际道路网络 eCoMove 的生态交通管理和控制系统分为区域级（战术级）和网络级（战略级）。在区域级，eCoMove 系统的交通信号控制机通过与驾驶员和车载系统的协同，能够减少停车和使交通更加流畅；在网络级，能够分散交通流量，避免拥堵，同时使车辆以能量效率最高的方式行驶。

eCoMove 生态交通管理和控制系统利用浮动车数据系统采集交通状态信息，通过 V2I 通信技术，减少单车和交通网络的燃油消耗。随着交通状态信息的质量和数量增加，对自学习系统的需求也增加，eCoMove 将开发自学习系统来持续更新网络状态，以改进对未来交通网络状态的预测。生态燃油效率交通管理的核心是所谓的生态能量图，在实时燃油消耗数据的基础上，在通行能力和避免能量浪费的要求下，生态能量图提供当前和未来交通状况的在线分析和技术支持。

### （一）eCoMove 生态交通管理和控制系统构成

生态交通管理和控制原则包括生态自适应平衡和控制、生态自适应出行者支持、生态高速公路管理三个系统，每一个系统都分为区域级（战术级）和网络级（战略级）。

生态自适应平衡和控制系统（eco Adaptive Balancing and Control，ecoABC）以道路网络能量效率方式分配交通流量。基于生态能量图进行决策，生态能量图通过网络和排放估计生成预测模型，通过对包含汽车驾驶员在内的系统进行优化，新控制模型将提高其运算效率。

该系统的目的是：

（1）在交通网络上分散和平衡交通流量，以获得更好的交通容量；

（2）减少等待时间和停车次数；

（3）使交通通畅；

（4）为驾驶员提供最优路线的建议。这些建议不仅能够改善总体的交通状况，而且可以极大地减少燃油消耗和排放。

生态自适应平衡和控制系统的结构如图 1.7 所示。

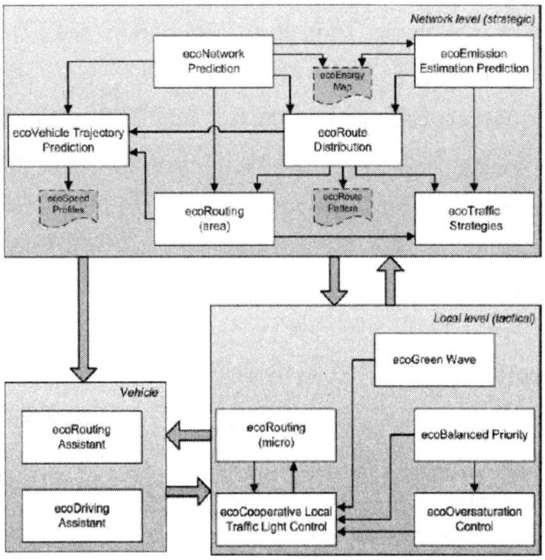


图 1.7　生态自适应平衡和控制系统的结构

生态自适应出行者支持系统（eco Adaptive Traveler Support，ecoATS）支持出行者找到燃油效率最高的路线到达目的地。该系统的目的是将路侧设备的数据传送给汽车，使其能够优化燃油效率。数据来源包括浮动车（FCD）、交通控制信号、传感器数据、交通管理策略、交通事件和事故。驾驶员能够通过车载设备获得速度和路线信息。此外，这些信息还能用于优化发动机控制或支持先进的驾驶辅助系统（ADAS）。该系统对交通的影响取决于使用该系统的用户数量。与 ecoABC 不同的是，该系统主要控制汽车。

生态高速公路管理系统（eco Motorway Management，ecoMM）用于协调应用高速公路系统的各种技术，包括动态车速控制、车距管理、禁止超车和停车优化、驾驶员协同反馈、收费站优先车道管理、并线辅助和生态匝道信号控制等技术。

### （二）eCoMove 生态交通管理和控制系统应用

低效燃油消耗的原因主要有两种：① 因操作不当而导致的低效；② 因为控制策略选择不当而导致的低效。下面主要介绍 eCoMove 中的生态交通管理和控制系统的应用及其部件的开发和使用。

生态路线分配（ecoRoute Distribution）是控制策略的应用。通过为城市交通定义一幅理想的交通状态图作为所有控制方法的具体目标，计算与系统操作者需求相符的多目标函数，在最优路线的基础上得出最优的交通分配。考虑到汽车的分类，还要求保证提供的服务和路线要与汽车和发动机型号一致。

生态网络预测（ecoNetwork Prediction），一体化监测高速公路和城市道路网络的交通状态，并预测它们之间的交通流量关系。该技术能达到整个道路网络的最优平衡，其目标是为更远的出行者（1～100km）提供更好的燃油消耗、旅行时间预测和能量感知路径（Energy Aware Route）建议。

生态车辆轨迹预测（ecoVehicle Trajectory Prediction）是指为车辆提供短期的时空位置、速度和加速度值。根据这些信息，通过优化驾驶行为可以减少燃油消耗和排放。

生态排放评估和预测（ecoEmission Estimation and Prediction）旨在扩展和适当地参数化目前汽车的跟车、换道和排放模式，以创建能更精确反映真实驾驶性能和排放的模型。初步的研究表明在真实的驾驶模式和微观仿真模型所得到的数据（例如速度和加速度值）之间存在实质性差异，因为某一污染物的排放与这些值密切相关，从而导致排放评估极不精确。可以通过改进评估和预测模型，找到减少排放的控制方法，并能推断出ITS措施的微观效果，从而在宏观层面确定其效果。

生态路径选择（ecoRouting）从两个网络层面来运行，即区域层面（广域路径选择）和路侧层面（微观路径选择）。在广域路径选择中，联合区域交通状态和车辆原始目的地数据，进行能效最优的个性化的路线导航；微观路径选择基于车流量和交叉口状态的短期预测，通过计算燃油消耗，在短程（＜3km）内优化路线。

生态绿波带（ecoGreen Wave）通过车路协同技术掌握车流行驶的时空状态和构成，将其纳入交通信号控制器算法进行统筹考虑。传统的绿波带通过建立在连续交叉口之间的时间关系，使车辆以预定的车速行驶能够通过连续的绿灯信号，这种具体的时间关系限制了系统的灵活性，而生态绿波带则能对当前和预期的交通条件做出实时响应。

生态平衡优先（ecoBalanced Priority）在不影响交通安全的情况下，以最小化燃油消耗的方式平衡到达交叉口的车辆需求。该算法包括多个标准的优化交通信号相序，如公交行驶时间的可靠性、$CO_2$排放、个体出行者的全部时间损失。

生态高速公路措施（ecoMotorway Measures）旨在平稳高速公路交通，减少时走时停（Stop and Go）交通，以降低燃油消耗和相关排放。

### （三）应用发展情况和发展趋势展望

通过交叉口仿真和试验对生态自适应平衡和控制系统进行了初步分析，结果表明：①停车次数和平均等待时间减少了16%～47%；② $CO_2$和$NO_x$排放减少了约5%，而PM10排放增加了2.6%；③重型车辆燃油消耗减少20%，整体交通燃油消耗减少16%。尽管eCoMove将促使交通领域的重大进步，但是还需要更多的研究来明确减少燃油消耗20%的目标的可行性。

下一步的工作主要是开发eCoMove系统的原理样机。原理样机将在欧洲的赫尔蒙德（荷兰）、柏林、慕尼黑、杜塞尔多夫（德国）和法国的高速公路进行真实环境下的验证和评估，交通仿真和驾驶仿真将同时进行。

（主要撰稿人：王建强）

# 美国 IntelliDrive^SM

美国 IntelliDrive^SM 项目的设立源于美国在推广 VII 系统时遇到了一些问题，包括路侧成本过高、热点布设方式无法为车辆提供连续的通信服务等，再加上金融危机的影响，基础设施运营商和汽车厂商对路侧系统的建设和运营没有表现出预期的兴趣。因此，美国运输部从单一的 5.9GH 的 DSRC 通信技术转而考虑采用其他途径，如手机宽带无线通信、WiMAX、卫星通信等方式，建立开放式通信平台，为车辆提供无缝的通信服务。IntelliDrive^SM 提供的服务重点在车辆主动安全方面，同时兼顾多种运输方式和出行模式的解决方案，为驾驶员提供动态而连续的服务。其中，实时性和可靠性均有较高的要求，车辆主动安全服务将主要通过专用通信技术 DSRC 来实现，而实时性要求相对一般的出行服务则通过 3G、4G、WiFi 等公共通信技术实现，并最终保证车与车、车与路侧、车与管理中心等主体之间的连接的方便性。

## 一、IntelliDrive^SM 起源与发展

2009 年 12 月，美国交通运输部（the US Department of Transportation，USDOT）发布了《智能交通系统战略研究计划：2010-2014》，为未来 5 年该部的智能交通系统（ITS）研究项目提供战略引导。该战略研究计划的目标是利用无线通信建立一个全国性的、多模式的地面交通系统，形成一个车辆、道路基础设施、乘客的便携式设备之间相互连接的交通环境，最大程度地保障交通运输的安全性、灵活性和对环境的友好性，该计划的核心是 IntelliDrive^SM。

美国的 ITS 项目真正起始于 20 世纪 90 年代（图 1.8），1991 年美国通过了 ISTEA（Intermodal Surface Transportation Efficiency Act）法案；自 1997 年加州自动公路 AHS 演示（DEMO97）项目后，组织实施了 IVI（Intelligent Vehicle Initiative）计划，促进了基于车路协同的避碰系统的研发与实际应用。2003 年 11 月，在西班牙马德里举行的 ITS 世界智能交通大会上，美国交通运输部提出车路一体化集成计划（Vehicle Infrastructure Integration，VII），设想在美国生产的所有车辆上装备通信设备及 GPS 模块，利用无线通信技术使行驶中的车辆更紧密地与周围的环境相联系，通过车与道路基础设施之间的信息交换，获得运输网中每条主要道路上的交通和道路条件信息，从而提高交通系统的安全性。该计划的主要参与者包括美国交通运输部、加州交通部，以及戴姆勒、福特、通用等汽车公司。该计划的参与者在加州 101 公路和密歇根 Novi 市部署了数十个路边基站，用于测试汽车与路边基站的通信能力。在通用公司展示的车载安全系统中，车辆通过专用短程无线通信技术（Dedicated Short Range Communications，DSRC）实时监控周围车辆的位置、速度与方向，一旦发生紧急情况，车辆将通过声、光信号警告司机。

2009 年 1 月，VII 项目被更名为 IntelliDrive$^{SM}$，更名后主要目标仍然强调用人车路一体化方法来解决现代交通所存在的严重问题。该项目的应用范围从轻型车扩展到所有车型；研究内容从原理样机开发发展到具体部署；通信方式从单一的 5.9GHz 的 DSRC 通信技术扩展为多种形式，如手机宽带无线通信、WiMAX、卫星通信等方式，建立开放式通信平台，为车辆提供无缝的通信服务；致力于在个人移动设备（如手机和 PDA）、车辆以及路边基站之间建立安全、灵活的无线通信，使道路交通系统更安全、更智能和更环保。美国交通运输部的目标是在 2013 年前对现有的无线通信技术进行测试和评估，以帮助落实未来交通系统的决策与实施。

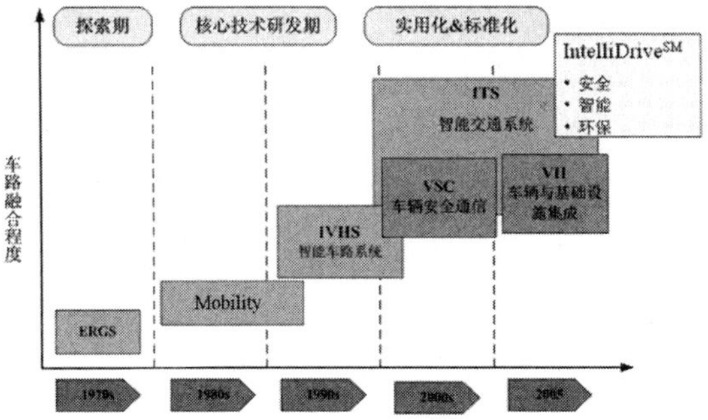


图 1.8　IntelliDrive$^{SM}$ 的起源与发展

## 二、IntelliDrive$^{SM}$ 研究目标

IntelliDrive$^{SM}$ 是美国交通运输部组织开展的为交通系统运行提供全新解决方案的大型 ITS 研发计划，旨在建立车辆与车辆、车辆与基础设施之间的无线通信网络，并在此基础上实现增强交通安全、提升交通运行效率及改善交通环境等方面的应用。

1. 安全（Safety）

IntelliDrive$^{SM}$ 将利用专用短程无线通信系统，实现车辆与车辆、车辆与基础设施之间的通信，从而通过向驾驶员提供建议或发出危急情况警告，提高驾驶员的情境感知能力及减少或避免碰撞事件的发生。

2. 高效（Mobility）

IntelliDrive$^{SM}$ 将利用车辆与基础设施及乘客无线设备发送的匿名信息，向交通管理机构发送动态更新的有关实时交通、运输和停放车辆的数据，从而更有效地管理交通系统和最大程度地减少堵塞。IntelliDrive$^{SM}$ 也将使驾驶员可以根据实时信息改变他们的行驶路线、选择驾驶时间和方式，以避免交通拥堵。

3. 环保（Environment）

IntelliDrive$^{SM}$ 环境研究将为交通管理者提供数据，使他们更好地了解实时做出的交通管理决策可能对环境产生的影响，从而做出正确的交通决策，有效降低因交通拥堵、交通事故等造成的交通环境污染。

## 三、IntelliDrive$^{SM}$主要研究内容

IntelliDrive$^{SM}$计划从2009年开始启动，第一阶段确定为2009-2014的五年时间。目前，该研究计划所确立的主要研究方向包括以下6方面，其发展路线图如图1.9所示。

1. 车车通信研究（Vehicle-to-Vehicle，V2V）

通过无线通信技术连接车辆和车辆使交通安全转型，推动车车通信技术及其接口的标准化。

（1）提供不需要实时通信的车辆信息以提高车辆行驶安全。

（2）提供技术支持以增强部分或全部车辆的控制性能。

2. 车与基础设施通信研究（Vehicle-to-Infrastructure, V2I）

（1）在所有的道路上，捕获完整的实时的交通流信息以支持系统运行；从连接的车辆、移动设备和基础设施中获取实时数据。

（2）在所有的交通流模式下，获取实时信息。

（3）开发能够集成所有应用于交通管理和绩效考核实时数据的技术框架。

3. 人因要素研究（Human Factors）

主要研究对危险情况、驾驶员本身身体或精神情况等的检测和提示，以及各种信息提示方式对驾驶行为的影响作用等。

（1）增强驾驶员主动和被动安全辅助应用（如协助车辆驾驶员躲避紧急冲撞，需要低延时通信）。

（2）增强车载端应用以减少驾驶员分神。

4. 交通机动性研究（Mobility）

应用多种信息技术，向出行者和运输管理者提供多种实时交通信息。

（1）开发对所有实时数据的应用程序以供交通管理者使用，确保人员和货物安全、高效地移动。

（2）利用实时流动性和成本化的数据来辅助道路使用者动态决策。

5. 环境影响研究（Environmental）

通过汽车和基础设施的连接实现环境管理。

（1）捕获车辆周围实时的环境数据。

（2）整合实时环境数据，并用于改进交通管理和性能。

（3）为交通管理者和道路使用者提供实时数据在环境影响方面的应用。

6. 相关政策和制度（Policy and Institutional Issue）

为基于车路协同安全性、移动性等方面的应用建立一个制度基础。

（1）确定和研究解决方案以解决国内和国际上的体制机制、隐私问题、法规和政策等问题，以落实各种交通运输技术。

（2）在所有目标领域解决社会公平问题，确保所有用户在解决方案中受益。

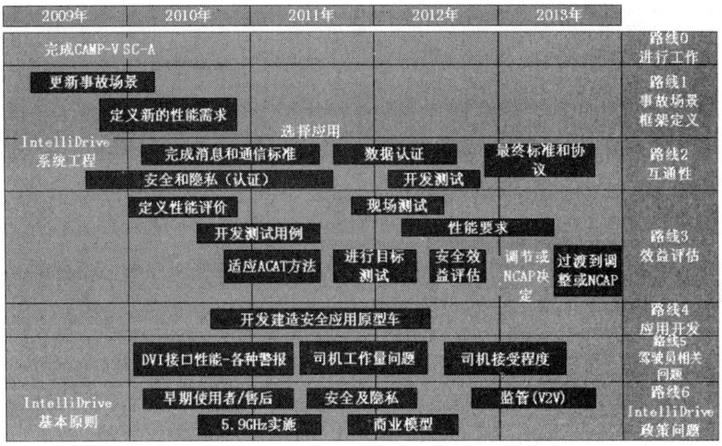


图 1.9　IntelliDrive$^{SM}$ 近期发展路线图

## 四、IntelliDrive$^{SM}$远景发展规划

在 IntelliDrive$^{SM}$ 远景发展规划中，将与互联网连为一体，进一步拓展应用功能。

美国计划未来 5 年内，每年 ITS 研究项目将获得 1 亿美元的资助，开展多领域的研究，战略研发计划详细列举了每个领域的研究目标、研究计划、检验成功的标准、研发的流程等信息。IntelliDrive$^{SM}$ 项目计划将获得高额度的财政支持，2010 年的投入资金占到了总战略投资的 4/5（约 8000 万美元），其战略研发计划如下（图 1.10）。

1. 车辆与车辆（V2V）通信的安全性

该研究将调查车车通信安全性等问题。2010 年的投入为 1150 万美元，研究目标如下：

① 利用先进的 V2V 无线技术，减少、预防 82%的碰撞发生。

② 建立针对关键应用的 DSRC 安全标准。

③ 加快与 V2V 无线通信相关的车内技术的开发，确保为 V2V 无线通信车辆的首批用户创造附加值。

2. 车辆与基础设施（V2I）通信的安全性

该研究将调查有关 V2I 通信的问题，重点在于向车辆传递交通信号相位和时间信息。2010 年的财政投入为 930 万美元。

3. 实时数据的采集和管理

该研究将评估目前可以从不同来源获得的交通、运输及货运数据，并考虑如何整合车辆传来的数据。其目标是加快交通管理系统的采用，可以以最安全、最高效和最环保的方式运作。2010 年的投入约为 200 万美元。

4. 动态移动应用

动态移动应用是通过向交通管理者和系统操作者提供实时的监测和管理工具，更有效地管理车辆系统节点之间的移动能力，以及引导驾驶员做出动态的决策。这些应用采集有关车辆、基础设施的移动性数据，如从浮动车和其他实时的专用短程无线通信系统、非专用短程无线通信系统数据源传来的数据。它的目标是通过以下三方面明显改善移动性：一是基于新的数据源和通信方法；二是开创新的运营现有交通系统的方法；三是创造机会实现更高水平的多模式集成。2010 年的财政投入为 800 万美元。

动态移动应用将研究能帮助人和商品从一种运输模式（汽车、火车等）或线路转向另一种模式或线路的技术，以实现运输更便捷、更环保。该研究将寻求实现人和商品的跨模式交通的可能性，使机构和公司在人和商品会经常改变交通模式的情况下也能很好地管理其系统。

5. 协调与汽车相关的国际标准和构架

该研究主要是各利益相关者、车辆和设备制造商、标准组织机构和政府共同商定通用标准的过程。其目标是促进智能交通系统联合计划办公室（JPO）与美国国家公路交通安全管理局（NHTSA）合作，参与国际标准的统一协调行动，重点是制定与汽车平台相关的标准，这些标准是实现车辆间连接和实现车辆与基础设施连接所需的标准。

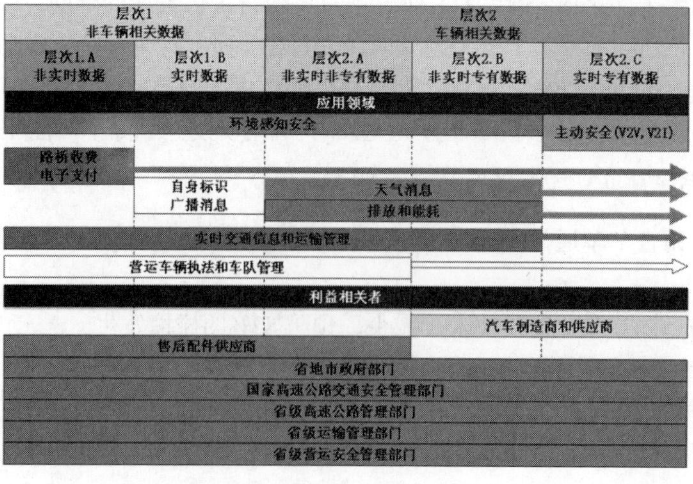


图 1.10　IntelliDrive$^{SM}$ 战略研发计划

（主要撰稿人：田大新、李　斌）

# 第二章

# 中国智能交通系统体系框架

## 一、编制过程

我国政府高度重视智能交通系统（ITS）体系框架的相关工作，将 ITS 体系框架作为我国 ITS 发展的纲领性和宏观指导性技术文件。自 1999 年以来，我国政府组织国内 ITS 领域的权威科研机构和专家，一直不懈地开展适合我国国情的 ITS 体系框架的编制、修改完善、方法研究、工具开发和应用推广工作。

2001 年正式推出的“中国 ITS 体系框架（第一版）”在短时间内解决了我国 ITS 体系框架“从无到有”的问题，其重要意义是毋庸置疑的。但由于受当时我国 ITS 总体发展水平的限制，其中难免存在一些不够完善的地方。

科技部于 2002 年正式启动的国家“十五”科技攻关计划“智能交通系统关键技术开发和示范工程”重大专项中，设立了“智能交通系统体系框架及支持系统开发”项目。该项目由国家智能交通系统工程技术研究中心承担，旨在完善中国 ITS 体系框架编制方法，开发 ITS 体系框架辅助支持系统软件，并在该软件环境下，对“中国 ITS 体系框架（第一版）”进行全面修订和完善。经过项目组两年多的攻关研究，“中国 ITS 体系框架（第二版）”编制完成。

项目组下分为交通管理、电子收费 、交通信息服务、安全与紧急救援管理 、货运管理 、客运管理 、城市公共交通管理、智能公路与安全辅助驾驶、交通基础设施管理、ITS 数据管理 10 个工作组，分别委托熟悉相关业务且具备一定技术实力的单位承担 ITS 体系框架第二版的具体修编。各工作组在定制开发的智能交通系统体系框架数据库管理和开发辅助支持系统（ITSA-CASS 软件）中，实现了在网络环境下异地协同工作，对国家框架进行全面修订。同时成立了总体技术组，保证了各工作组间的业务内容的整合与协调。

由于有了 ITSA-CASS 软件的支持，以及合理组织方式的保证，“中国 ITS 体系框架（第二版）”在各领域间的协调性、内容的完备性、数据的完整性等方面有了长足的进步，同时大大提高了工作效率，并为国家框架的进一步完善奠定了良好的基础。

## 二、现有成果

中国 ITS 体系框架（第一版）已于 2002 年由人民交通出版社出版，如图 2.1 所示。中国 ITS 体系框架（第二版），是我国 ITS 体系框架的首个数据库版本，为 ITS 体系框架的进一步开发应用提供了良好的数据基础，数据库可通过 Web 页面浏览访问，访问界面如图 2.2 所示。

图 2.1　中国 ITS 体系框架（第一版）

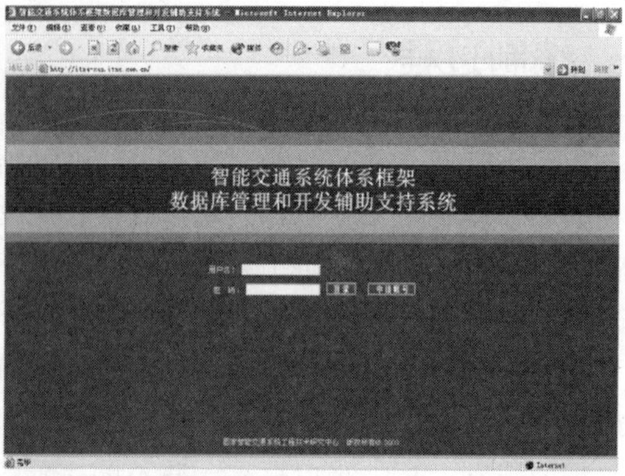


图 2.2　“中国 ITS 体系框架（第二版）”数据库访问界面

“智能交通系统体系框架及支持系统开发”项目组在国际范围内首次提出了算法化构建 ITS 体系框架的 CERAM 算法，并开发了以此算法为基础的、对 ITS 体系框架构建全过程进行辅助支持的定制化软件——智能交通系统体系框架数据库管理和开发辅助支持系统（Computer Aided Support System for ITS Architecture Development，ITSA-CASS）。该软件于 2004 年 4 月正式取得中国国家软件登记证书（计算机软件著作权登记证书编号为软著登字第 021619 号，国家版权局软件登记号为 2004SR03218），它可为国家 ITS 体系框架的构建和修编提供有力的工具，也可为我国地方（项目）ITS 体系框架的开发提供支持。

ITSA-CASS 软件的主要功能和特色包括：

（1）主要基于 B/S 结构，结合 C/S 结构（自动绘图子系统），能够对框架开发的各个步骤进行全程辅助支持的网络软件系统。

（2）软件能够对 ITS 用户服务、逻辑框架、物理框架开发的各个环节，特别是相邻阶段的转化提供支持；软件实现了数据完整性检验的功能，保证同一级别不同域间数据流衔接一致，上下层次间数据流对应一致。

（3）软件实现了数据流图与框架流图的自动绘制。选定图名，系统能够自动从数据库中读取数据，生成图形，并且具有人工调整优化图形布局的功能。

（4）能够自动生成 ITS 体系框架报告中所需的各类报表。

（5）支持多工作组异地协同工作。

## 三、主要内容

中国 ITS 体系框架主要包括用户服务、逻辑框架、物理框架、应用系统四大部分，主要内容如下。

1. 用户服务

ITS 用户服务是从系统的角度描述 ITS 系统可为用户提供的服务内容并界定 ITS 可提供服务的范围，是体系框架构建的基础。中国 ITS 用户服务（第二版）包括由 9 个服务领域、47 项服务、179 项子服务组成的用户服务层次表，以及各服务元素的描述表。顶层服务领域列表见表 2.1 所示。

表 2.1　中国 ITS 用户服务顶层服务领域列表

| 编号 | 中文名称 | 英文全称 | 英文缩写 |
|---|---|---|---|
| US1 | 交通管理 | Traffic Management | TM |
| US2 | 电子收费 | Electronic Payment | EP |
| US3 | 交通信息服务 | Transportation Information Service | TIS |
| US4 | 智能公路与安全辅助驾驶 | Intelligent Highway & Assistance for Safe Driving | IHASD |
| US5 | 交通运输安全 | Transportation Security | TS |
| US6 | 运输管理 | Transportation Operation Management | TOM |
| US7 | 综合运输 | Multimodal Transportation | MT |
| US8 | 交通基础设施管理 | Transportation Infrastructure Management | TIM |
| US9 | ITS 数据管理 | ITS Data Management | DM |

2. 逻辑框架

逻辑框架系统完成 ITS 用户服务所必须具有的逻辑功能和功能间的数据交互关系的确定。在逻辑框架的构建过程中不考虑具体的体制和技术因素，只确定满足用户服务需求所必需的系统功能和功能间传递的数据流，而不管该功能由哪一个具体的部门来实现以及如何实现，从而尽量避免由于技术的迅速发展对框架带来的影响。在 ITS 体系框架开发中，逻辑框架起到承前启后的作用，通过它实现了由用户服务到物理框架的合理转化。中国 ITS 逻辑框架（第二版）定义了由 10 个功能领域、57 项功能、101 项子功能、406 个过程组成的 4 层逻辑元素层次表，描述了各逻辑元素间的数据流，绘制了 120 幅数据流图。

3. 物理框架

物理框架是对实现用户服务所需功能的物理性描述，它主要描述组成 ITS 的物理实体及实体间的关系，包括系统、子系统、系统模块、框架流等元素。它是以逻辑功能层次表为基础，同时考虑各逻辑元素数据流关系，从如何具体实现各项功能的角度，综合考虑功能的实现地点及具体的落实条件等因素，对各逻辑功能元素进行组合形成的。逻辑功能元素与物理系统元素间为多对多的关系。中国 ITS 物理框架（第二版）定义了由 10 个系统、38 个子系统、150 个系统模块组成的 3 层物理元素层次表，描述了各物理元素间的物理框架流，形成了 29 幅物理框架流图。

4. 应用系统

应用系统是为了满足市场和各类用户的实际需求，对系统模块进行重新组合而形成的市场上和实际中能够见到的 ITS 物理系统。它的提出是我国 ITS 体系框架构建的创新点之一。中国 ITS 体系框架（第二版）以市场需求为导向，对系统模块进行了重新组合，提出了 58 个应用系统。

## 四、应用情况

以中国 ITS 体系框架为基础，编制完成了 7 项国家标准，具体见表 2.2 所示。

表 2.2　7 项国家标准

| 序号 | 标准信息 |
| --- | --- |
| 1 | GB/T 20606—2006 智能运输系统 数据字典要求 |
| 2 | GB/T 20607—2006 智能运输系统 体系结构服务 |
| 3 | GB/T 20611—2006 智能运输系统 中央数据登记簿 数据管理机制要求 |
| 4 | GB/T20839—2007 智能运输系统 通用术语 |
| 5 | GB/T 20612.1—2006 交通及出行者信息（TTI）经交通报文编码的 TTI 报文第 1 部分：使用 ALERT-C 的广播数据系统-交通报文频道（RDS-TMC）编码协议 |
| 6 | GB/T 20612.2—2006 交通及出行者信息（TTI）经交通报文编码的 TTI 报文第 2 部分：广播数据系统—交通报文频道（RDS—TMC）的事件和信息编码 |
| 7 | GB/T 20612.3—2006 交通及出行者信息（TTI）经交通报文编码的 TTI 报文第 3 部分：ALERT-C 定位参考 |

地方 ITS 体系框架是对某地区 ITS 全面和综合性的描述，是对国家 ITS 体系框架的进一步延伸，是国家框架在某一地区的具体化，可直接指导和规范该地区的 ITS 建设。“中国地方 ITS 体系框架编制方法”项目提出了适合我国国情的地方 ITS 体系框架编制方法，即用户服务尽量贴近国家框架，同时按照地方实际情况进行调整；逻辑框架主要作为用户服务到物理框架的中间过渡，对于与国家框架一致的内容，可略过逻辑框架阶段；重点突出物理框架，以此充分体现地方框架的地方特色；以应用系统为对象，采用各种方便决策者和体系框架使用者的表现方式，全方位、立体化地表现地方 ITS 物理体系。上述方法在多个“十五”ITS 示范城市（如北京市、成都市等）得到应用（表 2.3），有力地指导了当地 ITS 的规范发展。

表 2.3　“中国地方 ITS 体系框架编制方法”　项目成果应用列表

| 序号 | 成果应用名称 |
| --- | --- |
| 1 | 基于交通综合信息平台的北京市 ITS 体系框架 |
| 2 | 江苏省智能交通系统（ITS）体系框架与规划 |
| 3 | 福建省智能交通系统（ITS）体系框架与规划 |

（续表）

| 序号 | 成果应用名称 |
|---|---|
| 4 | 成都市智能交通系统（ITS）总体发展规划 |
| 5 | 国家“十五”ITS示范城市ITS体系框架和规划编制－济南 |
| 6 | 国家“十五”ITS示范城市ITS体系框架和规划编制－青岛 |
| 7 | 国家“十五”ITS示范城市ITS体系框架和规划编制－广州 |
| 8 | 国家“十五”ITS示范城市ITS体系框架和规划编制－深圳 |
| 9 | 潍坊市交通安全管理规划 |
| 10 | 昆明市智能交通管理指挥系统建设方案 |

（主要撰稿人：李　斌）

# 第三章

## 基础与共性技术

# 交通信息采集

## 一、概述

交通信息是实现交通管理智能化的基础，交通信息采集可以采用人工方式和自动方式。随着我国交通需求与供给的快速增长，交通安全和能效要求的不断提高，为及时、准确、全面地获取交通信息，采用传感器技术和计算机技术相结合发展起来的各种自动化的交通信息采集技术及产品与系统得到了越来越广泛的应用。

交通信息采集方法、技术、产品与系统，以及所采集的交通参数，因交通形式、管理要求、相关对象不同而存在很大差别。交通参数一般是对交通基础设施、载运工具、交通环境和输运对象的与交通管理和交通安全相关的特征的描述，通过信息融合，分别反映交通相关的个体与整体、微观与宏观状态。按照交通信息采集传感器装置的部署方式，可将交通信息检测技术分为固定检测、高空拍摄和移动检测 3 种主要类型。

交通信息采集技术是对传感器及其技术的应用，目前应用的技术主要是通过对交通相关的或交通产生的声、磁、形状、温度、湿度、压力、速度、位置、外形等的测量来获得交通信息，并产生了以视频和图像处理技术为基础的交通状态监控、交通事件检测、牌号识别、路障检测、结构探伤与变形监测等产品和系统；以微波、红外、磁感应、超声、压电、声波等技术为基础的道路交通参数检测、事件与违章检测、牌号识别等产品和系统；以红外、超声、激光等技术为基础的结构探伤、结构变形监测、轴温检测、交通流量与密度检测等产品和系统；以压力传感为基础的液位、流速、偏载、超载、轮轨损伤等产品和系统；以 GPS、RFID、IC 和移动通信技术为基础的载运工具位置测量、牌号识别、交通流量检测和货物跟踪等产品和系统；以检测交通气象为目的的温湿度、能见度、结冰、湿滑等检测产品与系统；以及综合利用各种传感技术的系统，如铁路综合检测车、铁路车辆安全监控（5T）等。这些产品在道路、轨道、航运、航空等交通运输领域正逐步得到越来越广泛的应用。

## 二、关键技术及研究进展

交通信息采集相关的关键技术包括传感器及数据处理技术、视频及图像处理技术、无线定位技术、信息融合技术、传感网络技术等。

### 1. 传感器及数据处理技术

交通信息采集是利用传感器对交通基础设施、载运工具、交通环境和输运对象的与交通管理和交通安全相关的物理量进行测量，并将其转换成相应的数字信号，再将数字信号转换成交通信息。传感器的灵敏度、分辨率和输出数据的线性度是决定被测物理量检测准确性、可用性的基础。此外，气象、电磁和声光环境，以及电子元器件的一致性差异等都会使测量数据产生飘移（噪声），这种飘移有些是系统性的，可以消除；有些是随机性的，难以消除。所以利用传感器开发的交通信息检测装置一般需要采用滤波、平滑等技术对测量数据进行处理，以消除测量噪声，提高信噪比。

通过对传感器及其技术的应用，已经开发出许多基于不同物理原理的交通信息检测装置（产品），并得到广泛应用。例如，用于道路交通信息检测的感应线圈、地磁检测器、压电检测器、红外检测器、微波检测器、超载检测器等；用于航道检测的水位计、流量仪等；用于轨道交通的红外测温、偏载检测、称重、超声探伤、激光探伤、轨道平顺度检测、异物侵限检测、障碍物检测等装置；用于机场的激光围栏；检测气象环境的温湿度计、冰凌检测器、能见度检测器等。

由于交通系统的复杂性，检测器通常都存在一定的检测误差，降低检测误差一直是交通信息检测装置研究的目标之一。集成多种传感技术、提供多种交通信息综合检测、简化应用部署工程的集成化多功能交通信息检测装置正成为研究与应用热点（如轨道综合检测车、5T、地铁车辆状态综合检测系统、道路多功能交通信息检测系统等）。

2. 视频及图像处理技术

视频技术与产品已大量应用于交通状态监控，大大提高了交通管理与调度指挥的效率。视频技术还与其他检测装置相结合构成交通事件（事故、违章等）检测系统，如电子警察、电子卡口等。

视频对交通信息的检测是区域覆盖，包含丰富的内容，通过对视频图像进行处理，可得到丰富的交通信息。随着图像处理，特别是数字视觉技术的发展，已经可以对交通状况进行智能监控，并对路障、交通事件、基础设施变形（损坏）等进行自动识别和监控。视频在交通信息采集中的更深入应用，有赖于图像处理，特别是数字视觉理论与技术的发展，其具体内容涉及快速变换、图像复原、图像编码、图像增强、图像分割等各个方面。图像处理技术的进步，将使视频技术可以用于对距离、速度、流量、事件的连续检测和辅助驾驶。

3. 无线定位技术

现已得到广泛应用的无线定位技术主要包括 GPS、RFID、IC 和移动通信等。随着我国北斗导航卫星系统的组网，卫星定位技术将在交通领域得到越来越广泛的应用。

GPS 已经被大量应用于对道路交通中的浮动车进行定位，实时获取车辆的位置、速度和时间信息，并能够通过定位信息形成行驶轨迹、车速；根据车速所反映的驾驶行为，可对交通密度和流量进行估计，从而可对道路服务水平进行估计和预测。

RFID（射频识别）在交通信息采集中的应用受到较大程度的限制，目前主要应用于快速路中的车辆检测和货运列车的车厢自动检测。其优势在于可以通过 RFID 卡所携带的内容，更详细地掌握车辆信息。IC 卡已普遍应用于交通旅行费用支付（出租、公交、地铁等），通过支付信息可获得旅客流量信息，是了解交通需求的一种重要手段。

移动通信（手机定位）在我国已经得到了普及，通过对移动终端的无线信号进行测量，可以确定移动终端所在位置。由于手机应用非常普遍，基于手机终端位置所产生的交通信息会更加全面完整，应用上可作为辅助手段对 GPS 所采集的信息进行补充。

4. 信息融合技术

交通信息融合技术以交通信息可以通过多种途径获得为背景，基于交通参数在合理尺度下具有时空连续性的特征，根据具体需要对不同途径获取的反映相同交通参数的交通信息进行融合，消除其差异。例如，通过固定检测器与浮动车检测都可获得交通流量，但需要消除实际检测数据中的差异；需要对没有检测点或检测故障点的交通信息进行修复和弥补；需要对多种途径获得的交通信息的差异进行鉴别；需要获取不同粒度的交通信息（如断面、路口、路段、区域等）。目前已经存在较多对同样是固定检测器获得的交通信息进行相互校验、修复的研究与应用，而对固定检测与移动检测所获得的信息间的相互融合还处于研究阶段，应用较少。

5. 传感网络技术

传感网络技术在国内外受到广泛重视，并在微嵌入网络系统、自组网、低功耗芯片等方面已经有许多成果。交通信息采集中应用传感网络技术，通过无线方式（不需要电缆）与检测系统连接，可以起到简化部署工程的作用。此外，通过传感网络，可方便地使原来相互孤立的检测点连成相互关联的整体。

## 三、发展趋势

1. 交通信息采集多元化

基于新型传感技术、视频识读与跟踪技术、高精度无线电测量技术等进行交通信息采集，可以根据交通管理和安全保障的不同要求，采用多种方式检测到更丰富、准确、实时的交通信息，结合信息融合、高速匹配和服务发布等技术，将使采集到的交通信息得到更深入广泛的应用。

2. 交通信息采集网络化

把区域交通网（公路、铁路、航运、航空等）作为整体，不同交通形式、不同位置、不同时间、不同采集方式所获取的交通信息相互关联，结合无线通信、交通信息时空配准、网络自组织与自修复、信息发布等技术，将使交通信息更全面地反映整体交通态势，有力地支持交通管理和交通安全保障。

3. 交通信息采集智能化

交通信息的规模是巨大的，传统定时测量和连续测量方式将产生大量重复信息，给信息传输、处理、存储、展现造成很大困难。新型传感、智能代理、嵌入算法、状态感知等技术的结合，将可根据交通管理和安全保障的要求，自动捕获需要的交通信息，逐步在交通信息采集、传输、处理、展示等方面具备智能性。

（主要撰稿人：张遂征、刘　静）

# 交通信息处理

## 一、概述

基于实时、准确的交通信息的处理与分析是实现交通控制、管理和服务等应用的前提和关键。近年来，随着国内道路交通信息采集手段和信息处理技术的不断更新，已获得和可获得的交通信息呈现出海量性和异构性等特点。如何对这些信息进行处理、分析和挖掘并形成决策，对于改善我国道路动态交通控制与实时交通诱导等应用具有非常重要的作用。

根据被采集信息是否与采集系统进行交互，即是否独立于采集系统，可将交通信息采集技术分为两类：独立式采集技术和协作式采集技术。我国常用的独立式采集技术包含磁频检测、波频检测及视频检测三类。在实际应用中，针对检测器故障、通信传输失效形成的数据缺失及数据粒度不一致等问题，提出了对缺失数据进行预处理的系列方法；而针对多源异构的交通信息，则可通过相关融合处理得到更全面和更完备的交通信息。交通数据的预处理包括异常数据筛选和缺失数据修复两部分。目前，实现数据筛选的方法主要有基于预测模型的方法、聚类分析方法和交通流四步骤数据筛选法等，实现缺失数据修复的方法主要有插值方法和基于优化道路网络的多模式补偿方法等。

协作式采集技术起步比较晚，但发展很快，典型的技术包括：①基于浮动车的技术；利用具有标志的车辆行驶数据评价当前交通状态；②基于 GPS 信息的技术，利用 GPS 的经纬度数据和速度数据计算路段平均速度；③基于 RFID 技术，利用 IC 信息获取交通出行需求和客流；④基于蜂窝网络的技术，利用基于蜂窝技术的定位信息确定群体性交通状态。在国内，由于手机普及率的快速提升，利用手机信号进行居民出行调查也成为可能。此外，公共交通 IC 卡在全国各大城市使用率逐年提高，基于 IC 卡的出行信息采集也成为了研究热点问题。随着我国公交系统 IC 卡的快速发展和普及，刷卡信息已可直接用于统计线路和车辆的日客运量，也为客流分析奠定了良好基础。

我国现阶段交通信息处理技术发展最快的是交通信息集成。它是针对交通信息的分布性、异构性和广域性等特点，在广域网环境下建立适合多用途交通信息集成要求的信息交互协作与组织体系框架，以最大限度地保留有用信息，去除冗余信息或噪声。在科技部和有关部门的倡导和推动下，这项技术在国内诸多城市和地区如北京、上海、广州和大连等，已不同程度地得到了推动和发展，主要表现在将不同交通运输工具与系统的交通信息相集成，广泛应用于城市道路交通管理与控制，有效提高了交通服务的整体水平。目前的研究重点是利用信号处理技术（如小波变换）和优化理论来寻找基于不同数据源的最佳信息集成度，以实现多源信息的融合和集成。

## 二、关键技术及研究进展

随着我国城市道路交通数据中心采集到的交通信息量呈现海量增长趋势，对高效的数据存储和管理方法的需求已日渐突出。数据存储策略包括交通数据集成和交通数据压缩。交通数据集成是指根据不同应用的需求对交通数据进行不同粒度级别的集成，实现数据集成的方法有可变时间间隔的集成算法和基于小波分解的数据集成方法。交通数据压缩主要分为无损压缩和有损压缩两类。无损压缩算法的压缩率非常有限，常用的是有损压缩算法。近年来提出的有效方法主要有主成分分析法、独立成分分析、小波变换法和人工神经网络等。

交通信息融合是交通信息处理的重要内容，它主要包括数据层、特征层和决策层三个层次的信息融合。纵观我国交通信息融合的主要研究成果可以看到，数据层信息融合主要包括对基础交通信息进行异常数据筛选、缺失数据修复、格式配准和统一等；特征层信息融合则集中于断面交通数据的融合，包括单路段交通信息的特征提取、单路段交通信息的聚类、单路段交通模式的复现性、交通监管及事件自动检测等；决策层信息融合更多地针对交通状态的预测及决策支持，主要包括短时交通流预测、旅行时间预测、交通时间预测、OD 估计与预测等。

在此基础上，相关研究成果还可支持海量数据挖掘分析，以得到可用于交通控制和诱导等应用的决策信息。在交通流预测方面的典型研究成果包括基于动态 STARIMA 模型的城市路网短期交通流预测、基于豪斯霍德变换和近邻向量的城市路网建模和实时预测，以及约束卡尔曼滤波的短期交通流量组合预测模型等；在交通模式分类和状态判别方面也有较多的研究，如用聚类方法研究城市道路网络交通状态和高速公路交通流模式等。近年来，在已有研究工作的基础上，基于数据驱动提取交通状态参数，分析交通运行状况，建立智能交通系统的分析、评价及预测模型，已成为一个新的研究方向。

此外，利用综合交通系统信息处理进行诱导正在成为理论研究和应用实践的热点，具有代表性的有：①综合交通系统的可达性和连通性理论；②综合交通系统的出行时间、费用对服务质量的影响因素分析；③综合交通系统的出行方式选择模型；④停车费、出行时间和出行费用关系研究；⑤交通枢纽换乘瓶颈研究等。相关研究成果已可以针对交通实际情况提供实时、动态和个性化的出行诱导，尤其是对多源异构交通信息的分析、融合和利用等产生了积极作用。

根据发达国家道路交通技术的进展情况和发展趋势，我国现阶段交通信息采集技术发展最快的将是基于无线通信技术和基于智能车路协同技术的方法，由此提供的交通信息种类更加丰富、准确度更高、实时性更强。同时，信息融合技术综合利用人工智能的理论和方法，包括卡尔曼滤波、人工神经网络和统计分析等方法，对来自多传感器的多源异构数据进行处理与合成，以期获得更完全和准确的信息。

## 三、发展趋势

当今城市道路交通的发展主要面临安全、效率和环保三大挑战。要保证交通安全，提高通行效率，减少环境污染，其基础是实现对包括交通出行者、车辆和交通环境在内的交通状态的感知、交互和处理应用。城市道路交通系统的发展应从出行者视角出发，面向交通出行服务，采用先进的传感和信息技术，突破传统意义上局限于道路交通基础信息的交通状态识别与分析；针对不同出行者的出行需求，实现对其在途状态、车辆的运行和安全状态，以及由路况、天气和排放形成的交通环境状态的多维交通状态感知。

在现阶段道路交通系统的研究中，面向出行者本身而非系统管理功能的研究内容越来越受到关注。以出行者的视角来重新定位、设计和评估交通系统，特别是车路协同系统的结构体系和功能服务等，将具有全新的意义。在这样一个全新的理念下，当出行者的交通需求产生以后，系统将为其规划出行方式，在交通运行中保障其安全和效率，并进一步完善出行方式，满足世界范围内对环保的要求。

因此，基于出行者视角的交通状态感知与交互处理将逐步成为城市道路交通发展的核心基础。在智能车路协同系统框架下，将扩展传统交通状态范畴，实现基于出行者视角的，包括出行者、运载工具和交通环境等在内的多维交通状态感知，研究包括安全状态、道路状态、混合交通和尾气排放等在内的交通状态感知新技术与方法，基于车联网、物联网、IPv6和分布式云计算等技术实现异构交通状态交互处理。

（主要撰稿人：张　毅、胡坚明）

# 交通信息管理与服务

## 一、概述

交通信息服务系统是在整合城市各种交通信息资源的基础上，通过互联网、呼叫中心、手机、PDA、交通广播、路侧广播、图文电视、车载终端、可变情报板、警示标志、车载滚动显示屏、分布在公共场所内的大屏幕、触摸屏等显示装置，为出行者提供较为完善的出行信息服务，为政府行业监管部门提供科学有效的辅助决策系统。

交通信息服务系统将为驾车出行者提供路况、突发事件、施工、沿途气象、环境等信息；为采用公共交通方式的出行者提供票务、营运、站务、转乘等沿途信息。这个系统同时与铁路、民航、旅游、气象等相关的各类信息进行整合，与广播、电视结合，提供更全面、更多方式的服务，使出行者在出发前、出行过程中直至到达目的地的整个过程中随时能够获得有关道路交通状况、所需时间、最佳换乘方式、所需费用及目的地等各种相关信息，从而指导出行者选择合适的交通方式和路径，以最高的效率和最佳方式完成出行过程，让公众切身感受交通信息服务的便利。

## 二、关键技术及研究进展

交通信息服务系统通过有线通信、无线通信等手段，以语音、图形、文字等形式实时向出行者提供道路交通信息、公共交通信息、换乘信息、交通气象信息、停车场信息，以及与出行相关的其他信息。交通信息服务可划分为交通信息采集、交通状态判别、广域交通诱导 3 个方面。

### 1. 交通状态判别技术

通过对实时交通信息进行分析加工，做出诱导、控制决策，并对决策发布后的交通行为反应做出预测，对预测信息进行再分析，从而优化决策方案，包括预测客流需求，预测信息发布后的交通行为反应及交通流，还原出行者出行路径，判断交通事故，判断驾驶员及机动车状态等。专家经验库存储了突发事件、大事件的交通信息（交通流、交通设施状况、专家决策、决策效果等信息），在深度信息及专家经验库的支持下，做出交通诱导、控制决策。

### 2. 交通诱导与发布技术

交通诱导是交通信息服务最后、也是最核心的环节。交通诱导技术主要包括传统交通诱导技术和智能交通诱导技术。传统交通诱导主要是通过交通道路指示牌（如传统电子指示牌）、交通道路标线、简单语音播报（如电台广播）等方式进行简单的图文及声音交通诱导，每个诱导点信息相对孤立，地理位置固定。智能交通诱导是基于电子、计算机、网络和通信等现代技术，利用全球定位系统、电子交通图、计算机和先进的通信技术，使车载计算机能够自动显示车辆位置、交通网络图和交通状况；还可根据出行的起讫点向用户提供最优引导指令和丰富的实时交通信息，或者通过获得实时交通信息帮助用户找到一条从出发点到目的点的最优路径；同样的发布手段推广到个人手持终端及智能交通诱导终端，使之能实现最小交通个体的诱导。智能交通诱导相对于传统交通诱导，主要解决了信息的可变、信息的推送（受众位置不受限制），以及信息产生的高度自动化等问题。

3. 元数据标准

元数据的主要目的是解决数据管理和共享问题。它能提高系统有效存储、检索和移动数据的能力；帮助数据生产单位有效地管理和维护数据，建立数据文档；提供通过网络对数据进行查询检索的方法或途径；帮助用户了解数据，对数据是否能满足其需求做出正确的判断等。元数据是目录体系的核心内容，元数据标准的设计和实现是目录体系建设过程中首要的、基础性的工作。交通部将根据交通信息资源实际情况，制定交通信息资源核心元数据标准。各单位可根据自身业务需求进行扩展，形成交通信息资源元数据。其中，交通信息资源服务元数据将采用 UDDI（Universal Description, Discovery and Integration） v2.0 标准。

4. 信息资源目录

资源目录是通过信息资源描述项记录信息资源结构和信息资源属性的数据体系,是整个交通信息资源共享和开发利用的基础设施。通过信息资源目录的建立，为交通信息资源的采集、分类、描述、处理、展现、应用和管理提供统一的标准规范，为分散异构（各委、局、处室及各企业）的交通信息资源的共享和交换提供基础性支撑，实现对交通信息资源的识别、导航和定位服务，从而更加有效地管理和整合利用交通信息资源。

5. 数据挖掘分析

在技术上可以根据工作过程分为数据的抽取、数据的存储和管理、数据的展现等关键技术。数据的抽取是数据进入仓库的入口。由于数据仓库是一个独立的数据环境，它需要通过抽取过程将数据从联机事务处理系统、外部数据源、脱机的数据存储介质中导入数据仓库。数据抽取在技术上主要涉及互连、复制、增量、转换、调度和监控等几个方面的处理。在数据抽取方面，未来的技术发展将集中在系统功能集成化方面，以适应数据仓库本身或数据源的变化，使系统更便于管理和维护。

## 三、发展趋势

交通信息系统的主要功能之一就是通过自身的发展建设为各个智能交通子系统提供集成的环境，并且在集成的基础上提供增值服务及决策支持等，从而发挥单个系统所无法实现的功能，扩展智能交通系统的作用，提高集成化程度。交通信息服务的发展从技术到服务具备如下趋势：以云计算为基石，构建云服务、云管理、云存储等云群体系，形成具有深度、广度辐射能力的云计算及物联网。实现覆盖主干路网的基础数据采集及异构系统对象识别和格式转换，形成在线交通管控及应急措施的交通评价集成平台。

交通信息服务的另一个发展特点是智能化，这同时也是智能交通系统的发展目标之一。传统的交通管理系统及智能交通系统的发展都是各个系统独立建设、独自运行，相互之间缺少必要的联系和交流，信息、数据的缺乏影响了各个系统的智能化程度。通过在各个系统之间进行信息交换和共享，提高各个系统对整个交通态势的了解程度，为各个系统的决策及动作的执行提供了依据。通过人工智能的交通仿真辅助决策，实现准确预测动态交通需求及预知信息发布。依托高覆盖度的公共信息显示设备，实现高覆盖率、便捷可靠的交通信息服务。

（主要撰稿人：谢振东、顾承华、王　刚、郭继孚、赵华鸿）

# 交通系统仿真

## 一、概述

交通系统仿真是再现交通流运行规律，对交通系统进行方案测试分析以及管理、控制和优化的重要实验手段和工具。智能交通系统在我国还处于初级发展阶段，利用交通仿真可以对真实世界中尚未得到实施的ITS技术进行细致的分析，对已实施的技术提出优化建议，在不对现有交通系统产生任何干扰的情况下进行多种系统方案的检验，更有效地指导系统的实施。

交通仿真可分为宏观仿真、中观仿真和微观仿真。宏观仿真模型以交通流流体力学理论、集散波理论等为基础，是一种确定性的模拟算法，典型模型包括 CALSIG、CAPCAL、FREQ 等。20 世纪 60 年代初期，宏观模型首先被用于交通系统仿真，但是宏观模型难以正确表达拥挤状态下交通流的实际动态行为，无法描述各种随机现象造成的系统性能变化。

中观仿真模型介于微观仿真模型和宏观仿真模型之间，它一般以车辆密度函数、简化的车辆个体运动模型来表示一个区段车辆行驶的速度，并考虑车辆在路口的转向和排队现象，典型的中观模型有 CONTRAM、DYNEMO、VISUM-Online 等。20 世纪 80 年代以来，考虑到宏观模型在描述拥挤交通流方面的缺陷，中观模型相继得到了部分应用，但是中观模型无法反映单个驾驶员对信息的反应，不同控制系统对路网的影响仅以通行能力的形式表示。美国曾经针对信息环境下的出行者对信息的反应和动态路径选择开发了 DYNASMART、DYNAMIT 中观模型，但其计算负荷大、参数标定困难，至今仍未普及应用。

微观仿真模型是以每个车辆的运行行为为基本单元，详细描述交通系统的要素及行为细节的交通仿真模型。每个车辆在道路上的跟车、超车及车道变换等微观行为都能得到较真实的反映。典型的微观建模工具有 VISSIM、PARAMICS、AIMSUN、TransModeler 等。随着计算机技术和系统仿真技术的发展，到 20 世纪 90 年代初，微观交通仿真技术在世界各国已经得到了迅速的发展，特别是 ATMS 和 ATIS 的开发研究，要求对交通网络的动态随机特性描述更加接近现实系统，能够反映单个车辆在路网中的运行过程，以实现对交通流诱导技术的模拟研究。

## 二、关键技术及研究进展

据不完全统计，国内约有 100 多所大专院校、设计单位、政府部门及交通咨询公司拥有微观仿真软件。其中，德国 PTV 公司的 VISSIM 因其强大的混合交通流仿真、三维显示及宏观微观一体化仿真能力而在国内占有一半以上的市场份额。AIMSUN、TransModeler 及 Paramics 也有一定的市场占有率。每年完成的微观仿真工程咨询课题不少于 500 项。目前国内在应用微观仿真模型时有以下几个趋势。

1. 大型活动和交通集散地的人流仿真

为合理规划设施和组织好各类大型活动，以及分析优化火车站、地铁车站、交通枢纽的人流通行设施，包括人流及与公交、私人小汽车转换的综合交通系统的仿真已经逐渐成为一个重要的交通仿真工作领域。在北京奥运会开闭幕式的人流组织中，应用微观仿真方法进行了详细分析和准确预测（散场时间的预测与实际运行仅差两分钟），保证了活动的安全与平稳；在上海世博会的客流预测和进退场设施规划中也应用了人流仿真的工具，为世博会的顺利运行提供了准确有效的数据支撑。

2. 支持大型路网的仿真计算

现实情况下可能会有很多的区域路网仿真，那么，就要求交通仿真软件和硬件能够支持大型的路网仿真计算。在硬件方面，现在市场上已经可以提供 64 位的计算机系统，突破了传统 3G 内存的限制。在软件方面，要求不仅要支持 64 位系统，还要支持多核计算，加快仿真运行计算速度。

3. 宏观仿真与微观仿真的整合

在未来可能会更加强调对交通项目的可实施性的要求。一个交通项目，不仅要考虑现状和未来的交通规划分析，还需要切割重点区域或者路口，进行交通组织方案的深入优化分析，提出建设实施意见，甚至同时提供合理的信号配时方案。因此，要求微观交通仿真软件可以和宏观交通仿真软件进行无缝整合，方便地进行数据交换。

## 三、发展趋势

交通仿真是一个分析和优化交通系统的重要工具和手段，随着计算机数据处理能力的不断增强，交通仿真的广度和深度也在不断地发展，并且具有宏观微观模型一体化、静态动态相结合的发展趋势。合理正确地使用交通仿真工具，可以在规划设计阶段发现交通设施方案的瓶颈点和薄弱环节，进行优化和调整，避免实施以后才发现问题。随着交通信息化建设步伐的加快，北京、上海、深圳等大城市都具备实时检测获取海量交通信息的能力，这为中观仿真模型的应用创造了条件。仿真模型要求以实时检测的数据和海量历史数据为基础，通过中观仿真模型的计算分析，估计路网的交通状态，并做出趋势预测。交通管理中心根据当前及未来的交通状态，向出行者提供说明性或者建议性的出行信息。注意出行信息可能会导致驾驶员重新选择路径，即信息过反应问题。

国际上，宏观仿真模型是以交通流流体力学理论、集散波理论等为基础的仿真模型。在交通仿真研究的早期，该类模型有一定的应用。但随着交通仿真技术、计算机技术的发展，该类模型逐渐退出了历史舞台。

（主要撰稿人：李克平）

# 交通地理信息系统

## 一、概述

交通地理信息系统（GIS-T）以现代计算机科学、地理学、信息科学、管理科学和测绘科学为基础，并与传统的交通信息分析和处理技术紧密结合，采用数据库、计算机图形学、多媒体等技术，对交通地理信息进行数据处理，能够实时准确地采集、修改和更新地理空间数据和属性信息，为决策者提供可视化的支持。作为智能交通系统的基础技术之一，GIS-T 在智能交通系统中的应用研究主要围绕以下几个方面展开。

1. 交通路网数据表达

智能交通系统中涉及导航、交通信息采集与发布、交通仿真等领域，其研究与应用都需要交通路网数据的支持。因此，对交通路网进行建模，对路网数据进行有效组织与表达是 GIS-T 的基本任务之一。

2. 时间维度在 GIS 中的融合

大多数交通数据都具有时态特征，将时间维度融入传统 GIS 中，对时空交通数据进行有效组织与管理，对各种具有时态特征的交通问题和现象（如交通拥堵、违法等）进行建模和分析，是智能交通系统对 GIS-T 提出的新要求。

3. 三维数据的可视化表达和分析

GIS 的最基本功能是对地理空间数据进行可视化表达，现代路网结构复杂，二维 GIS 已不能充分表达隧道、高架、立交等具有立体特征的数据，也不能对立体数据上的交通事件、交通现象进行充分的可视化展示与分析。因此，三维 GIS 也是 GIS-T 重要的技术支撑之一。

## 二、关键技术及研究进展

现阶段，交通地理信息系统中涉及的关键技术主要包括以下几方面的内容：交通路网建模、时态 GIS 和三维 GIS。

### （一）交通路网建模

现代社会道路网络结构复杂，高架路、地下通道与地面道路一起呈现出错综复杂的大立体特征，面向车道复杂而细致的交通规则应运而生，如单行道、公交专用线、交通时段管制车道等。描述细致真实的道路特征、表达复杂的交通现象成为智能交通系统中迫切需要解决的关键科学问题。交通路网建模侧重于对道路网络的抽象与表达，以及对道路数据的管理。有关交通路网建模的研究涉及多角度、多层面的内容，主要包括以下几大类。

1. 节点－弧段拓扑模型

以图论理论为基础的节点－弧段拓扑模型是交通路网的最常见、最基础的表达结构。它以节点、弧段对交通路网中的交叉口、路段进行抽象表达，配合转向表等的使用，加入路段的转向、通行规则。

2. 基于车道的交通路网模型

引入车道要素，以道路中心线为基准，综合运用线性参考、动态分段等技术，对车道横向与纵向连通性进行表达。由于车道拓扑描述复杂，不易支持经典的网络分析算法，在单车道描述的基础上，出现了综合车道类模型，对同向连通车道进行聚合建模，可降低数据量及管理难度。

3. 交通路网的分层数据模型

为了对数据进行更有效的管理与表达，以对交通路网描述的细致程度为划分依据，从具体（以车道为基准描述对象）到抽象（描述主干路网、对立交等复杂结构进行抽象）分层对路网数据进行表达，以满足不同的应用研究需求。

4. 基于交通规则的交通路网数据模型

传统意义下的交通路网是由物理道路网络与路权分配交通规则有机组合而成的。故对交通规则进行建模，并将其加载于物理道路网络上，是基于交通规则进行路网建模的主要思路，其特征是能完整表述道路网络上的交通约束与规则。

交通路网模型广泛应用于智能交通系统的多个应用研究领域，如交通规划、导航、交通仿真、信号控制、交通信息采集与发布、交通设施管理等领域。

### （二）时态 GIS

交通领域中许多数据都是基于时间的数据，要求 GIS 能提供完善的时序分析功能，高效地回答与时间相关的各类问题。能有效处理时空数据的 GIS 即是时态 GIS，时态 GIS 是建立在时态数据库、GIS、人工智能等基础上的一种综合型应用性技术，它对客观事物的时间特性进行研究，能从时间的角度上对地理信息进行表达、分析，可对历史数据进行回溯、恢复，并可对未来趋势进行预测。时态 GIS 的研究涉及以下几项关键技术。

1. 时空数据仓库

时态 GIS 研究的目标是实现动态的时空数据管理和分析。时态数据随着时间的积累呈几何级数增长，数据量巨大，并且时空数据具有多尺度性、抽象性和不稳定性。这些导致传统的数据库难以对时空数据进行有效的管理和分析，必须结合时态地理信息系统技术和数据仓库技术建立时空数据仓库。

2. 时空路径分析与时空棱镜

时空路径是个体在时空中移动的轨迹。通过时空路径可以迅速找到个体的活动开始和结束时间、活动持续时间、行为序列、行为频率等，通过投影、求导等可以分析个体移动的路径、速度、活动制约范围等。时空棱镜是时空路径的扩展，它是个人能力所决定的可达时空范围。时空棱镜在地理平面上的投影是个体的空间可活动范围，在时间轴上的投影是个体活动时间范围。与 GIS 的空间分析和三维可视化功能相结合，时空路径、时空棱镜是分析和显示时空行为数据的有效方法。

3. 海量数据管理

高效管理海量数据是时态 GIS 的重要功能之一。其中，索引技术是关键。索引的目的在于从大量空间对象中快速存取满足一定空间范围条件的空间对象，从而实现空间对象的快速检索。代表性的算法有网格索引、BSP 树、R 树、Cell 树、预聚合方法和自适应时空立方体等。

现阶段时态 GIS 在交通系统中的应用主要涉及重点车辆监控、个体行为模式分析、城市交通事故时空关系模式分析、动态运输网络的时空数据模型等领域。

### （三）三维 GIS

传统的 GIS 是二维 GIS，它通过二维坐标对地理对象进行表示。由于真实世界是三维的，特别是城市交通中，隧道、高架、复杂立交等三维结构随处可见，二维 GIS 已不能有效地对这类对象进行逼真的可视化表达。三维 GIS 运用三维数据描述地理对象，它在日益增长的三维空间信息需求的牵引及现代新兴技术的驱动下得到很大的发展。三维 GIS 涉及以下几项关键技术。

1. 数据获取技术

三维空间数据主要包括构成三维地形的 DEM 和 DOM，特殊地物的平面数据、高程数据及纹理数据。将三维建筑物模型的重建方法分为基于地图的方法、基于图像的方法和基于点群的方法 3 类。

2. 数据管理技术

三维 GIS 数据包含对象多种细节层次的几何表达，并提供用于对象表面逼真描述的数据等。这些使得三维 GIS 面对的是海量数据。其中，空间索引技术是三维 GIS 进行海量数据管理的主要技术。

3. 数据分析技术

空间分析是目前主要的三维数据分析方法，它包括基于图形的方法（缓冲区分析、叠置分析、网络分析等）与基于数据的方法（包括空间距离、表面积、体积、可视域计算等）两类。

目前，三维 GIS 的应用主要集中在三维空间可视化方面（如导航系统中道路网络的三维建模、交通设施可视建模等)，三维 GIS 的空间分析能力相对薄弱，三维空间数据模型理论和技术还不够成熟，有待更深入的研究。

## 三、发展趋势

交通地理信息系统是智能交通系统的重要基础技术。针对现实应用的需要及 GIS-T 研究中出现的问题，目前，GIS-T 相关技术的发展主要围绕以下几方面进行。

1. 交通路网数据平台的构建

智能交通系统各应用研究领域的推进与实施都需要交通路网数据的支持。然而，不同领域的研究和应用对交通路网提出了不同的需求，异构交通路网数据也有各自的特征，不能方便地进行数据交换与共享。因此，建立统一的交通路网数据管理和交换平台是 GIS-T 技术发展趋势之一。

2. 时态 GIS 在理论与应用层面的深化

时态 GIS 的理论和技术体系有待完善，包括时空数据模型、时空拓扑关系、个体行为建模及模拟预测、海量时空数据管理和显示等方面，进而产生完整的时态 GIS 平台软件；在应用方面，时态 GIS 将更为广泛地应用于交通规划、个体出行研究、交通需求、交通数据分析挖掘等领域。

3. GIS 数据的一体化

二维 GIS 有更宏观、更抽象、更综合的优点，交通仿真、导航、交通信息处理与发布等应用在二维 GIS 中获得了良好的支持。而三维 GIS 能表现更多的空间关系，能够有效表达复杂的路网结构及交通事件，在 GIS-T 应用领域内备受青睐。但现阶段二维 GIS 平台与三维 GIS 平台是割裂的，两者在数据模型、数据结构和系统架构上都不一致，阻碍了它们在智能交通系统的进一步应用。因此，实现二、三维数据的一体化是 GIS-T 技术的发展方向之一。

（主要撰稿人：余　志、何兆成）

# 交通拥堵评价

## 一、概述

近年来，随着社会经济与城市化进程的快速发展，我国大中城市道路交通拥堵频发，严重影响了正常的社会生产与生活。城市交通拥堵问题成为政府、社会和公众共同关注的焦点，成为影响民生的重要方面。

客观认识和定量评价交通拥堵是制订疏堵方案，掌握城市复杂拥堵特征与演变趋势，并从规划、政策和管理等多方面调整供需，从而从根本上改善拥堵状况、提高路网运行效率的首要条件。在传统的城市道路交通运行评价中，多使用流量或负荷度等指标，然而这些指标往往只适用于路网运行静态评价，在道路拥堵状态下则会失效；更为重要的是，这些指标的技术性太强，不便于理解和接受。受交通检测技术条件的限制，基础数据存在盲区，只能获得断面的、不连续的数据，难以反映道路交通的时变特性。因此，缺乏一种宏观的评价指标反映整个路网的动态运行状况。

随着浮动车信息采集等新型交通信息采集技术的发展，结合数据库、GIS、并行计算等信息化技术发展，使得宏观评价路网动态运行状态成为可能。交通拥堵评价技术是结合我国基础数据特点，提出并建立的适合我国城市道路交通拥堵评价的指标体系和评价方法，在国内外首次提出“五维”交通拥堵评价技术方法。从拥堵强度、拥堵范围、拥堵时间、发生频度、可靠性“五维”特征，全方位、定量地反映城市交通拥堵的状况和演变规律，解决了传统单一交通参数不能完整、真实反映交通拥堵状况，拥堵评价缺乏科学、统一标准的问题。首次实现我国城市内和城市间的横、纵向交通拥堵对比分析（目前只有美国做过类似的对比工作），为交通战略规划、实时动态路网工况诊断、拥堵治理等提供了全新的技术手段。在北京、上海等城市的实证研究证明了该技术体系的科学性、有效性及实用性。

## 二、关键技术及研究进展

### 1. 评价指标体系建立

为总体刻画城市路网或者特定区域的交通拥堵程度、时间和空间范围及发展趋势，实现对交通拥堵的立体描述，便于宏观把握交通系统的总体运转状况，明确交通拥堵的变化趋势和时空演化规律，了解道路网运行的薄弱环节，从以下 5 个方面设定拥堵评价指标筛选原则。

（1）拥堵强度：拥堵的强弱程度，通过评价交通拥堵与拥堵标准的对比来反映拥堵的影响轻重程度。

（2）拥堵范围：拥堵的影响范围，通过评价交通拥堵的空间分布和数量来反映拥堵的地理分布特征。

（3）拥堵时间：拥堵的持续时间，通过评价交通拥堵的时间分布和延续来反映拥堵的时间分布特征。

（4）常发拥堵路段：常发拥堵路段的数量以及空间与方向分布，通过区分偶发性拥堵和常发性拥堵，反映交通拥堵发生的聚集性、潮汐性。

（5）可靠性：行程时间的可靠性程度，通过对行程时间的波动性指标计算，反映道路网交通运行的波动性。

对应这 5 个方面，研究提出了道路交通拥堵指数、拥堵里程比例、交通拥堵持续时间、常发拥堵路段数及行程时间可靠性指数 5 个指标。

2. 路网实时动态数据采集与处理

浮动车数据是拥堵评价技术的最基础数据，能够获取覆盖全路网的车辆连续的行程速度数据，解决间断数据存在盲区的问题。浮动车实时数据的地图匹配是实时行程速度计算的重要基础。基于浮动车数据获取的路网运行状态测度指标能够评价任意路段在任意时刻的运行状态，但是对路网的宏观整体评价需要从时间上和空间上有机集成、综合考虑。

在时间分析上，为精确把握道路交通运行的波动性，首要要确定合理的样本时间粒度。其次，对时间粒度进行集成，形成“分—时—日—周—月—年”的时间集成机制。在空间分析上，要解决如何从具体路段的分析数据综合集成路网整体运行指标的难题。经反复实践，最终确定以不同功能等级道路在路网中承担的负荷量反映其对路网运行的贡献度，并作为指标综合的权重，这样在空间上形成“路段－某等级道路－局部路网－全路网”的立体评价空间集成平台。

3. 速度阈值标定

道路平均行程速度是评价道路通畅程度最为直观的重要指标，同时也是拥堵指标计算的基础。

在基于速度的交通拥堵等级判定参数阈值标定过程中，所采用的基础数据有：①在途拥堵感知调研数据，包括在途车辆 GPS 数据（含车辆位置点信息、车辆速度信息等）、间隔 1min 的拥堵感知信息、路段拥堵感知信息等；②浮动车运行速度数据，包括间隔 1min、5min 的浮动车运行速度数据。

主要方法有：①基于在途拥堵感知调研数据，利用概率统计分析方法，建立拥堵感知结果与车辆运行速度数据之间的对应关系；②基于浮动车运行速度数据，利用统计分析方法，获取浮动车速度数据的关键百分位点；③根据美国通行能力手册（HCM），确定基于不同道路等级自由流速度的百分比。

## 三、发展趋势

采用交通拥堵评价技术建成了以浮动车数据和交通流动态检测数据为基础的北京路网运行评价专题数据库和评价分析平台。以北京市为例，对 2006—2011 年的交通拥堵状况进行全面详实的分析，其核心成果成为北京市每年（半年）度交通运行报告的重要内容。城市交通拥堵评价技术成果除在北京市得到持续性应用外，还对上海中心城区的拥堵进行了评价。通过对北京和上海不同城市路网结构和需求特征下的拥堵特征进行分析和评价，为两大城市互相借鉴交通规划、决策和管理经验，制定适合的缓解交通拥堵的政策和措施提供了参考；也为该技术的完善和在其他城市的推广，实现我国城市间交通拥堵分析奠定了基础。

随着拥堵特征的多样化，对拥堵问题的研究将是一个长期的课题，现阶段的技术成果还只是迈出了第一步，还需要在下阶段开展更深入、更广泛的研究，主要包括拥堵态势推演技术研究、拥堵规律仿真分析技术研究、拥堵的长期预测研究等。

（主要撰稿人：郭继孚）

# 交通运行分析与决策支持

## 一、概述

交通运行分析与决策支持技术是服务于城市交通规划、建设、管理决策的技术支持系统，包括运行分析、决策支持及支撑技术 3 个方面。运行分析技术是以数据采集、处理和指标分析、评价为核心的系列技术，具体包括多元交通信息采集技术、交通运行信息监测分析技术、交通运行状态评价技术、交通事件识别技术、交通流信息预测技术等；决策支持技术是在运行分析技术的基础上，侧重对交通系统运行的评估诊断、交通改善方案对策及评价、政策研究分析等技术实现；支撑技术主要包括数据库技术、网络技术、分布式并行计算技术、安全监控技术、容灾备份技术等。

交通运行分析及决策支持技术的目的是在全面整合交通流实时动态数据、交通运营数据、行业统计数据、出行特征数据、基础设施数据、交通地理信息数据和城市背景数据的基础上，实现城市交通运行监测、综合交通运输分析、居民出行分析、货运分析，以及交通系统的监测—评价—预测—预警—调控，为交通拥堵治理、基础设施规划建设、交通发展战略和政策、行业管理决策、综合交通运输协调和其他专项工作提供数据支持。

## 二、关键技术及研究进展

### 1. 基于浮动车数据的交通运行全时空监控技术

浮动车交通信息采集技术经过近十年的研究，已经成为较为成熟的技术。但对于浮动车数据的挖掘应用仍然在进行。该技术在浮动车实时计算系统的基础上，针对实时计算生成的大量交通路况数据，再次进行各种指标的实时运算，并实时发布这些指标，实现对路网交通运行的全时空监控分析。该技术已经在北京奥运会、机动车停驶政策、停车费调整监测等实际工作中取得应用。

### 2. 交通拥堵评价技术

建立能够全面评价城市道路交通运行状况的拥堵评价指标体系，实现对城市拥堵状况的分析和症结诊断，综合反映拥堵发展态势，明确交通拥堵的变化趋势和时空演化规律，了解道路网运行的薄弱环节，从而为政府部门治理拥堵提供基础信息和技术支持。

目前，北京交通发展研究中心研究提出了由交通运行指数（拥堵指数）、道路交通拥堵率、拥堵里程比例、拥堵持续时间、常发拥堵路段数和行程时间可靠性指数等指标组成的指标体系，对城市道路网交通运行状况进行评价；并形成了国家标准《道路交通信息服务 交通状况描述》（送审稿）和北京市地方标准《城市道路交通运行评价指标体系》（送审稿）中的相应内容。

3. 交通拥堵治理决策辅助分析技术

基于拥堵指标分析和拥堵点段识别技术，诊断全市性和区域性拥堵特征和问题，为制订拥堵治理项目列表和排序，并从宏观和微观两个层面为评价拥堵治理效果提供支持。

4. 公交IC卡数据挖掘分析技术

对公交IC卡的数据进行解析、校验、指标分析等。基于公交IC卡数据分析和公交运营统计数据，能够从时间、空间两个维度描绘全市的公共交通运营情况，从总体上把握公共交通的运行状态、规律和趋势，找出公共交通运行的薄弱环节，为市政府、公交企业、市交委及出租车公司提供决策支持基础。该技术已经结合北京市公交IC卡数据建立了分析指标和算法，为公交线网规划调整提供依据。

5. 高速公路ETC数据分析技术

基于公路流量检测数据和高速公路收费数据，进行高速公路运行基本交通参数分析。通过进一步挖掘分析，评价公路运行状况和服务水平，为公路管理与规划建设提供决策支持。

6. 交通事件识别与预警技术

通过对道路运行状态的实时监测和短时预测，结合基于历史数据的道路运行规律分析结果和实时上下游运行状态，自动识别出道路运行的异常情况，并实现预警功能，及时发现交通事件，指导快速疏导。主要包括实时路况分析、短时预测、历史规律分析、事件识别分析、预测预警。

7. 大规模分布式计算调度技术

该技术主要是为了解决海量数据实时计算效率的难题，相当于一个私有云，实现内部计算终端之间的分布式并行计算。调度系统的设计目标是将集群中独立的服务器整合在一起，形成一个具有高可用、高伸缩性的计算平台。它的主要输入是集群中的各种物力资源（如CPU、Memory、Disk Cache Queue、Network I/O等）和任务列表，输出是任务的发布（如在哪台Worker上执行哪个步骤）。

8. 集群数据存储技术

集群数据存储技术主要是解决海量数据实时调用与存储的难题。通过块的多副本来解决容错性问题，即当有限个节点离线后，系统仍然能够继续正确工作。集群级存储实际上可以称为分布式文件系统或网络文件系统，允许通过计算机网络访问存储在不同计算机上的共享存储。集群级存储在下层存储上由逻辑上的块（Block/Chunk）组成，一个块的副本只会由一台计算机上的存储提供，一个或多个块构成了一个虚拟文件。

## 三、发展趋势

智能交通技术的发展不但开创了出行服务领域的全新阶段，也为打破传统交通规划、决策、建设和管理方法，提供智能化手段，提升决策效率，实现精细化管理提供了重要条件。随着大城市交通拥堵状况越来越复杂，对交通规划管理的要求也越来越高，基于全面信息的综合性交通分析及决策就变得越来越重要。

德国柏林的 SITRAFFIC Concert、英国南安普顿的 ROMANSE、休斯顿的 TranStar 及加利福利亚的 PeMS 系统，都是在采集相关交通数据的基础上，进行一系列的分析，再通过各种渠道发布这些分析结果。在交通管理中心，设置大屏幕来监控和展示交通实况，以及系统各项运营分析结果。此外，国外的类似系统，在分析公路运输、道路运输、公共交通、出租车等陆路运输方式的基础上，已开始朝着陆路运输、水运、航空运输、铁路运输及管道运输 5 种交通方式综合协调的方向发展。

我国以北京、上海、广州、深圳为首的特大城市，甚至一些二、三线城市，近年来普遍受到不同程度的交通拥堵问题困扰，对于智能化的交通运行分析及决策支持要求更加迫切。通过把大量的、分散的结构化和非结构化数据整合起来，使之成为一个统一的体系，以利于数据的高效管理，充分发挥信息的作用，使各种信息相互关联、有机结合，更好地为交通研究服务。

（主要撰稿人：郭继孚）

# 车辆主动安全与车路协同

## 一、概述

车辆是智能交通系统的重要载体，是重要的交通参与者。从交通系统的角度出发，车辆主动安全不只关注自车的安全，而是通过识别其他交通参与者和交通设施（如行人、邻车、路侧设备、行车环境等），并与之通信，辨识行车危险，从而获得安全、高效的通行能力。在智能交通系统中，车辆主动安全既涵盖传统的车辆动力学控制技术，如汽车制动防抱死系统（ABS）、牵引力控制系统（TCS）、主动横摆力偶矩控制（AYC）及电子稳定程序（ESP 或 ESC）等；也包括车辆通过感知行车环境和辨识车辆状态，实现主动安全控制的技术，可分为驾驶员感知增强技术、驾驶员报警技术、辅助驾驶技术和自主驾驶技术。

在车辆主动控制技术迅速发展的情况下，随着汽车对环境感知和理解能力的提高，出现了智能车辆（Intelligent Vehicle），也称为自主式车辆（Autonomous Vehicle）。智能车辆是一个集环境感知、规划决策、多等级辅助驾驶等功能于一体的综合系统，它集中运用了计算机、现代传感、信息融合、通信、人工智能及自动控制等技术，是典型的高新技术综合体。目前对智能车辆的研究主要致力于提高汽车的安全性、舒适性，以及提供优良的人车交互界面。近年来，智能车辆已经成为世界车辆工程领域研究的热点和汽车工业增长的新动力。

车路协同系统是指利用无线通信、传感探测等技术进行车路信息获取，通过车车、车路信息交互和共享，实现车辆和基础设施之间智能协同与配合的系统，它能达到优化利用系统资源、提高道路交通安全、缓解交通拥堵的目标。

车路协同正成为国际智能交通领域研究的新热点，是引领未来智能交通发展的前沿技术。美国的 IVI（Intelligent Vehicle Initiative）、CVHAS（Cooperative Vehicle-Highway Automation System）和 IntelliDrive$^{SM}$ 项目，日本的 Smartway、ASV（Advanced Safety Vehicle）和 AHS（Advanced Cruise-Assist Highway Systems）项目，欧洲 eSafety 计划中的 PReVENT、 CVIS（Cooperative Vehicle Infrastructure System）及 INTERSAFE 和 Car 2 Car 项目等都对车路协同进行了探索性研究。

## 二、关键技术及研究进展

### （一）行车环境感知技术

行车环境感知技术是 ITS 中车辆主动安全控制的关键技术。车辆通过车用机器视觉、微波、激光探测和定位等技术，感知行车环境和自身位置，为行车状态辨识提供检测手段。车用机器视觉通过分析视频图像，获得驾驶员感兴趣的信息，目前主要用于车道线识别、车辆识别和行人识别。早期的车用机器视觉主要用于基于车道线识别的车辆自动导航。目前，基于机器视觉和红外探测的行人识别技术已经成为研究热点，基于机器学习（以 Adaboost 方法为主）的行人检测方法逐渐成为目前该领域最常用的方法。

微波雷达通过天线发送电磁波，通过分析反射回来的信号，测定目标的距离和速度。微波雷达能够通过简单的信号处理，提供较为准确的目标距离和速度。毫米波雷达系统被认为是解决车载雷达探测问题的较好方案。激光雷达扫描仪是一种高分辨率的激光测距探测器，能够检测汽车与障碍物之间的距离。激光扫描器能够准确、快速地测量目标物体的轮廓，实现车辆检测、行人检测，多用于车辆巡航和自动泊车系统。目前，德国、日本等国家都在积极开发车用毫米波雷达系统和扫描式激光雷达系统，我国也正在进行相关技术的研发。

### （二）车辆状态感知技术

#### 1. 胎压监测装置

GB/T 26149—2010《基于胎压监测模块的汽车轮胎气压监测系统》标准自 2010 年 7 月 1 日起实施，适用于 M1 类汽车上用于驾驶员座椅位置和/或前排乘员座椅位置的安全带提醒装置。轮胎压力监测系统（Tire Pressure Monitor System，TPMS）的作用是在汽车行驶过程中对轮胎气压进行实时自动监测，并对轮胎漏气和低气压进行报警，以确保行车安全。间接式 WSB（Wheel-Speed Based）轮胎压力监测系统通过汽车 ABS 系统的轮速传感器来比较轮胎之间的转速差别，以达到监测胎压的目的。直接式 PSB（Pressure-Sensor Based）轮胎压力监测系统利用安装在每一个轮胎里的压力传感器来直接测量轮胎的气压，利用无线发射器将压力信息从轮胎内部发送到中央接收器模块中，然后对各轮胎气压数据进行显示。当轮胎气压太低或漏气时，系统会自动报警。

#### 2. 安全带提醒装置

GB/T 24551—2009《汽车安全带提醒装置》是新制定的推荐性标准，该标准自 2010 年 7 月 1 日起实施，适用于 M1 类汽车上用于驾驶员座椅位置和/或前排乘员座椅位置的安全带提醒装置。安全带提醒装置（Safety Belt Reminder，SBR）是当驾驶员和前排乘员没有使用安全带时，提醒驾驶员和前排乘员的系统。该系统由探测未系安全带的传感器和两级提醒驾驶员的信号（第一级是视觉信号，第二级是视觉和听觉信号）组成。对于车祸事故中的乘员，正确地使用安全带是最有效的保护措施，这一结论已得到大家的公认。调查表明，大多数不系安全带的乘员在受到适当的提醒时是可以系上安全带的。安全带提醒装置就是用于提醒这些乘员使用安全带。

#### 3. 汽车侧倾检测技术

20 世纪 70 年代以来，各国学者在汽车侧倾检测领域进行了大量的研究，得出了许多模拟汽车侧倾的数学模型。这些模型主要分为两大类，一类为结果相对精确的复杂数学模型，如汽车横摆—侧倾模型；另一类为精度略差但较为简便的数学模型，如静态侧倾模型。由于后者计算简便，且要求输入的参数较少，所以得到了广泛应用。SRM 是20 世纪 80 年代由 UMTRI 开发，用于模拟汽车稳态转向时侧倾过程的静态侧倾模型，它可以模拟汽车的侧倾过程，算出汽车侧翻门槛值，预测汽车操纵稳定性。目前，大多数侧翻警示算法都基于横向加速度、侧倾角及横向载荷转移率（Lateral Load Transfer Ratio， LTR）的门槛值。国外在汽车侧翻警示系统方面的主要研究成果如下：第一，基于侧翻信号门槛值警示技术，如选取横向加速度和侧倾角作为侧翻性能指标；第二，基于模型的侧翻预警技术，如选取横向加速度、侧倾角及 LTR 等作为侧翻预警性能指标。国内对车辆侧倾、侧翻方面的研究起步较晚，研究成果主要集中在最近几年，如单体罐式汽车侧翻、汽车列车横向稳定性、主动侧倾控制算法等。

4. 汽车主动避撞系统

汽车主动避撞系统通过将环境信息（如目标、车速、距离等）传递给驾驶员，监控车辆当前运行状况，辨识危险行车状态，为驾驶员提供安全信息服务，必要时采取措施控制汽车，使汽车主动避开危险。根据主动避撞功能的发展历程、系统层次和复杂程度，可将主动避撞系统分为 3 类。一是车辆主动避撞报警系统（CWS）；二是车辆自适应巡航控制（ACC）系统；三是复合型车辆智能控制系统，该系统集成了 ACC 系统和车辆停走（Stop&Go）系统。

在车辆主动避撞报警系统中，根据作用原理的不同，又分为驾驶员状态监测预警、车道偏离报警、前撞报警和后撞报警。驾驶员状态监测预警主要通过车载视频设备监控驾驶员的驾驶行为和脸部表情，结合车辆行驶状态，辨识危险的驾驶行为，通过声音、振动、颜色等多种方式给驾驶员提供预警信息；车道偏离报警系统（LDWS）是指一种通过报警的方式辅助驾驶员避免或者减少车道偏离事故的系统，系统主要采用基于机器视觉或GPS/SINS及磁引导的车道识别技术；前撞和后撞报警技术主要是通过微波雷达、激光雷达、机器视觉等技术检测同车道上的前车和后车的距离，结合自车的车速、驾驶员特性识别碰撞危险，通过声音、光、振动等多种方式报警。

自适应巡航控制系统的主要目标是减轻驾驶员跟车操作负荷和降低追尾碰撞危险。ACC 的关键技术主要包括驾驶员跟车特性、报警/避撞算法和主动安全控制。停走（Stop&Go）自适应巡航系统发展于 20 世纪 90 年代末期，该系统针对拥挤的城市交通工况，通过自适应控制车间相对距离和相对车速，降低驾驶员的工作强度，提高驾驶舒适性，防止车间追尾碰撞的发生。目前，该技术已经被宝马、菲亚特、起亚和大众等诸多汽车企业采用。国内清华大学、北京航空航天大学、北京理工大学等也开展了这方面的研究。

5. 智能车辆

20 世纪 50 年代，美国 Barrett Electronics 公司开发出世界上第一个自动引导车辆系统（AGVS），揭开了智能车辆（IV）研究的大幕。从 20 世纪 80 年代开始，世界各国纷纷大力投入对智能车辆的开发。例如，美国的卡内基•梅隆大学机器人研究所开发了 NavLab 系列，德国联邦国防大学开发了 VaMP 智能试验车，英国国防部主导研制了 ROVA 系统，法国帕斯卡大学与雪铁龙技术中心合作研制了 Peugeot 系统，意大利帕尔玛大学开发了 ARGO 试验车。除此之外，各国还在 ITS 的研究中开展了自主式车辆技术的研究，如 AHS 项目中的自动驾驶系统、IVI 项目中的自动驾驶系统、PATH 项目中的汽车自动驾驶系统。自 2004 年起，美国 DARPA 连续三年举行了智能车挑战赛活动，促进了智能车技术的发展。2010 年谷歌公司开发了“Google Fleet 1”，这是目前智能车辆发展的最高水平。

### （三）车路和车车协同安全控制技术

车路协同安全控制技术是 ITS 研究的热点和前沿技术，主要研究基于车路信息交互的目标识别、危险辨识和安全控制等技术，实现车路协同式安全预警、辅助驾驶和主动避撞等功能。车车协同安全控制技术主要研究基于车车信息交互目标识别、危险辨识和安全控制等技术，实现安全预警、辅助驾驶和冲突消解等功能，主要用于城市道路交通。车车信息交互条件下的协同控制是实现交通系统资源优化、提高主动安全保障水平的重要手段。国外在车车协同控制方面已经进行了探索性研究，在交叉口盲区车-车冲突消解、路段协同跟随等领域取得了一系列研究成果。车车协同控制对提升通行能力和改善行车安全、实现节能减排、带动产业发展都有极大的推动作用。目前车路协同系统涉及的关键技术有以下几个方面。

#### 1. 道路交通信息采集

在车路协同中道路交通信息采集最关注的是动态交通信息中的交通流信息，如车流量、平均车速、车辆定位等。目前交通信息采集方式主要有感应线圈检测、微波检测、红外线检测、视频检测，以及基于 GPS 定位的采集技术、基于蜂窝网络的采集技术、基于 RFID 的采集技术等。每种采集技术都有自身的优势和不足，可根据应用需求，结合各种采集技术的优点，对多种信息采集技术进行融合，提高路网交通状态实时检测精度。

#### 2. 路面状态信息采集

路面状态良好是保证车辆安全运行的基础条件之一，对于路面状态需要采集的信息主要包括道路路面状况（积水、结冰、积雪等）、道路几何状况（车道宽度、曲率、坡度等）、道路异常事件信息（违章车辆、发生会车、碰撞事故、非法占有车道的障碍物）等。单一传感器无法满足多信息实时采集的要求，必须通过融合多传感器信息，如雷达、超声波、计算机视觉及无线传感器网络等，实现车辆间、车路间的信息交换，以及道路路面状况信息的实时采集。

#### 3. 车路和车车协同信息交互

目前网络通信主要包括无线个域网通信（Bluetooth、Zigbee）、无线局域网通信

（WiFi）、无线广域网通信（WiMAX）和新型的 3G、IPv6 等，以及专用短程无线通信。应用于车路协同系统的车与路之间的无线通信技术主要有两类：一是专用短程无线通信技术（Dedicated Short Range Communication，DSRC），DSRC 具有数据传输速度高、延时小、抗干扰能力强、信号覆盖范围相对集中等特点，特别适合在特定路段进行通信，是要求通信设备稳定可靠的车路协同系统的核心，也是人车路一体化协同控制与安全预警系统集成的基础，已成为欧美国家发展车路协同系统的首选通信技术；二是基于固定信标（Beacon）的定向无线通信技术，日本在实现车路无线通信方面主要采用了无线电信标和红外信标两种定向无线通信信标。

## 三、发展趋势

基于智能交通系统的车辆主动安全技术进一步拓展了车辆安全领域的研究范围，车辆不再是单独的行为个体，而是具有了一定范围的社会属性。在传统的主动安全控制技术的基础上，通过环境感知技术、通信技术和网络技术对其进行改造，从而实现车辆的智能化，为实现交通网络的智能化打下基础。

### 1. 复杂条件下的环境感知技术将成为研究热点

车用机器视觉是一种动态感知技术，受光照、场景、路线、气候等环境因素制约较多，在高速行驶的汽车中，既要满足环境的多变性，又要满足算法的实时性，因此复杂条件下的环境感知技术是目前研究的难点之一。针对车道线和车辆的识别技术还需要解决识别算法在复杂条件下（如弯道和复杂光照）的有效性；对普通道路的路面和边界识别还有待进一步研究；行人检测还受到姿态、服饰、动作、轮廓等因素的影响，是环境感知技术的研究热点。

### 2. 车路和车车协同主动安全技术将进入实用阶段

各国都对车路和车车协同技术在交通安全上的应用寄予厚望，美国 VII 项目预计在 2030 年减少 90%的与交通事故有关的死亡人数和相应的损失。随着研究的深入，该技术将逐渐进入应用阶段。

### 3. 智能车辆研究领域的竞争越来越激烈

智能车辆在民用和军用领域中存在广泛的应用前景，其发展代表了车辆发展的最终方向。目前的智能车辆还是以半自主驾驶为主，只在一定时空条件下才允许自主驾驶。但是随着汽车对环境感知和理解能力的增强，以及通信和车用互联网技术的应用，智能车辆技术的发展将更加迅速。

（主要撰稿人：李克强、王云鹏、王建强、田大新、戎　辉、谢　飞、高　峰）

# 第四章

## 应用系统

# 交通信号控制系统

## 一、系统概述

交通控制系统是现代城市交通控制和疏导的主要手段，通过各种先进的检测设备，将交通情况进行实时反馈，采用控制理论和各种优化算法对数据进行处理，给出控制量，使控制对象按照希望的轨迹运动，从而达到控制目的。交通控制的对象是交通流；反馈量一般是指速度、密度、占有率、流量、排队长度；控制量一般是指红、绿灯信号，主线限速标志，可变信息板，以及车载通信系统等。控制的性能指标一般是指总行程时间最短、总服务量流量最大、总延误最小及流量与速度乘积最大、入口匝道平均等待时间最短等。

先进的交通控制系统是改善城市交通运行状况的重要途径之一，具有投资少、见效快的特点，同时它也是城市现代化的重要标志。早在 100 多年前，人们就开始研究交通信号，控制车辆出入交叉口的次序。伴随着科学技术的飞速发展和人们对交通规律与运行机理的深入认识，城市交通控制技术得到了长足的发展。从控制范围来看，城市交通控制经过了单点信号控制、干线信号协调控制和区域信号协调控制 3 个阶段；从控制方式来看，经历了固定配时信号控制、感应式信号控制到实时自适应信号控制的过程；从控制设备来看，由机械控制器、电机控制器、电子控制器发展到计算机控制系统；从配时方案的制定技术来看，从以人工技术为主发展成为以脱机计算机技术和联机计算机技术为主。

## 二、系统组成及功能

如图 4.1 所示，交通信号控制系统采用 3 层系统架构（中心控制、区域控制、外场控制），该结构扩展性强，适用于大规模控制系统的应用需要。系统主要业务处理由区域服务完成，各个区域服务负责处理本区域的业务，多个区域服务可以并行存在。区域服务的任务加载灵活，可以完成既定的业务功能。

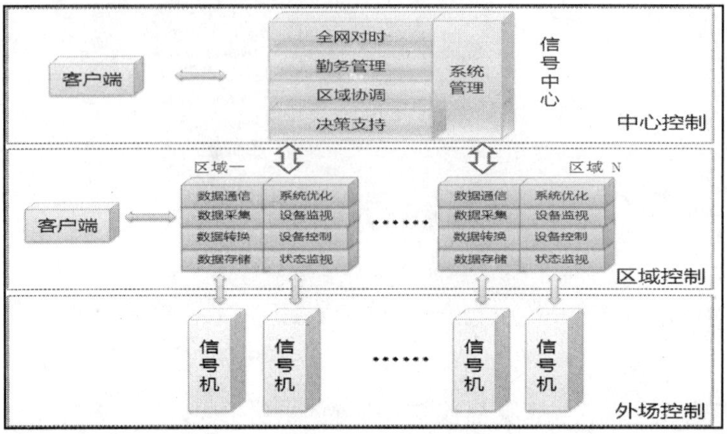


图 4.1　交通信号控制系统架构

## 三、应用案例

国内交通信号控制系统起步较晚，20 世纪 70 年代北京市采用 DJS—130 型计算机对干道协调控制进行了研究；20 世纪 80 年代以来，国家采取引进与开发相结合的方针，先后建立了一些城市道路交通控制系统，但是国内信号控制系统的市场仍被国外系统所掌控，国内系统无法与国外系统形成竞争。

随着我国城市化进程的日益加快和国内信号控制系统的发展，国家投入力量研发城市交通信号控制技术，开发适应我国以混合交通为主要特点的智能交通控制系统。例如，南京城市交通控制系统（NUTCS）是我国自行研制开发的第一个实时自适应城市交通信号控制系统，是在原国家计委和国家科委的批准下，由公安部交通管理科学研究所、电子工业部第二十八研究所、同济大学、南京交通管理局共同完成的，是“七五”国家重点科技攻关项目（编号 2443），多次获得公安部和国家的技术大奖。目前国内已有很多城市使用国内自主研发的交通控制系统，典型系统包括以下几种。

“HiCON 自适应交通信号控制系统”是青岛海信网络科技股份有限公司自主开发的 ITS 行业交通信号控制领域高端产品，该产品应用国际领先技术，结合复杂交通特点研发，主要为城市交通提供实时自适应控制的软件及信号机。该系统是路口信号机、通信服务器到中心控制服务器的整套解决方案，包括系列交通信号机、HiCON 自适应交通信号控制系统软件、CMT 交通信号机配置与维护工具软件。2005 年 12 月，海信自适应交通信号控制系统成功中标北京市公安局公安交通管理局交通信号控制系统二期项目，路口总数达 387 个。目前，HiCON 自适应交通信号控制系统及 HSC-100 信号机已在国内多个城市（北京、福州、厦门、青岛、烟台、淄博、威海、龙口、黄岛、太原、长春等）的几百个路口广泛应用。

“KELI-UTC 系列交通信号控制系统”由安徽科力信息产业有限责任公司研发，包括 KELI-UTC2.0 道路信号控制机、KELI-UTC3.1 和 KELI-UTC3.2 集中协调式道路信号控制机、KELI-UTC 太阳能移动交通信号机、城市道路交通信号集成控制系统平台、交通微观仿真系统软件等一系列产品。科力信号机系列产品设计参考了德国 RiLSA、美国 NTCIP 等标准，依据我国 GB25280—2010，GA/T527—2005，GA47—2002，GA299—2001 等信号机标准，具有多时段定时、手动、感应、干线协调、黄闪、交通管制、绿波带控制、BRT 控制、VIP 控制、自适应控制等多种工作模式；相位最大容量可达 16 位，每相位可设 10 组灯；最大可带 16 路车辆检测器，可测 16 车道流量或感应请求线圈；最大可带 28 路信号灯组，可单独驱动 76 盏灯；同时具有无线联网、故障自检和降级工作等功能。目前 KELI-UTC 集中协调式交通信号控制机已覆盖合肥市 80%的路口，同时在浙江宁波、成都双流及安徽全省广泛应用。

上海东川交通科技有限公司研制的集中协调式交通信号控制机、交通信号控制中心软件系统、多时段多方案型交通信号控制机、感应型交通信号控制机和单车道双向通行交通感应控制系统吸收了著名的日本京三、SCATS、SCOOTS 系统的部分优点，其中集中协调式交通信号控制机已经通过公安部权威部门的检测,并获得了国家专利。自 1999 年以来,从东北到海南，从青藏到沿海，该公司的交通信号控制产品，已经在国内 100 多个城市得到了实际应用，被 9 所重点高校选为实验设备，并出口到尼日利亚、多米尼加、印度尼西亚、东帝汶、土耳其、孟加拉、马里、菲律宾等国。

上海宝康电子控制工程有限公司研制的 GBS2100 智能化交通信号控制机及 MITCO 智能化交通信号控制系统能实现单点多时段控制、单点感应控制、单点自适应控制、无线线控、有线线控、路段行人过街控制及手动控制等多种控制功能。投入市场以来，为广大用户提高道路通行效率、优化交叉口信号配时起到了积极作用。该公司的产品成功解决了江苏省常州市兰陵路的智能化交通信号控制。兰陵路为常州市市中心主要路段之一，双向 6 车道，沿线商业及住宅区较为密集，交通量大，BRT 一号线途径此处，占用了道路内侧的两条车道。路段 400 米范围内有两个信号灯路口，为了解决此路段交通量非常大、车辆排队长、秩序乱、信号灯较多和机动车停车延误较大等问题，智能化交通信号控制系统采用自身携带的交通流量检测功能，统计该路段的交通运行规律，通过对交通流量的分析，优化相位相序，在路口增加非机动车转向信号灯，增加出城方向信号放行时间，压缩进城方向的绿灯时间，方案实施后路口信号周期缩短 10 秒，通行秩序及效率大大提高。目前，宝康智能化交通信号控制系统已经在全国二十余个城市投入使用，在缓解城市拥挤、提高道路通行效率方面发挥了巨大作用。

## 四、发展趋势

目前，国内所引进或研制的交通信号控制系统基本上都是国外 20 世纪 70～80 年代的技术和研究成果，大多数城市中的大多数交叉路口采用的控制方式是定时控制或者车辆感应式控制，其控制策略基于简单的数学模型，均未考虑到我国的道路交通状况及现行路网条件，特别是我国的非机动车流及混合交通的具体特点。而混合交通是目前我国城市交通路网的主流。因此，需要研制一套适应我国国情、路情的具有高效城市交通路网信号控制算法的智能交通信号控制系统。

城市各交叉路口处的交通流是相互关联的，并且是非确定性的，因此智能化和集成化是城市交通信号控制系统的发展趋势和研究前沿。把先进的智能控制技术、信息融合技术、交通预测技术与交通管理技术结合起来进行点线面的协调控制，代表着城市交通信号控制系统的发展方向。因此，未来智能交通信号控制系统主要有以下发展趋势。

1. 适应我国混合交通状况

要深入研究我国交通特点，特别是针对混合交通比重大、自行车数量多的特点，研究和开发高效的自适应控制模型和优化算法。

2. 系统发展标准化和模块化

标准化才能打破传统的封闭局面，吸引更多的商家和力量投入到系统发展中来。实现设备通用化，引入同业竞争，从而促进交通信号控制系统更好地发展。模块化则有利于系统的开发研制和升级换代，如我国自产的交通信号机多是采用 8/16 位单片机作为处理器的，目前也出现了很多采用 32 位微处理器的产品。随着半导体工艺的进步，嵌入式处理器的功能越来越强大，其稳定、可靠的特点得到了放大，这使得它在交通信号控制系统中的应用前景更加光明。

3. 控制方式智能化

要充分利用近年来长足发展的人工智能技术、自动控制技术、信息融合技术、计算机技术及通信技术,把模糊控制、神经网络、遗传算法、混沌理论及专家系统等理论技术应用到实际控制系统中，充分利用多种来源的信息，充分考虑交通系统的非线性、模糊性和不确定性，真正实现智能化的交通控制。

（主要撰稿人：杨晓光、王殿海、朱　中、赵永进）

# 电子收费系统

## 一、系统概述

电子不停车收费（Electronic Toll Collection，ETC）系统基于专用短程通信技术，通过路侧天线与车载电子标签之间的通信，在不需要司机停车和收费人员采取任何操作的情况下，自动完成收费处理全过程。

目前，ETC 系统是国际上正在努力开发并推广普及的一种用于公路、桥梁和隧道的新型电子自动收费技术，它是解决公路收费站拥堵和节能减排的重要技术手段，也是目前世界上最先进的收费系统。

电子不停车收费系统的示意图如图 4.2 所示。

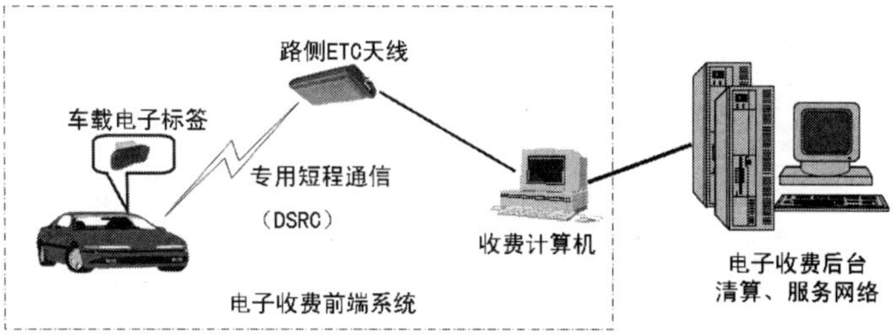


图 4.2　电子不停车收费系统示意图

电子不停车收费系统特别适合于在高速公路或交通繁忙的桥隧环境下采用。在车道隔离措施下的电子不停车收费系统，通常称为单车道电子不停车收费系统；在无车道隔离情况下的自由交通流的电子不停车收费系统，通常称为自由流电子不停车收费系统。电子不停车收费系统允许车辆高速通过，可大大提高公路的通行能力；公路收费走向电子化，可降低收费管理的成本，有利于提高车辆的营运效益；同时也可以降低收费口的噪声水平和废气排放。电子不停车收费系统的主要特点可总结为如下。

（1）快捷：通行能力提高 5～10 倍，快速通行，节省时间。

（2）优先：ETC 专用车道，避免排队等候，优先通行。

（3）增效：减少收费人员，降低营运管理成本，提高营运管理水平。

（4）节约：降低车辆等候、停启时的油耗，减少车辆的机械磨损。

（5）环保：减少汽车废气排放，减轻环境污染。

## 二、系统组成及功能

ETC 系统主要包括 4 个部分：车载单元（电子标签）、路侧单元、车道控制器和联网电子收费系统。电子标签即有源电子射频卡，也被看做车辆的“身份证”。它存储了车辆的编号及相关信息，在车辆通过车道时，电子标签与射频天线以专用短程通信方式进行数据交换，将车辆信息传递出去。

路侧单元具备很强的抗干扰性和快速通信能力，可以将标识卡传递过来的信息进行处理并传至车道控制器，进而获取车辆资料。

根据电子标签上的信息，车道控制器可以判定通过车辆是否有正常通过的权利；还可判断标识卡的有效性，并启动相应的交通标志；也可以发出警告，给车主必要的提示；如果发生违章闯关现象，则可驱动抓拍系统进行违章取证等。

联网电子收费系统从业务逻辑上分为用户层、运营层及管理层（图 4.3），包括车道系统、收费站系统、发行和服务系统、收费分中心系统、联网收费运营结算中心系统，以及清算银行、各路段业主、其他省市结算中心和其他省市清算银行等外部系统。

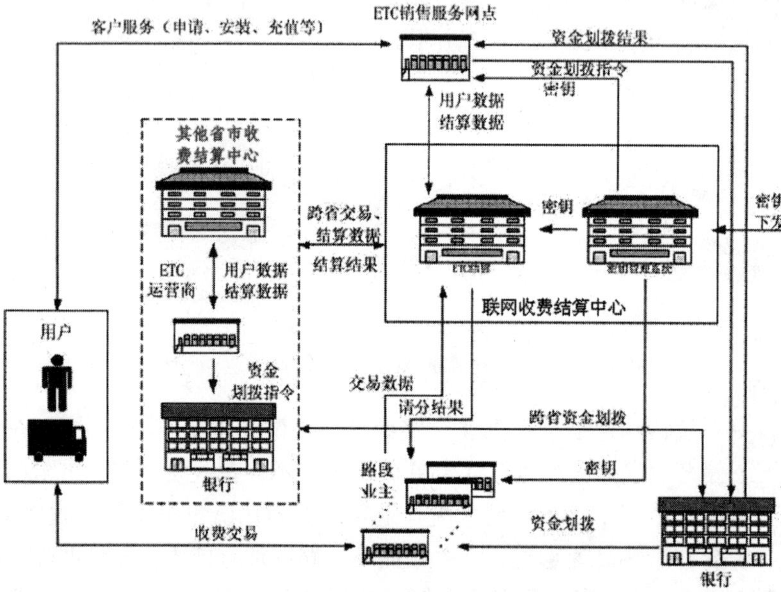


图 4.3　电子不停车收费系统运营总体框架图

（1）联网收费运营结算中心（专营公司）：作为整个系统的运营中心，向用户提供各种完善的客户服务，为各路段业主提供结算服务；委托发行代理发行储值卡；委托清算银行完成清算的划账业务。

（2）清分结算系统：实现联网收费路网参数管理、ETC 及 MTC 统一的交易数据的接收及清分处理，并将收益分配给各路段业主。

（3）运营管理系统：主要负责电子标签及非现金支付卡的管理；建立服务网络，为客户提供各种便捷服务。

（4）ETC 用户：在 ETC 专用车道可进行不停车收费，也可以在 MTC 车道使用非现金支付卡进行停车收费。

## 三、应用案例

ETC 技术具有免除现金交易、无须停车并快速通过、有效提高通行能力、大大提升服务水平、简化收费管理、推动节能减排、降低环境污染等明显特点和优势，具有良好的应用效益，目前正在全国广泛推广使用。

全国已经有 17 个省市建设和应用 ETC 系统，已建设和开通 ETC 专用车道 1800 多条，用户超过 100 万。京津冀、长三角地区已实现跨省联网不停车收费。

1. 京津冀地区

北京市从 2007 年 5 月开始建设高速公路电子收费系统，2008 年 1 月建成，同年 4 月系统正式进入试运行。截至 2010 年 9 月，北京市 ETC 覆盖率达到 100%，包括 365 条 ETC 车道、26 个服务网点，以及相应的清分结算与客户服务系统；已经发展电子收费用户累计约 27 万，日电子收费交易量约为 16 万辆次。

河北省也在加快 ETC 建设步伐，截至 2010 年 9 月，河北省建成 40 条 ETC 专用车道和 9 个服务网点。截至 2010 年 9 月，天津市已建成 40 条 ETC 专用车道和 1 个客服总中心。2011 年底前天津市将新增 70 条 ETC 专用车道，“十二五”期间天津市 ETC 车道总数将达到 200 条以上。京津冀区域已完成 ETC 联网，建立了区域联网中心，并顺利进行跨区域的通行费用的清分。

2. 长三角地区

长三角示范工程包括上海市、江苏省、安徽省、浙江省、江西省四省一市。上海和江苏于 2008 年 12 月 31 日在沪苏高速公路的省界收费站进行了 ETC 联合试运行开通，实现沪苏互联。2009 年 11 月 28 日，安徽加入联合运行，实现了沪苏皖三地互联。2010 年 7 月 28 日，江西也加入联合运行。此次沪苏皖赣三省一市高速公路电子不停车收费系统联网开通，掀开了上海、江苏、安徽、江西高速公路联网合作，人民群众出行更加快捷高效，长三角加速交流融通、互利双赢的新篇章，标志着长三角区域交通无缝对接和一体化进程又向前推进了一步。

截至 2010 年 9 月，上海市依托长三角区域高速公路联网不停车收费示范工程，已建成 111 条 ETC 车道、19 个发行网点、120 个充值网点，用户数约为 8 万，每日在路网内交易的用户数超过 5 万。预计到 2010 年底，ETC 车道将达到 140 条，用户数将会上升至 10 万。

江苏省截至 2010 年 9 月已建成 192 条 ETC 专用车道、15 个服务网点，用户数约为 6 万。浙江省已建成 109 条 ETC 车道、11 个服务网点，用户数约为 1.23 万。江西省从 2007 年下半年开始 ETC 系统建设，截止到 2010 年 9 月，建成 ETC 专用车道 73 条，建成客服网点约 20 个，覆盖所有地级市，建立银行充值点 60 个左右，发展用户 1 万多个。安徽省目前拥有 ETC 车道 30 条，客服网点 1 个。2011 年将再建 100 条 ETC 车道和 17 个客服网点，计划分两批建设完成。首批 41 条 ETC 车道和 6 个客服网点分别在

4 月底前和 5 月底前建成，第二批 ETC 车道和客服网点计划于 2011 年底前建成。

3. 广东

广东从 2002 年开始，同步实施 ETC、非现金支付和联网收费。截至 2010 年 9 月，已建成 302 条 ETC 车道，ETC 覆盖率为 30%，粤通卡用户数达到 60 万，其中 ETC 用户 40 多万，收费额度占全省的 17%左右。

4. 其他省市

包括福建、湖南、山西、山东在内的很多省份也积极开展了 ETC 建设工作。福建省 ETC 建设一期工程为 12 个收费站，共 24 条 ETC 车道。截至 2010 年 9 月，已投入使用 130 条 ETC 车道，ETC 覆盖率超过 50%。2010 年底预计达到 150 条 ETC 专用车道，用户数提高到 3 万。

湖南省 ETC 系统于 2009 年 10 月 25 日建成，一期涉及 15 个路段，共计 29 个收费站、60 个 ETC 车道、1 个不停车收费管理中心、1 个客服中心和 5 个客服网点。

山西省的 ETC 系统正在建设中，2010 年底将建成 80 条 ETC 专用车道，完成所有 MTC 车道改造，建成客服网点 11 个。

山东省截至 2010 年 9 月，已建成 122 条 ETC 车道，用户数约为 2 万。预计到 2010 年底达到 147 条，2011 年底达到 310 条。

从国际上 ETC 系统发展的历程来看，ETC 系统应用具有非常广阔的前景。例如，日本 ETC 系统于 2001 年 3 月正式投入营运，目前日本全国 1300 多个收费站全部都安装了 ETC 系统，2009 年 6 月用户数量已达到 3000 万，ETC 的通车量超过全国收费公路交通量的 70%。ETC 系统的实施，将逐步消除高速公路收费站的堵车现象，达到提高通行效率、节能减排的目的；也可以利用此平台，实现车辆在高速公路的路径识别，以及用于城市道路和停车场的管理，如城市中心区拥堵收费、停车场收费和管理等。

## 四、发展趋势

目前国内不少省市都在建设 ETC 工程，但仍存在的问题主要有两点。一点是真正符合国家标准和交通部规范，采用交通部统一的电子收费密钥管理系统的工程，除了目前正在实施长三角区域联网示范工程的四省一市（江浙沪皖赣）及北京外，其余的都是各行一套，无法跨区域联网使用；另一点则是目前有些地方的 ETC 工程中，某些厂商供应的车载设备 OBU 的产品性能不同批次甚至同一批次之间尚不能保证一致，造成送交通部检测的产品与实际供货产品在性能指标上有较大差异，影响设备的互通操作。

针对目前存在的问题，ETC 未来发展趋势主要体现在以下几个方面。

1. 收费手段多样化

能够兼容 IC 卡收费和 ETC 电子收费的两片式电子标签及其组合式电子收费技术方案将成为公路网自动化收费技术发展的探索和关注焦点。21 世纪初中国高速公路电子收费采用 5.8GHz 组合式 ETC 技术，即“两片式电子标签＋双界面 CPU 卡”的技术方案。该技术方案实现了人工半自动收费方式和联网不停车收费方式的有机结合和集成，通过双界面 CPU 卡作为非现金支付卡（包括储值卡和记账卡）实现电子支付，通过两片式电子标签实现不停车收费，从而实现 ETC 系统与人工半自动收费的兼容。ETC 系统实施中，可仅在交通流量较大的收费站建设联网不停车收费车道，在交通流量相对较小的收费站仅采用人工非现金支付车道，使联网不停车收费系统的建设和实施更为灵活，降低 ETC 系统实施对资金投入的需求。

2. 技术标准规范化

这是指 ETC 系统中采用的核心技术的规范统一性，包括采用统一的密钥管理体系（采用交通部统一的电子收费密钥管理系统）、统一的 ETC 设备技术规范（符合国家标准 GB/T 20851—2007 和区域联网电子不停车收费系统应用示范技术规范）、统一的 IC 卡技术要求（符合 PBOC 规范的双界面 CPU 卡）等。

3. 统一产品要求

这是指 ETC 系统中采用的核心产品的性能指标统一性，主要指各省市选用的电子收费路侧设备 RSU、车载单元 OBU 及 IC 卡等产品在性能指标上必须符合统一的技术规范，而且具有良好的互通性。为此，交通运输部委托交通运输部公路科学研究院制定了 DSRC 设备互操作测试要求，对参与 ETC 联网示范工程的 ETC 关键设备进行检测，保证不同厂商的设备之间具有良好的互通性，做到各省市接口界面的互通。

（主要撰稿人：李　斌）

# 智能公交系统

## 一、系统概述

先进的公共交通系统（Advanced Public Transport Systems，APTS）是城市公共交通客运服务系统发展演化的高级阶段。随着现代化计算机、无线通信、卫星定位等技术的飞速发展，城市客运交通系统，特别是城市公共交通系统的功能、服务水平等在精细化、人性化程度方面也在不断发生着变迁。城市公共交通系统存在的作用和意义，就是以公共交通工具为载体，安全、方便、快捷、舒适地满足城市内部大多数的出行需求。因此，先进的公共交通系统就是以现代科技为保障，充分体现人性化服务、高水平的公共交通服务系统。优先发展公共交通，提高现有公交管理的效率和智能化水平，具有巨大的社会效益和经济效益。在政府和公交企业的大力支持下，先进的公共交通系统在 2010 年得到了进一步的应用和推广。

公共交通信息化系统建立在全球卫星定位技术、无线通信技术、地理信息技术、网络技术、计算机技术、自动控制技术、软件技术综合运用的基础上，旨在实现公交企业营运生产、安全管理、服务管理和机务管理的信息化、自动化和智能化，实现服务乘客、节约能源、保护环境的目标。

公共交通信息化系统建设的目标是提高对资源利用的效率，具体建设内容包括：

（1）提供统一的、一体化的信息化管理软件平台，涵盖公交企业的运营管理、车辆技术管理、维修保养管理、物资管理、人力资源管理及办公自动化等方面的内容。

（2）提供功能、性能良好的硬件终端和智能设备，为智能化提供设备基础。

（3）提供完整的电子站牌、乘客换乘等乘客信息发布解决方案及成熟产品。

（4）提供能够满足政府行业信息化监管、公交企业业务管理需要的统计决策支持系统，支持对公交管理的数据化、精细化。

## 二、系统组成及功能

先进的公共交通系统业务部署涵盖车、场、站、路和人力资源管理的各个方面，其网络结构拓扑图如图 4.4 所示。

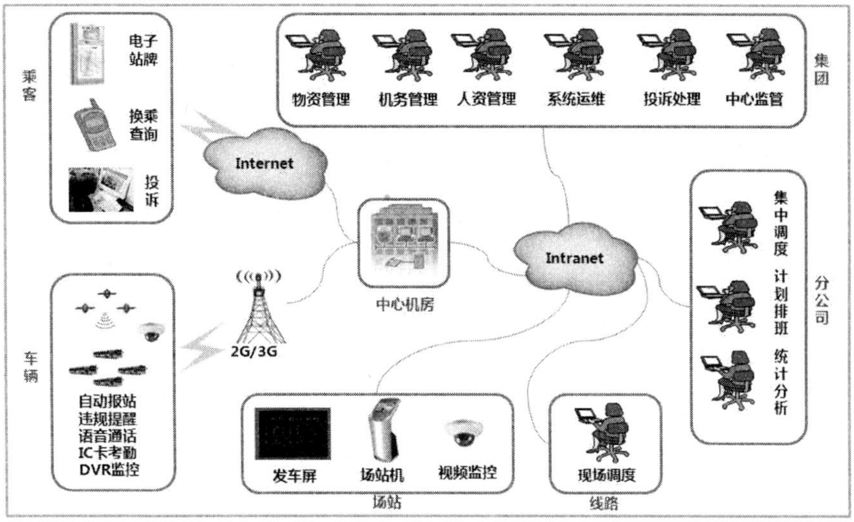


图 4.4　网络结构拓扑图

先进的公共交通系统围绕提高信息服务、安全管理、运营保障和车辆技术管理效率来建设系统，按照业务模块可以划分为 9 个子系统，具体包括：

（1）智能公交决策分析子系统。

（2）智能公交营运管理子系统。

（3）智能公交机务管理子系统。

（4）智能公交物资管理子系统。

（5）智能公交安全管理子系统。

（6）智能公交服务管理子系统。

（7）智能公交人力资源管理子系统。

（8）智能公交财务管理子系统。

（9）智能公交网络和智能设备子系统。

先进的公共交通系统以运营调度管理为核心，实现客流统计实时分析、车辆设备 CAN 总线互连和数据共享。车辆设备网络通过公交城域网络的无线通信连接，组成了一个公交网络集合，使车辆、设备、运营、维修及人员管理形成一个有机整体，为智能调度搭建了良好的操作平台。系统可实现如下主要功能：

（1）智能灵活的调度方案和实时丰富的运营数据。

（2）先进专业的车载系统让车内设备互连。

（3）大数据量的处理能力和完备的应急措施。

（4）客流数据实时统计。

（5）道路通行能力统计发布。

（6）线路规划及辅助决策。

（7）GPS 智能调度系统数据融合。

（8）维修抢修车辆调度。

（9）导乘服务系统功能。

## 三、应用案例

近几年来，全国公交信息化系统建设得到长足的发展，北京、上海、广州、成都、无锡等四十多个大中城市都相继建设了公交IC卡系统和调度智能化系统。2010年，青岛、昆明、无锡、常州等地的公交运营企业相继启动了信息化系统建设工程，并在计算机智能调度管理系统基础上进一步建设企业资源计划系统，从而将公交信息化系统建设推到了新的高度，信息化系统的信息集成程度更高、建设规划更完整。

成都公交集团信息化系统是行业内运行比较成功的案例。2010 年在成都公交集团的近7000辆公交车上全部安装了GPS智能运营终端，并全部并入智能调度系统。成都公交集团信息化系统实现了集团集中监管、分公司运营管理的集中化/现场分布式两级调度管理模式，通过这一系统可以及时获得线路营运数据和车辆运行轨迹，提高了调度管理效率；利用可视化调度技术提高了均车的手段，从而缩短了乘客的候车时间；实现了对运营调度的自动监管，重点加强对“聚集”、“串车”、“大间隔”等违规事件的自动识别和提取；实现了实时的车辆安全监管和车载视频监控系统，对车辆运行过程中出现的突发事件立即处理，减少安全事故；实现了可视化营运指挥，自动提取车次异常情况，及时暴露私自调头、偷跑、漏跑等违规行车行为；实现了驾驶员和调度员的远程沟通，提高了调度管理的及时性和有效性；实现了根据车辆运行轨迹和状态采集车次和里程，做到了数据真实可信。

随着公交信息化系统的不断推广应用，行业内也涌现出了青岛海信网络科技股份有限公司等许多优秀的信息系统提供商，不断研究行业业务需求和信息化建设规划，深化和提高公交信息化系统的应用效果。目前海信公共交通已经形成包括智能公交调度、海信快速公交智能系统、智能车载终端、移动数字电视智能车载终端、移动视听管理、智能化公交电子站牌等完整、系列解决方案。2008 年，海信自主研发主导产品自适应信号控制系统、快速公交智能系统及智能公交调度系统，已经全面服务于北京市的城市道路交通和公共交通。其中，海信公共交通智能调度系统成功中标北京奥运公交专用车辆T4 项目，代表着海信智能公交系统的最高成就。奥运会期间承载各国运动员、随队官员、技术官员、持证媒体的 1000 多套专用车辆全部采用海信提供的公交智能调度系统，这意味着海信的产品得到了世界级的认可。除北京之外，海信的智能公共交通系统已经成功应用于上海、常州、乌鲁木齐、青岛、呼和浩特、中山、深圳、柳州等20多个城市。

## 四、发展趋势

第一，对公交行业运营质量、服务水平、成本评价的监管成为行业发展的主题。

中共中央政治局常委、国务院总理温家宝，中共中央政治局委员、国务院副总理曾培炎分别做出重要批示，要求优先发展城市公共交通。批示指出，优先发展城市公共交通是符合中国实际的城市发展和交通发展的正确战略思想。交通部提出推动智能公共交通系统发展，要积极利用高新技术，改造传统的公共交通系统，以信息化为基础，促进乘客、车辆、场站设施及交通环境等要素之间的良性互动，推动智能公共交通系统建设，并着力建设统一的公共交通信息化监管系统平台。

第二，以乘客信息服务为中心的服务系统是公交提高服务水平的重要载体。

随着公共交通公益化进程的不断加快，建设公共交通面向乘客的信息服务平台也成为行业发展的趋势。因此，建设公交线路运行显示系统、多媒体综合查询系统、乘客服务信息系统、乘客换乘查询系统等交通信息服务产品和信息发布系统产品，使广大乘客能够方便地了解公共交通信息，合理安排出行，成为公交智能化行业发展的新的技术要求。

第三，对单人单车精细核算和数据海量化处理是提高公交自身管理效率的必要手段。

充分运用信息技术，建立营运管理系统和连接各停车场站的智能终端信息网络，加强对运营车辆的指挥调度，提高单位车辆运营效率和运营管理水平，实现单人单车的精细成本核算，也是公交企业提高自身管理效率的迫切要求。

第四，信息化和建设标准化是行业内发展的共识。

随着行业内应用信息化水平的提高，对行业业务和设备进行标准化的研究逐渐提上日程。公交行业是一个开放的行业，各家企业建设系统的经验和教训都会拿出来在行业内共享，因此需要对系统建设的设备标准化、功能标准化和系统实施标准化进行研究，并建立车载设备标准等行业规范，进而提高整体行业的建设水平，促进行业系统的成熟，这是公交行业信息化建设发展的趋势。

（主要撰稿人：朱　中、陆　建、杨晓光）

# 交通动态信息服务系统

## 一、系统概述

交通动态信息服务系统是智能交通领域的重要组成系统之一，主要内容是依托现代通信技术、海量数据计算技术等对交通运行产生的多源数据进行动态采集、快速分析处理和多方式应用服务，实现与交通系统运行动态变化属性相一致的动态信息服务支持，改变传统静态信息服务模式下信息滞后、缺乏时空差别化的弊端。在功能上，交通动态信息服务系统首先要实现对交通运行状态的连续动态、高精度、高覆盖掌握。在此基础上，结合各层面的应用需求，实现面向决策部门的管理决策和规划、运营管理者的组织设计、出行者的出行前中后诱导服务。

交通动态信息服务一直是智能交通领域的研究热点问题,日、美等发达国家的政府和企业投入了大量精力和资源进行交通信息服务的研究与应用,将其作为解决大城市交通困境的有效手段。我国从 20 世纪 90 年代后期开始研究交通动态信息服务技术和相关应用系统，在交通信息采集、决策支持应用、动态导航方面取得了较大成绩，但尚未形成完整的技术体系，系统应用规模仍然有待扩展。

## 二、系统组成和功能

交通动态信息服务系统以数据仓库和地理信息平台为基础，主要由 3 个部分组成，即信息采集层、分析处理层和应用服务层。

信息采集层主要是利用通信技术、电子感知技术等对交通系统运行中的动态信息进行实时、在线的收集，同时对海量、多源、异构的原始数据进行加工处理，保障采集数据的准确性和适用性。这一层次，重点强调数据采集的实时性、时间范围和空间范围，以及交通系统各方面覆盖的全面性。

分析处理层主要是根据交通系统运行特征评价指标体系，结合数学建模和挖掘技术，以及计算机大数据量处理技术，从海量原始数据中挖掘提取出表征交通系统运行特征的动态实时数据。根据数据处理的内容不同，往往分为专项分析和综合分析两方面，专项分析强调对某一数据资源的分析深度，综合分析强调对多源数据的综合应用。这一层次，尤其需要依赖计算机技术保障数据处理分析的效率和稳定性。

应用服务层主要是针对交通行业信息服务的应用需求，通过信息传输技术、信息表现技术将分析处理得出的结果数据以灵活、快捷的方式提供给使用者，实现动态交通信息的服务功能。这一层次，信息传输方式和表现形式是关键内容，如何通过低成本、便于使用的方式将信息提供给使用者是需要重点解决的难题。

数据仓库和地理信息平台是交通动态信息服务系统实现的基础条件。其中，数据仓库提供统一的、集成化的数据源，不仅能够提高数据利用的效率，而且能够促进和保障系统运算的稳定性。地理信息平台保障了各层面数据的关联性，是实现数据综合分析、交叉比对的关键。

## 三、应用案例

交通动态信息服务系统在我国的应用可分为两大类，其一是面向管理者的交通运行监测和决策支持，其二是面向出行者的动态出行诱导。以下列举几个典型案例对系统建设应用情况进行介绍。

1. 北京市交通运行智能化分析平台

北京市交通运行智能化分析平台是集交通系统动态运行数据采集、系统运行评价和规律挖掘、发展趋势预测为一体的，以服务政府科学决策、服务市民智能化出行为目的的综合应用系统，由北京交通发展研究中心负责建设和应用。

平台含 1 个集成展示系统和 7 个专业应用子系统(包括浮动车动态交通信息采集系统、路网速度实时监测和分析系统、交通拥堵评价系统、公共交通 IC 卡数据处理和运行分析系统、出租车运营分析系统、道路交通流实时检测和分析系统、交通地理信息平台)。其中，浮动车动态交通信息采集系统接入约 3 万辆出租车，高峰时段五环内道路覆盖率达到 90%以上（不包括支路），速度采集准确率达到 86%以上（其中，快速路准确率在 92%以上）。公交运行分析系统接入北京市 600 多条公交车线路和轨道交通线路，每日数据量在 1800 万左右，分析对象分为乘客、车辆、线路、站点、走廊、站组、公交网 7 个层次，平台（一期）系统架构图如图 4.5 所示。

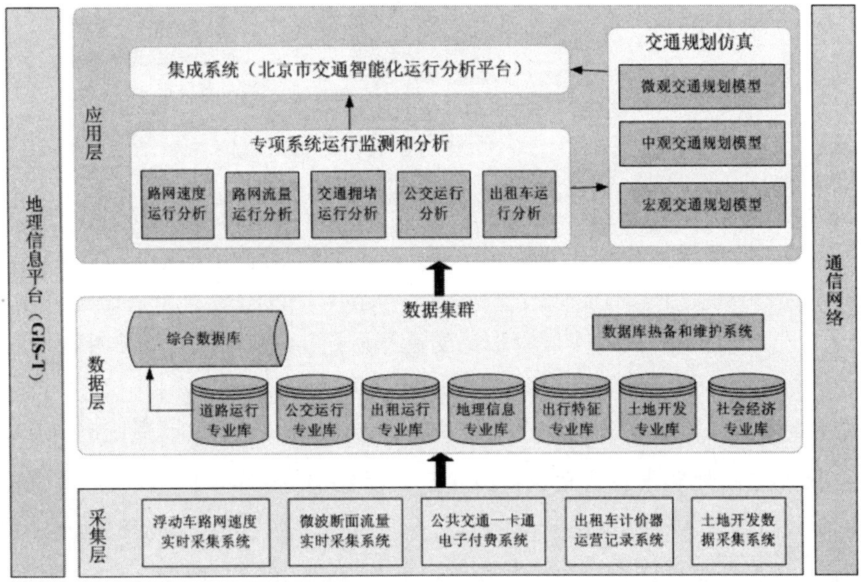


图 4.5　平台（一期）系统架构图

依托这个平台，北京交通发展研究中心完成了2008年奥运交通运行监测、“一日高峰限行”路网运行监测、公交改革效果监测、轨道交通线路开通影响监测等实时监测任务，并为2007年以来的疏堵工程、公交线网调整和优化等工作，以及“十二五”交通发展规划、缓解交通拥堵综合治理措施等战略研究工作提供了数据支持。此外，从2009年3月开始，以《交通运行周报》形式向主管市长、市交通委、城区各区县和相关委办局报告一周交通运行情况。

2. 北京市动态交通信息服务示范平台

北京市动态交通信息服务示范平台，是欧盟Asia IT&C框架下的一个中欧智能交通合作项目。该项目旨在运用智能交通技术，融合实时交通信息采集、处理，动态交通信息发布和车载导航系统技术，建立一个基于交通信息广播频道（TMC）技术的动态交通信息发布和车载导航示范系统，展示TMC应用技术，为我国利用现有调频广播资源，开展大范围、廉价的动态交通信息服务提供技术准备和示范。项目基本架构如图4.6所示。

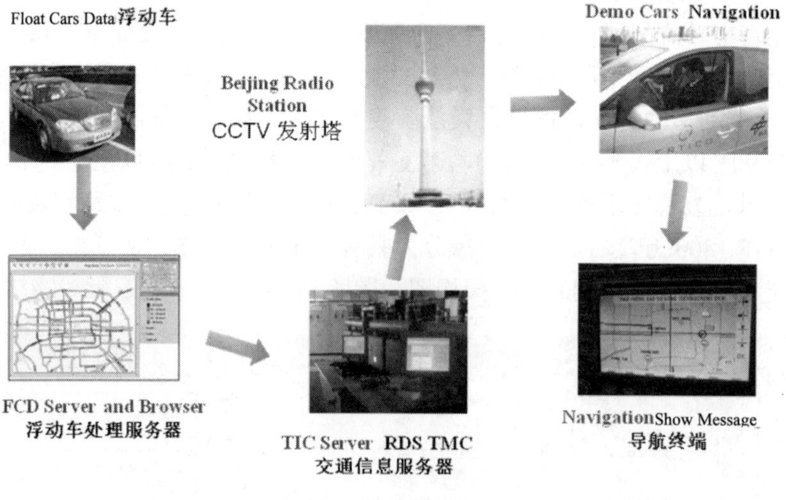


图4.6 项目基本架构

本项目核心成员包括欧洲智能交通联合会（RTITO）、德宇航中心（DLR）、北京市交通委员会（BMCC）、北京交通发展研究中心（BTRC）、北京市无线电管理局（BRAB）、北京市公安局公安交通管理局交通科研所（BTMB），研发周期为15个月，2004年10月正式启动，至2006年1月结束。2005年11月1～6日，在北京国贸饭店举行了为期一周的系统演示会，国内外近400人次参加，演示会取得圆满成功。

3. 公共交通规划和出行信息服务国际示范项目

公共交通规划和出行信息服务国际示范项目（VIAJEO）是欧盟第七框架项目，全球共有24家知名交通机构参与其中，起止日期为2009年9月至2012年8月。该项目致力于设计、示范和评估开放式数据共享平台，针对不同城市的特点，将本地交通数据和信息服务与该平台融合，并在希腊雅典、巴西圣保罗、中国的北京和上海 4 个城市开展示范。

北京市 VIAJEO 开放式平台充分利用实时采集的交通数据，为出行者提供跨模式交通路径规划服务（包括出行前和出行中），提供实时道路交通信息，以及在公交站点利用电子站牌为乘客提供实时的车辆到达信息；还将为公交运营者提供公交的实时运营信息和道路交通信息，以辅助实现智能化公交调度与管理。图 4.7 为北京市 VIAJEO 平台结构图。

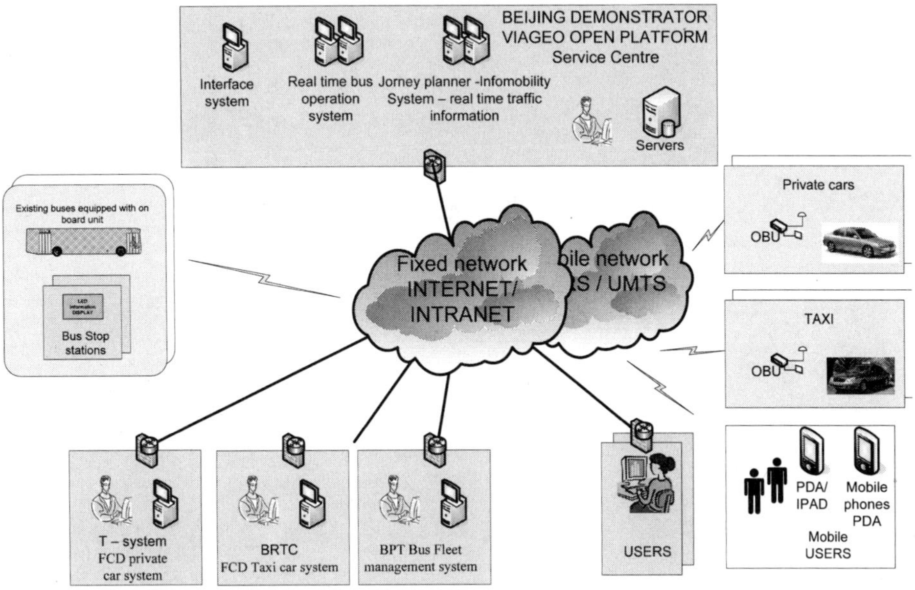


图 4.7　北京市 VIAJEO 平台结构图

VIAJEO 在北京示范区域主要涵盖西北三、四环间，面积大约 140 平方千米，包含了道路机动车、公交、地铁等多种交通方式，能够实现跨模式的动态交通信息服务。主要实现 3 类信息服务：跨模式路径规划和实时交通信息服务、实时公交运营信息服务和面向公交乘客的信息服务。

## 四、发展趋势

我国从 20 世纪 90 年代开始积极跟踪国际智能交通系统领域技术的发展，经过多年发展，我国智能交通系统建设已进入发展期，在软件、产品开发、技术标准、产业化等方面都取得了相当大的进展。但在交通信息服务上与发达国家仍然有较大差距，面临巨大挑战。

在产业化方面，通过不断的产业合作和广泛联盟，国际动态交通信息服务正在向集成化、平台化方向发展，并且在相关设施建设、终端设备销售、各类服务应用方面形成了规模巨大的产业市场。

在信息服务功能方面，正在从传统的注重面向车载动态路径导航向个性化、中心端出行导航，以及面向运行监测、实时评估和预报预警的管理决策支持方向发展。在核心技术上，随着3G通信技术、云计算技术的发展，动态信息的采集范围和海量数据运算速度正在提高。可以预见，未来的动态交通信息服务将以每一个交通单元的实时采集数据为基础，实现面向每一个出行者、不同层次管理者的立体化信息服务。

（主要撰稿人：郭继孚）

# 交通综合监测系统

## 一、系统概述

近年来，机动车保有量和驾驶员数量逐年增加，但驾驶员交通安全意识仍然薄弱，导致交通违法现象和交通事故发生率逐年上升。交通秩序混乱已成为诱发城市交通拥堵的主要因素。为解决上述问题，保证交通环境安全、畅通，各城市纷纷加快了交通综合监测系统的建设。

交通综合监测系统是智能交通系统中不可缺少的一部分，系统主要依靠视频设备监控道路车辆行驶状况，也可以通过识别软件进一步获取车辆细节信息，如牌照、颜色等，并将相关信息上传至管理中心，管理中心根据不同应用需求部署警力、处罚违章行为并发布违章信息，为治安管理、交通指挥调度提供决策支持，为交通违章处罚提供执法依据。

交通综合监测系统的应用，加强了驾驶员遵守交通法规的意识，降低了恶性事件的发生率，缩短了事故出警响应时间，极大地缓解了由此引发的交通拥堵，提高了城市整体交通运行效率。

## 二、系统组成及功能

### （一）系统组成

交通综合监测系统一般由前端车辆监测子系统、通信子系统、监测中心子系统组成。系统结构图如图 4.8 所示。

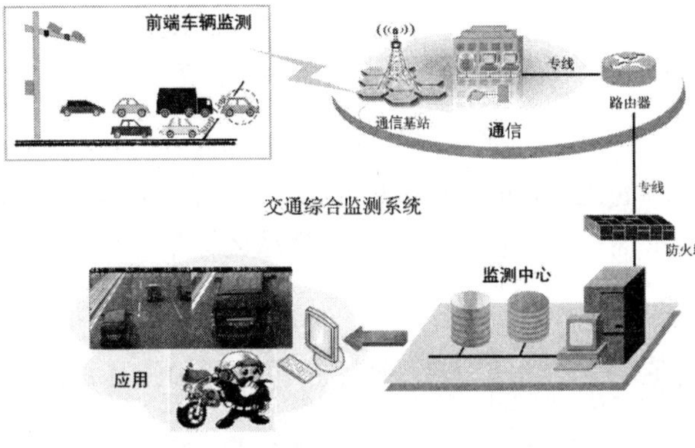


图 4.8　交通综合监测系统结构图

1. 前端车辆监测子系统

前端车辆监测子系统，由视频监测设备及路侧工控机组成。视频监测设备多安装于路侧立杆或龙门架上，记录道路过往车辆情况，实现车辆行驶状况实时监控；工控机一般安置于路侧机柜内，存储拍摄到的图像、图片，识别车辆牌照、颜色、车型、车标、速度等信息，接收监测中心子系统下发的黑名单等布控指令、查询指令，并按要求上传相应的信息。

2. 通信子系统

为了保证信息的安全、可靠，前端车辆监测子系统和监测中心子系统间多采用公安局专网进行通信，也可租用运营商带宽。近年来，随着无线通信技术的发展，子系统间也可以通过 3G 无线通信网络进行数据传输。利用无线通信进行数据传输时，需要在信息发送端增设相应的数据传输单元（Data Transfer Unit，DTU）作为辅助设备。

3. 监测中心子系统

监测中心子系统，是交通综合监测系统上端控制中心，所有的信息和指挥命令都通过该子系统下达和执行。通过该子系统，远程操作前端监测设备，监测道路车辆情况，部署警力、指挥出警；对前端车辆监测子系统进行布控；管理交通违章信息、黑名单，分析嫌疑车辆，实现综合查询等。此外，监测中心子系统也为其他系统数据共享提供接口。

### （二）系统功能

交通综合监测系统具有以下主要功能。

1. 视频监控功能

管理人员可通过监测中心子系统远程操作监测设备，实时监控道路车辆运行情况。当遇到突发事件时，可第一时间获取现场情况，以便于根据实际情况部署警力、指挥出警。

2. 治安卡口功能

治安卡口功能主要监测出入市区重要道口的车辆，通过对监测数据的分析、处理，特别是与黑名单数据库的比对，实现对肇事逃逸、盗抢机动车、报废车行驶、套牌车辆、嫌疑车辆、交通违法车辆、重点监控车辆（危险品运输车、校车等）的查控与处置。

3. 违法监测功能

利用视频监测设备，跟踪违法车辆，连续录像或抓拍图片，获取执法证据。具体功能包括：

（1）闯红灯监测。

（2）超速自动监测。

（3）违章走单/禁行线自动监测。

（4）违章走公交车道自动监测。

（5）违章走紧急停车带自动监测。

（6）违章走导流带自动监测。

4. 事件监测功能。

监测行人违反交通规则、车辆异常停驶、车辆逆行、车辆抛洒物等异常交通事件，并及时报警。

## 三、应用案例

交通综合监测系统对于提高城市交通安全、保证其高效运营，具有非常重大的意义。随着我国交通智能化水平的提升，各级城市都根据自身需求和城市特点，建立了交通综合监测系统。下面以北京为例，说明系统的应用方式及效果。

北京市交通综合监测系统于 2000 年开始建设，截至 2011 年初，全市共有视频监测设备近 5000 套，其中高清视频监测设备 200 多套，覆盖城区大部分道路及重点监测区域。系统结构如图 4.9 所示，该系统设有一个总监控中心，并按区设有分中心，视频监测设备与各中心常采用光纤/专网进行通信，各分中心与总监控中心依赖公安专用网进行通信。

北京市交通综合监测系统具备交通违章监控（闯红灯、违法掉头、超速、走公交车道等），车辆自动抓拍、录像，道路环境监测，黑名单布控，车辆监控等功能。2008 年实行尾号限行、2011 年初实行《北京市小客车数量调控暂行规定》以来，进一步加强了系统的车牌识别能力。

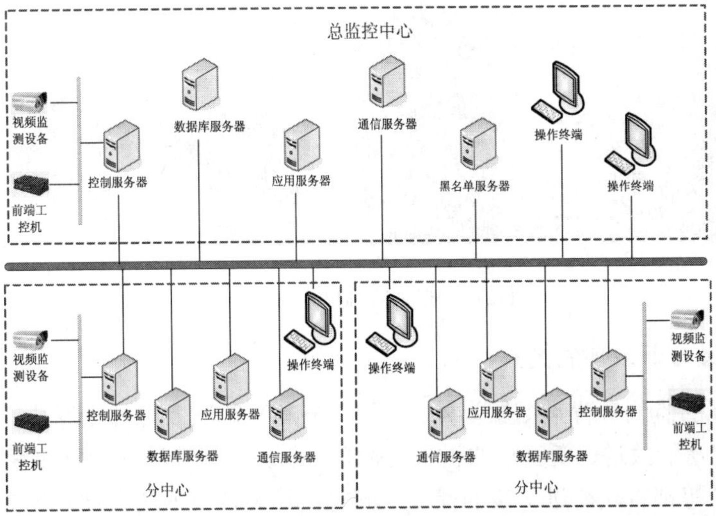


图 4.9　北京市交通综合监测系统结构图

北京市的交通综合监测系统具有如下特点：

（1）覆盖全市。北京道路上的视频监测设备由系统建设初期的400多套发展为现今的近5000套，设备覆盖率、运营完好率、监测准确率都处于国内领先地位。

（2）分级控制。鉴于北京城区面积广阔，交通综合监测系统在交管局设置总监控中心，并按区设置分中心。分级管理提高了系统的运行效率，同时也便于就近出警，缩短了事件处理时间。

（3）用途多样。系统获取的车辆信息，不仅为交通管理者提供执法依据，为治安管理提供辅助信息，还通过网站、手机等途径为驾驶员提供查询服务。

交通综合监测系统的应用极大地提高了北京交通参与者的自觉性，使广大交通民警从繁重的“人海战术”中解脱出来，有效避免了由违章行为诱发的交通拥堵，确保了道路畅通。

## 四、发展趋势

### 1．视频监测设备的综合复用

随着高清视频技术的发展，系统前端视频监测设备由单一功能向多功能集成的方向发展。视频监测设备的综合复用（图4.10），将有效降低成本，减少安装、调试、维护等工程的复杂度和工作量，减少能源消耗，同时有利于美化城市景观。此外，随着硬件设备的更新，视频监测设备的反应将更为灵敏，抓拍摄录图像更为清晰。

图4.10　视频监测设备的综合复用

### 2．监测处理算法性能提升

运动目标的监测有背景图像差分、帧间差分和光留法3种常见算法，3种算法各有利弊。随着算法的改进、新算法的引入及融合，监测处理算法的运算速度、抗噪声性能及自适应能力等都将获得进一步的提高。同时，计算机技术的发展，也为算法的高速、准确运行奠定了基础。

### 3. 通信手段多样化

通信网络是连接监测设备、管理中心及客户端的重要设施。近几年来，无线通信技术和光纤技术的发展，都使得监测系统的通信方式朝着高速、多样、安全、可靠的方向发展。

可以预见，随着上述技术的不断发展，交通综合监测系统将朝着综合集成的方向发展。未来的交通综合监测系统，视频监测设备将更加灵敏，数据处理分析方法将更加高效、准确，通信手段将更加安全、便捷。在约束交通参与者的同时，为系统使用者提供更好的服务。

（主要撰稿人：关积珍、俞春俊）

# 匝道控制系统

## 一、系统概述

随着交通压力的日益加剧，各大中城市都在寻求城市交通问题的解决之道，兴建了一些用于实现大流量、快速、长距离的交通量流动的城市快速路。匝道控制系统主要用于改善城市快速路的交通，提高城市道路的整体通行能力。匝道控制系统应用了交通控制、自动控制、通信等技术，是各种技术综合集成的结果。

根据匝道的不同，匝道控制系统可以分为入口匝道控制和出口匝道控制；其中，入口匝道控制，根据控制点位置的不同，可以分为通行控制和汇入控制。匝道控制算法是决定系统能否取得良好的控制效果的关键因素。国外关于匝道控制的理论研究时间较长，相对成熟，提出了多种行之有效的匝道控制算法，成功应用案例较多。国内的高速道路系统建设启动较晚，相应的入口匝道控制理论研究也较晚，但是近几年也有了突破。

## 二、系统组成及功能

匝道控制系统分为两个层次，即中心应用层和本地控制层，如图 4.11 所示。中心应用层主要由通信服务器、数据存储服务器、数据处理服务器和监控终端等设备组成。本地控制层主要由匝道控制器、交通参数检测器、匝道信号灯、倒计时器、手动控制器、通行灯、情报板、电子警察等设备组成。

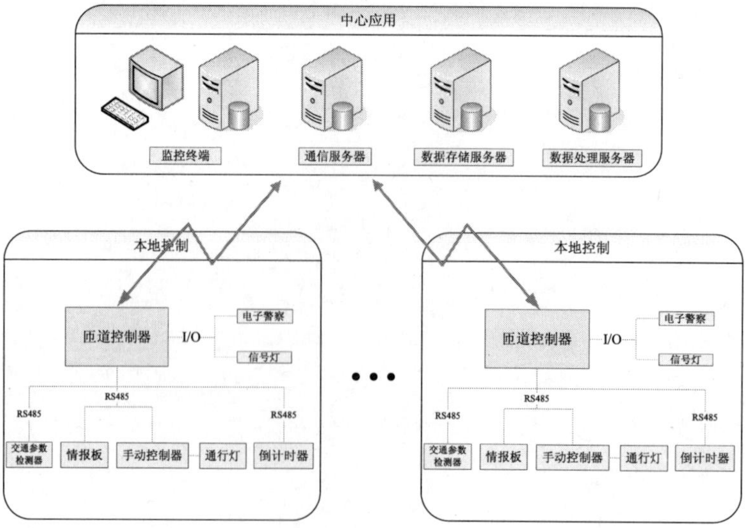


图 4.11　匝道控制系统组成示意图

1. 数据采集及存储功能

（1）交通参数检测器能够将采集的流量、平均速度、占有率、车型等参数，以系统要求的时间间隔（如 20 秒、1 分钟、5 分钟、15 分钟、1 小时等）进行统计，能够自动检测工作状态并提供工作状态信息，向匝道控制器发出故障信号。

（2）匝道控制器能够通过连接的交通参数检测设备采集各个检测断面各个车道的实时交通数据，同时进行存储，存储时间可配置。

（3）匝道控制器能够对外部设备状态、交通信号配时方案和故障记录等数据进行存储。

（4）匝道控制器具备通信协议，将上述数据上传至中心系统，保存至数据库；也可以在现场下载交通检测数据，供流量统计分析软件统计分析使用。

2. 控制功能

匝道控制器是匝道控制系统中的关键设备，为系统提供了丰富的汇入或汇出控制功能。

（1）自适应自动控制：可以根据获取的检测器实时交通数据，通过算法计算得到自适应控制方案，自适应地执行对匝道信号灯和倒计时器的控制。

（2）分时段配时自动控制：离线根据历史数据设计分时段配时方案后，将方案预设到控制器中，匝道控制器自动根据时间在配时方案表中选择相应时间段内的控制方案，执行对匝道信号灯和倒计时器的控制。

（3）定时控制：可以通过中心系统下传的定时控制方案或通过调试工具在现场即时设置的定时控制方案，定时执行对匝道信号灯和倒计时器的控制。

（4）手动强制控制：在某些特殊情况下，值勤交警可以通过手动控制工具完成手动强制控制。

（5）特殊接警控制：在某些特殊情况下，值勤交警可以通过现场接警按钮强制使匝道信号灯启亮绿灯，其接警绿灯时长可配置。

同时，匝道控制器提供匝道开启或关闭的通行控制。

（1）固定配时控制功能：可以根据中心系统下传的固定配时方案，或通过便携计算机、手持终端在现场配置的固定配时方案在线运行，定时执行对匝道的开启或关闭控制。

（2）系统干预控制功能：可以接受中心下达的指令，实施对匝道的开启或关闭控制。

（3）手动强制控制功能：在某些特殊情况下，值勤交警可以通过手动控制器的手动按钮完成手动强制控制功能，实现匝道的开启或关闭控制，并具有灯光指示。

3. 通信功能

控制系统具有丰富的通信接口，包括 RS232、RS485、RS422、RJ45，可满足现场调试和远程传输的不同需求。

4. 违章抓拍功能

匝道控制器为电子警察提供红灯停驶信号，电子警察抓拍闯关驶入匝道或进入主线的车辆。

5. 交通诱导功能

入口情报板在可变文字显示部分以不同颜色显示“匝道开放”、“匝道关闭”等匝道控制内容，以及“主线畅通”、“主线拥挤”等交通状态信息，在光带部分以不同颜色显示前方主线道路的不同交通状态。

## 三、应用案例

匝道控制系统在上海市得到了广泛的应用，如应用于上海市快速路匝道汇入智能控制内环内圈武夷路上匝道试点项目（以下简称“武夷内上项目”）、上海市延安高架南侧虹井路入口匝道控制工程、上海市道路交通信息采集和发布系统工程、中环线浦东段新建工程交通监控系统工程等。其中，武夷内上项目采用了上海电科智能系统股份有限公司研发的 EXPRC 系列匝道控制器，实现了匝道控制系统的几乎所有功能，是该匝道控制器的典型应用案例（图 4.12 和图 4.13）。

图 4.12　现场照片—匝道汇入处

图 4.13　现场照片—匝道入口处

1．控制流程

入口匝道控制的控制流程如图 4.14 所示，分为 3 个阶段。

（1）匝道正常开放状态：匝道通行灯绿色“↓”，允许地面车辆驶入匝道；匝道信号灯保持绿灯，车辆自由汇入。

（2）匝道调节状态：匝道通行灯绿色“↓”，允许地面车辆驶入匝道；匝道信号灯红绿交替，车辆根据信号变化汇入。

（3）匝道关闭状态：匝道通行灯红色“×”，禁止地面车辆驶入匝道；匝道信号灯红绿交替，车辆缓慢汇入。

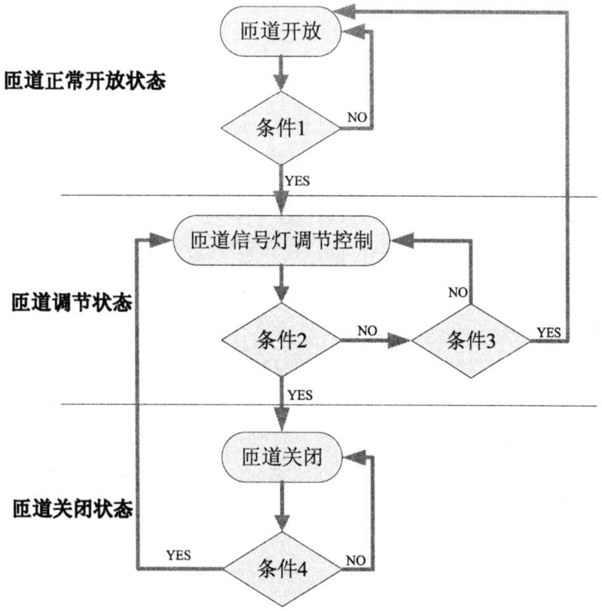


图 4.14　控制流程示意图

2．状态切换条件

条件 1：下游主线检测断面的交通状态（流量、速度、占有率）达到匝道调节状态的阈值。

条件 2：中心发布匝道关闭命令，或本地手动发出匝道关闭命令。

条件 3：下游主线检测断面的交通状态（流量、速度、占有率）达到匝道正常开放状态的阈值。

条件 4：中心发布匝道开放命令，或本地手动发出匝道开放命令。

3．匝道信号灯调节控制

（1）匝道无排队或排队较短时，完全根据主线交通状态确定控制方案。

（2）匝道车辆超过一定排队长度时，以主线交通状态为主要考虑因素，同时兼顾匝道排队得到控制方案。

（3）能实时获取有效的交通数据时，自适应自动控制。

（4）检测器故障或其他原因导致无法获取实时有效的交通数据时，自动切换为预设的分时段配时方案。

（5）中心可干预控制方案。

武夷内上项目的匝道控制系统自2007年11月试运行至今，发挥了良好的控制效果，对主线上游的交通状态有很大的改善：晚高峰流量提高 1.1%～23.2%，平均速度提高 11.1%～84.6%，平均拥堵时间减少 40.1%，区域通行能力提高 5.3%以上。实施汇入控制后匝道流量减少 23.8%，起到了分流的作用。

## 四、发展趋势

随着国内匝道控制的实施，特别是匝道汇入控制的成功实施，实现了匝道汇入控制从理论到实践的突破，为通过匝道控制来改善交通现状、缓解交通拥堵打下了坚实的基础。但是孤立的单点控制不能从整体上把握区域级的交通状态。与单点控制相比，区域控制能在更大程度上体现控制效果，因而从日趋严峻的交通状态来看，需要尽快通过区域控制来进一步缓解交通拥堵、提高道路服务水平。从单点控制转入区域控制，最终走向整体控制，将理论研究转化为实际应用，这是匝道控制的发展趋势和技术路线。区域控制的研究和应用必然是当前匝道控制的发展方向。多个匝道的协调控制、快速路与地面道路的协调控制，都是下一步努力的方向。

（主要撰稿人：陆小芳、陈 华、朱勇勇）

# 车辆导航系统

## 一、系统概述

车辆导航系统（Vehicle Navigation System 或 Car Navigation System），也称车辆导航定位系统，是指安装或者放置在车辆特定位置，帮助确定当前车辆位置，并且通过图、文、声、像等多种手段引导驾驶人员到达目的地的电子设备系统。车辆导航系统涉及的核心技术包括卫星导航定位技术、多传感器信息融合技术、地理信息理论与技术、通信技术、嵌入式实时操作系统技术等。作为智能运输系统中的核心部件之一，ITS 中的交通管理、动态路径诱导、自动收费、涉及公共安全的车辆调度和管理都不同程度地依赖于车辆导航系统提供的位置及姿态信息。

车辆导航系统依据不同的标准可以划分为多种应用类型：

（1）按诱导形式的不同，系统可分为车内诱导和车外诱导两类。

（2）按诱导的时效性的差异，系统可分为静态诱导和动态诱导两类。

（3）按计算模式的不同，系统可以分为中心决定式系统和分布式系统。

（4）按安装模式的不同，系统可以分为前装和后装（包括便携）两类。

在车辆导航系统中，嵌入式操作系统技术提供了系统运行的支撑环境，卫星导航定位技术及多传感器信息融合技术是车辆导航系统的核心技术，路径规划与诱导技术是车辆导航的核心价值，电子地图是车辆导航系统不可缺少的数据支撑，通信技术实现了车辆导航系统与 ITS 的集成，而多通道人机接口技术是展示车辆导航系统核心价值的途径。

## 二、系统组成及功能

### （一）系统组成

现代车辆导航系统通常包含定位模块、交通信息获取模块、路径规划模块、路径诱导模块、地图显示模块、地图查询模块等，如图 4.15 所示。车辆导航系统借助于先进的多通道人机接口技术（包括图、文、声、像等形式），提供友好的车辆导航服务。

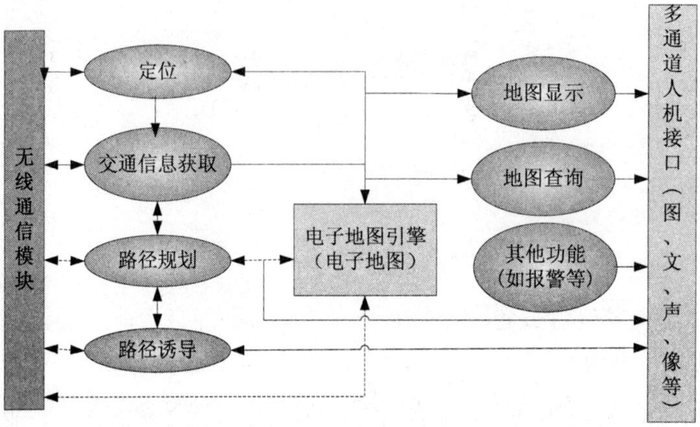


图 4.15　一个典型车辆导航系统的主要组成模块

（1）定位模块：采用 GPS 定位等形式解算当前车辆的姿态（位置、航向角、速度等）并将此信息传递给地图显示模块，最终显示在带电子地图的屏幕上。对于定位要求高的场合，通常会采用 GPS/DR 或者 GPS/DR/MM 组合定位的方式。此外，无线运营商还提供 A-GPS 服务实现快速定位。

（2）路径规划模块：路径规划模块利用定位模块的定位信息和用户输入终点计算最优路径（如最短时间、最小距离等）。现代车辆导航系统基本上都提供实时路径规划的功能，在车辆走错路线时，能够快速计算和及时提醒。在实现方式上，路径规划可本地计算，也可利用通信模块调用云端服务实现远程计算。

（3）路径诱导模块：基于当前位置信息，规划路径信息，本模块实现导航诱导的功能。在实现方式上，可用本地模式，也可用云计算模式。

（4）交通信息获取模块：模块通过无线通信模块连接相关服务器，获取实时交通信息。

（5）地图显示模块：负责将车辆位置信息、地图信息及其他计算信息显示在屏幕上。

（6）地图查询模块：提供用户查询兴趣点及实时交通信息等功能。在实现方式上，可用本地计算，也可采用云计算模式。

（7）无线通信模块：通常采用车载无线电话、电台或无线运营商数据网络以完成信息交互功能，是各项服务的数据通道。

（8）多通道人机接口：利用图、文、声、像等多种媒体技术将定位和计算结果传给用户，并和用户交互，涉及的核心技术包括语音识别、语音合成、视频处理等。

（9）电子地图引擎模块：负责电子地图空间数据库操作。在实现方式上，前装车辆导航系统多用本地存储、本地计算模式；而便携导航设备，尤其是智能导航手机多采用云计算模式，电子地图存储在云端，空间计算也多在云端实施。

（10）其他模块：如车辆保护、自动报警、游戏、娱乐等，提供了基于 LBS 的增值服务。在一些现代导航设备中，有些服务可能以单独的应用程序提供。

一个典型车辆导航系统的软件如图 4.16 所示。现代车辆导航系统多运行在成熟的嵌入式操作系统（如 Windows Mobile，Android, iOS）上，不再以裸机程序的形式存在，而是通过调用操作系统的应用框架接口提供相关功能。

此外，在车辆导航系统中，导航应用程序通常只是应用程序中的一个，车辆导航系统附加的娱乐、游戏等功能常常作为单独的程序来提供服务。

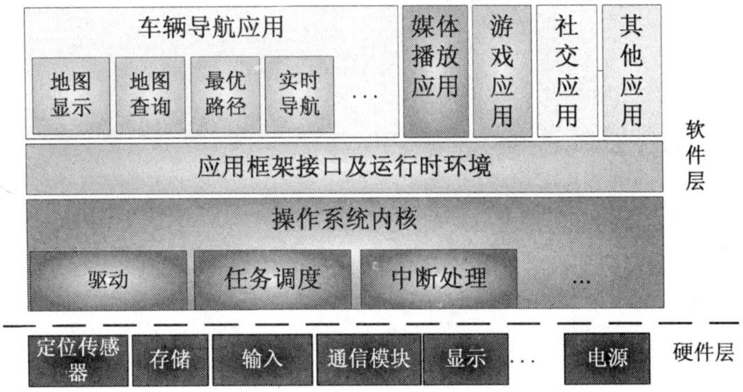


图 4.16　一个典型车辆导航系统的软件

## （二）系统功能

目前车辆导航系统多基于 GPS 技术，以嵌入式硬件平台为支撑，以 Windows Mobile、Linux 等操作系统为运行环境，利用无线网络发送位置信息、接收交通信息，本地或者远程执行路径规划，通过图、文、声、像等多种模式提供可视化、友好的导航界面，通常具有下列功能。

（1）定位及测速：通过 GPS 等定位手段确定当前的位置及速度，并将其显示在附带电子地图的屏幕上或传递给监控中心。

（2）实时路况展示：通常包括附带实时交通信息的路况显示、对特定道路的交通信息查询、对主干道实时路况的查询与显示。实时路况信息通常通过特定的服务发送，因此本功能需要在当地存在实时交通服务。

（3）路径规划功能：在设定终点后，导航系统便会自动根据当前的位置，为车主设计驾驶前和驾驶中的最佳路线（如距离最短、时间最短、高速优先等）。本功能包括出行前的路径规划与实时路径规划。路径规划功能可以用本地计算的方式实现，也可以用云计算方案，通过调用云端服务实现。

（4）实时导航诱导：用户查找到目的地后，具备告知选择路况参与规划路径的方式、避开拥堵路段、超速报警、特殊地段提醒等功能，车辆导航系统将使用语音等模式进行实时导航诱导。

（5）兴趣点信息查询功能：目前可获得的 POI 信息包括美食、电影、购物、演出活动、旅游线路等。该功能可以用本地计算的方式实现，也可以用云计算的方式实现。一般前装系统多用本地计算方式，便携设备或智能手机可能用云计算策略。

（6）轨迹显示及轨迹导航：现代的车辆导航系统一般都有记录轨迹并显示轨迹的功能。其功能不仅在于提示当前路径和位置，而且可以在用户返回时做导航之用。

（7）多媒体娱乐功能：系统提供各种娱乐功能，包括MP3/MP4播放、数字电视、游戏、电子书、工具（时钟、日历、记事本）、电子相册。

（8）信息资讯等其他功能：车辆导航系统通过GSM/GPRS通信信道发送新闻、天气、交通事件、日程提醒等资讯信息到终端，发送方式有定时和按需两种，形式可以是文字、图片、网页等。

## 三、应用案例

车辆导航系统通过接收卫星信号，配合电子地图数据，适时掌握自己的方位与目的地，实现如定位、路径规划与诱导等功能。为了提高导航性能，目前一些导航系统还提供如下应用。

- ❑ 动态立体路况显示：导航过程中屏幕右侧有路况显示牌，可以同时显示前方3个路口的交通路况信息。
- ❑ 实时路况接收、显示和查询：内置高感TMC实时路况信号接收芯片，接收实时交通信息，帮助驾驶员避开拥堵。
- ❑ 语音路况播报：实现交通路况真人语音播报。
- ❑ 快速实时路径规划：系统根据驾驶实际情况，实现快速实时路径规划。
- ❑ “一键导航”功能：通过按钮，可以直接连通导航服务中心电话，享受其服务。
- ❑ “即时定位”功能：系统提供上传自身位置和查询关心车辆位置的功能。
- ❑ “车载电话短信”功能：支持GSM模块，支持常规手机的通话和短信。
- ❑ “一键求助”功能：系统通过特定按钮可连接服务中心，利用语音通信在特定环境下求助于服务中心。

随着3G技术（包括AGPS技术）的发展和应用，智能手机导航已经成为车辆导航领域不可忽视的强有力的新生力量，各大运营商都推出了自己的导航定位服务。中国电信2009年初即推出了手机导航服务“天翼导航”。“天翼导航”以GpsOne/GPS定位技术为基础，通过用户的手机为用户提供在线式的导航服务，目前支持BREW、Andriod、Windows Mobile等手机操作系统。“天翼导航”支持定位导航及相关的地图服务、周边搜索、公交换乘、实时路况、语音助手等常规车辆导航系统支持的各种功能。其主要功能如下。

- ❑ 多模导航：如语音导航、群组导航、互动导航、人工导航等多种导航模式。
- ❑ 探路先锋：如海量电子眼语音预警提示。
- ❑ 实时路况：系统提供实时的动态交通信息，帮助司机绕开拥堵区域。
- ❑ 天气预报：支持全国316个城市的24/48/72 小时天气预报服务。
- ❑ 地图浏览：电子地图在云端存储，精确到村的专业地图系统。
- ❑ 周边查询：62类、1300万、9大行业深度POI，固话号码反向查询功能。

- 号百预订：订房，订酒店，还支持在线下载机票订单。
- 位置共享：用户间短信即可激活共享导航，非用户可获得文字信息。
- 实时资讯：出行指南、热点推荐、打折促销、最实用的生活信息。
- 一机多用：既是手机，又是导航仪，无额外硬件成本的手机 GPS。

“天翼导航”作为纯软件解决方案，基于高通 GpsOne 定位技术，相对于其他纯 GPS 导航产品，具有能实现短时快速定位的强大优势，且在 GPS 被遮挡时仍可以用无线定位方式（如 AFLT 方式）实现车辆定位。但此产品也有尚待提升的地方，如在终端显示界面友好性、操作难度及音量等方面，与传统导航仪还有差距，有待进一步完善。

## 四、发展趋势

随着汽车工业的发展和私家车的普及，以及 3G 无线网络技术的推广，导航技术发展到今天已经超越了简单的点到点式的传统路径诱导，并且发生了某种程度的分化：基于地图的独立驾驶辅助系统和汽车间的协作式安全系统是下一步技术发展目标之一；与此同时，车辆导航系统随着宿主软硬件平台的发展，功能日益完善，除了车辆导航定位外，还强化了游戏、多媒体娱乐等功能。总的来说，车辆导航系统呈现出如下发展趋势。

### 1. 智能手机导航正逐步代替专用设备车辆导航

随着 3G 对定位技术的广泛支持，安装 iOS 或 Android 操作系统的智能手机因其强大的移动计算能力、良好的用户界面、开放的应用体系大行其道，且出现了大量预装导航软件或第三方导航应用。“通用硬件平台+车辆导航软件”的解决方案在大众市场越来越普及。有研究认为，2011 年基于智能手机的汽车导航系统占汽车导航销量的比例将接近 50%。

### 2. 云计算模式正逐步取代本地计算模式

体现远程存储、远程计算特点的云计算应用体系正逐渐取代本地存储、本地计算的应用策略。车辆导航系统越来越多地从云端获得最新的地图、兴趣点、交通状况和最优路径。典型的如美国运营商 Verizon 和 Sprint、车辆导航公司 TeleNav 都推出了各自基于云计算的导航应用；在我国，三大运营商都有自己的云计算方案导航应用，如中国电信推出了“天翼导航”，它们几乎都采用了实时下载地图及远程路径规划的策略。

### 3. 车辆导航系统越来越重视实时交通信息的使用

在我国，目前多采用交通广播的方式发送实时路况信息。通过建立交通实时服务平台，车辆导航设备可以获取道路实时交通信息，可以利用如 3G 无线网络的方式或通过调频副载波接收交通信息，甚至深度集成实时交通信息用于路线规划和实时导航。目前，已经有北京等多个城市开通了此项业务。

4. 特种车辆导航定位开始重视稳健导航能力

目前的车辆导航系统功能越来越齐全，涵盖位置显示、语音提示、实时导航、敏感地带自动提醒等功能。然而，在隧道、高楼林立区域，大部分系统将因 GPS 信号被遮挡而丧失定位能力，这不能满足关系国计民生的公安、消防、警车、银行运钞车的定位需求。并且，GPS 信号遮挡问题将会随着城市化进程的推进而变得更加恶劣。因此，稳健组合车辆导航定位技术仍旧是研究的一大热点。

5. 云计算技术可能真正实现电子地图的快速、全面更新

我国交通路网日新月异，城市建设规模越来越大，汽车数量与日俱增，这为车辆导航系统的普及推广带来更大的挑战。“十一五”末期云计算技术已经得到广泛的关注，并有可能解决道路电子地图的实时获取与更新问题，虽然在增量式地图更新和传输方面取得了可喜的成绩，然而如何高效、协同、分布式自动更新道路电子地图数据库，还有很多问题需要研究。

（主要撰稿人：王　庆、吕卫锋、赵华鸿）

# 车辆监控系统

## 一、系统概述

随着经济的高速发展，社会上的汽车拥有量急剧上升，带来了许多新问题，如车辆调配、车辆防盗抢、道路交通安全管理等。车辆监控系统为解决上述问题提供了技术基础，不但可以为有关单位及个人对其拥有的车辆实施动态控制，提高调度管理能力；还可以协助公安部门提高打击犯罪活动、处理突发事件的快速反应能力和管理交通违法行为的能力，提高道路交通安全水平。

根据车辆监控系统应用对象的不同，可将其分为几个类别：面向个人的车辆监控系统、面向单位和组织的车辆监控系统、面向交通管理部门的车辆监控系统。面向个人的车辆监控系统主要用于防盗抢，并提供导航等增值信息服务；面向单位和组织的车辆监控系统除了防盗抢之外，主要用于监控车辆行驶过程、优化车辆调配、降低运营成本；面向交通管理部门的车辆监控系统主要用于监督驾驶员的交通违法行为和营运单位的违法行为，减少道路交通事故，提升道路交通安全水平。

## 二、系统组成及功能

车辆监控系统集成了卫星定位系统、地理信息系统、网络通信等现代先进技术，由三部分组成，即车载主机、服务器和客户端（图 4.17）。车载主机主要通过卫星定位系统（当前主要是美国的 GPS）来确定移动目标的位置，并通过移动通信网络和全球互联网将数据上传；服务器接收定位数据并存储；客户端通过全球互联网访问服务器，提取地图和车辆定位信息，为用户提供完善的服务。

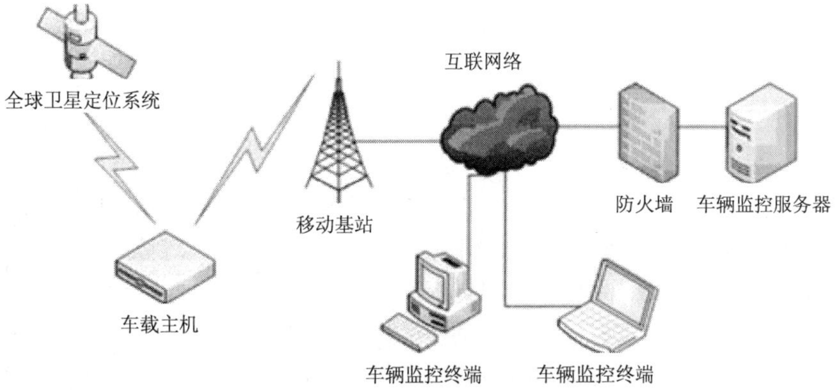


图 4.17　车辆监控系统工作原理图

系统的工作原理是：安装在车辆上的 GPS 接收机根据收到的卫星信息计算出车辆的当前位置，通信控制器从 GPS 接收机输出的信号中提取所需要的位置、速度和时间信息，结合车辆身份等信息形成数据包，然后通过移动运营商的 GPRS 网络发往监控中心。监控中心的服务器接收车载机发送的数据，并从中提取出定位信息，根据车辆的车号和组号等，在监控中心的电子地图上实时显示。同时，监控中心的系统管理员可以查询车辆的运行状况，根据车流量合理调度车辆。

车辆监控系统的核心功能是车辆定位、监控和报警（警告信息），具体可分为车载终端和后台服务器（含监控服务器和监控终端）的功能。

1．车载终端功能

（1）行车记录仪的功能：采集汽车工作状态、终端监听等。

（2）定位功能：通过 GPS 接收模块可以捕捉 GPS 卫星信号并计算出当前自身位置，具体为经纬度、速度、方向、时间等信息。

（3）车辆紧急报警功能：车载终端设置紧急报警按钮，当车辆发生紧急情况，需要救助时，可通过简单按钮操作发送紧急报警信息。

（4）通信功能：发送功能表现在根据用户设定或服务中心规定的工作方式，通过 GPRS/CDMA 定时向中心发送各种信息，如位置（坐标）、速度、时间、状态、驾驶员信息、驾驶员连续开车时间、载客人数等；接收功能表现在接收市监控中心发出的各种命令和企业监控中心发出的调度信息，并以显示方式通知用户。

（5）短信接收、发送、显示功能：可接收并阅读交警指挥中心或企业指挥中心发送来的文本信息，实现调度、通知等应用功能。通过发送预定义的文本信息，实现向中心报告当前任务状态信息功能。

（6）声光提示功能：如车辆发生违章行为，市监控中心将发出各种警报信息包括语音、蜂鸣、闪光等，警告驾驶员、通知乘客，督促驾驶员纠正违章行为。

2．后台服务器功能

（1）数据接收和存储功能：接收车辆车载主机发送的信息，如位置（坐标）、速度、时间、状态、驾驶员信息、驾驶员连续开车时间等，并按要求分级存储。

（2）车辆实时跟踪监控功能：对行驶中的车辆进行跟踪监控，并将车辆运行位置形象直观地显示在电子地图上；向被监控车辆发送各种监控指令，如回传信息的频率等；向被监控车辆发送文字信息等。

（3）信息查询与数据统计分析：查询车辆、驾驶员等的档案信息，对车辆的历史轨迹进行回放，车辆行驶里程统计，驾驶员行车工作量统计，车辆油耗统计，车辆定期保养提示等；并把各类统计信息生成月报表。

（4）电子地图操作功能：进行道路和地物查询，地图无级放大、缩小，漫游等。

（5）车辆调度功能：可以根据车辆当前所处的位置及道路交通状况，发送相关调度控制指令给所辖车辆，如改变行车线路、执行运输任务等，实现车辆的调度指挥。

## 三、应用案例

由于资金、技术及成本等原因，我国的车辆监控系统的研究起步相对较晚，早期主要应用于车辆的监控调度系统方面。随着我国经济与科技的发展，国内在车辆监控系统领域已有一些初步的成果，现列举如下。

1. 公交车辆监控系统

随着城市的快速发展，车辆数目的快速增加，为有效地减少车辆的交通堵塞，提高车辆的运行效率，公交车辆运营在城市交通体系中的重要性日益提升。另外，公交车辆的运行特点，使公交车辆运营管理成为最容易出问题的一个环节。因此，实现公交车辆的定位监控和调度管理，对企业来说具有重大意义。

通过采用先进技术，针对公交车辆的运行特点，构建一个具有较好的通用性和扩展性的公交车辆监控系统，可以达到以下目的：

（1）可以及时、准确地了解公交车辆的当前位置和状态。

（2）提高公交车辆使用效率，降低运营成本。通过对公交车辆的实时定位监控，结合公交车辆的运营特点，动态地对公交车辆进行调度和管理，可以有效地减少空载和运能不足的情况。

（3）当公交车辆发生故障或意外时，可以及时地调度车辆和人员实施维修和接驳运输，提高乘客的满意度。

（4）当公交车辆发生被抢被盗等恶性事故时，可以及时手动报警或自动报警。

（5）实现对公交车辆运营的监控和考核，包括是否超速驾驶或疲劳驾驶、是否按照计划路线行驶、是否准班准点等，并可以通过事后的线路回放功能，进行事后抽查。

（6）通过采集公交车辆执行运营计划的相关数据，为运营计划优化和运营路线优化提供基础数据。

2. 重点营运车辆联网联控系统

我国公路的重特大交通事故，有 87%来自客货运车辆，而事故原因有 80%是超速、超载和超限，我国越来越重视采用导航和定位技术对这些车辆进行安全监控。

针对“两客一危”营运车辆（旅游包车、三类以上班线客车和运输危险化学品、烟花爆竹、民用爆炸物品的道路专用车辆）的运行安全与高效性，2009 年，交通运输部以上海世博道路运输安全保障工作为契机，规划建设重点营运车辆动态信息公共交换平台工程，充分整合各省（地）车辆动态信息监控资源，运用统一的信息交换标准，建设统一的全国重点营运车辆联网联控系统，实现全国范围内重点营运车辆动态信息的跨区域、跨部门信息交换和共享。这套系统主要包括重点营运车辆动态信息公共交换平台、重点营运车辆动态信息应用系统、运行监控系统三部分。

交通运输部道路运输司 2009 年 7 月组织调研的结果表明。全国“两客一危”营运车辆共有 573090 辆，超半数车辆安装有卫星定位终端设备。全国危化品运输车辆共有

188917 辆，安装 GPS 车载终端的有 168702 辆，安装比例为 86%；全国客运班线车辆共有 306121 辆,安装 GPS 终端的有 148486 辆，安装比例为 53%；全国长途旅游客运车辆共有 73925 辆，安装 GPS 终端的有 37360 辆，安装比例超过 51%。

截至 2010 年 4 月，全国重点营运车辆联网联控系统建设完成，共接入省级平台 29 个，入网车辆总数 20.67 万辆，日均在线车辆 13.56 万辆，向各省平台共计转发跨域车辆 28.54 万辆。

另外，我国地方各级交通主管部门也陆续建设基于卫星定位技术的车辆动态监控系统。例如，江苏徐州要求所有长途客车安装车载全球定位系统，湖北武汉也要求市内所有大型客车安装 GPS，北京的公交运营公司也在大力推行车载全球定位系统。同时像厦门金龙这样的客车企业也在积极地跟公交公司合作，通过监测车辆运行情况，分析总结客车加装 GPS 情况，提前在客车加装卫星定位装置领域布局。

3. 警用车辆监控系统

警用车辆监控系统由车载终端、传输系统、监控中心三部分组成。车载终端回报车辆状态，包括位置、速度、时间、方向等信息，并记录车辆行驶信息；传输系统采用无线通信；监控中心实时、高精度、大范围监控车辆状况，并具有多功能排班系统，以及勤务管理自动化和信息化、量化综合绩效考核、自动生成各类报表等功能。

通过强制推广应用卫星定位汽车行驶记录仪，广东省建立了较为完整的车辆实时监管体系，将全省 45 万辆重点营运车辆监控起来，变“被动管理”为“主动管理”，有效预防重特大交通事故的发生；同时通过在车载终端的信息采集，实现广东省各主要道路交通流分析，为交通管理决策提供依据。

南京市建成“110”报警巡逻车监控系统。控制中心与各巡逻车采用主从单频结构，依次巡检、中心站点名、巡逻车应答方式。整个通信网络的操作均由控制中心控制，控制中心首先对网内所有巡逻车进行“注册登记”，按前后顺序与每辆巡逻车依次进行信号连接及数据交换。该套系统在数据无线传输方面反应较慢。

## 四、发展趋势

车辆监控系统技术成熟、费用适中、用户群庞大，已经形成庞大的产业。未来的车辆监控系统将会集成多种定位技术和通信技术，在深度和广度上将有进一步发展。广度上，继续覆盖私家车、营运车辆、单位公务车等未进入监控系统的车辆，车辆覆盖面会越来越大；跨省运输车辆逐步实现及时、有效监控。深度上，一方面提供更多的数据和信息，为车主和驾驶员服务；另一方面对车辆位置监控信息进行深入分析和挖掘，为城市交通和城市规划服务。逐步实现物流货物跟踪，如实时监控与管理车辆、利用互联网信息就近返程配货、对车上货物实时监控与管理等。

（主要撰稿人：余　志、赵华鸿、吴超仲）

# 综合交通枢纽信息系统

## 一、系统概述

综合交通枢纽是集轨道交通、公交、出租车、自驾车、步行、长途客运、铁路等多种交通方式于一体的立体换乘中心（图 4.18），其直接辐射区域广，客流聚集效应明显，具有衔接运输方式多、客流量大、换乘关系复杂等特点，它是城市综合客运体系中的重要组成部分。交通换乘功能是综合交通枢纽的核心功能之一，交通换乘能力及枢纽内部客流交通组织状况是评价枢纽综合性能的重要指标。

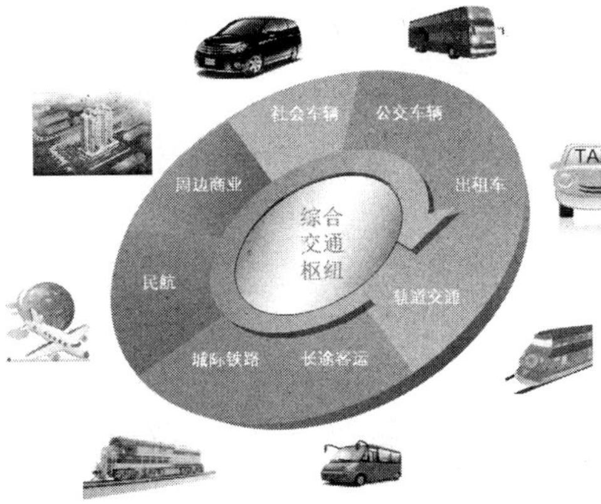


图 4.18　综合交通枢纽

通过建立综合交通枢纽信息系统，依靠先进的信息技术创新管理和服务手段，使综合交通枢纽不仅成为客流、车流的聚集地，还成为信息流的汇聚点；充分运用信息技术，加强对各种运输方式信息资源的采集，实现多种交通方式间相关信息的交换与共享；同时通过信息化手段，加强对运行数据的采集与分析，优化客流与车流的组织管理，实现多种运输方式间信息的互联互通，促进多种运输方式的衔接与协同运转；并通过加强安全监测，为提升紧急事件下联动响应能力提供支持，使枢纽的运营管理更加智能化和协同化，信息服务更加便捷化和个性化，最大程度地方便人民群众安全便捷出行；将综合交通枢纽建设成为区域性交通信息枢纽，并与长途客运、铁路、民航，乃至相邻城市交通枢纽连接成有机的整体，成为城市交通信息化的重要标志之一。

## 二、系统组成及功能

综合交通枢纽信息系统主要由 3 个平台（6 个子系统）组成，如图 4.19 所示。

3个平台（6个子系统）之间相互支撑、相互协作。

（1）信息资源融合平台：包括枢纽内信息资源融合子系统和枢纽周边信息资源融合子系统。

（2）公众信息服务平台：包括枢纽内换乘诱导与信息服务子系统和枢纽周边区域交通诱导与信息服务子系统。

（3）协同应急管理平台：包括枢纽日常监测与联动支持子系统和安全疏散诱导与应急管理子系统。

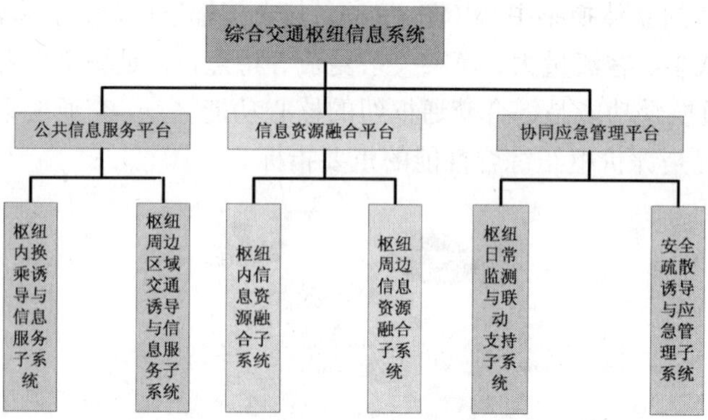


图4.19　综合交通枢纽信息系统组成

### （一）信息资源融合平台

对系统所需的枢纽内（基础设备设施、客流检测、安防、消防等）及枢纽周边（公交运营、停车场管理、轨道交通运营、铁路、航班等）相关信息进行分类、融合与处理，为公众信息服务平台和协同应急管理平台提供基础信息。该平台包括枢纽内信息资源融合子系统和枢纽周边信息资源融合子系统。

信息资源融合平台组成如图4.20所示。

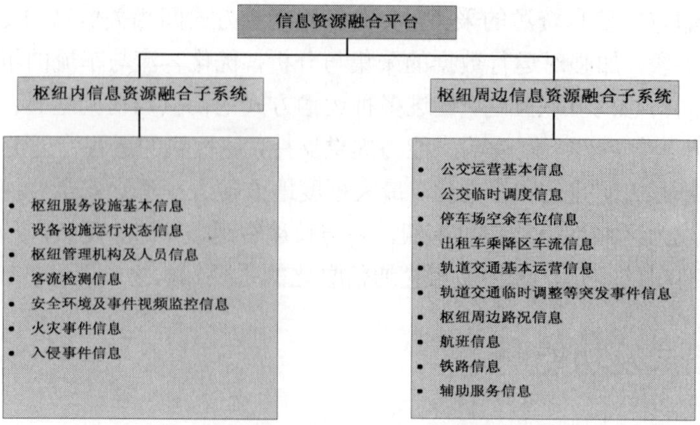


图4.20　信息资源融合平台组成

1. 枢纽内信息资源融合子系统

该子系统主要是针对枢纽建筑物内的服务设施基本信息、设备设施运行状态信息、枢纽管理机构及人员信息、客流检测信息、安全环境及事件视频监控信息、火灾事件及入侵事件等信息进行采集、分类、融合与处理。

2. 枢纽周边信息资源融合子系统

该子系统主要是针对枢纽建筑物周边及重要辐射区域的公交运营基本信息、公交临时调度信息、停车场空余车位信息、出租车乘降区车流信息、轨道交通基本运营信息、轨道交通临时调整等突发事件信息、枢纽周边路况信息、航班信息、铁路信息、辅助服务等信息进行采集、分类、融合与处理。

### （二）公众信息服务平台

能够有效提升枢纽综合服务能力，遵循“平灾兼顾”的建设思路，确保枢纽更加人性化、智能化、安全化。同时以公众出行信息服务为纽带，整合政府、企业、社会信息资源，提升政府公众服务形象；通过公众信息服务平台的建立，充分达到枢纽内快速、有效地换乘，枢纽周边及辐射重点区域的交通诱导等公众信息服务作用。该平台包括枢纽内换乘诱导与信息服务子系统和枢纽周边区域交通诱导与信息服务子系统。

公众信息服务平台组成如图 4.21 所示。

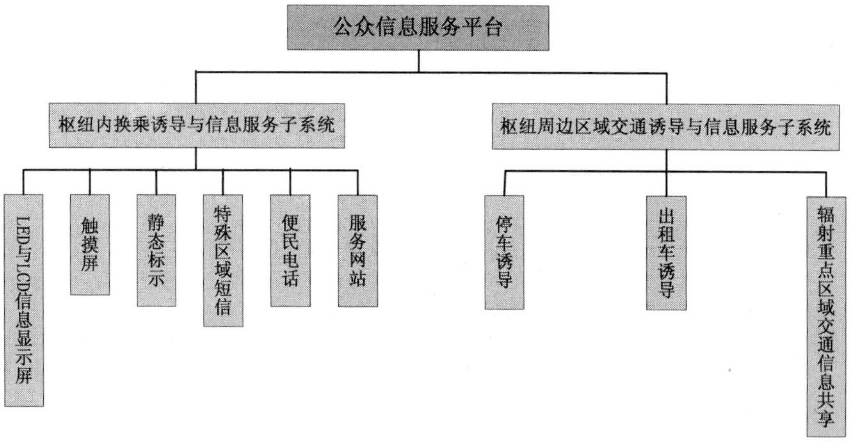


图 4.21　公众信息服务平台组成

1. 枢纽内换乘诱导与信息服务子系统

该子系统以站内乘客需求为基准，以提升和完善枢纽服务水平和手段为目的，实现智能化的乘客换乘诱导、立体化的综合信息服务和人性化的标志指示功能。围绕以上功能，系统采用集中处理、协调联动、多样发布的架构，建设站内发布终端、服务网站、静态标示等内容。

2. 枢纽周边区域交通诱导与信息服务子系统

通过在枢纽站内和周边设置静态交通标志和可变情报板，发布行车路线信息、出租车需求信息、空余停车位信息、周边道路交通状况信息，引导进出站车辆和路过车辆合理规划行驶路线，并且诱导出租车进站载客，以求达到缓解场站周边交通拥堵，提高枢纽对进出站车辆管理能力的目的。

## （三）协同应急管理平台

通过协同应急管理平台的建立，一方面能够便于枢纽管理机构进行日常安全监控与管理；另一方面，当公共突发事件发生时，枢纽管理机构能够进行应急响应，同时与枢纽内、外各政府部门、运营企业进行应急联动。该平台包括枢纽日常监测与联动支持子系统和安全疏散诱导与应急管理子系统。协同应急管理平台组成如图 4.22 所示。

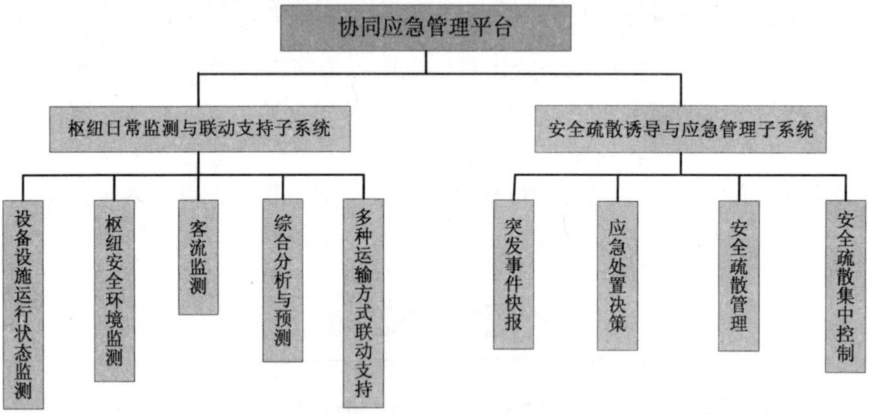


图 4.22　协同应急管理平台组成

1. 枢纽日常监测与联动支持子系统

主要满足综合交通枢纽管理机构进行日常安全监测和管理的业务需求，以满足公众安全出行需求。该子系统通过采集和整合设备设施运行状况监测数据、枢纽安全环境监测信息、客流量监测数据等，实现对综合交通枢纽在日常状况下安全运行状况的全面监测；在此基础上，通过相应的综合分析与预测，实现对枢纽站内拥挤程度的评估，以及对可能发生的突发公共事件的预测；同时，将相关信息提供给枢纽内各种运输方式的运营管理部门，为实现多种运输方式间的协调调度提供支持。

枢纽日常监测与联动支持子系统包括 5 个部分，即设备设施运行状态监测、枢纽安全环境监测、客流监测、综合分析与预测和多种运输方式联动支持。

2. 安全疏散诱导与应急管理子系统

主要满足公共突发事件发生时，综合交通枢纽管理机构进行安全疏散诱导和应急管理的业务需求。在公共突发事件发生时，该子系统能够作为枢纽管理机构的应急处置支持平台，实现对突发事件的快速接警、自动记录、辅助决策、信息报送，实现紧急安全疏散方案的管理、查询和决策，实现对安全疏散标志的统一集中控制，实现“一键通”，以及实现对站内广播、电子显示屏、枢纽内小区短信的优先信息发布。由于业务需要，该系统应是一个处于24小时待命，并能机动调整系统状态的综合性管理与控制系统。

安全疏散诱导与应急管理子系统包括4个方面，即突发事件快报、应急处置决策、安全疏散管理和安全疏散集中控制。

## 三、应用案例

1. 上海虹桥综合交通枢纽

上海虹桥综合交通枢纽信息系统可以使整个虹桥枢纽内的机场、高铁、城铁、磁悬浮、地铁、公交（含长途、市内公交、专线巴士）、出租车等多种独立运行交通方式，通过公共信息网络的平台实现信息互联互通、数据交互和信息共享。旅客在机场候机楼到达大厅能够看到铁路或长途客车班次、地铁或磁悬浮的首末班次和间隔的信息，一出高铁车站马上就能知晓航班信息或市区道路通行情况。该系统建成后，无论是机场的到达大厅，还是高铁出站口；无论是地铁闸机口，还是公交的候车厅，通过分布在虹桥枢纽各处的76块显示屏就可为旅客和公众同时提供枢纽区域各种交通方式的计划班次、实时运行状态、换乘路线、停车位及市区路网情况等信息。

2. 深圳市福田交通综合枢纽换乘中心

深圳市福田交通综合枢纽换乘中心位于地铁 1 号线竹子林站南侧，紧靠地铁出入口，东接广深高速福田收费站进出口，南连滨海大道。该枢纽换乘中心占地面积 7.86万平方米，建筑面积13.7万平方米，总投资6.98亿元。工程于2005年1月28日开工建设，至2007年12月28日投入试运营。总层数6层（地下2层，地上4层）。各层功能如下：地下二层为社会停车场，有712个车位；地下一层为公交与地铁换乘区，日换乘量可达25万人次；首层主要为公交车辆发车区，拟设22条公交线路；二层、三层主要为长途班车发车区，规划车位68个；四层为辅助功能区。总体设计日均旅客通过能力为35万人次，长途旅客发送量最高可达10万人次，对解决城市带状结构产生的长距离公交问题、缓解公交营运压力及路面交通压力有重要作用。该中心具有中转与换乘功能、多式联运功能、旅游交通功能、口岸旅客集散功能、零担货运服务功能及“车港”功能。该中心已成为省内、省际长途客运和罗湖、皇岗两大口岸过境旅客疏运的综合枢纽，使城市交通布局更加合理，使路面交通压力得到有效缓解。

## 四、发展趋势

国外发达城市大型客运交通枢纽的发展趋势集中体现在集多种交通方式于一体，并与商业、办公、娱乐等产业联合开发的、功能多元化的大型交通综合体的迅速发展上。

以轨道交通为骨干是当今世界大城市客运交通枢纽的重要特征。大型客运交通枢纽一般以火车站、机场、大型轨道换乘枢纽为依托，在发展过程中，以其发达的轨道交通网络为基础，将常规公交车站、出租车站、停车场、长途汽车站等集中布设，甚至在同一座大型建筑物内，构成一个集多种交通方式于一体的、同时具有对外和对内交通功能的大型换乘枢纽。具体发展趋势包括以下两方面。

1. 客运交通枢纽的大型化、综合化和立体化

随着城市公共交通的发展，大型客运交通枢纽越来越注重多种交通方式以及统一方式内部多条线路在枢纽建筑物内的有效衔接，从而为乘客提供方便、舒适的换乘服务。因此，客运交通枢纽大型化、综合化和立体化是未来发展的重要特征。

2. 枢纽功能的多元化

交通综合体不但强调多方式的综合，而且更加注重对站域周围地区的城市空间进行综合开发、联合开发，进一步加强枢纽内及周边地区的土地利用强度，使其成为集商业、办公、居住、娱乐等于一体的地区中心，并成为为旅客提供全程服务的中心，因而枢纽的功能将更加多元化。

（主要撰稿人：赵华鸿）

# 高速公路交通紧急救援管理系统

## 一、系统概述

交通事故的发生具有随机性和突发性，许多交通事故难以预防，若不能及时地采取有效的紧急救援对策，将可能导致更大、更恶性的事故。如何最大限度地避免第二次交通事故的发生、降低交通事故的损失，一直是国内外交通工程领域的重要科学课题之一。

国外发达国家在高速公路交通事故管理的软、硬技术研究方面处于比较先进的地位，道路交通事故紧急救援系统的建设也比较完善。以美国亚特兰大的 GDOT Navigator 系统为例，系统运行的前三周使验证事件的平均时间从 4.2 分钟降低到 1.1 分钟；事件确认后事件的平均反应时间从 9.5 分钟降低到 4.7 分钟；事件确认到事件清除时间从 40.5 分钟降低到 24.9 分钟；1997 年的费用效益比为 1∶2.3。费城的交通事件管理系统的应用使高速公路事件减少了 40%，严重事故率降低了 8%。

国内道路交通事故紧急救援工作刚刚起步。2002 年 1 月 10 日，公安部、卫生部联合发文，明确要求在已设立“120”急救中心的地区，“120”急救电话与“110”报警服务台、“122”交通事故报警服务台三者之间必须建立起交通事故信息传递、现场急救和急救转运的综合反应与协调机制；在未设立“120”急救中心的公路周边地区，公安机关要与县医院、乡卫生院设立昼夜值班联系电话，保障紧急求救信息联络畅通，确保交通事故伤员能够得到及时、就近救治。目前，该措施虽在一些大城市如上海市已初见效果，但从总体上讲，由于受到经费、体制等原因的制约，执行效果并不十分理想。据有关统计资料显示，目前，我国道路交通事故中的重伤员约有 2/3 的人因不能获得及时、有效的救护而死亡；在 1000 例交通事故中，只有约 15%的受伤者能乘救护车到达医院。

国内紧急交通救援管理存在的问题有：

（1）相关救援法律法规缺失。紧急救援法律法规是交通事故救援快速高效的基础和前提，如果没有一套完善的救援法律法规做支撑，整个救援工作就会非常被动，救援的高效性和及时性就没有办法得到保障。

（2）仅注重受伤者的医护救援，而轻视了对交通基础设施抢修、减少交通延误的救援内容。

（3）参与救援的人员对事故现场环境不熟悉，不能选择最佳救援路径，救援效率不高。

（4）由于缺乏有效的紧急救援联动机制，救援人员对受伤者的伤情难以做出准确判断，不能选择最佳的救援医院，贻误最佳救助时机。

（5）缺乏对救援人员本身的保护。

（6）现场救援活动时常会无意破坏事故现场，使有价值的证据灭失，增加交通事故处理难度，有时人为造成交通拥堵，甚至引发二次交通事故。

（7）许多参与救援的单位缺乏相应的技术装备和物质基础。

（8）多数参与救援的单位和个人，是“被动”介入救援行动，介入前缺乏有效的紧急救援工作预案和培训，特别是对危险品运输事故救援的预案与演练。

因此，我国目前处于交通事故紧急救援系统建设的雏形阶段，与国外交通发达国家相比存在较大差距。国内对道路交通紧急救援管理的研究内容包括：异常事件的检测方法研究、交通信息提供、救援方案的确定、交通控制与管理方案的优化、紧急救援预案编制等。由于研究的基础和实验条件的限制，对具体紧急救援理论的研究尚不够深入，硬件系统的建设也不够规范，规模具有局限性。从总体的发展水平看，国外正着力于在先进的硬件水平基础上进行高速公路交通紧急救援的软技术研究；而国内在进行高速公路交通紧急救援体系结构方面的研究，无论是在硬件水平，还是决策支持算法等软技术方面，都还有待于进一步加强。

## 二、系统组成及功能

高速公路交通紧急救援管理系统是 ITS 的一个重要的组成部分。为了提高高速公路的运营效益、路网指挥调度的效率，降低交通事故的危害，高速公路交通紧急救援管理系统应实现如下功能：

（1）如何基于异常交通状态检测条件，确定发生事故的地点、类型，预测事故发生后高速公路上的交通状态和事故可能影响的范围。

（2）如何利用现有的交通基础设施、计算机网络技术和信息处理技术，实现对紧急救援系统所需信息的实时采集、传送、发布、管理。

（3）有适合当地常发交通事故类型的救援预案及特种交通事故紧急救援方案的生成支持。

（4）交通事故发生期间，如何确定最佳的交通控制与管理方案，最大限度地减少交通拥挤，尽快疏导交通，快速恢复高速公路通行能力。

（5）如何提供交通事故条件下的信息服务，实现交通分流与诱导，预防第二次连锁事故。

（6）如何建立紧急救援系统各个部门之间的联动机制，确保紧急救援过程的顺利进行。

（7）如何应用系统工程理论与方法，制定系统的优化目标和约束条件，实现紧急救援系统的优化设计。

（8）如何建立基于 GIS 的高速公路紧急救援软件平台，生成快速、科学、自动的最佳紧急救援方案，实现科学一体化的紧急救援管理。

基于以上功能需求，高速公路交通紧急救援管理系统的结构设计如图 4.23 所示。

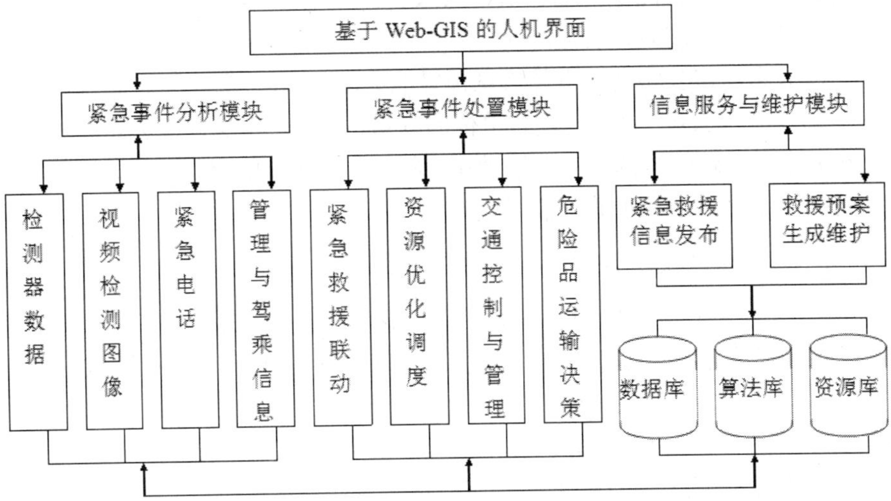


图 4.23　高速公路交通紧急救援管理系统结构设计图

高速公路紧急救援的任务包括：通过检测、巡逻等手段快速发现突发事件，获取并确认事件类型、位置等信息；协调相关部门调集救援资源，采取联动紧急救援行为；依据事件类型，提供紧急服务，包括消防、救护、特种物品处理、故障车辆牵引、现场事故处理等；根据事故处理进度，适时调整交通管控方案；利用信息发布系统或传媒为公众提供相关信息服务。高速公路紧急救援系统将实现事件信息采集与处理、救援方案生成与实时跟踪、救援过程中交通诱导与管控、事件及救援信息管理与分析等功能。

## 三、应用案例

### 1. 吉林省高速公路紧急救援系统

吉林省高速公路紧急救援系统由 3 层组成：指挥调度中枢、区域指挥调度组织和基层指挥调度组织。指挥调度中枢为指挥调度中心；区域指挥调度组织包括指挥调度分中心、公安分局指挥调度值班室、管理所指挥调度值班室；基层指挥调度组织则包括收费站监控室、服务区值班室。

吉林省高速公路指挥调度平台应用最新的现代通信、多媒体网络、计算机、自动化控制等理论与技术，以现有网络和信息系统为基础，以路网交通地理信息系统为支撑，以有线通信系统和移动通信系统为纽带，将全省高速公路各个分中心管理信息系统、联网收费系统、GPS 车辆卫星定位系统、紧急救援指挥调度系统等有机地组成一个整体，充分发挥指挥调度中心系统应急救援的整体效能。

在指挥调度中心调度大厅内设有 60 台监视器，对全省联网高速公路出入口、大中桥隧、重要地点和路段实行 24 小时实时监控。设置指挥调度办公电话 16 部。形成了较为完善的指挥调度信息处理系统，通过建立现代化的信息平台，将有线和无线通信系统、计算机网络、摄像监控、图像传输、语音录入、GPS 全球定位等系统整合在一起，实现综合管理信息处理的高效、快捷。

为了不断提高高速公路突发事件信息预警能力，进一步完善了突发事件预警信息发布机制。指挥调度中心统一负责与发布单位的联系，统一对全省高速公路突发事件的信息进行采集和汇总，跟踪掌握事件发展动态，收集、分析、研究相关信息，及时做出相应调整，确保突发事件信息准确、及时发布。

2. 江苏省高速公路交通紧急救援决策支持系统

2007 年，在江苏省交通厅的支持下，由同济大学智能运输系统研究中心、东南大学智能运输系统研究中心、江苏宁杭高速公路有限公司共同承担并完成了“江苏省高速公路交通紧急救援决策支持系统研究”课题。该课题基于江苏省现有高速公路交通监控系统和管理条件，以未来智能化交通系统技术的应用为目标，立足于江苏省高速公路的特点和其在长三角地区的地位，研究了高速公路交通紧急救援决策支持系统的技术与方法。针对江苏省高速公路交通安全与紧急救援系统的实际运行状况，以缩短救援响应时间、提高救援可靠性、恢复通行能力、降低直接和间接的经济损失及人员的伤亡为目的，提出高速公路交通紧急救援的需求特征、决策支持系统的基本框架与软件流程，研究相关的紧急救援联动方案、救援资源优化配置与调度、危险品运输事故救援预案的范本结构与示例设计、紧急事件下的交通控制方法与信息发布，最终开发了江苏省高速公路交通紧急救援决策支持系统软件，并在宁杭高速公路有限公司进行了示范应用。

该系统基于 Web-GIS 和 B/S 结构开发，包含了“交通事件信息的录入与确认模块”、“救援方案生成模块”、“救援方案实施模块”、“交通管制与信息发布模块”、“事故救援记录与归档模块”、“救援资源配置与维护模块”及“救援预案调用维护模块”。系统用户界面友好，功能模块设计合理，对高速公路管理单位的紧急救援管理工作向系统化、程序化、效率化及科学化转变起到了积极的辅助和推动作用。

该系统中交通事故影响范围如图 4.24 所示，交通管制与信息发布界面如图 4.25 所示。

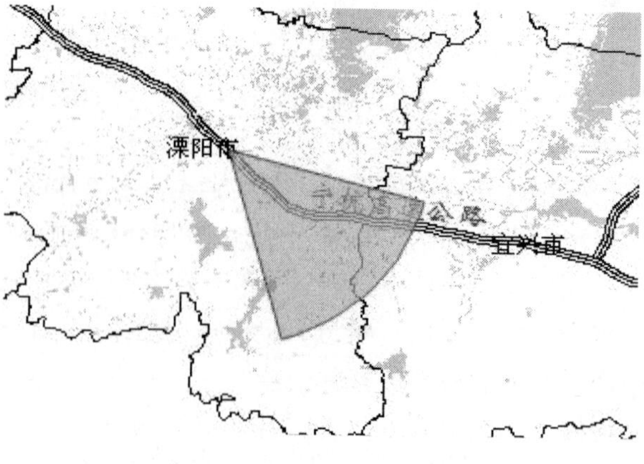


图 4.24　交通事故影响范围

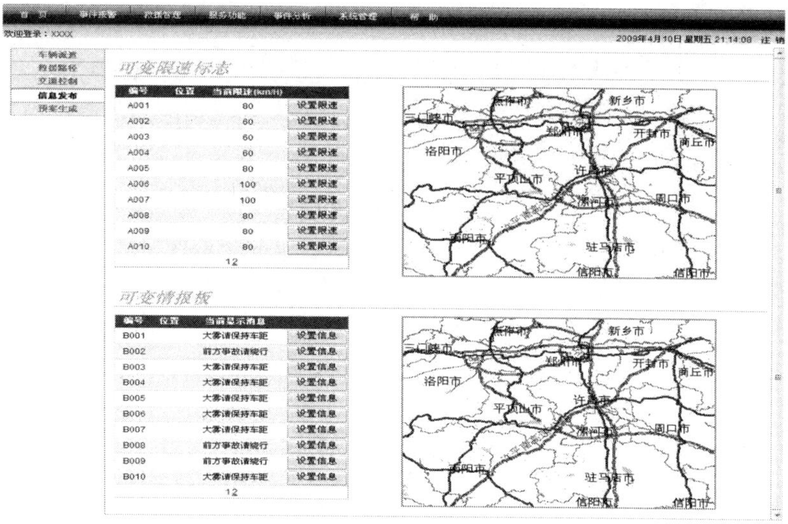


图 4.25　交通管制与信息发布界面

# 四、发展趋势

我国在大力建设高速公路的同时，高速公路交通事故带来的危害越来越受到社会的关注，减少高速公路交通事故带来的人员伤亡和财产损失已成为高速公路管理部门的迫切需求。建立适合我国国情的交通事故紧急救援体系和相应流程的时机和条件已经成熟，国家应在立法方面对交通事故紧急救援予以保证。无论是技术上还是管理体制上，保证部门之间信息共享的协调工作机制是关键性的问题。

交通紧急救援经验的总结、救援联动部门之间的磨合、交通事故检测技术的不断成熟，使得交通紧急救援系统功能不断完善，未来交通紧急救援将更大程度地缩短交警、医疗、路政、环卫等多部门的联动响应及执行时间，将能够更加及时有效地实施紧急救援，从而减少道路交通事故中的人员伤亡和财产损失。

1. 交通事故检测方式多样化

我国目前对于交通事故的检测大多采用“非自动”检测技术，即基于路旁的紧急电话和交警或路政人员的巡逻而发现事故。这种方式是一种常规的方式，在高速公路运营管理中起到了很重要的作用，但仅仅依靠这种方式是不完善的，毕竟很多时候路旁没有人去报警，加上交警的巡逻也是有时间间隔的，在这种时候如果发生重大的交通事故的话，就难免会造成事故处理的延误，从而造成重大的人员伤亡和财产损失等严重后果。因此，在高速公路上，应用监视系统和视频配合一些常规的检测方式进行事故的检测和确认是未来发展的必然趋势之一。

### 2. 救援管理、机构、队伍和技能的专业化

我国目前在实施交通事故救援时大多是由高速公路交警根据报警情况，临时发动警察或其他部门进行救援，导致处理效率不高，发生重大交通事故后的封路时间通常也比较长。而且高速公路一般都离市区较远，这就使高速公路紧急救援难以在短时间内利用城市医疗、急救、消防等救援资源。而对交通事故实施快速有效的救援工作，涉及多个部门，包括高速公路管理部门、公安交管部门及医疗急救、消防、路政等相关救援部门，各部门配合不协调也会造成事故处理效率低下。要想很好地协调组织这些相关部门，使之能相互配合默契，发挥高效的救援救护功能，就需要建立一个高效能的事故救援统一组织机构。

（主要撰稿人：杨晓光）

# 现代空中交通管理系统

## 一、系统概述

空中交通管理主要包括空域管理（ASM）、空中交通服务（ATS）和流量管理（ATFM），其中空中交通服务又包括飞行情报服务（FIS）、空中交通管制（ATC）、航空气象服务（AWS）和告警服务（AL）。新一代空中交通管理系统采用现代卫星、信息、网络和自动化技术，将星基系统与现行陆基系统高度集成，构成天空地一体化的通信、导航、监视、管制系统，为我国民航飞机的全球运营提供服务。

空管新技术促进了新的空管运行模式的产生，空地协同的空管系统正得到迅速的发展。空地协同的空管系统将面向"自由飞行"，支持四维航迹运行、复杂空域内高密度飞行，同时朝着绿色环保化的方向发展。协同管制包括空中交通管制（Air Traffic Control，ATC）、空中交通流量管理（Air Traffic Flow Management，ATFM）两个方面的内容。

### 1. 空中交通流量管理

空管系统运行中，如果管制员发现在某一地点或者区域流量大于容量，即出现交通拥塞时，需要采取流量管理措施保证空中交通的安全、畅通。在网络化的空中交通管理系统中，针对独立空域单元实施的流量管理必然会对整个网络中的其他元素产生影响。因此，只有大范围、多用户的协同流量管理才能最终实现整个空域系统平稳运行，保证各个空域用户需求的均衡。

### 2. 管制自动化系统

管制自动化系统以解决飞机飞行冲突、保证飞机之间安全间隔为主要任务，实现空管运行中的航迹间隔管理与控制。管制自动化系统的目标是实现基于四维航迹（4DT）的航空器轨迹与间隔管理。

## 二、系统组成及功能

现代空中交通管理系统由通信、导航、监视和协同空管运行 4 个部分组成，如图 4.26 所示。其中，通信、导航和监视系统是基础设施，协同空管运行系统是管理体制、配套设施及其引用软件的组合。

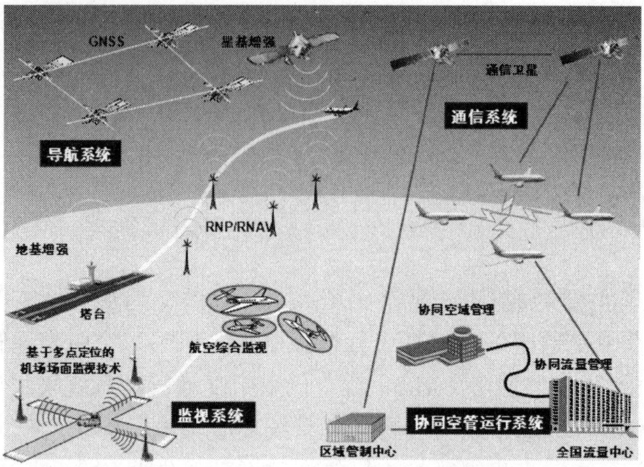


图 4.26　现代空中交通管理系统组成框图

1. 通信系统

在新航行系统中，导航和监视系统所形成的各种数据都是通过通信系统来传输的，因此通信系统是现代空管系统的基础。通信系统主要涉及数据链通信、航空移动卫星通信（AMSS）和航空电信网（ATN）。数据链通信包括高频数据链通信（HF）、甚高频数据链通信（VHF）及二次监视雷达（SSR）的 S 模式。S 模式的二次监视雷达数据，在对空中交通进行非相关监视的同时，提供空地数据链路，它比甚高频数据链速率高，被用于终端区与其他交通高密度区。AMSS 包括语音和数据通信两种方式，它使空中飞机在任何地方都能与地面进行实时有效的通信，且在空管中心的实施监视之中。ATN 是新航行系统中通信系统的主体，融地面与空地数据通信为一体，实现空中交通管理计算机系统之间、数据处理系统之间及各类航空用户之间的数据交换。

在我国现代空中交通管理系统中，通信系统的发展目标为整合地面通信网络和空地数据通信网络，建成空地一体化、数字化、综合化和智能化新一代民航专用通信网络。地面传输网络建成以光缆为主要传输手段、以数字微波和卫星通信系统为辅的长途数字干线网。空地传输网络建成以甚高频空地数据链为主要传输手段的空地数据通信网络，在必要的环境下以高频空地数据链为辅助传输手段。逐步由目前的 ACARS（基于甚高频的数据通信系统）网络向 ATN/VDL 模式网络过渡，提升通信速率，提高通信质量。语言通信仍将继续使用，但将逐步作为辅助通信手段在民航通信环境中使用。

2. 导航系统

航空导航可分为陆基导航、空基导航和星基导航。由于陆基导航系统的无线电发射参考站都建立在地球表面上，因此只能用来确定海平面上和地平面上运动物体的水平位置，即只能进行二维定位。为了对空间飞行器进行精密导航，需要确定飞行器的三维位置（水平位置和高度），除了另外配备高度表外，只能通过空间的导航系统来实现。人造地球卫星的成功发射使无线电导航技术的发展进入了一个新阶段，空基无线电导航系统应运而生，从此进入了卫星导航时代。主要卫星导航系统包括美国的 GPS、俄罗斯的 GLONASS、欧洲的 Galileo，以及中国的北斗系统。

中国民航将建设并完善陆基导航系统，整合资源，形成完善的、经济的、满足不同需求的导航系统网络；在卫星导航系统能够满足飞行安全需求后，逐步开展卫星导航系统应用；到 2025 年，实现由陆基导航系统向星基导航系统过渡的基于所需导航性能的运行。未来将首先通过陆基系统，然后使用星基系统，逐步在民航空域的各飞行阶段提供支持所需导航性能/区域导航（RNP/RNAV）运行所需的导航服务。在保证安全的基础上，提高导航精度，提高空域利用率，满足未来流量增长对导航系统的需求。目前基于性能的导航（PBN）技术已应用于我国西部高原地区。在西藏拉萨机场和林芝机场，PBN 技术实现了传统导航技术无法完成的连续曲线降落和起飞，打破了拉萨机场只能单向着陆、林芝机场只能目视飞行着陆的限制，使我国高原机场飞行的安全性有了质的提高。

3. 监视系统

监视系统即对空中交通活动信息的准确掌握，是空中交通系统安全保障的重要手段之一。现代空中交通系统中的监视系统主要包括 A/C 模式或 S 模式的二次监视雷达、自动相关监视（ADS）、广播式自动相关监视（ADS-B）。

一次监视雷达将逐渐消失。SSR 由于雷达波束的直线传播，形成了大量雷达盲区，主要用于终端区和高密度陆地空域的监视。ADS 用在其他空域，最终将要普遍使用，并且可以和二次雷达重叠使用。利用 ADS-B 技术，本机收到邻机位置报告后能实现空对空相互监视的功能。ADS 是新航行系统新增的监视方式之一，由卫星导航、空地数据链、先进的地面处理和现实系统组成。

中国民航计划在未来的 4 个 5 年内，在进一步完善雷达建设的同时，通过积极试验、论证，建设广播式自动相关监视和多点相关定位系统（MDS），逐步推广 ADS-B 和 MDS 应用，尽早实现基于无线电测距技术的传统主动式监视系统和基于机载通信导航设施的协同式监视系统共同提供综合监视服务的目标。

## 三、应用案例

在“十一五”期间，在国家 863 计划“新一代国家空中交通管理系统”重大项目的支持下，国内空管科研优势单位在 RNP/RNAV、ADS-B、GNSS 等领域开展了深入研究，突破了新一代空管系统的核心关键技术。

1. 通信系统——ACARS 系统

中国民航的 ACARS 系统（图 4.27）已经运行了近十年，而且在第二期建设中采用了数字化的 VHF 电台，为将来向新的模式过渡打下了基础，且基于 ACARS 数据链的应用（ADS-C 和 CPDLC）已经投入使用。目前我国民航正在积极地研究利用 VDLM2

数据链技术，以期将来替换 ACARS 数据链系统，为 ADS-C 和 CPDLC 应用提供数据传输支持，从而更好地支持航空监视业务。

ACARS 系统包括 4 个不同地点的地面站（成都、拉萨、西安和乌鲁木齐），这 4 个地面站都连到民航数据通信公司（ADCC）的数据链网控中心。ADCC 网控中心再通过 X.25 网连到 ARINC（全球唯一的航空 HFDL 服务提供商）的 HFDL CPS。

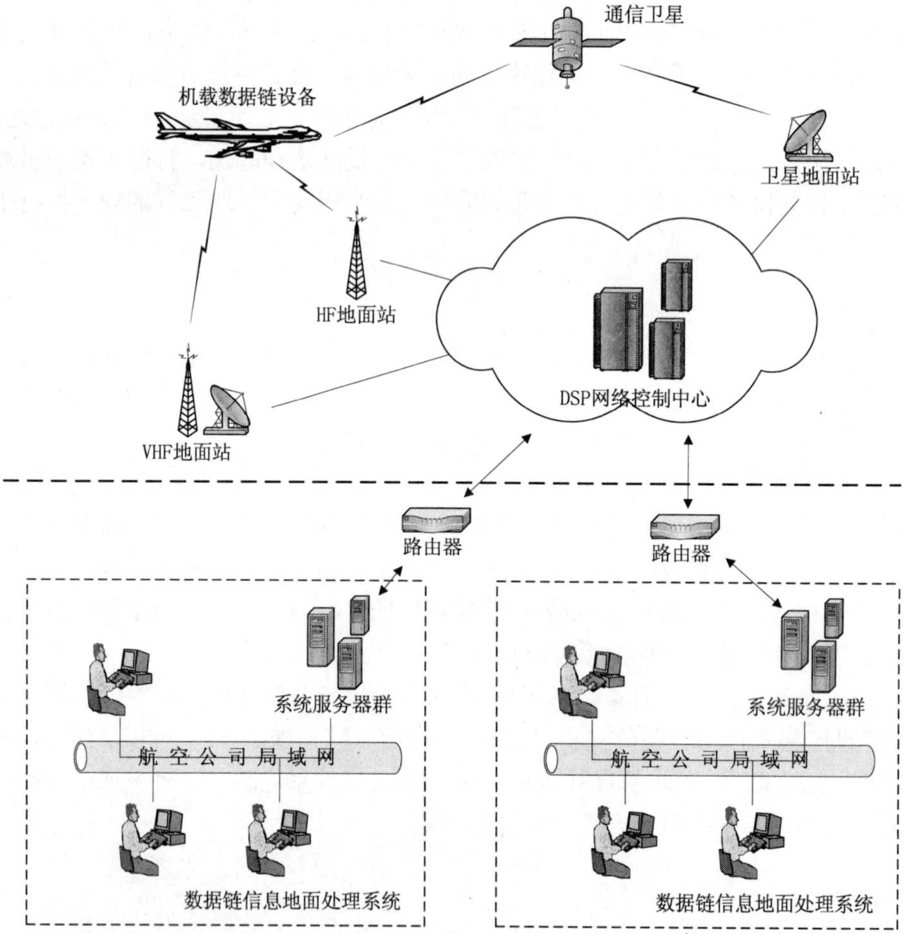


图 4.27　ACARS 系统组成框图

2. 导航系统——GNSS 完好性监测系统

在调研国内外 GNSS 完好性增强系统（GRIMS）的基础上，我国完成了航空 GNSS 完好性监测系统和监测算法的设计。该系统对 GPS 卫星的完好性进行实时监测，实现在 GRIMS 的增强下，使 GPS 系统在我国边远地区达到主用导航系统使用需求，在本土航路、终端区和非精密进近阶段达到辅助导航系统的性能要求的目标，解决高原和西部地区陆基导航设施建设困难、导航手段匮乏的问题。

为保证满足对 GPS 卫星完好性监视的要求，在全国设置若干个监测站，实时监测全部 GPS 卫星的健康状况，各监测站将监测信息送到主控站，经过综合处理形成 GPS 卫星完好性信息，再通过地空通信网络送到机载 GPS 接收机。航空 GNSS 完好性监测系统由三部分组成：地基完好性监测网、地空数据链和机载接收机，如图 4.28 所示。

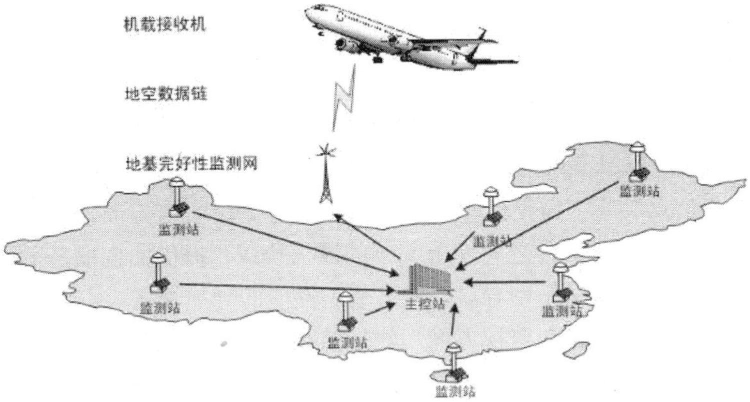


图 4.28　航空 GNSS 完好性监测系统组成

系统完好性信息通过民航内网进行发布，目前已应用于成都—九寨和成都—拉萨航路 ADS-B 工程。

3．监视系统——ADS-B 系统

利用 863 计划的科技成果，在民航局空管局的大力支持下，在 2008 年到 2009 年之间，成功研发出一套基于 ADS-B 技术的验证平台，其中包括基于 1090ES 数据链的 ADS-B 地面站、基于 1090ES 数据链的机载收发信机、机载座舱显示系统、ADS-B 管制工作站、ADS-B 场面监视系统、ADS-B 数据精度和完好性评估系统、TIS-B 系统和多链路网关系统。ADS-B 系统框图如图 4.29 所示。

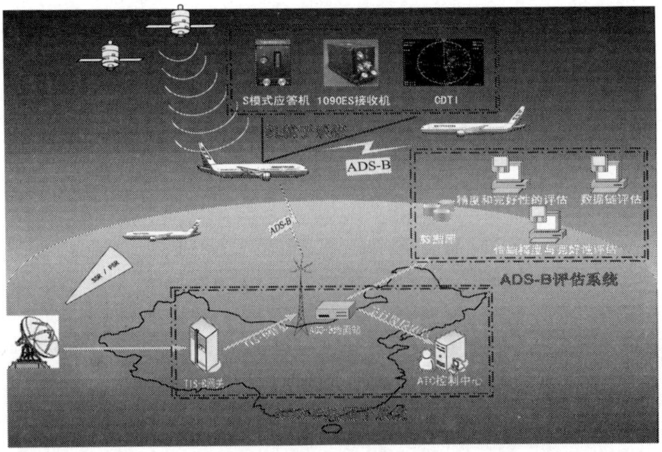


图 4.29　ADS-B 系统框图

目前自主研制的广播式自动监视（ADS-B）系统系列产品，已经在成都、九寨区域进行应用试验和测试评估，搭建了符合新一代空管系统建设发展需要的ADS-B应用验证体系。

## 四、发展趋势

新一代空中交通管理系统将提供以网络为中心的基础设施服务，信息传输模式从点对点变为网络传输，大大降低组网成本，实现空管信息共享，为决策提供服务，实现通信、导航、监视信息共享，为灵活使用空域提供服务。在通信方面，将建立天空地一体化的数据通信网，在异构平台之间使用统一的通信协议，提供面向服务的传输控制；在导航方面，建立网络化航空精密导航，提供基于性能的导航服务，实现网络化环境下导航源的时、空间基准统一；在监视方面，建立监视与数据通信综合系统ADS-X ，以网络为中心，提供精确4D信息，趋势信息和性能信息，综合ADS-B与MDS的优势，互为备份与校准，实现多空间域、多时间域、多安全域监视；在航空气象方面，增强航空气象系统整体服务能力，提高航空用户对航空气象情报的信任度。

另外，与传统空管系统相比，空地协同空管系统的一个重要特点在于采用"基于性能运行"的概念，主要涉及所需性能的概念体系，将概念的实施和新技术的应用结合起来，共同推动新航行系统的发展。所需性能的概念体系涉及空管系统的各个方面，将对ATM系统产生深远的影响，概念体系包括所需导航性能（RNP）、所需通信性能（RCP）、所需监视性能（RSP）、所需空中交通管理性能（RASP）和所需总系统性能（RTSP）。

（主要撰稿人：张　军、张学军）

# 现代物流信息系统

## 一、系统概述

现代信息技术的飞速发展带动了传统物流向现代物流的转化，互联网的普及更是促进了现代物流的巨大进展。物流管理与作业的信息化水平的高低已经成为区别现代物流与传统物流的重要标志之一。现代物流信息系统是以现代物流思想体系为基础，依靠现代科学技术，特别是应用计算机和网络等信息技术，在计划、管理、控制及作业环节等方面充分利用信息，快速反馈信息，为决策提供依据并辅助决策，提高物流效率和优化供应链的信息系统。

物流信息和运输、仓储等环节都有着密切的关系，它在物流活动中起着神经系统的作用。加强物流信息的管理才能够更好地使物流成为一个有机的整体，而不是各个孤立环节的活动。一些物流产业发达的国家都把加强物流信息工作作为改善物流状况的关键而给予充分的关注。在物流活动中不仅要对各项活动进行计划预测、动态分析，还要及时提供物流费用、生产状况、市场动态等有关信息。只有及时收集和传输有关信息，才能使物流通畅化、定量化。

随着社会经济的发展、科技的进步，物流信息系统具有实时化、网络化、系统化、规模化、专业化、集成化及智能化等特点。现代物流业应满足以下 3 个条件：

（1）以现代管理科学理论为指导，主要是系统论、信息论、控制论。

（2）充分运用现代科学技术手段和设备，如先进的运输工具、电子计算机技术。

（3）资源优化组合和配置，旨在实现流通路径最短、时间最少、费用最省，即流通过程中社会劳动消耗最少，经济效益最优。

## 二、系统组成及功能

物流信息是指与物流活动有关的一切信息，是伴随物流活动的发生而产生的，贯穿于物流的整个过程中。现代物流信息应包含生产环节、运输环节、销售环节、回收环节等一系列物流活动中所产生的一切信息。现代物流活动如图 4.30 所示。

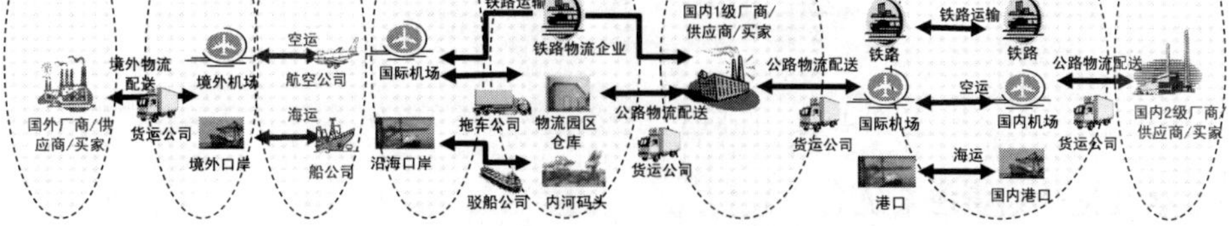


图 4.30　现代物流活动

基于此，现代物流信息系统的组成应包含面向生产领域的物流信息系统、面向流通领域的物流信息系统、面向销售领域的物流信息系统、面向回收领域的物流信息系统和面向公共服务领域的物流信息系统，如图 4.31 所示。

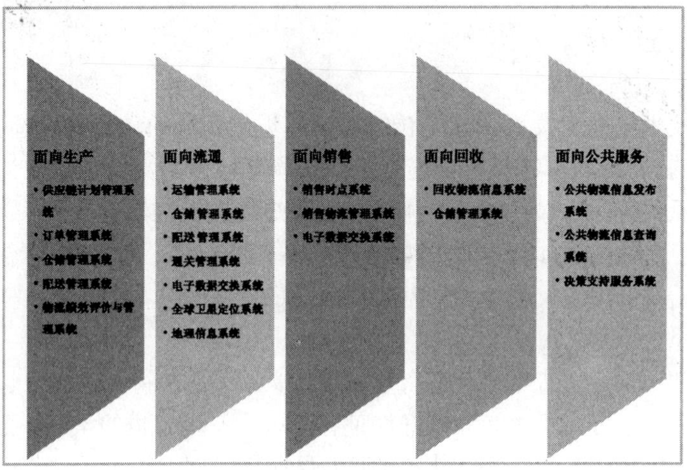


图 4.31　现代物流信息系统的组成

## （一）面向生产领域的物流信息系统

面向生产领域的物流信息系统是以物流供应链一体化为目标，实现企业物流的信息化和网络化的管理系统。应用此类系统，可以提高企业物流管理的系统性和集成性，为企业与供应商、销售商、客户间物流信息网络的建设和供应链一体化奠定良好的基础。面向生产领域的物流信息系统由供应链计划管理系统、订单管理系统、仓储管理系统、配送管理系统、物流绩效评价与管理系统组成，如图 4.32 所示。

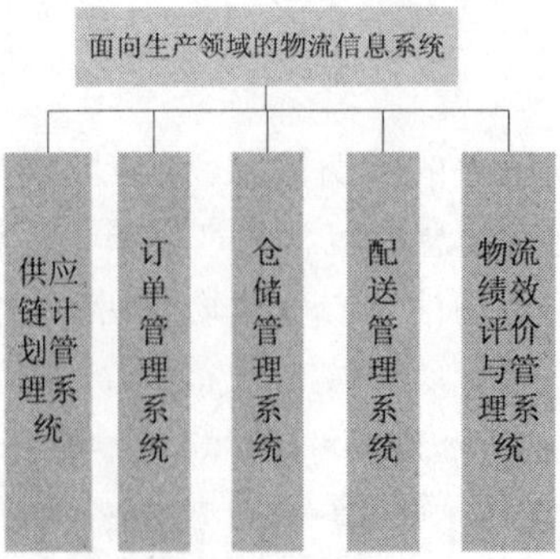


图 4. 32　面向生产领域的物流信息系统

1. 供应链计划管理系统

以销售预测为起点，通过柔性需求和刚性需求的分析，为企业提供制定科学的采购计划、生产计划、运输计划和配送计划等服务。

2. 订单管理系统

为生产企业提供订单管理及跟踪服务，动态掌握订单的进展和完成情况，提升物流过程中的作业效率。

3. 仓储管理系统

通过原材料、半成品、成品等的入库业务、出库业务、仓库调拨、库存调拨和虚仓管理等功能，为企业提供综合批次管理、物料对应、库存盘点、质检管理、虚仓管理和即时库存管理等功能综合运用的管理服务，实现有效控制并跟踪仓库业务的物流和成本管理全过程。

4. 配送管理系统

为生产企业提供原材料的到货、发货、保管、加工、包装、搬运、运输等作业的计划、控制和反馈过程的信息收集、汇总、查询和分析服务，达到提高物流配送效率、降低物流配送成本的目的。

5. 物流绩效评价与管理系统

利用财务业绩、生产率业绩、质量业绩等指标体系，为企业提供对物流供应链各操作环节（如客户反应、存货计划和管理、运输、仓储等）进行电子化综合评估的服务。

### （二）面向流通领域的物流信息系统

面向流通领域的物流信息系统是指为提高“物”的流通速度、顺畅地完成物流过程，对相关物流信息进行采集、处理、使用和管理的信息系统。应用此类系统，可以有效管理包括运输、仓储、通关、配送等的一系列物流全过程，提高物流企业的物流作业效率，降低物流作业成本，使社会物流活动各环节快速地连通和流动。面向流通领域的物流信息系统由运输管理系统、仓储管理系统、配送管理系统、通关管理系统、电子数据交换系统、全球卫星定位系统、地理信息系统组成，如图 4.33 所示。

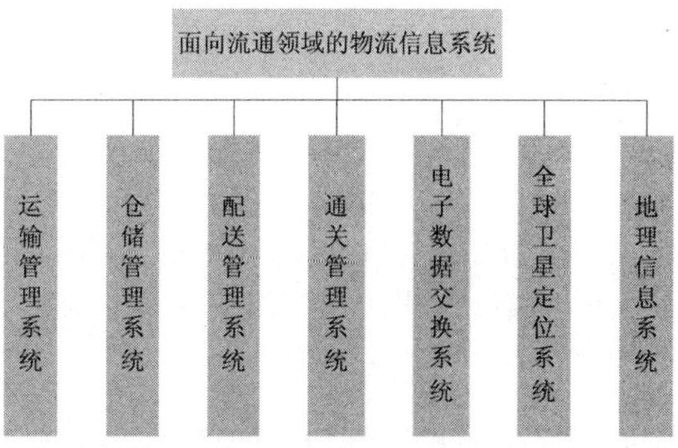


图 4.33 面向流通领域的物流信息系统

1. 运输管理系统

运输管理系统是面向第三方物流服务企业，集运输调度管理、智能配载管理、作业执行跟踪、路线管理、车辆与司机管理、计费与结算管理于一体的智能化运输管理系统，可以支持零担、整车、甩挂、多式联运，以及化学品运输等特种运输服务业务。

2. 仓储管理系统

根据第三方仓储业务的特点，以支持货主企业对于其货物仓储管理需要为主，对于各种不同货主的服务需求，通过设定规则全面管理物流仓储作业。系统能够在处理物流的核心配送和仓储环节时大幅度缩短作业时间和降低作业成本，提高工作效率。实时的管理能有效提高复杂的仓库作业执行速度，同时减少作业中可能会出现的差错。系统能够完成进、存、出、运输、计费等功能，实现供应链管理与核心业务的整合；系统同时支持保税、监管等业务功能。

3. 配送管理系统

配送管理系统是利用先进的信息技术，为企业提供集货、分拣、配货、配装、配送运输、送达服务、配送加工等管理功能的信息系统，可达到提高物流配送效率、降低物流配送成本的目的。

4. 通关管理系统

通关管理系统是指采用各种先进的信息技术和信息化手段，优化、整合与口岸通关物流相关的货物申报、查验、监管、进出口审批等业务流程的信息系统，可达到提高口岸工作效率、缩短通关时间的目的。

5. 电子数据交换系统

电子数据交换系统是指按照统一规定的一套通用标准格式，将标准的经济信息，通过通信网络传输，在贸易伙伴的电子计算机系统之间进行数据交换和自动处理的信息系统。使用电子数据交换系统能有效地减少直到最终消除贸易过程中的纸面单证，将贸易、运输、保险、银行和海关等行业的信息，用一种国际公认的标准格式，通过计算机通信网络，在各有关部门、公司与企业之间进行交换与处理，并完成以贸易为中心的全部业务过程。

6. 全球卫星定位系统

全球卫星定位系统是一种可以授时和测距的导航系统，可向全球用户提供连续、实时、高精度的三维位置、三维速度和时间信息，为企业提供物流配送、动态调度、货物跟踪、车辆优选、路线优化、紧急救援、预约服务、应急物流等功能。

7. 地理信息系统

地理信息系统（GIS）是在计算机软件、硬件及网络支持下，对有关空间数据进行预处理、输入、存储、查询检索、处理、分析、显示、更新和提供应用，以及在不同用户、不同系统、不同地点之间传输地理数据的计算机信息系统。GIS 可以有效帮助企业处理物流配送中货物运输、仓储、装卸、送递等各个环节，并对其中涉及的问题如运输线路的选择、仓库位置的选择、仓库容量设置、合理装卸策略、运输车辆调度和投递路线选择等进行有效的管理和决策分析。

### （三）面向销售领域的物流信息系统

销售时点信息系统是指通过自动读取设备在销售商品时直接读取商品销售信息，如商品名、单价、销售数量、销售时间、购买顾客等，并通过通信网络和计算机系统传送至有关部门进行商品库存的数量分析、指定货位和调整库存以提高经营效率的系统。

### （四）面向回收领域的物流信息系统

回收物流信息系统是指通过信息化手段和一系列控制措施，对逆向物流信息进行有效管理的信息系统。回收物流信息系统可以达到保护自然资源和生态环境、控制生产成本、增加利润、提高客户服务质量和改善企业形象的目的。

### （五）面向公共服务领域的物流信息系统

面向公共服务领域的物流信息系统是指为政府部门提供物流行业政策决策信息依据，为企业提供综合性的物流信息查询和发布的物流信息系统。面向公共服务领域的物流信息系统主要由公共物流信息发布系统、公共物流信息查询系统和决策支持服务系统组成，如图 4.34 所示。

#### 1. 公共物流信息查询系统

公共物流信息查询系统可以满足贸易企业、物流企业、代理企业对空运物流、海运物流和国内物流涉及的相关信息的需求；包括几大信息查询模块，分别是船期预报、航班预报、仓储信息、舱单信息、货物跟踪、税率速递、通关手册、保税监管、标准化信息、服务资费、线路信息和政策法规的信息资源。

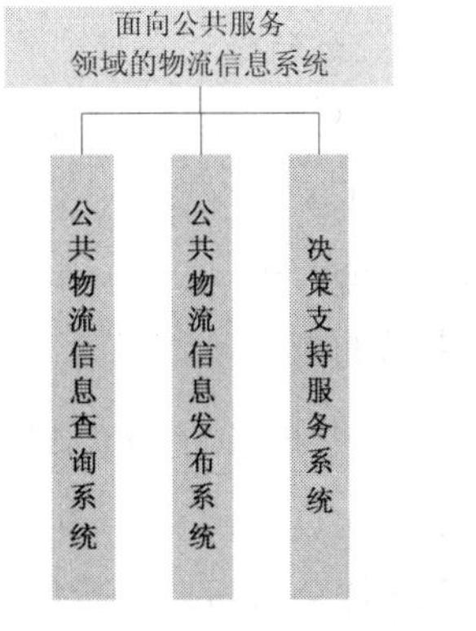


图 4.34　面向公共服务领域的物流信息系统

#### 2. 公共物流信息发布系统

公共物流信息发布系统通过整合物流基础数据库已有的信息资源，不断拓展与物流相关企业及监管单位的业务合作，按照共建共享的思路，收集信息发布需要的业务数据信息，同时结合平台业务系统所形成的业务数据，一起构成信息发布的数据仓库，为对外的信息发布和信息查询提供信息资源。部分敏感信息的发布也可以通过直接调用海关系统接口或网站链接的方式进行处理。

3. 决策支持服务系统

政府相关部门对现代物流业的行业、市场等信息数据非常关注，通过及时掌握这些关键数据，拟定行之有效的政策法规。决策支持服务系统是满足政府部门对物流行业数据采集、数据分析的需求，有效加强物流行业监管，辅助政府决策的信息系统。

## 三、应用案例

### （一）上海联华生鲜食品加工配送中心物流信息系统

联华的信息化建设开始于 1996 年，是国内零售业信息化建设最早的超市之一。联华最初的信息化建设从门店入手，1996 年至 1998 年，在门店层次形成了基于 POS 的管理体系。1997 年底，联华开始了 EDI 自动订货系统的全面建设，该系统于 1999 年 3 月正式投入使用。2001 年 2 月，联华开始实施“供应商综合服务平台”模块，该模块是一个 B2B 的电子交易平台。通过该模块，联华的采购中心可以通过自动传真、发 E-mail 和 EDI 等多种方式迅速将订货信息传递给供应商，供应商也可以到此平台上查询自己商品的销售和库存等信息。2002 年 10 月，联华开始在各门店与采购中心之间、各门店与供应商之间建立全面的大规模网络系统。

通过这些系统的建设，联华能够合理地安排生产和库存，大大提高了效率，而且大幅度地降低了物流配送成本。在竞争趋于同质化的情况下，只有更好地为客户服务，才可能获得竞争优势，这也要求零售企业具有分析、挖掘业务数据的能力，以便于更深入地了解和掌握业务发展状况。在这种情况下，联华超市开始了商业智能（BI）系统建设。

1. 企业级的数据仓库

超市的各个门店及供应商之间每天都有大量的数据要传递和处理，数据仓库可以统一不同数据来源间的差异，清理在线系统中的不合理数据，保证了数据的准确性、及时性和响应速度。数据仓库还可以智能地执行数据加载、清洗、转换过程，大大降低了后续维护人员的工作量。

2. 多维分析报表（OLAP）

数据仓库只是对数据的收集和储存，对于数据分析功能，该 BI 系统提供了多维分析模型和多维分析报表，运用.NET 技术来提供报表分析，同时充分满足了各业务部门定制报表和灵活查询的分析需求。

3. 特定主题分析

特定主题分析是指针对零售业的特点而开发的一些主题分析，包括总经理关键业绩指标（Key Performance Indication，KPI）仪表盘、门店综合绩效评估、特定节假日促销效果定量分析、特定商品促销效果定量分析，以及不同时期、不同业态商品的角色跟踪、对比分析。

4. 经营分析指标

经营分析指标包括零售库存保本保利分析预算、成长达成率分析指标、生产率分析指标、资本安全性分析指标、收益率分析指标等。通过经营指标分析，可以使联华超市掌握自身的经营管理状况。

项目于 2005 年 10 月开始实施，到 2006 年年初结束。联华 BI 项目采用了数据库服务器—应用服务器—客户端浏览器的三层结构，即 B/S（浏览器/服务器）结构。这种结构性能优越，易于扩展，也易于维护。客户端采用微软的 IE 6.1 浏览器；Web 应用服务器和 OLAP 服务器均采用 Windows Server 2003。

系统的主服务器采用 64 位的 Windows Server 2003 企业版，数据库采用 64 位的 SQL Server 2005 企业版，结合基于 Intel 64 位处理器的服务器平台，为系统提供了稳定、坚实的基础。备份服务器均采用 32 位的 Windows Server 2003 企业版和 SQL Server 2005 企业版。服务器都放置在联华的总部机房，通过数据交换平台与总部主档库、各分支机构（包括区域、业态等）的业务系统及外部系统（如供应商的系统）等相连。联华的各门店和最终用户通过浏览器访问 Web 服务器，从而可以访问 BI 系统。整个系统的网络架构如图 4.35 所示。

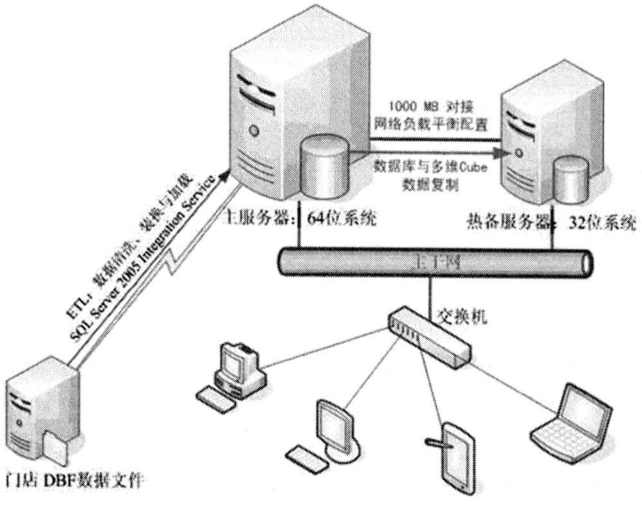


图 4.35　上海联华生鲜食品加工配送中心物流信息系统网络架构

## （二）广州电子口岸的 EDI 平台在大通关领域的应用

广州电子口岸已建设成为一个能将分布在不同口岸管理部门的系统和业务整合在同一窗口、面向客户的统一大通关物流资讯和服务平台，实现的业务项目分为口岸电子执法、本地大通关、咨询服务及信息发布、物流商务四大类，提供近百项服务功能，如南沙关港信息平台、电子舱单处理系统、运抵报告系统、会展通关系统、舱单互认系统、船舶联检系统等。

通过统一的信息平台及相关的网上办事、联网资料交换等主要功能，口岸管理单位、外贸和物流相关企业可以实现数据交换和共享，以减少大通关过程中单证输入和传递的环节，实现电子信息通畅流动，使进出口企业享受到“一次输入、多次使用，一个窗口、全面查询”的便利，从而达到提高大通关效率、以最低的物流总成本向企业提供最大附加值服务的战略目标，以口岸信息化推动口岸的国际化。

目前，广州电子口岸已先后组织建设并推广应用了舱单处理系统、运抵报告系统等项目，在广州电子口岸平台实现了涉及大通关核心业务的电子舱单数据、运抵报告数据等本地处理功能。以电子舱单处理系统为例,该系统提供进口舱单和出口清洁舱单录入和申报功能，支持海运舱单的提前报关。通过该系统，运输工具负责人或其代理人以电子舱单的形式向海关、检验检疫部门申报，实现了与港务之间的数据交换，建立起港务、海关、检验检疫、理货等部门共享的舱单数据库。以这些核心业务的关键数据为基础，更好地解决了口岸执法单位信息系统之间“纵强横弱”的问题。通过项目的建成和应用，夯实了广州电子口岸的核心数据基础，有效提升了广州电子口岸的服务水平。

# 四、发展趋势

## （一）现代物流信息系统的发展特征

### 1. 标准化

物流信息标准化是现代物流业发展的基础，非标准化带来的后果是很可怕的。可以想象，随着现代物流的发展，如果没有一个信息标准体系，大家各自为政，不同信息系统间的数据交换还需要设计专门的交换接口或由人工来输入，以适应不同系统间的数据交换协议，这势必造成极大的不便和重复劳动。

国外在这方面的研究已有几十年，美国最基本的物流业EDI（电子数据交换）标准有以下5种：食品杂货业的UCS标准、大型综合业的VICS标准、仓储业的WINS标准、运输业的TDCC标准和汽车工业的AIAG标准。虽然这些行业标准为该行业信息系统间的数据交换带来了极大便利，但不能进行跨行业的EDI互连。目前，各国都在不遗余力地促进EDI标准的国际化。物流信息系统也在向标准化的历程迈进。

标准化的过程同时也包含了物流信息系统的模块化。每一个信息系统都是为特定的企业专门定制的，企业的管理千变万化，但一些最基本的管理模式、使用的工具等是不常变的，将这些最小的功能模块化，将节省大量的人力、物力和资源。

### 2. 网络化

从两层C/S结构向三层C/S结构和Internet/Intranet架构发展。传统的信息系统主要采用两层的客户-服务器（Client/Server）结构。服务器处理与应用和数据库相关的请求，客户端负责显示数据以及将用户输入的数据传送给服务器。但在这种模式下，应用系统任何一个地方修改，都要对所有的客户端系统进行维护。

后来形成了三层的客户-服务器（Client/Server）结构。在这种结构中，数据库功能和应用功能是分离的，当应用服务器层发生变化时，客户端几乎不要进行任何变动，而对用户来说应用服务器层是透明的。

随着 Internet 技术的进一步发展，基于浏览器的客户-服务器系统方案，即浏览器/服务器（Browser/Server）结构，给大型信息系统带来了生机。在现代物流信息系统中，电子定货系统（Electronic Ordering System，EOS）、全球定位系统等系统的融入更是少不了网络技术的支持。物流信息系统的网络化进程正随着互联网技术的进步在不断发展。

3. 一体化

由于全球经济的一体化趋势，当前的物流业正向全球化、信息化、一体化的方向发展。物流一体化就是指以物流系统为核心的经由生产企业、物流企业、销售企业直至消费者的供应链的整体化和系统化。物流信息系统的一体化进程是伴随着物流业的一体化发展而前进的，一方面，是商流、资金流和信息流的整合；另一方面，是加强整个系统的作业协调，以及与供应商、客户及同行业的信息系统之间的互连和沟通。

### （二）现代物流信息系统关键技术的发展趋势

1. RFID 将成为未来物流领域的关键技术

RFID 技术应用于物流行业，可大幅提高物流管理与运作效率，降低物流成本。另外，从全球发展趋势来看，随着 RFID 相关技术的不断完善和成熟，RFID 产业将成为一个新兴的高技术产业，成为国民经济新的增长点。因此，RFID 技术有望推动现代物流加速发展。

2. 物流动态信息采集技术将成为物流发展的突破点

在全球供应链管理趋势下，及时掌握货物的动态信息和品质信息已成为企业赢利的关键因素。但是由于受到自然、天气、通信、技术、法规等方面的影响，物流动态信息采集技术的发展一直受到很大制约，远远不能满足现代物流发展的需求。借助新的科技手段，完善物流动态信息采集技术，成为物流领域下一个技术突破点。

3. 物流信息安全技术将日益受到重视

借助网络技术发展起来的物流信息技术，在享受网络飞速发展带来的巨大好处的同时，也时刻饱受着安全危机，如网络黑客无孔不入的恶意攻击、信息的泄密等。应用安全防范技术，保障企业的物流信息系统或平台安全、稳定地运行，是企业长期面临的一项重大挑战。

（主要撰稿人：谢振东、杨东援）

# 第五章

## 重大科技成果及示范

# 重特大道路交通事故综合预防与处置集成技术开发与示范应用

## 一、概况

道路交通事故已经成为威胁人民生命、社会稳定的国家公害之一，有效预防和减少交通事故的发生是世界各国面临的一项长期而艰巨的任务，也是一项综合性的问题。随着社会和科技的进步，先进的科学技术成为解决道路交通安全问题的重要手段。要实现道路交通的安全、畅通与高效，就必须将人、车、路、环境信息和管理等因素进行有机整合，动员和集成相关科技、产业和政府资源，通过科技创新建立和完善我国道路交通安全保障技术和标准体系，提升道路交通可持续发展能力，这是全面提高我国道路交通安全保障水平的必然选择。

为贯彻落实党的十七大关于“更加注重社会建设，着力保障和改善民生”的重大战略部署，以及党中央关于“高度重视改善民生，切实解决人民最关心、最直接、最现实的利益问题”的总体要求，努力构建安全和谐的道路交通环境，充分发挥科技创新对交通安全保障的重要支撑作用，建立符合我国国情的道路交通安全保障技术和标准体系，科技部、公安部、交通运输部秉承“以人为本、关爱生命、平安交通”的理念，于2008年2月18日，在北京人民大会堂签署合作协议，共同启动了“国家道路交通安全科技行动计划”（以下简称“科技行动计划”）。科技行动计划打破了行业壁垒，第一次将国家的科学研究和行业主要责任部门科技部、公安部和交通运输部的资源进行整合，建立数据和资源共享机制，以科技创新为突破点，互相配合，群策群力，共同致力于提升我国道路的交通安全水平。

2008年2月，三部委联合颁布了《国家道路交通安全科技行动计划纲要》（简称《纲要》）。《纲要》中明确提出目前我国仍处于道路交通事故的高发期，道路交通事故死亡人数总量仍然很大，万车死亡率处于较高水平，群死群伤特大恶性事故时有发生。基于此，组织国内相关行业和部门，开展道路交通安全保障关键技术的研究与示范应用，形成一批技术水平高、实践效果好、应用前景广、具有自主知识产权的科研成果，依靠科学技术，增强对道路交通事故的预防、预警、控制和应急救援能力，有效遏制群死群伤特大恶性交通事故。通过几年的努力，实现“道路交通事故死亡人数逐年下降，特大道路交通事故进一步减少，万车死亡率接近中等发达国家水平”的目标，最大限度保障人民群众生命财产安全。

国家道路交通安全科技行动计划是中国最大规模的一次道路交通安全科技合作行动。为更好地指导科技行动计划的实施，科技行动计划建立了三部委的联合工作机制。

2008年6月23日，三部委成立了领导小组、领导小组办公室和总体专家组，围绕人、车、路、管理4个要素，按照“需求引导、自主创新、综合集成、重点突破、示范带动”的工作原则，由国家科技支撑计划投入专项经费，开展了道路交通安全领域的关键技术研发，并在全国 14 个省、自治区、直辖市组织实施了一批应用示范工程，逐步构建起适合中国国情的道路交通安全技术保障体系，这是一项保障与改善民生的重大社会工程。

## 二、主要成果和技术创新

一期项目“重特大道路交通事故综合预防与处置集成技术开发与示范应用”，围绕科技行动计划确定的“通过一段时间的努力，实现道路交通事故死亡人数逐年下降，特大道路交通事故进一步减少，万车死亡率接近中等发达国家水平的目标，最大限度保障人民群众生命财产安全”这一战略需求，针对遏制重特大道路交通事故、减少交通事故伤亡的目标需求，并结合公安部、交通运输部当前面临的交通安全方面的主要工作，以多部门合作、采取综合措施的途径，重点突破交通安全信息集成平台构建技术、山区公路网安全保障体系化技术、国家高速公路安全和服务技术、营运车辆运行安全保障技术、全民交通行为安全性提升综合技术、区域公路网交通安全态势评估及应急指挥技术、道路交通安全执法技术；研制相应的装置、设备和系统；通过实施规模化示范工程，形成行业标准和规范体系；实现示范区道路安全状况的明显好转，初步构建我国道路交通安全技术支撑体系。

根据“关键技术突破、重点实施系统集成和示范应用”的原则，项目设立了7个课题进行研发和示范应用，课题研究将针对我国目前重特大道路交通事故频发问题中最突出的矛盾，建立适合我国国情的道路交通安全综合技术体系，增强对道路交通事故的预防、预警、控制和应急救援能力，有效遏制群死群伤特大恶性交通事故，预期实现以下主要目标：

（1）开发山区公路安全综合保障系统，研制新型路侧安全设施和低成本交通运行状态获取设备，示范路段一般以上交通事故率降低20%，群死群伤事故率降低30%。

（2）开发高速公路安全保障和服务系统，实现100千米以上范围安全诱导和气象服务，事件响应时间小于15分钟。

（3）开发覆盖路网能力达到千千米量级的交通安全执法和应急指挥系统和覆盖两个省规模的交互式交通安全教育网络系统，达到国内领先水平。

（4）研制营运车辆安全性能检测装备和标准，大型客车安全准入水平达到国际同类产品水平。

（5）形成交通安全相关技术标准30项以上；开发和规模应用拥有自主知识产权的交通安全软硬件产品40项以上。

（6）公路交通安全综合保障体系示范应用总里程不少于5000千米；建成覆盖里程不少于 5000 千米的区域公路网安全执法和应急指挥集成示范系统；建立两个省涉及

5000 名以上驾驶人的驾驶培训和考试改进技术示范系统；建立覆盖两个省的营运车辆安全准入管理示范系统。示范区域内，年亿车千米交通伤亡人数同比 2007 年下降 20%；年亿车千米特重大交通事故数同比 2007 年下降 30%；合法营运车辆安全受检率达到 90%以上。

## 三、课题设置及主要研究内容

课题 1：交通安全信息集成、分析及平台构建技术开发与示范应用

以“重特大道路交通事故综合预防与处置集成技术开发与示范应用”项目对本课题研究目标与研究内容的要求为依据，结合各项研究内容的逻辑关系，充分考虑各项研究与应用示范工作组织实施的可行性，围绕“平台构建、数据接入和互操作”三大问题展开研究。

研究基于政府内网的跨部门交通安全数据共享交换需求，制定跨部门交通安全信息共享交换的规则、机制和操作流程，形成跨部门交通安全信息共享交换技术体系，构建物理上分设、逻辑上根据应用功能各自集中的数据交互代理。

研究构建基于互联网的交通安全信息集成管理与应用服务平台，形成平台的技术支撑体系，研制基于跨部门交通安全数据的状态评估、决策支持和交通安全信息服务系统，开展跨部门交通安全信息的综合分析应用与社会化服务。

利用技术研究和系统开发成果，进行实际应用实验，验证研制的系统可为各部门提供基于更全面的交通安全信息的决策支持，为政府和社会提供大范围、跨区域、可定制的交通安全信息服务。

课题 2：山区公路网安全保障技术体系研究与示范工程

根据社会经济发展对交通运输安全保障的长期需求和国内外交通安全技术的发展，充分分析我国山区公路网交通安全的现状和特点，通过自主创新和山区国省干线安全保障技术的集成应用，形成山区公路网交通安全保障的成套技术及装备，并建成覆盖里程 4900 千米的示范工程，提高山区公路网对交通事故的主动和被动防护能力，示范路段一般以上交通事故降低 20%，群死群伤事故降低 30%。在此基础上形成一系列标准、规范和技术指南，并应用于全行业。具体包括：

（1）针对山区公路网的特点，从公路设计标准、安全性评价、安全防护、设施与运行的监管与预警、通行保障、速度管理及应急处置等多角度展开研究和示范。

（2）针对山区公路网的特征，对公路工程标准体系的安全性进行分析并验证，提出我国山区公路标准体系的安全性完善建议，研究成果为公路设计理念的更新提供技术支撑，使设计的公路既符合我国当前的经济和技术水平，又充分考虑驾驶员的心理、生理等方面的需求，贯彻“以人为本、安全第一”的理念。

（3）形成一系列国家和行业的山区公路安全保障技术指南和标准，建立经济有效的山区公路网安全保障工程技术体系、标准体系和实施程序，达到提高山区公路网交通

安全水平、大幅度减少群死群伤事故的目标。

课题 3：国家高速公路安全和服务技术开发与工程应用示范

重点攻克高交通负荷条件下多车道高速公路安全设计与防护技术、高速公路协调控制技术、关键基础设施状态获取技术、高速公路信息服务走廊构建技术、区域路网服务水平监测技术等关键技术，形成国家高速公路安全与服务技术支撑体系；依托高速公路改扩建工程，开展我国新一代智能化、信息化的高速公路安全管理、控制与服务系统示范应用，搭建高速公路安全信息服务走廊系统原型，形成人、车、路一体化高速公路安全信息服务体系与运营模式；选择条件成熟的高速公路网实施区域调度和应急处置系统示范；根据技术研发和应用编制高速公路安全设计、管理与服务技术标准与规范。

通过本课题的实施，提升我国高速公路的安全信息服务和管理水平，为我国下一阶段高速公路新建及改扩建工程建立示范样板。依托国家公路网管理与应急处置中心，通过课题实施进一步提高国家高速公路网应急调度与资源调配的效率，提升政府应对突发事件的能力。

课题 4：营运车辆安全保障技术开发及大范围集成应用

研制营运车辆安全性能试验和检测成套装备和评价系统，制定营运车辆安全性准入标准，形成国家营运车辆安全性准入体系；研制营运车辆运行安全检测、监控及营运车辆驾驶人适宜性甄别等关键装备，制定相应的标准规范等，并大范围示范应用。通过以上技术成果的集成应用示范，提高营运车辆安全运行保障、营运车辆驾驶人安全技能、运输企业安全管理水平及应急处置能力，以减少营运车辆交通事故发生并降低事故的危害程度。

在示范工程中，在安徽、河南、四川三省示范应用的运输企业营运车辆安全受检率达到 90%以上，培训专业驾驶人员 5000 人以上。营运车辆主动和被动安全装置的技术等级和安装率明显提高，使得车辆在参与运营周期内具有安全性保障和技术保持，并在营运过程中实现动态实时监控和全程科学调度管理，促进我国道路交通运输安全、快速、健康、可持续发展。

课题 5：全民交通行为安全性提升综合技术及示范

围绕“国家道路交通安全科技行动计划”确定的总体目标，针对当前交通参与者特别是驾驶员交通违法行为突出并引发大量交通事故、全民交通安全意识提高缓慢、交通行为安全性提升不显著等突出问题，改进和完善现有驾驶员培训考试内容与手段，研发进一步提高驾驶员技能和应变能力的驾驶训练与考试新装备；提出适于不同类型交通参与者的交通安全科普教育内容、形式与体系，创新研发科普教育系统装备，建立基于现代信息技术的交通安全科普教育基地，并形成标准模式示范推广，增强交通安全科普教育的针对性，创新交通安全科普教育新模式和驾驶培训考试新模式，提高全面提升全民交通行为安全性的能力，形成可持续发展的机制，从源头上有效遏制交通事故尤其是重特大事故的发生。

课题 6：区域公路网交通安全态势监测、评估及应急指挥

通过对区域公路网交通安全信息采集成套关键技术及设备和区域公路网交通安全监控信息网络化集成应用技术的研究和开发，建立示范路网重要节点和安全敏感路段交通安全态势实时监控系统、交通安全态势信息综合集成平台，在 1000 千米以上的公路网上进行大范围示范应用，提升区域公路网诱发重特大交通事故的突发交通事件检测和路面管控水平；针对区域公路网交通安全态势分布特点，开发区域公路网交通安全态势评估系统，形成区域公路网交通安全多级预警体系，增强区域公路网交通安全管控措施的针对性，实现跨区域、跨路网的交通安全信息实时发布与诱导，提高区域公路网交通安全信息社会化服务水平，解决跨部门、跨地域、跨路网交通安全应急指挥水平低、应急响应速度慢、资源应用效率低等问题，示范工程覆盖路网长度大于等于 2000 千米，示范路段上一般以上交通事故率降低 20%，群死群伤事故率降低 30%；形成路网交通安全管控成套技术及装备。

课题 7：道路交通安全执法技术及大范围应用

围绕提升路面交通执法和交通事故处置科技水平、有效遏制重特大道路交通事故的目标，面向当前道路交通安全执法的迫切技术需求，重点突破交通事故快速处置及现场防护、交通事故调查与鉴定、交通安全执法取证与处理、车速管控集成等技术，研制相应的装置、设备和系统；通过实施规模化示范工程，形成行业标准和规范体系；实现示范区道路安全执法状况的明显好转，构建我国道路交通安全执法技术支撑体系。

实施规模化示范工程，包括：在广东、山东全面推广应用便携式交通事故快速绘图系统、重特大交通事故快速勘查系统、交通事故现场及个人防护装备、交通事故现场痕迹物证勘验装备、交警专用移动执法平台及终端、交通安全现场取证设备等；在广东、浙江选择两个公路路段进行超速执法和车速管控技术示范。

## 四、示范应用情况

科技行动计划项目在组织开展道路交通安全保障关键技术研究的同时，充分重视科技成果的转化和应用，采取一系列行之有效的措施，有效地将科研成果与道路交通安全保障需求紧密地结合起来。一期项目中根据研究内容以及结合各地道路交通安全的实际情况，有针对性地在全国 14 个省、自治区、直辖市组织实施了一批典型的应用示范，其中包括：

- ❑ 大中型交通安全科普教育主题基地应用示范。
- ❑ 交通安全科普教育主题活动示范。
- ❑ 驾驶员培训考试改进系统装备应用示范。
- ❑ 营运车辆驾驶员职业资格培训应用示范。
- ❑ 营运车辆技术状况保持应用示范。
- ❑ 营运车辆安全性准入检测应用示范。

- 云贵川渝山区公路网安全保障技术体系应用示范。
- 京珠高速公路通道雾和冰雪环境下安全运行保障技术应用示范。
- 新疆冰雪条件下公路安全运行保障技术应用示范。
- 省级路网管理与应急处置系统应用示范。
- 京津塘、河南连霍、广东佛开高速公路安全与服务技术应用示范。
- 京津冀区域公路网区域调度与应急处置系统应用示范。
- 典型路段路网交通安全态势评估系统应用示范。
- 超速事故多发路段车速管控集成技术应用示范。
- 交通事故现场快速勘查技术及装备应用示范。
- 交通事故现场防护技术及设备应用示范。

一期项目将在 2011 年 12 月完成。

（主要撰稿人：谢建军、方守恩）

# 北京奥运智能交通管理与服务综合系统

## 一、概况

针对当前北京市政府关心、百姓关注的热点交通问题，在北京市前期开展的智能交通系统研究重点项目的基础上，以“平安奥运交通”为目标，按照“科学管理、严格执法、高效服务”的战略思路，不断提高交通管理科技含量，强力推进智能交通科技在管理中的应用，将交通科技融入城市交通管理的每个区域网络、每个管理层面、每个细小环节。奥运智能交通管理体系建设针对北京市交通系统存在的主要问题，进行共性、关键技术研究和示范工程建设，力图通过逐步完善“北京市综合交通信息平台”建设，对北京市的交通状况有明显的改善。运用信息和通信等高新技术继续完善北京市智能交通系统建设，以面向政府决策和公众出行服务的交通信息服务为纽带，集成优化城市交通系统的各子系统，构建高效的智能化交通系统，以缓解北京市当前的交通拥挤状况，提高广大居民的出行质量，提高政府的决策能力和管理水平，改善运输企业的经济效益。同时，根据北京市申办2008年夏季奥运会时的承诺，以及北京奥运交通要达到的目标要求，针对2008年奥运会的特殊需求，建设智能化奥运交通运输与管理系统示范工程，使奥运会期间奥运大家庭成员由驻地到比赛场馆耗时不超过30分钟；监控车辆不少于5000辆，交通事件检测和响应时间控制在3分钟以内，准确率大于90%；交通数据系统具备不少于10000辆车辆位置信息的数据采集能力和不大于5分钟的动态交通状态数据处理能力；快速路和主干路的群体交通诱导系统覆盖范围达到80%，为奥运会提供高质量、高效率、有序的交通服务创造有利条件。

## 二、主要成果和技术创新

针对政治和文化中心的整体背景以及长期交通需求，结合2008年奥运会的特殊交通服务，重点研究和开发了大型城市交通信号控制平台系统集成技术及其支撑数学模型和交通仿真软件、平面道路交通群体诱导系统、基于道路检测器和车辆位置信息的综合道路交通状态获取技术，升级完善了交通指挥控制系统和调度系统，研发了北京奥运交通管理指挥调度系统、分布式综合交通信息集成技术与系统、基于卫星定位的服务于奥组委所管理的T1～T5类车辆的实时监控管理系统、综合交通数据发布系统，面向公共交通的车辆运营管理系统建立了以“奥运交通指挥中心”、“交通数据中心”、“交通信息发布中心”和“交通应急中心”为核心的北京市综合交通信息平台，改善了公众出行环境，增强了对北京市交通紧急事件的处理和应变能力，以高效、安全的奥运交通服务，确保了2008年奥运会的顺利召开。

1. 奥运综合交通信息平台

建成了“奥运交通指挥中心”、“交通数据中心”、“交通信息发布中心”和“交通应急中心”，在此基础上建成了北京奥运综合交通信息平台，包括：

（1）建成了北京奥运交通管理指挥调度系统，市区快速路高峰时段平均车速达到35～50km/h，一般干道平均车速达到20km/h；交通事件检测和响应时间控制在3分钟以内，准确率大于90%。奥运会期间，运动员、教练员及奥运官员由驻地到比赛场馆时耗不超过30分钟，奥林匹克交通优先路线平均车速不低于60km/h。

（2）开发了分布式综合交通信息集成技术与系统，增加了路面交通信息采集设备100套、事件检测系统200套、数字化视频系统200套、断面交通流检测系统150套和旅行时间检测系统50套。交通数据系统具备不少于10000辆浮动车的数据采集和处理能力，实现了出租车出行特征分析及出租车行业运营状况分析功能，车辆采样比例大于全市出租车辆总数量的10%。

（3）建成了基于卫星定位的奥运车辆监控调度综合管理系统，建成了奥运车辆监控中心和应急中心，能够为5000辆车提供监控和服务。

（4）开发了综合交通数据发布系统，建设了交通信息发布中心，提供了网络、广播、交通枢纽信息屏、场馆信息屏、短信等多种出行服务。

（5）建成了公共交通的车辆运营管理系统，建设了1个总调度（指挥）中心、4个区域调度中心；保障约35条奥运公交临时线路的调度工作，其中包括服务奥运公园的21条临时线路；保障3500辆专线公交车及50辆公交救援车的调度工作。

2. 城市交通数据系统关键支撑技术研究

（1）开发和建立了面向奥运的城市交通仿真评价系统，建立了宏观、中观和微观交通仿真模型。

（2）开发了北京市交通规划、交通设计、交通管理仿真测试平台。

（3）完成了交通数据融合技术、决策支持等技术的研究。实现了五环内主要道路（快速路、主干路、次干路和支路）实时交通状况信息的采集分析功能。

3. 平面道路交通群体诱导系统及示范工程

（1）完成了路侧室外显示屏的研制开发，分为道路总况综合显示、区域路段路况显示和综合路况显示三大类。

（2）建成了五环路以内的快速路及主干道的实时动态交通信息展示系统，实现了路况实时显示，并显示事故信息和施工信息。设立了路侧室外显示屏200套。

（3）路侧室外显示屏显示道路交通流实时动态状况，实现了交通诱导信息量化图形显示，采用颜色代表交通拥堵状况的群体交通诱导覆盖范围达到80%，数据更新周期为3分钟。系统相关设备支持无线、有线通信。

（4）完成了交通诱导信息网络传输控制及网络可信技术规范的制定，完成了群体交通诱导信息算法模型的研制开发。系统实现了主中心、分中心、本地三级控制，提供群体交通诱导信息显示功能、群体交通诱导信息自动生成功能和群体交通诱导信息管理维护功能。

## 三、示范应用情况

1. 现代化的交通指挥调度系统

该系统集成了电视监控、交通信号控制、诱导显示、单兵定位等多个应用系统的相关数据，通过制定的预案进行智能化的指挥调度。依托交通指挥调度系统，北京市交管局建立了由现代化的奥运交通指挥中心、仰山桥交通勤务指挥中心和 38 个场馆群交通指挥所组成的三级奥运交通指挥科技体系，对社会交通和奥运交通进行有效组织、精确管理，保证奥运交通和社会交通有序并行、和谐运转。

遇有突发事件，指挥人员通过警力定位系统，实时掌握全局路面警力部署，动态调整警力投入；也可以根据需要，调派装备卫星通信、无线传输、图像采集等科技系统的交通指挥通信车赶赴现场，实现快速反应，扁平指挥。同时，在指挥调度集成系统可视化的图形界面下，可以按照预案同步实现电视监控、交通控制和交通诱导等多个技术系统联动，一方面利用信号系统对事件周边路口、快速路出入口进行控制，减少附近车辆向事件地点的汇聚；另一方面利用路侧大型可变情报信息板发布诱导信息，提示附近驾驶员绕行，缓解事件点段交通拥堵。

2. 交通事件的自动检测报警系统

奥运会期间，由安装在道路上的上百台交通事件检测器等组成的交通事件检测系统，可在第一时间发现交通事故、路面积水等各种意外事件，自动报警并对事件过程全程录像，在指挥中心实时显现，指挥人员使用警力定位系统迅速显示事件区域的警员、警车分布，指派最近民警在最短时间内到达现场进行处置。意外事件自动报警系统应用以来，对交通意外事件的处置时间平均减少 3～5 分钟，大大提高了对交通意外事件的快速反应和处置能力，确保了城市主干道的安全与畅通。

3. 自动识别“单双号”的交通综合监测系统

交通综合监测系统的上万个检测线圈、超声波、微波设备，遍布全市快速路、主干路网和奥运专用路线，是城市交通管理的神经末梢，24 小时自动准确采集路面交通流量、流速、占有率等运行数据。系统还能对每天上路的几百万车辆进行自动检测，包括自动识别违反“单双号”限行规定的多种违法车辆，为保证道路的通畅、创造良好的交通环境提供了强有力的技术支撑。

4. 数字高清的奥运中心区综合监测系统

在奥运中心区建成的基于高清数字化技术的综合监测系统，实现了对进出中心区车辆的全时空、全方位监测。这个系统的路面监测设备把原来的视频监控、流量统计、车辆识别、事件检测、违法检测 5 种功能融为一体，一个设备替代多个设备，如此高集成度的应用在我国也是首次。

5. 闭环管理的数字化交通执法系统

固定安装在路面上的1100套电子警察全部联网，对闯红灯、超速等9种路面违法行为进行24小时自动监测，并将违法信息上传中心数据库，与42个车辆检测场、车管所、执法站高度共享，实现了科学的闭环执法管理。此外，利用移动的巡逻警车车载交通监测设备，在行驶过程中随时随地无线连接中心数据库，对过往车辆进行实时检测、抓拍，自动识别逾期未检、套牌车等涉车交通违法行为，可每小时检测车辆2200辆左右，从识别到系统终端报警不超过1秒。

6. 智能化的区域交通信号系统

根据北京路网结构和行人、机动车、非机动车混合的交通特点，北京市交管局在城区建成了交通信号区域控制系统，系统通过埋设在路口的交通流检测器采集到的交通流信息，对路口交通信号进行实时优化，可以实现单点的感应优化控制、干线绿波协调控制和区域优化协调控制。可以在中心随时查看路口信号控制的实时显示界面。近2000台信号机在计算机自动控制下协调联动，实时检测并根据路网流量变化，在高峰时进行最大通行量控制，在平峰时进行协调控制，在低峰时进行感应自适应控制。能够通过合理调整车辆通行时间来优化车辆在道路空间的分布，大大提高了路口、路段的放行效率，增强了路网整体管控能力，路网综合通行能力提高15%。另外，在奥运中心区内的信号灯控路口，还首次增加了行人过街绿灯倒计时和盲人语音提示功能，最大限度提供人性化服务，礼让民权，保障行人安全。

7. 灵活管控的快速路交通控制系统

快速路网，也就是人们常说的环路及其联络线，是北京市道路交通的主动脉，承担了城区一半以上流量，也是奥运专用路线的组成部分。北京市交管局建成了目前世界上最大规模、最智能化的快速路交通控制系统，利用设置在二、三、四环及其联络线主要出入口的信号灯，根据流量变化自动关闭和开启出入口，对进出快速路交通流进行智能控制。在快速路主路流量达到拥堵警示标准时，通过信号灯控制进出主路车流，诱导司机从辅路通行。当快速路主路出口由于拥堵造成车流不畅时，出口信号灯控制出口上游辅路车流量，为主路出口提供更为顺畅的通行条件，保证主动脉的畅通；并通过可变信息板及时提示驾驶员选择路线，注意进出口车辆，有效预防出入口交通事故。

8. 公交优先的交通信号控制系统

优先发展公共交通是缓解城市交通拥堵、改善城市交通环境的根本出路。奥运会期间，北京市交管局在已经施划公交车道和奥运专用道的道路上，建设了126个具有公交优先控制功能的信号灯路口。当公交车辆通过这些路口时，设置在道路上的公交车辆检测器将检测到的公交车辆信息传送给信号控制系统的计算机，计算机根据当前路口的信号放行状态和流量情况，或是缩短另一方向的放行信号时间，或是延长本方向的绿灯放行时间，使公交车辆在路口的延误时间最短，达到优先放行的目的，充分满足大容量、高速度的客运需求，为奥运大家庭成员、观赛人群提供高效、快捷的交通服务。

9. 连续诱导的大型路侧可变情报信息板

利用分布在全市主干路、环路的 228 块大型路侧可变情报信息板，每两分钟一次将本区域个性化的，以红、黄、绿三种颜色分别表示拥堵、缓行和畅通的实时路况信息，提供给道路交通参与者；同时，每天发布奥运交通管制、道路限行、绕行路线等交通服务信息上千条，实现对奥运车辆和社会车辆的全程连续诱导。

10. 交通实时路况预测预报系统

系统对交通检测设备采集来的全市路网交通流数据，进行深层次挖掘分析，准确掌握实时的路网运行状态，并通过预测预报数学模型，预测路网流量变化。在该系统的支持下，利用互联网、手机 WAP 网站和各种媒体，为广大民众提供最权威、最及时、最准确的个性化交通信息服务。不仅包括实时交通路况信息、交通管制信息，而且提供交通预报和行车路线参考，做到随时随地贴身服务。

奥运智能交通管理系统的建成、投入使用，极大地提高了首都科学交通管理水平，为保障道路交通安全、有序、畅通，实现平安奥运，提供了强有力的技术支撑和保证。

（主要撰稿人：王　刚、梁玉庆、郭继孚）

# 上海世博智能交通技术综合集成系统

## 一、概述

智能交通是国际公认的提高交通运输效率、改善交通拥挤状况、方便人们出行的有效手段，从本质上讲，是现代信息技术在交通运行管理中的综合应用。上海世博会是首次在我国举办的国际博览盛会，要使世博会成功、精彩地举办，交通服务保障是关键要素之一。与北京奥运会相比，上海世博会在举办持续时间、游客数量与来源、场馆分布等方面都有较大的差异，世博交通也随之表现出单点聚集性、与日常交通长时间交织、叠加与冲突性、交通管理的复杂与协同性等特征，面临的形势更为复杂和严峻。因此，除了采取相应的交通管理与组织措施外，应用智能交通技术辅助管理，将是保障世博交通畅达的重要手段之一。

上海智能交通建设已经取得初步成果，但目前上海市智能交通系统建设，立足于对日常交通的辅助管理支撑，从上海世博交通运行的特征来看，对智能交通的技术支撑服务有着特殊的需求。主要表现在以下几方面。

（1）基于世博交通管理部门和世博游客对世博交通信息全面、准确掌握的需求，进一步整合、处理、共享、交换来自世博交通各个系统的综合信息，使世博交通管理和信息服务具备更为全面、完整、精确的综合数据库，需要智能交通技术的支撑。

（2）在世博交通单点聚集性形成与日常交通严重冲突情况下，有效分离世博交通和过境、地方交通，保障世博交通主要通道的适当优先权，协调城市高架道路与地面道路通行能力的均衡管理，快速自动检测紧急事件，处置好世博交通节点与整个世博交通网络面的均衡，保持世博交通的畅达，需要智能交通技术的支撑。

（3）面对世博会期间急剧增加的客流，有效整合各类交通综合信息，为通过对外交通枢纽为主集散的游客提供准确的交通综合信息服务，使游客安全、便捷集散，并使世博诱增的客流、车流对城市道路网络形成的交通压力均衡，需要智能交通技术的支撑。

由上述分析可知，由于世博交通的特殊性，需要针对世博交通特征，根据世博交通对智能交通的需求，开展上海世博智能交通技术综合集成系统的研究与示范。为此，2006年12月，科技部立项开展了国家科技支撑计划课题“上海世博智能交通技术综合集成系统（2006BAG01A02）”的研究。

本课题由上海市交通信息中心牵头，汇集了同济大学交通运输工程学院、上海电器科学研究所（集团）有限公司、上海综合交通规划研究所等技术研发、工程实施单位，在充分运用上海现有智能交通技术成果、学习北京奥运智能交通先进经验的基础上，针对上海世博交通的特征，在世博交通组织和管理总体策略引导下，开展世博交通综合信息整合、世博道路网络协调控制管理、交通枢纽公众交通信息服务、交通紧急事件智能检测、世博交通决策管理技术支撑等世博智能交通技术系统的研发及其相应的工程示范，为保障世博交通安全、快捷、畅达提供辅助管理，为世博智能交通工程建设积累实际经验。

## 二、主要成果和技术创新

本课题实施的总体目标可概括为“提出一个战略，建设一个平台，整合六个系统，实现四项服务”，即研究提出世博优先的交通战略和技术手段；建设完成具有开放体系结构的市域综合交通信息服务基础平台，整合城市快速道路、地面道路、轨道交通、公共交通、航空港、水路码头六大行业系统的综合交通信息；以平台的集成信息为基础，扩展在城市交通枢纽中的公众出行服务功能，以及快速道路、地面道路一体化城市道路网络的协调控制管理功能，开展面向公众的信息服务、面向产业的技术服务、面向世博的交通管理服务及面向政府的决策支持服务的工程示范。

对照以上总体目标，根据世博交通总体策略和世博交通运行特征，课题组以世博交通分层管理策略中的缓冲区域、管控区域范围为主，以世博交通信息整合处理、世博交通通道协调控制管理、世博交通枢纽综合交通信息服务为主线，开展了上海世博智能交通技术综合集成系统的研究和工程示范。建设完成交通综合信息平台，整合了城市快速道路、地面道路、轨道交通、公共交通、航空港、水路码头六大行业系统的综合交通信息；以平台的集成信息为基础，实现在城市交通枢纽中的公众出行服务功能；以世博交通管理需求为目标，提出了城市快速路、地面道路交通流均衡的网络路由优化诱导控制、交通走廊协调控制、世博专线车信号优先和交通紧急事件管理等技术方案，并选择适当区域范围进行了技术方案的工程试点，完成了课题目标任务。

针对课题主要研究目标，设置了 3 个专题、6 项任务，共 33 项子课题与 4 项示范工程。根据课题研究目标及世博交通管理需求，从世博交通信息的整合处理、世博交通协调控制管理、世博交通出行信息服务 3 个方面，依托 33 项子课题研发了各类相应技术。其中，重点对 8 项关键技术进行了研究、攻关。

1. 世博交通信息整合处理方面

针对世博游客和世博交通管理者对世博交通综合信息全面、准确的需求，重点研发了“综合交通信息平台构建技术”，并研发了平台系统构架、数据标准、网络通信、数据存储与管理、信息共享、运行管理等技术，支撑交通综合信息平台的建设与世博交通信息服务的发布。

针对世博交通流数据采集需求，特别是世博客流采集和多种交通流参数整合处理需求，研发了“综合交通动态信息获取技术”，包括基于手机移动定位的广域公路交通流参数采集技术、密集客流视频检测技术、多源道路交通流参数整合处理技术等，在原有交通流数据采集技术基础上，进一步丰富了手机采集交通流、GPS 采集交通流、视频采集客流等交通动态获取技术手段。

研发了“复杂环境交通状态分析技术”，提出了在强干扰环境下交通状态的判别、分析技术模型。

2. 世博交通协调控制管理方面

世博交通的单点聚集性，以及在长达半年时间内与日常交通的交织、叠加、冲突，使世博交通适当优先、世博交通与日常交通分离、保持世博交通通道交通流的均衡显得尤为重要。为此，重点研发了“网络路由优化诱导控制技术”、“交通走廊协调控制技术”，从网络层面，提出了城市快速路、地面主要干道交通流的有效诱导、合理控制和均衡交通流的相关技术；研究针对高架道路入口匝道控制、出口匝道临近地面交叉口的信号协调等的相关技术，实现快速路与平行地面道路交通流的均衡控制，以及面向多层次交通系统进行交通走廊协调控制，保证世博交通走廊的畅通和高效运行，支撑世博优先的道路交通协调管理示范工程。

采用集约化交通工具运载世博游客是世博交通组织策略的重要组成部分。由于世博场馆的单一性，保持世博径向通道上专线公交车的适当优先权，对安全、快速集散世博客流意义重大。为此，研发了“世博专线车公交信号优先技术”，提出了基于车头时距均衡的信号优先策略，建立了主动式请求公交信号优先、车道预信号、公交绿波 3 种公交优先模型，创建了 SCATS 环境下基于倒计时状态的信号优先特征参数动态调整技术，支撑世博专线公交信号优先示范工程。

任一世博交通主要通道、主要节点发生异常交通事件，对整个世博交通网络运行的影响都将是十分严重的。为此，研发了“世博交通紧急事件检测与管理技术”，提出了用新型单线圈检测器检测异常事件、现场 IPC 中完成判别的技术方案，提高了检测速度和精度，大大减轻了信息传输负荷，降低了中心计算机工作负荷，并开发了世博交通紧急事件预案库及相应软件，支撑世博交通紧急事件管理系统示范工程。

3. 世博交通出行信息服务方面

世博游客来源的广泛性、世博交通枢纽承担集散世博游客数量的集中性、政府管理部门决策对量化数据的依赖性，表现出的对世博交通信息服务的需求是十分强烈的。特别是由于交通枢纽是承载、集散世博游客的重要节点，客流集散效率直接影响城市内部交通。为此，以浦东国际机场为例，研究了“城市交通枢纽出行信息服务系统技术”，提出了交通枢纽交通信息服务发布的内容、手段、设备、枢纽内部客流组织方案等，以提高交通枢纽的换乘效率、出行安全和舒适性，均衡交通枢纽与游客集散目的地之间道路交通流量分布，支持交通枢纽出行信息服务系统示范工程的建设。

## 三、示范应用情况

为实践上述研发的各项技术成果，检验课题各项技术特别是关键技术辅助世博交通管理的可行性，课题开展了 4 项在世博交通主要通道和主要交通枢纽节点现场建设的示范工程，以期将示范工程所取得的实践经验和示范效应，在大规模世博交通建设工作中加以应用和推广，使科研成果能有效地服务于世博交通组织管理。

基于研发的“综合交通信息平台构建技术”等技术，依托上海交通综合信息平台的建设工程，重点开展航空港、码头对外交通枢纽相关交通信息接入、交互、共享建设示范，建成了整合全市快速路、地面道路、轨道交通、公共交通、航空港、码头六大行业系统综合交通信息的交通综合信息平台示范工程，汇聚上述行业系统的基础数据、实时数据、历史数据，实现了不同行业系统信息互联与共享，为世博交通信息服务、世博交通管理提供强大的数据支撑服务。

“世博优先”的道路交通协调管理示范工程由网络路由优化诱导控制示范工程、匝道协调管理示范工程、世博专线车信号优先示范工程三部分组成。

基于研发的“网络路由优化诱导控制技术”、“交通走廊协调控制技术”等技术，完成了网络路由优化诱导控制示范工程建设。该示范工程以城市快速路和与之相邻的平行地面道路为研究对象，通过对通往世博园区的3条路径不同行程时间的预测和发布，诱导、均衡快速路和相邻地面道路的车流量，使通往世博园区的道路通行能力达到优化，行程时间尽可能减少。

完成了匝道协调管理示范工程建设。该示范工程以入口匝道动态控制技术为基础，在通往世博园区的高架路上匝道范围，通过设置检测线圈、可变信息标志、匝道控制器、信号灯等设备，动态调节上匝道进入高架主线的车流量，实现世博优先的道路交通协调管理目标。

基于研发的“世博专线车公交信号优先技术”等技术，完成了世博专线车信号优先示范工程。在通往世博园区的南北高架地面道路6个交叉口，采用车头时距均衡策略，主动式请求公交信号优先模式，对SCATS特征参数在倒计时状态下进行动态调整，并在35辆示范车辆上安装了基于Zigbee的射频电子标签，通过路边阅读器等设备，完成信号优先请求与相应动作，实现世博专线车的优先通行。

城市交通枢纽出行信息服务系统示范工程由浦东国际机场、吴淞客运码头、人民广场3个城市交通枢纽的交通综合信息发布服务系统组成。

基于研发的“城市交通枢纽出行信息服务系统技术”等技术，依托浦东国际机场二期航站楼建设工程，完成浦东国际机场出行信息服务系统示范工程。通过浦东机场交通信息发布屏、可变信息标志，发布公交、磁悬浮列车换乘等信息，以及至中心城主要道路节点与城市快速路实时交通状态信息，实现浦东国际机场与交通综合信息平台的互联与信息交换。

完成吴淞客运码头出行信息服务系统示范工程。实现客运码头与交通综合信息平台实时互联，并在客运码头设置2套大型显示屏和1套综合交通信息查询终端，发布快速路实时状态信息，查询通往世博园区、中心城区公交换乘等综合交通信息。

完成人民广场出行信息服务系统示范工程。在人民广场地铁换乘通道设置综合交通信息查询终端，查询轨道交通与地面公交换乘信息、周边商业设施信息、快速路交通状态信息和世博会相关信息。除此以外，在世博局等政府管理部门、火车站、长途汽车客运站、地铁中山公园站、高速公路收费站、上海宾馆、正大广场等共安装 20 套查询终端，完成 1000 套公交电子站牌建设，完成 250 个社会停车场库动态泊车位信息接入。

基于研发的“世博交通紧急事件检测与管理技术”等技术，完成世博交通紧急事件管理系统示范工程。该示范工程以通往世博园区的南北高架、内环高架、南北高架地面道路为示范工程范围，设置新型单线圈检测器检测异常事件，在检测现场完成判别，通过紧急事件管理中心处置，与预先设计的紧急事件处置预案库自动相连，及时给出应对处置方案，发布事件信息，及时诱导疏散被事件影响的相关车辆，降低事件对整个交通网络面的影响。

课题研发的主要技术和示范工程成果在世博交通建设和管理运行中得到了全面的应用。课题提出的世博智能交通建设框架和实施方案直接指导了世博智能交通系统的建设；交通信息整合平台为世博交通指挥和调度工作提供了先进的技术手段；出行信息服务系统为各来源地客流提供了及时、可靠的出行参考，均衡了路网压力；包括路由控制等一批 ITS 新技术的应用，不仅服务了世博，而且在其后的日常交通管理工作中发挥了巨大的作用。

（主要撰稿人：孙立军、顾承华）

# 广州亚运智能交通系统及应用

## 一、概况

第 16 届亚运会和亚残运会在广州举行，是继北京、上海分别成功举办了奥运会和世博会后的又一次成功的盛会，也是广州第一次承办国际性综合体育文化盛会，这给广州的城市建设、交通发展带来了难得的机遇，也给城市带来了严峻的挑战。2004 年获得亚运主办权后，广州市未雨绸缪，努力构筑“共享、畅达、集约、绿色、公平”的和谐交通体系，制定了《广州 2010 亚运城市行动计划纲要》，着手编制了《2010 年广州亚运交通战略规划》和《广州市亚运场馆道路交通设施建设规划》等多项交通专项规划；亚运交通“硬件”基础设施，如对外交通系统、市区“双快”交通体系和亚运场馆周边的道路等的建设也在按计划有条不紊地进行。

广州亚运会的举行必将带来大量突发集中且具有冲击性的交通需求，而广州市交通现状不容乐观，高峰时段主城区主要交通通道已经饱和，主要客运走廊公共交通的运力也趋于饱和，这对广州市的交通运作和管理水平提出了更高的要求，也为广州市交通系统的发展，特别是智能交通系统的发展创造了良好的环境。

在第 16 届亚运会和亚残运会前，广州智能交通管理与指挥系统、ITS 共用信息平台等已建成并投入使用。这些基础设施在日常交通管理指挥、动态交通组织与控制、出行信息发布、公共交通调度、运政执法等应用中发挥了重要作用，为更好地实现“科技亚运，激情盛会”的目标打下良好的基础。

2006 年广州智能交通管理与指挥系统建成。智能交通管理与指挥系统架构可以概括为“一个中心、两套网络、两个平台、十五个子系统”。智能交通管理与指挥系统通过引入 SCATS 交通信号控制系统，能够对广州市中心区内 720 个重点交叉口实现联网控制；通过在覆盖广州市中心城区 90%以上的主干道的重点交叉口和路段布设 525 个视频监控点，能够及时发现和排除异常路况；通过在重点交叉口和路段布设 503 个监控点，实现了对车辆闯红灯、违规变线、超速和车牌识别 4 个方面的违章监控取证；通过电话接警和闭路电视监控两种渠道，实现了对警情的快速反应；通过采用 GIS、GPS 技术，能够协助各交警大队进行警力的安排和部署。交通指挥中心通过电子地图方便地掌握各警员的位置和状态，实现网上查勤、网上点名等功能，提高了警务管理水平；通过与 GIS 电子地图结合，可清晰地掌握道路交通设施分布，以便协助制定交通设施保障方案，同时还可进行各种统计；通过给移动巡逻交警配置 PDA，可实现定位功能，可现场查询车辆、驾驶员信息，进行现场执法处理，提高办事效率；集成的指挥调度，能够与 110 接处警系统联网协作，形成三级调度指挥模式，能够实现接出警、交通监控、交通信号控制、交通诱导、信息发布、警力定位和综合查询等功能。

在智能公交建设方面，广州已取得了相当好的成绩。目前已发行了“羊城通”卡1500万张，每天刷卡量达400万次，实现了公交电子缴费、银行充值和部分商铺小额消费功能；在公交调度方面，目前在400多条公交线路的8000多辆公交车上安装了GPS设备和视频监控设备，建立了10个监控中心，设置了310个电子站牌；在出租车调度方面，目前全市已在17000辆出租车上安装了GPS以及定位系统，建立了一个监控总中心和73个分中心，实现了出租车的定位、监控及防劫防盗功能，以及出租车电召、调度及信息服务功能；同时，广州还在中山大道建立了广州快速公交（BRT）试验线集成化智能交通系统。

广州市智能交通系统具备了交通信息服务的能力，包括以广州综合交通信息平台为基础，通过与移动、电信等运营商合作，为市民提供了短信、彩信、WAP、USSD、12580语音、手机导航、GPS车载导航仪器等多种交通信息服务渠道，以及在交警部门网站上对部分监控信息实时发布；同时通过与两个交通信息服务广播电台合作，利用短信、电话的方式与市民联系，并及时发布路况信息、交通管制信息等；此外，还在市区快速路、主干道上安装了94个情报板，主要布设在重大分流点、常发性拥堵点和车流集散地等位置，用于交通信息发布和交通诱导。

## 二、主要成果和技术创新

广州亚运会的开闭幕式与以往的运动会不同，它的开闭幕式是在开放式的场地举行的，而不是在体育运动场馆内进行的；赛事的各运动场馆又分散在各区。亚运会的举行，必将产生新的交通需求，同时亚运会期间的交通管制会导致道路通行能力降低，进而影响整个城市交通系统。其影响涉及城市道路系统、公交系统、慢行交通系统。为此，事前做好交通预测和交通仿真，可以确保为广州亚运会提供高效交通服务，同时尽量减少对社会正常交通的影响。借鉴了北京奥运、上海世博、中国香港特区特区东亚运、全运会、雅典奥运、悉尼奥运等国内外大型活动交通组织的成功经验，广州以道路基础网络信息、道路交通运作数据、交通需求数据的数据采集以及广州市交通模型为基础，建立了广州亚运交通模型。从不同的层面分析广州市的城市空间结构、道路交通、公共交通、交通政策等交通现状下亚运交通系统运作情况，该模型是保障亚运交通组织方案的科学性和可操作性的重要工具之一。

### （一）亚运交通模型及评价体系的建立

广州亚运交通模型包含基础数据平台、宏观仿真模型、中观仿真模型和微观仿真模型4个层次，如图5.1所示。层次一为模型基础数据平台，为下面3个层次输出交通系统网络和需求分布数据；层次二为宏观仿真模型，整合了城市背景交通需求和亚运交通需求，对亚运期间的交通运行状态进行仿真分析，并为中观和微观层次提供路网模型和基础需求；层次三为中观仿真模型，在宏观仿真模型的基础上进一步细化，以亚运专用道为研究对象，分析亚运专用道系统的运作效果，并为微观层次提供路网模型和需求；

层次四为微观仿真模型，以宏观仿真模型和中观仿真模型为背景，抽取开闭幕式和重点赛区周边路网为研究对象，对车流和人流进行仿真模拟。宏观、中观和微观仿真模型逐渐深化，层层递进，每个层次的仿真结果反馈到基础数据平台，从而对基础数据库进行调整，再输出到各仿真系统，循环优化，形成一套完整的亚运模型体系，从不同的层面分析广州亚运交通运作情况。

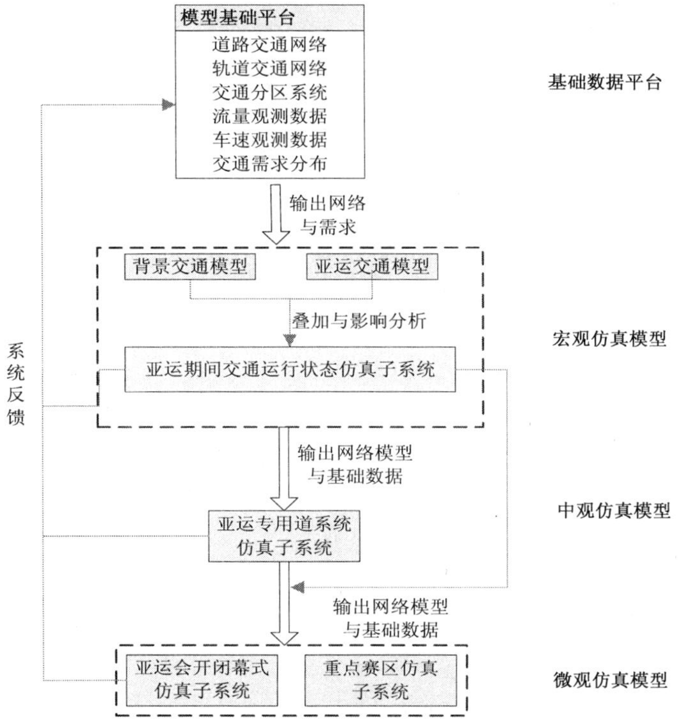


图 5.1　广州亚运交通模型体系结构图

根据亚运交通需求预测及仿真需要，还建立了广州市亚运期间交通运行状态仿真子系统、亚运专用车道系统仿真子系统、亚运会开闭幕式仿真子系统和重点赛区仿真子系统。

根据亚运交通组织的相关目标，遵循可达性、可靠性和公平性 3 个原则，从城市整体交通运行状况（宏观）、亚运专用道和主通道路网（中观）、比赛场馆（包括开闭幕式会场，下同）周边区域（微观）3 个层次建立了亚运交通组织方案研究评价指标体系，如图 5.2 所示。

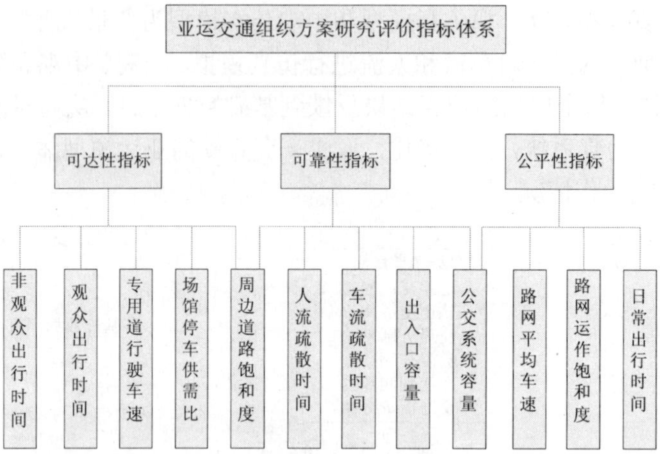


图 5.2　亚运交通组织方案研究评价指标体系

## （二）广州亚运智能交通管理系统

广州亚运智能交通管理系统建设以保障亚运交通组织方案的顺利实施为立足点，充分考虑广州现有技术条件和基础，用先进的智能交通技术解决重点问题，为亚运交通工作提供稳定、可靠、安全的技术保障和支撑，确保亚运交通安保任务圆满完成。

亚运智能交通管理系统的建设涉及信息采集、现场管理、中心指挥调度、信息管理及信息发布各个环节，其总体框架如图 5.3 所示。

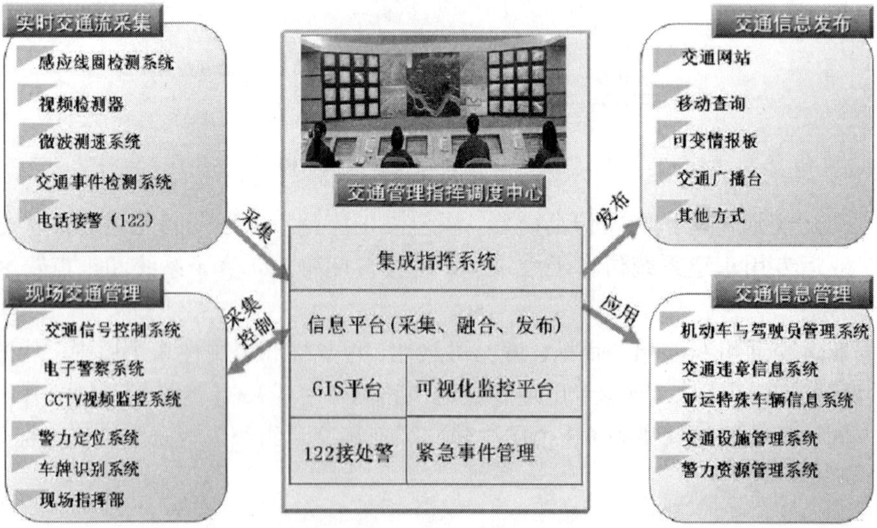


图 5.3　亚运智能交通管理系统总体框架

亚运智能交通管理系统主要包括以下 5 个模块。

1. 实时交通流采集模块

该模块主要包括基于感应线圈的交通流量采集系统、基于微波的测速系统、基于监控视频图像的采集系统（人工识别）、基于视频的事件检测系统和基于市民举报的电话接警。从亚运通道的覆盖情况看，还需要新增基于线圈和微波的检测点位，同时要针对专用车道及重要的通道建立事件检测系统。

2. 现场交通管理模块

该模块主要包括信号控制系统（以 SCATS 为主）、电子警察系统、CCTV 视频监控系统、警力定位系统、车牌识别系统和现场指挥部。从亚运重要场所周边及连接通道的安全保障需求看，需要进一步增加这些重要区域及通道的信号控制系统、视频监控系统和电子警察系统的覆盖率，并增加移动执法系统、车牌识别系统及重要场所的现场指挥部等内容。

3. 交通指挥调度中心模块

交通管理指挥调度中心是整个亚运智能交通管理系统的核心，主要包括外场信息的接入端口、信息平台、可视化视频监控平台（电视墙）、122 接处警系统和集成调度指挥系统等。为了更好地满足亚运会期间的综合指挥调度需求，需要进一步完善中心的信息整合和系统联动功能，同时还要制定一套保障整个大系统正常运行的方案，提高亚运智能交通管理系统的稳定性。

4. 交通信息管理模块

该模块主要包括机动车与驾驶员管理信息系统、交通违章信息系统、亚运特殊车辆信息系统、交通设施管理系统和警力资源管理系统。这些系统功能基本可以通过在现有信息管理系统中进行扩展和完善得以实现。

5. 交通信息发布模块

该模块主要包括交通网站（即现有的金盾网）、交通广播电台、移动查询终端、可变情报板及其他信息发布渠道。为了在亚运期间提供更加丰富、准确和覆盖面更广的信息发布服务，首先需要在重要的亚运通道上增加动态诱导系统的布设，并将其与实时交通信息采集系统整合在一起，提高信息的准确性。同时，要在现有网站、广播电台增加更加丰富的交通实况信息。

亚运交通流数据采集及诱导系统能对交通进行实时有效的控制和疏导，实时获取交通流数据，及时反馈信息，对引导疏通交通发挥着重要的作用：① 适应亚运各项交通政策的需要，及时进行政策信息的宣传和发布；② 确保亚运会和亚残运会赛事期间城市交通信息的系统收集和处理，分析、判断交通运行情况，为交通指挥管理、交通决策和交通诱导服务提供数据基础；③ 结合赛事期间各项交通管制措施的实施，发布动态交通管理信息，合理进行交通引导，保障 2010 年广州亚运会、亚残运会期间交通安全畅通。

在广州市智能交通管理指挥系统（GZ-ITMS）的交通流数据采集及诱导系统（一、二期）的基础上，在亚运会主要交通分流点、进出中心城区贵宾通道上、亚运会开幕式主会场南北进出中心城区车辆观众分流通道上、总部饭店、亚运城、主会场、天河体育中心的重要通道上、场馆间的重要分流通道或进出城通道上增设点位，并保持广州市智能交通管理指挥系统及相关子系统建设的整体性、连续性和可持续发展，避免交通流检测点、可变情报板不合理布设，与该系统有关联的一、二期项目中的交通流数据采集点须进行整合和利用，实现信息共享。

亚运交通流数据采集及诱导系统共增加了130个交通流采集点和20块交通诱导屏，进一步扩大了信息采集的范围，为交通诱导提供可靠、准确、有效的信息；建设了一套用于交通流数据采集及交通诱导的应用软件，主要包括交通流数据采集软件、基于交通流数据采集的处理及拥堵判断软件、交通诱导控制软件、接口软件，进一步提高了赛时交通指挥管理的水平。

亚运交通闭路电视监控系统沿用广州市现有的、采用传统的模拟视频矩阵联网实现的、应用成熟的交通闭路电视监控系统，在亚运会期间通过该系统对全市交通状况实现宏观监控，特别是开闭幕式会场周边；监测重要区域的短时性与局部性的交通状况，对重要的场馆群及总部饭店的交通保障情况进行交通监控，为亚运会交通指挥及安全保卫工作、交通组织以及应对紧急任务提供有力保障；并提供交通违法取证和视频信息采集的功能，提高广州市道路交通管理的现代化水平和亚运赛期的交通执法效率，为亚运交通组织创造良好的环境。

亚运交通闭路电视监控系统在现有交通监控点位的基础上，将四区两市交通监控系统接入广州市交通指挥中心，实现全市的交通监控联网；完善亚运场馆周边及总部酒店、6个临时指挥部、保卫线路上的交通监控点；建立移动式交通监控终端，满足交通突发事件现场对交通监控视频传输的机动性要求；整合现有资源，建立亚运交通临时指挥部监控系统。

亚运交通信号控制系统在广州现有的SCATS系统上进行扩展，将广州市区（越秀、荔湾、天河、海珠、白云、黄埔区）内95%以上的信号控制路口纳入SCATS系统控制，所采用的设备选型、路口设计、实现方法均与现有系统一致。

亚运会期间，其主会场及分会场将形成集中单向、带冲击性的交通流。为了确保在短时间内有序、安全地疏导人流、车流，减少“亚运交通流”对会场周边道路路网的影响，在亚运会期间通过系统建设在广州市中心区范围基本实现交通信号人工可控；亚运会和亚残运会赛事期间，能实现在重要通道和场馆周边道路进行交通信号协调控制；亚运会和亚残运会赛事期间，能实现在城市主要干道及连接通道进行交通信号协调控制。以此确保亚运会和亚残运会的顺利进行，并保持广州市正常的交通秩序。

在现有的广州市智能交通管理指挥系统中，没有亚运交通事件检测及车牌识别系统这一系统。针对亚运会交通需要，在北京奥运会期间有试验性应用的基础上，广州亚运会首次引入了交通事件检测及车牌识别系统。

亚运会期间，亚运通道保卫线路多、复杂、分布广，同时将实行多项交通管制措施

（亚运专用车道、社会车辆实行单双日限行等）。为了保障亚运通道安全畅通，有效监控社会车辆行驶秩序，及时发现道路中发生的突发交通事件，为调度处置提供情报，系统将对亚运通道、城市主干道等重点路段进行自动化视频检测，对突发交通事件进行识别和报警；配合交通闭路电视监控系统，辅助亚运交通指挥调度人员进行决策和警力调度；对进入亚运专用车道和亚运会期间交通政策指定管制范围的车辆进行号牌识别，如赛时单双号限行、货车禁行等，为对违反亚运会期间交通政策的机动车进行执法提供视频、图片证据，震慑交通违法行为，保障亚运通道的安全、畅通。

### （三）亚运交通信息资源整合服务系统

亚运交通信息资源整合服务系统包括以下 3 个系统：亚运交通信息整合与公众服务系统、亚运公共交通管理与车辆调度系统、亚运公交视频交通运行保障系统。

亚运交通信息整合与公众服务系统以亚运为契机，在现有的交通信息资源基础上，通过对多个部门数据的共享，解决各部门间存在的信息不对称、不完整的问题，实现交通信息资源的全面、完整、翔实，形成长效信息资源整合机制；通过各有关部门公交、出租车等多源异构数据的采集、整合、处理、分析，以客流疏散为对象，分析亚运会期间公共交通客流出行特征，构建不同的调度组合形式，采取灵活、有效、针对客流特征的调度模式；通过对亚运会专用车辆进行实时监控、调度、指挥，实现合理统筹、调配交通运力，为亚运车辆提供调度员管理、用车规划、智能调度、实时监控及突发事件应急处理等服务，从而为亚运专用车辆调度与组织提供保障。通过对亚运期间的交通实时路况、停车场实时数据、公交实时到站等动态交通信息进行分析处理，形成多维度、多时段的处理结果，通过多渠道的方式发布，向市民提供亚运动态信息服务。

亚运交通信息整合与公众服务系统利用了综合交通信息平台，结合亚运交通的交通政策与信息发布，通过收集浮动车的实时位置信息，经过浮动车、视频分析路况信息识别模型的处理和加工，结合亚运赛事组织的实际情况，形成覆盖整个亚运城市的综合交通信息；通过基于交通 GIS 技术的交通信息发布系统，借助无线通信运营商的短信、彩信、坐席等渠道，向亚运城市出行者提供实时动态的交通信息服务。其中，浮动车信息采集系统的主要功能是采集车辆行驶信息，为实时路况计算提供数据基础。信息采集主要是通过装载了 GPS 终端的车辆定时返回的行驶速度、地理位置等状态信息来实现的。视频数据交通流识别系统主要是利用道路视频数据，通过计算机图像模式识别等技术，计算道路车流速度、密度，以及识别车型。

亚运实时交通信息发布系统（图 5.4）由交通信息发布基础平台、GIS 服务器、短信彩信发布服务器、坐席网站服务器、动态导航平台组成，为出行者提供基于短信、彩信、话音的各种实时交通信息发布服务。

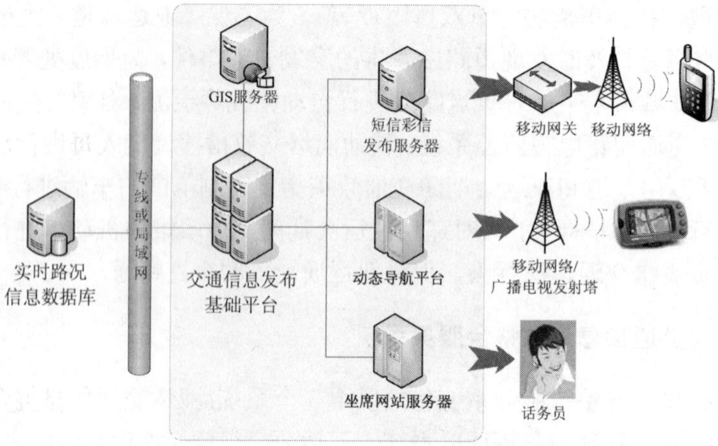


图 5.4　亚运实时交通信息发布系统示意图

亚运交通出行信息服务网站（路况发布）发布出行者可以理解的信息，包括文字描述、彩信图片等，同时提供优选路线、公交换乘等出行规划服务及基于GIS 的交通信息服务和空间查询服务等；短信彩信发布服务器提供路况查询、最优路线查询服务，服务方式包括定制和点播，同时满足用户模糊查询的要求；坐席网站服务器基于 Windows IIS 服务，为客服坐席人员提供交通信息服务查询页面，包括实时路况展示、路况查询、出行规划、拥堵路段列表等，方便坐席人员为来电用户提供服务。

作为唯一在亚运会期间服务于运动员、技术官员、注册媒体和贵宾的车辆调度平台，该系统基于全球定位系统和地理信息系统建立起了智能调度与现场调度相结合的车辆调度指挥体系，为组委会运动会服务部提供驾驶员及调度员管理、用车规划、智能调度、实时监控及突发事件应急处理等服务，基本实现了所有亚运服务车辆调度的数字化、现代化的管理。

实时公交信息分析处理及辅助决策系统可以实现：① 通过公交智能监控调度系统，实时监控公交车辆的运行状态，并获取车辆的位置信息，通过计算模型，得到公交车距离站点的位置信息，并将公交车辆的到站信息动态显示于各公交站点的电子站牌。② 通过多维数据分析与数据挖掘方法，对整合的公共交通运行的数据库中的大量历史数据进行统计分析，找出数据变化规律，建立模型，并由此模型对未来数据的种类及特征进行预测，如预测调整后线路的经营状况。③ 提取“羊城通”系统的运营信息作为公交客流 OD 量预测的重要数据来源，获取各公交线路的平均客流量、各公交线路初始起点站上客流量与中间段客流量、广州市交通每天的公共运输的总交通量数据，并进行分析，全面、及时、准确反映广州市公交营运状况及各条线路公交客流分布情况与变化趋势。

城市交通运行智能分析与评价平台通过对出租车等浮动车数据的实时采集，对各个路段、交叉口的交通状况进行科学、量化的评价，包括拥堵程度、拥堵范围、拥堵时长，对影响和阻碍交通发展的瓶颈路段进行诊断，“主动”分析城市交通问题和改善城市交通状况，从而制定相关亚运交通组织管理和保障措施，从整个城市交通改善的角度保障亚运期间交通顺畅。

亚运公共交通管理与车辆调度系统可结合赛事安排、场地分布、观众主要集散地情况，做出相应的亚运专线规划，以及协调各公交企业按要求调配运力。系统通过汇集各路段监控分中心的数据，随时掌握各公交线路特别是每条亚运专线每个营运日每小时的实际发班数，并与计划发班数进行对比。

亚运车辆调度是现代 GPS 技术、GIS 技术、计算机网络技术、电子显示技术和无线通信技术、工作流技术、BPR 技术的有机集成。系统通过自动采集和处理营运数据，优化交通资源配置，降低运营成本，实现减员增效。

系统除满足公交车辆运营调度功能外，还具有对公交运营车辆进行监控的功能。当发生重大突发事件、开展亚运开闭幕式等突发客流增大活动时，中心可对公交运营车辆进行统一指挥；可采用全程、短线、区间、空车切入等多种灵活车辆调度方式，使公交调度更科学有效地疏导观看比赛的群众；融入语音系统和视频监控系统的应用，对公交线路及站点的实时情况进行全面掌控；具有监控公交线路运行状态、车辆位置、运行速度等功能。

通过完成亚运公交视频监控保障系统、主干道移动视频监控保障系统、珠江码头移动视频监控保障系统的建设，实时监控各重点场馆、区域及公共交通工具的交通安全情况，力保亚运交通运输安全。

在亚运公交视频监控系统方面，在亚运会前，广州市完成了全市 8000 多辆公交车的公交视频监控系统的安装和优化升级，还将无线传输技术融入该系统，实现监控录像数据的无线传输和备份，后方管理中心可根据监控图像实时与治安监控联动。监看人员通过回传图像进行判别并保存，发现情况立即报警。目前 B1 线路上 50 台车均已应用该技术，该技术的应用不仅缩短了报警响应时间，更最大限度确保了司机和乘客的人身安全，成为保障亚运公交平安、打击公交车刑事犯罪的重要抓手。

在亚运主干道移动视频监控保障方面，在广州市主要道路建设了 60 多路移动视频，实现从后方管理中心对各主干道路况的实时监控，通过后台每日监看公共交通各站点客流聚集及车辆到站情况，第一时间调配车辆以及时疏散站台客流，高效调配车辆，快速、高效运输旅客，力保亚运交通畅通。

在移动视频监控保障方面，在亚运会开幕前，广州市在黄沙码头、天字码头、芳村码头等 6 大主要码头建设了移动视频监控系统，可实时监控码头船只抵离和客流运输情况。亚运开幕式当天，通过视频监控系统监看码头封锁情况，并全程监控亚运会运动员登船情况，不仅保障了亚运会开幕式珠江巡游的精彩上演，更是处理突发事件的有力手段。

## 三、示范应用情况

### （一）亚运交通模型的应用

通过亚运交通模型的仿真测试，比较了亚运期间交通组织方案，使研究制定的亚运交通政策、亚运通道和专用车道规划、开闭幕式和赛事期间交通组织、风险评估及应急预案等亚运期间交通组织方案更加合理，约 80%的方案在亚运期间得到了应用且实施效果良好，保障了亚运交通的顺利运行。

通过亚运交通模型在实际中的演练和亚运会开幕式的彩排测试，对广州市在亚运期间实施多项亚运交通政策（包括机动车单双号限行、黄标车禁行、公务车封存、扩大货车限行范围、设置亚运专用车道、开闭幕式放假等）对交通的影响的评估，以及亚运会、亚残运会开闭幕式交通运作与赛事四大赛区、大学城交通运作评估，为亚运交通组织提供了科学的基础数据。

### （二）亚运智能交通管理系统的应用

在现有智能交通管理系统的基础上，以满足亚运交通安保的需求为主要目的，根据所制定的亚运交通组织方案规划建设了亚运智能交通管理系统，主要工作包括以下几方面。

#### 1. 新建 130 个交通流检测点，实现对主要道路的实时交通信息采集

在现有的交通流数据采集点上，再增加 130 个交通流较密集的采集点，其中包括 129 个微波检测器和 1 个线圈检测器，构建了覆盖主要城市干道的交通流量采集网络，为交通信息发布、交通诱导、交通拥堵自动报警和交通管理科学决策提供了重要的数据支持。

#### 2. 新增和接入 1300 余路交通视频信息，完善对亚运通道运行秩序的监控

在市区新增和接入高速公路、四区两市交通监控点图像 1300 余路，增加 8 套移动监控系统和 6 个主要场馆群（总部酒店）前线交通指挥部。在交通监控点的布点方面，在七区范围内综合考虑保卫线路、总部饭店及各运动场馆的需要，共建设监控点约 250 个，其中白云区 10 个，荔湾区 1 个，海珠区 8 个，黄埔区 2 个，天河区 13 个，越秀区 11 个；增加主干道路和专用道路口或路段的监控点位 45 个。在番禺区、萝岗区、南沙区、花都区和从化市、增城市建设交通监控分控中心，改造了视频设备，共设置监控点 566 个。

#### 3. 新增 100 套新型电子警察系统，为亚运交通政策的落实提供技术保障

新型电子警察系统是实施单双号限行的重要技术保障，可以记录、识别通过路面的所有车辆号牌，同时计算交通流量，可用于亚运会单双号限行、亚运会专用道和其他限行政策的保障；此外，系统还能进行交通拥堵报警，提高违法打击效率。

#### 4. 新增和改造 589 个信号控制系统，保障重要会场周边交通的顺利集散

亚运交通信号控制系统以现有广州市 SCATS 交通信号控制路口的分布情况为基础，考虑整个广州市交通路网及交通运行情况，对亚运会相关干线道路和其连接通道、赛时专用道路、15 条亚运城亚运通道、58 条总部饭店交通通道、92 条亚运交通通道涉

及的中心区范围路段等进行交通信号控制设施改造和新建，为亚运主要场馆和通道新增和完善信号控制路口 589 个，其中开闭幕式场馆周边道路交通信号控制路口 48 个，亚运专用道沿线交通信号控制路口 15 个，亚运通道沿线交通信号控制路口 526 个，确保开闭幕式及赛时实现 SCATS 协调控制，使亚运期间动态交通有序、安全地疏导人流、车流。

5. 新建 78 套交通事件检测系统，实现对城市交通运行的主动管理

亚运交通事件检测及车牌识别系统利用了广州市智能交通管理指挥系统（GZ-ITM）的交通闭路电视监控子系统安装在高楼天台的 40 个原有标清视频监控前端，并在市区范围内亚运专用车道、亚运通道、城市主干道、BRT 专用道等道路上新增了 38 个交通事件和车牌识别检测点，安装高清摄像机作为交通综合检测设备，对亚运交通通道、专用车道、城市主干道、单双号限行区域进出口道路以及货车禁止时段违法行为多发路段等 170 条车道进行交通事件自动实时检测，对突发交通事件进行识别和报警，配合交通闭路电视监控系统，辅助指挥调度人员进行决策和警力调度，提高对亚运通道交通运行的主动管理能力。

6. 新建 38 套车辆自动识别系统，保障主要亚运通道的运行秩序和安全

利用 83 台高清摄像机对 170 条车道进行实时的检测，对进入亚运专用道和亚运会期间交通政策指定管制范围的车辆进行号牌识别，为对违反亚运会期间交通政策的机动车进行执法提供视频、图片证据，震慑交通违法行为，保障亚运通道的运行秩序和安全。

7. 新增 20 块动态交通诱导屏，全面完善亚运交通信息发布

新增了 20 块动态显示屏，并全部投入使用；同时还开通了广州市交通路况视频发布系统，在广州金盾网上发布 40 路全景式的路况视频，该 40 路交通视频同时通过亚运会智能交通信息服务平台，向广州市广播电台“亚运交通直播室”等媒体提供信息服务。

### （三）亚运会智能交通信息资源整合与服务系统的应用

1. 亚运交通信息资源整合共享平台

亚运交通信息资源整合共享平台在借鉴上海综合交通信息平台在上海世博交通组织管理中成功应用的经验的基础上，整合了包括市交委、市交警、广铁、民航、白云机场、地铁、亚组委、市环保局、市水务局、市供电局、市建委、移动、联通、电信、各高快速公路公司等 20 多个政府部门和企业的与交通相关的数据，建立了一个既能辅助行业监管部门进行决策，又能进行权威交通信息发布的平台。

为了使经过整合的各类交通信息能够及时向社会发布，使亚运交通信息资源整合共享平台能够为广大人民群众提供贴心的交通资讯服务，通过广州广播电视台、羊城交通电台、广州交通电台、中国移动、中国联通和中国电信等进行发布播报，全方位多渠道服务于广大市民。其中，广州广播电视台移动频道专门推出了全国第一档以交通路况信息播报为专题的电视节目《亚运交通直播室》。该节目首创性地同时利用了广州有线电

视网络、移动数字电视网络、中国移动多媒体广播电视网络，以全天滚动直播的方式，从早上 8 点到晚上 8 点，把来自亚运交通信息资源整合共享平台的交通路况视频、亚运场馆信息、天气信息和交通管制信息等向广大市民实时播报，无论是家庭用户，还是在城市公共区域的出行者，都可以随时随地收看实时的交通路况视频。

同时，平台还通过 12580、手机短信、彩信等多种服务发布方式为市民和亚运旅游者等提供快捷、全面、人性化的出行信息服务。

亚运期间广州市为服务市民出行而专门建设了广州亚运交通网（www.gzyyjt.cn）。网站在亚运期间发布最新的亚运交通信息，市民登录网站可以浏览和查询亚运通道实时路况信息、亚运专线和公共交通前往场馆信息、主要交通枢纽前往场馆信息、亚运场馆周边停车场信息、高速入口前往亚运场馆信息、出租车实时信息、公交车实时到站信息和航班、列车实时信息等亚运交通全方位信息，为出行规划和路径选择提供决策支持，真正实现“足不出户，知晓广州交通”。

亚运期间广州市还利用 96900 客服中心系统为外宾提供在线外语翻译服务，为亚运出行者提供出租车电召预约、公交线路查询、交通道路状况等交通业务一站式服务，使所有亚运会参与者感受到出行的便利。

2. 亚运公共交通管理与车辆调度

通过建设亚运车辆调度信息系统、城市交通运行智能分析与评价平台、亚运会公共交通管理辅助决策系统、亚运北斗应用示范项目，提前分析、预测和响应亚运期间可能出现的各种状况，制定合适的交通管理措施。

车辆调度信息系统，作为唯一服务于运动员、技术官员、注册媒体和贵宾的亚运公共交通管理车辆调度平台，在亚运期间投入使用，已调度 499 条场馆线路约 3500 台亚运车辆，覆盖广州十区两市及佛山、东莞、汕尾共 72 个比赛和训练场馆，通过系统日均发车约 6000 班次，发班率 100%，发班准点率 90%以上，切切实实为 3.1 万亚运会注册人员提供安全、便捷、准点的交通服务，满足亚运交通的保障和组织的需求。

城市交通运行智能分析与评价平台，两次亚运单双号限行演练期间，实时采集广州各道路约 18000 多台浮动车数据，综合分析得出车流速度、平均延误、拥堵指数等交通状况指标，对比限行前后的交通数据，预测车速同比增长 10.8%，为亚运限行措施的制定提供数据支持。

亚运公交保障子系统实现对全市 500 多条线路的 9000 多台公交车及 400 多台中小巴的实时监控，并且还开发了应急处理功能，在发生应急事件时可在最短时间内筹集运力，及时地疏散群众到大型交通枢纽等临时疏散地；亚运期间，调度人员通过系统日均发送常规公交、亚运公交专线、BRT 线路 111086 次、4136 次、11640 次，分别疏运旅客约 676.51 万人次、12.12 万人次和 81.90 万人次。并通过系统统计、监控每日客流变化情况，分析运力配置合理性，及时调整以优化乘客出行服务。还通过亚运出租车监控子系统，实现对全市 18000 多台出租车的实时监控，亚运期间，每日利用系统调集出租车约 3100 车次，疏运 6820 人次。

在亚运期间，在5辆亚运公交专线车辆上安装北斗—GPS双模导航终端和普通GPS导航终端，验证北斗—GPS双模卫星导航系统，展现北斗卫星导航技术的最新研究成果，同时研究比较北斗—GPS双模与普通GPS卫星导航系统在精度、性能等方面的差别，为北斗技术的进一步发展提供实际数据支持，推动北斗导航产品民用化的应用进程。

3. 视频监控保障交通运行

亚运公交视频监控保障系统完成了全市8000多辆公交车的公交视频监控系统的安装，实现了监控录像数据的无线传输和后方管理；设置了60多路移动视频，实现了从管理中心实时监控客流。在黄沙码头、天字码头、芳村码头等6大主要码头建设了移动视频监控系统，实时监控码头船只抵离和客流运输情况。

广州亚运会及亚残运会的举行，为广州市智能交通系统的发展创造了有利条件，亚运智能交通系统在亚运期间取得了良好的实施效果，使亚运期间整体交通运作安全、有序、平稳，交通组织井然有序，保证了亚运会及亚残运会的顺利进行，兑现了申亚承诺。

- 在亚运期间确保了党和国家领导人、参会各国和亚奥理事会重要来宾交通警卫线路的安全顺畅，确保了各代表团、技术官员、运动员和媒体等参会人员的交通便捷、准时有序。
- 在亚运会及亚残运会开闭幕式进场时保证了人流、车流聚集时间小于90分钟，散场时人流、车流疏散时间基本控制在60分钟内。
- 亚运期间没有发生一起亚运交通晚点误时、迟赛误赛和交通安全事故，交通组织应急预案无须启动。
- 赛事交通与城市交通高峰重合未带来明显影响，亚运赛事期间各大赛区人流和车流运作安全、顺畅。
- 亚运期间广州形成以轨道交通为骨干，常规公交、亚运公交专线为补充的公共交通系统，较好地鼓励了观众选择公共交通出行，在一定程度上改变了市民出行习惯。

（主要撰稿人：徐亚国、谢振东）

# 京津冀、长三角区域联网不停车收费系统

## 一、概况

随着我国公路里程数的不断增加，社会出行需求持续不断增长，尤其是高速公路；随着区域经济的发展，公众跨区域出行需求增加，公众对出行服务水平的要求不断提高；随着高速公路交通量的不断增加，高速公路收费站的瓶颈效应越来越明显，已经严重影响了高速公路的服务水平。社会经济发展、技术进步、公共出行等对国家高速公路收费和服务提出了新的要求，需要开展联网不停车收费，跟踪发达国家技术发展，掌握核心技术，突破技术壁垒，满足产业化的需求，打破体制枷锁，提高公路服务水平。在经济发达区域联网不停车收费系统需求尤其迫切。

针对上述需求，交通运输部提出开展京津冀、长三角区域联网不停车收费系统示范工程。整个示范工程依托科技部的国家科技支撑计划“国家高速公路联网不停车收费和服务系统”课题，由交通运输部公路科学研究院牵头承担，交通运输部对于课题的组织实施、配套资金、示范工程建设也给予了大力支持。选择京津冀、长三角区域进行联网不停车收费系统应用示范，根据技术研发和应用编制相关技术标准规范。

### （一）示范工程设定的目标

- 实现不停车收费系统的跨省（市）运营，使示范工程区域省（市）际高速公路主线收费站和大中城市周边主要出入口收费站通行能力明显提高。
- 建立健全联网不停车收费的相关技术标准规范体系，为全面实施高速公路联网不停车收费奠定基础。
- 运用现代经营方式，依托信息技术，初步建成覆盖面广、服务优质的区域联网不停车收费客户服务体系。

### （二）示范工程主要研究内容

- 制定总体方案，确定示范工程组织形式，以及技术路线、实施规模、计划安排等。
- 在交通流量大、社会关注度高的省（市）际高速公路主线站、大中城市周边收费站点设置专用电子不停车收费车道。
- 对示范工程路网内不能提供不停车收费服务的收费站，升级、改造人工半自动收费车道系统，使其支持非现金支付功能。
- 通过示范工程的实施，研究、开发联网不停车收费的成套技术、关键设备，编制相关技术标准和规范；制定联网电子收费数据传输协议；完成关键设备选型、测试及系统建设；建设电子标签发行及客服系统等。

- ❑ 制定示范工程联网不停车收费运营管理、清分结算与客户服务等规定和协议、并对类似的工程系统进行技术指导。
- ❑ 宣传实施联网不停车收费的意义和使用不停车收费系统的便利，制定吸引用户的优惠政策，发展用户群。

### （三）示范工程总体技术要求

1. 统一标准，一卡通行

示范工程采用国家和交通运输部统一标准，示范工程中发行的电子标签（含非现金支付卡）可以在示范工程范围内所有路网实现跨省（市）应用。

电子收费用户在经过示范工程内任何 ETC 车道时，将非现金支付卡插入电子标签，可实现不停车通过。电子收费用户在经过示范工程内任何支持非现金支付的 MTC 车道时，需要停车刷卡，在入口车道写入信息，在出口车道实现非现金支付。

2. 四个基本维持

- ❑ 基本维持既有的联网收费管理体制不变，保留现有的主线收费站。
- ❑ 基本维持现有的人工半自动收费系统和通信系统不变，升级人工车道、收费站、收费（分）中心、市联网收费结算中心的软件，增加或者改造必要的硬件设备。
- ❑ 车型分类原则上要求符合全国统一标准《收费公路车辆通行费车型分类》（JT/T489）。
- ❑ 基本维持现有的人工半自动收费方式（包括收费、拆分、结算等）不变，对示范工程中涉及的技术标准、收费管理制度、收费结算时间、划账时间等进行协商。

3. 自主收费，两级清算

- ❑ 自主收费：示范工程各省（市）负责本省（市）收费工作，将交易数据上传至本省（市）联网收费清算中心。
- ❑ 第一级清算：跨省（市）交易的清算工作在区域联网收费管理中心进行（区域中心结算模式，京津冀区域采用此种模式），并将清算结果返回参与收费的各个省（市）联网电子收费管理中心；或省间直接清分结算（两两结算模式，长三角区域采用此种模式）。
- ❑ 第二级清算：在第一级清算的基础上，由各省（市）联网收费管理中心协调本省（市）电子收费发行机构，完成跨省（市）电子收费交易资金划拨，以及本省（市）电子收费交易的资金结算。

## 二、主要成果和技术创新

1. 示范工程研究成果

研究形成了区域联网不停车收费运营管理架构、国家高速公路区域联网电子不停车收费系统安全可信技术，研发了 ETC 与 MTC 混合车道控制器及 ETC 路侧控制单元、区域联网电子不停车收费密钥安全系统、跨省市 ETC 联网收费结算中心软件，制定了联网电子不停车收费系统应用示范技术规范，并将其成功应用于京津冀、长三角区域联网不停车收费系统中。

2. 示范工程技术要点和创新点

（1）完成了适合我国特点的区域联网电子不停车收费标准软硬件系统的研发，为区域联网不停车收费的应用奠定了技术基础。研发了 ETC 和 MTC 混合式收费车道控制器、ETC 专用车道控制装置和 ETC 嵌入式车道控制软件；开发了跨区域联网电子不停车收费计算中心、管理中心软件，充分满足区域联网不停车收费结算和管理的要求，为支付卡跨区域使用和通行费统一结算提供了技术保障；完备的测试方案（设备层面、工程层面）为区域系统的互联互通提供了有力的保障。

（2）兼顾对长远发展的宏观指导性和对示范区域的可操作性，提出了适合我国国情的区域联网电子不停车收费运营管理架构，为区域联网不停车收费的应用奠定了运营管理基础。构建了具有一般指导性的区域联网不停车收费运营模式框架模型，明确了区域联网不停车收费的业务流程、交易规则及业务实体间安全规则，提出了特殊事件的处理流程，明确了区域联网不停车收费系统采用两级清算模式，由交通运输部收费公路（交通行业）密钥管理与安全认证系统下发的消费密钥实现跨省（市）支付交易，建立了用户服务体系和运营体系。

（3）建立了区域联网电子不停车收费系统安全可信技术体系，形成了联网电子收费通行介质密钥安全体系、联网电子收费多层次可信支撑体系和联网电子不停车收费系统灾难防范与恢复技术；成功研制了适用于区域联网不停车收费系统的密钥安全系统；制定了密钥管理与安全认证管理制度和标准规范，为区域联网不停车收费系统支付的安全性，提供了可靠的技术保障。

（4）首次编制完成了高速公路区域联网不停车收费示范工程技术规范体系，该标准由 20 项标准规范构成，内容全面覆盖了设备技术要求、检测测试、信息编码、数据规范、接口规范、密钥管理、形象标识、标准标线、运营管理等各个方面，为区域联网不停车收费的应用奠定了标准规范基础。

## 三、示范应用情况

2007 年 1 月 25 日，交通运输部在京召开京津冀和长三角区域高速公路联网电子不停车收费联席会议，明确在京津冀、长三角（三省一市）两个片区实施 ETC 联网示范工程；2007 年 4 月 10 日，交通运输部发布交公路[2007]161 号文件《关于开展京津冀和长三角区域高速公路联网不停车收费示范工程建设的通知》，标志着示范工程正式启动。

按照交通运输部要求，京津冀（北京、天津、河北）、长三角（上海、江苏、浙江、安徽）于 2007 年从区域不停车收费的需求出发，由交通运输部公路科学研究院提供技术支持，统一按照国家和交通运输部电子收费技术的相关标准，开始着手建设“京津冀、长三角区域高速公路联网不停车收费示范工程”。实施初期江西省申请加入了长三角联网收费示范工程。

联网收费示范工程三方通过联席会议方式，建立起紧密配合的工作协调机制，定期召开会议讨论并解决区域联网中出现的问题，推动电子不停车收费联网工作快速实施，由交通运输部公路科学研究院提供相应的技术支持，组织专门的技术力量，制定确保互联互通的相关的标准规范，并负责关键设备检测、工程咨询等工作，确保了整个示范工程按照原定计划顺利、高质量地实施完成。

2010 年 9 月 28 日，京津冀区域电子不停车收费系统实现两市一省跨区域联网，开通仪式在京哈高速香河收费站举行。至此所有安装京津冀区域内发行的电子收费车载装置的车辆，可通过 ETC 或人工刷卡的方式实现京津冀区域内的跨省（市）通行，由系统后台完成费用的跨省（市）结算。

京津冀三地联网后，推动了 ETC 用户的快速发展。截至 2011 年 1 月，北京市高速公路已建成 1088 条人工刷卡车道和 365 条不停车收费车道，ETC 标签用户已达 39 万，日均通行量 16 万车次，占北京高速公路总通行量的 20%，自建网点 43 个，银行网点 500 个，ATM 机 3000 个；天津市高速公路已建成 669 条人工刷卡车道和 41 条不停车收费车道，ETC 标签用户 7000，自建营业网点 3 个；河北省境内一、三片区已建成 1732 条人工刷卡车道和 57 条不停车收费车道，ETC 标签用户 1.3 万，自建网点 10 个。

上海和江苏于 2008 年 12 月 31 日在沪苏高速公路的省界收费站进行了 ETC 联合试运行开通，实现沪苏互连。2009 年 11 月 28 日，安徽加入联合运行，实现了沪苏皖三地互连。2010 年 7 月 28 日，江西也加入联合运行。沪苏皖赣三省一市高速公路电子不停车收费系统联网开通，掀开了上海、江苏、安徽、江西高速公路联网合作、人民群众出行更加快捷高效、长三角加速交流融通、互利双赢的新篇章，标志着长三角区域交通无缝对接和一体化进程又向前推进了一步。

截至 2011 年 1 月，上海市高速公路已建成 114 条 ETC 车道，19 个发行网点，120 个充值网点，用户数约为 10.5 万，日均通行量 6.5 万车次。江苏省已建成 224 条 ETC 专用车道，22 个服务网点，合作银行网点 57 个，用户数约为 8.4 万。浙江省已建成 109 条 ETC 车道，22 个服务网点，用户数约为 2 万。江西省已建成 ETC 专用车道 102 条，建成客服点约 20 个，覆盖所有地级市，建立银行充值点 60 个左右，发展用户数 1.2 万，日通行量 3000 车次。安徽省已建成 ETC 车道 14 条，客服网点 1 个，合作银行网点 15 个，用户数约 8000，日通行量 600 车次。

联网收费示范工程区域高速公路 ETC 跨省市互连，将为该区域带来更为便利的区域通行条件，不仅可以大大提高通行效率，加速城市间信息、资源流动，而且对于交通低碳化发展具有积极意义，将直接为京津冀、长三角区域经济圈带来经济效益和生态效益，并为未来全国电子不停车负责联网提供了宝贵的建设、运营、管理经验。

（主要撰稿人：李　斌）

# 大运量快速公交智能系统与公交优先关键技术研发与产业化

## 一、概况

“大运量快速公交智能系统与公交优先关键技术研发与产业化”项目于2009年12月24日立项，项目计划总投资7937万元，其中专项经费1937万元，实施期为2.5年，计划于2011年12月完成。项目由青岛市科技局组织实施。

项目主要研究内容包括：

（1）研究大运量快速公交系统的规划、运营与多公共交通方式衔接负荷均衡优化理论。

（2）研究大运量快速公交智能系统和公交信号优先控制系统的关键支撑技术。

（3）开发快速公交智能系统和公交信号优先控制系统软硬件系统，并建立1条大运量快速公交智能系统和公交优先信号控制系统示范线路。

（4）研究快速公交智能系统的4项国家技术标准。

（5）建设大运量快速公交智能系统和公交优先系统测试平台。

上述5个方面的研究内容划分为5个子课题完成，承担单位为青岛海信网络科技股份有限公司、同济大学、吉林大学。

## 二、主要成果和技术创新

通过对快速公交优先信号控制算法及车辆智能识别技术、智能安全视频监控技术、快速公交系统车辆远程故障诊断技术、快速公交营运车次自动识别的关键技术、快速公交车辆进出场站自动识别的关键技术、车辆综合定位技术与可靠无线传输的关键技术的研究，已经完成快速公交系统主要控制模块的开发，取得的重大成果如下。

### 1. 研究开发了干线协调BRT信号优先控制技术及控制算法

首先研究单点BRT信号优先控制系统，根据BRT车辆到达交叉口时间与该相位灯色的关系，采用绿灯延长、绿灯提前启亮、插入相位3种方式为BRT提供优先，建立了BRT优先控制流程及具体参数计算方法。

在VISSIM软件中分别对高、中、低3种交通状态以及高、中、低3种BRT流量下的BRT信号优先控制效益进行测试。测试结果表明：BRT车均延误降低幅度范围为54.3%～74.6%，交叉口人均延误降低范围为15.6%～30.7%。这说明BRT优先信号控制技术在改善交叉口整体运行情况方面效果显著。

在单点 BRT 信号优先控制系统基础上，课题研究了干线协调控制下的公交优先信号控制技术。为防止为公交车提供优先时会破坏干线协调绿波带，课题研究建立了两层优化方法：上层为干线协调控制，下层为公交信号优先控制。在干线协调层面，以检测器检测到的社会车辆流量数据优化公共周期、绿信比和相位差；在公交优先层面，以协调相位绿波带上下限作为配时参数调整的约束条件，在不破坏协调相位绿波带的情况下建立绿灯延长或者提前启亮方法为公交车提供信号优先；建立了公交优先控制流程，确定了关键参数的计算方法。

2. 突破了智能视频技术和 3G 无线通信传输视频技术，开发了应用视频技术的设备和系统

针对 3G 网络带宽不稳定的特点，提出了视频编码根据网络质量自适应变码流技术，采用帧率调节和码流调节方式适应网络变化，开发了基于 3G 无线通信技术的快速公交车载视频录像终端，终端应用 3G 网络自适应变码流技术，同时还支持 4 路 CIF 的本地硬盘存储和 4 路 CIF 视频网传，支持设备故障自检和硬盘、视频丢失及系统故障报警，在公共交通车内视频监控领域，开辟了新的市场空间。

形成了成熟的视频应用技术体系，实现了监控平台视频的连贯性与清晰度、公交车辆视频监控同报警中心联动的一键报警等公交企业运营安全管理要求，经过专家鉴定，达到国内领先水平。成果在厦门、乌鲁木齐、常州等项目的实际应用中，起到了良好的社会效应，对于保障公众公交出行安全、震慑公交场合违法犯罪与维护社会团结稳定将发挥重要的持续的作用，其安全保障和社会效益显著。

3. 研究开发了快速公交场站智能识别关键技术及其设备

结合场站和车载子系统对场站智能识别的需求，提出了利用短程通信定向天线功率检测来判断车型方向和距离的技术，准确判断车辆进场和出场，并设计开发了场站智能识别设备，包括场站智能识别设备车载系统单元和场站识别单元。

车载系统单元采用 1 片 ARM9 芯片作为系统 MCU，支持 256M 内置 Falsh 存储，支持 3G 无线通信和 GPS 定位，通过 2.4G 短程通信模块实现和场站短程通信模块入网通信。

场站识别单元包括场站触摸式查询一体机和 2.4G 短程通信模块，实现车辆的入网检测和身份识别，并通过场站的局域网把车载单元信息传输到中心软件系统，作为车载数据传输的备用网络，可以有效解决无线通信掉线数据传输的系统可靠性问题。

采用智能场站识别单元的快速公交系统，在厦门、常州等 BRT 项目上实际检验，车次自动采集率达到 97%以上，经过调度对系统报告的异常车次的处理，车次采集率达到 100%，真正使车辆运营数据采集达到准确、及时、完整的管理目标。

4. 研究了车辆 CAN 总线关键技术，开发了应用 CAN 总线技术的智能设备和车辆远程故障诊断系统

提出了利用车辆 CAN 总线关键技术，读取车辆关键运行参数并通过无线网络传输

至后台管理人员，实现了管理人员对车辆全天候的故障监测和诊断。项目开发了支持CAN总线的车载控制终端，支持通过车辆CAN总线读取车辆运行数据及其他车载设备的工作状态和故障信息，按照课题制定的协议标准发送至中心业务软件系统，由中心的系统维护平台监测车辆和车载设备的运行状态和故障信息，实现远程的故障诊断。

5. *研究开发了应用智能视频关键技术的场站站台智能视频监控设备*

提出了利用智能视频图像分析和高清视频监控技术实现对场站和站台进行视频监控的管理要求，开发了快速公交场站站台高清视频监控系统。产品支持 H.264 压缩格式的视频流压缩和传输，视频传输符合 RTP 协议，监控系统支持对视频图像进行多区域划分，并对每个区域的侦测灵敏度进行分级调整，实现多区域触发、多级别设路，对可疑物体进行跟踪，可以通过预设条件对非法滞留物体进行智能判断和报警。运用视觉智能识别技术，采用帧差法与背景法，采集客流信息和辨别安全事件。

通过对站台和场站的高清视频监控和视频分析，有效地提高了乘客站台候车的安全系数，同时针对站台的拥挤程度分析，达到了站台乘客客流分析和运营计划联动的效果。

## 三、示范应用情况

研究完成的快速公交智能系统在厦门、常州、枣庄等 BRT 项目中获得了应用和验证。课题研究的成果同时兼顾了常规公交的需求，相关的产品也普遍应用到了成都、乌鲁木齐、昆明、常州等常规公交项目中，带动相关销售收入 2.79 亿元。

通过在厦门、常州、枣庄项目的建设，在快速公交的安全、运营、视频监控方面大大提高了公交的管理水平。课题中研究开发了车载数字视频硬盘录像机产品，该产品2010年已经在新疆乌鲁木齐的近4000台常规公交车上使用，作为平安城市的重要一环，给市民一个安全的公交出行环境是建造和谐社会的重要内容，而乌鲁木齐市通过安装本产品，实现了公安对公交车辆实时的视频监控，实现了对公交车辆报警的警民联动，有效地震慑了犯罪分子，对乌鲁木齐市的反恐、反扒工作起到了非常积极的效果。该产品自 2010 年 5 月上市以来，累计销售 6000 多台，实现销售收入 5000 万元。

课题研究的智能车载系统产品也在常规公交上获得了大量应用，累计完成销售18000 台，产品已经安装在成都、昆明、银川、青岛、无锡、常州等城市的公交车辆上，累计实现销售收入 2.29 亿元，取得了良好的经济效益和社会效益。以成都公交公司为例，应用系统后，月总行驶里程平均下降 4.89%，月平均千车千米载客量上升 10.02%，月平均千车千米收入上升 22.30%，超速违规由安装前的月平均 2136 次下降到 57 次，事故率下降 50%。

（主要撰稿人：朱　中）

# 新型城市轨道交通技术

## 一、概况

“十一五”国家科技支撑计划重点项目“新型城市轨道交通技术”是为落实《国家中长期科学和技术发展规划纲要（2006—2020）》优先发展公共交通及实现重大装备核心技术突破主题，针对目前我国城市轨道交通系统存在的主要问题，以建立资源节约型、环境友好型、技术创新型和安全便捷型城市轨道交通模式为研究重点，目标是通过系统研究提出我国城市轨道交通系统的发展机制和创新模式，建立基于城市轨道交通的综合交通规划体系，构建城市轨道交通标准体系，研制具有自主知识产权的城市轨道交通运行与控制系统，重点突破中低速磁悬浮交通系统100%低地板轻轨车辆等关键技术，为城市轨道交通的规划和建设提供技术支撑，促进我国城市轨道交通行业规范化、有序发展，提高轨道交通装备制造业的整体技术水平，带动产业发展。

该项目是科技部首个城市轨道交通领域国家科技支撑计划重点项目，由住房和城乡建设部组织实施，项目办公室设在北京城建设计研究总院，项目包括 6 个课题、61 个子课题，参与研究的单位有 139 个，参加研究人员一千余人，项目为期 3 年，研究经费总额 1.7856 亿元，其中专项资金 5856 万元，配套资金 1.2 亿元。

## 二、主要成果和技术创新

本项目共完成政策建议及指南类成果 11 项；建立了城市轨道交通的工程和产品两个标准体系，编制完成 18 项关键技术标准；提出了 6 项规划理论成果；在基于通信的列车运行控制（CBTC）系统、中低速磁悬浮交通系统、100％低地板轻轨车辆方面实现核心技术突破；获得专利 33 项，其中发明专利 14 项；出版专著 10 本，发表论文 166 篇，其中国外发表论文 40 篇。

首次提出了针对政府监管、投融资、建设管理和运营管理等环节的城市轨道交通可持续发展系列政策建议，包括《城市轨道交通可持续发展建议》、《城市轨道交通投融资模式建议》、《城市轨道交通综合造价控制指南》、《城市轨道交通运营管理指南》。这些建议对我国轨道交通行业管理的规范化具有积极的指导作用。

建立了以轨道交通为骨干的城市客运交通规划方法体系。提出了 RBP 的新的规划思想和速度目标分解方法的交通一体化定量计算模型；指明了轨道交通与土地利用之间的内在规律；提出了轨道交通与地面交通方式一体化衔接规划策略和交通枢纽布局模式；提出了适合我国城市轨道交通的客流预测方法，并提出了确定轨道交通建设时序的方法。课题提出了《以城市轨道交通为骨架的城市客运交通系统规划方法指南》，填补了我国综合交通与轨道交通规划领域的空白。

研制出一套具有自主知识产权的城市轨道交通运行和控制系统（CBTC 系统），该系统包括适于城市轨道交通车-地大容量双向传输的通信系统、CBTC 系统的定位系统、车载 VOBC 运行控制系统、地面区域控制中心和相关测试试验的计算机联锁 CI 系统与 ATS 系统。从根本上解决了信号系统的国产化问题，打破了外国公司的技术垄断和封锁，可同比节约造价 30%。

自主研发攻克了磁悬浮控制核心技术，建设了 1.5 千米试验示范线，研制了 2 辆编组的实用型磁悬浮列车；攻克了列车磁悬浮控制、大功率直线牵引、运行控制、车辆集成、F 轨轧制和桥梁变形控制 6 项核心技术；实现列车最高时速 105 千米运行，安全运行 5 万千米，形成具有我国自主知识产权的中低速磁悬浮交通系统技术和产业化工程实施能力。

在国内首次制造了具有完全自主知识产权的 100％低地板轻轨车，并在商业运营线路上试运营；结束了我国没有 100%低地板轻轨车的历史，打破了车辆关键部件长期依赖进口的局面，相比国外同类产品便宜 40%，成果达到同时期国际先进水平。

1. 系统提出城市轨道交通技术发展纲要及创新体系

通过对全国城市轨道交通的行业调研、政策体系分析、全生命周期成本分析、建设安全事故分析、运营线路的能耗分析，明确了影响我国城市轨道交通可持续发展的经济、安全、能耗的指标和影响因素，从而取得了如下具有创新性的成果。

（1）首次系统地提出了针对政府监管、投融资、建设管理和运营管理等环节的城市轨道交通可持续发展系列政策建议。这些建议对我国轨道交通行业管理的规范化具有积极的指导作用。

（2）系统地提出了《城市轨道交通新技术成果评估指南》和《城市轨道交通新技术推广项目申报与实施指南》，完善了城市轨道交通技术创新体系框架。

（3）系统研究提出综合造价低、建设周期短、系统配置灵活、噪声低、道路适用性强的新型轻轨交通系统模式及其设计技术规定。

2. 系统提出城市轨道交通规划理论及方法体系

课题从策略、目标、评价和实施 4 个方面，研究了以城市轨道交通为骨架的综合交通规划方法体系，形成了如下创新之处。

（1）提出了以轨道交通为骨架的综合交通规划理念。

（2）首次提出以速度为目标的交通发展战略和轨道交通发展战略定量模型、轨道交通建设时机选择综合决策模型。

（3）创造性地提出利用轨道交通对房地产价格的影响来定量分析轨道交通对城市土地利用影响的程度和范围，为确定轨道交通沿线的土地利用规划提供定量分析的方法。

（4）首次提出了能综合表达交通系统及与交通系统直接相关系统重要特征的 5 个

可量化的指标，并采用价值工程原理建立了对交通系统的效益（价值）进行计算和评价的模型，用于交通发展策略和轨道交通发展策略的评价。

3. 系统建立城市轨道交通技术标准体系

建立了《城市轨道交通工程标准体系》和《城市轨道交通产品标准体系》两个标准体系，编制了 18 项关键技术标准，均属首次在国内开展研究。提出了包含 14 项专业标准、45 项通用标准和 123 项基础标准的工程标准体系；提出了包含 185 项专业标准、92 项通用（含专业通用）标准和 9 项基础标准的产品标准体系。

4. 研制出自主创新的轨道交通运行和安全控制系统

课题研制出一套满足我国城市轨道交通需要、综合技术指标达到国际先进水平、具有自主知识产权的基于通信的运行和安全控制系统，这是先进的电子、通信、计算机、网络与自动化控制技术的集中体现。

创新性主要体现在以下方面。

（1）形成拥有自主知识产权的重要核心技术

- 基于移动闭塞的运行控制技术。基于移动闭塞的 CBTC 系统是目前国内外最先进的城市轨道交通运行控制系统。移动闭塞系统与传统闭塞系统相比，在列车间隔控制、速度控制和进路控制等方面提出了更高的要求。
- 系统集成技术。系统集成技术一直是国内信号系统的软肋，许多单位只是进行个别设备的研制，对于整体高水平的信号控制集成还很少，并且相对难度也比较大。CBTC 系统作为一个技术先进的安全控制系统，涉及与列车自动监控 ATS 和计算机联锁系统的信息交换，同时将协调区域控制器与车载安全控制系统的关系，这样就需要了解和掌握整体系统的流程和基本原理。
- 地-车无线双向信息传输技术。为了实现列车的精确控制，地-车双向信息传输系统为地面区域控制器与列车的信息交换提供了极大的帮助，但在轨道交通运行和控制系统中采用商用的无线通信系统（COTS 产品）还是第一次，在国外运营考核的 CBTC 系统时间也不长，这样就给 CBTC 系统的研究带来了困难，但目前国内建设的新线，基本上均采用引进的 CBTC 系统。
- 安全控制系统的安全设计技术。城市轨道交通运行和控制系统是列车运行的“眼睛”和“大脑”，并且是保证行车安全的重要安全设备，所以需要按照 CENELEC 的标准在安全设计、安全控制、安全评估等方面进行系统研究。
- 列车定位技术。列车定位在移动闭塞系统中尤其重要，一旦列车位置不准确，则将直接影响列车行车安全和控制，所以在 CBTC 系统中列车定位和位置恢复等技术是非常重要的。

（2）形成拥有自主知识产权的重大战略产品

- 基于应答器控制的点式系统。
- 基于无线与自由波的 CBTC 系统。

- ❑ 具有自主知识产权的、可以实现移动闭塞的地面区域控制器。
- ❑ 具有自主知识产权的、可以实现移动闭塞及 ATP 和 ATO 的车载计算机 VOBC 设备。
- ❑ 具有自主知识产权的、实现地-车双向信息传输的 DCS 系统地面设备、车载设备。
- ❑ 具有自主知识产权的、实现列车精确定位的车载和地面设备。

5. 中低速磁悬浮交通系统技术工程化取得重大突破

自主研发攻克磁悬浮控制核心技术，建设 1.5 千米试验示范线，研制实用型磁悬浮列车，实现列车最高试验时速超过 100 千米，解决磁悬浮系统安全性、可靠性、可用性和可维护性的工程化关键技术，实现磁悬浮列车从中试线向工程应用的转化，形成具有我国自主知识产权的中低速磁悬浮交通系统技术和产业的工程化实施能力。

（1）制定了中低速磁悬浮交通系统总体技术条件。

（2）优化中低速磁悬浮交通系统总体技术方案及各子系统技术方案，形成了车辆、线路、运行控制和供电系统技术方案。

（3）完成车辆、线路、运行控制和供电系统综合集成，建成长 1547 米的唐山试验示范线；研制成功 2 辆编制的实用型磁悬浮列车；研究成功基于轨间电缆的磁悬浮列车运行控制系统；研究成功地面供电系统，实现车辆最高时速 105 千米运行。

（4）研制了地面运行维护管理信息系统和远程无线监控系统；研制出列车车载故障诊断系统，实现故障实时检测和准确定位，并对故障影响进行分级。

6. 100%低地板轻轨车辆技术取得重大突破

研制出具有完全自主知识产权的我国第一列 100%低地板轻轨车，达到国际先进水平，填补了国内空白。

（1）开发研制的具有国际先进水平的 CAN OPEN 总线技术的列车监控及故障诊断系统及其部件在轻轨车辆上成功应用。

（2）自主研发的 100%低地板轻轨车新型独立轮转向架，结构强度高，可靠性焊接构架外形美观，工艺性良好，为国内外首创，技术水平达到了国际先进水平。

（3）自主研发的 100%低地板轻轨车铝合金车体，实现了全低地板轻轨车的结构，并实现了与 100%低地板轻轨车的转向架的完美匹配，针对该种车型空间狭小的特点，把车辆所需要的系统全部安装在车体上，重点对空间进行了研究，做到了充分合理的利用，达到了国内领先水平和国际先进水平。

（4）研制出具有完全自主知识产权的我国第一列 100%低地板车牵引变流系统，以及能量双向流动型节能牵引供电系统，在主电路、工艺结构、硬件、控制算法及通信协议、人机接口等方面实现全部关键技术的自主创新，突破并掌握了全部核心技术。100%低地板车牵引变流系统在关键技术设计和控制算法实现上可达国内领先水平，接近国外最先进技术水平；能量双向流动型节能牵引供电系统为国内首次提出和实现，在性能、参数等方面均有领先优势，国外在这方面也是刚刚起步。由于具有完全的自主知识产权，推广后将在经济指标上大大优于进口产品。

## 三、示范应用情况

研究成果已经或即将应用到全国近 30 个城市、百余条线路、总长 2800 千米、总投资近万亿元的城市轨道交通的建设和运营，引领全国 118 个 100 万人口以上的大城市综合交通发展，带动行业技术进步。

本项目所推出的新型城市轨道交通项目投融资、建设管理、运营管理等政策标准方面的研究成果，已在北京、南京、广州等示范工程项目中得到应用，取得了显著的经济效益和社会效益。以城市轨道交通为骨架的城市客运交通系统规划方法在南京、深圳和乌鲁木齐等城市形成了 5 个示范项目，实际应用显示出交通与城市用地、生态环境协调发展。

自主研发的 CBTC 列车控制核心技术，已成功应用于北京轨道交通建设的亦庄线与昌平线中，从根本上解决了困扰信号系统国产化的问题，打破了外国公司在该领域的技术垄断和技术封锁。

中低速磁悬浮核心技术成功应用于唐山 1.5 千米工程示范线。北京市政府已开工建设门头沟中低速磁悬浮专线，核心技术将全部采用本项目成果。深圳市也将在轨道交通 8 号线中采用本项目成果，目前已经完成技术方案报告，以及安全可靠性、运营能耗、电磁辐射、环境影响 4 项专题研究。

100%低地板轻轨车辆的开发研制，推动了国内低地板轻轨车辆设计与制造技术的提高，同时加快了轻轨车辆牵引电机、列车网络监控系统的技术进步，打破了车辆关键部件长期依赖进口的局面，也标志着我国低地板车辆的设计和制造水平进入了国际领先的行列，推动了城市轨道交通多元化的发展。

（主要撰稿人：王　庆）

# 第四篇

# 市场及应用篇

# 第一章

## 主要城市和地区智能交通发展

# 北京市智能交通系统建设与发展

## 一、概要

国内外经验表明，智能交通体系建设是交通可持续发展的必由之路。根据北京交通发展战略，2006 年北京市针对智能交通建设工作确定了“一个共享平台、七个应用领域”的总体推进思路，如图 1.1 所示。

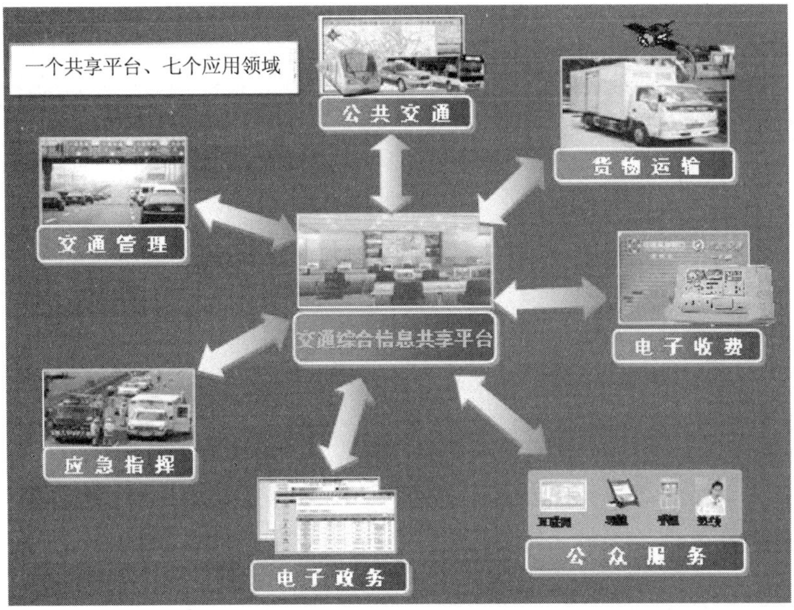


图 1.1 “十一五”期间北京市智能交通领域图

在各项交通建设工作中，智能交通体系建设成绩斐然，提高了交通综合运行效率，为公众出行、政府决策和企业运营管理提供了重要支撑，在奥运会及建国 60 周年大庆的交通运输中发挥了重要保障作用。

北京市公安局公安交通管理局以“一个中心、三个平台”的规划框架，进行了道路智能交通管理系统建设，先后立项实施了以“奥运智能交通管理建设工程”为代表的一系列现代化交通管理科技建设，总投资 12.4 亿元，初步建成了涵盖八大基础应用系统、171 个子系统的智能交通管理体系，在交通信号控制、交通综合监测、交通指挥调度、综合业务应用和交通信息服务等方面取得了突破性的成果。

在智能交通管理指挥控制系统支撑下，全市道路综合通行能力提高 15%以上，最大限度地发挥现有道路通行能力，有效地缓解了城市交通拥堵；道路交通安全水平得到了显著提高，万车死亡率由2005年的5.87%下降到2009年的2.44%，降幅达58.4%；显著降低能源消耗和交通污染，有效地减少了停车次数、交通延误，节约了旅行时间，对排放不达标车辆违法上路进行了有效地监控，极大地改善了城市空气质量。北京奥运会、建国60周年大庆期间，勤务集结、疏散安全有序，与社会交通和谐运转、精确到秒，交通安全保障万无一失，系统发挥了关键性的支撑保障作用，产生了显著的社会经济效益。

## 二、智能交通体系建设主要成就

### （一）公共交通智能化运营服务水平明显提高

地面公交运营管理和服务中积极应用智能化技术，已形成了九大应用系统为基础的公交智能调度管理体系，提升了地面公交管理及服务水平，在奥运运输保障和日常公交运营中均发挥了重要作用，如图1.2所示。

图1.2　BRT系统

建成了10多个应用系统，通过地铁1、2号线信号和通信等改造工程，缩短了列车运行间隔，大大提高了安全和运输能力，如图1.3所示。

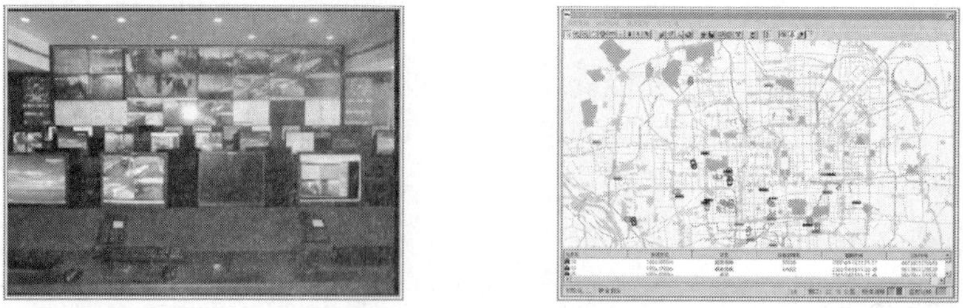

图1.3　公交调度中心与系统

建成全市停车场电子地图；建成6个区域停车诱导系统；建成了全市动态停车信息平台，已接入两个区域停车诱导系统的动态停车信息。

初步建成市政交通一卡通分析系统，实现了公交运营数据、公交乘客出行信息的动态分析和跟踪监测，为公交线网规划和构建快速通勤系统打下坚实基础，如图1.4所示。

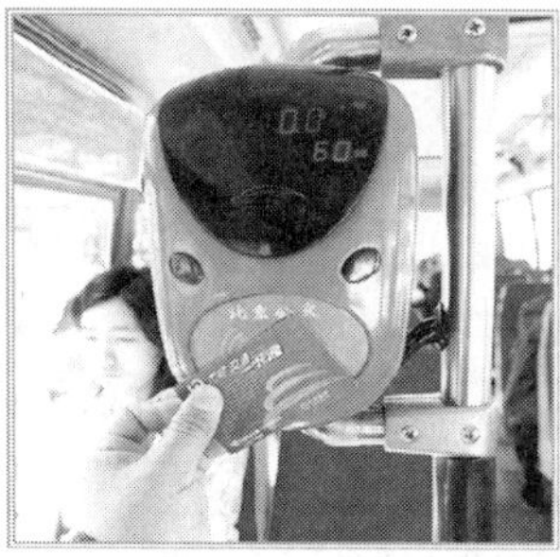

图 1.4 一卡通系统和 AFC 系统

全市危险化学品运输车辆全部安装了卫星定位设备，建立了两个企业级监控平台。

### （二）交通基础设施管理信息化水平显著提高

交通基础设施管理信息化水平显著提高。在全国率先建成省（市）级路网管理与应急处置系统，实现了公路巡查巡视管理、养护管理、应急处置等功能。

图 1.5 公路交通数据采集外场设备

实现全市高速公路联网不停车收费。在主要进出京边界设置了一批治超站，实现市区（县）站三级治超视频监测、不停车动态称重。完成了城市道路普查工作，建立了国内首个城市道路基础数据指标体系，建成了城市道路基础数据库。

图 1.6 ETC 电子标签和车道

完成了城市道路普查工作，为全市道路占道作业计划制订和养护管理与统计分析提供了有力支撑。

### （三）交通管理、服务水平与应急处置能力稳步提升

交通行业行政管理部门建设了 20 多个涵盖日常业务环节的应用系统，形成了“一网”式办公环境；实现所有行政许可和服务事项一口受理、网上办公、网上监察，规范了审批流程，提高了服务水平。

自主研发了交通运行智能化分析系统，从 2003 年开始持续对路网交通运行进行全天候（7×24 小时）和大范围（高峰时段覆盖 90%以上道路）监测，实现了北京市交通信息采集从“点”到“面”的跨越，从交通拥堵程度、常发拥堵路段分布、拥堵持续时间、路网运行速度、路网运行可靠性的“五维”角度对城市交通运行状况进行了全方位跟踪分析，为政府决策和市民出行提供了第一手的参考资料，如图 1.7 和图 1.8 所示。

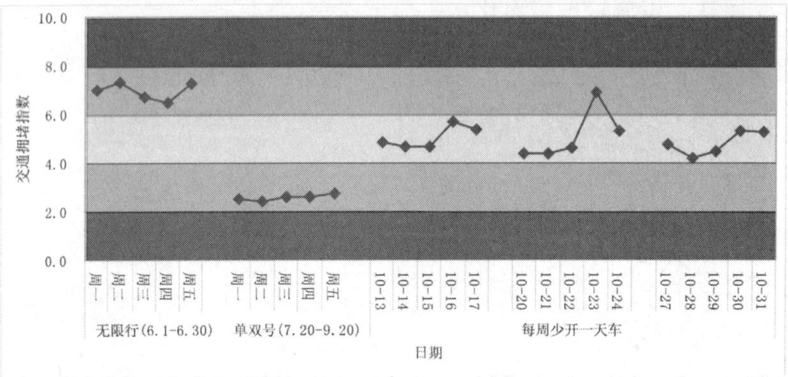


图 1.7　2008 年 6 月—10 月日交通拥堵指数变化

| 颜色 | | | | | | |
|---|---|---|---|---|---|---|
| 拥堵级别 | 无数据 | 非常畅通 | 畅通 | 轻度拥堵 | 中度拥堵 | 严重拥堵 |
| 拥堵指数 | —— | [0,2] | (2,4] | (4,6] | (6,8] | (8,10] |

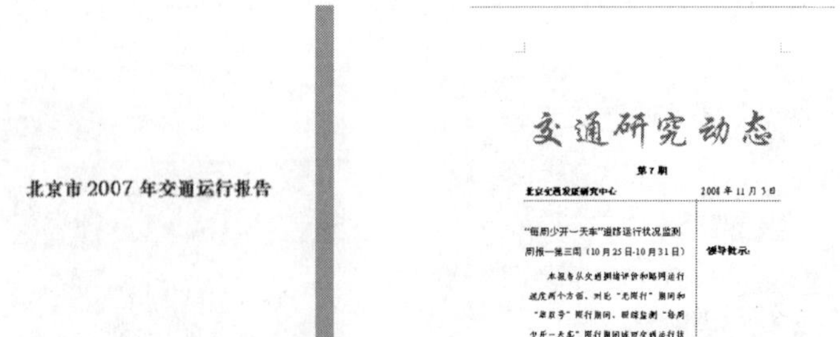


图 1.8　城市交通运行分析报告

在2008年北京奥运会和残奥会期间，以奥运需求为导向，以服务政府决策为目标，圆满完成了城市交通系统运行监测任务，有力地保障了赛事交通和城市交通的和谐运转。针对奥运会和残奥会期间采取的交通保障方案及其实施效果进行了系统分析和效果测算，按照“保奥运、保环境、保交通、少影响、可操作”五统一的思路和“环保优先、交通可靠、政府带头、公众参与、体现公平”的原则，倡导“绿色出行，绿色奥运”，为“单双号限行”、“错峰上下班”等影响重大的奥运期间交通需求管理政策，以及“每周少开一天车”等后奥运交通需求管理政策的制定提供了重要的决策数据。

建设了交通执法处罚管理信息系统、移动执法监控指挥系统、交通执法车辆动态定位监控系统等，为维护运输市场秩序提供了强有力的科技支撑。

建成北京市交通安全应急指挥中心，初步建成交通运行协调指挥中心，发挥了“日常监测、协调指挥、信息服务”三大功能，搭建了交通行业应急指挥和快速处置体系。建成了北京市公安交通指挥中心，实现了对全市道路交通突发事件的统一应急指挥调度，在奥运交通应急和安保工作中发挥了重要保障作用。

建成了5个出租汽车GPS监控中心，并开通了“961001”和“96103”两个约车服务电话，实现了出租汽车调度、安防和信息采集；组建了无障碍出租车队，提供电话预约服务；奥运会期间，出租车可提供8种语言在线实时翻译。

建成六里桥省际客运信息系统，实现了对进站车辆、旅客出行、行包快运的全方位信息化管理，实现了全市省际客运联网售票及费用结算。

### （四）公众交通信息服务取得突破

自主研发了基于浮动车的动态交通信息集成处理系统，实时采集处理13000辆浮动车数据，实现了对市区 90%以上道路路况监控。建成了国内首个动态交通信息服务系统，已初步形成北京市交通网（www.bjjtw.gov.cn）、北京公安交通管理局网站（www.bjjtgl.gov.cn）、公交网（www.bjbus.com）、交通服务热线96166、交通管理热线122、交通调频广播、电视媒体、路侧可变情报板、动态车载导航仪、手机短信等多种交通信息发布媒介，面向出行者提供综合性交通信息服务，搭建了市民与政府间的信息沟通渠道。

推出了国内首款具有自主知识产权的动态车载导航仪，在国内率先通过手机和导航仪实现了动态交通信息服务，如图1.9所示。

动态交通信息服务系统实时采集分析城市道路网络的交通状况信息，自动规划最优出行路线（出行距离最短、出行时间最少等），通过手机、车载导航仪、信息屏等方式向公众发布动态交通信息。奥运前，正式推出了交通信息手机发布系统“掌上交通指南”，通过短信、手机上网和拨打12580热线的形式向出行者提供城市道路、立交桥和高速公路路况及动态路径规划服务，目前每天拨打12580询问路况的电话高峰突破1.5万次，奥运期间推出了英、日、韩3种外语和普通话、粤语交通出行服务及在线翻译服务，为奥运会官员、媒体和运动员等提供体育馆周边实时路况（每5分钟更新一次）、奥运宣传、天气预报等信息服务。

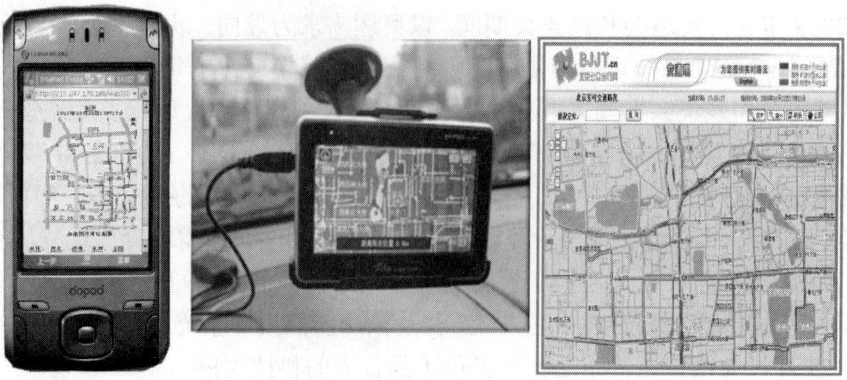

图 1.9　手机、导航终端、网站上的路况信息服务

北京交通服务热线采用 96166 号码统一接入，热线建有 1 个总中心、5 个分中心，整合了公交、地铁、一卡通、高速公路、长途客运五大类信息，提供英文服务，并实现与市政府非紧急救助中心的联动。

北京交通网（www.bjjtw.gov.cn）由政务服务站、出行服务站和奥运交通站构成。出行服务站整合了交通行业的多种信息，奥运交通站整合了奥运比赛场馆的各种公共交通信息。奥运期间，网站总页面浏览量达 594 万，单日最高页面浏览量达 26 万。

拓展了交管局网站和手机网站，向公众发布市区主要道路实时交通路况及相关出行信息，日访问量达到 2300 万人次，访问量位居全国政府网站第二。

在停车诱导系统建设方面，正在天通苑北、朝阳 CBD 建设停车诱导系统；建成了全市动态停车信息平台，已接入王府井和崇文门新世界两个区域停车诱导系统的动态停车信息。

### （五）道路交通管理智能化取得成效

建立了以现代化交通指挥中心为核心的三级指挥体系。建成指挥调度集成系统，大幅提高指挥效率和快速响应能力。建成覆盖全市 1535 处路口、多系统组成的统一交通信号控制系统，有效地保证了全市道路网的最大通行效率。建成由视频监控、事件检测等组成的交通综合监测系统，实现了对主干路和快速路网交通状况的实时监控和交通意外事件的自动发现。交通指挥中心在城市道路交通管理和奥运交通保障中发挥了重要的支撑作用。

“十一五”期间，建设了 1121 处交通信号控制系统、1558 个交通综合检测点、1097 套交通违法监测设备、513 套电视监控系统及 321 块室外诱导显示屏，科技设备建设规模是“十五”期间的两倍。

建成了覆盖全市 1535 处路口及二、三、四环主要进出口的快速路等多系统组成的统一交通信号控制系统，实现了 126 个路口（约占总数的 5%）的交通信号公交优先控制。有效地提高了路网通行能力及通行效率，区域信号控制系统和快速路系统整体的综合效益分别提高 15%和 5%。建成了 122 交通事故接处警系统，拓宽了交通事故信息采集渠道，提高了交通管理的服务效率。建成北京市交通安全应急指挥中心，整合了公共交通、轨道交通等行业 6000 多路视频信号，初步搭建了交通行业应急指挥和快速处置体系，如图 1.10 所示。

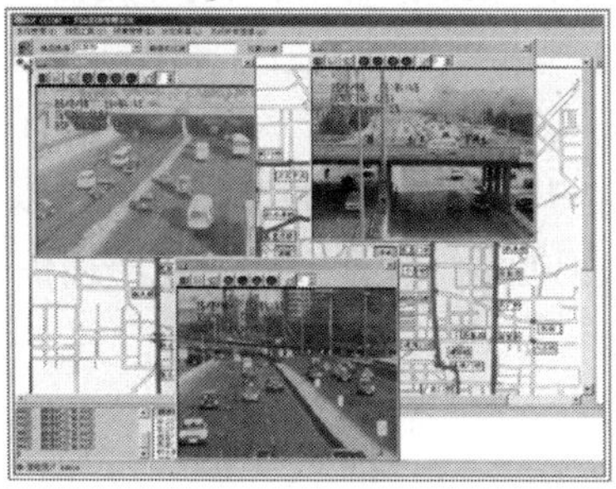
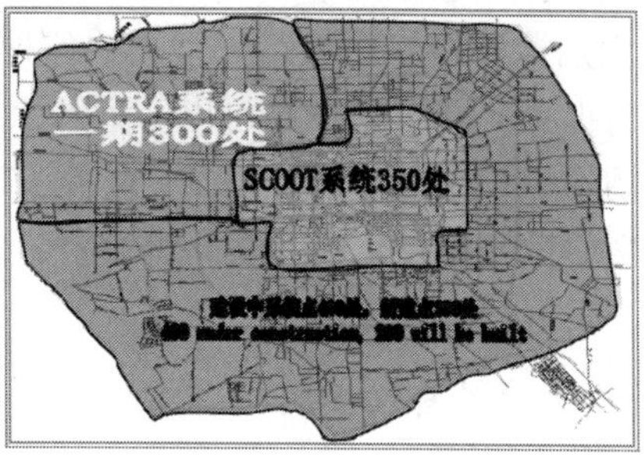


图 1.10　交通综合监测与区域信号控制系统图

## 三、北京市道路交通智能化管理系统的发展

北京市从 20 世纪 70 年代起就开始了智能交通的研究、开发及应用，并始终处于国内领先地位。当前，北京在基于国际化特大型城市混合交通流状态下的交通信号控制技术、智能交通综合监测技术、动态交通流预测预报技术、交通应急指挥调度技术等智能交通管理核心技术领域取得了重大突破创新。

在先进的技术体系支持下，构建起了以“一个中心、三个平台”（即交通管理数据中心及指挥调度平台、综合业务平台、信息发布平台）为基本框架，涵盖 171 个应用子系统的“城市智能交通管理指挥控制系统”，综合监测、交通控制、闭环执法、指挥调度、信息服务五大功能群全面服务于首都交通保障与群众出行，实现了对全市道路交通集中、统一、高效、权威的指挥、管控与服务。2009 年，城市智能交通管理指挥控制系统荣获国家科学技术进步一等奖，实现了全国公安系统 60 年来科技发展的历史性突破。

### （一）数字化的交通综合监测

一体化综合监测网络实现了对道路交通的流量数据采集、实时路况监控和交通意外事件自动发现，为交通指挥控制、公众服务和管理决策提供基础支持。

1.　交通流检测

利用遍布全市快速路、主干路网的上万个检测线圈、超声波、微波设备，24 小时自动采集路面交通流量、流速、占有率等运行数据，改变了过去依靠人工进行流量调查周期长、工作量大、精确度低的弊端，并将采集到的交通流信息进行整合、分析、处理，以图形方式显示实时动态路况信息，使交通管理人员和出行者能够更加实时、准确、直观地了解全市从宏观到微观的路网运行状况，为交通管理科学决策、精确指挥、信息服务提供了可靠性数据支撑。

2. 车辆牌照识别

安装在城市主干道和在远郊区县进出京国、市道上的视频牌照识别检测器，通过视频牌照识别检测技术对道路上行驶的各种车辆进行牌照识别，从而掌握车辆的流量、流速和旅行时间，同时系统还可以对列入黑名单车辆实时报警、布控，查询车辆行驶的轨迹。车辆牌照识别系统的应用加强了道路交通的监测能力，不仅为交通预测预报、管理决策、交通控制提供信息支撑，也为打击涉车违法犯罪、维护社会治安秩序提供了强大支撑。

3. 交通事件自动检测

安装在二环、三环和四环路上的交通事件自动检测设备，通过视频图像识别技术，变被动接警为主动发现，自动检测交通事故、拥堵等交通事件，在事件发生第一时间报警提示，极大地提高了对交通意外事件的快速反应能力和指挥调度效率。

### （二）智能化的交通信号控制

以区域交通信号控制、公交优先信号控制和快速路交通控制为重点的智能化的交通信号控制系统，在统一管理平台上，实现了交通高峰、平峰、低峰期间点线面的协调优化控制，有效地保证了全市道路网的最大通行效率，实现了公交、奥运服务车辆等特种车辆的优先通行控制。

1. 区域交通信号控制

根据北京路网结构和行人、机动车、非机动车混合的交通特点，建立了统一平台下的多信号系统控制模式，系统可随道路交通流变化自动调整路口信号配时，实施单点优化控制、干线协调控制、区域协调控制的控制策略，相较以往固定周期的路口放行模式，提高路网综合通行能力达 15%。通过控制平台可以查看路口的放行状态、车辆排队长度及路口信号控制参数，并进行人工干预，有效强化了对路网的管控能力。

2. 公交优先信号控制

在信号控制的基础上，通过对公交车辆等特殊车辆的实时检测识别并根据优先级调整路口信号控制，在特定路段为其提供优先通过的信号，给予时间和空间上的有效通行保障，不仅可以减少公交车辆等特殊车辆通过路口时的延误，也充分满足大容量、高速度的客运需求，为市民出行提供了高效、快捷的交通服务。

3. 快速路交通控制

利用设置在二、三、四环及其联络线主要出入口的信号灯，依据对快速路主辅路流量信息的检测实施占有率控制策略，智能控制快速路出入口的开启和关闭，以保证快速路的最大通行效率和抗风险能力。快速路网日均时速提高 6. 92%。

### （三）数字化的闭环执法

依托现有数字化执法、事故、安监、车管等科技应用系统，不断完善“闭环管理”，建立重点人员、重点车辆、重点单位三大黑名单数据库，对10类重点单位、车辆、驾驶员的安全状况重点监控，自动预警，形成覆盖各个领域、贯穿全部过程、规范每个环节的社会化交通安全防范体系，实现了对人、车、路、单位的整体严管。

#### 1. 数字化现场执法

系统由为全市驾驶员配发的牡丹交通卡、为交通民警配备的警员卡、警用执法终端、覆盖全市公安交通管理部门的联网计算机等设备组成，具有现场处罚各类道路交通违法行为，实时上传处罚记录、现场打印各类法律文书，手持执法终端与局中心数据库实时无线联网、查询比对各类信息，与工商银行数据库实时联网，共享缴费等功能，提高了违法处罚的工作效率，降低了误差率，彻底实现了交通违法罚款的科学收缴分离及全员的12分记分管理。

#### 2. 数字化非现场执法

路面上安装的电子警察全部联网，自动对闯红灯、超速等 9 种路面违法行为进行24 小时监测抓拍，并将违法信息上传中心数据库，与车辆检测场、车管所、执法站高度共享，实现了从检测、处罚到车辆管理全部环节的闭环执法。此外，利用装配在巡逻警车上的车载交通监测设备，在行驶过程随时随地无线联网中心数据库，对过往车辆进行实时检测，自动识别逾期未检、套牌车等靠路面民警难以迅速发现的交通违法行为，可每小时检测车辆2200辆左右，从识别到报警不超过1秒。

### （四）现代化的交通指挥调度

将视频监控、信号控制、流量检测、GPS 警车卫星定位系统等36个智能交通子系统融为一体，实现了可视化、扁平化、预案化的现代交通指挥。形成了对城市主要道路的全时空覆盖，具有信息采集、信息发布、交通控制和应急指挥四大功能。

#### 1. 集成化指挥调度

在日常交通管理指挥中，依托122接处警系统准确定位报警人所在位置，并通过单兵定位系统和 GPS 警车定位系统精确掌握周边警力岗位，协助指挥调度人员部署执勤民警快速到达报警地点，快速处置。遇有突发事件，预先编制并存储在系统中的各类突发事件的预案随即启动，电视监控、交通控制和交通诱导等多个技术系统进行同步应用，并通过各种监测手段对预案的实施流程及效果进行监控，实现精确定位、科学指挥，为社会交通管控、勤务运行指挥和突发事件处置提供了可靠保障。

#### 2. 动态化警务指挥

充分挖掘系统数据信息，科学测算全市交通拥堵、交通事故警情，确定路面管理常量值和预警标准，通过警力、警情、指挥三线联动情况，对交通动态类数据、警力资源类数据与路面管理常量值进行直观对比分析，及时发现管理中的薄弱时间、薄弱区域，根据警情变化动态调整警力投量、投向，确保岗位、警力、措施始终与警情同步浮动、同步变化，始终把握路面指挥调度工作主动权。

### （五）实时动态的交通信息服务

在对各类道路交通信息进行深层次挖掘分析的基础上，以文字、图形、视频等形式，通过多种信息发布渠道，实现了对广大市民出行前、出行中、出行后的全方位、立体式交通信息服务。

1. 交通实时路况预测预报

融合各类交通采集数据，通过“交通仿真”和实时测算，实现了道路交通的宏观、中观、微观的交通预测、预报，可为出行者提供未来 5、15、30、60 分钟的道路交通运行态势预测，精度达 90%左右。

2. 多渠道、立体式交通信息服务

在城区主要道路上布设的室外诱导显示屏，每两分钟一次将周边区域实时路况，以“红”、“黄”、“绿”3 种颜色分别表示拥堵、缓行和畅通提供给路面出行者，还直接提供交通事故、临时交通管制和天气等紧急交通信息，有效引导、优化路径选择，同时将上述交通信息以文字、图形、视频等多种形式，通过广播电视媒体、互联网站和手机网站等渠道实现社会全面发布，有效引导出行，均衡路网流量，缓解交通拥堵。

（主要撰稿人：郭继孚、王世华、陈令梅）

# 上海市智能交通系统建设与发展

## 一、ITS 建设需求

上海是一个工业老城市，长期以来，交通问题一直困绕着政府和居民；虽然市政府投入巨额资金建设大量交通基础设施，但仍满足不了日益增长的交通需求。大量交通设施的修建大大缓解了上海的交通拥挤状况，改善了交通安全和交通废气污染；但是，由于交通量的持续增加，以及交通设施的修建又诱发了大量新的交通需求，尽管修建了大量的交通设施，加强了交通管理，完善了交叉口信号控制系统和交通监控指挥系统，建立了交通信息广播电台，上海的交通拥挤状况依然十分严重，在一些地区甚至是有增无减。

多年实践的经验和教训让我们认识到，单纯依靠修建道路设施和采用传统的管理方式来解决交通问题，不仅成本昂贵，而且其缓解交通拥挤、减少交通事故、控制交通污染的效果也十分有限。

现代电子、通信和计算机技术的进步为上海解决交通问题提供了新的思路。事实上，采用电子、信息等高新技术改善交通管理早已引起了上海地方政府决策者和技术人员的重视，因此在一些重大设施的建设过程中大多同时建立了具有交通监视或交通控制功能的系统。但由于缺少 ITS 的规划设计理论和系统技术，使得系统分散，功能单一，未能充分发挥其作用。

ITS 的开发和应用是一个涉及诸多方面的系统工程，任何孤立的技术都难以发挥预期的效果。如果缺少必要的基础设施和应用背景，就不可能成功地建成一个 ITS 系统，所以，为了建设 ITS 而建设 ITS 往往是难以成功的。1999 年，上海提出了要率先建设信息化城市的战略目标，并在信息化基础设施方面开展了大规模的建设工程，实施了全市性的宽带网建设工程，这些工作也为全面研发、实施 ITS 系统提供了良好的基础条件。

## 二、ITS 快速发展阶段

上海采用 ITS 技术改善交通状况的尝试已有近 20 年的时间，经历了导入阶段、课题研究阶段和系统化研究 3 个阶段，取得了一定的成果，也积累了一定的研究、开发和项目组织实施经验。这些研究涉及了 ITS 的许多方面：

### （一）上海 ITS 体系结构

为了使上海市的 ITS 研究和开发形成一个整体，上海市科委立项进行了“上海市智能交通系统体系结构的研究”、“上海市智能交通系统发展计划及可行性研究”和“上海城市交通管理信息化规划”等课题研究，为制定上海智能交通系统规划提供了技术框架，并逐渐形成一个指导性的文件。

### （二）交通管理与交通信息系统

上海市智能交通研究人员承担了“973”项目中的“交通控制软件系统研制”、福特-中国发展基金项目“城市汽车交通仿真系统”和国家自然科学基金重点项目“交通流理论研究”等研究课题，上海市科委正在引导这些课题的研究，形成成套的技术。

### （三）公交调度与服务系统

在上海市科委的支持下，上海先后进行了“公安特种车辆应用 GPS 的技术与应用研究”，以保障特种车辆的安全；进行了“出租汽车 GPS 交通管理网研究与应用”，目前上海装备了 GPS 的各种车辆已达 10 万余辆，这对管理部门及时了解道路交通状况是十分有益的；进行了“公交路网查询系统的研究”，该系统可为人们的公交出行提供查询服务，方便了公众的出行；开发了“公交电子站牌和信息服务系统”，该系统已在上海部分地区投入使用，大大方便了公交出行者。

### （四）车内自主导航系统（CNS）

上海市科委组织上海 6 家单位联合攻关，研制了车内自主导航（CNS）系统。该课题对应用 CNS 的关键问题进行了研究，提出了解决方案，研制了样机，进行了 CNS 的系统化试验。该研究课题已经完成，目前正在与上海汽车集团总公司一起推进产品中试和产业化开发事宜。

### （五）城市基础设施地理信息系统

除交通信息系统外，地理信息系统（GIS）在城市管理的许多领域中都有广泛的应用。因此，上海有关部门推进了城市基础设施地理信息系统的建设工作。

### （六）快速路网先进的交通管理系统

十五期间，上海被科技部选为 ITS 示范城市之一，并立项资助了上海在快速路网监控诱导系统的研究。该课题针对上海高架道路网络复杂和道路堵塞的状况，首先研究了层次间的相互作用和优化过程，提出了“区域控制、广域诱导”的二阶协调控制策略；将交通技术、信息与管理融合起来，提出了交通监控的四栈闭式监管模式，形成了构建上海市 ITS 系统结构的基石。同时，结合上海高架道路的实际特点，建立了不同道路环境下的交通状态智能判别函数，在解决复杂交通状况下交通状态自动识别中发挥了作用。开展的中期行程时间预测研究在数据分析和仿真试验的基础上，建立了基于神经元网络的自校正三次平滑实时行程时间预测模型，该模型在预测精度和预测里程长度方面，具有相当高的水平和实用性。编制了《上海市中心城快速路交通监控系统技术标准》，其确定的监控策略和管理范式适应我国的特点和技术水平。

该课题成果在上海的快速路网和相关地面道路上进行了全面推广应用，选择了上海市中心区道路交通较为拥挤的内环高架（浦西部分）、延安高架和南北高架及其上、下匝道相关的地面道路和该区域内三纵三横等主、次干道作为实施范围，以道路交通信息的采集、处理和发布作为实施的主要内容，所采集的交通流数据和视频监视信息实现了高架道路全部覆盖，地面主、次干道基本覆盖；信息诱导发布高架道路全部覆盖、地面道路部分覆盖的程度；实现了高架和地面道路的道路交通运行状况、交通流原始数据和其他相关信息在共享平台上的汇集；形成了不同部门间道路交通信息的共享与交换。

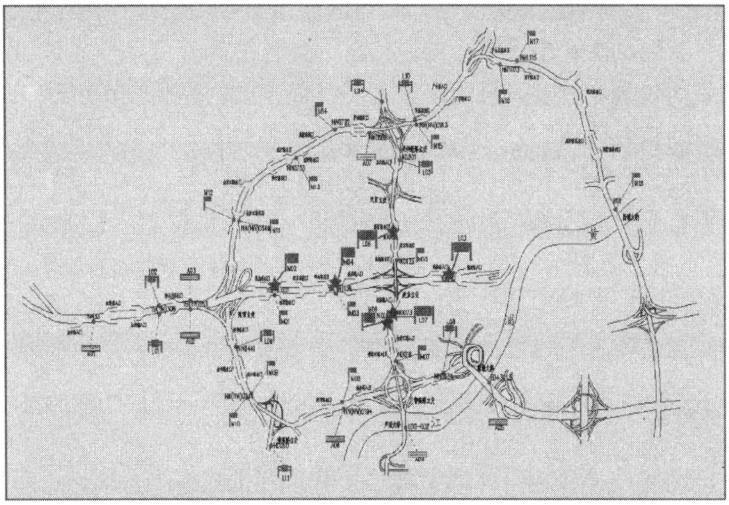

图 1.11　上海快速道路系统的智能交通管理信息发布平面图

## 三、上海智能交通系统发展措施及建设成果

### （一）“十一五”上海智能交通建设发展目标

“十一五”期间，上海智能交通系统的发展目标是：以交通信息资源整合和综合应用为主导，以 2010 年世博会为契机，以上海市交通综合信息平台建设为核心，形成交通综合信息体系框架。建设以服务和管理为导向、信息资源共享、系统全面整合的统一平台。建成覆盖轨道交通、常规公交、出租车行业的公共交通应急指挥、行业监管、运营调度和乘客信息服务系统，建成服务世博会的综合交通信息系统，建成覆盖市域的道路货运信息系统和停车信息系统，向公众和企业提供多元化、专业化、全过程的交通信息服务。

### （二）“十一五”上海智能交通建设发展对策

上海大规模开展城市综合交通系统建设的同时，也在不断采用信息技术等高新技术改善城市交通状况。上海市交通信息化经过 20 多年的发展，取得了许多可喜的成绩。特别是经过近五年的建设，各种交通信息系统的发展速度很快，交通领域的各种新的交通信息系统不断出现，系统之间的协调运行和信息共享也逐步得到重视和实践。

“十一五”期间，上海城市交通信息化、智能化建设的具体对策有：

（1）推进交通信息化和智能化技术的应用。将综合数据中心和信息平台拓展到各个交通领域；建成覆盖中心城主要道路的交通信息采集、分析、发布、诱导系统，建设城市交通应急管理机制与系统，改造交通信号控制系统，发展停车诱导系统，推广不停车收费技术；在世博园区内实现交通智能化技术的应用；提高运输行业节能和环保水平。

（2）提高交通管理信息化智能化水平。提高自主科技创新能力，依托交通信息平台，全面实现智能化管理目标。实现综合交通的信息整合及应用；搭建统一的信息平台，建立交通信息资源的共享机制；统一交通信息分类与编码标准和信息技术应用标准；做好出行导航系统的规划和建设，重点发展车载导航产业；提升城市道路、高速公路和公路信息采集系统的信息化水平；建立信息化综合采集机制，提供全方位信息支持；运用各种信息服务手段提供全方位和全天候的交通信息服务；建设行车诱导、停车诱导、乘客出行诱导、不停车收费系统；建立统一结算和一票换乘的公共交通票务系统。

（3）实现交通节能减排，优化交通运输组织，实现车辆清洁能源，降低环境污染影响程度。鼓励研发推广交通节能新技术、新工艺、新设备，大力发展新能源技术；完善交通运输能源消费统计制度；实施交通节能财税政策。

### （三）“十一五”上海城市交通信息化、智能化建设措施

“十一五”期间，上海城市交通信息化、智能化的建设措施有：

（1）完善城市交通管理信息平台。全面建成面向辅助决策、行业监管和公众服务的城市交通综合信息平台，建立城市交通指标体系和线网规划评估系统，有效监控和评估城市交通运行。加快全行业诚信信息系统建设，整合行业服务质量满意度指数、综合执法、交通安全等信息，实现有效监管。加强信息处理与分析，通过数据模型等辅助手段，为政府交通管理决策提供依据。

（2）整合行业信息系统。结合“三位一体”改革，对原有行业内各子系统进行全面整合，再造业务流程，建立与综合管理、综合执法、一门式受理和行业培训考试管理相适应的信息服务系统，加强与区县交通管理部门的信息化联网。

（3）完善公共客运信息系统。公交全行业线路营运车辆安装车载调度服务系统，实现智能调度和在线监管，对中心城区及近郊范围的公交站牌实施数字化改造。完善出租汽车行业调度服务平台，健全服务功能，扩大网络涵盖范围。借助上海市轨道交通信息传输网络，实行运营资源共享，推广乘座动态导向信息服务。实现长三角及周边省市长途客运信息查询服务和远程监控系统。

（4）加强道路货运信息系统。建成具有货运信息集成、发布等综合功能的道路货运公共信息平台，加速货运交易电子商务发展，动态发布行业价格指数等信息。全市危险品运输车全面安装车载定位系统，实现运输全过程监管。

（5）拓展交通服务信息系统。完善停车信息系统平台服务功能,实现全市公共停车场库信息联网和中心区停车诱导多方式信息发布。整合车辆电子运营证和维修电子档案

系统，车辆检测维修电子档案向全行业营运车辆推广。建设租赁车信息系统，提供供求信息互动和异地、异点租借信息发布。

（6）建立世博交通配套信息系统。包括面向世博会的公共交通综合调度管理系统、公交票务管理系统、长途客运多方式联运调度系统及服务于世博会的停车换乘信息系统。

（7）完善信息化建设管理制度。抓好技术标准和功能性标准的制定工作，建立与交通信息化基础设施建设和发展相配套的信息标准。建立完善行业信息化数据采集、动态更新、资源共享、安全备份等管理制度。

### （四）“十一五”智能交通重大建设成果

#### 1. 上海市交通综合信息平台

2006年1月，上海市交通信息中心成立，上海市交通综合信息平台建设全面启动，这标志着上海将形成综合交通领域的“信息港”、各交通管理部门信息交换和共享的枢纽，为交通综合信息体系的构建奠定了基础。上海交通综合信息体系由“一个平台，三大系统”组成，即上海市交通综合信息平台、交通综合信息采集系统、综合交通决策支持系统、交通综合信息服务系统。建立全市范围的综合交通信息平台，并在此基础上开展综合信息服务、交通实时监控、管理决策支持等工作，已成为上海智能交通的发展方向。

平台建设总体上分为三步：第一步，实现以道路车流为主要对象的信息资源汇集整合，基本达到道路通行状态等信息及与道路相关的其他信息在平台上的存储、交换和共享。以公交一卡通、轨道交通一票通为主要对象，试验研究城市公共交通客流信息的汇集整合；第二步，实现以城市公共交通客流为主要对象的信息资源汇聚，基本达到本市公交、轨道交通、长途汽车、出租等客流总量、结构、分布等信息在平台上的存储、共享和交换，以航空、铁路、港口的示范应用为对象，试验研究对外交通的客流、物流信息的汇集整合；第三步，实现以城市对外交通为主要对象的信息资源汇聚，基本达到公路出入口、浦东/虹桥机场、铁路新客站/南站、吴淞客运码头、世博水上码头等主要对外交通的信息在平台上的存储、共享和交换，基本形成覆盖全市的交通综合信息应用服务体系。

目前，上海市交通综合信息平台已经初步建成。从系统物理构成角度来看，整个平台由通信网络、计算机系统、数据接口三部分组成，其中计算机系统由硬件和软件两部分有机组成，实现交通信息平台的相应功能。交通综合信息平台已成为上海市交通信息资源汇聚和管理的中心，平台通过接入来源于各行业的交通信息，形成本市集中与分布相结合的交通信息资源体系，成为上海市最为齐全的交通综合信息数据库。

上海交通综合信息平台已成为上海市交通信息共享和交换的中枢。上海市交通综合信息平台按一定标准规范完成多源异构数据的接入、存储、处理、交换、分发等功能，并面向应用服务，从而为实现部门间信息共享、各相关部门制定交通运输组织与管理方案和科学决策及面向公众开展交通综合信息服务提供数据支持的大型综合性信息集成系统。通过建立数据、网络通信、信息共享等标准规范，形成以交通信息平台为核心枢纽的交通信息共享与交换体系。各交通行业之间的信息共享、交换将通过交通信息平台得以实现。

交通综合信息平台已经形成一定应用功能，如可通过平台展示城市快速路、地面道路实时交通状态，实现即时交通状态回放；对交通状态特性进行分析，如对道路堵塞路段进行统计，对堵塞时间段进行分析，对轨道交通客流进行统计分析；展示高速公路、快速路、地面道路分类信息，如高速公路事件发生地点、性质等信息；展示对外交通铁路、机场、客运码头等的位置分布等。

交通综合信息平台也是上海市交通信息提供和发布的主渠道。交通综合信息平台对汇集后的各种交通信息进行深化处理和有效管理，充分利用共享交换中枢，以一个“出口”向政府、企业和社会提供不同层次、不同类型、不同形式的交通信息服务。

2. 上海世博智能交通系统

世博智能交通系统是直接服务于世博会的所有的智能交通应用与服务系统的总称，包含直接为世博会特定用户服务的，集出行服务、交通监控、智能公交、决策支持、电子收费、应急救援等功能于一体的智能交通集成应用与服务系统。世博智能交通系统的建设目标是：为世博会的游客提供多样化、全覆盖的实时交通信息服务，为世博交通组织和管理者提供先进有效的监控技术支持，为世博交通规划和日常管理提供强有力的决策支持，增强世博会客流管理和交通组织的调控能力，提升综合交通运输系统的效率和服务水平，加速建立上海特大城市现代化、一体化、枢纽型、功能型综合交通系统。

世博智能交通系统由“一个中心，六个应用系统”组成。一个中心即世博会 ITS 中心。世博会 ITS 中心是各应用系统的总控制和相互协调中心，实现各应用系统互通互联、数据交换和共享，统一与上海市交通综合信息平台及其他的 IT 系统进行数据交换和连接，是保障世博交通有效管理和信息服务的神经中枢。六个系统即世博出行交通综合信息服务系统、世博交通监控系统、世博智能公共交通系统、世博交通决策支持系统、世博交通电子收费系统、世博交通紧急事件管理系统。

世博智能交通系统的规划、建设和运行，产生了巨大的社会经济效益。主要体现在如下几个方面：①减少了交通拥挤、节省出行时间和减少出行延误；②增强了客流调控能力；③提高了公共交通运营管理水平；④推动了智能交通产业发展。

## 四、上海 ITS 的未来发展

回顾和审视上海 ITS 发展历史和研发现状，不难发现，ITS 正从单纯的技术解决手段走向带动上海交通产业未来发展的整体性技术平台。借鉴这一经验，在“十二五”的上海 ITS 发展布局中， 以“车路一体化”为核心的新一代 ITS 系统被确立为未来的总体发展目标，将交通相关产业内的具体工作目标聚焦其上，整合不同行业的技术力量进行大规模的技术攻关，以推动行业整体的技术提升和产业发展。

在具体的技术方向上，下面5个方面是推动“车路一体化”这一整体技术平台形成的重点领域：

（1）基于物联网的新一代车路通信技术，主要是可靠的通信技术手段、编码标准、网络形式等。

（2）车辆运行态势精确检测技术，主要是实现更高位置精度、更小时间间隔的运行态势检测，消除城市中卫星信息丢失的盲区。

（3）基础设施及环境性能检测技术，主要是影响交通运行的设施抗滑性能、平整度及雨雪、高温等环境条件的检测。

（4）辅助驾驶技术，主要是对危险情况、驾驶员本身身体或精神情况等的检测和提示，以及各种信息提示方式对驾驶行为的影响作用等。

（5）新一代交通控制系统，主要是针对单车运行态势检测和调控，在颗粒系统上改进原有交通控制系统算法和控制方式。

在“车路一体化”这一共同目标下，上海正着手整合交通行业内的汽车、基础设施、交通管理和控制等各相关产业的技术力量，以求共同促进产业技术的升级换代，从而带动交通行业乃至整体地方经济的增长。

（主要撰稿人：孙立军）

# 重庆市智能交通系统建设与发展

## 一、重庆市智能交通系统发展政策

重庆市政府非常重视 ITS 的发展，从组织上，2000 年重庆市就成立了由主管副市长牵头、多个相关政府职能部门参加的重庆市 ITS 协调领导小组及办公室，统一组织、指导和协调，以确保重庆 ITS 的有序发展；成立了重庆市智能交通系统专家委员会，为重庆 ITS 的发展提供了技术咨询；按“政、产、学、研”模式成立了重庆市智能交通工程技术中心，为重庆 ITS 的规划、建设及产业化组织技术攻关及技术支持。

从政策上，2001 年，制定完成《重庆市建设 ITS“十五”及中长期规划》，确定了发展 ITS 的指导思想、基本原则和建设目标；将 ITS 列为重庆市高新技术产业重点支持的 15 个项目之一，对重庆市重点信息化建设工程予以支持；从“九五”开始，市科委每年均设立专项支持 ITS 相关产业关键技术攻关及试点示范工程的建设。此外，对智能交通系统的相关领域如物联网等，重庆市也制定了相关的扶持和优惠政策。

对于重庆智能交通系统建设发展的任何重大决策，必须经过重庆智能交通系统专家调研与可行性论证，并由领导小组会议审定通过后，方可组织实施。系统建设应在重庆智能交通系统协调领导小组的领导下制定统一的发展战略、中长期规划、产业发展政策等。任何具体的运作必须在领导小组和办公室领导组织协调下，按照发展规划和产业政策共同推进重庆智能交通系统的建设发展。

重庆市智能交通系统产业要按照“政府引导，统一规划，企业为主”的模式发展，运用市场机制充分调动投资者的积极性。未来重庆市还将继续加大开放力度，积极引进国内外的资金与先进技术，加快产业化进程，对于从事智能交通系统研究、开发、投资建设的单位，提供积极的财税优惠政策，为完善以下方面的政策做出努力：

（1）制定统一的行业规范和标准，为智能交通及其产业的进一步发展提供依据。

（2）建立部门间信息共享和协调机制，促进各部门间的信息交换和深加工。

（3）加强市场培育，扶持市内企业做大做强，形成完善的智能交通产业链。

（4）加大核心技术的科技研发投入，统一标准并提高执行力度。

## 二、重庆市智能交通系统的发展历程

1992 年，重庆市政府投资建设道路交通信号控制系统，智能交通建设开始起步。此后，重庆市逐年加大对智能交通系统（ITS）建设的投入，重点开展智能化公交、出租车调度及安全管理、城市交通安全的智能化交通管理控制及基于 GPS 道路运输智能监控等内容。尤其是重庆市直辖以来，重庆市作为“十五”智能交通试点示范城市之一，市委市政府、市经信委、市科委、市交委、市规划局等相关部门及企业针对 ITS 的建设和研究都做出了不懈的努力。

### （一）重庆市 ITS 的活动纪实

2001 年，由国家建设部科技司、信息产业部信息化推进司主办的全国城市智能交通技术与应用研讨会在渝召开，来自全国近百名中外 ITS 专家、学者聚集重庆。2008 年，重庆市举办中国国际交通安全产品暨智能交通工程技术设备展。2011 年 4 月 11 日，中国 • 重庆智能车技术及应用研讨会在渝召开。

### （二）重庆市 ITS 的科学研究

2005 年，国家智能交通系统工程技术研究中心联手重庆高速公路发展有限公司承接“重庆市 ETC 应用体系发展战略与实施方案可行性研究”课题的研究工作。

2009 年，基于 RFID 的智能交通管理试点项目获得《重庆市道路交通安全条例》立法支撑，并于 2010 年获得国家资金补助。通过引入具有远程动态识别功能的射频识别技术，最终实现由电子化行驶证、驾照和牌照构成的“重庆交通信息卡”体系。此外，该项目还涵盖了车辆电子牌照管理与车辆自动监测系统、交通规（税）费稽征系统、交通信息发布系统、高速公路快速通行服务系统等内容。

2011 年 4 月 11 日，国内首个“智能驾驶与车联网实验室”在重庆科技研究院揭牌。“首届全国智能车竞赛”还将在重庆交通科研院设计院有限公司举办。基于智能交通物联网技术的不停车收费系统，2011 年底就有望实现。

### （三）ITS 在重庆市的应用及评价

1999 年，重庆市开始建设智能交通综合管理服务系统，旨在建成集管理、控制和服务为一体的道路交通数据管理平台，并于 2001 年 2 月投入使用。取得了较大的社会效益。

2005 年，重庆市启用交警可视化智能交通自动控制系统，该系统主要由交通监控指挥中心、电视监控系统、交通信号控制系统、闯红灯违法记录系统、地理信息系统、122 接处警系统、GPS 调度系统和交通诱导系统组成。此系统将 24 小时全程实时监控并完全记录城区道路交通状况、信号灯运行状态、车辆闯红灯及违法停车、违法行驶等行为。通过设在大黄路口、长江大桥、菜园坝等 295 处主城区主要道路、路口的摄像监控点，主城区各道路的交通状况信息被传输到指挥中心电子显示屏上，提高了主城区道路交通监控水平、接处警效率及突发事件快速反应能力。

2005 年 11 月 29 日，国家科技攻关计划课题“重庆智能交通系统应用试点示范工程”在重庆通过专家验收。验收会上，专家组听取了课题组汇报，并进行了重庆市智能交通管理服务系统、交通指挥中心、车辆不停车联网自动收费系统等实际现场考察后一致认为：重庆市道路情况复杂，通过智能交通示范内容建设，为交通决策部门提供了综合交通信息，提高了公交、出租车等营运车辆的运输安全和服务水平，对促进重庆市的交通发展有较大意义。

2006 年，重庆市道路运输智能交通管理监控平台建成并投入使用，取得了较好的效果。

2006 年 5 月，重庆市政府常务会议审议通过了《重庆市主城区智能交通控制系统建设方案》。到 2008 年底，市、区两级财政总共投入 2 亿余元，用于主城区智能交通控制系统建设，建设交通监控分控中心 3 个（渝中区支队、九龙坡区支队、南岸区支队）、电视监控点 200 处、交通信号控制 500 处、电子警察 500 套、路口渠化 400 处、交通诱导 20 处、移动警务系统 300 套、视频车辆检测系统 30 套，以及中心机房升级改造、通信管孔建设等。重庆市干道网的路口灯控率、路口渠化率、电子警察设置率、电视监控设施覆盖率达到 100%，道路通行能力得到了较大提高。

2009 年年底，重庆主城九区共设有交通信号灯 756 套，大大提高了对主城区交通的管控能力。

2009 年，长江重庆航道局将目前最先进的航道科技应用于实践，全面启动数字化航道建设。

2010 年 10 月 23 日，重庆市境内长江航道的电子航道图绘制工作已经全面完成，并在部分船舶上开始试用。重庆境内长江航道 24 座跨江大桥在桥区航道已开展遥控遥测和视频监控试点，并对航标、航道、船舶等全方位监控。同时，航道监控中心也已完成初步设计，即将投入正式使用。

尽管重庆市智能交通管理系统建设已初具规模，并日益发挥重要作用，但目前重庆市仅主要从各个点上做了一些工作，如道路监控、解放碑 CBD 地区的停车引导系统、公交出行信息平台等，其智能交通管理水平和国内先进城市如北京、上海、广州、深圳相比仍存在较大的差距。智能交通现状设施在信号控制、视频监控、闯红灯违法记录系统等许多方面覆盖面较小。另外，由于指挥调度系统集成度较差，造成各子系统联系不够紧密，资源无法共享，现有智能交通系统的功能不能充分发挥。

## 三、重庆市主城区智能交通系统建设“十二五”规划

在全国如火如荼的进行畅通工程建设和重庆市政府努力倡导的五个重庆大背景下，智能交通作为国家“十二五”交通规划的重要组成部分，交通运输部已经启动新一代智能交通系统发展战略研究及应用物联网技术推进现代交通运输策略研究两个重大研究项目，ITS 成为我国未来交通发展的一种趋势。

重庆市“十二五”期间对智能交通系统建设的规划具体如下：

（1）建设主城区智能交通控制系统，包括交通管理监控指挥中心系统、交通信号控制系统、闯红灯违章记录系统、电视监控系统、公安交通移动警务系统、视频车辆检测系统、路口渠化系统和交通诱导系统八大系统，到 2015 年，建成指挥中心，各子系统保持良性运转，次干路及以上道路的平面交叉口实现 80%的渠化率和灯控率。

（2）加大停车管理力度，建成五大商圈的交通诱导系统及停车诱导系统。

（3）建设交通信息管理系统。在现有交通系统的基础上，在重要路段如跨江桥梁、穿山隧道、商圈环道、复杂节点等重要路段建立长时间交通视频检测系统；在近期内形成覆盖市区主要交叉口和主要道路及出入城干道的交通流量、交通状况自动检测系统；开发信息容量大、内容丰富的交通基础信息库，研制能满足智能交通系统、交通管理和交通控制系统需求的交通信息管理系统。

（4）研发交通管理计算机决策支持系统。开发交通管理计算机决策支持系统，对重庆道路网络可能发生的交通拥挤和堵塞的重点区域进行长期预报；对于易堵的重点路段和重点路口，协调信号控制、电视监控系统和视频检测系统进行跟踪预警。

（5）建设道路交通诱导系统。实现诱导信息处理系统和发布系统，动态和实时引导路网交通流，实现交通流在路网上的合理均衡分布重庆市道路交通诱导系统规划采用信息诱导。近期通过广播、手机及可变信息板发布信息，为出行者提供诱导方案。

（6）建设综合交通枢纽客货运输管理系统。枢纽客货运输管理系统就是积极构建一个面向客、货运输市场的信息处理和服务平台，对收集的数据进行科学分析和处理，为决策者提供参考依据，同时将各类信息准确、实时地提供给相应的用户，为出行者提供多样性服务。

## 四、重庆市智能交通系统的发展展望

随着我国经济和科技的加速发展，建立一个“安全”、“高效”、“舒适”的智能交通系统已成为道路交通的发展趋势和现代化城市的先进标志。重庆市应重点放在服务于提高交通效率、保证交通安全和改善城市交通环等目标上，充分发挥现有基础设施能力，不断提高交通体系的运输效率。在学习国内外经验的基础上，因地制宜地制定科学合理的发展规划。

（1）建立科学的ITS技术评估体系。在建设智能交通系统时，应开展广泛的国际技术交流与合作，在技术引进时，应评估技术的前瞻性、实用性、产业化可行性。

（2）建立智能交通系统ITS研发与产业基地，提供技术和产业支撑。在重庆智能交通系统发展的各个阶段，适时超前建立智能交通系统ITS研究机构，广泛地引进人才，为我市智能交通系统产业化的发展提供强有力的技术支撑，保障我市智能交通系统产业的可持续发展。在系统发展的初期及推广应用阶段，依托我市科研单位、高等院校，建立面向ITS基础研究与应用系统开发的“智能交通系统ITS工程研究中心”；在进入重庆市智能交通系统的产业化发展阶段，依托我市企业面向ITS产品与系统研制，建设能面向国内、国际市场参与竞争的“智能交通系统ITS产业基地”。

（3）加强智能交通系统标准化的建设工作。在按照国家制定的“中国智能运输体系框架”的指导下，对系统建设方案及相关产品进行标准化审定工作，制定ITS地方标准，指导我市ITS示范工程建设。

（主要撰稿人：邵毅明）

# 安徽省智能交通建设与发展

## 一、基本情况

近年来，在省委、省政府的高度重视和有关部门的通力协作下，我省公安、交通两大行业信息化建设不断深入，通过信息技术的推广应用，进一步加强了效能建设，加大了对快速发展的交通行业的监管力度，改善了服务手段，有效履行了各自承担的职能，为全省经济发展和社会进步提供了坚实保障。

省公安厅交通管理局在省公安厅的领导下，在公安交警信息化建设方面不断取得新成就，率先完成全国公安机关警用地理基础平台和全国公安交管综合应用平台建设任务，同时，积极推进城市智能交通建设工作。省交通运输厅组建省路警联合指挥中心，强化道路交通安全的行业协同管理和应急保障，提高道路交通应急处置能力。省政府有关部门为了安徽省智能交通建设与发展，也在各方面加大支持力度。省发改委批准成立安徽省智能交通（ITS）工程研究中心，省科技厅批准成立安徽省智能交通重点实验室、省智能交通协会和省智能交通产学研战略联盟。

特别是省经信委针对我省公安、交通信息化建设长期以来存在信息重复采集、分割拥有、垄断使用的现象，谋划建立多主体下信息资源共享交换体制，合理共享和有效利用信息资源，面向整个交通领域进行信息共享和交换，提高交通管理的社会化服务水平，适应快速变化的交通管理形势，有利于交通行业的全面整体发展。

2005 年 9 月，原省政府信息化工作办公室（简称原省信息办）会同省公安厅、省交通运输厅召开全省智能交通系统（以下简称 ITS）建设与应用座谈会，提出急需建立我省智能交通系统建设工作协调机制，最大程度地解决信息资源共享和业务协同问题。决定着手制定《安徽省智能交通系统（ITS）发展“十一五”规划》，启动全省公安交通信息共享和社会化服务平台建设。会后原省信息办向省政府做了专题汇报。原省长王金山、原副省长任海深、副省长黄海嵩均做出批示，同意由原省信息办牵头，省公安厅、省交通厅参与组建的全省智能交通建设联席会议，设立联席会议办公室，借助省智能交通（ITS）工程研究中心技术力量，开展相关规划的研究工作，合力推动智能交通系统建设与应用深入开展。

联席会议组建以来，积极开展全省智能交通规划和项目建设工作，不断推进跨部门资源整合,推动全省智能交通产业发展。

一是做好基础性工作。依托省智能交通（ITS）工程研究中心组建了省智能交通联席会议专家委员会，开展 ITS 标准研究和信息咨询服务，编制了《安徽省智能交通系统“十一五”发展规划》。

二是推进跨部门信息共享项目建设。先后启动了“安徽省公安交通信息共享及社会化服务平台”、“全省道路交通信息共享数据库”、“皖江城市带交通预警和诱导平台”、“全省公路卡口（收费站）机动车出行信息系统”等项目，并开展了“安徽省道路交通信息共享与社会化服务发展研究”、“公安交警综合信息社会化服务的探索与研究”等软课题研究。

三是加强了与国家对口部委的衔接和国际交流合作。联席会议各成员单位积极衔接国家对口部委，协调落实相关建设项目，并在某些领域开展国际合作，如承担了合肥市与德国政府合作的“中国合肥百万人口城市交通可持续发展研究项目”，获中国智能交通协会批准开展了第十七届、第十八届世界智能交通大会在安徽地区的组织参会工作等。

四是积极推动全省智能交通产业发展。2009 年，为适应我省智能交通产业化需求的不断增长，以及智能交通技术领域日益广泛的交流需要，联席会议推动成立了安徽省智能交通协会。协会将省内包括交通运输各个行业和信息技术领域的政府部门、企事业单位、研究机构、大学集合在一起，促进了政、产、学、研、用合作。2010 年，由省智能交通协会牵头，成立安徽省智能交通产业技术创新战略联盟，通过联盟凝聚我省智能交通的核心研究力量，形成持续和稳定的产、学、研合作关系，加快企业自主创新步伐，促进安徽省智能交通产业集群的形成，形成自主知识产权和核心竞争力，推动我省乃至我国智能交通产业进步和社会经济发展。

## 二、建设完成的主要系统

### （一）安徽道路交通信息网

“安徽道路交通信息网”是安徽省智能交通建设联席会议和安徽省智能交通协会门户网站。承担全省公安交通信息共享及社会化服务任务，网站充分整合公安、交通两大行业信息，为公众提供全省车管信息、驾管信息、违章信息等各类信息查询，开通了全省车驾管业务“网上轻松办”、“警务通”等专栏，已成为交通、公安部门发布信息和为民服务的重要窗口。

### （二）中国合肥百万人口城市交通可持续发展系统项目

中国百万人口城市交通可持续发展研究系统是获得德国政府支持的项目，项目以合肥为试点城市，开展了 FCD 浮动车辆数据技术研究和应用、直升机 / 飞艇空中交通遥感检测技术研究和应用、交通与环境污染检测研究、DAB 数字地面广播研究和应用、BRT 快速公交优先控制与调度研究和应用、交通影响下的城市规划研究等一批创新特色鲜明，具有系统性、前瞻性的现代交通管理技术研究。

### （三）皖江城市带交通预警和诱导平台

项目由省经信委、省公安厅、省交通运输厅联合立项，省科技厅、省发改委给予专项支持。项目结合安徽省省情，充分发挥已有道路交通管理资源潜力，以省公安厅交警总队移动警务信息终端的信息采集资源为主，整合公路维修、气象预报等其他相关信息，以发生交通堵塞、交通事故后的快速疏导和预警响应为目的，以少花钱、办成事为原则，先期在皖江城市群沿江公路建设一个交通应急预警和诱导平台，取得经验后再在全省推广。项目包括交通突发事件信息快速采集系统、公路交通信息资源整合、突发交通事件影响分析、交通诱导信息发布体系建设。通过项目的实施，提高我省道路交通安全、畅通的技术保障能力，为交通管理、交通应急指挥提供交通应急疏导信息，为出行者提供出行路径信息。避免交通堵塞带来的时间和经济损失，大幅度减少公路交通事故和次生灾害。

### （四）全省公路卡口（收费站）机动车出行信息系统

项目以省公安厅交通管理局获公安部科技进步奖“安徽省道路交通卡口联网布控系统”为基础，结合全省交通部门收费站摄像系统共享资源，实现全省车辆的行驶轨迹稽查和区域内车辆稽查，以及全省路网车辆卡口布控和查询，为突发交通事件预警和诱导系统提供信息来源，建立全省公路点、线、面相结合的网格化监控交通网络应用管理体系。项目的建设，为公安打击盗抢机动车辆、套牌车、报废车上路和机动车作案违法行为提供了有力的技术支持，为公路部门治理超载、追缴机动车养路费等工作提供了技术手段和服务，为公路运输部门管理提供了车辆行驶轨迹等信息，加强运输监管力度，同时可以为道路交通信息采集提供数据资源，提高交通应急管理和疏导的自动化程度。

### （五）长三角区域高速公路联网电子不停车收费（ETC）示范工程

国家交通运输部 ETC 示范工程项目，已完成了高速公路电子不停车系统的建设，以及与上海、江苏两省市的跨省对接。通过“徽通卡”手动刷卡，或为其植入电子标签实现自动刷卡，大大提高高速公路收费站的通行能力。安徽与江苏、上海高速公路电子收费系统正式联网运行及徽通卡正式开通后，驾驶员持徽通卡可在安徽、江苏和上海的高速公路上使用，与此同时，上海的“沪通卡”、江苏的“苏通卡”也可在安徽的高速路上使用。在长三角区域内高速 ETC 专用车道上，实现高速公路不停车收费“一卡通”，大幅提升高速公路通行效率。

## 三、主要技术创新

在推进全省智能交通各项工程项目的建设中，我省一批从事智能交通产品开发的企业和研究机构，在智能交通及相关领域的技术创新方面做出了不少有益探索，取得了一些成果。

在省智能交通联席会议支持下，省经信委下达了“基于物联网的区域交通信息控制系统”项目，该项目提出设计一种新型的基于无线通信方式的城市交通信息采集、交通信号控制系统，采用 Zigbee 无线传输方式作为交通信息的传输方式，可较好地解决目前城市交通信息采集与交通控制系统中有线通信布缆工程成本高、实施难的问题。具体设计上，通过安装在路网内的无线传感器实时准确检测道路交通流量，并将检测到的信息通过无线传感器网络发送至与之配套使用的接收主机、中继器，接收主机对前端采集到的数据进行融合处理后，计算出当前道路的占有率、通过率和固定车道排队长度；然后接收主机将这些信息通过光纤传送给指挥中心的区域信号控制服务器，区域信号控制服务器根据各交叉口的拥堵情况自适应调整交通信号控制方案，进而生成配时方案，智能分配信号周期，达到真正的大范围战略交通协调控制效果。项目主要包括以下几个应用系统的研究：单点自适应信号控制、多时段信号控制、干线滤波协调信号控制和区域协调信号控制。

## 四、应用情况和综合效益

联席会议制度对推动完善我省智能交通系统体系建设，优化交通管理服务环境起到了积极的作用，效果主要体现在以下 3 个方面。

（1）从制度上为整合全省交通信息资源，实现信息共享提供了有力保障。目前，除部分信息外，多数原先分散在公安、交通部门的，并无法通过网络访问的交通信息已实现相互访问，信息利用率得到了极大提高，交叉业务的协同工作矛盾一定程度上得以改善。

（2）从机制上为加快推进智能交通系统建设创造了条件。除联席会议各成员单位外，省智能交通（ITS）工程研究中心作为第三方积极参与智能交通系统建设，在智力支持、平台搭建、资金投入等方面协助承担了大量工作，形成了有效利用政府和社会两类资源开展信息化建设的创新机制。

（3）从模式上为开展跨部门电子政务建设提供了参考和借鉴。我省组建智能交通建设联席会议的模式在国内属首创，得到了公安部、交通运输部和原国务院信息化工作办公室的充分肯定。这一模式的有效建立，证明了多主体下开展电子政务同样可以实现数据对接和业务协同。

## 五、建设发展规划与展望

（1）加快建设“皖江城市带交通预警和诱导平台”等重点项目，努力提升全省道路交通管理水平，带动全省智能交通技术创新和产业发展。

（2）围绕“安徽道路交通信息网”建设，进一步推进公安、交通信息共享。一是在保障数据源的基础上，进一步拓宽公安、交通信息数据共享与交换的范围，在信息安全允许的范围内，逐步扩大共享数据库的开放程度，进一步充实和完善群众特别关注的数据内容，满足社会公众日益增长的实际需要。二是逐步完善“安徽道路交通信息网”的各个模块，进一步拓展网站的政府和社会服务范围。

（3）推动全省智能交通产业发展。一是充分发挥省智能交通协会和省智能交通产业技术创新战略联盟的平台和桥梁作用，集聚和整合各方资源，加强产、学、研的紧密结合，加快科技成果的吸纳和转化，促成智能交通产业链和创新链，全面提高我省智能交通产业的运营效率和效益。二是充分利用皖江城市带承接产业转移示范区、合芜蚌自主创新综合配套改革试验区等国家级试点示范工作的机遇，吸引省外智能交通相关企业来皖投资，完善、提升我省智能交通产业链。三是积极探索智能交通相关企业与通信运营商、媒体、汽车厂商等开展合作，形成智能交通产业与信息服务业、传媒产业、汽车产业共同发展的良性循环，推动全省新兴服务业发展。四是与无锡物联网产业研究院等开展合作，以物联网技术在智能交通领域的深入应用为突破口，带动全省物联网产业发展和应用水平的提升，以此反向带动智能交通应用领域的不断拓展和应用水平的不断提升。

（主要撰稿人：朱晓光）

# 广州市智能交通建设与发展

## 一、基本情况

广州市于 2003 年提出了“以信息化改造传统交通，加快实现广州交通现代化”的发展战略和“一个规划、三个平台”的发展思路，以交通信息化为着力点，推动信息化建设和应用。经交通全行业 10 万大军的 10 年耕耘，已实现面向政府管理、企业经营和市民服务的交通信息化、现代化、智能化，“智能、精细”的现代管理模式已渗透广州的交通管理。

在发展战略的引领下，广州市交按照“长远规划、细致计划、滚动完善、狠抓落实”的思路，开展了智能交通平台、物流信息平台和交通政务平台的建设。10 年的探索和实践，交通信息化从无到有，从弱到强，从单一项目到复杂系统，从简单应用到行业全覆盖，从推进单个信息化建设项目向项目资源整合、网络化转变，从重视项目建设向重视应用兼顾完善、维护转变，目前已形成“建设”、“管理”和“应用”一体化的建管用体制。

## 二、智能交通平台建设

主要是针对出行者、驾驶员、企业等用户的需求，建设公交、BRT、出租、羊城通、长途客运、交通信息服务等信息系统，提升广州智能交通服务水平。

### （一）智能公交监控调度系统

已覆盖全市 10000 多台公交车，系统具有 105 项调度功能，实现对公交车的实时监控定位和调度，并建成黄埔调度中心等 10 个调度中心。该系统已成为交通行业管理部门加强公交行业管理的有效手段，公交企业降低成本提高效益的重要工具，并为广大市民提供优质的公交信息服务。

### （二）广州 BRT

采用了先进的智能调度、语音集群调度、电子站牌等**信息系统**，实现对通道内车辆的宏观监控、微观跟踪、灵活调度、科学管理。BRT 创造的精细化管理为提升全市公交服务水平指明了方向。2011 年 1 月 25 日，广州市因 BRT 建设运营取得的突出成就，成为全国首个获得“世界交通可持续发展奖”的城市。

### （三）出租车智能管理服务系统

覆盖全市 18000 多台出租车，并延伸至三区两市。系统具有定位监控、防盗报警、

96900 电召、羊城通刷卡、车辆司机管理等 50 多项功能，是行业管理部门和企业加强管理的“千里眼”，同时为司机和市民提供导航、在线翻译、电召、羊城通刷卡等近 20 项服务。

### （四）羊城通系统

已实现了“公交通”、“电信通”、“商务通”，发卡总量超 2200 万张，系统内消费设备装机超过 30000 台，充值点超过 4000 个，合作运营商近 1000 家，已成为国内运营最为成功的城市一卡通系统之一，并成为广东省一卡通技术标准。

### （五）联网售票系统

在 2004 年连通了广州市 17 家客运站售票，并开通 30 多家售票网点后，2011 年开拓创新，推出了电子客票自动取票机及实现广深区域性联网售票，有效地缓解了排队长、买票难、出行难等问题，使广大旅客充分享受信息化带来的便利。

### （六）96900 呼叫中心

市交委对外的交通信息服务窗口——96900 呼叫中心于 2003 年 1 月 1 日成立，提供交通信息咨询，投诉、报失处理、电召等“一站式”服务。中心坐席设计 60 个，日均话务量达 7000 多个，24 小时为广大市民出行提供交通参考信息和方便快捷的交通服务，树立了城市交通服务行业的品牌。以公交、出租车等信息化系统为基础支撑，陆续推出网上交通信息服务、交通广播、手机短信、手机彩信、手机视频、车载导航仪等 10 多种服务方式，为市民提供便捷的、个性化的交通信息服务，2010 年首次创新推出以实时交通路况信息播报为专题的电视节目——交通直播室，更开创了全国广播电视行业的先河。

## 三、现代物流平台建设

主要是对物流业进行智能化改造，提高物流业的效率和效益。

广州电子口岸的建设和应用，成为全国第一个实现海关、检验检疫、海事、边防、港口作业一站式的政务平台，提供一站式物流电子政务服务，即将分布在不同口岸管理部门的系统和业务整合在同一窗口，减少大通关过程中单证输入和传递的环节，使进出口企业享受到“一次输入多次使用，一个窗口全面查询”的便利，解决了进出口贸易中货物流、信息流、资金流存在的“信息孤岛”问题，给传统的口岸业务铺设了高度整合、高速运转的信息化“高速公路网”。

## 四、交通政务管理平台建设

主要立足于提升政府及交通行业管理部门的政务管理服务水平，建设政务管理相关信息系统。

（1）行业管理：已接入出租、公交、公路客运、旅游包车、危险品运输、散体物料等各类运输行业车载 GPS 智能终端超过 13 万个，实现了行业信息化监管全覆盖，不仅拓宽了行业监管广度，延伸了监管深度，更加快了广州交通行业管理从传统的粗放式、被动性管理向信息化、精细化主动管理服务转变。

（2）视频监控：已接入各类视频监控信号近 28000 路，包括交通部门自建和共享接入的公安、城管、高速公路、地铁、BRT、客运站、LPG 加气站等视频信号。主要覆盖区域有公路主枢纽站场、火车站周边地区、客运站及周边地区、BRT 快速公交站台和通道、高速公路、市内主干道、LPG 加气站、非法营运违章多发地区等重点区域，实现了交通行业全方位的实时监控。

（3）交通应急指挥：建设了交通应急指挥室，通过集成的通信平台及数字化预案，对各类应急事件实现系统化、流程化处理，使值守、信息分发处置、信息反馈等各环节全过程信息化管理，高效地处理各类突发事件。

（4）交通仿真辅助决策：2009 年 10 月开始建设交通仿真室，同德围地区交通整治（一期）仿真、亚运期间临时交通管理措施仿真、亚运黄埔区货运交通组织优化仿真、珠江新城交通仿真等，利用仿真技术模拟道路交通系统的动态运行状态，对交通规划、交通组织与管理等方案进行预评估，为交通管理提供决策参考。

（5）交通运行分析：建设了城市交通运行智能分析与评价平台，可通过对出租车等浮动车数据的实时采集，实现对各个路段、交叉口的交通状况科学、量化的评价，包括拥堵程度、拥堵范围、拥堵时长，对影响和阻碍交通发展的瓶颈路段进行诊断和分析，进而制定相关交通组织管理和保障措施。

（6）资源整合共享：建设了广州市交通信息资源整合共享平台，已整合 20 多个各有关部门的交通相关信息资源，实现跨行业交通信息资源整合、共享和交换，并在交通、执法、气象、环保等近 20 个行业监管部门和企事业单位应用，为交通组织和管理提供数据支持和辅助决策，促进各政府部门交通管理水平的提升，使广州成为全国交通信息整合程度最高的城市之一。

（7）电子政务：已建成了以交通政务内网、专网、外网为依托，由电子公文交换系统、办公自动化系统（OA 系统）、公众信息网、行政审批电子监察系统、重点督办闭环管理系统、运政业务办理系统等组成的交通电子政务体系为打造安全、高效的办公环境提供信息技术支撑。

（主要撰稿人：谢振东）

# 广州市智能交通管理指挥系统建设与发展

## 一、基本情况

广州市在 1993 年就引进悉尼交通协调自适应控制系统（SCATS），当时只有 40 个路口实现 SCATS 控制。2005 年 10 月组织实施投资 2.1 亿元的广州市智能交通管理指挥系统（Guangzhou Intelligent Transportation Management System，GZ-ITMS），2006 年 9 月建成广州市智能交通管理指挥中心和集成指挥调度系统，以后陆续建成移动警务应用系统（PDA）、查询中心、交通管理综合信息网、交通地理信息系统、警务管理系统、交通闭路电视监控系统、交通信号控制系统、交通流量采集分析系统、交通诱导系统等。2010 年广州亚运会前，基本完成了交通情报信息研判分析系统（辅助决策系统），进一步完善和拓展了各子系统，并建设了交通事件检测及车牌识别系统。

广州市智能交通管理指挥系统由“一个中心、两个平台、两套网络、十五个子系统”组成，即智能交通管理指挥中心（一个中心）、综合信息应用平台和非公安信息系统数据交换平台（两个平台）、光纤数据通信网络和无线指挥调度通信网络（两套网络），以及集成指挥调度系统、警务管理系统、移动警务应用系统（PDA）、短信息平台、交通管理信息查询中心、警车及警员定位系统 GPS、交通地理信息系统 GIS、交通设施管理系统、交通闭路电视监控系统、交通信号控制系统、电子警察前端系统、交通流采集分析系统、交通诱导系统、辅助决策系统、运维管理系统（十五个子系统）。

广州市智能交通管理指挥系统的建成，智能交通管理指挥系统的强大功能日益突显，驾驭复杂交通形势的能力不断增强，促使广州交通管理整体水平实现跨越式提升，为城市道路交通有序畅通提供了更加有力的保障。

## 二、建设完成的主要系统

### （一）广州市智能交通管理指挥中心

广州市智能交通管理指挥中心根据常用功能分为指挥调度区、交通违法行为拍摄区、交通事故接处警区、交通采集信息发布区和交通信号控制区 5 个功能区。指挥中心是整个智能交通系统的大脑和数据存储仓库，放置了 IBM 小型机系统、HP 高性能服务器和核心网络系统、海量存储系统和数据备份系统，它采用国际上流行的“数据中心”模型设计建成，不仅配备先进的网络布线系统、精密空调、不间断供电设施、环境监控、安全防范、门禁管理等，而且建立了包括中心机房在内的整个系统的运维管理体系，能够充分保障整个系统正常运作。交通监控系统已建成 1 个中心、11 个分中心，完成与省厅、市局的视频监控联网，达到资源共享。

### （二）广州市智能交通管理指挥系统

广州市智能交通管理指挥系统的核心是信息共享、互联互控、智能化、综合化。在现有的各个信息子系统、监测控制子系统的基础上，实现各系统的集成和共享，建立统一的交通管理综合信息交换平台，这是智能交通管理指挥系统的重要组成部分。为了实现与外界信息交互和数据传输，必须建立与外网的网络通信平台和数据交换平台。交通管理具有地理信息的特征，引入地理信息系统来表现和抽象交通管理的对象和过程，将十分直观并有利于数据分析模型的建立和实现。万维网（WWW）成为 Internet 上越来越流行的信息交互方式，将越来越渗透到人们的日常工作和生活中，也将在交通信息管理中扮演重要的角色。

#### 1. 交通管理综合信息交换平台

交通管理综合信息交换平台是采用中间件技术、开放式数据库互联技术等构建而成的中间层软件平台，整个系统软件采用三层/多层结构模型。建成跨越不同数据库服务器、不同操作系统的应用程序接口，实现交通控制信息采集、交通管理信息处理、交通地理信息和交通信息集成，为交通管理决策获取可靠准确的科学依据、交通管理综合业务和交通智能化控制、车辆调度、信息查询等。它能够接受不同客户端应用的调用，访问各种异构型数据库系统，将请求访问的数据返回给调用者；也能够接受前端应用程序的控制命令，通过本身既定的格式转换、预制的数学模型处理，传送给各个控制系统，达到控制效果。这个平台的构建是实现交通管理各个信息系统集成化、综合化的关键所在。它能够屏蔽各个子系统不同的数据库结构和数据存储格式，提供一个统一的、可供各个应用前端界面容易调用的接口。新建系统只需按照该平台接口标准扩充进来，这样也有利于统一各个系统开发的技术线路，对系统开发具有指导性作用。系统的总体结构图如图 1.12 所示。

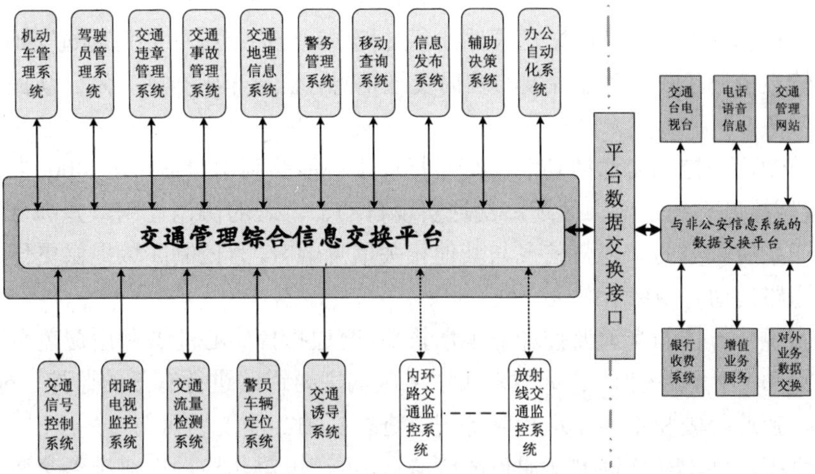


图 1.12　系统总体结构图

2. 集成指挥调度子系统

在整个智能交通管理指挥系统中，集成指挥调度子系统是核心，它集接处警管理、交通监控、信号控制、交通诱导、电子地图、警力定位和综合查询七大功能于一体。对所收集的交通警情和交通路况信息汇集进行分析过滤，获取有效的信息进行决策指挥，以及对各种交通突发警情进行调度处理。图 1.13 是智能交通管理指挥系统指挥调度模式示意图。

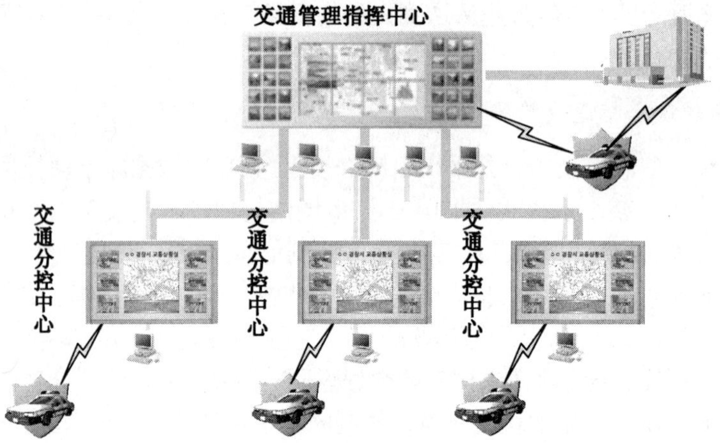


图 1.13 智能交通管理指挥系统调度模式示意图

一是快速监测、疏导交通的功能。道路一旦发生交通堵塞，安装在路面的检测器能够迅速捕捉异常交通流量数据，传输给综合信息交换平台，集成指挥调度系统自动报警，指挥中心通过交通监控确认交通事件的地点、性质，选择并实施突发事件的处置预案，及时调度警力和救援抢险部门快速到达现场，排除交通堵塞。

二是交通诱导的功能。在突发事件处置过程中，交通指挥中心可通过交通电台、路面的可变情报板、互联网等途径发布实时交通信息，诱导车辆分流，为公众提供完善的交通信息服务。

三是自动协调控制交通的功能。交通指挥中心能够利用覆盖市区 400 多个路口的 SCATS 区域控制系统，对市区道路交通实现自动、合理的协调控制，并综合利用交通信号控制子系统采集的车流量信息与其他相关信息融合，为控制区域提供更佳的控制方案，提高道路的通行效率。

四是实现全方位的交通监控和非现场执罚。交通指挥中心能够利用覆盖全市的闭路电视监控点和“电子警察”，全天候对市中心区的主要道路进行有效的监控，对闯红灯、越线行驶、超速行驶和不按车道行驶等违章进行抓拍等非现场执罚。

五是系统接到 110 传递的交通事故警情后，可在短短几秒钟快速排查交通事故车辆和驾驶人，关联查询人车信息，发现被盗抢、假牌假证、不按时年检、有交通违法或交通事故未处理等记录能够自动提示，使违法车辆无处循形。

六是对机动车、驾驶员、交通违章、交通事故、警务管理及内部办公均实行电子化管理，以信息网络化为基础，实现交通管理业务廉洁、高效、便民。

3. 广州 SCATS 交通信号控制系统

交通信号控制系统是智能交通管理中最重要的系统之一，广州市交通信号控制系统采用澳大利亚的悉尼协调自适应交通控制系统（The Sydney Coordinated Adaptive Traffic System，SCATS）。广州市是在 1992 年引进 SCATS 的，整套设备包括一台区域计算机（PDP11-93）和 40 台 AWA 特能 3 型交通控制器，1993 年投入使用，当时 SCATS 控制路口 36 个。1997 年，广州市政府利用世界银行贷款对 SCATS 系统进行了扩展。2007 年全市 SCATS 控制路口达到 350 个，比 2004 年增加了一倍多。目前，广州市交通信号控制路口有 925 个，通过 SCATS 进行交通信号协调控制路口达到 740 个，基本覆盖市区环城高速公路以内的大部分路口。

广州在 SCATS 系统建设的同时，加强了建立在 SCATS 系统基础上的控制和数据分析软件开发，为其他系统提供实时动态交通信息，实现整个交通系统的数据共享，使整个交通控制系统实施分级递阶控制结构，广州交通信号控制子系统系统构成图如图 1.14 所示。

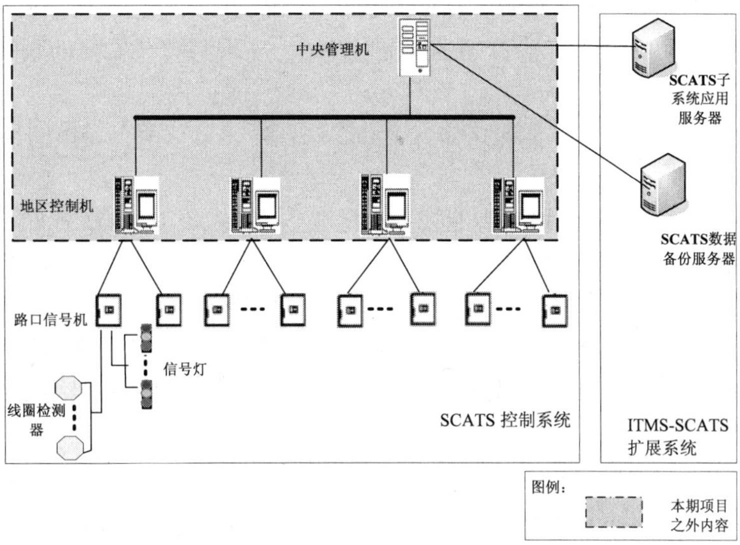


图 1.14　交通信号控制子系统系统构成图

广州交通信号控制子系统包括 SCATS 控制系统和 ITMS-SCATS 扩展系统。其中 SCATS 交通控制系统主要包括中央管理机、地区控制机、路口交通信号机组成。而 ITMS-SCATS 扩展系统包括交通信号控制子系统应用服务器和 SCATS 数据备份服务器。

交通信号控制子系统应用服务器实现 SCATS 控制系统与其他系统之间的数据交换，通过 SCATS 控制系统的 ITS 接口与中央管理机连接，从 SCATS 控制系统中采集交通流数据、故障报警信息、拥堵信息和相位信息，做相应处理后发送给交通信息处理核心服务。

SCATS数据备份服务器主要是实现周期性自动备份SCATS控制系统的增量数据的功能，同时也是存放备份数据的物理场所。

广州交通信号控制子系统通过对路口出口车辆的检测或安装路段检测装置等手段，判断道路是否有交通事故的发生，对交通事故做出报警，及时调整有关路口的交通信号，并把交通状态的信息发送给可变情报板，以诱导车辆行驶。

广州交通信号控制子系统采用集中管理与分布式信号控制相结合，按交通特性划分片区，实现单点感应、主干道线控、区域自适应控制结合的区域信号控制。对于环城高速公路、快速路、内环路作为封闭系统独立运行，但交通数据和与地面道路衔接区的监控信号要传输到交警指挥中心，以统一协调各区信号控制策略，即应具有专家系统的功能，把 UTC、环路系统、高速公路系统、停车管理系统联系起来，由专家系统去处理三者之间互有影响的事情。

4. 交通闭路电视监控系统

广州市交通闭路电视监控系统自 1992 年开始在越秀区的部分路口安装摄像机 26 个，实现了广州市道路交通监控系统的雏形。

1996 年在主干道路和重要路口安装了 88 个摄像机，其中枪式摄像机有 81 个，球型摄像机有 7 个。并建设了 7 个交通监控副控中心，实现与省公安厅的联网，使广州市道路监控系统初具规模。

2000 年在九运会期间奥林匹克体育中心、广州新体育馆两个场馆的周边道路安装了 40 个闭路电视监控点。

2010 年初广州市交通闭路电视监控系统建成 1 个中心、11 个分中心，完成与省公安厅、市公安局、交通电台等相关部门的视频监控联网，达到资源共享。到 2010 年底，交通监控点达到 525 个，监控覆盖广州市中心区所有主要道路。

交通闭路电视监控子系统成为广州市交通管理部门能及时掌握市内的交通情况，大大缩短管理、疏导、指挥交通和处理事故的时间，缓解交通阻塞并提高道路通行能力，减少交通事故的发生。

目前，广州市交通闭路电视监控子系统与内环路闭路电视监控系统、高速公路闭路电视监控系统实现联网，进而通过视频信号数字化，经宽带网络传送至广州市交通指挥中心及各区，实现远程同步监视路面交通情况。同时，对视频图像中丰富蕴涵的实时交通信息，利用图像处理、计算机和网络等技术，可以实现对道路实时视频图像进行处理和分析，并从中获取各类实时交通信息。

在城市进出口道上安装交通闭路电视监控系统，实现对过往车辆的全天侯监视和自动记录，通过系统记录的数字图片可以得到过往车辆的特征，并在强大的数据库的支持下，可方便地进行数据存档、检索，为城市出入境管理及 122 报警后的肇事车辆查询提供充足的依据。自动识别车牌号码，实现对 110 报警后盗抢车辆的追查。

广州市交通闭路电视监控子系统通过交通管理综合信息平台与交通信号控制、流量监测系统、GIS 等系统协调，实现互联、互动，其系统结构图如图 1.15 所示。

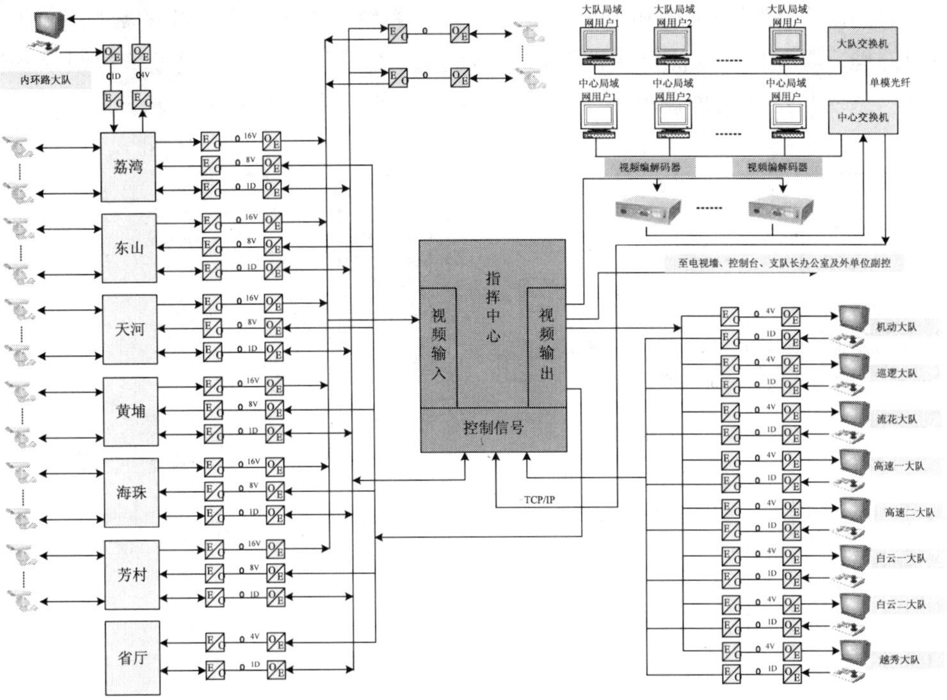


图 1.15　闭路电视监控系统系统结构图

5. “电子警察”子系统

“电子警察”子系统前端设备通过光纤或无线网络，实现交通违法取证数据的实时传输，交通违法处理中心通过邮政联网次日送达给交通违法人，我支队的执法模式逐渐由现场执法为主向非现场执法为主转变，为城市道路交通有序畅通提供更加有力的保障。目前，电子警察达到 503 个，覆盖广州市中心区所有主要道路和交通违法行为多发点。

6. 交通诱导子系统

交通诱导子系统以交通状态信息数据库为基础，按照交通诱导数学模型，通过各种可变限速器、可变情报板、停车诱导信息牌等途径，扩散和发送实时性的交通状态和方案，进而诱导交通流，起到疏散阻塞，帮助人们快速、安全地抵达目的地的作用。目前，除在广州市中心城区主干道上的交通诱导显示屏达到 102 个，GZ-ITMS 新增 28 个，亚运会扩展项目新增 20 个。同时还开通了广州市交通路况视频发布系统，在广州金盾网上发布 40 路全景式的路况视频，该 40 路交通视频同时通过亚运会智能交通信息服务平台，向广州市广播电台“亚运交通直播室”等媒体提供信息服务。

7. 交通事件检测及车牌识别子系统

亚运会期间实施了交通事件检测及车牌识别系统，系统依托现有的集成指挥调度系统、交通闭路电视监控系统和电子警察后台管理系统，对各方面产生的数据进行收集、存储和处理，通过事件检测产生的交通事件数据、交通状态数据，通过车牌识别产生警情数据，系统与集成指挥调度系统 GZ-ITMS 系统的关系如图 1.16 所示。

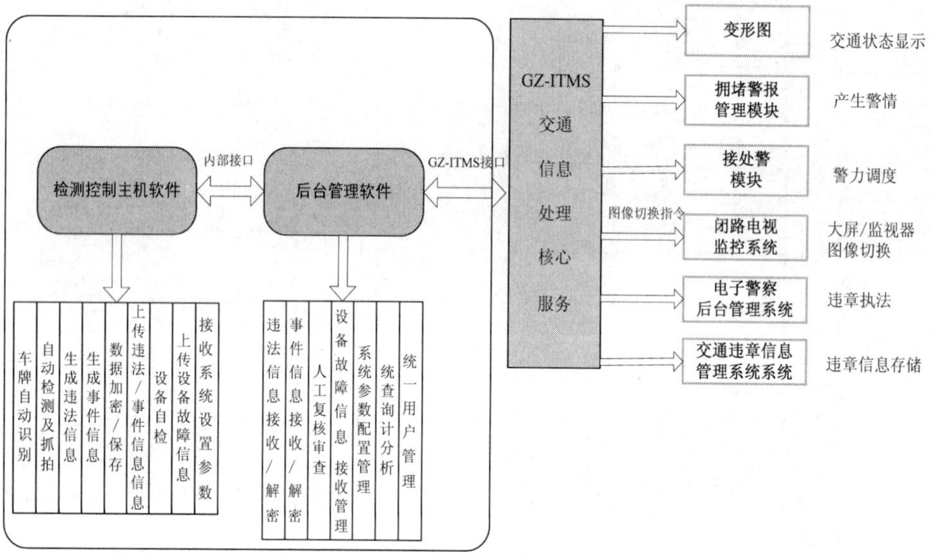


图 1.16　交通事件检测及车牌识别系统结构示意图

系统共利用了 GZ-ITMS 交通闭路电视监控子系统所建设安装在高楼天台的 40 个视频监控前端，并在市区范围内新增了 38 个检测点，安装高清摄像机作为交通综合检测设备，对 170 条车道进行实时检测。

8. 其他子系统

包括广州市智能交通管理与指挥系统的其他光纤数据通信网络、无线指挥调度通信网络（两套网络）、警务管理系统、移动警务应用系统（PDA）、短信息平台、交通管理信息查询中心、警车及警员定位系统 GPS、交通地理信息系统 GIS、交通设施管理系统、交通流采集分析系统、辅助决策系统、运维管理系统等。系统通过电话接警和闭路电视监控两种渠道，实现了对警情的快速反应能力；通过 GIS、GPS 技术，方便地进行警力的安排和部署，并掌握各警员的位置和状态，实现网上查勤、网上点名等功能，提高了警务管理水平；通过与 GIS 电子地图结合，可清晰地掌握道路交通设施分布，以便协助制定警务保卫交通设施保障方案，同时还可进行各种统计，提供领导决策功能；通过给移动巡逻交警配置 1500 台 PDA ，可实现定位功能，并可以现场查询车辆、驾驶员信息，进行现场执法处理。

## 三、主要技术创新

### （一）运用交通事件检测、车牌识别、信息融合等技术，实现对交通事件和交通运行的主动管理

利用GZ-ITM的交通闭路电视监控子系统、交通信息采集分析子系统等系统的信息融合，自动识别单双号、自动判别专用道车辆和其他车辆、自动判断道路交通事件技术。

### （二）交通信号控制与相关系统之间的信息联动，实现动态交通控制和诱导

GZ-ITMS在现有的SCATS信号控制系统的基础上进行扩展和二次开发，通过对路口出口车辆的检测或安装路段检测装置等手段，判断道路是否有交通事故的发生，对交通事故做出报警，及时调整有关路口的交通信号，并把交通状态的信息发送给可变情报板、交通电台和互联网站等，实现各系统之间的信息联动。

GZ-ITMS在处置交通警情的过程中会对处置情况进行信息跟进和反馈，确保交通警情处置的全程监控。

### （三）系统自动保存交通警情处置信息，提高交通信息的高效运作

GZ-ITMS自动保存处置后的信息并形成交通警情处置预案，人工可根据不同的警情进行归类整理和完善后加以保存；在处置中会对处置情况进行信息跟进和反馈，确保交通警情处置的全程监控，并会根据不同警情自动调出一种或多种相配备的预案供决策者借鉴，从而实现交通管理信息、决策、执行三者高度集成。

### （四）GZ-ITMS信息共享和协同技术

GZ-ITMS及其子系统与现有的机动车与驾驶人管理系统、交通违法管理系统、交通事故管理系统等之间的信息共享和协同技术。一是通过配备的移动终端直接查询现场执法所需要的交管数据，包括驾驶人、机动车、交通违法、交通事故、套牌车、盗抢车等，同时可接收指挥中心发来的通传、警情等信息，还可进行现场执法和打印处罚书。二是非现场执法的比重大幅增加，随着交通监控点和“电子警察”总量的增加，以及非现场处理交通违法系统的不断完善，非现场执法交通违法行为的比重从原来的20%上升到50%以上。

### （五）交通视频信息的分析技术

GZ-ITMS交通监控全天候录像不难得出交通堵塞的起止时间、堵塞原因、堵塞程度等，通过对交通视频信息为分析交通黑点规律提供了一手资料，有助于加强交通疏导和优化交通组织。

### （六）相关其他部门系统的信息交换和整合技术

GZ-ITMS 实现与非公安业务系统和交通信息系统的信息交换技术：GZ-ITMS 的多个业务系统与银行、邮政等非公安业务系统联接及 GZ-ITMS 与其他的交通信息系统的连接，在保证安全的前提下，实现 GZ-ITMS 的子系统（包括公安业务系统）与其他交通信息系统和非业务系统的高效、安全交换，并将交通信息和业务数据进行整合。

## 四、应用情况和效益

随着 GZ-ITMS 的建成，在继续加快系统建设的同时，广州市公安交通管理部门积极探索建立相配套的公安交通管理指挥模式，以实现“发现快、出警快、处警快”为目标，制定了广州市智能交通管理指挥中心工作规范，强化了指挥中心协调指挥作用和交通信息发布能力。

GZ-ITMS 利用系统主动快速发现各类交通警情，快速调度民警赶赴现场处置，很大程度地减少了广州市的交通事故和交通拥堵，道路交通事故四项指数持续五年下降；由于电子警察及闭路电视监控的大量增加，目前非现场执法占执法总数的比例接近 50%。城市主干道交通监控和电子警察覆盖面将从目前的 50%提高到 90%，交通管理指挥的效率将得到较大的提升，应急处置能力、信息研判和决策管理水平有了大幅提高。

GZ-ITMS 及交通闭路电视监控子系统在国庆 50 周年大庆、交易会保卫、龙舟节、元旦烟花晚会及春节花市、九运会、亚运会等大型活动中发挥了极其重要的作用。特别是 GZ-ITMS 亚运前再升级，亚运期间在广州市区的管制区域和专用道实现用交通事件检测及车牌识别系统自动识别单双号、专用道车辆、自动判断道路交通事件，保证了亚运交通组织的有效实施。

在亚运期间，GZ-ITMS 系统整体功能发挥中取得了良好的实施效果，使亚运期间整体交通运作安全、有序、平稳，交通组织井然有序，保证了亚运会及亚残运会的顺利进行，兑现了申亚承诺。

## 五、建设发展展望

随着 GZ-ITMS 系统功能的日益完善，信息化应用将全面延伸到交通执法、交通疏导、交通警卫、交通事故处理、车辆管理、窗口服务和队伍管理等各项工作中，基层管理的多元变化和基础末端的深层变动，通过 GZ-ITMS 决策支持系统更深入研究，对交通信息和业务数据整合、数据挖掘，及时给出信息研判和交通管理决策辅助意见。

智能交通系统是渐进式的系统，随着系统实际应用和信息数据的积累，需要不断完善交通管理指挥调度体系，进一步以指挥中心的建设为基础，以闭路电视监控、交通流检测、交通信号控制、交通诱导信息发布、GIS/GPS 等技术为手段，实现对城市道路交通的动态、实时的控制和协调。同时，辅助以警务装备管理、交通设施管理、多种业务信息支持，使 GZ-ITMS 系统指挥调度功能，更加科学、高效、统一。进一步利用“110”现有资源进行建设，包括“110”的警员与车辆定位系统、“110”地理信息系统、“110”无线数据传送网络等。通过市公安局综合信息网，实现与“110”的定位信息共享、地理信息共享、警情信息共享等。

在控制区域内设置更合理和更广泛的覆盖范围的信号控制、监控、交通信息采集、电子警察点位，为 GZ-ITMS 系统提供更加全面、准确、切合城市交通状况的数据，并与其他部门信息系统的数据交换、整合，为交通参与者等提供不同服务等级的广州市实时、非实时交通状态信息，满足交通指挥、交通分析、市民出行等需要。

（主要撰稿人：徐亚国、李　京、何立鹏）

# 杭州市智能交通系统建设与发展

## 一、杭州市 ITS 建设发展基本情况

杭州市 ITS 建设取得了很大成就，尤其在交通控制系统、智能化交通管理系统、先进的公共交通系统、智能交通信息平台等方面。

在智能交通基础设施建设方面，交通信号控制设施、交通诱导设施、公交电子站牌、视频监视设备、定点 RTMS 检测设施等的数量和质量都处于国内领先水平。在智能交通技术应用方面，多种先进的智能交通技术都已经成功地应用到交通运输行业中，如交通局的 GPS 车辆定位技术、公交集团的公交电子收费技术、交警的视频监控技术、浮动车检测技术，以及区域协调控制技术、市建委综合交通研究中心的智能交通信息平台等都已经在实际应用中取得了积极效果。

在 ITS 建设方面，目前发展特点表现为多部门各自研发和建设。其中，最重要的几个主体有杭州市公安局交通警察局、交通局、公交集团、建委综合交通研究中心等，其他一些单位如市城管办、规划局等部门也在 ITS 建设中发挥了巨大作用。

## 二、杭州市 ITS 建设完成的主要系统

### （一）杭州市交通警察局

杭州市交通警察局根据自身的特点，自 1998 年就开始了交通事故处理、交通信息采集和交通控制等领域的智能化改造，其 ITS 的建设成果可以概括为“一个中心、三个系统”，即交通指挥中心及交通管理信息系统、交通控制系统和交通工程类信息系统。

交通指挥中心的功能正趋向完备，除实现了对部分交叉口的监视功能外，还利用浮动车采集的实时交通信息，实现了对路网交通状况的掌控。交通管理信息系统主要有信息采集系统（通过视频、线圈和浮动车采集）、违章管理系统（1995 年）、事故管理系统（1999 年）、驾驶员管理系统（1999 年）、车辆管理系统（2001 年）、路面信息采集系统（2005 年）和综合业务系统等。交通控制系统主要有非现场执法管理系统（1998 年）、SCATS 交通控制系统（2000 年）、交通诱导系统（2000 年）、交通量采集系统。交通工程类信息系统主要包括工程项目管理系统等。

目前，全市在 190 处设有视频检测设备，拥有 86 套 OD 行程时间检测设备，4500 辆出租汽车的浮动车信息，建成了“杭州市道路和交通管理应用浮动车技术示范工程”（HZ-RTFIS），能实时显示路网的交通状况。截至 2007 年底，杭州市城区 SCATS 系统控制的交叉路口 240 个、监视系统交叉口 370 个，安装电子警察交叉口 312 个。并在市区主要道路上安装了 70 处“父子灯”。在交通信息发布方面，有 50 块道路情报板，

119 个可变车道牌，19 个停车场（库）设有诱导系统设备。与此同时，市交警支队还实行了集中调度指挥和交通信息预报制度，在市区主干路、主要路口实行分级预警和干预机制，重点解决早晚高峰、节假日重要时段的路面交通问题。

杭州市交通警察局指挥中心信息流程如图 1.17 所示，交通信号协调控制系统结构如图 1.18 所示。

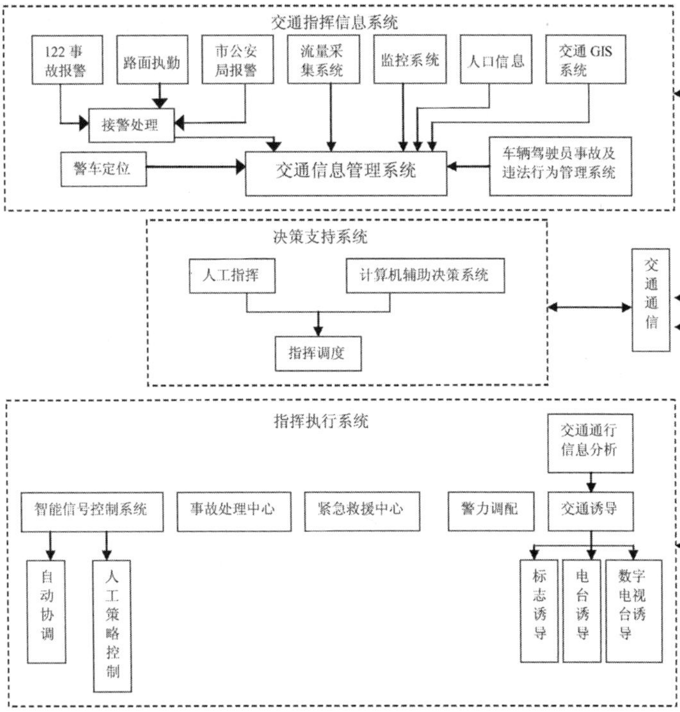


图 1.17　杭州市交通警察局指挥中心信息流程图

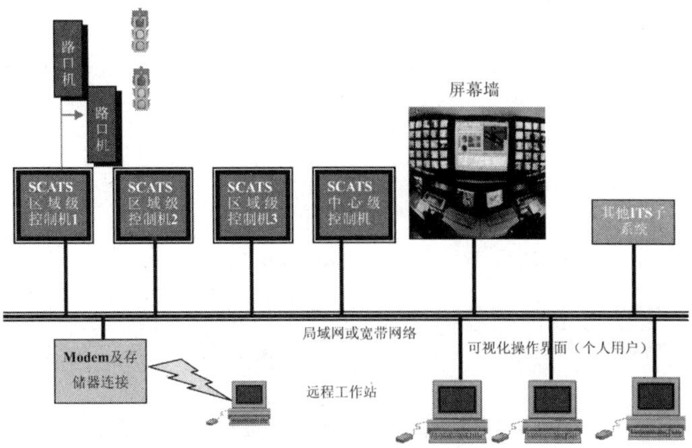


图 1.18　杭州市交通警察局交通信号协调控制系统结构图

此外，杭州市交通警察局设有杭州市交通信息网 www.hzti.com，主要栏目包括交通快讯、交通通告、交通路况、通行参考和违法查询等，其中，交通快讯、交通路况和交通状况提供杭州市城区主要路口、高架、隧道的实时视频图像及通过不同颜色反映路口、高架、隧道的交通运行状况（类似于拥挤地图）、停车场的泊位数状况及几条高架主要路段的行车时间等实时交通信息，如图 1.19 所示。

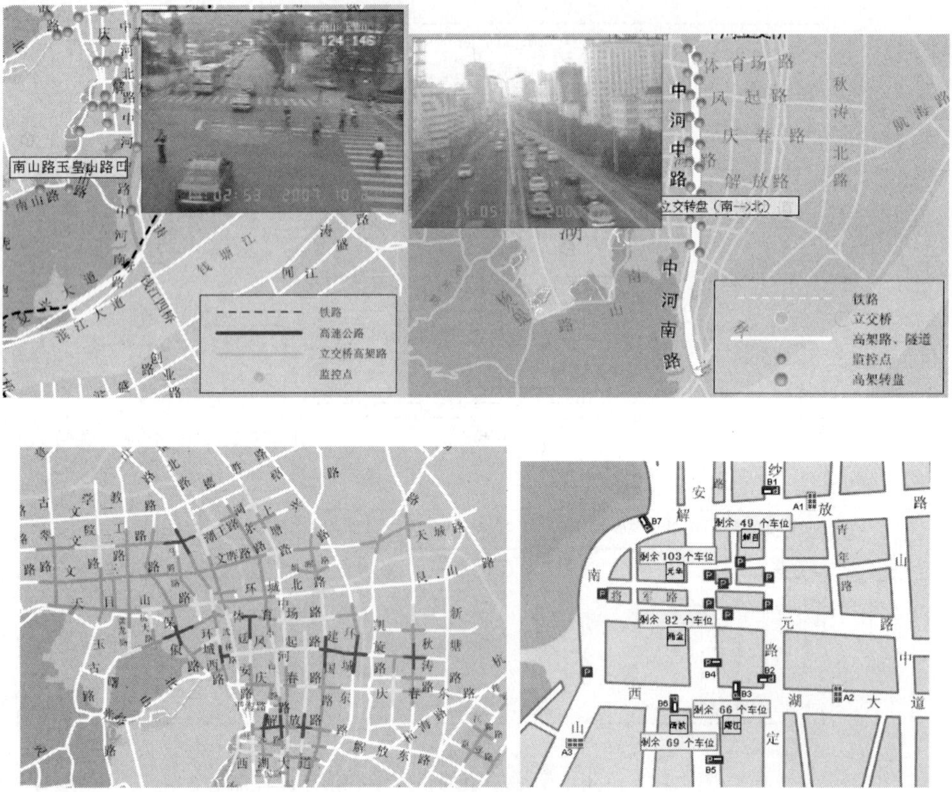


| 高架上桥入口 | 高架下桥出口 | 行车时间（分钟） |
|---|---|---|
| 中河高架 西湖大道 | 平海路 | 1 |
| 中河高架 西湖大道 | 文晖路 | 6 |
| 中河高架 体育场路 | 文晖路 | 1 |
| 中河高架 庆春路 | 文晖路 | 4 |
| 中河高架 平海路 | 西湖大道 | 1 |
| 上塘高架 文晖路 | 体育场路 | 1 |
| 上塘高架 文晖路 | 庆春路 | 4 |
| 上塘高架 文晖路 | 西湖大道 | 6 |

图 1.19 杭州市交通警察局交通信息网实时交通信息

### （二）杭州市交通局

目前，杭州市交通局已建成的应用系统主要有交通工程项目管理系统、车船 GPS 定位系统、交通信息指挥系统、现场视频监控系统、交通信息宽带数据网、交通信息网站（包括内网与外网）等。

交通工程项目管理系统包括信息沟通平台、项目管理系统和现场视频监控系统 3 个部分。目前该系统已经在杭千高速公路、杭徽高速公路、诸永高速公路、德胜高架道路、杭甬运河工程等建设项目上得到了全面的应用，并不断完善。

车船 GPS 定位系统主要有 3 个平台：

（1）城市道路 GPS 平台：主要针对营运车监控，包括出租汽车、客运车、货运车和危险品车等。目前有 5000 多营运车辆安装了 GPS 系统，其中超过 50%是出租汽车。

（2）公路 GPS 平台：主要是对公路路政车和运政车的监控。目前只是实现了对公路局车辆的监控，目标是实现对全省 500 辆路政车的监控。

（3）水上 GPS 平台：即船舶监控，目前有包括货运船、政府港编船等在内的 200 艘船安装了 GPS 系统。未来建设目标是实现对所有 7000 艘船的监控。

交通信息指挥系统利用计算机、网络等信息技术实现了交通行业管理的电子化、网络化、智能化，初步建立具有数据采集处理能力、决策能力和组织协调能力的高效、快捷的交通指挥管理体系。包括杭州市交通局指挥中心和港航、运管、公路 3 个指挥分中心。交通信息数据网正按分层结构建设。对于不方便架设有线网络的地方，采取无线通信的方式传输数据，具体形式如 GSM、GPRS、CDMA、微波通信、集群通信等。交通系统网络拓扑图如图 1.20 所示。

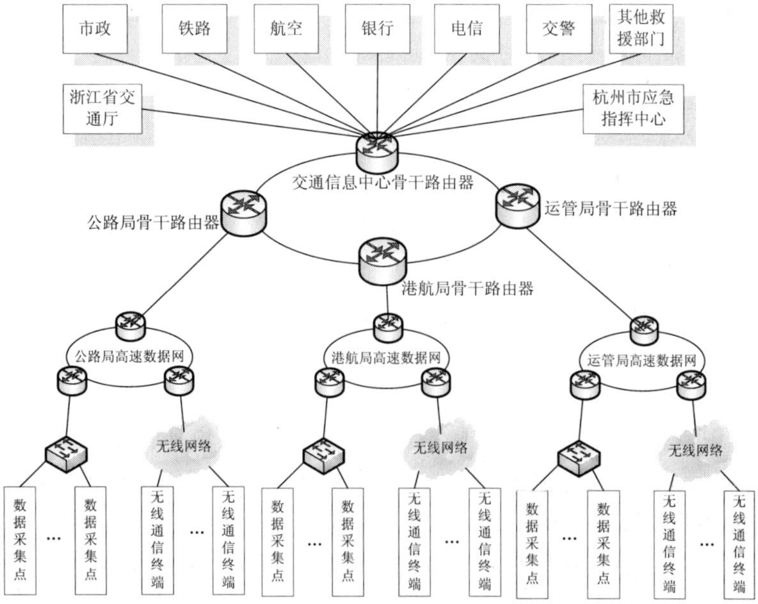


图 1.20　杭州市交通局交通系统网络拓扑图

“杭州交通信息网 www.hzcb.gov.cn”是“中国杭州”政府门户网站的子网站，是杭州市交通系统在因特网对外宣传和为民服务的总窗口，于 2003 年 1 月建成，2005 年 6 月推出新版，网站依据不同的服务对象划分为公众服务、从业指南和电子政务三大频道。

### （三）杭州市公交集团

杭州市公交集团自 1996 年开始与有关技术厂家合作，在国内率先开发使用城市公交车辆 GPS 调度监控管理系统。同时，还研制了 GPS 电子站牌和 LED 自动报站系统配套使用，这一系统投入使用后，使得装载了该系统的线路能及时、清晰地为调度人员和乘客提供运营车辆运行位置和到站时间等动态信息。同时也实现了公交车辆实时监控和调度的动态管理，把原来的经验调度和事后调度变为由计算机智能控制的实时调度，提高了公交企业的调度管理水平，提高了车辆的利用率。

目前，杭州市公交集团的交通信息化建设成果主要如下：

（1）车辆的智能化调度和车辆运行状况的监控。目前全市范围内已有 4600 公交车安装了 GPS。结合公交 GPS 数据，正在进行智能调度的系统研发，可以对车辆运行状况进行监控，与驾驶员及时通信，目前简单的调度已经实现，还在进一步探索希望实现自动化实时调度。

（2）在信息发布方面，智能化公交电子站牌采用 GPS 和光纤宽带传输技术，目前站牌数量已达到 426 座，这些公交电子站牌能展示新闻天气、媒体广告、公交线路、到站距离等公众信息，由于存在道路拥堵、交叉口信号灯等因素，其中的到站距离信息还不够精确，不能很好地反映公交车辆的到站时间信息。另外，在 2000 多辆公交车上安装了移动电视。

（3）IC 卡收费系统方面，采用独立的“射频式 IC 卡乘车系统”，主要包括 A、B、D 卡和 T 卡几大类。IC 卡的票款收入目前约占总票款收入的 32%，乘坐的人次约为总人次的 52%。目前正在推广的市民卡可以归纳为两大功能：一个是社会保障方面，包括养老、失业、公积金、低保等 8 个方面的保障，另一个功能就是小额支付功能，包括公交一卡通、超市购物等。

（4）快速公交系统建设方面，实现乘客提前在站台购票，大大缩短了乘客上车和车辆停靠时间（BRT 的上下客时间平均 0.5～0.8min，每次停靠时间在 15～18s），并可通过匝机来统计客流信息。另一方面是引入了 BRT 的视频监视系统，在每个站台上设置了 3 个摄像头，采用光纤接入。

此外，杭州市公交集团建设了公交网站、WebGIS 网上公交线路检索查询系统、公交服务短信声讯平台等。未来杭州市公交集团的信息化建设目标是：逐渐建立智能城市公共交通系统（APTS），系统包括智能公共交通优化与设计子系统、智能公共交通调度子系统、智能公共交通信息服务子系统、智能公共交通评价子系统等，提高企业管理水平，提升服务质量，为乘客提供更加准时、快捷、舒适、灵活的公共交通服务。

## （四）杭州市建委综合交通研究中心

### 1. 全球智能出行规划系统

杭州市作为国际著名旅游城市，游客量正在逐年增长，但是，目前尚未有一个先进的游客信息服务系统为国内外游客提供优质旅游出行信息。杭州市综合交通研究中心在欧盟赠款资助下，与希腊、西班牙、芬兰、意大利、英国和德国等国的 12 家研究机构联合开发了全球智能出行规划系统（Wide Scale Network of E-systems for Multimodal Journey Planning and Delivery of Trip Intelligent Personalised data，WISETRIP）。该系统的目标是建立创新的可移动式服务平台，通过对欧洲各国乃至全球已有的出行信息平台的信息交换，提供出行者跨国、跨地区的多种交通方式的动态出行信息，使出行者在不同时间和地点通过移动或固定终端/设备，在出行前和出行途中获取个人所需出行信息。该系统的开发从 2008 年 2 月开始，历时 30 个月，目前已基本建成。欧洲的 4 个城市与中国的杭州市被确定为系统成果示范城市。

杭州市将籍此系统向欧洲和全球游客提供城市主要景点和兴趣点的公交换乘方案及城际交通信息。WISETRIP 系统结构如图 1.21 所示。

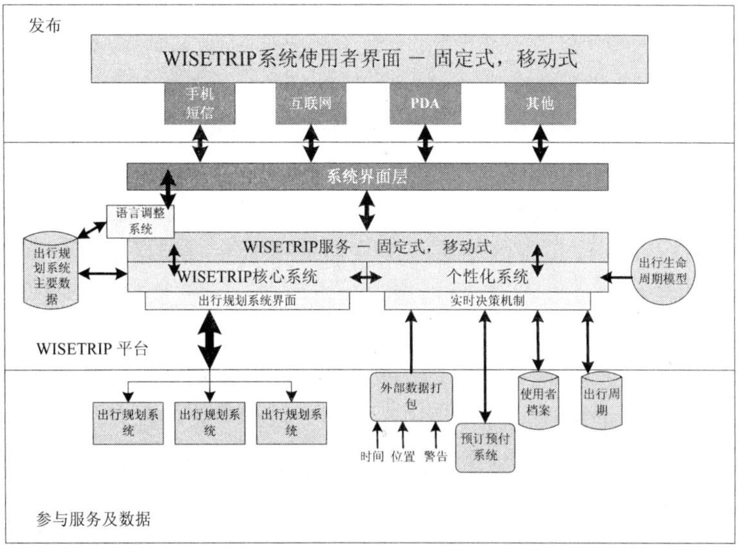


图 1.21　全球智能出行规划系统结构

### 2. 杭州市智能交通信息平台（一期）示范工程

（1）主要建设情况

杭州市智能交通信息平台是杭州市智能交通系统（ITS）的重要组成部分和核心建设内容之一。通过信息平台建设，将推进杭州市 ITS 现有子系统之间的数据交换、共享及系统整合，充分利用各类交通基础数据，提升城市交通规划、建设和管理水平，提高居民出行的信息服务水平。信息平台建成后，将进一步提升市建委作为建设系统牵头及综合协调单位的技术能力和科技水平，为城市交通领域的决策创造一个基础数据平台。同时，与市交通警察局、市交通局、市公交集团等单位已建成的ITS子系统一起，在技术上形成互补，为城市交通建设、管理和运营服务。此外，信息平台将依托强大的数据资源，在实时路况信息发布、停车场信息发布、交通管制信息发布等方面进行示范，为市民出行提供丰富、便捷的交通信息服务。

2008年5月，由杭州市建委、杭州市综合交通研究中心牵头的杭州市智能交通信息平台（一期）成功获得住房与城乡建设部科技示范项目立项。此后在市政府的大力支持下，杭州市综合交通研究中心通过一年的前期准备、半年多的开发实施、3个多月的试运行后完成了杭州市智能交通信息平台（一期）示范工程开发，并于2010年4月通过了住建部组织的系统测试、项目验收，获得了“整体达到了国际先进水平”的鉴定，从而进入了推广应用阶段，如图1.22～图1.24所示。

杭州市智能交通信息平台（一期）示范工程以杭州市交通地理信息平台（T-GIS）为基础，汇聚多部门的动态交通数据，实现面向公众的实时交通信息服务，通过专业数据库及交通仿真模型的建设，实现对多源数据的深层次综合应用，为杭州市交通规划、建设管理提供决策支持，为实现跨部门信息共享奠定基础。项目建设内容包括交通地理信息子系统（T-GIS）、交通信息采集子系统、交通模型与交通规划辅助设计子系统、交通信息服务子系统在内的四大子系统。其中交通地理信息子系统基于GIS技术将杭州市的交通基础设施和其他相关设施信息进行统一整合，是整个项目各项功能应用的基础；交通信息采集子系统负责数据的接入、清洗、处理和存储，是智能交通信息平台的数据来源；交通模型与交通规划辅助设计子系统建立了一套宏、中观一体化的杭州市现状交通仿真模型及相应辅助设计系统，为城市交通规划、建设、管理的方案评估和优选提供辅助决策支持；交通信息服务子系统是杭州市智能交通信息平台一期工程中用于成果输出和数据应用的平台，是为专业用户和公众用户提供交通信息服务的渠道。

项目完成了四大子系统及核心数据库的设计、开发、测试，并全面进入系统试运行阶段。T-GIS方面建立了全面、准确的杭州市基础交通网络地理信息数据库，包括道路网、公交网、铁路网、水运网、对外交通枢纽、路边停车点及城市人口、岗位分布等用地数据。在交通信息采集方面，接入146套道路断面检测器的实时流量、车速和占有率数据，7000多辆出租车实时GPS数据，937个停车场的动态交易数据，为信息发布和数据深层次应用奠定了良好的基础。在交通模型和仿真方面，建立了一套宏、中观一体化的杭州市现状交通仿真模型，并通过对商用仿真软件进行二次开发，实现了交通仿真需求分析、供给分析和模板图表智能化操作，同时针对杭州市具体情况开展了武林门地区交通组织、杭州萧山机场行人和路侧交通仿真模型应用示例。在交通信息服务方面，开始通过网站和手机向公众提供内容较为丰富的实时交通信息服务，定期发布杭州市交通运行周报、月报和年报，并建成了对多源动态交通数据进行深层次查询与分析的专业交通数据应用分析平台。

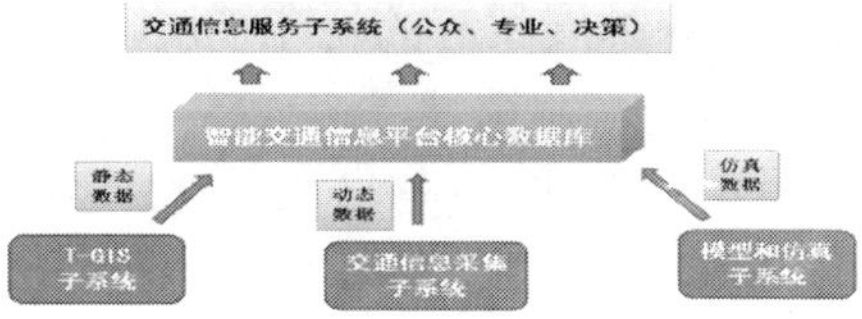


图 1.22　杭州市智能交通信息平台（一期）示范工程建设内容

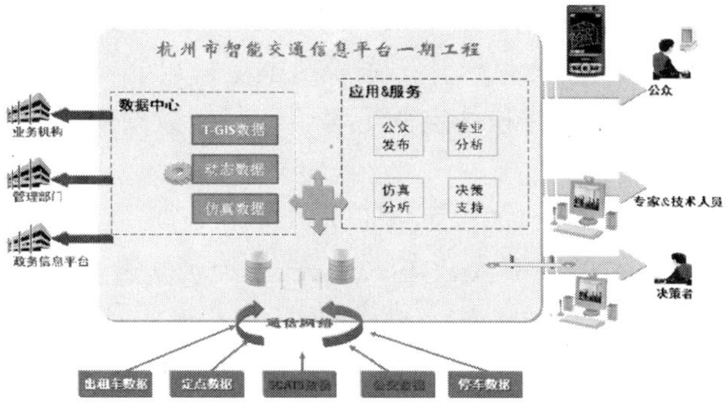


图 1.23　杭州市智能交通信息平台（一期）示范工程总体结构

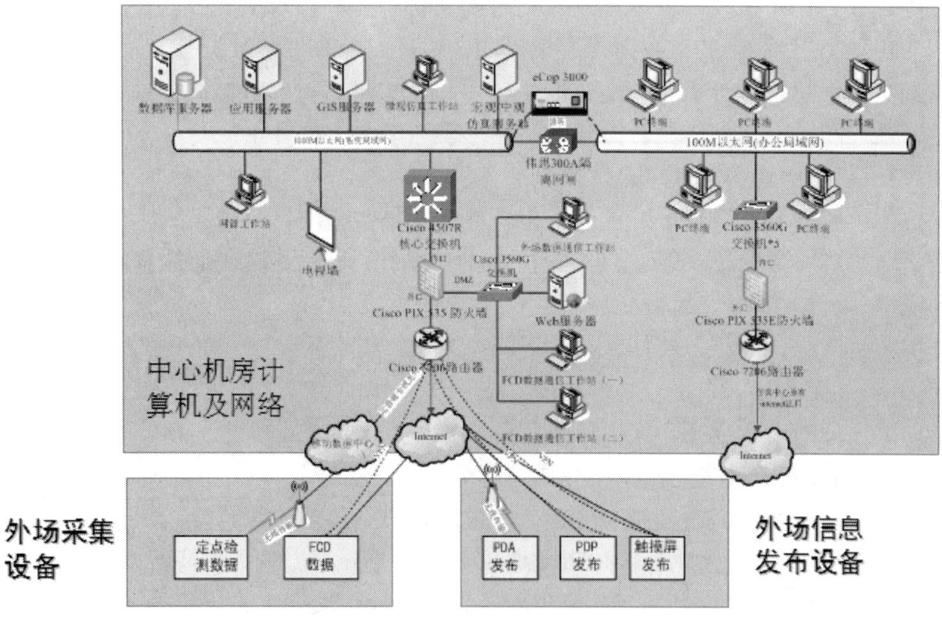


图 1.24　杭州市智能交通信息平台（一期）示范工程网络结构

（2）主要技术创新

杭州市智能交通信息平台，形成了一整套比较完整的建设智能交通信息平台的技术方法。对于国内大城市建设类似信息化项目具有较高的推广价值，其潜在用户是国内大中型城市的交通管理部门、建设部门和规划部门。由于平台采取先进的集成技术和模块化设计，通过定制服务可以调整和扩展相应的功能模块，对于不同的管理体系有较强的适应性，对于不同的地区有很好的可移植性。

与国内外类似系统相比，杭州市智能交通信息平台一期工程的技术创新点包括：

① 以交通信息平台的应用需求为导向，引入 T-GIS 的概念，建设“一网四库”，即采用一体化标准路网，建立杭州市智能交通信息平台中交通模型与仿真、实时数据计算、公众信息服务和专业数据分析所涉及的空间数据库。

② 根据 T-GIS 数据自身特点，制定适合杭州市智能交通信息平台一期工程的 T-GIS 空间数据标准和加工规范；设计了系统触发更新机制，当道路改造引起转向改变、添加或删除道路、公交线路和站点变更等引起基础数据发生变更时，将触发相应更新机制。

③ 基于 ArcObject 实现了 T-GIS 数据日常编辑和更新，主要包括路网、小区、公交、交叉口渠化等编辑功能；基于 ArcGIS Serever 实现了交通业务信息的公众发布，包括网上路网发布、实时路况发布、路径优化查询、停车场实时查询和流量分析等功能。

④ 实现多层次交通模型一体化与快速更新，建立宏观、中观、微观一体化交通模型并投入实际运行，使用实时动态交通数据对模型参数进行标定，显著提高模型的准确性和时效性，通过交通规划宏观仿真辅助设计系统（智能仿真），以提供一种易用、质量可控、数据保密、成果表达一致的交通规划新流程。

⑤实现集出租车 GPS 数据、流量检测器数据、停车泊位数据等多种数据源于一体的综合交通信息挖掘分析，并通过网站、手机、大屏幕等多种方式发布，并基于 Flex 的图形处理和显示技术，显著提升网站图形表达能力，提升用户使用体验。

（3）主要应用情况和综合效益

杭州市智能交通信息平台一期工程软件开发与实施项目已进入试运行阶段，面向公众的交通信息服务网站、交通年报（月、周报）系统、移动终端交通信息发布应用程序、仿真模型和智能仿真工具均已投入应用。

本项目的综合效益主要体现在以下几个方面：

① 通过交通数据采集与处理功能，提供多元化的实时交通出行信息服务，引导公众做出更合理的出行选择，均衡路网负荷、减少交通拥堵。

② 定期发布定量化的杭州市交通运行分析与评价结果（交通年报、月报等），能够对职能部门及时了解交通形势发展趋势，进而做出更科学的判断。

③ 建设多层次一体化的杭州市交通仿真模型并开发交通规划辅助设计系统，显著提高交通规划与管理方案设计效率，为职能部门进行交通方案比选和决策提供强有力的技术支持，提高交通决策的科学性和时效性。

④ 通过长时间积累的海量实时交通数据，形成一个交通数据综合分析平台，在此基础上建立更全面的交通运行分析评价指标体系，为精细化分析杭州市交通运行状况、分析交通运行特征和机理、提升交通学科基础理论研究水平奠定了良好的基础。

⑤ 通过使用先进的信息技术手段，节约交通信息采集设施的建设与投资，节省人工调查成本，缩短数据统计周期；同时使用环保、节能的交通检测技术，避免破路施工，降低维护成本。

## 三、杭州市 ITS 建设发展规划及展望

杭州市智能交通信息系统建设发展规划将破解“信息孤岛”难题，推进杭州市智能交通系统的系统整合与整体效益提升，最终构建七个系统和一个平台的 ITS 体系框架，并充分体现平等性、灵活性、开放性、术语国际化、国情化原则。其中七个系统分别为基础交通信息采集系统、智能交通管理与控制系统、智能交通仿真系统、紧急事件快速处理系统、公共交通管理系统、综合运输业务系统和交通信息服务系统，一个平台为杭州市智能交通信息平台。图 1.25 所示为杭州市智能交通信息系统总体结构图。

图 1.25 中，杭州市智能交通信息平台是杭州市智能交通信息系统的核心组成部分，将通过信息的整合实现各个子系统功能的提升，并实现各个子系统围绕智能交通信息平台进行信息采集和共享。智能交通信息平台是建立其他 ITS 应用系统的信息枢纽，其建设的目的是对基础数据、信息采集及信息处理的资源优化，在总体功能上能达到“1＋1>2”的效果，从而提高整个系统的功效。图 1.26 所示为杭州市智能交通信息系统框架。

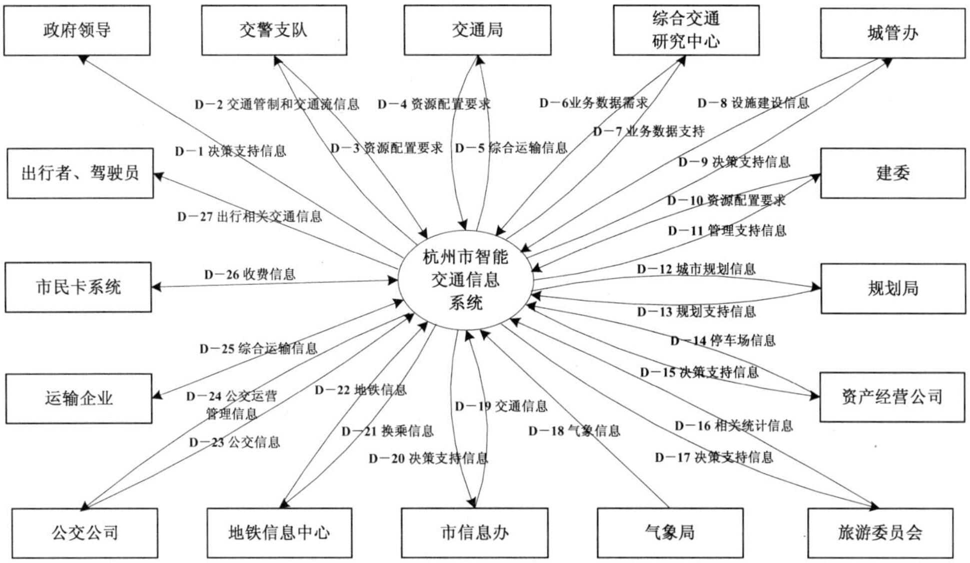


图 1.25　杭州市智能交通信息系统总体结构图

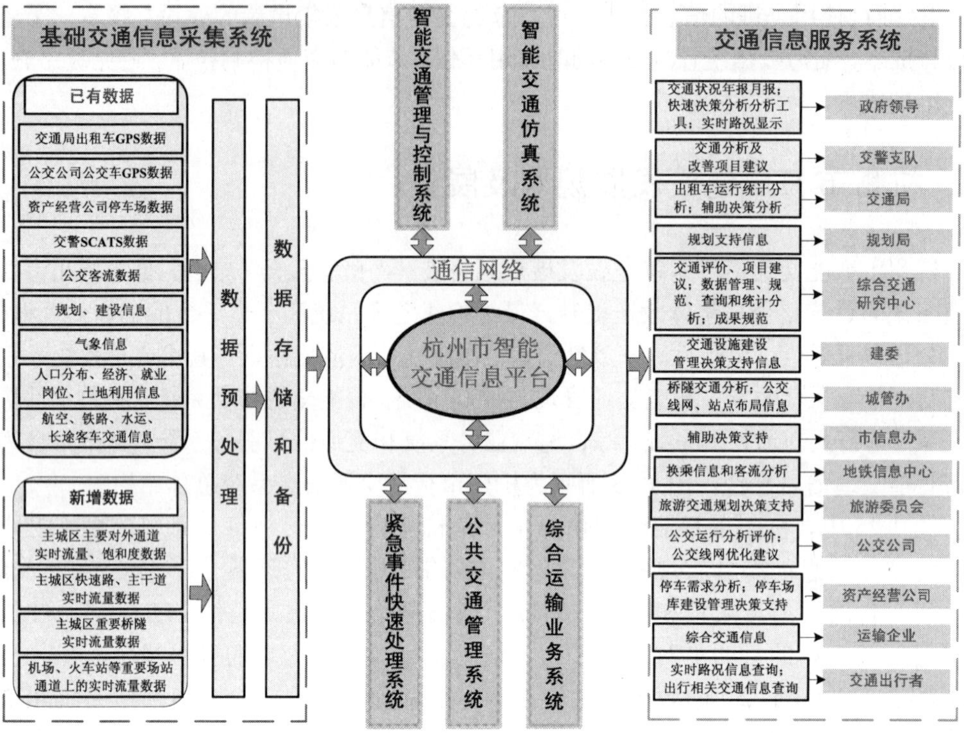


图 1.26　杭州市智能交通信息系统框架

### （一）基础交通信息采集系统

基础交通信息采集系统是整个杭州市智能交通信息系统的基础。基础交通信息采集系统有两个数据来源，一个是已有数据，将接入杭州市现有的交通基础数据，主要包括市交通局的出租车 GPS 数据、公交公司的公交车 GPS 数据、资产经营公司的停车场数据、交警的 SCATS 数据、公交客流数据、对外交通信息，此外，还包括规划和建设信息、气象信息、人口分布、经济、就业岗位、土地利用等信息；另一个是新增部分采集手段获得补充的交通数据，主要包括主城区主要对外通道实时流量和饱和度数据、主城区快速路和主干道的实时流量数据、主城区重要桥隧实时流量数据及机场、火车站等重要场站通道上的实时流量数据等。以上这两部分数据将共同构成杭州市智能交通信息系统的基础数据。基础交通信息采集后还要进行数据预处理、存储、备份等工作。

### （二）智能交通管理与控制系统

智能交通管理与控制系统是杭州市智能交通信息系统的重要组成部分。智能交通管理与控制系统主要面向杭州市交通管理者的，它将对道路交通系统中的交通状况、交通事故、气象状况和交通环境等进行实时监测，根据收集到的信息，形成交通管理方案和对道路交通进行控制。

### （三）智能交通仿真系统

智能交通仿真系统是工具。杭州市智能交通仿真系统设计分 3 个部分：宏观交通仿真、中观交通仿真及微观交通仿真。其中宏观交通仿真面向大范围交通影响分析；中观交通仿真面向控规阶段交通规划、地区性交通影响分析、交通组织方案评价；微观交通仿真面向交通管理与控制方案评价和交通设计方案效果的展示。智能交通仿真系统的不同用户根据其使用权限不同在智能仿真平台操作界面上能获得相应的服务。

### （四）紧急事件快速处理系统

紧急事件快速处理系统是一个特殊的系统，它依托智能交通管理与控制系统将交通监控中心、交通警察和有关的救援机构、设施组成有机的整体，为道路使用者提供现场紧急救治、拖车、排除事故车辆等服务，旨在提高对突发事件的报告和快速处理能力。

### （五）公共交通管理系统

公共交通管理系统由公交信息采集系统（公交车 GPS 终端、公交 IC 卡等）、通信系统、信息显示系统（智能公交站牌、触摸屏）及智能化处理系统（公交路网规划、突发事件处理、出行线路查询等）等组成。其目标有两方面，一个是为乘客提供优质的公交出行服务，提高准点率，减少换乘次数，减少换乘走行距离等；另一个是提高企业的营运效率。

### （六）综合运输业务系统

综合运输业务系统是顺应建设“大交通”的发展趋势，进一步整合综合运输业务管理信息，最终实现对航空、公路、水运、铁路等多种运输方式相关信息的高效管理，提高综合运输系统的效率。

### （七）交通信息服务系统

交通信息服务系统是应用。交通信息服务系统将实时检测、处理后的道路交通运行状态及公交、出租车运行状态，以及各类统计分析数据等信息，以网站、大屏幕、触摸屏幕等形式准确、及时地传达至政府、相关交通部门、交通技术人员及公众，为用户提供全天候、多方式、多层面的动态、静态交通信息服务。如为政府领导提供道路交通、公交、出租车及停车方面的年报、月报，趋势分析、对比分析的决策快速分析工具，还有实时路况显示；为交警支队提供交通分析及改善项目建议等。

### （八）杭州市智能交通信息平台

杭州市智能交通信息平台是整个杭州市智能交通信息系统的信息枢纽，承担着数据融合、数据字典、给予数据挖掘的决策支持、数据服务和数据维护功能。杭州市智能交通信息平台接入各应用系统传输进来的按照一定编码规则和既定格式的数据，采用先进的数据分析、统计、挖掘和关联等技术从静态、动态数据中提取一定的共性和相关信息，提供各个层面的信息服务，如图 1.27 所示。

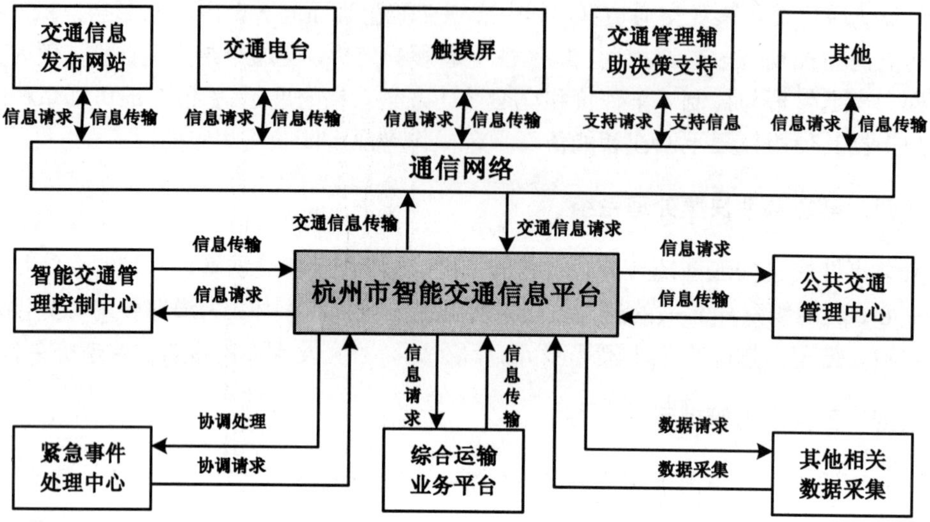


图 1.27　杭州市智能交通信息系统的信息流图

（主要撰稿人：罗　斌）

# 南京市智能交通系统建设与发展

## 一、南京市智能交通建设现状

近年来，南京市以群众实际需求为导向，以科技发展为保障，创新方法，因地制宜，加强部门协作和社会资源共享，大力推行智能交通系统的建设工作，真正让交通参与者体会到智能交通带来的便捷和舒适，进一步提升群众的满意度和幸福感。

按照《南京市交通发展白皮书》的规划目标，我市加大信号灯等交通基础设施的投入，截至 2010 年底，全市已建成交通信号灯控制路口 1180 处，行人过街信号灯 528 处。同时按照《白皮书》2010 年建设目标，积极推进交通线控和面控，一方面积极推广绿波带设置，完成 114 条绿波带的建设，控制路口 764 个，实现了城区绿波覆盖率 70%，城郊绿波覆盖 60%的设置目标；另一方面积极推进智能信号控制系统的建设工作，一期完成 95 个路口的交通信号智能联网控制建设，并计划在更广范围内推进后期系统建设。此外，我市也积极推进诱导系统建设，先后在主要入城口设立了 5 处指路服务站，智能交通诱导服务系统通过声讯台语音服务、路面诱导屏设施、智能车载终端等多种信息渠道为群众提供路况、停车位、交通管制等交通信息查询服务，并能够为驾驶人规划时间最短的行车路径，减少无效交通，提高道路资源利用率。

省市领导均对智能交通系统建设予以高度重视，指出要“大力推进数字交通和智能交通的建设，以交通的现代化管理为重要目标，以信息化为主要的支撑手段，智能交通体系建设是重中之重”。

为推动智能交通系统又好又快建设，南京市先后制定了《交通信号智能控制系统建设工作方案》、《交通信号智能控制系统建设实施细则》和《智能交通诱导四级停车诱导服务系统方案》、《基于视频的事件检测系统方案》、《路外停车场信息联网方案》、《路内停车场刷卡计费方案》等，进一步明确工作目标，细化工作措施，落实工作责任。为确保智能交通诱导服务系统数据准确性，制定了详细的系统运作流程，由专人值守负责核对城市道路交通信息，审核发布交通管制信息、交通事件信息、政策法规、实时资讯，及时反馈系统问题。先后取得以下建设成果：

（1）完成智能信号控制系统一期工程主体建设，搭建了系统控制平台，进入项目调试阶段。先后组织专家多次进行研究，与系统承建方深入交流意见，进行技术改造，先后解决了倒计时无法实现全程显示、触摸响应与实时控制相冲突、VIP 线路和公交优先控制不能完全符合灭灯、信号周期飘移等难题，将技术难点转化为技术亮点。后期将在一期建设基础上，总结经验教训，计划配合青奥会项目，在河西地区继续推行信号灯联网系统控制系统的建设工作。

（2）完成智能交通实时路况诱导系统主体建设工作，立足于信息采集和融合，充分利用现有的各类信息平台，整合近 8000 辆出租车的 GPS 定位信息，实现对主城区重点路段实时路况检测，并整合现有的 450 路交通监控信息、8 路隧道监控信息，对浮动车检测到的路况信息补充验证，提高信息发布精度。同时系统具备了基本的发布功能，可以通过车载终端、智能手机、广播台、声讯台、VMS 可变信息板等，实现实时路况信息的发布和查询功能。目前正在此基础上进一步整合信息渠道，提高路况判别的准确度。

（3）在试点建设基础上，细化并确定了停车诱导信息服务系统的建设方案，充分整合企业社会资源，采用有线与无线相结合的 VPN 专网解决方案，克服传输难题，实现和现有计费系统的对接，整合 100 余家大型停车场的车位信息的接入。对路内停车计费手持 POS 机的方案进行了论证，并在部分路内停车场试点实行了手持 POS 机刷卡计费和系统化管理。结合停车场信息联网建设，试行了四级停车诱导服务系统的建设，通过 LED 诱导标志，实现了停车场空余车位信息的实时发布。

（4）配合“蓝天行动”的管理目标的实现，对主城区环保限行区域实现高污染车辆的管控。我市先后分两期，在中山陵区域、老城区范围内建设了 25 处高污染车辆限行监控系统。该项目的建设，是我市跨部协作建设、多业务融合的首次尝试，通过系统项目的建设，构建了数据交换平台，实现了环保和交管部门的信息互通，创新管理思路，通过非现场执法方式实现环保限行管理，也为全市智能交通的建设奠定了基础。系统首次融合了射频（RFID）与视频双频识别技术的融合，对高污车辆管控的同时，更是实现了对所有过往车辆的检测，满足了公安刑侦、治安、事故案件侦破等业务需求，更可以动态感知车辆相关信息，为“感知”交通建设及年票制推行奠定了技术及实际应用的基础。

（5）配合道路重新改造，完成了公交车电子站牌的建设，通过 GPS 定位技术的应用，实现了公交车辆调度的精确化管理，成为我市智能公交调度系统建设的成功试点，并为南京市智能公共交通系统建设项目的启动奠定基础。整个南京市智能公共交通系统的开发研究涉及市民出行便捷、企业安全生产运营管理、政府监管、应急指挥与决策等多方面的应用。系统设计需支持 3.5 万余台车载调度终端（含公交、出租、其他客运车辆等）、3.5 万余台车载电子监控终端、1000 个电子站牌、200 套场站和 500 个中途站电子监控终端、百万市民多渠道在线查询的处理能力。项目建设主要完成“一个中心、三个应用体系”的开发。项目建设周期为二年半（2010.08—2012.12）,项目分两期执行。通过二期项目建设，实现统一集中的数据中心,主要处理各种设备产生的基础数据（车载调度设备、车载视频设备、客流、IC 卡等）的分类、收、发、转、存等处理；三个应用体系的开发是第一个应用体系为政府应急指挥监管决策系统,第二个应用体系为企业安全生产运营调度系统，第三个应用体系为电子站牌、移动终端查询、道路交通诱导系统、公众服务网络、电信运营商增值服务等提供市民便捷出行的智能公众平台系统，并且完成出租汽车 GPS 监控系统到智能公共交通平台的无缝接入。项目的实施将对改善城市公共交通客运环境、缓解城市交通压力、提高城市管理水平、提升城市形象和品味、创造便捷的市民出行条件发挥积极的作用。

## 二、南京市智能交通发展规划

《南京市交通发展白皮书》在南京市交通发展近期目标（2010）中提出初步建成智能交通基础平台，实现部分干道的绿波控制，交通管理设施和水平再上新台阶。而远期目标对科学先进的交通管理和控制系统建设明确了建设发展目标，要求初步建立一体化交通信息系统、智能交通指挥控制系统、科学合理的交通组织体系、严密的交通安全体系和完善的交通管理保障体系，这些将成为下一阶段我市智能交通发展的新方向。

《白皮书》中，将建设全社会共享的交通公共信息平台，逐步实现交通信息智能化、实时化的战略目标。并在重大政策中，明确了交通科技先导的要求，明确坚持以先进科技手段来规划、建设和管理交通系统，使交通发展科学合理。该政策要点分为以下 5 个方面：

（1）增加交通科技投入，加快人才引进和培养，加强综合交通规划、工程技术和管理的科学研究，建立和完善规范化的交通政策与规划体系。

（2）严格遵循国家基本建设程序，科学论证、科学决策，超前做好交通基础设施项目储备，提高前期工作水平。

（3）道路交通管理（如道路交通系统组织、信号灯设置与配时、道路标志标线设置、车道功能划分和路权分配等）要充分运用交通工程理论和技术进行科学设计和论证。

（4）积极推进交通信息化建设。推广地理信息系统（GIS）、卫星定位系统（GPS）、无线射频识别技术（RFID）等在我市交通领域的应用，建立规范化的交通信息调查、采集、发布制度。

（5）积极推进智能交通系统建设。优先推广公交、出租智能化系统建设，积极推进智能交通诱导、智能交通监控、电子收费系统、智能交通救灾与紧急救援系统、智能物流系统等建设。

除以上政策之外，《白皮书》在第五章交通设施建设中，也对交通信息化与智能化设施建设提出了规划要求：

（1）编制出台南京市智能交通发展规划，加快建设道路交通信息系统、信号控制系统、监控系统、诱导系统、综合信息平台，加快实现各系统之间信息共享，最大化发挥系统效益。

（2）围绕智能化城市公交系统、集成智能化城市交通控制与管理系统，为城市智能运输系统的进一步扩充预留接口。

（3）至 2010 年，初步建成城市公交、出租车智能化系统。建设控制主城区 350 个道路交叉口的交通信号控制系统，积极推进交通线控（绿波）和面控系统建设，增加视频电子警察、移动电子警察设施，扩充和完善中心区停车设施诱导系统。建设快速路智能监控与诱导系统，交通信息自动监测、采集、通信与发布系统，路内停车计时收费系统，交通流与交通事故仿真模拟系统。远期将建成覆盖绕城公路以内、长江以南区域的智能交通信号控制系统。

结合南京市发展需求，今年又提出了利用物联网技术建设一个以全面感知为基础的新型智能交通系统，并将其作为加强城市交通管理的重要手段。为推进“智慧南京”建设，改善交通秩序，提高交通运行效率，减少重复投资建设，南京市政府就加快推进全市智能交通项目建设工作提出了《市政府关于加快推进全市智能交通项目建设的意见》，并下发各单位就意见设计内容及分工展开研究讨论，以全面推进南京市 ITS 项目的建设工作。

《意见》提出，南京市的 ITS 项目建设，将以国家智能交通系统体系框架为指导，采用无线射频（RFID）、图像识别、GIS 等技术综合解决方案，建设车辆“感知”系统，实时采集、整理和分析相关数据，解决车辆识别、动态监测及流量精确预测等难题。并在建立“感知网”的基础上，通过交通信号控制、出行诱导、公交信息服务等一系列交通管理及服务系统，引导交通流合理分布，实现城市交通的动态组织管理，提高交通运行效率，保障城市畅通有序。

《意见》对全市智能交通系统建设提出了明确的目标，计划用 2 年时间，建成国内领先、世界一流、具有南京特色的综合智能交通体系，形成“智慧南京”的重要基础架构，有效促进全市城市管理水平的提升，带动全市智能交通技术研发及产业化发展。考虑到全市 ITS 项目建设规模大、技术复杂，要求在项目建设过程中，应以制度创新和技术创新为动力，着力推进交通管理相关部门各类系统的整合与协同，从整体上提升全市交通系统规划、建设和管理水平。项目建设遵循以下原则：

（1）统筹规划，资源共享。从城市发展全局出发，以整合交通资源为重点，统筹规划实施，防止重复建设和资源浪费。通过基础信息采集与交换共享平台建设，强化跨部门交通信息资源的有机整合和高效利用。完善管理机制，加强对共享数据的集约化管理，发挥智能交通系统整体效益。

（2）需求导向，技术先进。项目建设应紧扣交通相关管理部门及市民交通出行实际需求这一主线，梳理当前交通管理发展状况及存在的主要问题和“瓶颈”。在此基础上，引入物联网等先进技术，并通过自主创新或集成创新制定出针对全市交通实际需求的解决方案，努力形成基于海量信息和智能过滤处理的新型交通服务体系和管理架构。

（3）分步推进，注重实效。坚持“急用先行、实用为重、效率为先”方针，紧扣交通指挥管理与公众出行服务两大核心应用，根据全市交通发展阶段的实际，优先实施需求迫切、条件具备、效益明显的子项目，使整个项目建设相互衔接、有序推进。

（4）政府主导，市场运作。交通是政府城市管理的一项重要职能，智能交通系统建设必须在政府主导下推进实施。同时，要借鉴国际、国内城市的经验和商业模式，采用市场化机制，积极引入社会资金参与项目建设，有效解决项目建设过程中面临的资金、技术等问题。此外，政府应与企业共同探索、创新建设运营机制和商业模式，建立全市公共管理工程可持续发展的运作模式，避免出现“重建设、轻运维”等老问题。

此外《意见》进一步明确，为更好地推动全市智能交通项目建设，要求市发改委、公安局、环保局、交通运输局、住建委、财政局等各相关部门共同参与，成立领导小组，并在市发改委下设办公室，具体负责项目前期准备和组织实施工作，建立健全智能交通项目建设相关政策、法规和制度，着力推进交通管理相关部门各类系统的整合建设。同时，结合数据中心建设，统筹考虑交通信息交换与共享平台的建设和信息资源的开发利用。各相关部门要密切配合，加强协作，明确对口机关及人员，切实有效推进各项工作。整个智能交通项目的建设任务如下：

### （一）整合建设交通信息采集交换平台

交通信息动态采集与交换平台是我市智能交通系统建设的基石，也是物联网应用的重点示范项目。主要建设内容是：采用射频识别（RFID）技术，为本市注册的所有汽车安装电子标签，并通过优化各部门在车辆管理、环境保护、行政执法等方面的管理需求， 统一建设动态信息采集点（基站）、传输网络及后台数据中心，有效解决车辆自动识别和动态监测等问题，逐步实现车辆精准管理、城市路网动态监测、车流统计与分析、各种交通规（税）费的动态稽征等功能， 并可在此基础之上通过数据处理和多维挖掘技术，为交通信息服务、交通行业管理部门提供基础数据服务。平台建设应与正在建设的政务数据中心相结合，统一数据标准、统一规划实施，以有效减少重复投资，提升交通信息资源使用效率。

### （二）大力提升交通行业管理水平

目标是在全面感知城市交通状态的基础上，实现交通指挥调度科学化、交通信号控制自动化、相关部门涉车管理动态化等功能。主要建设内容： 一是构建先进的智能交通指挥系统，以交通动态实时信息采集与分析为基础，结合地理信息及视频传输技术，为交通管理部门提供路网状态、交通流量、交通设施、警力分布等动态信息，并对各类信息进行统计监测，为交通指挥提供有力的决策支持，提高全市交通的宏观管控能力，同时加快推进交通信号智能控制系统升级改造工作，在现有基础上，结合动态采集与交换平台所提供的流量、车速、车型等实时数据，科学预测分析交通状态，进一步优化路口配时方案，使交通信号智能控制系统最大限度地发挥作用。二是强化交通应急指挥能力，通过信息采集交换平台，将安监部门危化品运输管理、交通部门的客运车辆管理、公安交管部门特种车辆管理等部门垂直管理系统互联互通，充分发挥电子围栏体系自动识别与动态监测的功能，为突发事件处置过程交通指挥调度、危险品物流过程的跟踪、监控、管理等提供更有效的技术保障。三是加快推进环保限行管理系统建设，通过基础平台提供的车辆时空信息，准确判断各类排放标准车辆的运行轨迹，为环保部门控制机动车污染、建设低碳交通区提供技术与信息保障，为我市“蓝天计划”及 2014 年青奥会期间“零碳排放区”建设，提供有力支撑。四是稳步推进不停车收费及车辆收费管理系统建设，该系统基于车辆电子标签系统，将不停车收费与车辆收费管理等进行整合，建立灵活有效的票制、票务管理体系，避免重复建设，有利于减少征收成本，其收集的流量、车型等信息将是其他子系统重要的数据来源。

### （三）突出公交优先，推广交通信息服务

智能交通系统建设的最终目的是为广大市民提供顺畅、快捷的出行服务。因此项目

建设，将公众出行服务应用作为重点加以推进，主要建设内容是：一是加快建设智能公交系统。通过车辆电子标签、GPS 系统及其他技术手段，实现车辆位置、车辆状况、客流信息等数据的采集和管理功能，为行业管理部门和公交企业提供基础信息，优化车辆调度管理及公交线路规划，完善公交信息发布系统功能，建设电子站牌系统，为乘客提供准确的公交信息服务。二是优化提升交通诱导服务系统功能。整合现有交通信息资源，以网站、短信、广播等方式为公众提供路况信息、出行线路、交通气象等多层次的交通信息；完成路径诱导系统升级工作，能够为查询车辆的个性化需求规划出适应当前交通状况的最优路径；加快推进停车诱导服务系统建设，能够提供停车场（库）的位置、空满状态等信息，并可提供路径诱导。同时，进一步扩展高速公路信息查询系统功能，实时发布周边高速公路流量、交通事件、气象等实用信息。

### （四）建立技术标准体系，推动相关产业发展

要求通过项目实施，强化关键核心技术的研发攻关，形成一批具有自主知识产权的 RFID 应用技术及相关标准规范；同时，不断推进应用模式及商业服务探索与实践，为电子标签大规模推广应用积累经验，加快培育发展 RFID 产业，促进相关信息服务产业的快速发展壮大。

## 三、南京市智能交通标准化工作

智能交通项目的建设，涉及多部门、多学科、多系统，随着整体建设规模扩大，系统之间的整合难度较高，为了进一步规范系统建设，南京市先后出台了多项系统建设方案及标准规范，对各系统的建设目标、实现方案及数据通信协议等做了明确规定，有利于后期的系统建设拓展及跨系统平台的数据交换共享。主要的规范涉及电子标签数据规范、停车诱导系统建设、智能公共交通系统建设等方面。

### （一）制定南京市城市智能交通平台——标签规划方案

为全面推进城市智能交通平台建设，南京市成立了智能交通建设领导小组，制定了《市政府关于加快推进我市智能交通项目建设的意见》，并拟定了《标签规划方案》。

为了更好的实现信息共享，《方案》对标签的规格等做了明确规定。其中包括规定电子标签的可写资源为 624 位等，初步规划见表 1.1。

表 1.1　电子标签的初步规划

| 分区/数据 | 位长 | 说明 |
| --- | --- | --- |
| **系统区** | **32** | **包含数据校验信息等** |
| 系统信息 | 32 | |
| **基本信息区** | **80** | **包含车牌号码等车辆基本信息** |
| 号牌信息 | 48 | 含号牌颜色及编码，国标 |

（续表）

| 分区/数据 | 位长 | 说明 |
|---|---|---|
| 车体颜色 | 4 | |
| 其他 | | 待分配 |
| **政府管理区** | **200** | **供政府部门对车辆管理** |
| 环保等级 | 4 | 环保 |
| 环保检测有效年月 | 9 | 环保 |
| 年检有效年月 | 9 | 公安 |
| 号牌类型 | 4 | 公安 |
| 车型 | 4 | 公安 |
| 交强险有效日期 | 14 | 公安 |
| 年票有效年份 | 5 | 交通 |
| 其他 | | 待分配 |
| **应用服务区** | **184** | **企业使用** |
| **保留区** | **128** | |

《方案》要求所有标签资源系统各分区的信息内容按照统一协议编码，同时要求平台采用两级密钥体系，即平台密钥和分区密钥，分级管理。标签可采用在线授权、硬件授权两种授权方式，采用同步更新和异步更新两种方式，用授权基站对标签信息进行读写操作。

### （二）制定南京市停车信息联网标准

为更好实现停车诱导系统服务功能的发挥，南京市搭建了联网信息采集平台，统一数据格式完成信息处理，同时分期建设四级诱导信息屏，逐渐实现对城市主要进口、重要区域进口和主干道的覆盖，提供停车诱导服务。以各停车场计费系统数据库联网的方式为突破口，实现近百家大型停车场的信息接入，并对通信接口协议进行统一。按照《南京市停车信息联网方案》，建设基于路面 VMS 诱导标志的四级停车信息服务体系建设，结构如图 1.28 所示。

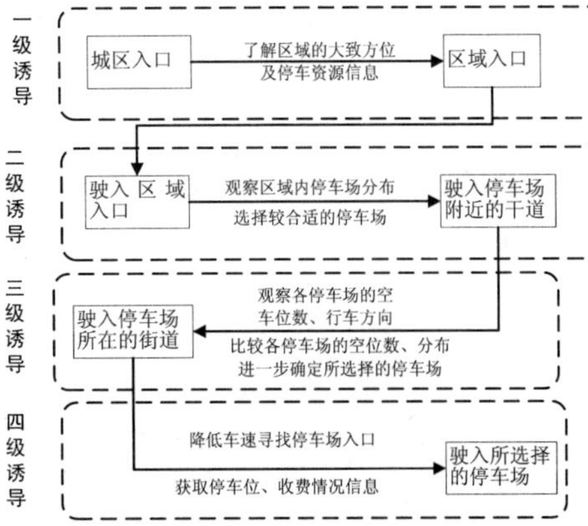


图 1.28　四级诱导停车信息服务体系

### （三）着手制定南京市智能公共交通平台建设规范

为了更好地实施南京市智能公交调度系统平台的建设，南京市着手制定智能公共交通平台建设规范，先后出台了《南京市智能公共交通系统（一期）项目建议书》、《南京市智能公共交通系统规范》，对系统建设的构架、实现目标、建设规划及相关协议标准都进行了详细的定义。

根据南京市的公共交通现状及对南京市公共交通平台（NJIPTS）功能的实际需求，建设上要求包含政府指挥决策体系在内的三大体系，具体如下：

（1）政府指挥决策体系包括：交通路况监控系统、服务质量考核系统、客运行业OA 系统、成本收益监管系统、线网优化管理系统等。

（2）公交企业运营管理体系包括：车辆监控调度系统、排班管理系统、电子站牌管理系统、GIS 监控系统、运营分析系统、绩效管理系统、出租车 GPS 监控系统等。

（3）公众信息服务体系包括：公交线路查询系统、交通信息发布系统、电招服务系统、投诉管理系统、电信增值服务管理系统等。

按照项目总体规划和项目一期计划的统筹安排，将实现“一个中心、三大应用体系”的开发。支持 3.5 万余台车载调度终端（含公交、出租、其他客运车辆等）、3.5 万余台车载电子监控终端、1000 个电子站牌、200 套场站和 500 个中途站监控终端、百万市民多渠道在线查询的处理能力。

一个中心即统一集中的数据中心，主要处理各种设备产生的基础数据（车载调度设备、车载视频设备、客流、IC 卡等）的分类、收、发、转、存等；为 NJIPTS 平台的数据基础。

三大应用体系包括：政府指挥决策体系、公交企业运营管理体系和公众信息服务体系。三大应用体系为 NJIPTS 平台的应用层展现，通过各自的子系统和模块来满足不同用户阶层的需求，从而达到提升全市公共交通服务水平的目的。

项目一期建设完成后，预计实现目标：一是实现城市客运车辆基础数据的统一集中管理与处理；二是实现政府对客运行业的管理有度、指挥处理应急突发事件得力、服务 2014 年“青奥会”机动灵活有效；三是实现企业安全生产运营管理有序；四是实现市民出行方便、快捷，常态化、动态化、智能化的公共交通服务体系。

项目建设完成后，预计实现目标：实现城市客运交通的全方位、立体化、网络化、高效率的运转，实现公交线网的动态优化，实现城市客运交通信息的无缝对接，实现城市客运信息的共享，实现对城市客运数据的综合利用与道路交通信息实时发布与诱导。

（主要撰稿人：顾怀中）

# 武汉市智能交通系统建设与发展

近年来，武汉市积极开展智能交通系统方面的研究和建设，在交通管理控制、公共交通管理、营运车辆管理等方面建立了一系列应用系统，取得了一定的成绩。

## 一、道路交通管理控制系统

### （一）建设现状

武汉市公安局交通管理局针对城市道路交通管理需求，“实用、先进、可靠、经济”的原则，逐步建立了功能较为完善的道路交通管理控制系统。系统主要包括以下组成部分：

1. 武汉市交通指挥控制中心

武汉市交通指挥控制中心于 2005 年 2 月建成并投入使用。中心由交通信号控制系统、电视监控系统、交通诱导系统、交通管理地理信息系统、有线/无线通信指挥系统、122 接处警系统、GPS 警车定位系统、交通管理综合信息系统、电子警察系统、桥梁流量监测系统和大屏幕动态显示系统组成。交通指挥控制中心按照系统工程的原理，以 GIS 为集成平台，将各系统进行有机整合，实现信息资源共享，充分发挥系统的整体效益，形成了集信息采集、分析、处理、控制、疏导、指挥为一体的科学、高效的公安交通指挥控制运行机制。

2. 交通管理警情服务中心

交通管理警情服务中心包括 122 交通事故报警服务和交通信息发布两部分。其中交通信息发布平台通过采集道路上的 GPS 浮动车、检测线圈、视频等交通数据，对多源数据进行融合，经处理分析形成交通诱导信息，通过路侧的 LED 显示屏、互联网、交通电台、电视、手机等手段向公众发布，形成集采集、处理、发布为一体的交通信息系统。

3. 交通信号控制系统

武汉市采用西班牙的 MOT 系统和西门子的 SCOOT 系统，受控路口共计 569 个，通过计算机联网协调控制，对受控范围内道路的交通参数进行采集、分析和显示，同时对控制路口的周期、绿信比、相位差进行优化，实现子区协调控制或绿波带控制。路口机控制功能有定周期控制、全感应控制、半感应控制、微控、黄灯闪烁控制、手动控制等。

4. 电视监控系统

系统采用 PELCO 公司的 CM9760 控制矩阵和 Spectra III SE 一体化球形摄像机。通过分布在环线和主要交通干道的430个监控点（其中交管局自建320个，外单位引入图像110个），实时获取道路交通及重要场所的动态直观图像信息，并可进行硬盘录像检索、违章抓拍打印等功能，还可与交通信号控制系统（ATC）实现联动,实时将摄像机镜头自动对准附近交通堵塞路段,为指挥人员做出决策、快速调度警力、及时处理现场、迅速疏导交通提供依据。

5. 交通诱导系统

该系统通过设置在主要道路的125块室外LED交通信息诱导板，显示下游道路的拥堵信息和路况信息，加强路段车流的导向和控制，保障道路有序、畅通。该系统与信号控制系统、电视监控系统相结合能及时向交通参与者提供当前道路网交通流的运行状况和交通管制信息。其显示内容可由主控中心进行控制，具有针对性和实时性等优点。

6. 交通管理地理信息系统（GIS）

该系统是交通信号控制、电视监视、交通诱导等系统的集成平台。通过交通管理地理信息系统实现了各系统信息资源的整合和共享，同时为各系统提供了显示、控制和查询的专用图层。该系统还包含了城市交通管理所需的各种基础信息，包括道路网信息、交通管制信息、警力分布信息、路口及信号灯分布信息、电视监控分布信息、诱导屏分布信息、电子警察分布信息、交通路况信息、交通事故信息、公交线路信息、紧急救援部门分布信息、大型交通流集散场地分布信息等，并提供这些信息的查询、分析、显示、输出等功能。

7. 有线/无线通信指挥系统

该系统利用专用网络，进行指挥调度。其中，无线通信由350MHz常规通信网和350MHz集群通信网构成，具有群呼、组呼及有线、无线网互转拨号通信功能。前者用于日常通信，后者用于重大交通保卫活动。

8. 122接处警系统

采用C/S方式的网络接处警构架，具有骚扰电话过滤、语音导航、电脑语音咨询、语音留言、数字录音、网上接处警、三方通话等功能。

9. GPS警车定位系统

通过在交通巡逻车上配备GPS接收机，车辆定位信息经无线通信系统传到交通指挥中心，通过电子地图实时显示定位警车的位置、行驶方向和路线，便于指挥人员对交通保卫、交通事故、交通拥堵和道路上的各种突发事件进行直观、快速地指挥调度。

10. 交通管理综合信息系统

该系统主要依托十大交通管理基础数据库，以公安网和互联网为平台，进行车辆、驾驶员管理、交通违法管理、交通事故处理管理、行政执法管理、停车场管理、电子警察违法查询、驾驶员记分信息查询、互联网自编号牌、内部文件和信息的上传下达等业务。

11．电子警察系统

目前在城区 296 个主要路口设有电子警察，系统采用数码相机和摄像机等设备，能将各路口的违章图片远程传输到交通指挥中心，实现违章图片的自动统计、查询和打印。

12．桥梁流量监测系统

通过在 8 座过江桥梁设置环形检测线圈，实时监测通过桥梁的车流量。各流量检测点数据可传至指挥中心，分时段、分车道对车流量进行统计和分析，并可打印饼形图、直方图和曲线图等各种图表。

13．大屏幕动态显示系统

由 8×4 共 32 块 67 英寸单片 DLP 屏拼接组成，能将交通信号控制系统、电视监控系统、交通地理信息系统等各种信息在屏幕墙上显示，并能对这些信号按比例、任意大小、任意开窗、漫游、叠加和整屏显示。

**（二）建设发展计划**

“十二五”期间，将进一步发展和完善道路交通管理控制系统，建设计划如下：

1．环线交通控制系统

环线交通控制系统是为了配合武汉市二环、三环、外环线的形成，在环线及其匝道设置交通流控制、电视监控、交通诱导等设备，使环线交通控制和中心城区区域控制系统进行衔接，从而有效均衡全市交通流。环线交通控制系统的建设内容主要包括 3 个子系统，即二环线交通控制子系统、中环线交通控制子系统和外环线交通控制子系统。

2．城市出入口交通治安卡口系统

该系统在中环线和外环线之间的主要城市出入口设置车辆监控设备，全天候对进出主城区的车辆进行监测和记录，联网形成全市治安卡口网络防控体系，对机动车辆超速、超载、肇事逃逸、治安逃逸、车匪路霸等违章、违法行为进行了有效打击。“十二五”期间将在已建成 107 国道东西湖段、107 国道江夏段、318 国道沌口段、汉施线、黄土线和武黄公路等 8 处治安卡口的基础上，在中环线和外环线之间的主要出入道路上再建 30 处卡口，分别为中环线和外环线之间的汉沙公路段、武汉至仙桃高速出口路段、武汉至洪湖高速出口路段、武蒲公路段、武汉至咸宁高速出口路段、纸李公路段、纸郑公路段、关风线段、三一六国道段、武汉至鄂州高速出口路段、武汉至麻城高速出口路段、三一八国道北段、岱黄公路段、机场专用公路段和张柏公路段等。

3．汉口城区区域交通控制系统的完善工程

“十二五”期间，将在已纳入区域控制的 143 个路口的基础上，继续做好汉口区域交通控制系统的扩展工作，主要是利用已建成的系统，将汉口中心城区未纳入区域控制系统的 150 个路口纳入协调控制，主要需增加 150 个路口的前端设备，并对原来的通信系统和管道进行改造。该项目预算为3300万。

4. 交通电视监控系统的扩展工程

“十二五”期间，将在目前监控点的基础上，新建200个电视监视点，形成覆盖市区主要道路的监控系统，实施对全市道路交通的有效监控。

5. 电子警察系统的扩展工程

“十二五”期间，将在目前电子警察的基础上，再新建500个路口电子警察，平均每年新增100个路口。

6. 电子车牌试点工程

以ETC为依托，选择80万辆机动车配装电子车牌，在武汉市中环线以内部署500个路侧单元，监管城区内车辆，逐步实现全市“车联网”。

7. 智能交通信息综合平台

对已建系统通过 GIS 进行整合，开发智能交通信息综合平台，将交通电视监控、交通信号控制、交通综合信息、交通诱导、GPS警车定位、停车管理、交通违章监测、交通事故报警等系统进行有机整合，充分实现信息资源的有效融合和共享，真正建立集信息采集、处理控制、疏导、指挥于一体的武汉市道路交通综合信息平台。该平台融合最前沿的浮动车、手机定位和车载导航服务技术，在技术手段和系统功能上要求达到国内乃至国际先进水平。建设内容包括交通信息采集、交通信息分析与处理和交通信息发布三大子系统，通过接入路面的微波检测、牌照识别、检测线圈，出租车 GPS、公交GPS、ETC系统的交通数据和通信营运商提供的手机交通数据，并对这些数据进行有效融合，经处理分析形成交通诱导信息后，再通过路侧的LED显示屏、互联网、交通电台、电视、手机、车载终端等向公众发布，形成集采集、处理、发布为一体的交通信息系统，建成全新的武汉市智能交通信息平台，为市民出行服务。该系统还能充分利用现有交通卡口、电子警察、电视监控、ETC 路侧设备等信息资源，建立车辆号牌识别、车辆运行轨迹监测功能模块，为交通肇事逃逸和治安逃逸的查处提供先进的技术手段。

## 二、公共交通管理

1999年，武汉市公共交通IC卡收费系统及营运调度系统正式投入使用，主要包括综合管理子系统、司机管理子系统、用户卡管理子系统、售卡充值子系统等。该系统有效堵住了公交收费漏洞，杜绝了贪污和假票现象；解决了零钞短缺问题，方便市民出行；大大提高了车辆运行效率，有力地配合了武汉市畅通工程的实施。

2007年底，总投资4000万元的武汉公交信息化管理系统与GPS智能调度系统项目正式启动，该项目是世界银行贷款“公共交通”子项目之一，由微软（中国）有限公司负责承建。项目包含营运调度、技术设备、计划统计等7个系统和公交GPS车载设备安装及公交网络机房建设。计划于2008年10月前完成所有系统的试用和600辆公交车GPS设备的安装调试，2008年12月底在武汉市公交集团全面推广使用。该项目建成后，公交车将实现计算机自动调度运营和自动报站，乘客通过电子站牌可获悉公交车动态位置和到站时间信息，极大地方便了居民出行。同时对运营过程中出现异常的车辆（如超速、异常开关门等），可对司机发出报警。

## 三、高速公路收费

2003年1月，湖北省高速公路正式启用联网收费管理，高速公路收费方式实现了由传统的人工收费向非接触式IC卡半自动化收费转变，提高了高速公路收费管理水平。

为了解决交通流量迅速增长带来的收费站拥堵问题，湖北省交通厅启动了高速公路电子支付及不停车收费系统工程。湖北高速公路不停车收费系统（ETC）于2008年10月下旬正式开工建设，首批试点安装的ETC收费站已投入运行，分别为楚天高速公路的伍家岗、京珠高速公路的武汉西、岱黄高速公路的黄陂、府河等6个收费站。

## 四、营运车辆管理

2008年，全市1.2万辆出租车全部安装了GPS卫星定位系统，并建立了出租车GPS监控调度系统，市民可通过出租车调度中心电话叫车，能降低出租车空驶率、减少油耗和空气污染。对乘客投诉司机绕道行为也可通过GPS数据进行认定。此外，当出租车司机遇到抢劫等危险情况时，通过触动紧急按钮，车载设备将自动发出求救信号，监控中心可立刻通过GPS确定出事车辆的车牌号、车辆位置等，并迅速采取救援措施。

目前，武汉市在营运车辆管理方面建立了一些业务系统，如武汉市长途汽车客运站班次查询系统、武汉市道路运输从业人员数据查询系统等。这些业务系统在促进运政管理、运营管理数字化、信息化方面起到了一定的作用。但各个系统较分散，联系不紧密，资源未能得到共享，工作效率有待提高。

（主要撰稿人：石永辉、吴超仲）

# 深圳市智能交通系统建设与发展

## 一、基本情况

深圳市智能交通系统主要由市交通运输委（原市交通局）、公安交警局和规划国土委（原规划局、国土局）等职能部门，以及各交通运输企业根据自身业务的需要分别进行建设、管理和使用。

近年来，深圳的智能交通系统建设明显加快，尤其是“十一五”期间，取得了显著的成绩。例如市公安交警局的交通监控指挥中心系统，交通信号控制系统、网格化机动车识别综合应用系统、干线交通诱导系统、停车诱导系统、交通事件系统、智能交通违章管理系统、闭路电视监控系统等有效建设；市交通运输委的出租车 GPS 监管系统、公交图文管理系统、深圳港危险货物监管系统、公路桥梁管理系统、公路路政管理系统、公路设备管理系统、公路养护管理系统、公路工程项目管理系统、公路综合信息查询系统、原市道桥管理处路桥管理系统、公路过路费管理系统、公路网上征费系统、公路行政征稽管理系统等有效建设；市规划国土委的城市交通仿真系统、数字深圳空间基础信息平台系统等的建设。

智能交通系统的建设与应用，对提升各部门业务能力、提高企业运营效率都起到了积极效果。但总体而言，深圳市智能交通系统建设的水平与国内外先进城市（如北京、上海、东京、首尔、新加坡等）相比还存在一定差距，特别是在交通信息的交换共享、公众信息服务、协调指挥、智能公交等领域差距较为明显，同时在智能交通建设的保障措施方面也不尽完善。

## 二、建设完成的主要系统及应用情况

### （一）市交通运输委员会智能交通系统建设

1. 深圳市交通运输行业 GPS 监管系统

平台建设目的为实现将营运车辆 GPS 信息数据接入平台，提供车辆运行基本信息和实现车辆监控基本功能。平台目前能够提供的车辆运行信息包括车辆实时位置信息、车辆实时速度信息、车辆历史轨迹信息、车辆行驶方向等。车辆监控功能包括车辆监控、报警监控、历史回放、车辆信息查询、统计报表等。目前，系统二期正在建设中，二期平台已接入 13000 多辆出租车、5000 多辆“两客一危”车辆的 GPS 相关数据，预计项目建设完成时将接入车辆 25000 多辆。另外，现已开始接入部分东莞、惠州出租车 GPS 信息。

2．深圳市运政管理系统

系统的建设目的为实现深圳市运政业务的集成化管理。系统主要包括经营许可管理系统、运政稽查管理系统、办公自动化系统、决策与分析系统等子系统。各子系统既能独立运行，也能整合应用，实现道路运政系统内部各科室之间的数据共享、灵活查询，各类文书单证采用计算机打印完成，能够按照运政管理人员的要求生成各类统计报表、数据分析报告，借助互联网实现了运政管理部门上下级的数据访问和交换。

深圳市智能交通建设总体架构如图 1.29 所示。

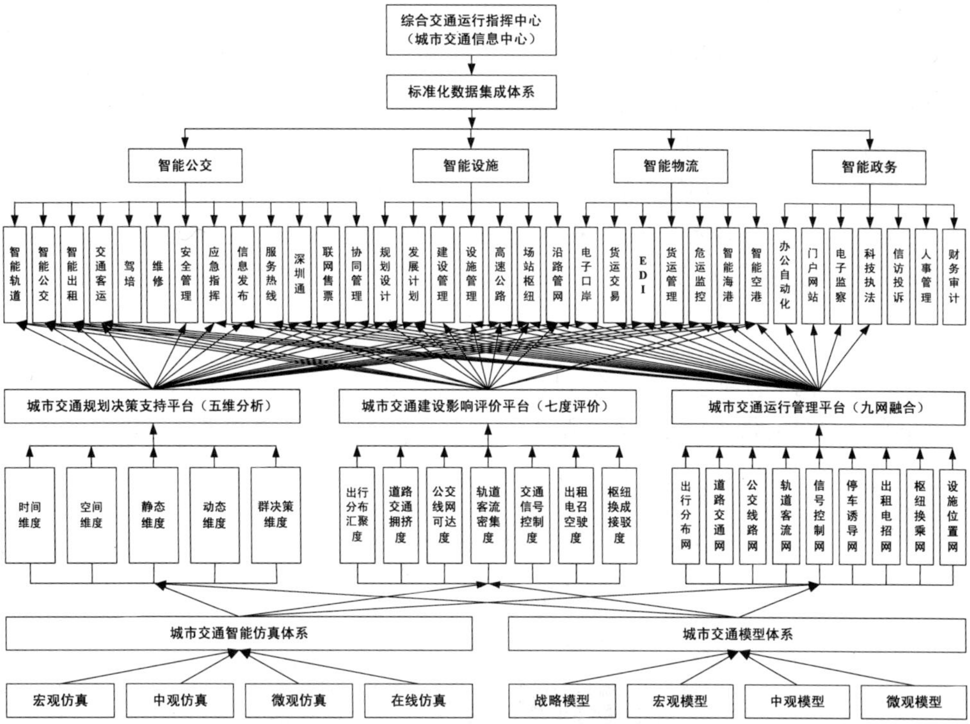


图 1.29　深圳市智能交通建设总体架构图

3．深圳市汽车客运站联网售票及调度系统

系统的建设目的为实现深圳市客运站的联网售票及调度管理的信息化。系统由联网售票调度系统（即票务中心系统）、售票系统和客运站站务管理系统 3 部分组成，功能包括售票、结算、运政管理、检票、调度管理、综合查询及报表统计功能等。系统覆盖深圳市 44 家汽车客运站，并实现了联网售票。但各客运站营运数据暂未实时上传至交委相关业务系统，正在升级完善。

4．深圳市公交图文智能化管理系统

系统的建设目的为实现公交线路、站点等基本信息的管理、公交规划决策等功能。系统包括公共交通业务管理与决策支持子系统（内网子系统）、公共交通公众服务子系统（外网子系统）和公共交通信息数据采集子系统。

5. 交通委综合交通信息数据仓库

系统主要为实现对已有交通信息、交通业务信息的挖掘利用，功能包括在业务涉及的客运、货运等十个主题内，提供区别于普通业务信息系统的智能化查询统计、决策分析、综合报表和自定义功能。目前，该系统在整合了交通委已有多个业务系统数据及地铁客流数据的基础上，搭建了交通综合信息数据仓库技术框架，建立了数据分析模型，数据仓库数据来源主要是运政管理系统数据、GPS 数据，另外通过人工导入的方式接入了深圳通刷卡数据和地铁客流数据。

6. 深圳市驾培管理信息系统

系统是一个为驾培日常业务管理提供功能支持的信息管理系统。系统实现的功能包括对驾培的学员管理、培训管理、考试查询、驾校管理、教练员管理、教练车管理、投诉管理、信息发布、驾校和教练员考评管理及业务统计报表。另外，系统具备 IC 卡数据交换接口，学员学车的学时通过 IC 卡采集；系统实现了与市交警局数据的互联互通，并实现电子三联单信息交换。目前深圳市 28 家驾培企业全部纳入交通委驾培管理系统。

7. 易行网

深圳“易行网”目前已实现公交、地铁、长途客运、火车班次、航空班次、渡船班次静态交通信息、交通企业、天气和交通新闻的查询。目前易行网正在建设中，如图 1.30 所示。

图 1.30　深圳易行网首页界面

### （二）市公安交警局智能交通系统建设

目前，深圳市公安交警局已经建成了一个局内信息交换共享的平台和若干应用系统，平台即交警局交通共用信息平台；应用系统包括交通控制系统、网格化机动车识别综合应用系统、干线交通诱导系统、停车诱导系统、交通事件系统、智能交通违章管理系统、闭路电视监控系统等。

#### 1. 交警局交通共用信息平台

系统主要为满足各个应用系统之间接口和功能衔接要求，建立满足多种交通信息需求的通信网络平台。从 2006 年 8 月 10 日至今，共计向干线诱导系统发布数据 39410 条次。共用信息平台已完成了基本框架的搭建，完成了现有 ATC、SMOOTH、人工事件、停车诱导等系统的数据接入及融合加工；依据以交通单元为基础的路网管理规则，整理录入路网数据，共计录入道路 1337 条，交叉口 956 个，立交 72 个，交通单元 4670 个。

#### 2. 智能交通控制系统

系统主要服务对象是交通信号设计用户、交通信号管理用户，对路口交通信号进行控制，以减少车辆的行车延误及停车次数，提高路口的通行能力；为特殊车队的快速通过提供“绿波带”功能；实现多时段协调控制、动态优化协调控制。智能交通控制系统是一个分布式的自适应控制系统，主要应用 SMOOTH 信号控制系统，实现对各信号控制点的联网控制。

SMOOTH 信号控制系统于 2003 年投入使用，目前已将全市 1474 个信号控制路口的 1014 个路口利用 GPRS 技术接入 SMOOTH 系统中央联网控制，并设置了 707 套线圈检测器，可以实现自适应控制路口有 102 个。

#### 3. 网格化机动车识别综合应用系统

系统的建设目的是利用车牌识别技术实时监控各路段或路口的机动车通行情况，实现对盗抢机动车、涉案嫌疑机动车、交通肇事逃逸车辆、交通违章等黑名单车辆的实时查控与预警，为公安刑侦、技侦和交警等各警种快速有效地打击涉车违法行为提供强有力的技术手段。截至目前，完成建设监测点共 113 个路段车牌识别点，840 多个停车场车牌识别点，在建路段点 34 个。初步形成了网格化，其范围基本覆盖了市区内的主要道路，以及全市各二线关和三线关口，目前网格化系统已统一纳入市公安局大情报系统平台及广东省治安卡口缉查系统平台，实现全省连网及“一点布控、全网响应”的目标，如图 1.31 所示。

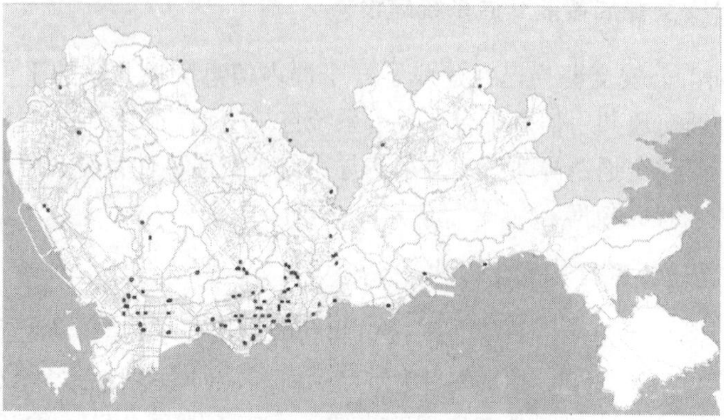

图 1.31　深圳市已建车牌识别点分布图

4. 闭路电视监控系统

系统建设的目的是动态、实时地展现深圳市主要路口的交通情况，实现对交通路况的实时监控，宏观掌握全市路网的交通状况，发现异常时即时调度路面警力，进行交通疏导，实现快速反应并实现交通违章的可视化查处。目前，深圳市闭路监控摄像头已达到 270 多个，并和其他单位系统联网接入视频监控图像，如接入华强北、广深高速、梅观高速、机荷高速、南坪快速等多个系统的图像资源。同时可切换共享 110 系统的 118 路视频图像。前端摄像头主要分布在特区内各主要干道、路口及关口等重要位置，据估算原特区内主干道如北环路、深南路、笋岗路等主干道覆盖率已达到 90%左右，罗湖、福田两区的监控点配置较为完善，如图 1.32 所示。

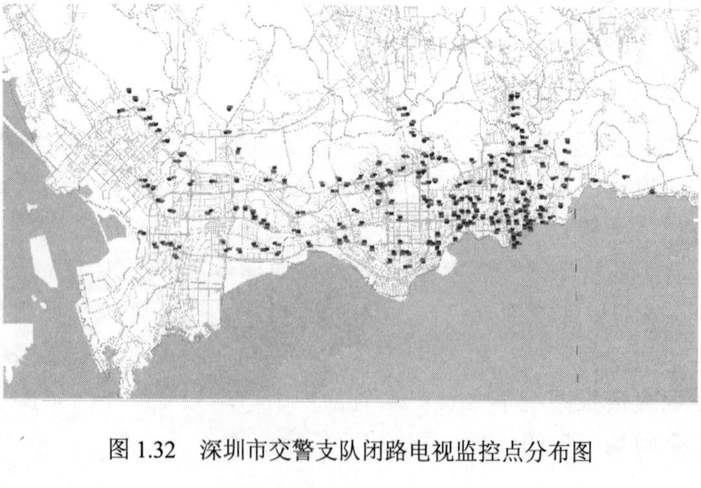

图 1.32　深圳市交警支队闭路电视监控点分布图

5. 交通事件检测系统

交通事件检测系统是智能化的交通基础数据监测系统，该系统将获取处理过的基础数据与人工发现相结合，实现交通事件及时预警。目前市公安局交警局正在进行基于车牌识别和闭路电视监控摄像头提供的视频流，实现路面意外事件自动检测的试验工作。

6. 智能交通违法管理系统

系统建设目的是为实现交通执法的电子化和自动化，以改善交通秩序、减少交通事故、增强执法公正性、提高道路通行能力等。系统构成包括车道传感器、数码相机、视频监控摄像头、电子警察违例处理程序等。电子警察违例处理程序于 2000 年与银行联网，对已交款违章实行自动比对核销，且通过在违章处理通知书上明确标注电子监控违章处理方式和罚款数额。目前，深圳市固定式全自动电子警察数量已经达到 2678 台，覆盖全市 900 多个路口或路段。原特区内目前已在所有的信号路口基本上均安装了闯红灯电子警察和路段超速电子警察，电子警察覆盖率达到 70%以上，且设备较新，基本上为新型数码型电子警察，如图 1.33 所示。

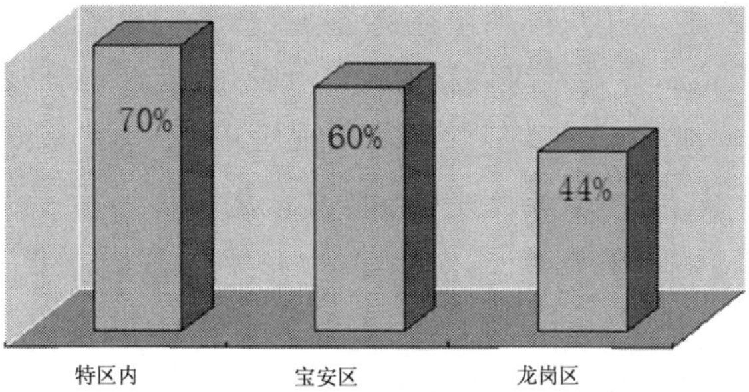


图 1.33 深圳市各区电子警察覆盖率

另外，深圳市交警局联合深圳市公安局公交分局研发的公交专用道电子监控系统首批已在 200 多辆公交大巴安装使用。这套公交车电子监控系统主要是针对违法占用公交车道而设置的，可实现自动抓拍违法车辆。从 2010 年 6 月 25 日起至 7 月 5 日 10 天的警告式执法情况来看，交警局平均每天能查到交通违法图片 123 张，而 7 月 5 日正式启用之后则减少到 56 宗，大幅下降了 54%。

7. 干线交通诱导系统

系统的建设目的为形成一套覆盖我市主要道路关键节点的，具备合理诱导策略的，诱导信息准确、性能稳定的干线交通诱导系统，通过 VMS 诱导大屏向出行者自动实时发布，实现动态信息发布和车载诱导。目前，接入干线诱导屏体数量为 51 块（包括简易屏在内，原特区内 38 块，原特区外 13 块），另外，北环路上即将建设 15 块诱导屏。系统自投入使用以来，系统共计发布文字诱导信息 20 万余条，图形诱导信息约 10 万余条。

8. 停车诱导系统

系统的建设目的为通过对片区路网情况、干道交通流量情况、停车场分布情况及各停车场泊位情况进行综合分析，引导驾驶员由盲目行车变为有目的选择停车泊位和行驶线路，有效地减少由于停车而引起的无效行驶，从而全面缓解局部交通拥堵，均衡路网交通流。目前已完成地王书城子片区和人民南子片区的建设，其中地王书城共接入 9 个停车场、设置 18 个停车诱导发布牌；人民南片区共接入 39 个停车场、设置 58 块停车诱导发布牌。

9. 交警局事故系统

该系统是深圳市道路交通事故处理及交通事故预防分析的综合应用系统。系统包括交通事故处理及相关业务管理、高速公路交通事故辅助认定、GIS 事故地图展现交通事故分布及事故多发路段计算、交通事故信息 OLAP 分析等功能。

10. 交通违法行为实时告知系统

该系统由交警局与市邮政局合作推出，以满足未通过交管信息发布平台查询交通违法记录当事人的需要，也为了更好地履行交通监控查处交通违法行为的告知义务。系统将交通技术监控交通违法行为行政处罚决定书及交通违法告知书通过邮政局委派专人实施告知送达程序。交通违法人签收交通违法告知书后，可直接办理交纳罚款手续。

11. 机动警力定位（GPS）系统及勤务管理系统

该系统利用 GSM 通信及 GPS 定位等技术，将日常的勤务管理工作通过 GIS 平台来实现，目前系统已在辖区巡逻车辆、警卫车辆、事故车辆上安装使用。该系统通过采用 GSM 通信及 GPS 定位系统，将车辆的定位信息及其他各类信息传输到指挥中心，车辆的行驶轨迹及相关信息显示到各类监控终端上，实时显示警卫车队的位置、速度、车辆状态等信息，方便调度指挥。此外系统也可以对巡逻车、事故车、摩托车、拖吊车进行 GPS 定位管理，实时监控车辆位置，以应对交通拥堵、事故等异常情况。

12. 122 接处警系统

系统的建设目的是为交警局及时快速响应及处理市民的交通事故报警提供功能支持。系统实现功能方面，系统采用集中接警方式，具有主叫号码显示、数据录入、修改、查询、删除、打印、录音、自动存档、提供对各大队出警及事故情况的统计与比较等功能。所有的交通事故报警电话直接汇接到指挥中心，由指挥中心接处警人员录入事故信息，并根据事故严重程度，将事故地点标注在大屏幕上显示的深圳市电子地图上，供指挥决策人员随时掌握全市交通事故发生状况，并可通过有线、无线通信方式，调度相关的交警大队派员赶赴现场及时处理交通事故。

### （三）市规划国土委智能交通系统建设

1. 深圳市城市交通仿真系统

该系统由市交通规划研究中心和同济大学、上海宝信软件股份有限公司合作建立，由市规划国土委进行维护管理。系统以城市交通仿真为核心技术，包括交通信息通信与传输网络、交通信息综合采集与处理系统、城市交通仿真（宏观、中观、微观）系统、城市智能交通公用信息平台和城市交通信息服务系统 5 个部分，主要功能是收集部分城市道路的交通运行状况进行发布，以及对交通规划方案进行测试。交通信息综合采集与处理平台，已将约 5000 辆出租汽车 FCD 数据和 67 个定点采集数据纳入信息平台；城市交通仿真平台初步建立起交通模型交互分析平台，规划设计人员能根据具体项目的需要，快速合理地调整模型并实现特定要求下的交通仿真测试和方案评估；交通信息服务主要是以交通信息服务网站形式提供的。图 1.34 给出了深圳市城市交通仿真系统结构框图。

2. 市规划委空间查询系统

规划委空间查询系统 WebGIS 借助于计算机网络，将分布在不同地域空间、不同平台和不同数据结构的地理信息按照系统化、结构化、一体化的运行机制进行数据组织、管理，主要实现信息查询、分析、信息成果发布等功能。

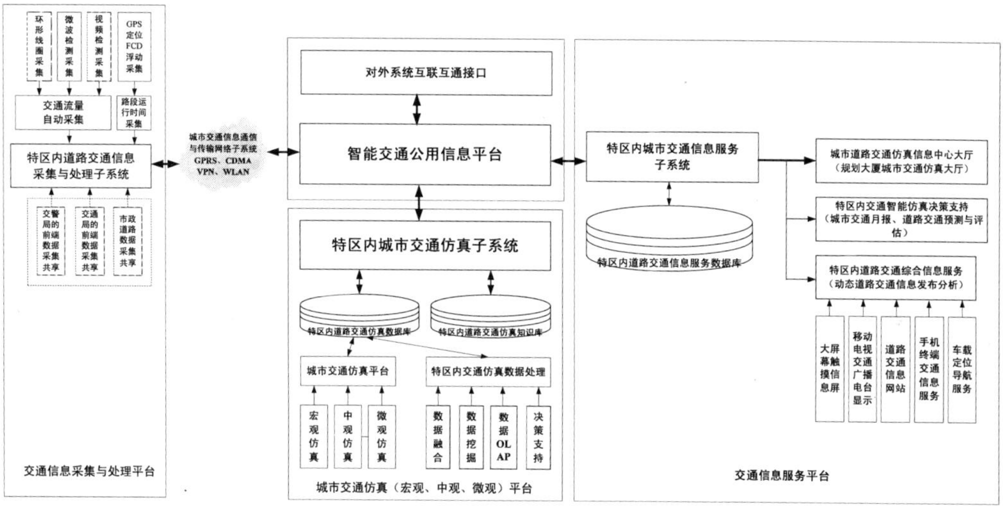


图 1.34　深圳市城市交通仿真系统结构框图

### （四）其他

1. 轨道交通票务清分中心（ACC）

轨道交通票务清分中心是轨道交通网络中各条线路票务清分、一票通的发行和管理、票务政策执行、票务运营模式兼容和服务的公共管理平台。ACC 作为深圳市轨道交通各线路自动售检票协调及对外票务信息服务和管理的主要窗口，代表所有轨道交通线路负责向其他部门和单位进行票务事宜的联系和协调工作；负责为各线路统一制定、发行和管理轨道交通联网专用票，以及联网线路一票通收益清算、对账、系统安全定义及有关数据处理；负责不同线路运营主体之间清分结算，与深圳市一卡通、香港特区地铁进行数据交换、协调及完成对账功能。ACC 系统通过跟踪全部乘客的乘车全过程，采集了进出车站名称（OD）、进出时间、进出闸机号、票价等信息。通过对上述基础信息的数据挖掘能够获取轨道交通客流量、客流分布特征、断面客流（近似）、平均运距、车站的进出人数、各站闸机负荷强度等数据。

2. 深圳市轨道交通应急指挥中心（TCC）

该中心是支持深圳市轨道交通应急的集成化控制中心，包括轨道交通路网的日常监视、应急指挥管理等功能。该中心是为应对深圳市轨道交通运营进入网络化、规模化运营阶段后，呈现出多元主体分线共营的局面下，满足轨道交通突发事件应急及日常业务监管需求。目前 TCC 正式予以实施，由市交通运输委员会作为责任单位组织协调系统的建设工作，市地铁集团有限公司作为 TCC 的代建单位具体承担建设工作。

（主要撰稿人：关志超）

# 青岛市智能交通系统建设与发展

## 一、基本情况

青岛是在全国较早实施"智能交通"示范工程试点的10个城市之一。早在2000年，就完成了《青岛市智能运输系统规划》，并一步步推进实施。2001年，为推进青岛市智能交通产业发展，青岛市在海信ITS研发中心的基础上，组建了青岛市智能交通工程技术研究中心。

多年来，通过科技发展计划，对智能交通技术研究进行了持续支持，主要项目包括：自适应交通信号系统技术研究（2002）、交通信号控制机的研制（2002）、城市混合交通控制系统自适应算法的应用研究（2003）、数字移动信息技术研究及在城市公共交通车载中的应用（2004）、交通管理中的智能电子警察系统开发（2005）、城市交通流数字模型与应用（2007）。

2007年全国科技大会后，市委、市政府针对未来十年制约全市经济社会发展的关键技术瓶颈，在广泛调研和专家论证的基础上梳理和筛选了54项核心技术，智能交通技术是54项核心技术之一。2008年，青岛市制定了《青岛市城市综合交通规划（2008－2020）》，涵盖了远期交通规模预测、城市交通发展战略、对外交通系统规划、道路系统规划、物流货运系统规划、停放车系统规划、交通管理系统规划等城市交通的各个方面，描绘了未来青岛的立体交通框架。其中智能交通系统由"一个平台、六个系统"组成。"一个平台"是指青岛市交通综合信息平台，"六个系统"包括出行综合信息服务系统、交通控制与管理系统、交通监控与道路设施管理系统、公共交通运行管理系统、停车信息系统、货物运输信息管理系统。2009年，青岛市制定了《青岛市城市快速轨道交通建设规划（2009－2016）》，市区轨道交通规划8条线、227千米，覆盖七区，日客运量122万人次，市域轨道交通规划4条线、287.9千米，覆盖五市，1小时到达。

"十一五"期间，青岛市智能交通发展较快，完成了交通信号控制、交通违法检测、公交智能化调度、高速公路监控、收费、通信系统等信息化建设。到2010年底，全市交通信息系统建设已逐步覆盖城市交通、公共交通、高速公路等各个业务领域。

## 二、建设完成的主要系统

### （一）城市交通管理

目前已经建设完成视频监控、交通路况检测、交通违法检测、交通信号控制、交通诱导、车辆缉查、设施设备管理、指挥调度等系统。拥有智能交通综合管控平台、违法处理平台、卡口综合监控布控平台、视频监控平台、视频抓拍、交通信号控制系统、122

综合指挥等多个平台。其中智能交通综合管控平台将多个平台组合成一个平台，包括路况信息、指挥管理、勤务管理、车辆查缉、分析研判、违法处理、设施管理、占掘路管理、考核监督等功能，基本涵盖了交警所有的日常业务。

### （二）公共交通管理

截至目前，青岛公交成功实施了包括营运智能调度系统、营运事故管理、车辆保修管理、车辆档案管理、设备管理、轮胎管理、考勤管理、档案管理、物资管理、劳动工资管理系统等在内的10多个企业管理子系统，使整个公交集团各个运作环节业务联网处理，形成了路队、分公司、集团的三级网络“神经中枢”，使财务数据、计划指标、固定资产、营运、维修、物资、劳动力、档案管理等逐步实现了信息共享和流程化的管理，企业的信息化建设初具规模，已逐步建立起贯穿整个公交生产、管理的智能化企业管理平台，加快了企业由劳动密集型企业向科技密集型企业转化的步伐，提升了企业的现代化水平，为企业长足的发展奠定了基础。

### （三）高速公路管理

目前青岛市高速公路信息化建设的主要系统主要包括监控、收费、通信三大系统。其中监控系统通过设置在外场的遥控摄像机、气象检测器、车辆检测器等信息采集设备可清楚地了解到道路的实时运行情况，及时发现道路上的气象、事故、拥堵等情况。根据采集的路况信息经分析、处理后，生成控制方案，利用设置在外场的可变信息标志发布信息。收费系统的建设可根据车辆类型和行驶里程对使用本高速公路的车辆正确的判别与收费。所有收费交易全部入账，所有的登记记录完整、准确。所有的报表正确、及时，满足收费和交通管理方面的要求。通信系统则为高速公路全线运营管理及监控、收费系统的数据传输及视频传输提供不间断的通信。配置的系统软、硬件具有自我诊断能力，并有冗余功能。确保了通信网络稳定可靠、维护便利。并实现了周边已建成的高速公路通信系统联网。

## 三、主要技术创新

### （一）城市交通管理

交通指挥通过不断的经验积累，形成各种交通状态下的处理预案，包括常态预案、警保卫预案、应急预案等，通过预案快速处理各种交通事件；通过交通仿真工具及地理信息平台，对交警业务相关的预案进行初始化及模拟演示；同时综合路口中交通数据、路口视频等信息，方便决策，增强主动性。

数据的应用方面，综合了违法、事故、车驾管等多个系统的数据用于决策分析，使决策者的决策参考更加全面，增强了决策的准确性。

### （二）公共交通管理

运营管理实现智能化、可视化，完成了公交调度从“抹黑调度”向“可视化调度”转化，从“静态调度”向“动态调度”转化，从“事后调度”向“事前调度”转化；实现从蹲点检查到全区域监管的转变，实现基于全天候的精确的人员、车辆、位置、时间的事故追踪和违规取证，有责任事故率大大降低。实现可量化、可评价的监管，具备对车辆准点率、滞站、越站、大间隔、异常开关门等服务指标的自动化实时监管能力，对乘客投诉信息的统一管理，整体提高服务水平和乘客满意度。可对发动机、变速箱、轮胎等关键部件进行单件跟踪，对批次性的维修器件异常质量进行分析和反馈，实现车辆技术信息和车辆档案信息物资部门和营运部门的共享。

### （三）高速公路管理

为了提高通行效率，在交通流量较大的路段建设了 ETC 系统（不停车电子收费）。利用专用短程微波通信技术，通过路侧单元（RSU）与车载单元（OBU）的信息交换，自动识别车辆，采用电子支付方式，自动完成车辆通行费扣除的全自动收费方式。ETC 解决方案具有免停车、快速通过、通行能力强和服务水平高、免除现金交易、简化收费管理、降低环境污染等优点。大大提高了这些路段的通行能力。

首创了复式收费亭，就是在原车道一个收费亭的基础上，加上一个或两个收费亭，根据交通量大小灵活开启，提高高峰时段车辆的通行速度。一个车道最多可以同时对 3 辆车进行收费，相当于额外增加 2 个车道。

## 四、应用情况和综合效益

### （一）城市交通管理

近几年青岛交警大力实施信息化建设，建立了以智能交通综合管控平台为核心的一系列管理系统，几乎交警所有的日常业务都实现了信息化。通过信息化建设，提高了交通管理水平，为市民出行带来了极大方便。以 204 国道为例，204 国道在实施信息化建设前，每年因交通事故频发而到了不整治不行的程度，通过在 204 国道上建立卡口、电子警察、超速等系统，大大缓减了交通事故发生概率。以卡口综合监控布控平台为例，在建立此系统前，青岛市没有将所有卡口系统连接在一起，因此给破获盗抢车辆等案件带来很大不便，在建立卡口综合监控布控平台后，提高了破案速度。

### （二）公共交通管理

青岛公交集团信息化的实施，整体提升了集团的科技化管理水平，实现了企业效益和社会效益的双重提升。

实施智能调度后运营效率得到提升，运力得到提高，降低营运管理成本和营运生产成本。显著提高了公交营运调度管理水平，行车计划制定更科学，调度发车更及时，运营数据汇总更及时，运营管理的智能化也使公交服务准时性和预见性明显提高；显著提高了公交营运服务水平，从出行信息服务、车厢服务水平到乘客的安全舒适和便捷都有了明显改善。增强了公交服务灵活性，扩展了服务内容。

建立智能公交运营调度信息化平台，能为乘客提供快捷、安全、舒适的乘车服务，满足市民出行需求。同时能够提升城市的整体出行服务水平和城市形象，推动城市公共交通信息化建设。

### （三）高速公路管理

监控、收费、通信三大系统的建设充分发挥了高速公路"高速、安全、舒适、高效"的功能特性，保证了道路较高的服务水平，实现对交通运行的宏观管理和调度。实现了平滑交通流、控制车速，减少交通拥挤和阻塞，提高通行能力，及时发现和处理交通事故，减少二次事故的发生。一旦发生交通事故，系统能迅速做出反应，调整信号显示，疏导交通，维持车辆的正常运行。同时通过现代化的监测、管理手段，确保收费系统准确、可靠，记录统计简捷、并能提高工效，防止可能来自各个方面的财务漏洞。

## 五、建设发展规划与展望

### （一）城市交通管理

提高城市道路交通管理水平。完善智能交通系统框架，建设高效、可靠的智能交通安全管理体系，提高城市道路交通管理水平。

增强智能交通系统服务能力。通过交通信息采集、交通诱导及信息发布系统、智能信号控制系统建设，创新服务模式和手段，拓展和延伸信息化应用，不断增强智能交通系统主动引导和信息服务能力。提升非现场执法设施水平。增大视频监控、闯红灯抓拍、超速抓拍等非现场执法设备覆盖面，减少交通管理盲点，提升非现场执法设施水平，减少交通违法行为，缓解道路拥堵，提升道路通行能力。完善交通管理信息系统功能。通过后台数据存储、管理和应用系统建设，进一步完善交通管理信息系统功能，加强信息资源整合、关联共享和综合利用，建立健全系统应用和安全保障体系，为提高道路交通管理水平提供强有力的技术支撑。

### （二）公共交通管理

十二五青岛公交集团信息化建设的总体目标是：采用 GPS、3G、GIS、Web、大型数据库等技术，通过对公交的安全、服务、车次、里程、油耗、票款等管理数据的一体化采集和联动分析，实现对公交的车、场、站、道、中心设备的电子化、智能化，实现公交决策分析的数据化，达到以信息化技术提升服务、提高效率和管理水平的目标。具体建设目标和规划是：

将全集团 150 余条线路，3500 多辆车全部纳入信息系统管理，形成集团中心集中监管、分公司集中调度为主，部分特殊线路现场调度为辅的智能化运营管理模式；装备先进的车载调度终端、无线发车屏，自动采集车次、里程数据，实现运营管理的数字化、可视化、智能化。

实现所有运营车辆、场、站等运营场所的视频监控全面覆盖，自动检测超速、不停车开门、中途停车开门等违规行为，为公交的公共安全、运营安全、资产安全提供保障，降低有责任事故率。选择旅游线路、客流密集地段建设电子站牌，建立互联网乘客换乘查询、手机短信查询系统，具备面向乘客的信息服务发布能力；建立呼叫中心系统，增强便民服务能力，提高市民满意度。实现营运、机务、物资、人资、办公的全面信息化，加强企业重要资产的管理，做到单件跟踪、单车核算，提高物资使用效率，降低物资消耗，提升企业精细化管理水平。

### （三）高速公路管理

公路路网管理和应急指挥平台的建设是下一步高速公路信息化建设的重点。将陆续对青岛市国省干线公路重要路段、大型桥梁、收费站、治超站、服务区等重点监控目标进行视频实时监控，识别重大风险源及危险地段，对危险源进行日常普查和监测，采集重点监控目标的交通流量、平均车速、车道占有率、气象状况、交通事件、施工占道、交通管制等信息，或通过人工报告交通事件信息，并基于 GIS 地图显示和标绘，及时发现重点监控目标运行的异常情况。利用出行信息服务网站、服务热线、短信、广播、电视及公路沿线可变信息标志、服务区查询终端等多种方式，及时向出行者发布路况、气象、施工占道、交通管制等出行相关信息。通过突发事件的监测监控、预测预警、信息报告、综合研判、辅助决策、指挥调度等主要功能，实现对突发事件的相互协同、有序应对，满足青岛市公路局及各有关单位的日常管理和公路应急指挥工作需要。

（主要撰稿人：朱　中）

# 潍坊市智能交通系统建设与发展

## 一、基本情况

潍坊是山东半岛的交通枢纽。有潍坊港一个国家一类开放口岸、羊口港一个国家二类开放口岸。潍坊机场已开通北京、上海、广州、海口等航线，是全国四大航空邮件处理中心之一。截至2010年12月31日，潍坊市辖奎文、潍城、寒亭、坊子4个市辖区，滨海经济开发区、高新技术开发区、综合保税区、峡山生态经济发展区4个开发区，临朐、昌乐两个县，代管青州、诸城、寿光、安丘、高密、昌邑6个县级市。潍坊市面积15 829平方千米，常住人口908.62万人（2010年）。

2010年潍坊市生产总值（GDP）为3090.9亿元。潍坊现代物流业发展迅速，全市物流园区发展到45个，总投资208亿元；鲁东物流中心进区项目72个，总投资超过135亿元，成为全国首批现代物流实验基地之一。全年实现物流总额9400亿元以上。

2010年，潍坊市交通基础建设力度进一步加大。全年累计完成交通基础设施投资98.1亿元。改造国省道路网工程11项，新海路、平日路、潍坊港疏港公路等项目按期竣工，公路路域环境明显改善。新建改建农村公路3100千米，新增通油路行政村274个。建设了潍坊汽车北站等10个客货运场站项目。全市公路通车里程达到2.32万千米，公路密度达到144.8千米/百平方千米。

截止到2010年底，全市营业性机动车辆达到20.25万辆，其中线路客车（含旅游和出租车）8215辆，载货汽车10.46万辆，其他机动车及拖拉机8.97万辆。海运船舶结构逐步趋于大吨位、专业化，运力达到62.8万载重吨。

受经济增长的推动，近几年潍坊市已步入汽车的高速增长期。截止2011年3月，全市机动车保有量为2 542 446辆，与2010年同期相比，增长6.48%。其中，汽车（含三轮汽车和低速载货汽车）1 080 722辆，摩托车1 446 157辆，挂车15 334辆。全市机动车驾驶人1 848 505人，其中汽车驾驶人1 395 705人。

潍坊市的社会经济、交通等实际情况，要求加强道路交通管理系统建设的统筹规划，发展交通系统信息化和智能化技术，提高路网运输能力和效率，实现交通信息共享和各种交通方式的有效衔接，解决交通能耗与污染、交通安全、交通拥堵三大热点问题。

“十一五”期间，潍坊市从交通管理工作的实际出发，制定了《潍坊市交通发展综合规划》、《潍坊市道路交通管理规划》、《潍坊市道路交通安全管理规划》等重要规划。基于上述规划，部署开展了潍坊市智能交通系统的建设。

## 二、潍坊市智能交通建设完成的主要系统

### （一）潍坊市交警支队交通智能管理系统

潍坊市交警支队已经建成了集九大系统于一体的智能管控平台，通过整合原有的系统，将涉及交通管理决策的所有信息收集到一起，搭建起数字化指挥平台，对重、特大案件、事件和日常交通管理实行点对点指挥，对一线看得见、听得着、喊得到、控得住，切实发挥了指挥中枢作用，形成纵到底、横到边的“扁平化”指挥机制。

潍坊市交警交通智能管理系统总体结构如图 1.35 所示。

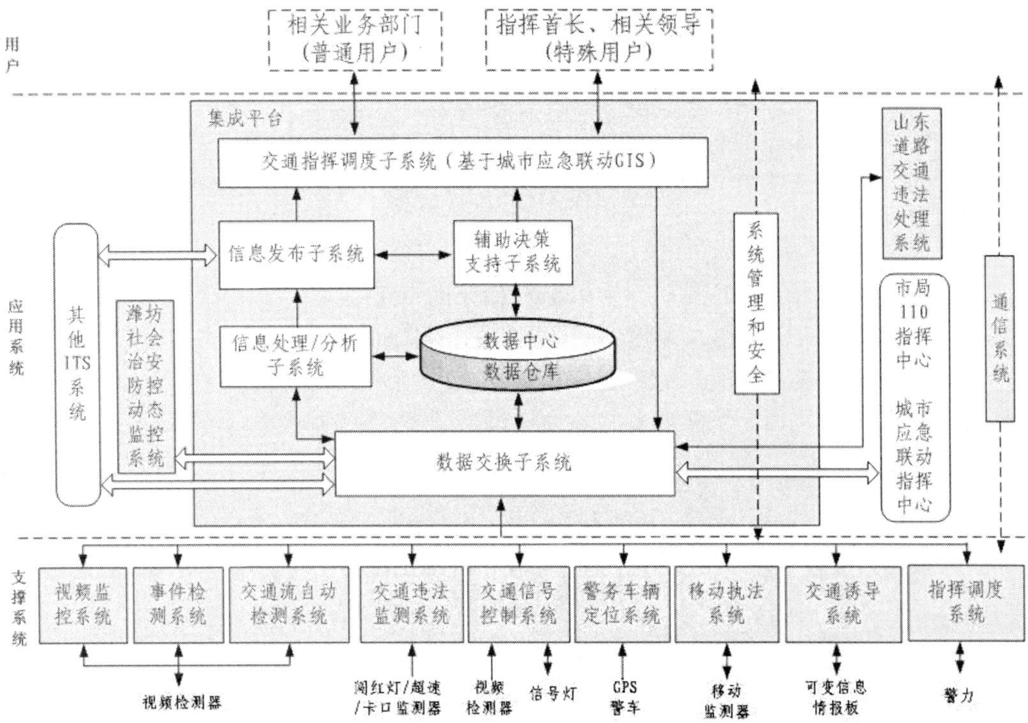


图 1.35　潍坊市交通智能管理系统结构图

系统构成包括：

1. 基于 GIS 的指挥调度集成平台

以 GIS 地理信息系统为基础，在电子地图上直观显示视频监控、交通诱导、交通事件检测、警员警车分布等信息。按照业务工作的需要，整个平台设计了路况信息、指挥调度、勤务管理、车辆稽查、分析研判、违法处理、设施管理、考核监督、系统管理 9 大模块 66 个单元，将所有影响交通秩序的信息收集到一个平台上，实现了指挥调度、业务管理的智能化和可视化。

2. 信号控制系统

共有 35 个点位，分布于潍坊健康街、胜利街、东风街、福寿街 4 条主干道上交通流量比较大的路口，共安装配置了 26 台海信 HSC-100A 型智能联网信号机，整合南京多伦的 DPS-16A 型信号机 9 台，并对原有的信号灯控制电缆、倒计时牌控制系统进行了整体改造和升级。该系统能够通过 GIS 平台，提供直观的实时交通信号当前状况、参数查询设置等功能。实现信号交叉口单点自适应控制和主干道信号协调控制，智能分配交通流量，依据不同时段交通流量的变化自动进行交通控制，减少道路拥堵，实现路网交通能力最大化。同时在主要路段共设立 14 块交通诱导屏，形成诱导系统，实时发布周边路段的交通流量情况和拥堵情况，供出行市民做出行车判断。

3. GPS 定位系统

共在 50 台警卫开道车、事故勘察车、交通巡逻车上安装了 GPS 车辆定位系统。该系统能够实时监控警车或警员所在的位置，依照预案直观的配置警力，并能对民警在岗情况进行监督。便于指挥人员就近调度处警，真正实现指挥调度的扁平化。

4. 多功能电子警察子系统

共建设潍坊城区内 80 个路口，安装监控摄像机 1000 余台。分布在潍坊交通流量大、易发事故多的主要干道，该系统强化了基础信息资源的采集和共享，尤其是采用目前国际上具有很好发展前景的视频综合复用技术，在国内同等城市还是第一次。该系统不仅可以抓拍违法行为同时还为视频监控、交通诱导、过往车辆轨迹回放提供有力支撑。

5. VIP 视频监控与事件检测监控系统

共在潍坊重要场所和交通节点配置了 15 台高倍摄像机，形成 VIP 监控系统，同时在事件易发路段安装了 33 台高速万向球机，组成了事件检测系统。15 处 VIP 区域监控，80 处电子警察，33 处路段事件检测。基本覆盖中心城区所有主要路口，形成了治安防控的第一道防线。

6. 卡口系统

依据潍坊市外围主干道区域分布情况，建设了 14 个无人值守式卡口和 5 个依托交警中队的鲲式卡口，安装监控摄像机 100 余台。在易发生超速事故的路段建设了 12 套车辆超速监测抓拍系统，共同组成了覆盖潍坊中心区主要外围路网的第二道防线。两道防线的建成，必将为强化城区治安联动防控能力、查处拦截各种涉车违法行为，预防和减少重、特大道路交通事故发挥重要作用。

潍坊市交警交通智能管理系统建设紧密结合潍坊市交通管理实际，积极创新。系统对视频资源综合复用，前端设备视频图像回传指挥中心，实时处理分析，图像资源与其他系统共享，集监控、违法监测、交通流统计、物体跟踪、轨迹跟踪等多功能一体。系统在中心实现了多渠道信息收集、多子系统协同分析、点对点实时指挥相结合的指挥模式和基于电子沙盘的预案布置与 GPS 跟踪定位相结合的勤务监控和指挥模式。

### （二）潍坊市公路信息指挥中心

潍坊市公路信息指挥中心是潍坊市交通局落实交通部公路管理的指导思想，加快公路信息化建设所建设的公路信息综合服务平台。中心建设完成了一个公路信息指挥中心及多个应用系统。通过优化、完善各系统点位的总体布局，整合已有信息资源，实现潍坊市公路网高水平的日常运营管理、高效的应急处置，为社会公众便捷出行提供服务。

潍坊市公路信息指挥中心总体结构如图 1.36 所示。

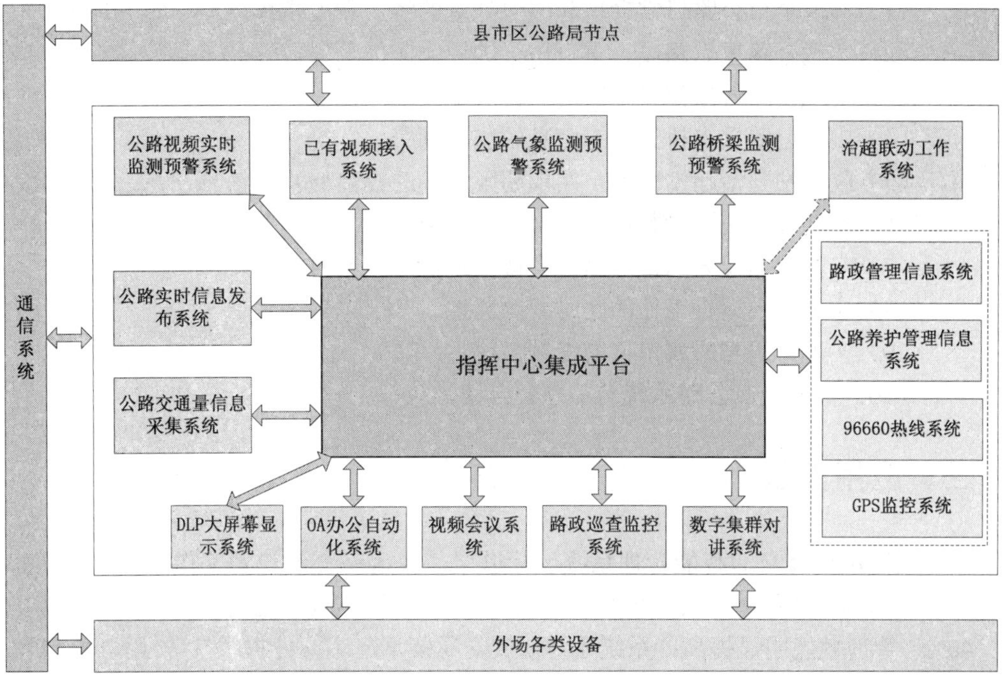


图 1.36　潍坊市公路信息指挥中心总体结构图

潍坊市公路信息指挥中心系统建设和接入规模见表 1.2。

**表 1.2　潍坊市公路信息指挥中心系统建设和接入规模**

| | |
|---|---|
| 公路视频实时监测预警系统 | 17 点位（309 国道 12 处；206 国道 3 处；潍高路 2 处） |
| 已有视频接入系统 | 17 个（收费站：10 个；高管处：2 个；治超站：5 个） |
| 公路桥梁监测预警系统 | 1 处（G309 弥河大桥） |
| 公路气象监测预警系统 | 2 处（G309 潍坊收费站驻地、大尹公路站门口） |
| 治超联动工作系统 | 1 处（潍高路寿光收费站—寿光治超站） |
| 公路交通量信息采集系统 | 已有系统移植 |
| 公路实时信息发布系统 | 7 处（收费站 6 处、潍高路寿光收费站（直接接入）） |
| DLP 大屏幕显示系统 | 1 套：3*6 块，60 寸 |
| 视频会议系统 | 23 点位（市局主中心、10 个县市区公路局、2 个高管处、10 个收费站） |
| 路政巡查监控系统 | 18 套 |

（续表）

| | |
|---|---|
| **公路视频实时监测预警系统** | **17 点位（309 国道 12 处；206 国道 3 处；潍高路 2 处）** |
| 数字集群对讲系统 | 50 台 |
| OA 办公自动化系统 | 1 整套 |
| 通信网络系统 | 1 套 |
| 指挥中心集成平台 | 1 套 |

实现的基本功能如下：

（1）实现全市公路日常管理和应急处置的统一调度指挥。

（2）实现公路重点路段、重点桥梁的视频监控预警。

（3）实现公路气象信息的监测预警。

（4）实现公路重点桥梁状态信息的监测预警。

（5）收费站与治超站联动，实现超限车辆的提前检测及信息预警。

（6）实现公路交通量数据的综合管理及应用。

（7）在收费站及公路重点路段实现公路信息的实时发布。

（8）实现路政巡查工作的实时视频监控。

（9）实现市局与所属单位的视频会议。

（10）实现全市公路系统 OA 办公自动化应用。

## 三、应用发展

潍坊市交警交通智能管理系统运行以来，在道路交通管理工作中发挥了巨大的作用。通过扁平化指挥，民警的反应能力同比提高了 50%，道路的通行效率同比提高了 40%，管理效能明显提高；系统还为侦破交通肇事逃逸案件提供有效线索 48 条，为其他治安、刑事案件提供有效线索 1180 条。特别是为侦破城区“2.22”系列盗窃犯罪团伙案件、“2.25”持枪抢劫案件、“2.28”、“3.08”系列砸车玻璃案件等重大案件提供了有力的证据。

在已有系统建设的基础上，潍坊市的智能交通系统将适应迅速发展的社会经济要求和日益提高的交通管理需求，不断完善和提高智能交通系统建设规模和水平。重点将扩大交通基础信息的采集规模，提升前端设备的技术水平，实现公路、公安、城市客运、物流服务等行业信息资源的整合共享，提高交通管理水平和综合服务水平。

（主要撰稿人：陈 伟）

# 昆山市智能交通建设与发展

## 一、基本情况

昆山地处长江三角洲，东邻国际大都市上海，西依历史文化名城苏州。近年来，随着区域经济的快速发展，昆山市机动车保有量，尤其是私人小汽车保有量快速增长，城市路网通行能力和交通需求之间的矛盾日益突出，交通拥挤及其蔓延现象严重。为了有效缓解昆山市城市道路交通拥堵压力，保障区域经济的快速发展，昆山市政府在加大城市道路交通基础设施建设力度、增强城市道路供给能力的同时，自 2007 年起加速启动了城市道路智能交通管理系统的规划、设计与建设，并取得了较好的成绩。

以落实“科技交通”理念，保障城市道路交通“安全、有序、畅通”为主要目标，昆山市城市道路智能交通管理系统建设与发展的主要思路是在充分吸收国内外智能交通系统规划与建设经验与教训基础上，以综合交通信息平台为基本架构，有计划、分步骤地实施城市道路交通多源、异构数据的采集、分析与融合处理，进而在决策基础上通过信号控制、城市道路交通状况监测、指挥调度、交通执法、交通信息发布与诱导五大类应用系统来影响和控制城市道路交通需求在路网上的时间与空间分布，提高城市道路交通系统运行效率和行车安全。昆山市城市道路智能交通系统规划建设的总体架构如图 1.37 所示。

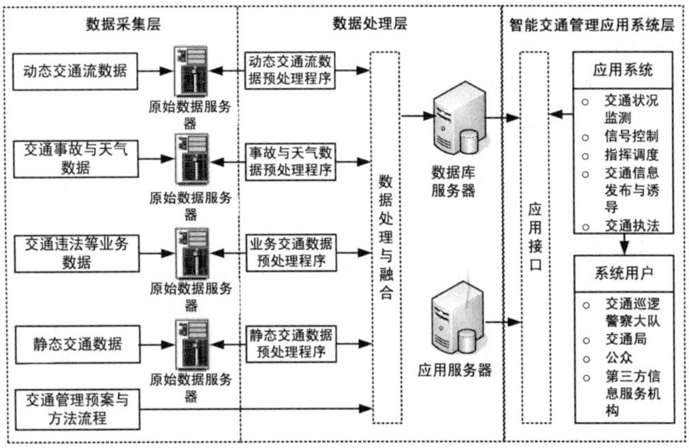


图 1.37　昆山市城市道路智能交通管理系统规划平台基本架构

## 二、已建设完成的主要系统

至目前为止，昆山市已经建设完成的系统包括交通信号控制系统、道路交通状况实时监测系统、交通状况预测预报系统、交通信息发布与诱导系统、道路交通视频监控系统、交通违法行为动态抓拍系统等，初步形成了集交通状况监测、分析与决策、交通执法、交通信息发布与诱导等功能于一体的综合交通管理平台。下面重点来介绍昆山市交通信号控制系统、城市道路交通状况实时监测、交通状况预测预报、交通信息发布与诱导四大系统。

### （一）昆山市交通信号控制系统

目前，昆山市主城区范围内105个路口交通信号机已连入信号控制系统，通过系统可以实现远程控制，可根据交通流量、流向的变化特点，及时调整优化信号灯各项参数，推进城区主干道“绿波带”控制、协调区域信号配置，增强点、线、面交通信号控制的科学性；通过对交通流量科学的调节分配作用，合理平衡道路网络交通压力，可以有效地监控道路交通状况，协调处置突发性事件；同时提高现有道路通行能力，缓解交通堵塞；有效控制和减少交通事故，使安全出行度明显上升。系统建设后，目前路段车辆停车次数减少 15%以上，停车延误减少 15%以上。行车速度提高 15%以上，交通管理指挥调度响应时间减少 20%以上。2008 年，该系统被列为国家“863”科技攻关课题，昆山被列为“新一代智能化交通控制系统技术”——区域交通信号控制系统试点城市，如图 1.38 和图 1.39 所示分别为信号控制系统运行图和干线信号时距图。

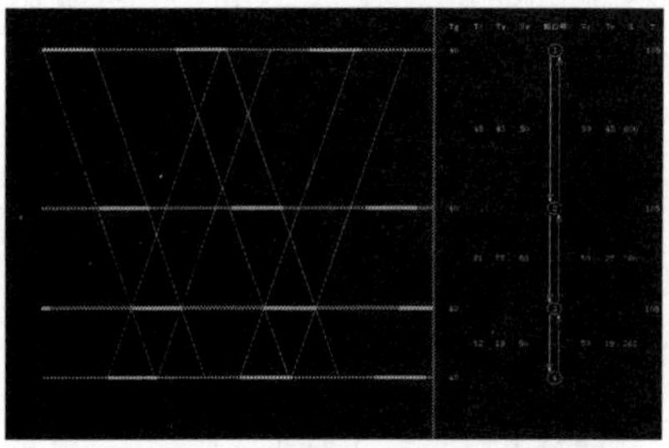

图 1.38　信号控制系统运行图

图 1.39　干线信号时距图

### （二）昆山市城市道路交通状况实时监测系统

昆山市城市道路交通状况实时监测系统是通过车辆检测器等动态交通信息采集手段，对昆山市中心城区主干道、次干道、支路进行交通流量、车辆行驶速度和时间占有率数据进行采集；在此基础上，通过数据有效性检验、缺失数据估计、数据时间与空间汇集、交通状态判别等模型对数据进行处理，实时生成城市道路交通运行状况评价指标和路段交通拥堵信息，并在 WEB+GIS、交通管控中心监控大屏上加以展现。目前该系统的信息采集手段主要为安装于 8 条主干道、7 条次干道和 5 条支路的 130 套微波车辆检测器，原始交通流数据采集周期为 30 秒。如图 1.40 和图 1.41 所示分别为道路交通状况实时监测系统的部分界面图。其中，图 1.40 所示为系统输出的交通控制中心大屏路网交通状态监测图，图 1.41 所示为路段一日交通流量与速度时间变化折线图。

图 1.40　控制中心大屏交通状况检测图

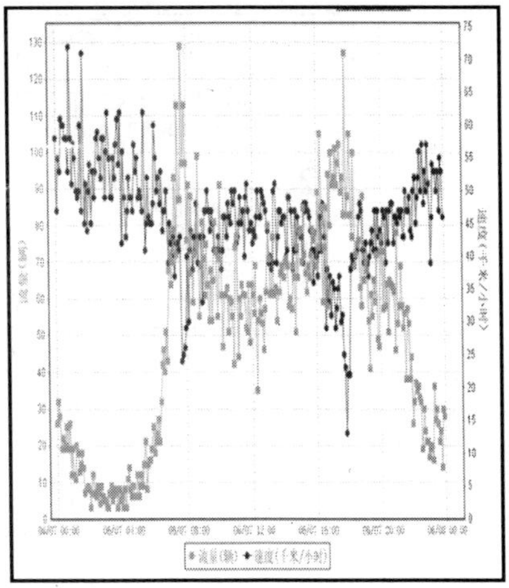

图 1.41　路段一日交通量与速度时间变化图

昆山市城市道路交通状况实时监测系统的主要功能包括以下 3 点：其一是准确的路网交通状况实时监测功能，基于微波车辆检测器采集的 30 秒动态交通流数据，系统可以自动生成 1 分钟与 5 分钟交通流数据，并实时每分钟生成当前路网交通运行状况评价指标数据及交通拥堵信息，评价指标估计的实时延误约为 1 分钟，交通拥堵判别准确率达 95%以上；其二是强大的面向多用户的交通数据分析与服务功能，基于动静态交通数据的有效分析、处理与归档管理，系统可以以表格和图形等多种形式，向交通管理部门及社会公众提供车道、断面、路段、路线、路网 5 分钟、15 分钟、小时、1 日等多时段交通运行状况评价指标数据服务；其三是强大的检测设施及系统运行状态自动监测功能，以数据驱动为基本思想，系统实现了交通检测设施运行状态与系统运行状态的自动化监测与报警，保障了系统的可维护性。

### （三）昆山市城市道路交通状况预测预报系统

昆山市城市道路交通状况预测预报系统是在城市道路交通状况实时监测系统基础上，有效融合微波车辆检测器采集的断面交通流数据及视频摄像头采集的车辆号牌数据，进而实现道路交通运行状况评价指标（包括路段及路线行程时间）的实时估计与预测，为道路交通运营管理与控制、交通信息发布与诱导等提供预测性决策与支撑数据。如图 1.42 所示为昆山市城市道路交通预测预报系统设计架构。

该系统强大的交通状态参数及其可靠性预测功能，以路段、路线、路网交通状态参数及其可靠性等历史数据为基础，系统实现了路段、路线、路网交通状态参数及其可靠性指标在 5 分钟、10 分钟、15 分钟等不同时间间隔上的预测功能。同时实现了路网中任意两个位置、任意时刻的车辆行驶路线行程时间的估计和预测，可满足以实时和预测交通状态为基础的驾驶人出行路径规划，及路网的交通运行模式分析与预测功能，基于路网交通运行状态评价指标估计和预测，系统实现了路网瓶颈路段等路网态势的分析与预测。

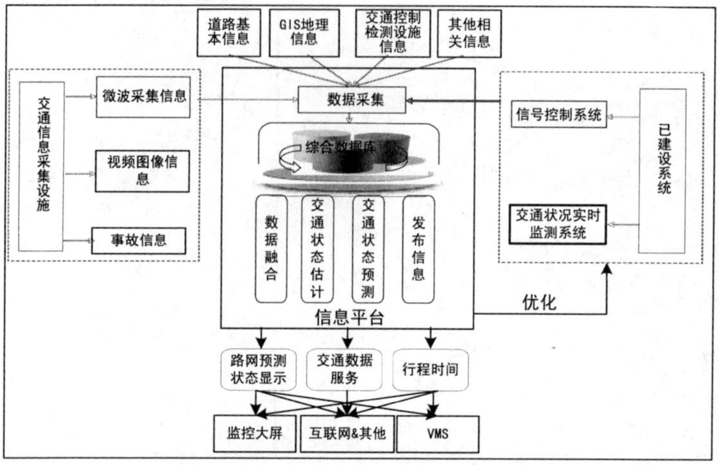


图 1.42　昆山市城市道路交通状况实时预测预报系统

### （四）昆山市城市道路交通信息发布与诱导系统

昆山市城市道路交通信息发布诱导系统以城市道路交通状况实时监测及预测预报系统为主要依托，以可变情报板、交通广播、手机终端、因特网等信息发布与诱导手段，实现对城市道路交通拥堵估计及预测信息的实时发布。昆山市城市道路交通信息发布与诱导的主要策略是大范围诱导与局部诱导相结合，通过大范围诱导引导大范围出行者利用城市快速路系统，尽可能减少利用城市主干道和次干道，同时通过局部诱导，引导出行者主动避开前方交通拥堵路段。目前昆山市全市共建有 20 块 LED 可变情报板，交通控制中心可以根据道路交通实时及预测情况随时发布交通拥堵信息及交通管制信息，为驾驶员适时选择行车路线提供帮助。同时，昆山市交通控制中心还建有交通广播室，在交通高峰和平峰时段实时广播城市路网交通拥堵信息。图 1.43 为昆山市城市道路交通信息发布与诱导系统工作原理图。

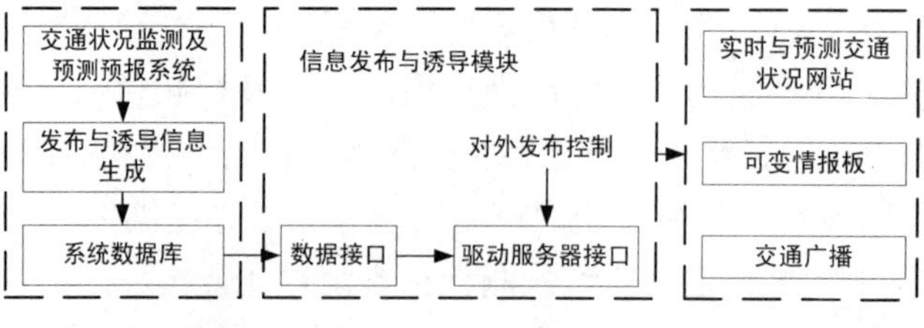


图 1.43　昆山市城市道路交通信息发布与诱导系统工作原理图

昆山市城市道路交通发布与诱导系统发布的交通信息包括：①估计与预测道路交通拥堵信息；②道路交通事故信息；③道路施工信息；④交通管控信息；⑤路段行程时间信息；⑥路网全局交通拥堵及事故信息。

系统的主要特色包括：①在传统的实时交通拥堵信息发布基础上，增设了交通拥堵预测信息；②在传统的定性交通拥堵信息发布基础上，增加路段行程时间等定量交通信息发布内容；③在部分可变情报板上发布全局性交通拥堵与交通事故信息，用以引导出行者提前通过快速路系统实现大范围出行。

## 三、主要技术创新

昆山市城市道路智能交通系统在研发与建设过程中，充分吸取了国内外相关建设经验和教训，成功开发了城市道路交通状况实时监测系统、交通状况预测预报系统、交通信息发布与诱导等一系列系统，形成了一系列关键技术。系统建设的技术创新主要体现在以下几个方面。

### （一）基于综合交通信息采集、分析与处理平台的智能交通应用系统开发架构

与传统的城市道路智能交通应用系统相互独立，信息难以交互与融合处理不同，昆山市在城市道路智能交通管理建设过程中，研究构建了统一的多层级（时间与空间层级）城市道路交通运行状况评价指标体系和指标估计方法，满足多元数据环境下的城市道路交通信息整合、分析与融合处理；同时在应用系统功能实现过程中，考虑了其自身的特殊功能需要。

### （二）完整、科学的智能交通系统建设关键技术

在数据采集方面，系统开展了固定式车辆检测器优化布点方法研究。基于可能的影响因素分析及影响程度的量化评估，提出了不同情境下的固定式车辆检测器最优布点规则。在数据处理方面，以不同类型城市道路交通流特点分析为依托，昆山市城市道路智能交通管理系统已经形成的主要关键技术创新包括：①系统开展了动态交通流数据有效性检验规则、缺失数据估计方法与策略，城市道路交通流数据最优汇集时间间隔及时空汇集方法等数据预处理方法研究，提出了以交通参数阀值、参数之间一致性关系等数据有效性检测规则和以时间序列模型为核心的交通流缺失数据实时估计方法；②针对城市道路交通状态判别以单一速度阀值为依据所造成的准确性较低这一缺点，研究提出基于交通流量和速度数据驱动的实时交通状态聚类判别方法，实现了不同类型城市道路交通状态的准确判别；③针对目前城市道路行程时间数据估计和预测以单一视频号牌识别数据为基础、行程时间数据覆盖率较低这一缺点，提出了基于微波车辆检测器及视频号牌识别数据融合的城市道路行程时间估计与预测技术；④针对目前交通状况评价指标参数估计与预测可靠性研究不足这一现象，以交通流理论与统计学模型为基础，构建和应用了城市道路交通运行状况评价指标可靠性指标估计与预测模型。

### （三）面向多用户的城市道路交通信息与数据服务

以多层级城市道路交通运行状况评价指标及其可靠性预测数据为支撑，昆山市在现有的城市道路交通状况实时监测系统和交通状况预测预报系统建设过程中，充分考虑了昆山市交通局、规划局等相关部门可能的动态交通数据需求，开发了面向多用户的昆山

市城市道路动静态交通信息与数据服务网站，用户可以根据需求以图形或表格形式查询和下载道路断面、路段、路线、路网等空间层级和 5 分钟、15 分钟、小时等时间层级为基础的动静态交通数据。

## 四、系统应用情况和综合效益

在现有（规划）道路网络条件下，以合理组织规划交通流、完善道路交通管理设施、提高交通参与者的现代化交通意识为基础；以道路交通有序、畅通、安全、规范管理、快速反应和高速决策指挥为目标；依靠高新技术建设适合于昆山市道路交通特点的公安交通指挥系统，以最大程度地发挥现有指挥中心及各子系统的作用和功能为原则，以现有指挥中心和公安计算机网络系统为基础，以系统集成技术和网络技术为手段，以提高公安交通管理部门的快速反应能力、统一指挥调度和信息共享为目标，通过整合各个交通管理基础应用系统，实现昆山市公安交通指挥的集成化和网络化，力争使昆山市公安交通管理处于全国先进水平。

## 五、建设发展规划和展望

尽管昆山市智能交通管理系统的建设已经取得了一定的成果，但是距离昆山市城市道路交通管理信息化及其智能化目标仍有一定差距。基于此，昆山市政府和交通管理部门将进一步加大城市道路智能交通管理系统的建设力度，全面、有序地实施以昆山市城市道路交通管理信息网络平台为支撑的城市道路智能交通管理系列系统建设，进一步提高城市道路交通管理决策水平。

在提升城市道路交通执法管理科学化的同时，昆山市城市道路智能交通管理系统今后建设和发展的重点内容包括：①进一步提高城市道路交通信息采集空间覆盖率，丰富动态交通数据的采集类型，尤其是交通事故数据的智能化实时采集；②以已经建设系统为依托，加快建设昆山市城市道路实时仿真平台及以此为基础的昆山市城市道路交通信号控制优化系统，实现以实时及预测交通信息的交通信号控制系统配时实时调整和优化；③探讨交通信息服务商业运营模式，研发手机短信定制、电话热线、车载导航等为手段的昆山市城市道路综合交通信息服务产业；④在现有交通指挥调度系统基础上，建设集交通状况监测与预测、信号控制、电视监控、GPS 警车定位、单兵定位、交通信息发布与诱导等系统于一体的可视化、智能化指挥调度平台，方便指挥决策人员灵活、及时获取相关决策信息。

（主要撰稿人：俞春俊、李　攀）

# 长三角区域智能交通系统建设与发展

## 一、基本情况

以上海、江苏、浙江为主体的长三角地区是我国城镇密集、人口众多、资源丰富、经济发达、科技力量雄厚、高层人材聚集的经济核心区域之一，形成了世界公认的第六大都市经济圈。近年来，长三角地区相继建成了沪宁、沪杭、沪甬、沪嘉及苏嘉杭等高速公路。这些基础交通设施的建设对改善本地区城镇间的交通联系，促进本地区城市间经济、产业的合作和信息、人才、资源的流动发挥了积极作用。可以说长三角区域交通的信息化与智能化管理系统建设已具备了各种实施条件，具体表现在：

（1）长三角地区经济的快速发展对道路交通系统安全畅通和服务水平，特别是信息服务产生了强烈需求。

（2）信息技术的发展，特别是长三角两省一市各自道路交通信息系统的建设为实现长三角区域交通系统的信息化与智能化打下了良好技术基础。

（3）两省一市的交通管理部门已经初步形成了实现长三角交通信息化与智能化管理的共同意愿，希望通过推进长三角智能交通系统的建设在全国率先实现跨省市高速公路网交通信息的互通和联动诱导，从而为促进长三角地区智能交通系统的应用和发展奠定基础。

围绕长三角区域智能交通系统的建设与发展，两省一市交通部门目前基本建设思路和主要应对策略包括：

（1）加速长三角地区交通信息化和智能化管理一体化发展的步伐，包括规划一体化、管理一体化、信息一体化和经营一体化，同时建立重大交通信息的互通机制。

目前长三角地区的交通，在很大程度上已经带有都市交通的特征，区域高速公路网、城际快速交通体系已初具规模，区域交通需求增长迅速，部分路段经常发生交通拥堵，出行者和交通管理者均对异地交通信息产生了非常迫切的需求。当沪宁路苏州段发生重大交通事件、出现交通拥堵时，如果在南京和上海提前发布信息，引导车辆提前选择绕行路线，对节约出行时间和快速疏导拥堵路段交通无疑都是非常有意义的。实现这个目标，关键在于要建立长三角地区两省一市重大交通信息的互通机制。两省一市有关部门正在推动交通信息互通机制的建立，实现长三角区域交通信息资源的共享。

（2）依托信息化和智能化建设，建设区域交通运输综合信息平台，全面实现长三角地区交通信息共享，同时关注交通服务，特别是信息服务系统的建设和运营。

为实现长三角交通运输体系的一体化，信息化建设需要统一标准、协调一致发展。为此必须建设长三角区域交通运输综合信息平台，充分实现区域内各省市、各部门之间的交通信息资源共享。并在此基础上进行多源数据的融合和深层次加工处理，为提高各地区、各相关部门的政府管理和服务水平、开展公众交通信息服务，提供数据支持。

（3）加快和促进长三角地区交通标准化的建设，促进长三角地区交通信息化和智能化管理。

为了实现长江三角区域各个城市或城市内部各部门的信息资源共享，保证城市交通信息系统整体的协调性和兼容性，发挥系统的整体和集成效应，需要制定完整配套的反映标准项目类别和结构标准体系表，以实现在长江三角区域范围内标准系列和标准制定上的统一规划，统一组织和部署，并使规划和部署更加科学合理。

（4）大力推进能够满足区域交通运输需求的各种应用系统的建设。

随着长三角经济带的发展和都市圈的不断扩大，长三角地区区域交通运输的需求快速增长。为此，在进一步加大区域交通基础设施建设力度的同时，应大力推进相关信息化和智能交通应用系统的建设，如区域高速公路综合管理系统、区域高速公路联网收费系统、区域交通协调管理系统、区域快速客运系统、区域物流系统等。通过信息化手段，带动区域交通实现跨越式发展，从而提升交通运输主管部门的管理与服务水平，提高区域交通运输系统的运行效率，为社会公众提供充分满足其全方位需求的交通运输服务。

## 二、建设完成的主要系统

作为经济发达地区的长江三角洲地区，两省一市围绕各自和共同的交通管理和信息服务需求，完成了一系列智能交通系统的建设，取得了一系列成果，具体包括：

（1）长三角区域电子不停车收费系统（ETC）。

（2）面向公众的省市信息服务门户网站。

（3）省级公路交通信息资源整合工程。

（4）区域性道路客运综合信息服务系统。

（5）交通综合统计系统与交通决策支持系统等。

下面以江苏省智能交通诱导服务系统为例，介绍长三角区域智能交通系统的建设和发展。

### （一）系统简介

江苏智能交通诱导服务系统是江苏交巡警总队实现交通信息化管理、落实科学发展观的重要举措，系统实现了政府、产业与学术界的实质性合作。系统设计贴近公众出行需求，重点解决城市行车难、出行难等交通难题。构建公众出行的交通信息服务平台，提供准确、动态、实用、综合的出行信息服务，从而大大方便了公众的出行，有效提高全省公众出行交通信息服务水平，进一步提升交通行业服务形象和质量。

系统最终建立真正能应用于政府和社会公共服务，并能商业运营的具有中国交通特色的智能交通信息服务中心，如图 1.44 所示，中心系统通过车载导航设备、手机、互联网、广播、路边诱导屏、118114 热线电话等方式向交通出行者提供全方位实时动态交通信息。

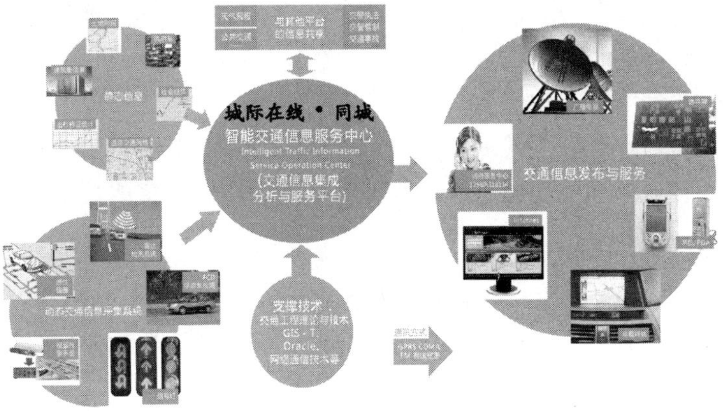


图 1.44　智能交通信息服务中心整体框架图

## （二）系统主要功能

系统依托江苏省智能交通诱导服务系统（中心平台系统）、江苏省交巡警高速公路指路服务系统（118114、12580 指路服务系统）、南京智能交通广播服务系统、南京智能交通诱导服务网站、南京市停车诱导服务系统 5 个子系统，可以为用户提供以下功能及服务：

（1）实时路况判别、显示及查询：汇集线圈检测器、微波检测器、视频检测器、FCD 数据等数据源，运用地图匹配、模糊聚类、决策融合等一系列算法进行城市道路实时路况的运算，最终以红黄绿三色显示在电子地图上，并可根据路名对路况进行查询。

（2）交通拥堵分析：可自动提取长期处于拥挤或拥堵状态的路段，将其认定为堵点，进行统一记录，供交通管理部门决策时使用。

（3）基于实时交通信息的动态导航：将实时路况、交通事件和交通管制信息也作为车载导航路径规划的路阻参数之一，综合考虑道路等级、交通管制信息等，以行程时间最短为优化目标，动态规划行车路径，自动规避拥堵。

（4）动态停车诱导服务及管理：通过实时接入各停车场的实时车位数据，可通过客户端软件、交通信息网站查询各联网停车场的地址、营业时间、收费标准等详细信息及实时空余车位数，同时可通过停车四级诱导屏发布实时空余车位信息。

（5）交警信息服务：能够为车载导航设备或手机终端的路径规划模块提供交通管制信息的数据接口，还可根据用户设定的限制条件对数据库中的交通管制信息及交通事件信息进行统计，并可以根据终端提交的驾驶证号或车辆牌照查询车主或车辆的执法告知信息。

（6）公交信息服务：以最优推荐、地铁优先、步行最短 3 种模式规划公交换乘路线，并提供公交线路详细信息的查询。

（7）周边生活信息服务：可查询某地点周围一定范围内的停车场、加油站、餐饮、住宿、购物、金融、娱乐、健身等类别的 POI 点位置及详细信息并可进行导航。

（8）高速公路网信息发布：实时发布江苏省高速公路网实时交通事件信息、交通管制信息等。

## 三、主要技术创新

### （一）基于多元信息的交通诱导与服务信息提取和系统集成技术

有效挖掘和利用了城市运营车辆（如出租车等）的移动信息、路面检测器信息和视频信息等，面向改善交通、均衡交通流、应对突发事件等交通管理的需求，构建了可以提供于多媒体（如车载机、手机和路边信息板等）的交通诱导与信息服务系统。

### （二）基于多源信息的交通状态预测与预报技术

基于城市交通管理需求，满足个性化交通出行需要，进行交通状态的预测与预报。

### （三）基于动态信息的最优路径导航技术及停车诱导技术

以实时路况信息、交通事件信息、交通管制信息和实时空余车位信息为基础，系统能自动回避拥堵，寻找合适车位，从而真正实现了人、车、路之间的信息互动和共享。

### （四）面向智能手机、广播、电视、互联网、诱导屏的多元信息服务技术

通过上述途径，向用户提供个性化实时城市交通路况信息（畅通、拥挤、堵塞）、城市交通预报信息（拥堵概率）、高速公路信息、交通事故信息、道路施工信息、交通管制信息、停车场位置和车位信息、交警执法告知信息、美食、住宿、旅游、购物、天气、重要时事等一系列信息等。

## 四、应用情况和综合效益

### （一）应用情况

江苏智能交通诱导服务系统自2009年8月正式运行以来，各项功能均正常运行，交通信息已逐步走入市民的日常生活，出行的公众可以通过天翼城际导航设备、公安局交通管理局路边诱导屏、118114/114热线电话、网站、高速公路指路服务站等途径获取南京市实时道路交通信息，系统信息资源已经覆盖江苏省内南京、无锡、苏州、常州、扬州等城市，同时通过信息共享平台，系统还同时发布上海、浙江杭州、山东、北京、天津、湖北武汉等城市实时交通信息。

系统已经得到了广大市民、媒体和相关政府部门的广泛关注：交通管理部门正在通过该系统提高城市的交通管理水平；成千上万的市民也正在通过该系统获取实时便捷的交通信息。截止目前，该系统提供的信息服务：

（1）已为驾驶员打印约210万张指路服务书。

（2）已为市民提供约180万次电话指路服务和实时交通信息服务。

（3）已为3万多城际导航车载终端或智能手机用户提供实时交通服务。

随着系统和中国电信、中国移动和中国联通的紧密合作，系统在长三角区域用户将会达到100万以上，成为长三角区域交通信息服务的重要途径。

### （二）综合效益

#### 1. 有利于提高交通管理的效率和决策水平

系统将可成为汇集长三角地区所有交通相关信息的综合平台，包括静态信息、准动态信息和动态信息，全方位的资讯和系统的统计分析功能，必将为长三角经济圈各地级市交通管理部门的日常工作和管理决策提供强大助力，只需轻点鼠标，即可对全市乃至整个地区的交通设施、交通控制、交通管制、交通事件、路况状态、警力分布等情况了然于胸，从而有利于提高工作效率和决策水平。

#### 2. 有利于改善交通，促进城市健康有序发展

系统可通过引导人们规避拥堵路段，平滑交通量，使城市道路资源和交通设施的利用更加合理有效，改善城市交通环境，也可在一定程度上舒缓大型道路建设的需求。系统还可为救护车、消防车、城市公共安全等社会特殊车辆开辟绿波通道；并通过交通诱导与交通信号控制互为反馈的交通主动型诱导及控制，以缓解常态和非常态交通阻塞，从而促进城市与交通的健康有序发展。

#### 3. 有利于提高公众出行质量

系统将促进科技与人本结合，有利于提供优质的交通运输服务和全面的实时交通资讯，除了可以让广大公众出行的安全性、舒适性和便捷性有所提升以外，对环保和节能亦有正面的助益。

#### 4. 有利于促进长三角地区相关产业发展

智能交通产业链的构成包括智能交通技术研发与咨询业、智能交通信息采集设备制造商、智能交通信息服务集成商、智能交通信息服务提供商、智能交通信息通信网络运营商、智能交通信息服务和管理终端设备制造商及其软件系统开发商、交通工具生产商和政府管理部门等，该系统的建设和实施将会带动上述产业的可持续发展。

## 五、建设发展规划与展望

### （一）实现长三角区域智能交通管理及信息服务的精细化和个性化

立足长三角区域内公众多样化交通需求，综合利用各类交通信息，为公众出行提供随时随地全方位的交通信息个性化服务，实现服务内容、方式、时空的个性化，提高交通信息服务效率，同时在此基础上推动交通管理的精细化。

### （二）建立符合长三角区域经济特征的智能交通产业链

本系统一开始即是由政府、产业和研究等方面紧密合作发展起来的，这将为我国可持续地发展智能交通运输系统提供极其珍贵的经验。为发展我国的ITS及其产业，推进我国经济与社会的进步，产生深远的影响。同时系统与市场紧密结合，与移动通信网络运营商紧密合作，广泛吸引社会资金，促进了智能交通产业建设和运营的可持续发展。

（主要撰稿人：杨晓光）

# 济宁市智能交通系统建设发展规划

## 一、概况

济宁，孔孟之乡、运河之都，位于山东省西南部，是中国优秀旅游城市、山东省鲁南城市带中心城市。济宁还是山东省重点规划建设的三大工业中心城市之一、省农机生产基地、全国煤炭能源基地。据统计，2010 年全市实现地区生产总值 2542.8 亿元，比 2009 年增长 12.9%，“十一五”期间年均增长 14.3%。

济宁市现辖 2 市辖区（市中、任城）、3 县级市（曲阜、兖州、邹城）、7 县（微山、鱼台 、金乡、嘉祥、汶上、泗水、梁山）。京杭大运河和京沪铁路、京九铁路纵贯南北，兖石铁路和济新铁路横穿东西，日东高速与京福高速贯穿全境，又是 104 国道和 327 国道的交汇处，济宁机场已经开通了济宁至北京、广州、上海、济南、青岛等多条航线，截止到 2010 年年底，济宁市全市户籍总人口 843.03 万人，城区人口 63.6 万余人。土地面积 10 684.9 平方千米，其中城区面积 92 平方千米，中心城区 34 平方千米。

济宁市比较重视综合交通发展规划，组织编制了全市道路交通综合规划、公交发展规划和道路交通管理规划，另外，济宁市轨道交通建设发展规划也正在编制中。

## 二、济宁市道路交通智能化管理

济宁市道路交通智能化管理系统建设始于 1996 年，目前建有电视监控系统、电子警察系统、LED 交通诱导系统、信息查询和 GPS 卫星定位系统等。随着城市社会经济的发展，道路基础设施的建设，机动车保有量的增长，对交通管理工作提出了新的要求，现有智能交通系统已经不能满足交通管理、业务操作，以及举办 2014 年山东省第 23 届运动会的现实需要，必须依靠科技强警的策略实现精细化管理，提升管理效率和能力。为此，济宁市交警支队对智能交通系统建设做出了新的规划，主要包括：

### （一）交通管理综合应用平台

交通管理综合应用平台是济宁市智能交通系统的统一信息平台。该平台以交通地理信息系统（GIS-T）为基础，接入道路交通信息、电子警察和卡口、警车警员定位和交通诱导等系统，实现各种数据资源的高度共享和集中管理，以及各业务系统的交互和协同，充分发挥系统的整体效益，形成具有数据处理与挖掘能力、决策能力、组织协调与指挥调度能力的科学、高效的交通指挥运行机制，为交通管理与公众出行提供信息服务，达到提高行车速度，缩短行车时间，减少交通事故，改善交通秩序，避免交通阻塞的目的。

### （二）基于视频的电子警察系统

济宁市现有电子警察30处，系统在数量、规模上有限，难以满足交通违法行为监控全方位覆盖的交通管理需求。规划新建65处高清电子警察，改建原有5处标清电子警察，通过车辆牌照识别实现闯红灯，占用非机动车道，不按车道标线行驶等交通违章行为的执法取证，并综合复用资源实现高清视频流采集、交通流检测等功能,使非现场执法达到执法总量占到60%以上。

### （三）卡口系统

济宁市现有高清电子警察带卡口功能15处、高清卡口2处。随着路网建设的不断完善，对肇事逃逸、盗抢机动车、报废车行使、套牌车辆、嫌疑车辆、交通违法黑名单车辆、重点监控车辆（危险品运输车、校车等）的查控与处置提出了新要求。规划新建9处卡口系统，全面覆盖进出城的主干道，实现车辆捕获及车牌识别、高清照片抓拍、布控缉查车辆、超速和交通流检测等功能。

### （四）智能交通信号控制系统

济宁市现有灯控路口109个，其中101个路口的信号机为单点机，无法实现联网控制，且均不满足国家《道路交通信号控制机GB25280—2010》标准。规划改造市区“六横、六纵、一环路”上91个交叉口的信号机，在“集中控制、分级管理、协同联动”的原则指导下，监控信号灯、信号机状态，上传、下载控制方案，下达控制指令，实现单点控制，多时段定时控制，感应式线协调控制，实时自适应优化控制，以及特种车辆、勤务车辆等的优先控制，从整体上协调、优化交通流，提高路网的通行能力。

### （五）交通诱导系统

济宁市现有LED诱导显示屏7块，主要分布在洸河路沿线。目前，诱导系统缺少准确、可靠的信息来源，人工发布的方式更新速度慢、时效性差。规划重点围绕济宁市主干道等重点路段，设置27块LED诱导显示屏，复用电子警察系统和卡口系统采集到的交通数据，经交通管理综合应用平台处理后，生成用于向公众发布的不同类型和不同表现形式的诱导信息，自动或经人工确认后发布，使出行者可以在信息预知的模式下对自己的出行时间、出行方式、出行路线进行优化调整，达到平衡交通流，引导公众出行，缓解交通拥堵的作用。

### （六）交通信息服务网站

目前，济宁市建有济宁交警网（www.jnjj.gov.cn），主要包含信息公告、图片和综合新闻、法律法规、交通路况、安全常识、业务指南、办事流程、网上车管所、模拟考场、违法查询等栏目。但交通路况栏目主要提供道路施工、禁行、绕行等信息，缺乏实时道路交通状况的发布。规划拟丰富济宁交警网的栏目，为出行者提供动态出行服务信息。

### （七）GPS 车辆警员定位系统

济宁市现有 200 余辆警用车装有 GPS 车载终端，但分属两个独立的管理系统。规划拟集成定位系统的功能，实现对警车和警力等移动目标的实时监控和调度管理，提高车辆运行的安全性和处理突发事件的能力。

### （八）交通移动指挥通信车系统

为解决重大保卫活动和突发交通事件发生时现场与指挥中心之间的信息交互问题，实现图像、数据、话音通信保障，提高突发交通事件的指挥通信能力，规划拟购置交通移动指挥通信车 1 辆。

通过上述系统的建设，将构建与城市交通发展相适应的规范化、体系化的智能交通系统架构，实现信息资源的整合与系统间的协同联动，满足业务应用与精细化管理的需求，以及公众在出行全程对动态交通信息的个性化、多样化需求，提高智能交通系统综合效用的发挥。

## 三、快速公交发展规划

### （一）快速公交布局

依照城市交通发展目标，规划济宁城区快速公交形成 7 条快速公交线路，总规模 113 千米，与客流主走向一致。

（1）洸河路 BRT1 号线连接老城区和国家高新技术产业开发区；

（2）火炬路 BRT2 号线和济安桥 BRT6 号线连接北湖、老城区、国家高新技术产业开发区和济北新区；

（3）远期太白路 BRT3 号线的延伸线将连接邹城、国家高新技术产业开发区、老城区和嘉祥；

（4）北外环 BRT5 号线延伸线连接兖州、济北新区和嘉祥；

（5）南环线 BRT7 号线的延伸线，以公交快线的方式，连接曲阜高铁站、济宁市区、和济宁曲阜（嘉祥）机场。

BRT 线路的运作方式：近期以公交专用道形式运营，远期适时开通 BRT 线路。本次重点规划的 BRT 线路的走向，起终点、站点的设置，以及与停车场、枢纽、轻轨站点的连接，远期需根据实际客流需求和城市建设发展状况调整，以最大限度发挥城市公共交通系统的作用，见表 1.3。

表 1.3　规划的快速公交线路表

| 线路编号 | 线路走向 | 线路站点数 | 长度 | 开通年份 |
|---|---|---|---|---|
| BRT1 号线 | 洸河路 | 25 个 | 20km | 2014 年 |
| BRT2 号线 | 火炬路 | 15 个 | 12km | 2016 年 |
| BRT3 号线 | 太白路 | 25 个 | 21km | 2015 年 |
| BRT4 号线 | 金宇路 | 15 个 | 13km | 2018 年 |
| BRT5 号线 | 北外环路 | 20 个 | 17km | 2017 年 |
| BRT6 号线 | 济安桥路 | 15 个 | 12km | 2014 年 |
| BRT7 号线 | 火炬路—南外环—滨河大道 | 18 个 | 18km | 2020 年 |

### （二）功能定位

（1）近期：作为公交专用道，进行客流培育。

（2）中远期：兖州、邹城、济宁、嘉祥采用 BRT 线路和车辆，作为组团客流运送主体；市区客流走廊快速通道；轨道交通过度；在主要客流走廊上快速公交作为远景轨道线路的过渡；实施客流培育；在建设轨道缺乏经济性的次一级的客运走廊；快速公交作为轨道线路的替代，充当客流服务的主体。

（3）远景年：可采用轻轨替代 BRT，覆盖次一级的客流走廊，形成与轨道交通互补的功能关系，共同承担济宁市及其都市圈城市客运交通的骨干作用。

### （三）快速公交系统实施方案

济宁快速公交系统宜采用分步分阶段开发的方法，在选定目标的情况下，协调土地利用和经济开发效果，要鼓励在快速公交系统沿线开展各项推动公交使用的活动；开发快速公交系统项目时也要协调其他土地新项目的开发，见表 1.4。

表 1.4　快速公交系统实施方案

| 线路编号 | 长度 | 投资规模 | 开通年份 |
|---|---|---|---|
| BRT1 号线 | 20km | 8 亿元 | 2014 年 |
| BRT2 号线 | 12km | 5 亿元 | 2016 年 |
| BRT3 号线 | 21km | 8 亿元 | 2015 年 |
| BRT4 号线 | 13km | 5 亿元 | 2018 年 |
| BRT5 号线 | 17km | 6 亿元 | 2017 年 |
| BRT6 号线 | 12km | 5 亿元 | 2014 年 |
| BRT7 号线 | 18km | 5 亿元 | 2020 年 |

（主要撰稿人：刘晓波）

# 香港特区智能交通建设与发展

## 一、概要

香港特区是世界上人口最稠密的城市之一，它在过去的数十年里经历了多次经济转型，已发展成主要金融中心。随着社会和经济的发展，市民对交通运输服务的需求更趋殷切。自从改革开放以来，香港特区与内地（尤其是珠江三角洲地区）的交往日益紧密，在1997年回归祖国后，两地人流物流互通更加频繁，对交通运输系统亦增添了不少压力。香港特区作为一个国际大都会，若要维持竞争优势和持续发展，必须确保路路畅通。

为了让交通运输基础建设发挥最大效益，香港特区特别行政区政府一直致力推行智能运输系统，应用先进的科技、信息和通信设施，力求使香港特区的交通运输系统更安全可靠、更具效率、方便出行人士和有利环保，以满足市民在经济、社会和康乐活动方面的需要，从而促进香港特区的持续发展。

香港特区的智能交通发展自20世纪70年代开始，发展至20世纪90年代因多项大型基建工程的建设而加快步伐，多项新技术的研究及应用使当时香港特区在智能交通运输系统产业的发展走在区内的前缘。

香港特区人多地少，面积仅有一千一百平方千米，而人口却达到七百万。香港特区道路总长约二千千米，而铁路总长则超过二百千米。各类汽车共有约六十一万辆。每天使用各种交通工具的人次超过一千二百万，其中公共交通占了百分之九十。

另一方面，香港特区多山环海，由于地理条件限制，可供兴建道路的空间有限，因此，香港特区特区政府在制定运输策略时，要兼顾各种因素，包括有限的土地及财政资源、人口增长、跨境交通大幅增加，以及市民对环境保护的高度关注等。香港特区必须在维持及改善客货运输流畅与保护环境两者之间取得平衡，并让经济及社会得以持续发展，而通过运用先进科技，以提高运输系统的容量，是香港特区特区政府的既定政策。

香港特区特区政府运输署为达到上述目标，在2001年完成了智能运输系统的策略研究，并在运输资讯、交通监控及交通执法3个范畴推广项目。

## 二、香港特区智能交通运输系统现状

截至2010年底，香港特区开展了各项智能运输系统项目：运输资讯中包括运输资讯系统、行车时间显示系统、行车速度显示屏；交通监控系统中包括区域交通控制系统、闭路电视摄影机、交通管制及监察系统、二极管式交通灯；交通执法系统中包括冲红灯摄影机及侦速摄影机。

### （一）运输资讯系统

在 2008 年完成的运输资讯系统（如图 1.45 所示）应用了地理资讯系统技术，提供一个中央数据库及统一的平台，用以处理及储存从各种渠道收集的交通运输数据，包括来自运输署和其他政府单位及公共交通营运商的统计数据、文件、地图、交通标志、公共运输资料及路面交通情况影像等，以方便部门同事进行资料搜寻和数据分析，以应付日常内部工作。

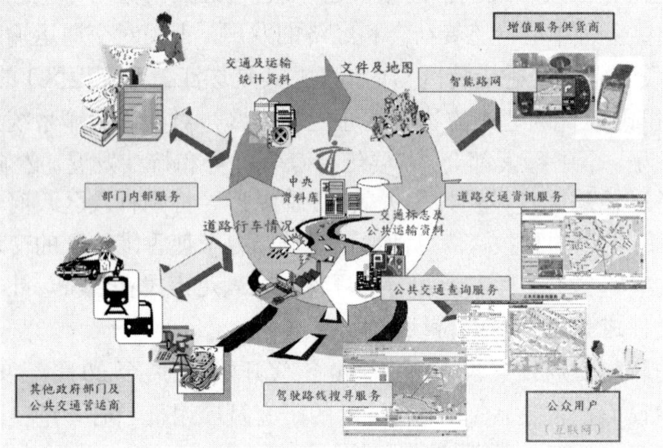


图 1.45　运输资讯系统概念

此外，运输署利用该系统的数据于 2009 年至 2010 年期间，亦推出了下列 4 个服务供公众使用：

1. 道路交通资讯服务

透过互联网，公众可在一站式“道路交通资讯服务”平台，获取多项实时道路交通资讯，包括特别交通消息（如图 1.46 所示）、闭路电视交通实况影像、三条过海隧道路线的估计行车时间和香港特区、九龙及新界南主要干道的估计行车速度（如图 1.47 所示）。市民掌握了这些实时交通信息，可以更方便计划行程，避开拥堵的道路。

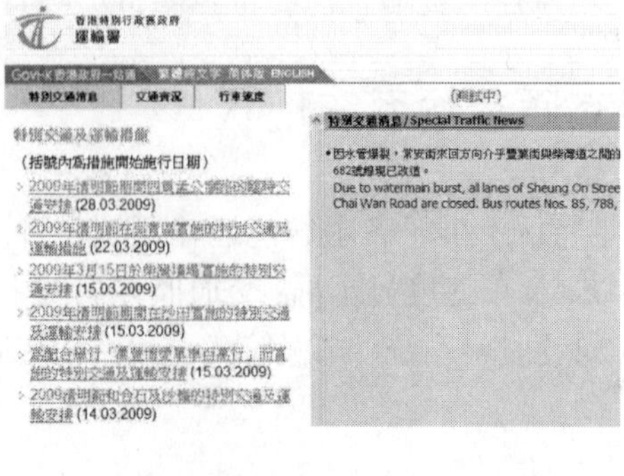


图 1.46　“道路交通资讯服务”发放特别交通消息

图 1.47　“道路交通资讯服务”发放九龙主要干道行车速度

## 2. 公共交通查询服务

公共交通查询服务提供方便易用的公交路线查询服务（如图 1.48、图 1.49 所示），可供市民根据不同喜好（例如最少转乘次数、最便宜车费或最短时间等）搜寻可到达其目的地的最合适公共交通工具及路线，以及上下车站的位置。现时市民可通过互联网使用该服务，运输署计划在 2011 年年中推出在智能手机中使用的版本。

图 1.48　“公共交通查询服务”提供地图显示上下车站的位置

图 1.49 “公共交通查询服务”提供点到点的乘车选择

3. 驾驶路线搜寻服务

使用“驾驶路线搜寻服务”的驾驶者，可输入其选择，例如最短时间、最低道路收费或最短距离，系统便会搜寻最适合他们的驾驶路线（如图 1.50 所示），并提供估计行车时间、停车限制等道路资讯、有关该区的特别交通及运输安排，以及特别交通消息。市民可通过互联网使用该服务，运输署计划在 2011 年年中推出在智能手机使用的版本。

图 1.50 “驾驶路线搜寻服务”提供合适的驾驶路线

4. 智能道路网数据

运输署将“运输资讯系统”内的主要交通运输数据整合为智能道路网数据（如图

1.51 所示），以套装组合形式于 2010 年 11 月推出公开发售。各私营机构及增值服务供货商（包括电讯公司、车队管理及货运营办商、物流及信息科技机构），可利用“智能道路网”内准确及定期更新的资料（如行车方向、路口的转向限制、停车限制等）发展其他智能运输应用系统，例如：汽车导航、车队管理系统及个人化信息服务，以节省投放在收集有关道路数据的开发资源，为智能运输系统业界创造商机。以上“驾驶路线搜寻服务”正是首项使用“智能道路网”来设计的。

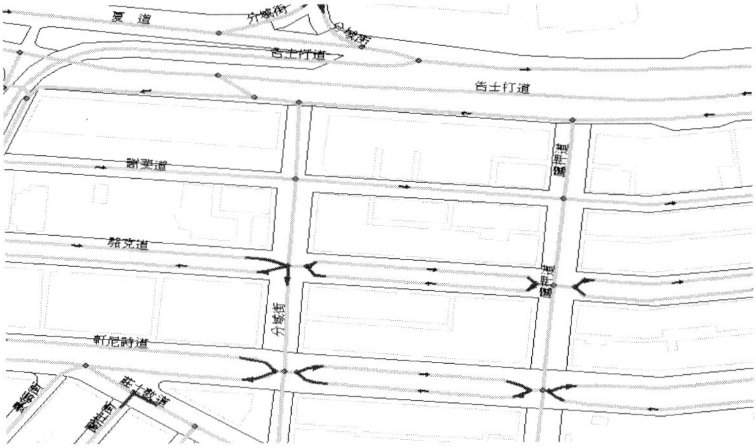

图 1.51　显示部份“智能道路网”套装资料

### （二）行车时间显示系统

行车时间显示系统（如图 1.52 所示）于 2003 年在香港特区港岛区启用，提供由港岛至九龙各条过海隧道出口的估计行车时间。此系统协助驾驶者在抵达各主要分流点前，可通过行车时间显示器了解各条过海路线所需的时间，从而选定合适的路线。

运输署于 2010 年 5 月完成扩展“行车时间显示系统”至九龙，并在港岛东区加装一组行车时间显示器。现在分别有十组的行车时间显示系统装设于港岛及九龙过海的主要干道，驾驶者可根据系统显示的资讯协助计划行程，避过交通拥堵的路径，从而改善繁忙路段的拥堵情况。

图 1.52　行车时间显示系统

图 8 显示了其中一个位于香港特区岛的行车时间显示系统，指示牌上的数字显示了利用两条不同过海隧道到达九龙的预计行车时间。

在 2006 年进行的一次问卷调查中，百分之六十四的受访者认为港岛区的行车时间显示系统可帮助他们选择过海的路径。

### （三）行车速度显示屏

为了让驾驶者能掌握更多交通信息，运输署正在新界区往九龙主要干道上的 5 个地点安装“行车速度显示屏”，以图示方式提供有关前方路段的实时交通状况。驾驶者可根据有关资讯选择较可取的路径前往目的地。工程预计于 2012 年年初完成。

如图 1.53 所示为是其中一个行车速度显示屏，以简单的路线图显示前方的道路、黄色的路盾内的数字为干线编号、“出 1”及“出 2B”代表出口编号。在路线图上路段以不同颜色表示交通拥堵的程度，以红色代表交通拥堵，黄色代表行车缓慢，而绿色则代表行车畅顺。

图 1.53　行车速度显示屏

### （四）区域交通控制系统

“区域交通控制系统”利用计算机管理交通灯号的运作，通过统筹交通灯号的运作来缩短行车时间，善用路面空间及应付不同的交通情况，如图 1.54 所示。系统亦可协调交通灯号，以辅助紧急车辆通行。

一般来说，区域交通控制系统能通过计算机程序，令邻近灯号的运行时间更协调，减少在红灯前停车的次数和时间。再者，运输署会选择合适的路口，加设车辆侦察器。在这些路口，计算机程序亦会按当时的交通流量，实时再分配各行车方向的绿灯时间，令行车更为畅顺，从而达到改善行车时间的目的。

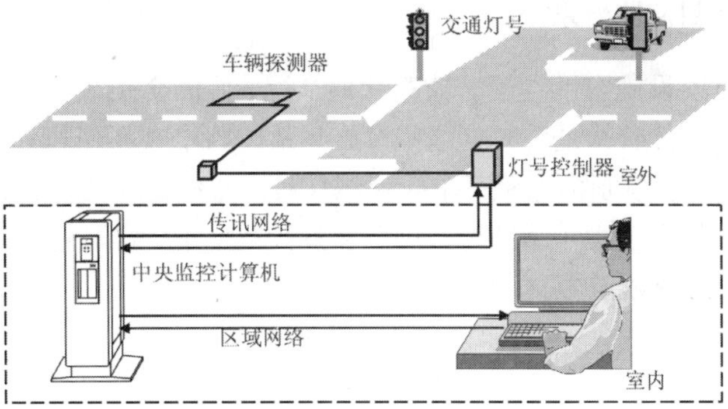


图 1.54　区域交通控制系统的运作概念

截至 2010 年年底，全港有 1788 个交通灯号路口。其中 1658 个（92.7%）是连接至区域交通控制系统的，覆盖港岛、九龙、荃湾、沙田、屯门、元朗、大埔及北区。系统将会于 2011 年年底扩展至将军澳，届时由该系统控制的交通灯号路口将增至 1691 个（94.6%）。

区域交通控制系统实施后可有效改善区内交通拥堵情况，可将行车时间减少 33%，停车次数减少最多 44%及停车时间缩短最多 52%。

### （五）闭路电视摄影机

运输署在交通繁忙地点安装闭路电视摄影机（如图 1.55 所示）监察交通情况，并通过互联网和智能手机将影像向公众发放，以便驾驶者尽可能避免在交通拥堵时驶经这些地点。截至 2010 年年底，全港共有 333 部摄影机安装在市区和新市镇，另有 220 部摄影机在主要公路上运作，向公众发放闭路电视影像的策略性地点已增设到 166 个。运输署正在其他策略性地点进行增设安装工程。

图 1.55　闭路电视摄影机

### （六）交通管制及监察系统

交通管制及监察设施有助运输署监察交通情况、侦测交通事故、为市民提供重要交通信息和安排改道以改善交通管理。这些设施包括闭路电视摄影机、事故侦察器、可变信息显示屏、可变速度限制标志及行车线管制灯号。现有监察系统覆盖的范围设在如图1.56所示上所显示的有关主干道路段，包括各条行车隧道、青马管制区、深圳湾公路大桥、港深西部公路及青沙管制区等。其余的主干道也已设有闭路电视摄影机。

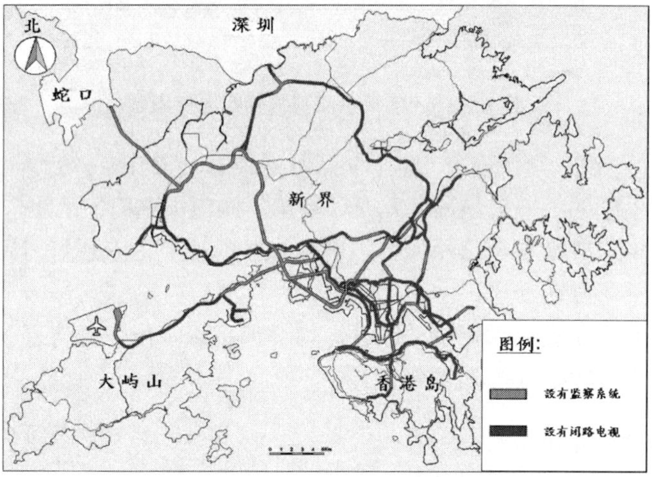


图 1.56　交通管制及监察系统覆盖范围

通过交通监察系统，控制中心的操作人员可监控交通情况和侦测交通事故。当事故发生时，控制中心可利用可变车速限制标志，将事故现场的车速限制降低。同时，利用行车线管制灯号，将有障碍物或坏车的行车线封闭，提高道路安全。控制中心也可利用可变信息显示屏，为驾车者提供实时的交通资讯或改道安排，以改善交通情况，如图1.57所示。

图 1.57　利用可变标志、可变信息显示屏等系统协助管制交通及发放事故信息

### （七）二极管式交通灯

为节省费及环境保护，全港的传统式交通灯正陆续更换为发光二极管式交通灯，如

图 1.58 所示。港岛区及九龙区的更换工程已于 2010 年 5 月及 2011 年 3 月竣工。而新界区的更换工程亦已于 2010 年 12 月展开，整个更换工程预计在 2012 年秋季前竣工。

预计整个工程完成后，可节省约三分之二交通灯控制路口的用电量，每年可减少约 800 万港元的电费开支。

图 1.58　发光二极管式交通灯

### （八）冲红灯摄影机及侦速摄影机

为了加强打击冲红灯的违法行为，以减少因冲红灯而产生的交通意外，运输署于 1990 年代开始引入冲红灯摄影机（如图 1.59）并分阶段扩展。运输署于 2010 年 12 月完成第三期“冲红灯摄影机扩展工程”，并交由警方操作。

图 1.59　冲红灯摄影机

截至 2010 年年底，全港有 155 部冲红灯摄影机，摄影机与机箱的比例达到 1∶1，可以 24 小时监察有关交通灯控制路口的情况。而数码摄影机系统已全面取代显影式摄影机系统，以便取得更高素质的数据，而数据收集和处理工作亦更为有效率。以“摄影机佐证的电子检控”比例正在不断增加。

为了打击和遏止超速驾驶，运输署亦于 1999 年于吐露港公路首次安装侦察车速摄影机，扩展工程随后陆续展开。运输署现正展开“扩展侦察车速摄影机系统－第二期”的工程项目，购买 20 套新数码侦速摄影机（其中 10 套用以取代现有摄影机，其余 10 套属增设的摄影机组），以及更换现有侦速摄影机箱和新增侦速摄影机箱合共 120 个，如图 1.60 所示。

图 1.60　侦速摄影机

此外，在学术界多所大学均就智能交通运输系统做专项研究，且香港特区大学设有智能交通研究所。主要对定位服务（Location Based Services）、视频影像处理及车牌识别系统 （Image Processing and Pattern Recognition）、出行时间估算（Journey Time Estimation）、车对车（Vehicle-to-Vehicle）及车对基建（Vehicle-to-Infrastructure）无线通信技术、动态交通仿模拟 （Dynamic Traffic Simulation）、地理信息系统（GIS）、全球定位系统 （GPS）等智能交通系统进行相关研究。并于 2000 年成立了香港特区智能交通运输系统协会，它是由多家从事智能交通运输系统的机构，以及专业人士所组成的非盈利性组织。协会以发展及应用智能交通运输系统为己任，其主要目标是支持与推广中港智能交通运输系统予香港特区社会各阶层，以及加强香港特区、内地及国际间的合作、实践、研究与发展。香港特区智能交通运输系统协会为亚太智能交通运输系统组织正式成员。

## 三、发展规划与展望

在未来的日子，运输署会进一步发展香港特区智能运输系统，已计划发展的项目，在下文表述。

### （一）开发交通及事故管理系统

运输署于 2010 年 5 月完成《在事故管理上运用先进科技的可行性研究》，并于 2010 年 11 月获立法会批准拨款 1 亿港元，以开发交通及事故管理系统（如图 1.61 所示），令交通及运输事故的管理工作，以及向公众发布信息的安排更有效率及更具成效。管理系统具多个功能，包括自动侦测事故、制订交通及运输应急计划、向所有持份者提供交通信息、向公众发布及时交通及运输信息，以及协调现有和日后的交通管制及监察系统。项目预计于 2015 年年中完成。

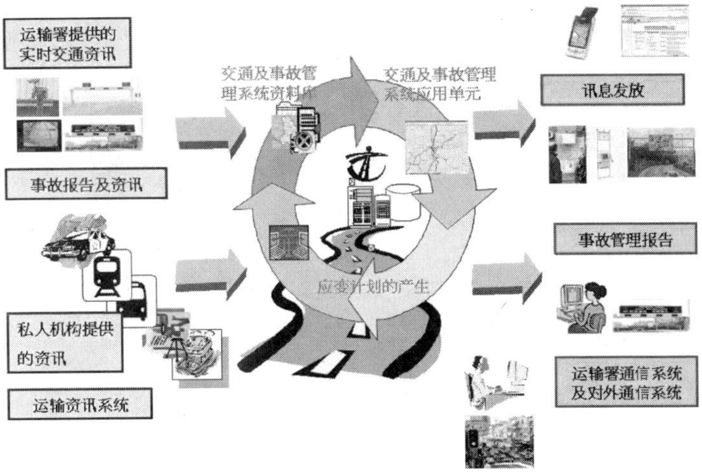


图 1.61　交通及事故管理系统概念

### （二）扩展交通管制及监察系统

为了更有效让运输署于快速公路上监察交通情况及侦测交通事故，运输署将会于所有主要快速公路上完善整套交通管制及监察设施。这些系统将会随着进行兴建新快速公路的工程同时设置，或在现有快速公路翻新工程中加入兴建。

### （三）交通管制及监察系统的标准化

为配合上述“交通及事故管理系统”的开发及将来更好地协调各交通管制及监察系统，运输署亦会草议“交通管制及监察系统设计指南”。该系统设计指南将规范相关的设计准则，所涵盖的范围包括交通管制及监察系统与“交通及事故管理系统”之间的接口设计，及接口所采用的开放式通信协议。

### （四）加设场地基础设施

运输署计划将来会逐步加设场地基础设施，如交通探测器和可变信息显示屏等，藉以收集实时交通数据及向公众发放最新交通消息，以便于更全面的道路监察及事故管理。

**（五）设立数据平台**

“交通及事故管理系统”于2015年开始运作后，系统会设有数据平台，方便私人公司和相关方面取得行车速度和事故信息等资料，以发展与交通相关的增值服务。

香港特区特别行政区政府会继续发展智能运输系统，以提高香港特区道路网的安全和效率，及更有效发放交通运输信息。智能运输系统的应用是香港特区特区政府提供运输基础建设的重要部分，能使香港特区的运输系统更有效率及更方便易用。运输署会继续推行上述计划以促进及推动智能运输系统在香港特区的发展，并且会提供配套，建立与业界伙伴关系，协助业界为广大市民发展增值应用服务，创造良好营商环境和机遇，使市场力量得以发挥，令香港特区保持作为国际及珠江三角洲地区内运输及物流中心的地位。

（主要撰稿人：陆耀华、郑小雄）

# 澳门特区智能交通建设与发展

与香港特区一水之隔的澳门特区特别行政区，在智能交通方面的发展步伐，相对香港特区较慢。澳门特区没有智能交通专业或行业协会，现主管澳门特区特区智能交通的政府部门为交通事务局。

澳门特区现在的交通运输发展方向是公交优先，重点建设在于轻轨及巴士。在智能交通管理方面，会优先整合公交信息系统，包括电子站牌、路线图、发车班次等信息，为用户提供多元化公交服务信息。澳门特区现有的智能交通运输系统主要包括 LED 可变信息标志和视频监控系统及网上提供即时路况影像系统，目前正并逐步扩充。

## 一、公交巴士报站系统

澳门特区公交巴士报站系统于 2010 年 5 月 12 日正式开始启用，报站不是指车内的广播报站，而是 GPS 定位系统。系统由澳门特区政府交通事务局研发，透过装设在巴士上的 GPS 接收器，得到巴士的实时定位信息，再通过无线网络把数据送到交通事务局的数据中心，经处理后，将巴士的行驶信息传送到安装于巴士站的信息显示屏和交通事务局网站，让乘客可以透过显示屏及网站查看巴士的行驶状况。截止 2010 年 5 月一共有 52 台巴士安装了相关的软/硬件，预计到 2012 年，系统将覆盖全澳门特区所有路线。

## 二、停车场泊车诱导系统

亚马喇前地停车场汽车泊车区内的泊车诱导系统，于 2010 年 6 月 18 日早上 10 时起投入运作，系统可让驾驶者即时获得停车场泊车位的实时资讯，诱导驾驶者于较短时间内寻找可停泊车位，以达到节省泊车时间、减少车辆油耗和尾气排放、提高停车场管理及讯息发布等目的。系统设置包括 247 个感应器和指示灯、6 块 LED 显示板及 2 个讯息显示屏，投入约澳门特区币 40 万元。泊车诱导系统一般通过地感线圈、红外线、影像分析技术来收集车位状况，通过中央分析发布资讯。而这次安装于亚马喇前地停车场的泊车诱导系统则采用了准确度更高的超声波技术，利用停车场内每个车位上方的感应器，探测各车位被停泊或闲置的实时状态，经电脑处理，透过讯息显示屏及各车位上方的指示灯，诱导车辆到闲置车位停泊。

与其他同类系统相比，该系统更可通过每个泊车位置数据的收集，以科学的方法计算停车场的使用率及流动性；同时可利用实时数据，侦测公共停车场内车位的车辆超时停泊情况（超出法例容许的最长泊车时限），以辅助停车场管理。当车辆驶至停车场入口的闸票机时，驾驶者按钮取泊车票期间，即可通过车票机旁边的讯息显示屏，得知场内各泊车位的分布和状态资讯；进入停车场后，车辆驶至每个选择方向路口时，都可通过路口的LED显示板知悉各方向剩余的闲置泊车位数量；车辆在场内沿路寻找车位时，驾驶者亦可留意每个车位上方的指示号，红色为已泊车位，绿色为闲置车位，方便驾驶者及早知悉闲置车位位置。

系统亦会对每个泊车位做实时监测和数据记录，有关实时资讯会被传送至交通事务局的交通控制室，进行远端监察。累积每个泊车位的泊车数据，可科学地计算该停车场的每月、每日及每小时平均使用率和流动性。有助局方科学地掌握该区泊车的需求，调整泊车设施的配套，为日后公共停车场的规划研究取得重要数据分析。

经过对亚马喇前地停车场泊车诱导系统半年多的观察，该系统有助于驾驶者节省在场内寻找车位的时间，亦方便局方实时监察停车场的使用情况，为延续优化公共停车场内泊车资讯方面的工作，交通事务局扩展该系统至马六甲街停车场。本次设置的泊车诱导系统是利用停车场内每个车位上方的感应器，侦测各车位的实时状况，再通过讯息显示屏及各车位上方的灯号，诱导车辆到达闲置的泊车位。与亚马喇前地停车场设置的泊位诱导系统相比，该系统考虑场内泊位分布不同楼层，除显示基本的泊车位分布平面图外，更在入口位置新增显示整个停车场分层泊车位的空位，使驾驶者能更便捷地找寻泊车位。

## 三、停车场信息数据系统

2009年3月31日，澳门特区交通事务局将大量运用监控系统监察各区交通，以及分阶段建立停车场讯息数据系统，将在澳路凼增设68个俗称“天眼”的视频监控装置，同时将通过网页及电视台发放交通影像，居民可直接了解各区路面情况。

居民出门前将可直接通过互联网络及电视了解各区交通实况。交通事务局会继续增设更多的交通设备和系统，提高对澳门特区交通的管理能力，包括在澳门特区3个口岸、23个路段合共安装68部俗称“天眼”的道路视频监控系统，据悉，交通事务局现有的监控系统主要设于西湾大桥、友谊大桥、嘉乐庇大桥以及澳门特区12处交界路面，总数超过100部，新增的68部监控系统，范围遍及澳路凼各主要道路及3个交通繁忙的口岸，将大为提升监控系统的监察范围。

交通事务局长汪云指出，所有监察系统只是针对交通运输网络而设，并获得高等交通委员会的核准，以及在《道路交通法》赋予的范围下使用，不涉及个人私隐问题。所有影像讯号只是传送到交通事务局及治安警察局的监控中心，让有关部门能实时掌握路面现况及统计路面车流量。他强调，该系统有别于针对冲红灯或超速的监察装置，不具备执法功能。

当局分阶段建立停车场讯息数据系统后，将各停车场收集的车位数据传送到交通事务局数据中心，经整合后再发送到各区的电子显示牌，让驾驶者及早掌握各停车场空置车位资料。首阶段为先在栢宁停车场、栢湖停车场及栢涛停车场设置资料采集点，并于水坑尾、罗理基博士大马路等路段设置4个显示牌；次阶段为于艺园停车场、华士古达加马花园停车场及宋玉生广场停车场设置资料采集点，以及于士多鸟拜斯大马路、宋玉生广场等路段设置4个显示牌。

## 四、交通控制中心

澳门特区交通控制中心（如图1.62所示）2011年2月份落成，中心内用于监控全澳路面交通的大型屏幕墙高5米，宽18米，分别由LED、液晶电视及拼接式显示器组成。屏幕墙以单一平台操作管理，并连通现设在不同地点的17个户外显示屏、6个流动显示屏等，通过控制中心整合成交通视屏讯息平台，此外，该新的显示屏将具有道路车流量统计与车速监察功能，交通控制中心人员可以根据实时交通状况来调度安排。该当局计划经年内在松山隧道加装监察镜头，未来两至三年全澳洲道路约增加40个监察镜头。届时屏幕墙将连通全澳洲二百个交通视频镜头，整个交通监察网络建立交通信息平台。

图1.62　澳门特区交通控制中心

另外，当局目前正在研究设立出行咨询系统，主要通过整理与分析不同道路的车流量数据，配合地图显示出不同地点的行车资讯。

# 中国台湾地区智能交通系统建设与发展

中国台湾地区智能交通系统（Intelligent Transportation Systems，ITS）的发展，已历经 1991—2000 年间的开创期，以及 2001—2010 年间的奠基期，期待在下一个十年（2011—2020）能迈入全盛期。这个历程是与中国台湾地区资讯、通信产业的发展息息相关的，因为 ITS 本是应用先进的资讯、通信等技术于交通运输的新兴产业。

伴随 1998 年民营行动电信业者开台、2000 年 ADSL 宽频网路服务推出、2005 年 3G/WCDMA 行动宽频服务上路，中国台湾地区无线通信与网际网路的普及呈快速增长。促成过去这 10 年间 ITS 示范应用推广的，还有一系列关键科技应用的进展：

（1）2000 年 GPS 民用精度大幅提升。

（2）2002 年交通部运研所路网数值图发行。

（3）2002 年 GPRS 数据传输服务推出。

（4）2005 年 Web GIS: Google Maps/Earth 开放使用。

## 一、中国台湾地区智能交通从无到有

近年来中国台湾地区 ITS 可以说是从无到有，这“有”可由当前的几项具体事证来反映：24 000 000 张智慧交通卡，发行使用中；1 000 000 高速公路电子收费 ETC 用户，使用中；15 000 辆卫星派遣计程车，服务中；10 000 辆智慧化大客车，服务中；6 000 路口纳入智慧交控，管理中；17 个县市智能交控中心，营运中；10 所大学开设 ITS 学程/课程，实施中；两大智慧化转运站，营运中。

当然，还不只这些“有”而已。这些“有”不一定代表“好”，虽然做了许多事，但“做很多”也不一定代表“做很对”，中间还是与理想有落差或是有再进步的空间。是否做很好、做很对，可以从以下这几个观点来检视：

（1）目标达成与否：任何重要工作起始就应有远景、有目标，并检视是否有达成设定的目标。目前 ITS 领域在认知上有共识的远景是智慧中国台湾地区、智慧生活、智慧运输，其下的目标就是流畅的交通路网服务、无缝的公共运输服务。

（2）问题解决与否：若是现况存在的特定关键问题，可以运用 ITS 加以解决，就能突显 ITS 的重要性，并据以检视其效益。ITS 处理的主要问题是交通事故、交通拥堵、能耗空污与服务落差，这些也正是当前广受关注的交通运输议题。

（3）民众感受如何：民主社会以民为本，民众是否感知、是否满意，反映服务是否符合用路人需求，民众的使用率也反映服务是否可靠好用、满足需求，是检视的重要方向。民众不易感受到的基本功，则看行销宣导是否让大众了解做了什么、有何效益。

（4）国际地位如何：在全球化的时代，单单是“自我感觉良好”必然是不够的，在国际上的能见度与受重视程度，也是重要的检视方向。一看是否支持国际参与，二看是否有国际级的中国台湾地区应用案例，作为 ITS 的旗舰典范、成为世界的观摩标竿。

（5）产业发展如何：带动 ITS 产业发展，不仅是经济部门的事，要有健全的一流产业才能使 ITS 应用发挥应有的一流综效，才能协助交通部门完成任务、使全民受益，因此产业是否获得正向发展、是否育成具国际竞争力的团队，同样是重要的检视标的。

## 二、中国台湾地区智能交通从有到好

中国台湾地区交通部运输研究所于 2002 年拟定了中国台湾地区 ITS 发展的 9 大服务领域，分别为：

（1）先进的交通管理服务（Advanced Traffic Management Services，ATMS）。

（2）先进用路人资讯服务（Advanced Traveler Information Services，ATIS）。

（3）先进公共运输服务（Advanced Public Transportation Services，APTS）。

（4）商用车辆营运服务（Commercial Vehicle Operations Services，CVOS）。

（5）电子收费服务（Electronic Payment Services，EPS）。

（6）紧急救援管理服务（Emergency Management Services，EMS）。

（7）先进车辆控制及安全服务（Advanced Vehicle Control and Safety Services，AVCSS）。

（8）弱势使用者保护服务（Vulnerable Individual Protection Services，VIPS）。

（9）资讯管理服务（Information Management Services，IMS）。

现阶段中国台湾地区 ITS 发展获中国台湾地区地区当局的高度重视与支持，纳入了各类相关的计划之中。

近年来，中国台湾地区资通信产业又有新的进展：2007 年光纤上网服务推出、2009 年 4G/WiMAX 开台，在未来 10 年中，预期将可带动新一波的 ITS 推广应用。国际上，也已看到美国、日本、韩国都正更积极推进 ITS 下一波的发展。这些正在突显，眼前正是中国台湾地区 ITS 发展由奠基期迈入全盛期、由“有”转进到“好”的历史契机。

中国台湾地区 ITS 要由“有”到“好”，必须正视发展历程中存在的关键课题。至于哪些是关键课题，可由 ITS 发展的关键成功要素来逆向推导。归纳国内外经验及前述 5 个检视观点，可得出 5 项偏向体制面的要素、5 项偏向技术面的要素。

体制面关键成功要素研判中国台湾地区 ITS 在过去、现在与未来的发展走向，初略可分过去、现在、未来 3 个层次，将上列各项要素分阶段各赋予一个标签。由上可见，迈向未来所需努力的关键在于：体制、财源、商业模式、维运、标准规范。这些课题，反映 ITS 推动上存在的主要问题：体制相对落后、经费相对太低、时程相对太赶、覆盖相对不够、整合相对不足、维运相对轻看。这些致使现阶段 ITS 整体综效不足，但也可见问题并不是：投入这么多，怎么成效只有这样！而是：投入还不够，所以成效只有这样！

## 三、中国台湾地区 ETC 发展现状

中国台湾地区 ETC 目前有 90 万 ETC 客户、使用总车次超过 4 亿 4 千万辆车次，每天 ETC 通过车次超过 50 万，最高纪录甚至达到一天超过 66 万车次，远通公司营运人力约 300 人。

根据远通电收与台“高速公路局”的合同约定，台高速公路将于 2012 年 12 月 22 日全程改为按里程电子收费，“高速公路局”表示，根据和远通电收的合约，远通电收 2011 年 7 月到 2012 年 6 月，电子收费平均使用率要达到 45%。

2006 年 2 月 10 日 ETC 正式开通运营，采用人工与电子收费并行，初期于“国道”一号、三号 22 处收费站南、北向开放各一大、小型车道作为电子收费车道使用。

中国台湾地区使用 ETC 的小型车及大型车通行辆，2009 年有 1 亿 7567 万 4173 辆次，共节省收费站通行时间 1 亿 9763 万 3445 分钟，节省燃油 344 万 6680 公升。使用 ETC 的车辆因不必为缴费减速、停车后再加速，等于减少二氧化碳（$CO_2$）的排放。高公局统计，2009 年使用 ETC 车辆减少的 $CO_2$ 排放共 8525 公吨。台高公局说，中国台湾地区的公路运输是运输部门中最大的 $CO_2$ 排放者，ETC 使用者愈多，可减少更多车辆通过收费站时间，相对减少更多 $CO_2$ 排放量。台高公局分析，2009 年“国道”电子收费节省的时间价值共 4.8736 亿，节省的燃油价值共 8684 万，节省的碳价值 897 万，再加上节省的回数票印制成本，总计节能减碳效益达 6.697 亿。

中国台湾地区 ETC 采用红外线技术，全世界所有 ETC 项目中只有 5%采用红外线技术，其他 95%全部为微波技术，也就是大陆所采用的 RFID 技术。此外，台通过 ETC 收费站的车辆需以低于每小时 50 千米的速度才能确保扣款成功。

## 四、中国台湾地区智能交通未来发展

要促进 ITS 的正向发展，可以采取的具体行动包括：

（1）机制：研拟一套促进发展的执行、委托与维运机制，包括拟定 ITS 计划所需的上位计划检核与规划程序暨永续维运机制、执行 ITS 计划所需的绩效管考与经费分配机制、委托 ITS 计划所需的经费编列与发包机制、ITS 整合应用的通信费率与采购暨补贴机制。

（2）财源：研提“智慧运输发展计划”至经建会，明订发展目标、组织、机制、经费、期程等，争取提高政府每年分别投入 ITS 建置与维运的预算比例，且未来各项 ITS 计划以编列整合型跨年计划为原则，以利排除预算不稳定、维运经费常未编列或不足等问题。

（3）维运：充分并单独编列维运经费，使已完成的系统持续发挥应有功能效益，避免衍生对 ITS 建置必要性的质疑。维运的关键在于前列机制与财源。

（4）标准规范：由台政府请 ITS-Taiwan，负责研拟 ITS 技术标准与规范，同步落实标准化与国际化，并排除 ITS 相关标准与规范不足的问题。

（5）商业模式：由 ITS-Taiwan 发起，建立产学研协力研发行销的运作模式，鼓励形成联盟团队，以国内标竿业绩来拓展海外业务；建立区隔系统建置与系统营运的二阶段永续商业模式，公私部门的财务责任区隔，以公共利益与商业利益的比重为依据。

# 第二章

## 典型产品、技术及应用

# 北京市交通运行智能化分析平台

北京交通发展研究中心

## 一、概述

北京市各交通相关部门均已进行了大量智能交通系统建设和投入，针对具体的交通业务建立了部分针对具体管理的应用系统，在服务运营和管理的同时，积累了初具规模的各类交通运行数据，为全面、客观评价交通系统运行状况提供了条件。

北京市交通运行智能化分析平台在整合现有数据与资源的基础上，建立自动化、规范化的数据处理和分析系统，实现对数据的深层次、多方面的挖掘分析和处理，有效支持市政府及相关委办局的交通决策。而且，在充分利用现有北京交通系统数据的基础上，逐步丰富和完善交通研究数据来源；在建立交通主题研究分析基础上，逐步完善交通运行评价机制，从基础上解决北京市交通规划和决策数据缺乏的现状，实现为领导科学决策提供强大智力支持的目标。

通过该平台提供的数据或报告，能够让不同的部门动态掌握北京市交通运行状况，并对影响和阻碍交通发展的瓶颈问题进行诊断和分析。在此基础上，为交通结构优化、路网结构优化、公交线网规划和优化、交通需求管理政策分析与制订、交通系统运行状况评价、疏堵工程方案制订、疏堵措施效果评价等提供强有力的数据支撑。最终实现有效调节供需平衡，改善交通结构和路网结构，提高公共交通运行效率和服务水平，提高路网通行效率。

## 二、平台构成及主要功能特点

北京市交通运行智能化分析平台从路网运行的不同时间、不同空间对比数据，考虑到用户的不同的专业层次，以更加清晰、明了的图表方式展现给交通管理部门和普通用户。划分系统功能时，从系统应用的层面上考虑，将系统划分为各个小的子系统，统一整合在一个系统平台上，采用统一的权限管理，实现了各个子系统的无缝连接。各个子系统采用插件管理的模式，降低了各个模块的耦合性，将各个功能模块整合到系统内部，方便管理、升级。

平台主要由以下子系统组成：

### （一）路网速度运行分析系统

路网速度运行分析系统以浮动车采集的实时行程速度为基础，从空间和时间两个角度对每一条道路或各级别路网、区域的速度进行实时监测和趋势分析。能够分析得到每条道路和区域的实时速度、变化趋势；每条道路和区域速度的长期演变规律；路网状态的动态演变回放等。采用“条目式”表现形式，每条道路的运行状态和演变均清晰可见，如图 2.1 所示。

图 2.1　路网速度运行分析系统的利用

### （二）路网流量分析系统

路网流量分析系统以断面检测器的断面流量监测数据为基础，实现道路断面流量的实时监测、不同断面流量多种时间跨度的演变分析和对比分析、断面交通流特征参数的计算分析，如图 2.2 所示。

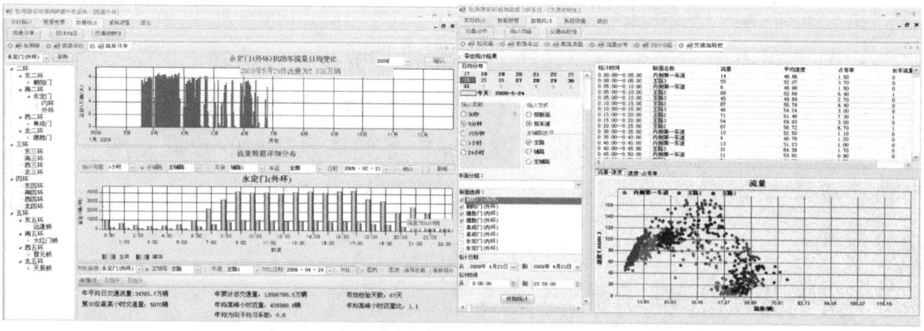


图 2.2　利用路网流量分析系统进行监测和分析

### （三）交通拥堵评价系统

交通拥堵评价系统以五维交通评价指标体系和算法模型为核心（如图 2.3 所示），从“强度、时间、空间、频率、波动性”5 个维度评价交通拥堵，可灵活、全面、动态地评价交通拥堵，可以对任意区域、走廊的交通拥堵水平进行实时评价和对比分析，如图 2.4 所示。

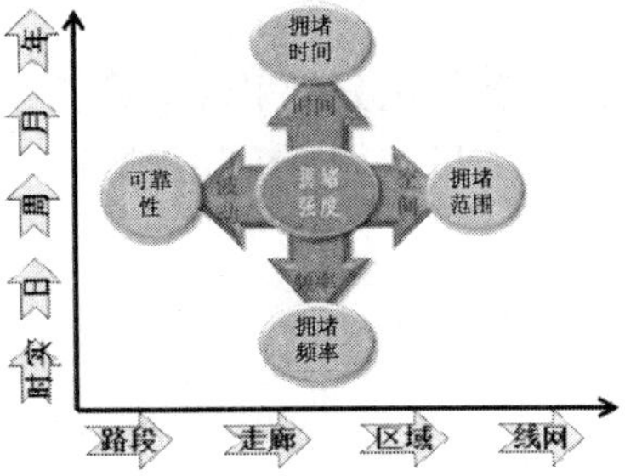


图 2.3　交通评价指标体系

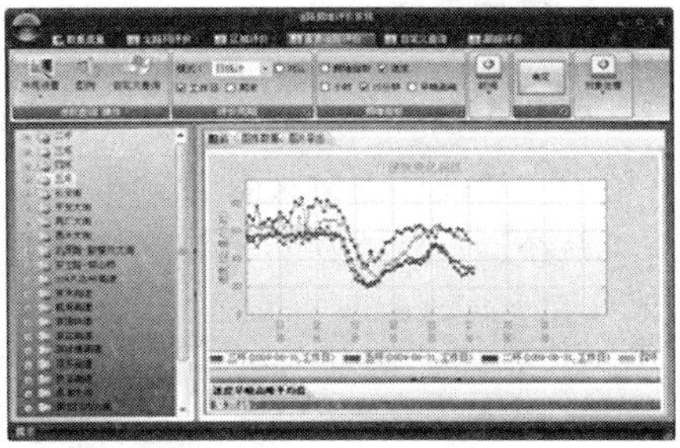

图 2.4　利用交通拥堵评价系统进行评价和分析

## （四）公交（含轨道交通）运行分析系统

公共交通（含轨道交通）运行分析系统，以公共交通一卡通付费系统的乘客刷卡数据为基础，着重解决了一票制线路数据处理技术、乘客出行链识别技术和海量公交数据处理速度技术等难题，实现了乘客、站点（站组）、线路（走廊）、公交网、道路网五级特征参数的计算和分析，如图 2.5 所示。

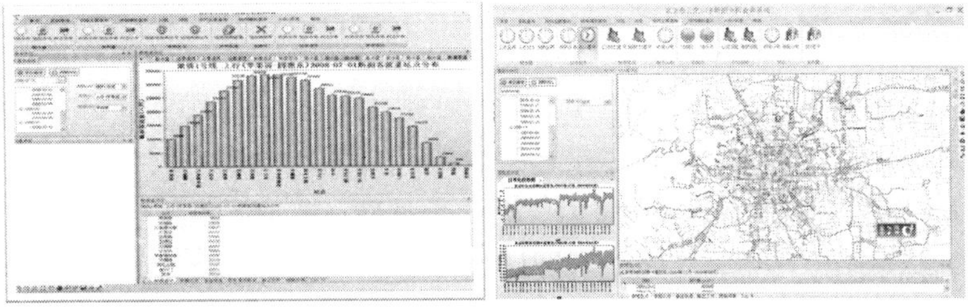

图 2.5　利用公交（含轨道交通）运行分析系统进行计算和分析

## （五）出租车运行分析系统

出租车运行分析系统以出租车计价器记录的运营数据和车载 GPS 的位置数据为基础，实现出租车运次和出车率的实时监测、各种运营参数的统计、分析；依托地理信息平台，实现了出租车客流 OD 和车辆满载率的时空分布，如图 2.6 所示。

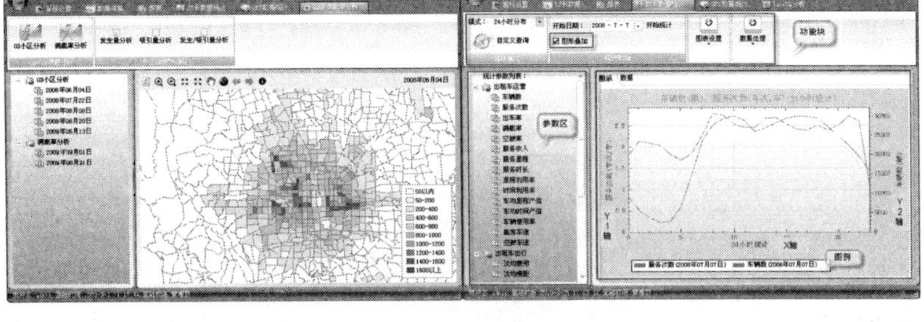

图 2.6　利用出租车运行分析系统进行监测、统计和分析

### （六）集成系统

在上述各个核心子系统基础上，北京市交通运行智能化分析平台集成了各专业应用系统的精华，并进行了交叉融合分析，实现实时监测、日运行分析和周运行分析 3 个层级对交通系统运行状态进行监测，如图 2.7 所示。

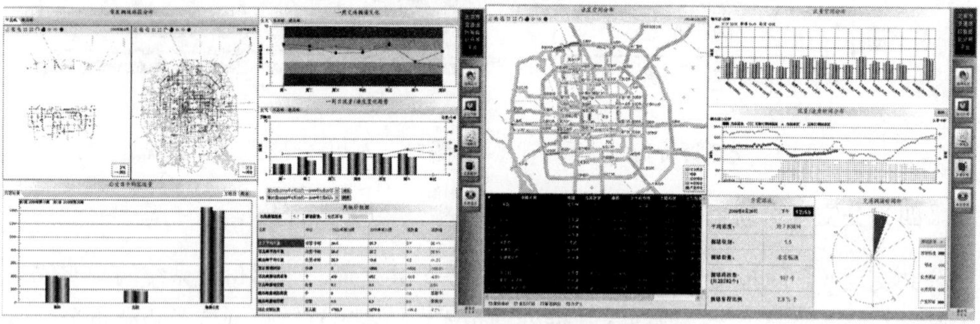

图 2.7　利用集成系统进行监测

## 三、应用效果

北京市交通运行智能化分析平台的建设，在很大程度上提高了海量的交通运行数据使用效率，避免了资源浪费；而且，平台进行跨系统的数据间交叉关联分析，比以往的独立系统分析结果更加全面、有说服力。以此为基础，提出了五维交通拥堵评价指标体系，这个评价体系走出了科学量化交通拥堵评价的第一步，目前已经在北京市普遍使用，并以此为核心编制了北京市地方标准。

# 道路交通动态信息采集、处理、发布系统

北京四通智能交通系统集成有限公司

## 一、概要

道路交通动态信息采集、处理、发布系统（以下简称采处发系统）是由北京四通智能交通系统集成有限公司最早研发成功并投入使用的城市道路智能交通的核心系统。系统可实时采集动态的交通基础数据，自动处理、分析、生成交通诱导信息，发布到路边的 VMS（可变情报板）及公共网站等终端，为公众出行提供交通诱导并为交通指挥管理控制提供决策支持，也可为政府研究分析城市交通状态、进行交通规划提供重要依据。

## 二、主要构成、技术特点

采处发系统结构如图 2.8 所示。

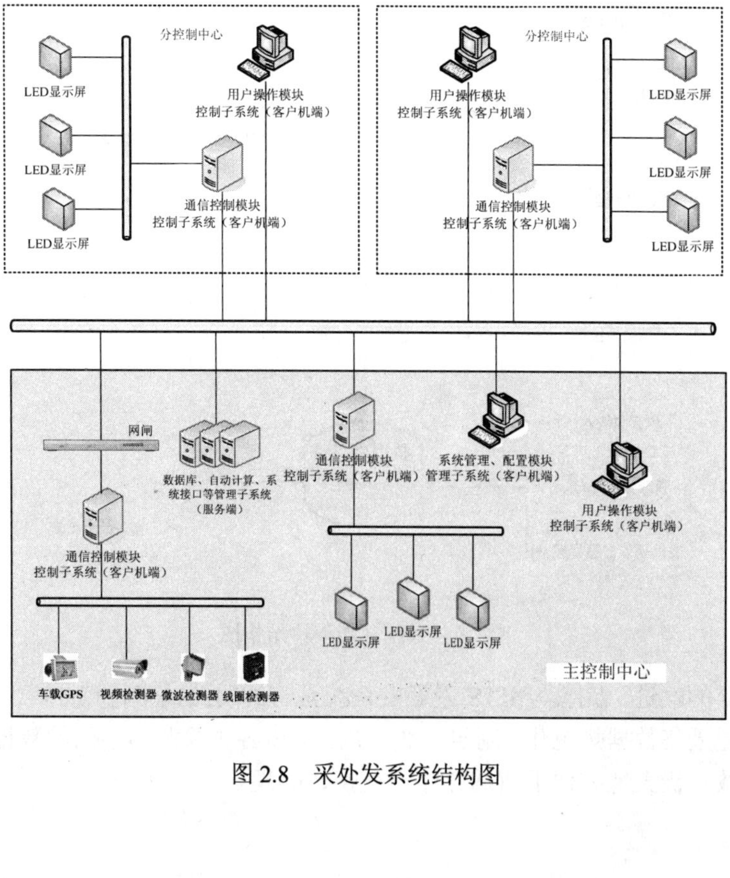


图 2.8　采处发系统结构图

如图 2.8 所示，采处发系统一般由主控制中心和下设分控制中心两级结构组成。其基本功能包括信息采集、信息处理分析及信息发布。

（1）信息采集：利用线圈检测器、微波检测器、视频检测器等道路交通流检测设备，实时采集道路交通状态数据（如流量、速度、占有率等）上传至采处发系统数据库。

（2）信息分析处理：信息分析处理是采处发系统的核心部分，其功能包括：

① 对检测器上传数据进行预处理，包括数据过滤、转换、统计、计算等。

② 根据预处理后的数据，获得交通状态指标，包括条车道、单向断面的车流量、平均车速、占有率等，写入数据库并发送至其他应用系统。

③ 深入挖掘交通状态信息。

（3）信息发布：信息发布分为对内发布和对外发布两部分：

① 对内发布：实时监控道路交通流状态，通过用户界面对各类数据进行查询、统计、分析，为交通管理者提供直观的道路交通流状态显示。

② 对外发布：根据处理后的信息，可人工或自动生成交通状态信息，利用互联网络、VMS、广播等手段进行信息发布，引导公众出行，缓解交通拥堵。信息可以是图形形式或文字形式。

系统包括数据接口、数据处理、通信接口及系统配置等模块，功能模块结构如图 2.9 所示。

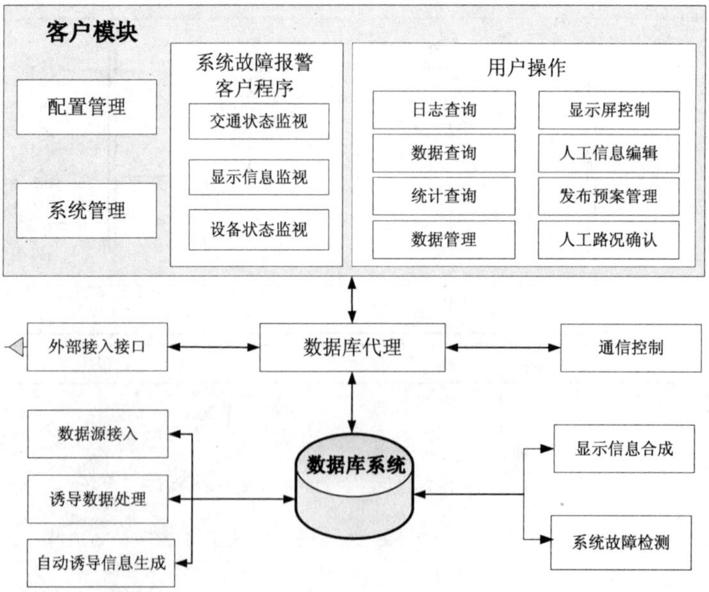


图 2.9　系统功能模块结构图

经过多年的改进、完善，SITS 采处发系统具有鲜明的技术特点：

- 交通采集数据规范化：制定了统一规范，将各种检测器不同的数据格式转换为一致，极大地方便了数据存储、交换、处理。

- ❑ 设备故障诊断自动化：制定了检测器软故障判别规则，用于检测由软故障引起的数据准确度下降、数据错误等现象并支持 VMS 的自动故障诊断和报警功能。
- ❑ 路段状态信息一致化：通过定义畅通系数来描述某一路段的交通状态，保证在多个 VMS 发布同一路段信息时信息的一致性，同时也为人工干预提供简单直观的切入点。
- ❑ 诱导信息生成模板化：使用基于模板自动生成的诱导信息，在保持诱导信息自动发布的同时，也提供足够的灵活性，方便管理人员快速发布道路诱导信息。
- ❑ 系统通信方式多样化：支持包括光纤直连、TCP 网络、无线公网（GPRS 或 CDMA）等多种通信方式。

## 三、应用情况

目前，基于系统所建设的北京市道路交通信息采集处理发布系统，是国内规模最大的系统，设有 1 个总控制中心及 11 个分中心，现建设完成的 VMS 共 309 块，预计在 2011 年，将扩充到 400 余块，覆盖整个城区及通州、大兴、昌平、房山等部分远郊区。交管局指挥中心将根据多种实时数据源自动计算生成路况信息，每 5 分钟更新一次，并可随时插播各类临时信息。

“道路交通流信息采集、处理、分析发布系统”荣获 2009 北京市科技三等奖。系统产品已在北京、天津、西安、潍坊等城市应用，2010 年在广州亚运会也得到成功应用。

# 北京市道路交通诱导信息室外LED显示发布系统

北京四通智能交通系统集成有限公司

## 一、概要

北京市道路交通诱导信息室外LED显示发布系统是国内最早建设的规模最大、技术最先进的城市道路交通诱导系统。

北京四通智能交通系统集成有限公司承担了系统控制软件的开发和主要外场LED显示设备提供，并长期负责系统运行保障和维护工作。

北京市道路交通诱导信息室外LED显示发布系统从2001年开始建设实施，目前覆盖范围包括整个北京城区及通州、大兴、昌平、房山等部分远郊区。系统由1个主控制中心、10个分控制中心组成，外场安装的LED显示设备目前已达到338块，到2011年底总计将有400多块诱导信息显示屏纳入系统控制。系统控制中心设在北京市公安交通管理局交通指挥中心，系统根据多种实时交通流数据源自动计算生成实时路况信息，以文字和图形方式发送到室外诱导屏上，各种宣传、管制、提示信息及突发事件信息则通过人工编辑的方式生成。系统发布的各种动态交通信息更新周期在3～5分钟。

## 二、系统构成和主要特点

### （一）系统构成

城市道路交通诱导信息VMS发布系统一般由中心控制系统、通信系统和VMS显示设备3部分构成。中心控制系统实现交通信息采集处理、诱导信息生成、诱导信息发布控制、系统管理等功能，通信系统实现发布信息的传输，设立在道路的外场VMS设备完成交通诱导信息的发布显示，如图2.10所示。

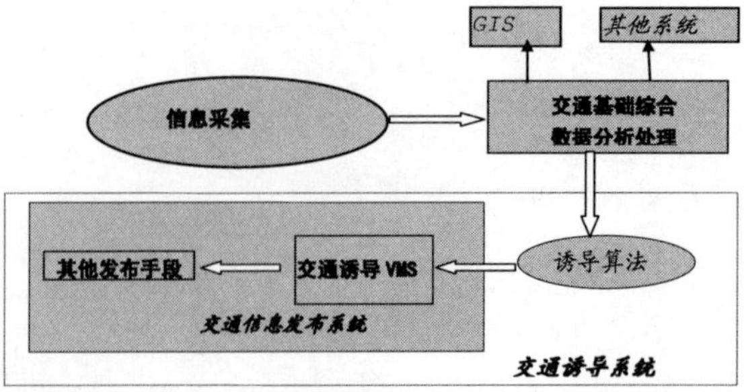


图2.10　道路交通诱导信息VMS发布系统构成图

### （二）系统主要功能

系统的主要功能有如下几点：

- ❑ 信息发布功能：通用信息显示、自动诱导信息及人工诱导信息显示。
- ❑ 系统控制功能：主中心、分中心、显示屏现场三级协调控制。
- ❑ 系统管理及系统设备维护：包括系统监视与控制、系统自诊断、系统故障防护、系统安全管理、系统自动报警等。

### （三）外场 LED 交通诱导信息显示屏

主要有 LED 全点阵、LED 嵌入式和复合式 3 种类型。LED 全点阵交通诱导显示设备采用点间距 16mm 的双基色显示，可发布道路图形和文字信息。LED 交通诱导信息发布设备由主指挥中心和分中心分别控制，实时发布北京市路况动态信息，并可随时插播各类临时信息。

## 三、应用情况

北京市交通诱导信息室外 LED 显示发布系统现已成为京城百姓出行必不可少的好帮手、交管部门指挥调度的有力武器；在节假日和重大活动期间发挥了重要的作用。2008 北京奥运会期间，系统运行稳定，平均每块 LED 显示屏日发布信息 1500 余条，充分满足了广大市民和观赛游客的出行需求，为各国运动员、教练员、工作人员和各级官员提供了极大的通行便利。在建国 60 周年大庆期间，及时准确播报路况信息、临时管制信息等，为国庆游行、广场联欢、焰火晚会等活动的顺利进行提供了强有力的保障。

如图为安装在北京市道路上的各类交通诱导 LED 信息显示设备，其中图 2.11 为安装在京承高速进京方向、是目前北京市最大的室外交通信息 LED 显示牌。

（a）

（b）

（c）

（d）

（e）

（f）

图 2.11　北京市道路上的各类交通诱导 LED 信息显示设备

# 北京市公交优先信号控制系统

北京四通智能交通系统集成有限公司

## 一、概要

北京是国内最早提出“公交优先”战略的城市之一。“公交优先信号控制系统” 是在现有交通信号控制系统基础上，针对中关村大街、两广路、阜外大街、南中轴路、北苑路、平安大街、朝阜路、朝阳北路、两广路东西段、新街口外大街、广顺大街、东大桥路、西大望路、天坛东路、东单南大街、西单南大街，17 条道路（共计 300 多个路口）的信号控制器及中心系统进行信号控制功能的扩展。可同时为 100 多条公交线路提供交叉口信号优先，使其快速通过路口。

北京四通智能交通系统集成有限公司作为北京市公交优先信号控制系统的集成承包商，已经完成了前后三期项目构成的实施。系统建设涉及 SCOOT 信号控制系统和 ACTRA 信号控制系统，接入的信号机包括 T800 型号控制器、2070 型信号控制器和海信信号机控制器。

## 二、系统总体结构和技术特点

### （一）系统逻辑体系结构

系统的逻辑体系结构如图 2.12 所示。

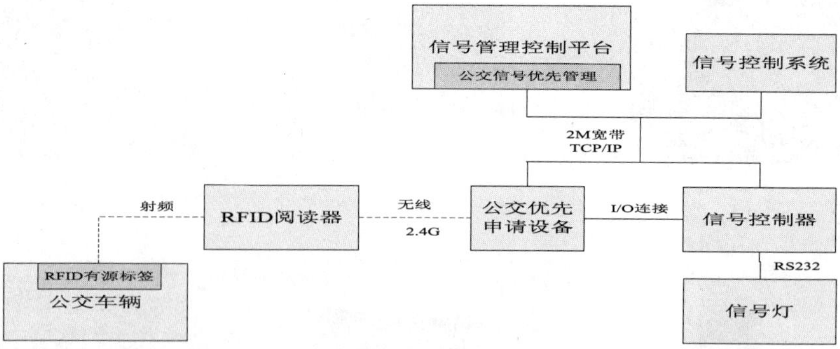


图 2.12　公交优先信号控制系统体系结构

### （二）系统构成

公交优先信号控制系统由 RFID 标签和识读器、公交优先接入设备、公交优先信号控制平台、通信传输及供电等部分构成。

RFID 有源标签设置在公交车辆上，RFID 阅读器设置在路口。当公交车辆接近路口时，有源标签射频装置向路边的 RFID 阅读器发送公交车辆相关信息，包括公交车辆的 ID 编号、出行线路、优先级别、出行方向、时间等。RFID 阅读器经过识别、校验后将该信息传送给路口的信号优先申请接入设备。经过申请接入设备处理后，一方面通过 2M 宽带传输至信号管理平台的公交优先信号控制模块，由平台进行统计分析工作，另一方面，通过 I/O 接口将相关的信号优先申请传输至路口的信号控制器，再由信号控制器控制路口信号灯执行响应的公交优先动作。

RFID 有源标签设置在公交车辆上，RFID 阅读器设置在路口。其中 RFID 有源标签设置在公交车辆的车头位置，RFID 天线及阅读器设置在靠近路口的交通渠划牌或交通违法检测设备的杆具上，信号控制器及优先申请接入设备设置于信号机箱内。

### （三）系统控制

如图 2.13 所示为公交优先控制原理。

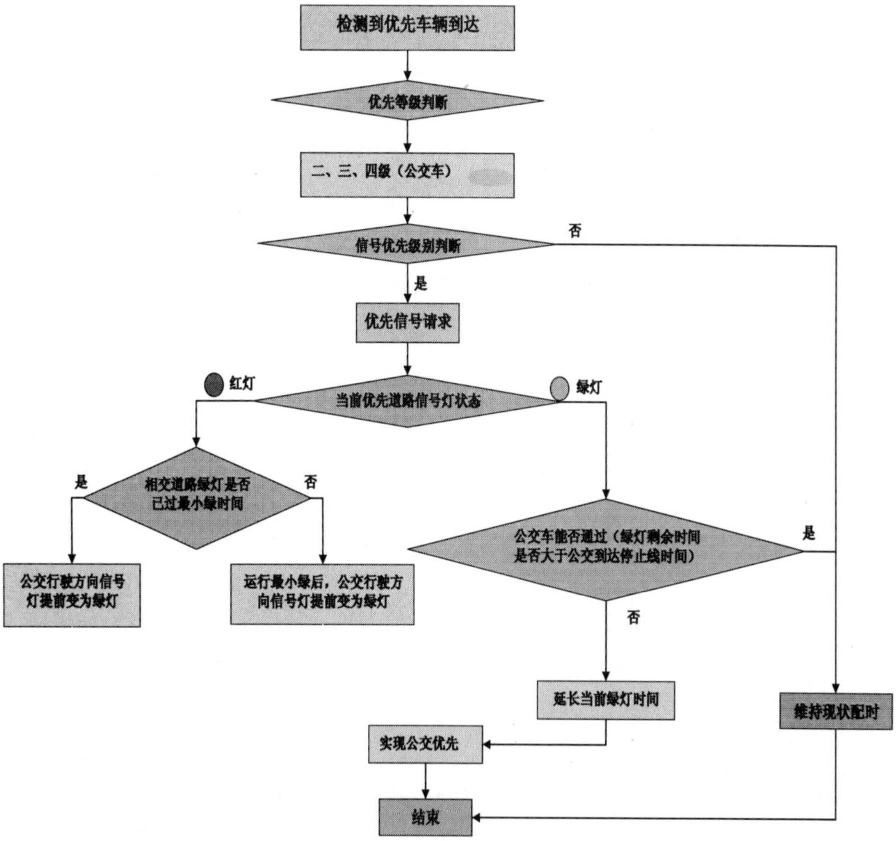


图 2.13　公交优先控制原理

## 三、系统应用情况

根据北京市公安局公安交通管理局规划建设要求，一期工程于 2008 年 5 月开始建设 2008 年 7 月建设完成，项目针对中关村大街、阜外大街、两广路 3 条道路（共计 51 处路口）的信号控制器及中心系统进行信号控制功能的扩展；二期工程于 2010 年 6 月开始建设 2010 年 12 月建设完成，项目针对南中轴路、北苑路、平安大街、朝阜路、朝阳北路、两广路东西段共涉及 6 条线路（共计 151 处路口）的信号控制器及中心系统进行信号控制功能的扩展；三期工程于 2010 年 11 月开始建设，项目针对新街口外大街、广顺大街、东大桥路、西大望路、天坛东路、东单南大街、西单南大街 7 条道路（共计 98 处路口）的信号控制器及中心系统进行信号控制功能的扩展。

公交优先信号控制系统的建设，在基本上不影响路网其他社会车辆正常通行的前提下，提高了公交车辆的运行速度，降低了交叉口停车延误，改善了交通环境，提高了路网的整体运行效率。通过对公交优先信号控制系统工程一期项目，中关村大街部分路段在实施公交优先信号控制的前后旅行时间对比得出，公交车辆早高峰的旅行时间平均提高了 12%，晚高峰的旅行时间平均提高了 6.5%；据统计，一期工程 3 条道路每天的优先请求累计约为 37 000 个，优先响应控制率为 30%，系统各设备运行基本正常。

在北京奥运期间，为奥体中心周边的北辰东路和北辰西路共 13 个路口也进行了公交优先设备的安装和方案设计，对奥运车辆进行了信号优先，对奥运班车提供 7 万次信号优先，累计缩短行驶时间超过 600 小时，有效保证了 5000 辆奥运专用车辆的畅通，保证了奥运会 3000 多场重要比赛场次及 30 多场重要活动的交通安全、准点、可靠、便捷，与社会交通的和谐运转，取得了良好的效果，为奥运交通保障做出了积极的贡献。

# 基于高清视频的交通管理综合监测系统和产品

北京四通智能交通系统集成有限公司

## 一、概要

目前，各种检测技术已广泛应用于智能交通领域中，如交通事件检测、车流量信息检测、车牌识别检测、违章检测等。按功能分类的各子系统均建有独立的前端采集设备和检测设备，独立的传输设备及后台的信息应用系统。随着道路交通状况日趋复杂化、交通事件多样化以及交管部门对信息需求的不断增加等因素，造成系统结构设计越来越庞大，设备越来越多。在某些重要的交通路段和路口，常常有几台甚至十几台摄像机同时工作，不仅影响了道路交通景观，同时也给出行者造成了心理压力。

北京四通智能交通系统集成有限公司研制开发的基于高清视频综合交通管理监测系统，采用高清图像处理、运动目标检测和目标精准识别等关键技术，实现对交通事件过程的实时监测、报警、记录、传输和统计。

## 二、系统功能

系统采用高清视频流检测方式，实现车辆的动态轨迹跟踪。采用国际领先的计算机智能轨迹跟踪算法技术，对高清视频流中每一辆车进行实时运动轨迹跟踪并自动识别车牌号，且可依据车辆的运动轨迹智能判断车辆行驶方向，自动识别车辆的违法过程。

主要功能：

### （一）车牌识别功能

机动车捕获：每个方向至少能监测两条车道。所有通过车道的车辆都进行实时监控捕获（包含无牌车和牌照污损车），捕获机动车尾部或头部图片并自动识别其车牌号，捕获识别时间小于 100 毫秒。白天车辆捕获率≥99%；夜间车辆捕获率≥95%；

号牌识别：对捕获到的所有机动车号牌进行自动识别。自动识别车牌颜色（蓝、白、黑、黄）。对通过检测车道而没有安装尾部车牌的车辆，系统记录为无牌车辆，并自动报警。白天号牌识别准确率≥95%；夜间号牌识别准确率≥90%；

机动车捕获和号牌识别功能符合 GA/T497-2009《公路车辆智能监测记录系统通用技术条件》和 GAT833-2009《机动车号牌图像自动识别技术规范》要求。

### （二）捕获数据保存

系统对于通过检测断面的机动车记录3幅图片，其中2幅明显位移全景图片，记录通行车辆的行驶轨迹，表明其运动状态，且能清晰辨认车辆号牌，第3幅图片截取通行车辆的完整图像，当全景的2幅图片中存在多辆机动车时，可以通过第3幅图片清晰判断所捕获的通行机动车，图片能够清晰辨认所捕获机动车号牌，对检测车道没有安装尾部车牌的机动车，记录为无牌车辆。

### （三）交通流检测功能

通过检测数据，可按照断面和车道统计交通流参数，包括：实时交通流量：≥95%（白天）、≥90%（夜间）；平均速度：≥95%；平均占有率：≥95%；平均车头间距：≥95%。

### （四）交通违法检测

系统能够检测车辆闯红灯（直行道、左转车道、右转车道和混行道闯红灯违法检测）、车辆逆行、不按规定车道行驶、违法停车、在非机动车道内违法行驶、公交车道内违法行驶、应急车道内违法行驶、单/禁行车道内违法行驶、大货车违法禁限行驶等违法行为。白天检测率≥95%，有效率≥90%；夜间检测率≥90%，有效率≥85%。

### （五）违法数据保存

对于机动车的违法行为每辆机动车违法记录4幅图片，其中3幅明显位移全景图片，记录违法车辆的行驶轨迹，表明其运动状态，其中至少2幅图片能够清晰辨认车辆号牌，第4幅图片截取违法车辆的完整图像，当全景的前3幅图片中存在多辆机动车时，可以通过第4幅图片清晰判断所捕获的违法机动车。

### （六）交通事件检测功能

系统能够自动检测下列交通事件：

- ❑ 交通拥堵：车辆排队长度超过报警长度阀值，该阀值可以根据用户需求调整。
- ❑ 车辆停驶：机动车在检测区域内停止移动一段时间后（默认为10秒，可根据用户需求调整），系统认为车辆停驶。
- ❑ 遗弃物：车辆行驶后路面出现遗弃物。
- ❑ 行人：有人出现在车道中。
- ❑ 车辆慢行：车辆行驶速度低于报警速度阀值，该阀值可以根据用户需求调整。
- ❑ 系统的检测率：白天检测率≥85%；夜间检测率≥80%。

### （七）系统管理功能

检测参数设置、自动校时、断电保护、日志记录、视频服务、夜间补光、违法记录图片防篡改模块、系统自诊断报警功能。

### （八）前端存储

系统将检测出的各种数据，通过通信线路及交换处理系统实时传送到中心应用系统，进行统一记录与存储处理。当出现通信中断时，系统将数据进行本地记录存储，等到系统通信恢复后，自动将数据传回中心相应的应用服务器。采用 H.264 编码，保存格式为 AVI 或 MP4 格式，可使用通用 Windows Media Player 及其他主流播放器播放，录像本地滚动存储。

## 三、系列产品及应用

北京四通智能交通系统集成有限公司基于高清视频的交通管理综合监测系统已形成系列产品，包括：

- ❑ 全功能高清闯红灯电子警察系统。
- ❑ 全功能测速卡口系统（精确车型识别）。
- ❑ 全功能道路监测系统（旅行时间）。
- ❑ 高清移动执法系统。
- ❑ 高清球机车辆违章抓拍系统。
- ❑ 乡道红外隐蔽式卡口抓拍系统。

系统和产品在北京市快速路出入口综合监测系统、北京市闯红灯交通违法监测系统、北京市公交车道违法行驶监测系统、北京市旅行时间检测系统、天津市交通违法监测系统、潍坊市交通综合监测系统等项目建设中得到广泛应用，取得了良好的效果，如图 2.14 所示。

图 2.14 压线行驶监测记录实景

# 四通 GPS 监控系统和产品

北京四通智能交通系统集成有限公司

## 一、概要

北京四通智能交通系统集成有限公司 GPS 相关产品线丰富，拥有三大系列的 GPS 终端产品，分别是 YNM 系列、AXR 系列和 MTY 系列，拥有水星系列和天龙系列平台软件系统。全系列产品线涵盖 GPRS（CDMA）/ GPS 车载终端、GPRS（CDMA）/ GPS 图片传输终端、GPRS（CDMA）/GPS 图像传输终端、通信导航产品、安全语音提示产品、黑匣子行车记录仪等，满足任何网络任何级别任何规模应用的产品组合需求，而且产品在安全性和兼容性方面都有优秀的表现，四通智能交通公司针对各行业应用开发 GPS 监控系统，政府行政管理 GPS 卫星安全系统、智能监控系统、单机版 GPS 监控系统、公安 GPS 指挥系统、可视化虚拟合作系统能满足不同深度不同广度的应用组合需求，目前天龙系统解决方案已成为国内运管系统最重要的一揽子解决方案之一。

## 二、系统组成

智能 GPS/GIS 平台系统集 GPS 全球卫星定位系统、GPRS 无线数据通信技术及 GIS 地理信息系统于一身，搭建了一整套的关于车辆监控、调度、管理的系统平台，是目前最科学有效的车辆监控、调度管理手段，如图 2.15 所示。

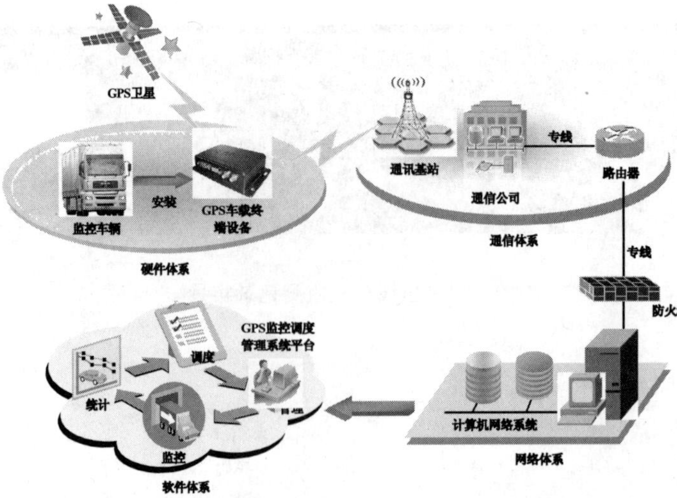


图 2.15　智能 GPS/GIS 平台系统的组成

（1）硬件体系：车载 GPS 监控终端设备；安装在单位车辆上，可以完成对车辆的位置定位、行驶监控、区域报警、线路报警、紧急报警、车辆调度等各项功能操作。

（2）软件体系：GPS 车辆定位监控系统，包括服务端及监控端两部分；是 GPS 车辆定位监控系统的关键组成部分，起到了体系内的核心枢纽作用，所有的车辆监控数据及控制指令都是通过 GPS 系统平台进行上传与下发，同时所有的车辆监控、调度、管理业务均通过 GPS 系统平台完成，是 GPS 车辆监控管理系统中不可或缺的关键核心。

## 三、产品简介

公司自主研发的 GPS 终端设备（如图 2.16 所示），拥有自主知识产权，经过近 10 年的装车应用，性能稳定可靠，始终保持低维修率，可以适应艰苦环境下长时间多功能应用。

- 基于 GPS 卫星定位系统和 GSM/GPRS 网络。
- 采用工业级 GPS 模块及 GSM 通信模块，定位精度高，定位速度快，寻址迅速。
- 专业的抗干扰处理，多级的电源保护，保证设备能长时间稳定运行。
- 预留多种外接设备应用接口，可选配电子锁、通话手柄、显示屏和摄像头等外接设备，扩展终端设备的应用功能。
- 设备体积小，方便隐蔽安装；功耗低，对原车电瓶几乎没有影响。

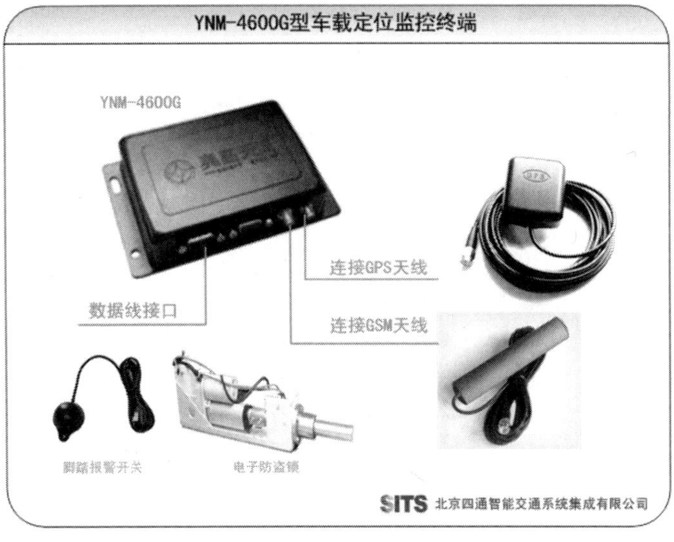


图 2.16　YNM-4600G 型车载定位监控终端

## 四、行业应用

四通智能交通先后为 800 余家客户搭建了 GPS 监控指挥系统，终端用户达 20 余万个，大大推动了用户的信息化进程，其中包括山西省交通厅 GPS 全省四级平台建设、中海物流公司、亚洲物流、中石油独山子、徐工集团、无锡快克运输、山东移动公司、四川移动公司、红塔烟草公司、哈交警、福州 110、北京 120、北京一中院等政府单位及知名企事业单位，凭借领先的技术、高品质的产品和一流的服务，四通智能交通获得了用户的好评，如图 2.17 所示。

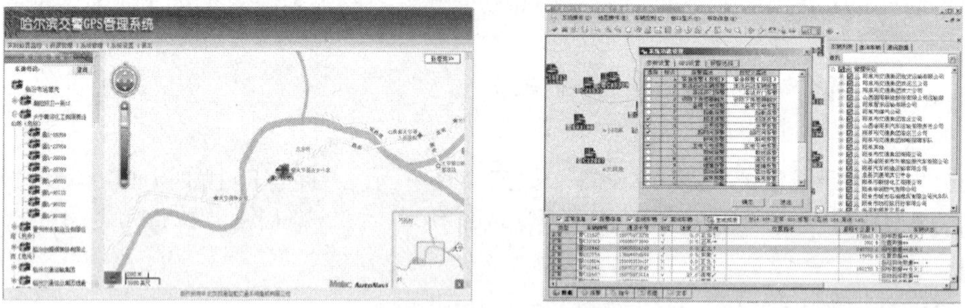


图 2.17　GPS 监控指挥系统的应用

# 北京市智能化交通信号管理平台系统

北方工业大学智能交通系统研究所

## 一、概要

道路交通流日益饱和、多种交通信号控制系统并存、不同交通管理手段智能化集成化需求不断增长等情况的涌现，已经成为北京市城市交通管理面临的巨大挑战。为满足上述交通管理中凸显的混合交通高效控制、多控制系统无缝融合、多业务集中管理等实际需求，2009 年 4 月，北京市交管局制定了北京市智能交通系统三年规划（2009—2011）并将其作为北京市智能交通建设向高度信息化、智能化、集成化提升的示范工程。

北京市智能化交通信号管理平台系统在国内首次实现了视频综合检测的大规模实地应用、多种交通信号控制系统的跨平台运行、多种交通管理业务的一体化管控，涉及交通信号、网络控制、通信技术、图像处理、云计算等多个领域的技术前沿，是我国新型城市智能交通建设的应用示范。

## 二、系统特点及主要效能指标

北方工业大学智能交通系统研究所在北京市智能交通系统三年规划（2009—2011）项目中充分发挥多年来在城市智能交通系统领域的技术专长，结合北京市道路交通管理系统现状和北京市交管局的实际业务需求，研究并开发了具有我国自主知识产权的城市智能化交通信号管理平台系统，如图 2.18 所示为该系统功能结构示意图，该系统有以下主要特点：

（1）实现了 ACTRA 系统、SCOOT 系统的跨平台无缝连接，交通管理人员通过统一平台对不同信号系统的信号控制器实施无差别的系统级控制。

（2）采用高清视频检测设备，实现交通流数据采集、车牌识别、交通违法监测、交通状态监控等多种功能，解决了传统线圈检测器在建设受限、不易维护等方面的问题，并且将视频检测有效地应用于交通信号控制。

（3）在同一平台上集成了交通信号控制系统、交通事件检测系统、视频处理系统、设备故障检测与管理系统等多种业务系统，极大地提升了交通管理业务的智能化和集成化水平。

（4）系统包含丰富的数据接口，能够为交通违法系统、交通监控系统、公交优先系统、快速路控制系统等提供实时交通数据。

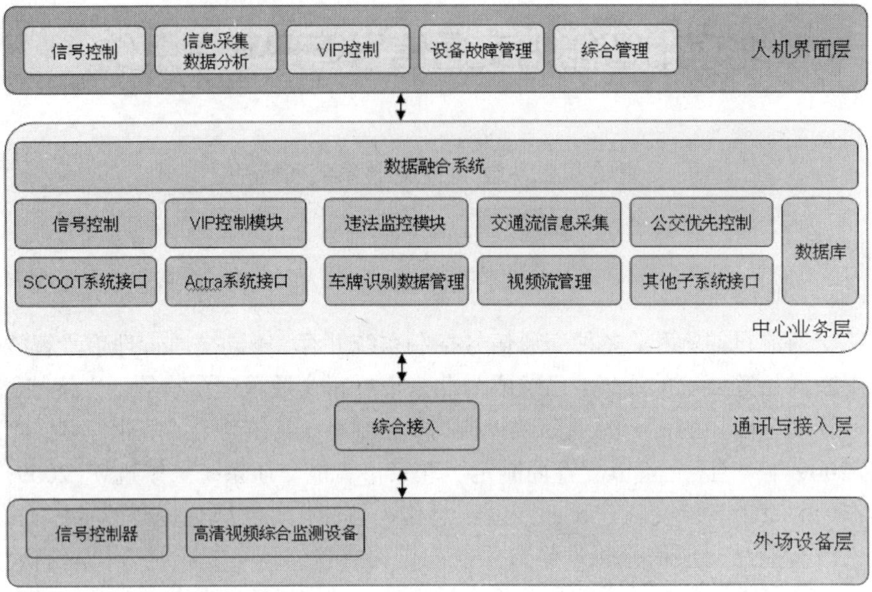


图 2.18　系统功能结构示意图

系统的主要性能指标包括以下几点：

（1）信号控制系统：以 1 秒为最小间隔进行数据传输与处理。

（2）数据精确度。

- 交通流量数据精确到个位。
- 流率数据精确到小数点后 1 位。
- 占有率数据精确到小数点后 1 位。
- 速度数据精确到个位。
- 日期时间数据精确到毫秒（1/1000 秒）。

（3）违法监测数据：海量数据量，数据上传时间可定制。

（4）车辆识别数据：识别结果（不含照片）传输延时不超过 5 秒。

（5）视频数据：海量数据，依据中心进行点播传输，传输与处理时间可定制。

（6）Web 服务响应时间：页面刷新响应时间<5 秒。

（7）地图刷新与动态状态更新：更新频率≤2 秒。

（8）系统采用 B/S 结构设计，适应绝大多数浏览器软件。

## 三、系统应用

该系统在北京市交管局已经投入使用，在未来将推广到市属各区县，实现全市交通的统一指挥和管理，最终将以此为基础建立起我国自主知识产权的城市智能交通系统技术体系和产业链，对于从根本上提高我国城市交通水平和可持续发展能力具有重要意义。

# Hicon 交通信号控制系统

青岛海信网络科技股份有限公司

## 一、概要

青岛海信网络科技股份有限公司成立于 1998 年 10 月，是海信集团控股的下属子公司，是海信集团发展战略中信息板块的核心力量。公司围绕城市交通、公共交通、公路与桥梁隧道机电工程、轨道交通、智能视频、物流与商业服务几大产业方向，立足自主研发，专业从事智能交通核心技术研究。

“HiCon 自适应交通信号控制系统”是青岛海信网络科技股份有限公司斥巨资自主开发的 ITS 行业交通控制领域高端产品，该产品应用国际领先技术，结合复杂交通特点研发，主要为城市交通提供实时控制的软件及与软件兼容的信号机。

## 二、主要构成、技术特点

“HiCon 交通信号控制系统”是路口信号机、通信服务器到区域控制服务器、中央控制服务器的整套解决方案，包括 SC 系列交通信号机、HiCon 交通信号控制系统软件、CMT 交通信号机配置与维护工具软件，如图 2.19 所示。

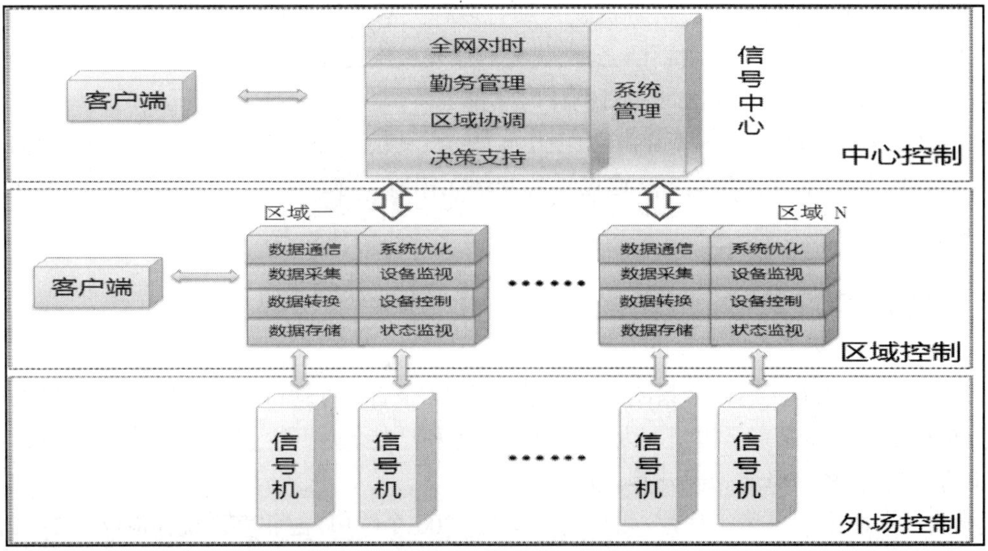


图 2.19　“HiCon 交通信号控制系统”的构成

HiCon 交通信号控制系统中心软件针对三层业务逻辑关系，采用三层软件架构（中心、区域、路口或模拟路口），该结构扩展性强，适用于大规模控制系统的应用需要。系统主要业务处理由区域服务完成，各个区域服务负责处理本区域的业务，各个区域服务可以并行存在，区域服务的任务加载灵活，可以完成既定的业务功能。

系统采用 NTCIP 通信协议，NTCIP 作为美国乃至整个北美地区的智能交通系统的标准通信协议，体系完整，通用性与兼容性好。

系统采用分布式任务部署方式，数据处理灵活、方便；采用成熟的自适应通信环境组件，大大提高了通信的实时性和可靠性；采用 Oracle 大容量数据库，保证数据安全性；支持 ArcGIS（地理信息平台），地理信息处理功能强大。

系统具有高效、可靠、开放的通信子系统，保证了内部实时通信的可靠性、效率、可扩展性；同时，真正实现了系统的开放性。系统的接口透明，提供二次开发能力，便于多系统的集成。

系统具备良好的故障诊断功能：实时显示路口设备故障状况，并能通过网络实现信号机的远程维护功能。

系统采用“集中管理、分散控制”的优化模式，采用方案选择与方案生成相结合的实时优化算法，实现系统级的协调、控制和管理，控制点实现分布的控制、计算和执行；系统具备从区域到路段的两级拥堵控制功能。并能够利用先进的预测及降级技术，使得系统对检测器的依赖性大大降低。

SC 系列交通信号机是具有完全自主知识产权的高端开放式结构的信号机，软件硬件分离，具有内置 IP 地址，软/硬件接口丰富。CPU 采用的 32 位的芯片，采用实时多任务操作系统，应用了 GPS 技术，采用了国际先进的通信协议 NTCIP，控制功能强大。

信号机采用笔记本电脑、PDA、手动面板、遥控器作为路口维护和配时工具，提供了更方便快捷的人机界面。信号机软件具有多种灵活的控制算法,具备一些独特的先进算法，如感应式协调、单点优化、公交优先、行人二次过街、无线手动控制（可跳相位）等，同时交通信号机能够实现实时倒计时功能。

海信的SC系列信号机依靠海信集团强大的设计能力和可靠性检测实验室的检测手段，达到信号机的成熟稳定，并通过了公安部无锡所、青岛质量技术监督局、中国软件评测中心的产品检测认证。

## 三、应用情况

目前海信智能交通信号系统在全国已覆盖 14 个省、直辖市，近 40 个城市，投入使用 3000 多台，如北京、福州、太原、厦门、呼和浩特、中山、淄博、烟台、威海、青岛、苏州、长春、阜新、西安等。

先后 4 次中标奥运工程，在北京成功安装 1200 个路口，占北京系统控制路口的 52%以上。主要道路均实现“绿波控制”，保证车辆连续通过交叉口。普通路口停车次数下降 15%，旅行时间减少 20%；快速路停车次数下降 31.3%，旅行时间缩短 7.9%，旅行速度提高 7.7%。

系统经过多年的沉淀和积累，已经具备全面的解决方案，良好的稳定性，国产信号机也已经具备先进的技术和良好的可靠性，更可贵的是，本系统可以很好地适应中国复杂交通的管理需要。

# 公交运营调度系统和产品

青岛海信网络科技股份有限公司

## 一、概要

青岛海信网络科技股份有限公司是国内专业从事智能交通系统（ITS）产业开发与服务的知名厂商，始终以提高公交信息化水平、降低运营成本、加大安全监管力度、节能降耗、提高出行效率、丰富车厢文化为宗旨，并长期致力于中国公共交通信息化建设工作，为公交行业企业和公交行业主管部门及相关的客运安全监控及汽车电子行业提供一流的系统解决方案及相关产品。

目前，海信公共交通已经形成包括公交运营调度与监控、BRT 快速公交智能系统、智能车载终端、公交车载 DVR 安防产品、公交电子站牌、公交无线发车屏、多功能场站机等完整的公交信息化解决方案，已经成功广泛应用于北京、上海、成都、无锡、厦门、乌鲁木齐、常州、武汉、青岛、荆州、张家口、济南、宜昌、济宁、江阴、聊城、泰安等 20 多个城市。

## 二、主要构成、技术特点

优先发展公共交通已经上升为国家战略，而提高公共交通管理效率和提升公共交通服务水平必须发展公交智能化系统。海信充分分析乘客、公交企业和公交管理部门对公交信息化的需求，研究公交信息化管理必须解决的人、车、场、站、路五位一体的信息协同需求，开发完成了完整的海信公交信息化解决方案。

海信信息化解决方案架构拓扑图如图 2.20 所示。

海信信息化解决方案核心产品包括：

（1）海信 GPS 智能车载终端 MT2101，支持 WCDMA/EVDO/GPRS 无线通信模式。

（2）海信数字硬盘录像机 MV1004，支持 WCDMA/EVDO 3G 无线通信方式。

（3）海信视频监控调度一体机 MT3001，支持 WCDMA/EVDO 3G 无线通信方式，同时支持 GPS 智能调度和车载视频监控。

（4）海信智能调度管理系统，支持电子路单和调度员计算机辅助调度。

（5）海信监管中心系统，提供公交行业监管部门和公交管理部门对公交运营管理实时情况的监控和运营绩效评价。

（6）海信公交企业资源计划管理系统，提供对公交企业技术机务管理、物资材料管理、人力资源管理、安全管理、服务管理等计算机辅助管理。

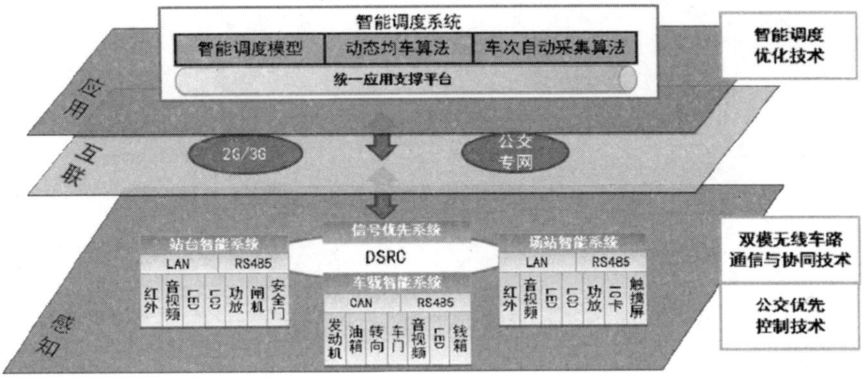


图 2.20　海信信息化解决方案架构拓扑图

## 三、应用情况

海信公交整体解决方案已经形成产业化，为公交采用信息化管理手段提高运营效率和安全运营做出了突出贡献，取得了良好的社会效益和经济效益。以成都公交公司为例，应用系统后，该市公交月总行驶里程平均下降 4.89%，月平均千车千米载客量上升 10.02%，月平均千车千米收入上升 22.30%，超速违规由安装前的月平均 2136 次下降到 57 次，事故率下降 50%。

海信快速公交主要成功案例包括：

- ❑ 北京朝阳路、安立路 BRT 智能系统项目。
- ❑ 常州市 BRT 智能化系统项目。
- ❑ 厦门市快速公交系统项目。
- ❑ 济南市快速公交系统项目。
- ❑ 广州市 BRT 智能系统建设项目。
- ❑ 枣庄市快速公交智能系统项目。

海信普通公交主要案例包括：

- ❑ 北京奥运公交智能调度系统 GPS 终端项目 T4 标段。
- ❑ 上海张江有轨电车项目。
- ❑ 新疆乌鲁木齐公交调度信息系统项目（现场调度模式）。
- ❑ 成都智能公交运营调度管理系统项目（装机容量 5000 台）。
- ❑ 青岛智能公交信息化项目。
- ❑ 无锡智能公交运营调度管理系统项目（装机容量 2000 台）。
- ❑ 张家口公交智能调度系统项目（集中调度模式）。
- ❑ 荆州市公交智能调度系统项目（集中调度模式）。
- ❑ 聊城公交智能调度系统项目。
- ❑ 青岛广电移动电视项目。

# 警力资源指挥调度系统

北京宏德信智源信息技术有限公司

## 一、概述

“整体防控、精确指导、精确打击”和“严、高、新、实”的工作思路，已成为交通管理信息化工作的重点。

本系统利用地理信息系统（GIS）、卫星定位系统（GPS）、状态数据实时采集与无线通信等现代信息技术，结合数字集群技术和网络技术，可实时动态获取警力资源（人、车、物）部署状态，共享现有信息资源，为警力调度指挥提供及时、全面的信息依据，发挥快速处置突发事件、提高应对紧急事件的作用。

本系统在充分利用地理信息系统（GIS）强大的空间分析能力和直观展示方式的基础上，将数字集群系统的语音调度、数据调度、移动电台用户管理、定位（GPS）等功能与现有信息充分融合，并利用时空相关的统计技术，对系统数据进行统计分析，采用数据、图形、报表等业务属性进行综合查询，使调度指挥人员能直观、快速、准确地掌握警力资源的分布情况和状态，可为警力资源动态优化部署和调度指挥与决策提供强有力的技术与信息支持。

## 二、系统组成和原理

### （一）系统构成与拓扑结构

本系统主要由指挥调度台终端、指挥调度服务器、GPS 服务器、GIS 服务器、录音设备及相关软件构成，其拓扑结构如图 2.21 所示。

### （二） 系统功能

系统功能主要包含以下 8 个部分：①数据管理，②视图管理，③通信调度，④综合信息应用，⑤系统管理，⑥录音管理，⑦话务量分析，⑧指挥调度统计分析。

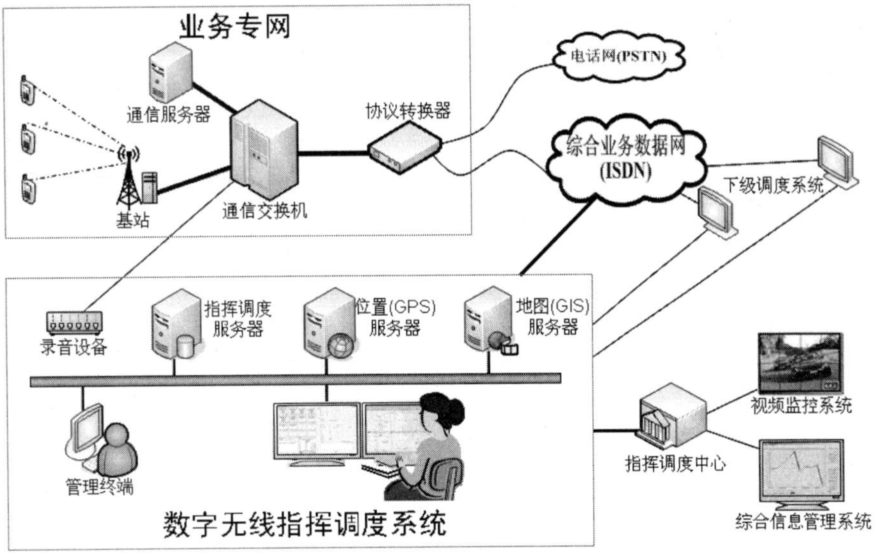


图 2.21　系统拓扑图

## 三、系统特点

系统特点如下：

（1）警力资源状态的实时获取与展示。

（2）语音与数据调度相互统一、相互补充。

（3）警力资源状态、指挥执行动态监视与跟踪。

（4）基于实时部署状态的警力资源动态配置。

（5）相关信息资源互联与共享。

## 四、典型应用

通过在北京市公安交通管理局指挥中心部署本系统，极大地提高了执勤民警信息实时获取能力，提升了警力指挥调度效率，为北京城市交通管理与调度指挥发挥了巨大作用。尤其是 2008 年“两会”期间、奥运等重要活动中，该系统在道路管控、警力调度、紧急事件处置等方面发挥了重要作用，如图 2.22 所示。

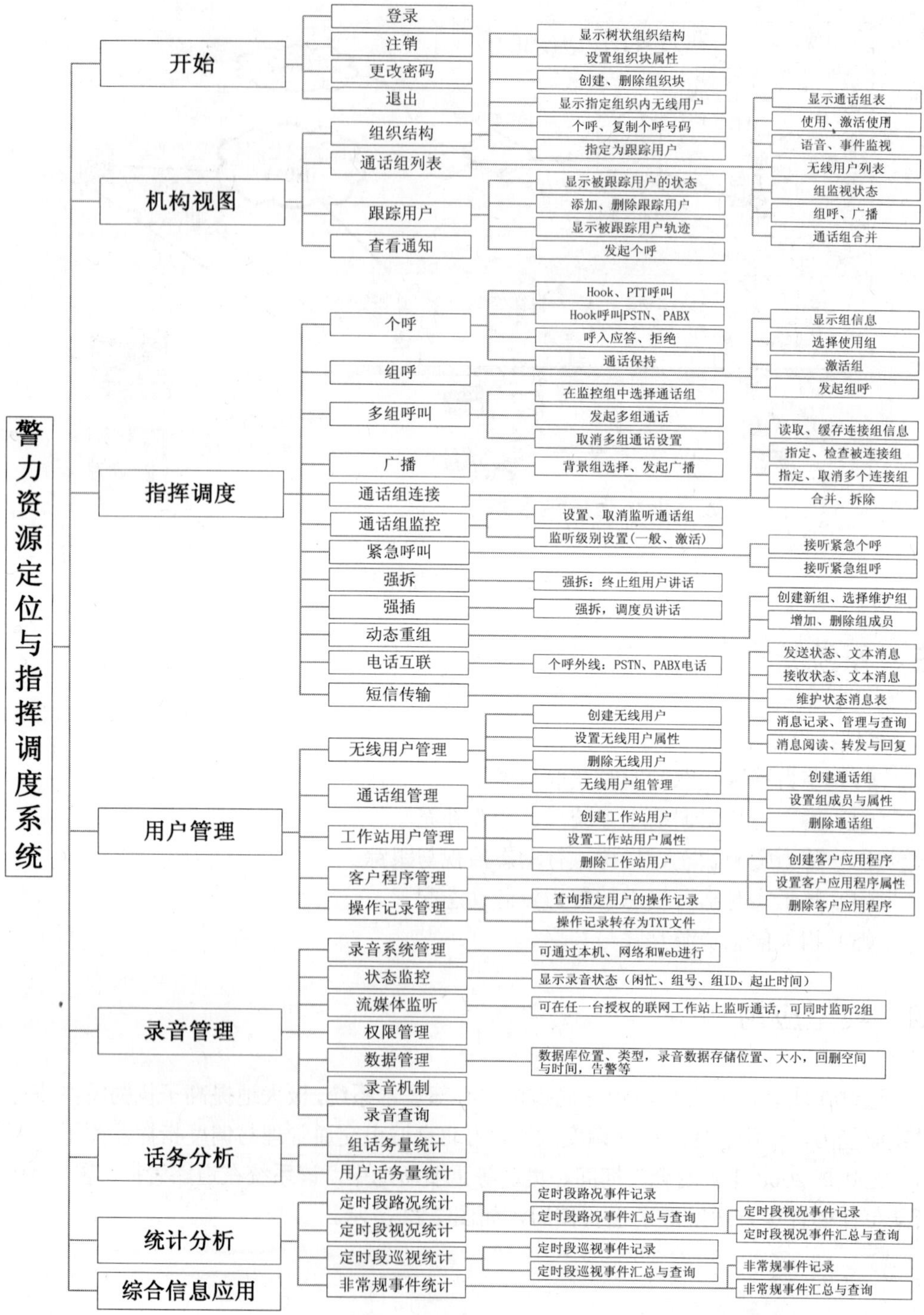


图 2.22　警力资源定位与指挥高度系统

# 铁路运营与安全综合监控系统

北京宏德信智源信息技术有限公司

## 一、概述

铁路运营与安全综合监控系统是保障铁路安全运营的一个综合集成系统，它能全面集成列车、机车、车辆、电力、信号、线路基础设施、环境等方面的动态安全信息及客运和货运的日常统计信息，是铁路行车安全保障系统的中枢和"大脑"。为铁路的运输指挥和安全管理人员集中提供全面、及时、准确和完整的运输安全生产信息和决策支持信息，实现铁路行车安全过程的全面监测、预警及安全管理。

该综合监控系统通过可视化的地理信息系统平台发布和展示，实现对铁路运营相关的移动设备和固定设施的综合监控，应急事件处理过程的监控和应急救援指挥的决策支持，沿线自然环境和旅游资源的全面展示与宣传等功能。

## 二、系统结构

### （一）系统逻辑结构

铁路运营与安全综合监控系统的总体逻辑结构如图 2.23 所示。

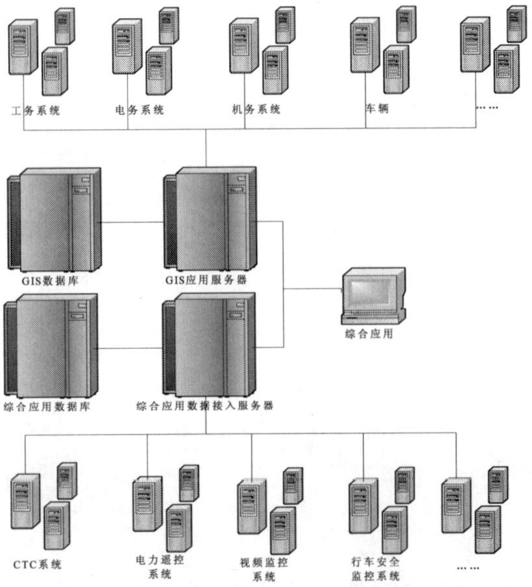


图 2.23　铁路运营与安全综合督控系统的总体逻辑结构

### （二）系统软件架构

本系统的软件实现遵循多层服务架构开发技术路线，并支持 C/S、B/S 多种服务模式，软件功能采用模块化开发，各类数据资源统一存储在数据库中，并支持元数据访问功能。

系统软件从结构上被分为 4 层：数据层、应用服务层、接口层和用户层。数据层包括了所有系统需要的数据资源，包括有地理信息数据资源、地理信息元数据资源、系统配置资源和各个业务信息系统资源（如综合监控系统、电力远动系统等）；应用服务层完成了系统需要的主要功能，包括地理信息服务的功能、数据接入、综合分析及元数据服务等；接口层提供了系统与其他系统的接口，包括数据共享的接口、数据服务接口、空间服务接口、综合监控服务接口等；用户层是表现层，提供综合运营安全监控中心面向用户的表现和响应用户的操作。

## 三、系统功能

铁路运营与安全综合监控系统在当前条件下主要由列车运行综合监控、行车安全监控、环境监控、大风监测和电力监控组成，其功能结构图如图 2.24 所示。

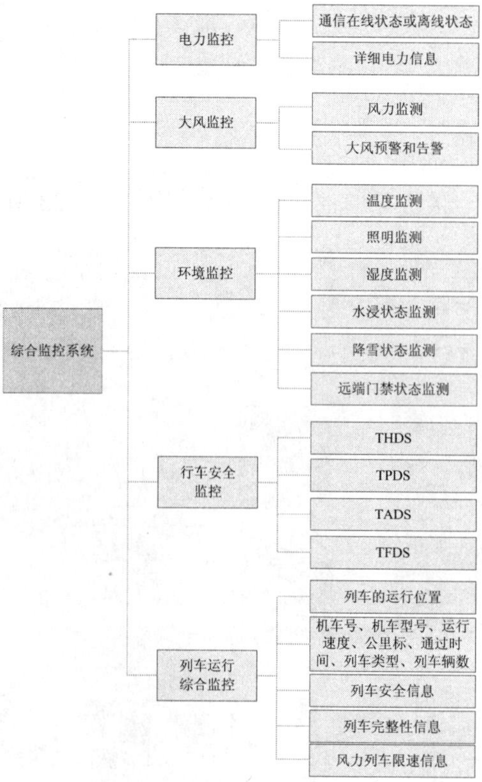


图 2.24　铁路运营与安全监控系统功能

## 四、应用实例——青藏铁路综合监控系统（高原铁路）

青藏铁路恶劣的自然环境对青藏铁路建设、运营的精确、高效与安全带来了世界级的挑战，为了实现世界一流的高原铁路运输管理水平，必须采取先进、适合的信息技术手段，对青藏铁路的运营过程、安全生产及突发事件处理实现全过程监视、预警与统一协调指挥，来保证行车安全，提高运输效率，实现现代化的高原铁路运营管理。

# 城市道路智能交通整体解决方案

上海电科智能系统股份有限公司

交通是城市的“血脉”，而城市交通拥堵又是发展中国家在城市化进程中不可避免的社会问题。为交通所困扰的大城市，在管理交通拥堵方面面临长期挑战：如何统一管理、协调指挥？需要综合分析这以“汽车”为代表的庞大的交通流，然而缺乏一个系统的集成的管理平台。

上海电科智能的解决之道——基于物联网技术的“城市道路智能交通整体解决方案”。

智能交通是将传感器技术、RFID 技术、无线通信技术、数据处理技术、网络技术、自动控制技术、视频检测识别技术、GPS、信息发布技术等运用于整个交通运输管理体系中，从而建立起实时的、准确的、高效的交通运输综合管理和控制系统。智能交通行业已被公认为是物联网产业化发展落到实际应用的优先行业之一，智能交通网就是交通行业“物联网”。

建设城市智能交通综合系统，就是以物联网技术为依托，以城市道路交通集成管理系统和城市综合交通信息平台为抓手，以综合交通管理和交通信息综合应用服务为目的，让智能交通带给市民一个全新的出行体验，充分展示“城市让生活更美好”在智能交通领域中的生动诠释。

具体城市道路智能交通整体解决方案如下：

## 一、城市道路交通集成管理系统

该系统是对各交通管理子系统进行有机整合，对交通信息进行集成、处理、共享，为交通管理提供服务，为交通指挥提供决策支持，是集多种高科技技术于一体的综合性系统工程。主要功能：

- ❑ 标准化的信息存储、交换和共享。
- ❑ 交通流宏观和微观数据采集、分析与处理。
- ❑ 交通状态的自动识别和预报。
- ❑ 路网交通的分级诱导与信息发布。
- ❑ 车辆行驶行为的实时控制与干预。
- ❑ 结合治安需求对车辆行驶行为跟踪和布控。
- ❑ 基于 GIS 的综合应用展示。
- ❑ 为集成指挥调度提供决策支持。

- 提供综合运维管理支持。

典型案例：无锡公安局交通指挥中心系统工程，上海市交警总队交通专业信息平台，上海市浦东新区公安交通管理子系统。

## 二、城市道路交通信息采集诱导系统

上海电科智能的交通信息采集诱导系统采用多元采集技术，运用自适应卡尔曼滤波、聚类转换等数据处理技术，获得高精度的道路交通状态、行程时间等信息，为出行者提供有道服务，降低交通拥堵的影响。

该解决方案技术核心为城市道路交通信息采集发布系统软件，获得多项软件著作权，该软件于 2009 年通过上海市自主创新产品申报并获得证书。公司研发的“城市交通诱导系统与关键技术”获国家科技进步二等奖。

典型应用于：基于大范围、固定与移动相结合交通信息采集技术研发及工程示范；上海市道路交通信息采集和发布系统工程。

## 三、城市交通信息应用服务系统

城市交通信息应用服务系统整合城市交通的各种信息资源，通过多渠道为出行者提供便利的、综合的、优质高效的信息服务，提高出行者的出行质量，提升交通服务的水平和交通系统的运行效率。

如上海市交通信息服务平台，以上海市综合交通信息平台为依托，建立了上海市交通信息服务应用平台，收集全市各交通行业的相关信息，以一体化存储、一致性表示为特征，实现多源异构数据资源汇聚、整合和管理，信息共享和交换，基础信息提供和发布，汇集了道路车辆信息、轨道信息、公交信息、出租车信息、铁路信息、民航信息、港口信息等共计 4 大类、200 多项交通信息，涵盖了道路交通、公共交通、对外交通等城市交通各个方面，开展了全方位的交通信息服务，全面保障了总客流 7000 万人次的上海世博会智能交通信息系统，是上海市交通信息化建设进程中的重要里程碑！

## 四、城市道路交通控制系统

随着城市道路交通拥堵的日益严重，快速路入口匝道控制和道路/路口的车道控制日益受到关注。它们在保障快速路的“安全、快捷、高效”功能的发挥 、减少车辆分布的不均衡引起的道路资源浪费等方面发挥着重要的作用。

作为智能交通系统示范工程的上海快速路交通监控系统自试开通以来，对缓解交通拥阻，改善中心区交通状况起到了积极的作用。其主要效果表现为：

快速路交通监控系统试运行后，延安高架北侧及南北高架交通状况有所好转，流量增加了 5%，平均车速增加了 3%，小时流量变化波动减小，道路畅通时间增加，拥挤堵塞情况缓解，畅通时间增加 7%，道路服务水平有一定的提高。

## 五、城市道路交通图像综合应用系统

上海电科智能依靠自主研发的前端高清图像系统设备，采用先进的图像采集技术、图像智能分析技术、图像综合应用技术，建立全方位、统一的图像综合应用平台，深入挖掘图像资源信息，强化重要节点查缉布控联动功能，涵盖日常交通管理、交通事件管理、交通信息诱导、交通控制等。

该解决方案技术核心为基于车牌识别的路网交通信息应用系统软件，获得多项软件著作权。典型应用于：上海公安道路交通图像综合应用系统、上海市浦东新区高清视频监控卡口系统。

## 六、城市综合交通枢纽交通管理系统

上海电科智能依托上海市重大科技攻关项目科研成果，推出具有前瞻性的综合交通枢纽交通信息管理系统，汇集民航、高铁、长途客运、地铁等多种交通载体的特大型综合交通枢纽管理系统，是迄今为止世界上最大的综合交通枢纽。该解决方案技术核心为大型综合交通枢纽交通信息管理软件，获得多项软件著作权。

## 七、城市车辆智能卡综合应用系统

面对我国迅猛增长的汽车数量及由此带来的社会问题，电科智能以 RFID 无线射频识别技术为基础、结合数据通信技术、自动控制技术、信息发布技术等现代化科技，构筑了“车联网”城市智能卡综合应用系统，此技术已被认为是 21 世纪发展最快的高新技术之一，被列为本世纪十大技术趋势之一。

# 城市道路交通状态智能感知及多模交通信息发布系统

上海电科智能系统股份有限公司

## 一、概要

随着城市经济的快速发展和人们生活水平的不断提高，机动车保有量越来越多，交通出行也越来越频繁，使得道路拥挤不可避免，并呈越来越严重的趋势。道路交通状态智能感知及多模式交通信息发布系统是缓解交通拥堵的有效手段之一，是城市智能交通系统建设的重要组成部分。

## 二、总体架构

结合我国城市的交通管理体系，道路交通状态智能感知及多模式交通信息发布系统的总体架构如图 2.25 所示。

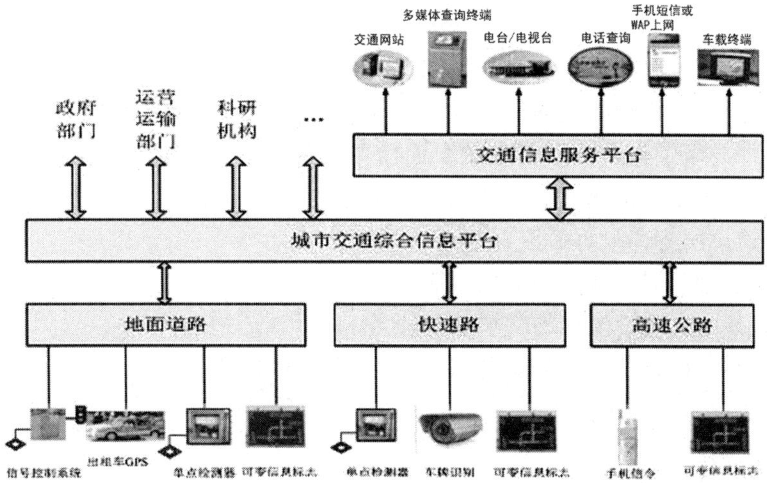


图 2.25　总体架构

## 三、道路交通信息采集

不同类型的道路具有不同的交通功能、交通流特性和地理特点，不同的交通信息采集技术具有不同的适应性，因此，需根据道路的特点选用合适的交通信息采集技术。

（1）地面道路：从交通信号控制系统中提取交通数据；在较长的路段上增补单点

车检器，提高长路段的交通状态判别准确性；提取出租车的 GPS 信息。

（2）快速路：线圈车检器、微波车检器、视频车检器、视频车牌识别等。

（3）高速公路：基于手机数据的间接交通信息采集。

## 四、道路交通信息处理技术

我公司针对道路交通信息处理中的难点问题，在国家科技部、自然科学基金委、上海市科委的支持下，组织科研攻关，长期深入研究，取得了交通信息处理关键技术的突破，在多个工程中得到应用。相关处理技术包括：快速路交通流数据质量管理技术；基于 SCATS 数据的地面道路交通状态判别技术；基于环线线圈的快速路交通状态判别和行程时间估算技术；基于车牌数据的行程时间估算技术；基于浮动车 GPS 数据的地面道路交通状态判别技术；基于多源交通数据的道路交通状态融合技术。

## 五、交通信息服务平台

交通信息服务平台承载了为政府部门开展多模式交通信息服务提供数据和应用支持。以同一交通信息服务平台为依托，将能保证不同发布主体、不同发布方式之间所发布内容的一致性。

多模交通信息发布：

（1）基于交通出行网站的交通信息服务，满足不同层次服务对象的需求。

（2）基于手机终端的交通信息发布，采用面向手机终端交通信息发布技术的通信最小化技术，实现了基于微型 GIS 的交通信息发布手机应用终端系统。

（3）基于声讯电话的交通信息服务，实现将声讯电话服务纳入平台统一管理，同时满足其他信息服务、投诉、监督等要求。

（4）基于触摸屏终端的交通信息服务。

（5）基于电台电视媒体的交通信息服务。

（6）基于车载移动终端的交通信息服务，实现动态导航服务、基于位置的交通信息服务和交通信息定制服务等。

## 六、应用情况

该系统产品先后在“上海市道路交通信息采集和发布系统”一期工程和二期工程、“浦东新区综合交通信息管理系统一总一子平台”、“江阴市道路交通信息采集和发布系统”等工程中应用。同时，公司承担了国家 863 项目《区域交通系统状态特征提取与集成技术》等国家级、省部级科研项目，在道路交通状态智能感知和多模式交通信息发布方面积累了丰富的工程实践、取得了众多的关键技术突破。公司的研发成果“城市交通智能诱导系统与关键技术”获得国家科技进步二等奖、上海市科技进步一等奖。

# 长三角高速公路 ETC 应用示范

上海电科智能系统股份有限公司

## 一、引言

2007 年 1 月 24 日，交通部在北京组织召开了“京津冀和长三角区域高速公路联网电子不停车收费联席会议”，将组织《国家高速公路联网不停车收费和服务系统》作为 2007 年的一项重点工作，并确定将长三角区域高速公路联网不停车收费作为交通运输部区域高速公路联网不停车收费示范工程之一。

随后的两年中，一系列的“长三角区域高速公路联网不停车收费省（市）级联席会议”上，各省市讨论确定了示范工程实施的各类关键问题。

长三角区域高速公路联网不停车收费系统工程进展总体较为顺利，2008 年底，上海与江苏率先实现 ETC 系统互联互通；2009 年 11 月，上海、江苏与安徽开通 ETC 系统；2010 年 7 月，完成了沪苏赣皖 ETC 联网收费。至此，长三角四省一市尚余浙江省有待联网开通。

## 二、系统简介

上海电科智能系统股份有限公司在长三角区域高速公路联网不停车收费系统工程中充分发挥多年来在高速公路收费领域的技术专长，结合上海实际情况，研究并开发了能够同时支持 ETC 专用车道及 MTC/ETC 混合车道的收费系统，该系统有以下主要特点：

（1）支持 ETC 专用车道的模式。

（2）支持 ETC/MTC 混合车道的模式，能够在同一车道实现 ETC 与 MTC 车辆混合通行。

（3）ETC/MTC 混合车道在需要时能够切换为 ETC 专用车道。

混合车道入口系统组成示意图如图 2.26 所示，混合车道出口系统组成示意图如图 2.27 所示。

该系统能够在 ETC 专用车道和 ETC/MTC 混合车道之间切换的特性，使得在 ETC 发展的初期能够最大限度地利用车道资源，节约建设资金，缓解收费广场排队等候。随着 ETC 用户数量的增长，可以将 ETC/MTC 混合车道直接转换为 ETC 专用车道，方便快捷。混合车道的设备量与专用车道相比，并无明显差距。

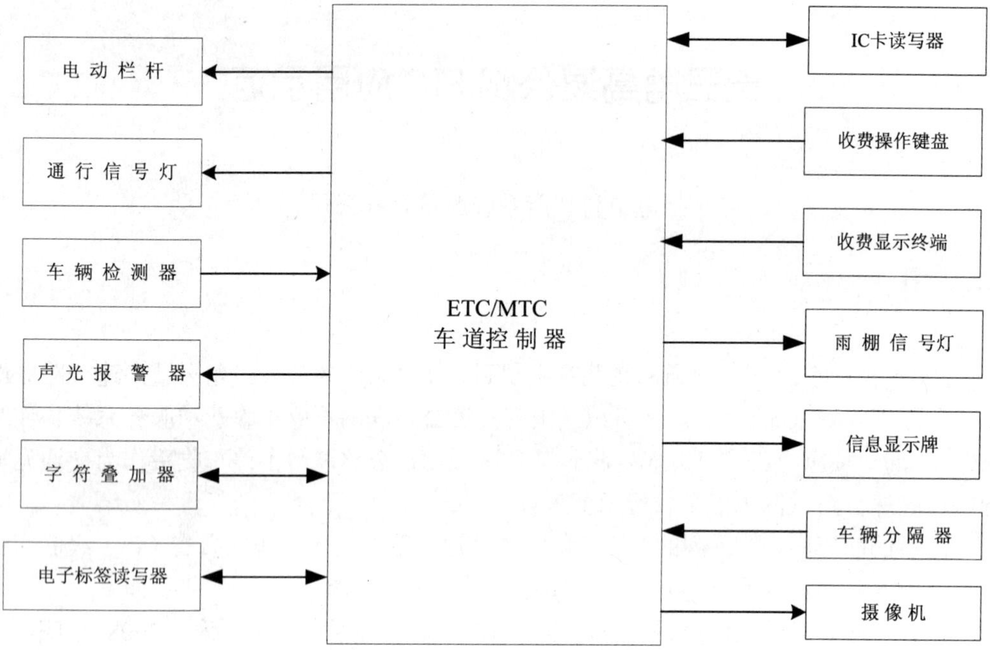


图 2.26　混合车道入口系统组成示意图

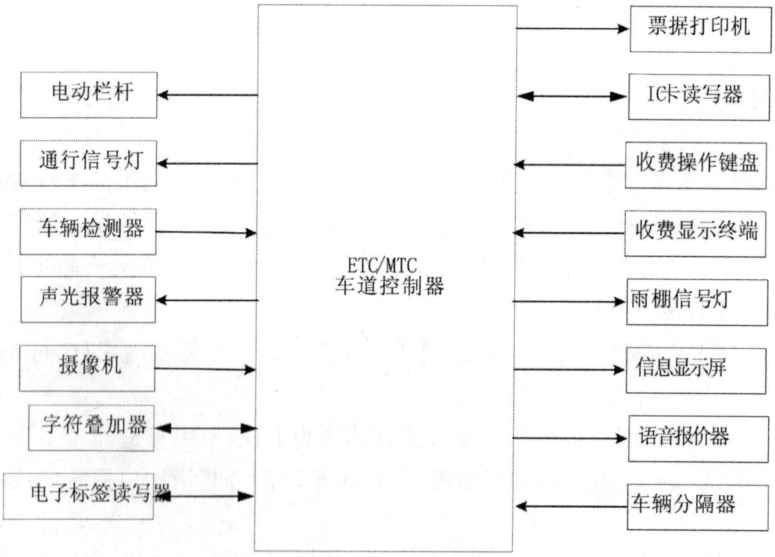


图 2.27　混合车道出口系统组成示意图

主要性能指标如下：

（1）ETC 车辆交易时间小于 260ms，符合《收费公路联网收费技术要求》的技术指标。

（2）在 DSRC 通信区域长度为 4.5m、栏杆抬起的情况下，ETC 车辆的通过最高车速可达到 60km/h；日常运行中 ETC 车辆通行速度可达 30km/h。

（3）MTC 车辆交易完成时间小于 15s。

## 三、社会经济效益

（1）MTC/ETC 混合车道的入口车道通行能力较 MTC 车道提高 2～3 倍，出口车道通行能力提高 4～5 倍。按照每条 MTC 车道平均日通行流量 3 000 辆，ETC 车辆占总流量的 50%计算，那么 MTC/ETC 混合车道的平均日通行流量将能够达到 8 000 辆，而这个通行能力将随着 ETC 车辆占总流量的百分比的提高而增加，在很大程度上提高了高速公路的服务水平。

（2）以上海市高速公路网为例，按主线收费口均设置二进二出 4 个 ETC 收费车道，大型匝道收费口设置一进一出两个 ETC 收费车道，当 ETC 车流量达到约 50%时，节约收费广场 43000$m^2$ 的土地，节约土地资源效益将以亿元计。

（3）由于 ETC 在收费过程中采用电子记账的方式，减少了现金交易，符合现代金融的发展要求。车辆通过 ETC 车道不停车，能有效降低尾气排放带来的污染，随之而来的环保效益更是不可估量的。

（4）随着高速公路通行能力的提高和平均通行时间的减少，高速公路物流运输的成本将得以降低，从而节约大量的社会资源，符合建设节约型社会的要求。

在长三角区域高速公路联网不停车收费系统工程中，该系统上海地区已经得以推广应用，在一期工程中已经实施车道逾 70 条，实现销售收入约 3500 万元。目前二期工程即将展开，又将实施车道近 80 条。

# 合肥市高新区物联网区域交通信号控制示范系统

安徽科力信息产业有限责任公司

## 一、概要

“合肥市高新区物联网区域交通信号控制示范系统”是2011年安徽省科技厅、公安厅下达的安徽省“科技强警”重大专项，由安徽省公安厅交通警察总队、合肥市公安局交通警察支队和安徽科力信息产业有限责任公司共同承担。

项目通过“安徽省智能交通重点实验室”创新平台与北京航空航天大学、合肥工业大学、同济大学、长安大学和中国物联网研究院等国内一批重点大学和科研院所合作，选择在合肥市高新区建设17条道路52个路口作为科研和应用示范区，开展物联网区域交通信号控制系统研究与应用。其成果将在合肥市全面推广应用，并通过应用示范在安徽省其他16个市和60多个县（市）进行成果应用转化。

## 二、主要构成和技术特点

### （一）多源异构交通信息采集网络构建

采用无线地磁流量检测器、蓝牙、浮动车（FCD）等物联网动态交通信息采集技术，构建多层次定点与移动一体化交通信息传感网络系统，多粒度提取交叉口和路段的流量、排队、速度、路网的旅行时间、均衡度和车流的OD等参数，为区域交通控制和动态交通诱导协同提供重要的决策依据。

### （二）区域交通信号控制系统

根据采集的路网交通参数，计算饱和度最高的主交口和饱和度次高的分交口，动态划分控制子区。建立区域交通控制和动态交通诱导协同策略和算法模型，分别从时、空两个角度均衡分配路网交通流量，采用区域交通信号自适应协调控制和动态交通诱导相结合方式，维持区域交通平衡，提高路网通行效率。

### （三）在线交通仿真评估和实证

构建合肥市高新区物联网区域交通信号控制系统虚拟环境，通过在线交通仿真软件，模拟城市路网交通状态和区域交通协调控制系统运行情况，实时采集应用中各类数据进行分析和评价，实证仿真效果，调整区域交通协调控制模型，为区域协调信号控制提供科研和应用支持。

## 三、应用情况

目前，系统已经在合肥市高新区完成应用体系建设，成果正在合肥市全面推广应用。同时，已在安徽省淮南、宣城等市和霍邱等县（市）应用。与中国物联网研究院合作，已完成在成都市的应用成果转化，在郑州、绍兴等城市也同期开展了应用。

系统中“基于浮动车技术的交通信息采集与服务系统”先后获得“公安部应用创新计划项目”、“公安部重点成果推广项目”和“公安部科技进步三等奖”、“合肥市科学技术一等奖”等。系统成功用于北京奥运会、青岛奥帆赛，并在郑州、合肥、厦门、宁波等城市应用。

系统中“KELI-UTC 系列智能型交通信号控制机”先后获得“国家重点新产品”、“安徽省自主创新产品”和“合肥市科技进步一等奖”等，在合肥市 70%以上路口投入使用，并在成都、郑州、宁波、绍兴等城市应用。

欢迎国内高校和科研院所合作加盟“安徽省智能交通重点实验室”，共同探讨和研究智能交通领域关键技术。

# 全国重点营运车辆联网联控系统

中国交通通信中心

随着我国国民经济和公路建设的发展，公路客运人数和货物运输量快速增长，但在发展的同时，道路运输事故率也居高不下，道路交通重特大事故 80%发生在营运企业。提高重点营运车辆监管水平，减少人民群众生命财产损失，成为亟待解决的重要问题。

由于车辆管理采用车籍地管理方式，各省市监控平台各自独立，缺乏统一的建设标准，无法实现平台间的信息共享，造成无法对外来车辆进行监控。同时，道路运输安全监管涉及交通运输部门、公安机关、安监总局等多个部门，现有车辆动态监控系统多数无法实现多部门之间信息共享，无法实现多部门联合监管与执法。

2010 年，交通运输部以上海世博会道路运输安全保障工作为契机，决定建设全国重点营运车辆联网联控系统。通过整合全国各省（市）车辆卫星定位动态信息监控资源，实行统一的信息交换标准，建设统一的全国重点营运车辆动态信息公共交换平台，实现全国范围内重点营运车辆动态信息的跨区域、跨部门信息交换和共享。

## 一、联网联控系统体系结构

根据交通运输部门、公安部门、环保部门和安监部门等管理部门在道路旅客运输和危险品运输中的职责，结合交通运输部门目前的分级管理体制和现有各级车辆动态监控平台的情况，系统采用纵向分级、横向对接的体系结构。纵向分级是指系统纵向分为部级公共交换平台、省级监控平台、地区和企业级监控平台；横向对接是指不同级别的平台对接交通、公安、安监、环保等政府部门和相关企业的信息资源，实现信息共享与联合监管。系统体系结构如图 2.28 所示。

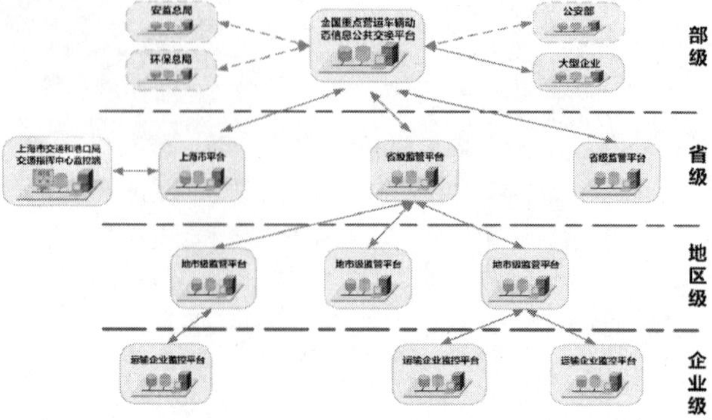


图 2.28　系统体系结构图

### （一）部级公共交换平台

全国公共交换平台负责省际间漫游车辆的跨区域信息交换和国务院相关部门间的信息共享。全国公共交换平台是全国重点运营车辆动态信息的数据中心，通过采集各省级监控平台的车辆动态信息、企业报备的车辆运输信息和交通运政数据库，建立重点运营车辆静态信息与动态信息数据库，形成覆盖全国重点运营车辆的数据中心。全国公共交换平台也是数据交换中心，全国公共交换平台采用统一的数据交换标准，实现同省级监控平台的车辆动态信息交换，实现与其他部委的信息共享。全国公共交换平台还是系统的运行监控中心，可对相连的省级监控平台运行情况做出必要的分析、统计。

### （二）省级监管平台

省级监控平台负责地区间漫游车辆的跨区域信息交换和当地相关部门间的信息共享，省级监控平台负责向全国公共交换平台传输重点运营车辆的动态信息，接收全国公共交换平台传输的跨省车辆动态信息。

### （三）地区级监管平台

实现本管辖区域内重点营运车辆的监管，监督、考核本辖区内各运输企业车辆接入情况，结合行业管理需要，对在本辖区范围内运营的本地车辆和外地车辆进行全面监管。

### （四）企业级监控平台

实现对本企业车辆的安全监管工作，及时向上级监管平台传输定位数据，并保证数据上传的真实性、准确性、实效性，及时纠正和处理超速、疲劳驾驶等违法驾驶行为并记录存档。发挥企业作为安全责任的主体作用。

## 二、联网联控系统建设运行情况

系统于 2010 年 4 月 14 日上海世博会开幕前开通运行，建设期间新建省级平台 15 个，改扩建了省级平台 15 个，完成了 30 个省级平台的接入，接入 800 多家 GPS 监控服务运营商及运输企业监控平台，实现了各省级平台间车辆动态数据的不间断传输与交换。为了确保动态数据传输安全，完成了全国 32 个省（市、自治区）交通信息专网从原来的 2Mbit/s 扩到 4Mbit/s 的扩容工作。系统在交通运输部大楼和国际海事卫星地面站间实现了灾难备份，确保系统长期稳定运行，如图 2.29 所示为联网联控全国监管客户端。

图 2.29　联网联控全国监管客户端

系统开通以来，一直稳定运行，在上海世博会、广州亚运会道路运输安保工作中发挥了重要的服务和保障作用。目前，已有 30 个省级平台实现了对全国平台转发数据的接收和应用，有效地加强了对入境车辆的安全监管。截至 2011 年 7 月 20 日，入网车辆已达 90.5 万余辆，其中“两客一危”入网车辆 37.7 万余辆，其中，危货车 12.3 万余辆，长途班线车 18.5 万余辆，旅游包车 6.8 万辆，日均上线车辆 18 万辆，日均实时在线车辆 11 万余辆。部级全国平台向各省平台共计转发跨域车辆数 12430.6641 万辆次，其中，危险品车辆 11050.4239 万辆次，班线客运车辆 11071.9044 万辆次，旅游包车 1308.3358 万辆次。

## 三、联网联控系统优点

联网联控系统有以下几大优点：

（1）系统充分整合现有各省级道路运输监控系统资源，完成重点营运车辆各省间信息互通。它一方面实现了重点营运车辆动态信息的跨区域交换体系，使跨地区联合监管成为可能。另一方面它作为一个全开放系统，建立数据交换通道，实现了同一地区不同政府管理部门之间的信息沟通。为多部门协同办公、应急联动等方面的应用奠定了基础。

（2）该系统实现了车辆动、静态信息的有效结合，将车辆位置信息、车辆运政信息，以及车辆货物运输信息实时地转发给相应平台，使接收平台不但可以清晰地了解车辆的行驶轨迹，还可以对车辆的货物信息、属性信息了如指撑。

（3）实现了数据在部级层面的统一集中，可以有效掌握道路运输行业的总体运行情况，加强道路运输行业监管，提升道路运输行业信息化管理水平。实现为现代物流业、应急指挥系统、路网拥堵情况分析、交通经济运行分析等多个方面提供数据支撑。

# 武汉市路桥自由流不停车收费系统

中国智能交通系统（控股）有限公司

## 一、概要

武汉是华中地区的最大都市。武汉市所特有的地理环境，决定了武汉市区内长江及汉江上桥梁交通的重要性。武汉市现有过江通道包括长江大桥、长江二桥、白沙洲大桥、天兴洲大桥、江汉桥、知音桥、月湖桥、长丰桥、晴川桥和长江隧道。

原有的过江通道采用年票制收费，存在“历史债务无法偿还，新建项目融资困难”的局面。另外，收费标准低，机动车过江成本小，造成桥梁超负荷运行，不仅降低了桥梁的使用寿命，增加了桥梁的维护成本，更严重的是造成了较大安全隐患。年票制收费方式采用车辆均摊过桥通行费的模式，这种大锅饭的征收方式与公平公正原则背道而驰，容易累积社会矛盾，不利于社会的长期稳定。

2010 年，武汉市城市路桥不停车收费（简称 WHETC）系统的系统集成项目启动建设，中国智能交通系统（控股）有限公司旗下控股企业承担完成了项目建设任务，整个系统项目 2010 年建设完成，试运行后于 2011 年 7 月正式投入运营。

武汉路桥自由流不停车收费系统（WHETC）是全国首个城市自由流收费系统试点工程，也是武汉市重点建设项目，具有免除现金交易、无须停车、提高通行能力、提升收费服务水平、降低环境污染等综合优势。

## 二、系统构成

WHETC 系统由管理中心系统和前端系统两大部分组成。总体结构如图 2.30 所示。

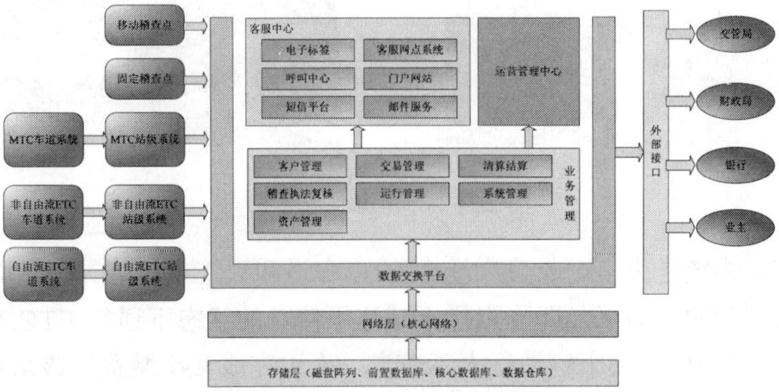


图 2.30　WHETC 系统总体结构

### （一）管理中心系统

管理中心系统是整个系统的大脑和数据处理中心，由高性能的小型机系统、服务器系统、客户端系统、网络系统、安全系统、存储系统等组成，包括运营管理中心、客服中心和业务管理中心三大核心部分。其中，运营管理中心主要由各种管理科室构成，包括密钥中心、财务中心、行政管理、资产管理中心，其功能是对路、桥、隧的计次收费管理进行综合运营管理；客服中心主要由电子标签管理中心、呼叫中心、客服网点中心、门户网站等组成，其功能是对用户提供各种关于 WHETC 系统及电子标签的相关服务；业务管理中心主要由核心机房、监控中心、通信中心、清结算中心、图片复核中心、稽查管理中心、运行维护中心、交易管理中心、外部接口中心等组成，其主要功能是对 WHETC 系统核心数据及交易业务进行管理。

### （二）前端系统

前端系统是整个 WHETC 系统的核心部分，是数据产生、交易记录的核心系统，是整个 WHETC 系统功能完整实现的基础。它由 ETC 节点系统、稽查系统、查验系统、营业网点系统四大部分构成。

#### 1. ETC 节点系统

ETC 节点系统包括自由流节点系统和混合流节点系统，是市内过江通行记录数据产生的关键系统，设置在关键的过江通道的桥梁和隧道处。

自由流节点系统是指整个收费广场完全由 ETC 车道构成，车辆可以在自由流的状态下即无阻拦不减速不停靠的状态下，自由通行，自动完成计次计费的节点。该系统设置在市内道路的过江桥隧处，由自由流车道系统和站级系统两部分构成，如图 2.31 所示。

图 2.31　自由流节点系统

混合流节点系统是指整个收费广场由 ETC 车道和人工（MTC）车道构成，有 OBU 卡的车辆在自由流的状态下，即无阻拦不减速不停靠的状态下通行 ETC 车道，自动完成计次计费；无 OBU 卡的车辆通行人工车道，人工完成计次缴费。该系统设置在三环线上的过江桥梁处，由混合流车道系统和站级系统两部分构成，如图 2.32 所示。

图 2.32　混合流节点系统

2. 车道系统

车道系统由车道控制设备和车道控制系统构成。车道控制设备与车辆交互，获取车辆通行信息，控制车道通行状态；车道控制系统获取存储和处理车辆通行信息，控制车道控制设备的运行状态。根据所在节点不同，车道系统分为自由流 ETC 车道和人工收费 MTC 车道。

站级系统由站级设备和站级系统构成，负责车辆通行信息的存储、处理及向收费管理中心的转发。在系统维护时，站级系统可以提供本地近距离的系统和数据维护。

3. 营业网点系统

营业网点系统提供 ETC 系统的客户服务。营业网点系统包括自建网点系统和代建网点系统，代建网点设置在本地银行营业窗口处。自建网点系统为用户提供电子标签发行安装服务，提供账户余额查询，交易明细查询，充值服务，用户投诉处理服务。

4. 查验系统

查验系统包括自建查验系统和代征查验系统，其中自建查验系统设置在出入武汉市域的国道、省道上，代征查验系统设置在环武汉市的高速公路出入口处。其主要功能是对未安装 OBU 电子标签的外籍车辆，在离开武汉市域时，一次性查验缴费。

5. 稽查系统

稽查系统包括移动稽查系统和固定稽查系统，由移动稽查设备和固定稽查设备组成，其主要功能是通过稽查设备，读取 OBU 信息或抓拍车牌信息等方式，核查 OBU 的通行记录和缴费情况，并采用书面通知的方式，实现欠费追缴。

## （三）业务软件

业务软件包括综合业务管理平台、电子标签管理系统、网点客户服务系统、ETC 车道系统（接口系统）、ETC 站级系统、资产管理系统、稽查系统、短信平台系统等 18 个子系统。

武汉市城市路桥不停车收费系统建设中采用分层体系结构。软件系统分系统平台层、业务功能层、数据传输层、用户接口层多层次结构。

在软件业务功能模块设计过程中，将各个软件系统如车道软件、收费站软件、收费管理中心软件，按照其实现功能、数据结构划分为一个个相对独立的功能模块，功能模块的定义从设计阶段就全盘考虑，包括各种扩展功能。

软件核心构件由本公司研发人员开发，它是对 ETC 不停车收费系统中共性的部分进行提取、封装而成的，具有独立性，可被功能模块通过特定的方法调用。其优点是可以根据用户需求方便地组装，同时有利于系统升级维护。

## 三、应用效果

2011 年 7 月 1 日零时，武汉城市 ETC 项目正式启动，武汉市开始对通过长江二桥、白沙洲大桥、天兴洲大桥、晴川桥、月湖桥、长丰桥和长江隧道（“六桥一隧”）的车辆按 ETC 方式征收通行费。

武汉路桥新的收费管理模式具有以下意义：

（1）实现武汉城市路桥通行费由现行的“年票”为主向“按次计费”为主的平稳过渡，彻底解决年票收入不足、法律依据欠缺等长期疑难问题。

（2）建立武汉市路桥收费应用新体系。为构建武汉市智能交通管理系统平台打好基础，实现市域车流测控、环保标识管理的兼容与融合。

（3）带动武汉市交通信息采集、车辆运行监控管理等应用，实现拥堵道路的车辆控制、车辆行驶诱导，提供便民服务。

（4）以人为本，公平合理收费，为塑造文明武汉新形象、建设和谐社会打下坚实基础。

武汉路桥 ETC 系统项目的建设极大地改善了武汉市公共交通环境，充分发挥武汉市过江通道资源的作用，提升了城市功能，改善了武汉市形象和投资环境，满足与经济同步发展的交通需要，促进了武汉市快速发展。对建设“全国首个综合交通枢纽研究试点城市”、推动武汉城乡一体化建设、建设现代化国际城市具有重要意义。

# 广州亚运交通 VROAD 综合监测系统

中国智能交通系统（控股）有限公司

## 一、概要

2010 年，为了适应亚运会、亚残会期间的交通需求，广州市公安局交通警察支队在整合广州市智能交通管理指挥系统（GZ-ITMS）原有 40 处标清交通监控点的基础上，新建 38 处基于高清视频技术的交通综合监测点，形成了具有交通事件检测、自动车牌识别、交通违法拍摄等功能的城市交通综合监测系统。

该系统中 38 个新建点采用了 84 套中国智能交通系统（控股）有限公司研发的 VROAD DAD05 系列高清综合监测设备，同时整合原 40 处标清交通监控点，在后端采用了 40 套 VROAD TAD05 系列标清视频监测设备。结合亚运场馆分布范围及原有 GZ-ITMS 交通闭路电视监控子系统覆盖范围，综合考虑亚运会对道路交通的要求及广州市日常交通管理实际需求，广州市交通综合监测系统在建设时围绕亚运专用车道及城市主干道，结合交通管制措施进行布点，主要分布在天河区、海珠区、越秀区、番禺区及白云区。

## 二、系统构成

VROAD 综合监测系统在物理结构上由前端子系统、传输子系统、后端子系统三部分构成。系统结构图如图 2.33 所示。

### （一）前端子系统

VROAD 前端子系统由高清和标清摄像机，以及补光系统、光纤收发器、视频检测器等设备组成。前端子系统具有如下功能：

（1）车牌识别功能。车辆捕获率白天不低于实际自然流量的 95%，夜间不低于实际自然流量的 85%。

（2）交通事件检测功能。可监测包括占有率超过阈值、车辆停驶、车辆逆行、车辆慢行、交通拥堵、违法变线等交通事件。

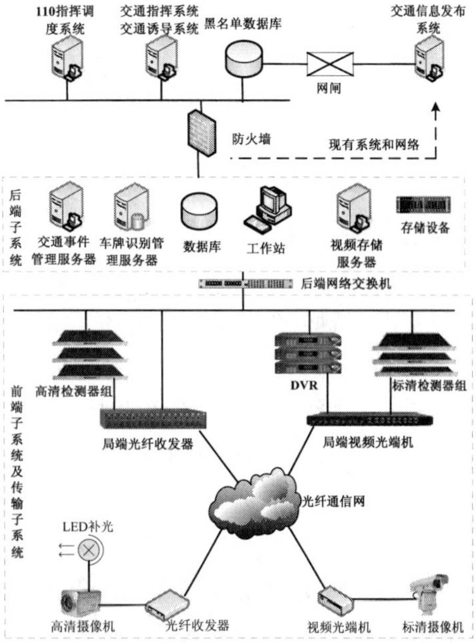


图 2.33　VROAD 综合监测系统的结构图

（3）交通违法记录功能。对检测到的交通事件进行后台综合分析，对捕获的交通违法行为形成违法数据，导入电子警察后台管理系统；对识别出的机动车牌照，分别与亚运专用道持证车辆号牌、单双日限行号牌、未持有绿色环保标志车辆号牌、货车号牌及公安机关列举的各类黑名单号牌进行比对。

（4）数据备份功能。通信异常中断时，系统具有1GB的暂存空间进行记录，等系统通信恢复后，重新将数据传回中心相应服务器。

### （二）传输子系统

传输子系统将前端子系统采集到的数据上传到后端子系统，同时将后端子系统的命令和控制信息及时下发到前端子系统，前端子系统及时响应并反馈相应的信息。系统的前端设备采用千兆以太网通信，通过点对点的方式接入光纤收发器及交换机。

### （三）后端子系统

后端子系统包括设备和系统软件两部分。

设备主要包括事件管理服务器、车牌识别管理服务器、应用服务器、视频存储服务器、工作站等。

系统软件主要实现交通事故检测及车牌识别系统的后台应用管理功能，如交通事件检测信息的实时接收和报警，交通事件图片的分析、比对，车牌图片及车牌信息的存储等功能，为指挥调度、辅助决策提供强有力的实时信息支持，为交通违章处罚提供准确、可靠的依据。

## 三、系统特点及应用效果

亚运交通综合监测系统依照实用性、可靠性、开放性、安全性、先进性等原则，结合亚运会期间的交通政策，建成并投入运营。系统具有如下特点：

（1）多功能综合监测。运用先进的图像处理技术对实时视频进行处理分析，可全天候实现车辆号牌识别、车辆信息记录、车辆违法行为检测、交通事件检测等功能。

（2）多车道一机监控。系统采用高清CCD数字工业摄像机，一台摄像机监控多条车道，视野场景大，图像清晰，实现多车道抓拍的无缝衔接。

（3）标、高清检测相结合。系统采用高清视频综合监测与标清视频事件检测相结合的技术，构建了适合亚运会及日常交通的交通综合监测系统。

（4）LED频闪技术补光。采用的LED频闪技术相对于传统方式，具有功耗低、寿命长、无视觉污染等优点，适合城市道路使用，解决了一直困扰牌照自动识别系统效果的反光、强光、逆光等问题。

（5）系统故障自诊断。系统具有完善的设备故障自诊断功能，减少了日常维护的工作量。

系统实现了对亚运相关警卫线路的智能化监控，辅助指挥调度人员进行决策和警力部署，对违反亚运赛时交通政策的违法行为起到震慑作用，确保了亚运交通管理及亚运承诺的实现。

# 萧山城区智能交通信号控制系统

浙江浙大中控信息技术有限公司

## 一、概况

萧山地处长江“金三角”南翼，杭州湾喇叭口西端，北临钱塘江，与浙江省省会杭州及海宁隔江相望；东邻历史文化古城绍兴；南接诸暨及浙江腹地，西连富阳，距上海、宁波各200千米左右。萧山扼浙东、浙南交通要冲，浙赣（沪昆）铁路、萧甬铁路，杭甬、杭金衢高速公路（G065）和京福公路（G104）、杭金公路（S103）在萧山交叉衔接。钱塘江、富春江、浦阳江三江在萧山并流，浙东运河与钱塘江在萧山沟通。萧山历来是浙江“上八府”与“下三府”南北交通咽喉，专有杭州“南大门”之称。

随着萧山经济社会快速发展，城区道路的扩建、机动车保有量的迅速增长，交通拥堵问题已经成为制约萧山城市发展、影响人民生活质量的瓶颈之一。据杭州市公安局萧山区分局交通警察大队组织对萧山老城区的拥堵现状进行的实地交通调查显示，由于交叉口的交通瓶颈效应影响，工作日期间萧山老城区早高峰主要干道的整体平均车速不足15千米/小时，晚高峰主要干道的平均车速仅为11.7千米/小时，其中育才路部分路段晚高峰车速仅为5千米/小时。实施覆盖萧山城区的智能交通信号控制系统成为缓解萧山交通拥堵的最有效和最经济的重要解决方法之一。

浙江浙大中控技术有限公司承担了萧山城区智能交通控制系统的建设，项目遵循科学规划、资源共享、整体架构、分步实施的原则，采用开放性、模块化、智能化的体系结构，建成一个结构合理，具有高可靠性、高规范性和可扩展性的萧山区智能交通信号控制系统。

萧山智能交通信号控制系统一期工程实施的范围包括萧山老城区的51个路口，如图2.34所示。二期工程实施范围将重点针对连接萧山老城区与开发区的通惠路、连接萧山与杭州的金城路两条主要干道；规划中的三期工程将在一、二期的基础上将智能交通协调控制的范围从老城区和主干道进一步扩展到开发区。

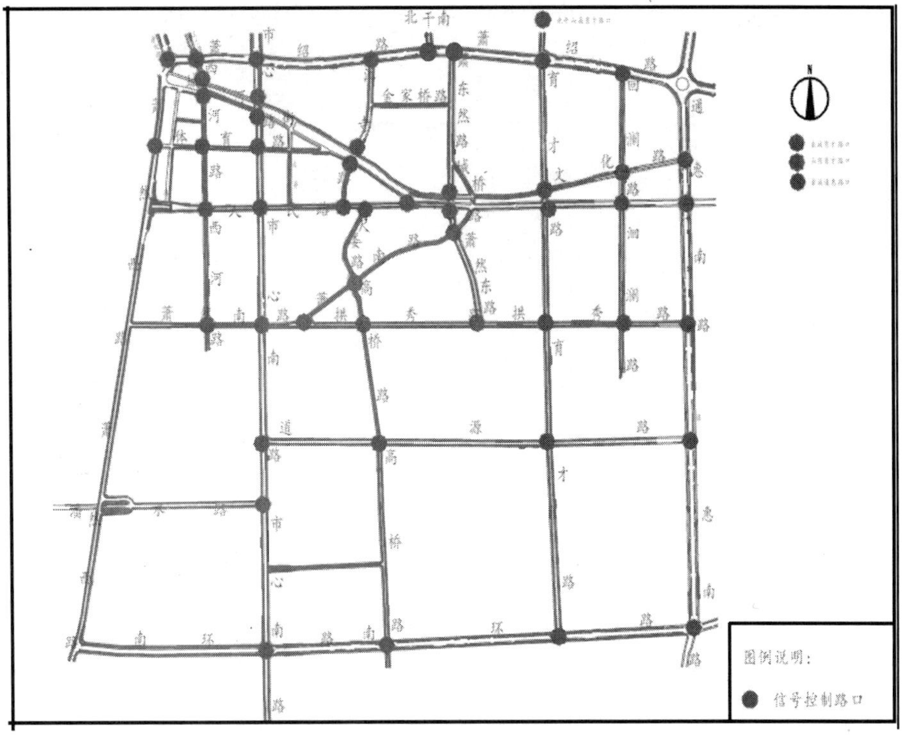


图 2.34　萧山老城区智能交通信号控制系统实施范围（一期）

## 二、系统主要特点

浙江浙大中控信息技术有限公司针对我国机动车、非机动车、行人混杂的混合交通特征，斥巨资开发了具有自主知识产权的 Intellific 智能交通信号控制系统，采用国际先进的物联网和自动化控制技术，依据路网中布设的检测器感知的实时交通信息，对各个路口进行自动联机优化控制，合理分配各条道路和方向的通行权。一方面，路口的绿灯时间会随路口车辆排队长度变化而自动调整；另一方面，将区域内主要道路各个路口的红绿灯联合起来进行统一协调，使车辆在到达路口前正好遇到绿灯，达到减少停车连续通过多个路口的效果。公司以 Intellific 智能交通信号控制系统产品为核心实施的杭州滨江区江南大道双向绿波带工程、绍兴市中兴路公交优先示范应用工程等都取得了较好的经济社会效益。

针对萧山城区混合交通问题突出、路口之间距离较近的特点，浙江浙大中控信息技术有限公司提出了集路口信号机、通信服务器、区域控制服务器、中央控制服务器等一整套智能交通控制解决方案，包括 ACS 系列交通信号机、IntelliMas 交通信号控制软件、IntelliMatic 区域智能交通控制优化软件（如图 2.35 所示），ACScfg 交通信号机配置与维护工具软件。

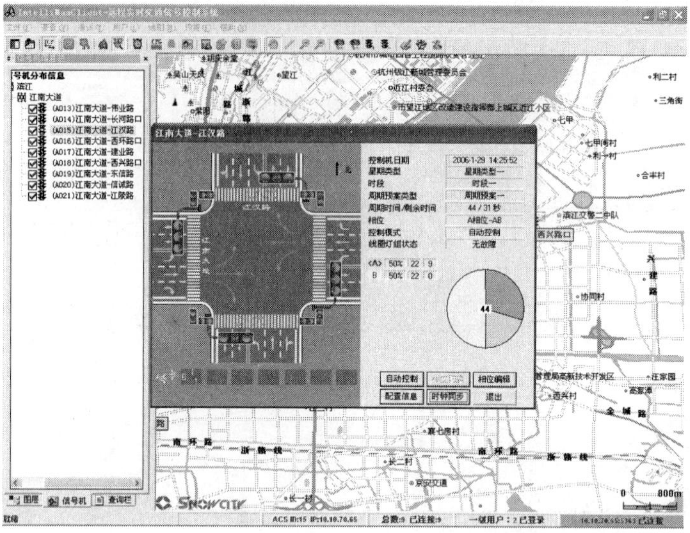

图 2.35　中控 IntelliMatic 区域智能交通控制优化软件

目前，浙江浙大中控信息技术有限公司已基本完成萧山城区智能交通信号控制系统一期工程的实施，并将根据道路交通流特点的变化对系统进行不断调整优化。同时，为了配合萧山老城区智能交通信号控制系统的实施，保障车辆的连续、快速、有序通行，杭州市公安局萧山区分局交通警察大队将从两个方面加强道路交通秩序管理：一是对重点路口的交通标志标线进行重新施划，明确车道功能、挖掘路口的通行能力；二是加大对路边乱穿马路、乱停车等交通违法行为的执法整治力度，改善道路的交通秩序和通行效率。

## 三、应用效果

项目三期工程全部建设完成后，将在萧山建成一个覆盖城区主要路口的智能交通信号控制系统，其中老城区和开发区实现路网自适应协调控制，金城路和通惠路等交通干道实现双向绿波控制。

系统实施后将大幅提高萧山城区的车辆通行效率和道路通行能力，主要道路平均行车延误减少 20%以上，平均行驶速度增加 10%以上，路口平均停车次数减少 25%以上。

# 济南全运会城市大型活动交通特勤应用系统

北京易华路信息技术股份有限公司

## 一、概要

济南市交警支队以迎接“第十一届全运会”为契机，对支队指挥中心进行改造升级和功能扩展，建设了“济南市公安交通管理指挥调度系统”、“城市大型活动交通特勤决策支持系统”等，圆满完成第十一届全运会交通安保任务。

济南项目建设于2004年，经过了多期的建设完善。为迎接2009年第十一届全运会，对指挥中心功能进行升级扩展。在全运会期间，奥体交通指挥中心应用了北京易华录公司研发的“城市大型活动交通特勤决策支持系统”，该系统在全运会期间减少特勤车队通行延误，快速处理交通拥堵，节省人力物力，圆满地完成了各类特勤调度决策任务。与会期间共执行超过120次的指挥调度任务，同时运行和监控的特勤任务最高达到48条，系统成功为全运会交通安保工作保驾护航。

## 二、系统建设及主要功能

2005年，北京易华录公司在济南交警支队建成了指挥中心控制系统，并不断地对系统进行升级维护。2008年，为了应对全运会期间的大量交通特勤任务，易华录公司在济南奥体中心新建成了奥体中心分指挥中心，与之前的支队主控中心协同工作。2009年，经过科学调研论证之后，结合大型活动的交通特点，北京易华录公司与济南市交警支队科研所联合开发了城市大型活动交通特勤应用系统，该系统从实战出发，具备精确、快速、实时等特点。

系统主要功能：

（1）系统集成功能

实现了对全市的所有外场交通控制设备进行实施综合控制，以及所有警力的即时通信和定位。实现了指挥中心扁平化指挥、精细化管理的功能要求。

对如下子系统进行了功能集成和性能优化：

① 350M单兵定位系统。

② GPS系统。

③ 信号控制系统。

④ 视频控制系统。

⑤ 诱导管理系统。

⑥ 大屏控制系统。

⑦ 路况监控系统。

（2）指挥调度功能

通过信息采集融合技术，将收集到的信息进行分析处理后，显示在 GIS 流量图层上且自动提示指挥员对情况进行处置，并通过各种渠道发布交通信息。

（3）交通特勤部署调度功能

以全市 GIS 地理信息系统为基础，在执行特勤任务时，通过 GPS 定位自动实施警员到岗确认，并将特勤车队运行状态实时显示在 GIS 城市地图上，并可自动对信号灯进行相位锁定和视频实时监视。

（4）交通态势全线监控

显示主干路交通状态，包括拥堵显示、流量显示，通过 GIS 地图实时显示并发布诱导信息。

（5）道路状况实时监控

对城市主要出入口，共 35 个点位、312 条车道的实时检测，全方位掌握整个城市的道路交通状况，并随时可以调出任一监控点的图像。

## 四、系统应用

（1）快速处理交通拥堵。该决策系统的使用可快速处理由交通事故等导致的交通拥堵，减少特殊事件对交通的影响。

（2）减少特勤车队通行延误。以特勤车队路线上有 10 个路口统计，单路口信号周期平均为 120 秒，通过该系统的使用，可保证车辆不间断地行进，比正常情况下平均减少约 600～700 秒的通行时间。

（3）节省人力物力。通过这套系统的使用，可仅通过 1～2 名警力在路口监视信号形成交通“绿波带”，节省了人力。另外，警力定位技术提高了调度策略执行的可靠度，而监视技术提高了处理突发事件的能力。

全运会赛事期间，奥体交通指挥分控中心使用全新的易华录城市大型活动交通特勤决策支持系统，该系统在全运会期间圆满地完成了各类特勤调度决策任务，共定岗定位22000 人（次），共执行了超过 120 次的调度任务，同时运行和监控的特勤任务最高达到 48 条，为全运会的顺利举办起到了保驾护航的作用。

系统荣获山东省科学技术奖科技进步一等奖。北京易华录公司获得了 “迎全运城市环境综合整治工作特别贡献奖”。北京易华录公司获得由济南交警支队授予的“第十一届全运会济南赛区交通保障工作特别贡献奖”。

# 高速公路二义性路径识别系统

深圳市金溢科技有限公司

## 一、系统概述

高速公路联网收费已经成为大势所趋，在联网收费的路网中，从起点出发，到达目的地，可以有多条不同的路径（二义性路径）供选择，而现有收费系统只能识别起点和目的地信息，没有路径信息，无法按实际行车路径来结算，造成高速公路业主利益分配不均，成为联网收费的一大问题——二义性路径识别问题。

高速公路联网收费环境下的二义性路径识别本质是解决两个问题：① 对车主而言，按照哪一个路径路线的标准收取通行费；② 对二义性路线环上各个路段业主而言，如何拆分收取的通行费。

金溢二义性路径识别系统适用于存在环路的复杂路网、有多条二义性路径路段，导致如何收取和拆分通行费不确定比例较高的高速公路系统，旨在为联网收费高速公路业主提供高可靠性、高精确度、高性能的路径识别服务，为拆分结算提供可靠依据，明确通行费用归属。

## 二、系统工作模式

在高速公路入口收费站，收费员使用双频读卡器对复合通行卡（双频 RFID 电子标签）标识车辆入口信息，并将入口发卡数据实时上传至省中心，复合通行卡被激活后随车进入高速公路。车辆经过信标基站时，将接收的路径信息写入通行卡。在出口车道，双频读卡器读出入口及路径信息进行收费，并将数据上报省中心，完成通行费的拆分工作。

二义性路径识别系统工作模式如图 2.36 所示。

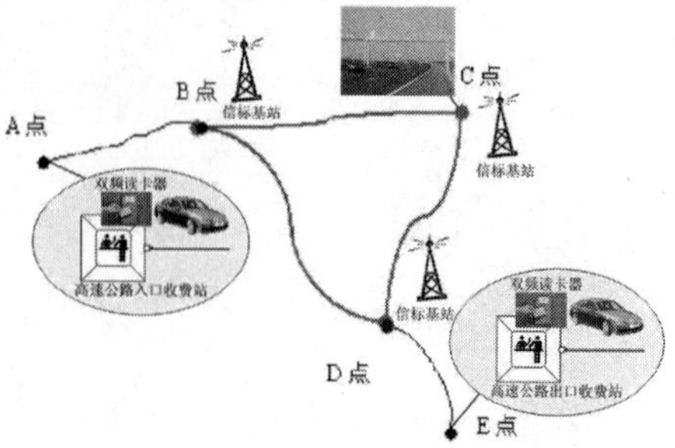


图 2.36　二义性路径识别系统工作模式

## 三、二义性路径识别系统产品

金溢二义性路径识别系统产品包括双频电子标签、双频读卡器、信标基站，如图 2.37 所示。

双频电子标签

iSpeedy-K2 双频读卡器

Sharp-T10 型信标基站

图 2.37　金溢二义性路径识别产品

（1）双频电子标签（OBU）：具备 433MHz 和 13.56MHz 两种读写界面的电子标签，其中前者用于标识站点信息读写，后者用于基本车辆信息和入口信息读写。

（2）双频读卡器（ODU）：可读写双频电子标签，具备 433MHz 和 13.56MHz 两种射频界面，用于读写双频电子标签中的标识站、基本车辆信息和入口信息。

（3）信标基站（RSU）：基于 433MHz RF 技术，安装在所标识的路径的路边或车道上方，与双频电子标签进行信息交互，向标签中写入当前路径的标识信息。

## 四、系统架构

二义性路径识别系统的网络拓扑结构如图 2.38 所示，系统由路侧标识站子系统、路段中心监控子系统、管理中心监控子系统组成。路侧标识站子系统完成将路径信息写入车载双频电子标签的功能，由路侧信标基站、桌面双频读卡器、复合通行卡组成；路段分中心监控子系统可以监测信标基站子系统的状态，并转发管理中心子系统下发给信标基站的控制指令；管理中心监控子系统除了与路段分中心进行通信外，还可以使用移动通信网络直接和信标基站进行通信，监测信标基站子系统的状态，并对其发送控制指令。另外，管理中心根据车辆实际的行驶路径进行通行费的拆分、结算，完成信息的查询和指令的发送功能。

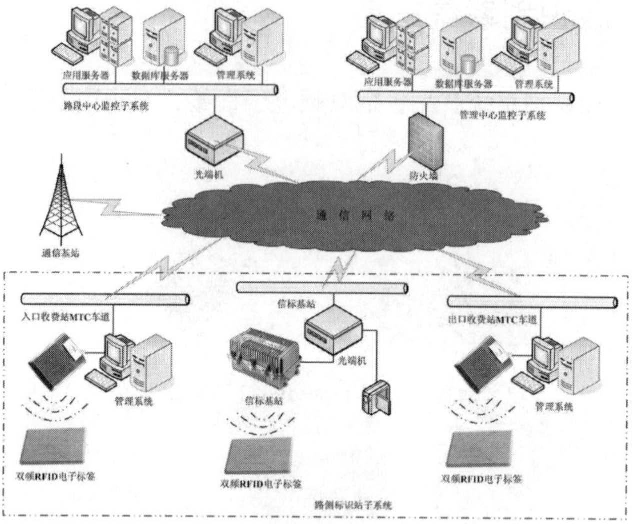


图 2.38　二义性路径识别系统网络拓扑

## 五、系统特点

（1）双频通信，兼容现有收费模式，保护原有设备投资。综合 433MHz 射频识别技术和 13.56MHz IC 卡技术的优点，双频电子标签、桌面读卡器都支持广泛应用于交通收费行业的非接触式逻辑加密 IC 卡，能精确记录车辆行驶路径，系统工作流程与现有收费模式兼容，即可在现有 IC 卡收费系统基础上实现平滑升级，又可与 IC 卡同时在路网内混合使用，有效保护原有投资，非常适合存在二义性路径的复杂路网的联网收费应用。

（2）双模工作转换机制，系统低功耗、标识成功率高。车载双频电子标签采用了休眠模式和工作模式自适应切换机制，仅在高速公路出/入口和路上信标基站处需要写入路径信息时才唤醒标签，极大地降低了系统功耗，标识成功率高。

（3）安全机制严格，保证交易可靠安全。在入口通过标准的对称加密算法（3DES）对复合通行卡信息进行加密，并写入卡片的存储区域；出口处采用相同的操作对卡片的合法性进行判断，防止卡片的伪造；同时，对复合通行卡中的路径信息进行认证，验证数据的正确性，如果数据错误或非法，则进行丢弃，保证安全交易。

（4）适应较宽温度，支持复杂应用环境。DC200 标签采用工业级的元器件，使其在-20℃～+75℃的宽温度范围内都能保证高灵敏度、高可靠性的工作。DC200 的存储温度范围可以达到-40℃～+85℃。电池超长使用寿命，支持 5 年使用。通信距离连续可调，最大无线通信距离可达 200m。Sharp-T10 信标基站具有较宽的工作温度范围，可以支持-30℃～+75℃环境可靠工作。有效地保证了基站的输出功率不受环境温度变化的影响，从而保证基站稳定可靠工作。

（5）通信距离远，绕射能力强，灵敏度高，通信可靠。采用了 433MHz 无线链路通信，具有通信距离远、绕过障碍物能力强的特点，且属于公用频段，无须申请无线电使用许可，易于应用。信标基站与双频电子标签的无线通信灵敏度高达-109dBm，通信距离0～200m。当车辆行驶速度在0～200km/h时，信标基站与双频电子标签之间的通信稳定可靠，非常适合高速公路使用。

（6）覆盖范围灵活可调，安装方便，节省投资。信标基站覆盖范围大小可灵活设置，每个标识的路段只需安装一台信标基站，设置在路边或采用龙门架安装方式置于路面上方，不需要额外土建工程费用，安装方便，节省投资。

（7）不停车自由通过，通行效率高。系统采用不停车、高速自由流通过的路径标识方式，在解决二义性路径识别问题的同时不影响路网通行效率。

（8）设备体积小、成本低、操作便利。双频读卡器把IC卡读写功能和射频通信功能融为一体，体积小、操作快捷便利；双频电子标签体积小，易携带，成本低，易于大规模推广应用。

（9）具备状态监控，便于远程维护管理。系统提供电信级的网管功能。

# 上海世博会交通信息服务保障系统

## 一、概述

上海世博会主要有如下几个特点：持续时间长（长达 184 天）、客流累计 7308 万人次，日均客流高达 40 万人次，由于客流潮汐性、聚集性等对城市日常交通造成叠加压力，且预售门票使用的不确定性，产生客流准确预测与有效集散组织等多方面难题，尚无可借鉴经验和技术模式，对世博交通保障带来巨大挑战。

为了充分利用现有的交通信息资源，实现世博交通和日常交通的双重保障，面向世博交通保障的需求，构建了以交通信息整合、处理、应用发布为主线的上海世博会交通信息服务保障系统，实现了世博出行热点区域和关键通道的实时交通状态监控、世博客流的预测预警和公交运能的匹配管理，以及多模式的动态交通信息发布等功能，为世博交通管理部门提供了决策参考依据，也为世博游客提供了出行引导信息，从而为保障全市日常交通和世博交通的平稳、有序、安全运行做出了应有的贡献。

## 二、世博交通信息服务保障系统构架及主要功能特点

### （一）世博交通信息服务保障系统构架

世博交通信息服务保障系统构架由 3 个层次（基础信息采集层、信息汇集交换处理层、服务信息发布层）和 3 个平台（上海市交通综合信息平台、世博园区交通信息平台、世博交通信息服务应用平台）组成，如图 2.39 所示。

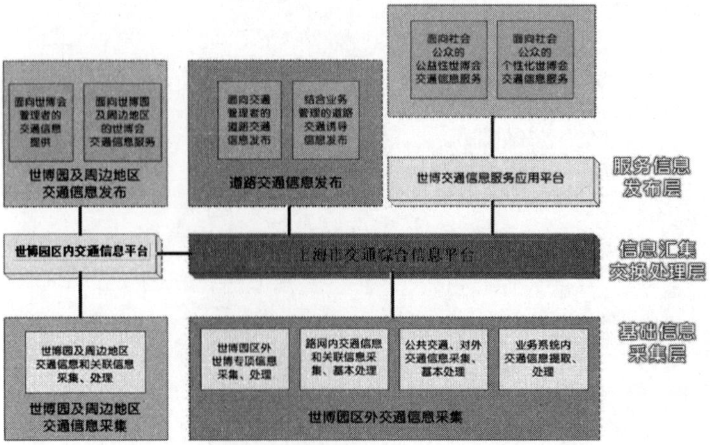


图 2.39　世博交通信息服务保障系统框架

上海市交通综合信息平台实现了全市交通信息的接入、汇聚与处理，包括道路交通、公共交通、对外交通及世博交通 4 个专题。世博园区交通信息平台整合了世博园区内公交、轮渡和轨道交通的线路、站点、实时客流、运行状况、运能配置及相关统计等信息。两个平台实时互联，实现了园内外交通信息的交换和共享，支撑面向世博交通指挥管理部门的交通信息服务。世博交通信息应用服务平台支撑世博交通网、世博交通服务咨询热线、电台和电视台、手机和车载移动终端、触摸屏查询终端等多种交通信息发布载体，面向世博游客提供包括世博公交线路、班次、站点及换乘信息查询，航空、铁路和长途客运的班次、线路等交通信息服务，以及动态实时的世博客流信息和道路交通状态信息。

通过园区内外交通信息的实时交换与共享，3 个平台既各自独立运行又互为依存，极大地提高了世博交通指挥管理的一体化与协同性。同时，依托上海市交通综合信息平台体系构架，保持了与交警、市政、城交港口等行业信息平台的互联，并与世博安保指挥部指挥中心、世博园区运营指挥中心、世博交通协调保障组调度指挥中心、市城乡建设交通委等 8 个世博交通指挥管理部门形成网络互联，通过远程终端等方式向这些世博指挥管理部门实时提供世博交通信息数据和视频图像，形成了一个完整、高效、多层次、分布式、高集成的世博交通信息服务与保障体系构架。

### （二）世博热点区域实时交通状态监控

实时、全面地监控世博交通关键通道与热点区域的交通运行状况，并针对性地采取管控措施，是世博交通指挥管理效率的关键影响因素之一。世博智能交通系统实现了基于不同检测设备的世博周边热点区域交通状态的实时监控，为世博交通指挥管理部门采取交通组织措施和运能运力调配方案提供了科学依据和技术支撑。

在世博会举办期间，按早高峰、晚高峰处理生成世博周边道路车辆行驶的平均车速，与世博会前历史数据环比，监控世博会期间平均车速变化情况，环比差超过±15%，即视为异常，使世博交通指挥管理部门能实时、精准地判断园区周边道路交通运行状态，量化对比世博会召开前、后道路拥堵变化情况，及时预警和实施交通组织管理预案和措施。

世博交通监控情况如图 2.40 所示。

图 2.40　世博交通监控图

## （三）世博客流采集、分析与预警

实时动态掌握和发布世博客流信息，为世博交通指挥管理部门开展合理的运能调度，为观博游客选择最佳出行时间与路线等提供信息支撑，是世博交通信息服务系统中关键的环节之一。上海世博交通信息服务系统在世博客流采集、分析、预警过程中，克服了世博在途客流采集分散、数据集成困难及客流随机变化波动性大等难点，实现世博会期间每日世博客流的汇聚、处理与发布功能。

### 1. 世博客流采集

世博客流采集目标是全面采集世博客流相关的基础数据，为整体技术方案提供数据支撑。采集的数据按照地域空间层次划分为4类：进入市域客流源数据采集、世博在途客流源数据采集、入园客流数据采集、园区内客流数据采集。

（1）进入市域客流源数据包括：手机信令统计数据、经由机场进入市域客流、经由火车站进入市域客流、经由港口进入市域客流、经由长途客运进入市域客流、经由陆路道口进入市域客流等。

（2）世博在途客流源数据包括：轨道交通进出站数据、常规公交数据、世博公交B线数据、世博直达线数据、世博出租车数据及预约大巴数据。

（3）入园客流数据包括：浦西园区4个路上入口、浦东园区5个路上入口及水门入口的轧机验票数据。

（4）园内客流数据包括：通过手机信令数据分析获取的浦西A、B片区、浦东C、D、E片区的5分钟分类客流数据，如图2.41所示。园内客流的分布特征与集散趋势，为世博公共交通运管部门优化运能调度发挥了重要作用。

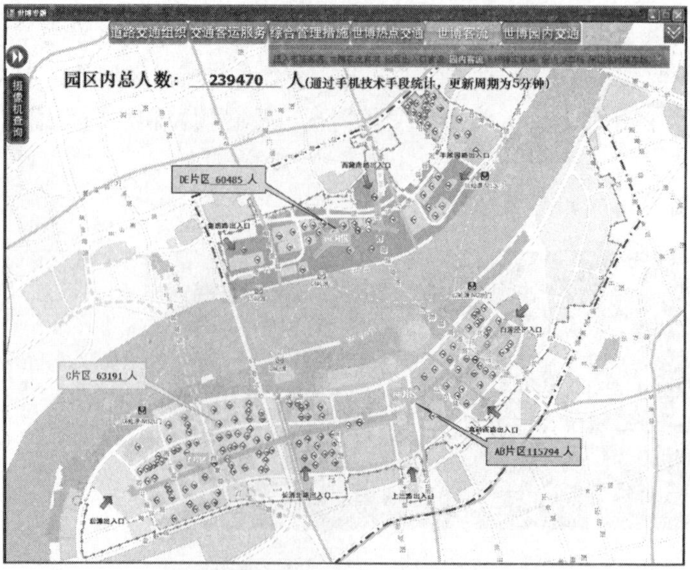


图2.41　通过手机信令数据分析世博园内客流片区分布

2. 世博客流提取、分析

世博进入市域客流提取主要按天对不同来源的进入市域客流源数据进行标准化集成，并依据来源的方位进行归并、整合，获取每天来源于不同方向进入市域的客流数量。通过对比不同天进入市域客流的变化，对近期世博客流变化区域进行研判，并通过分析提取各类交通方式前往世博园区周边的数据，这些数据包括：轨道交通进出站数据、常规公交数据、世博公交 B 线数据、世博直达线数据、世博出租车数据及预约大巴数据。

在途客流信息展示功能界面如图 2.42 所示。

图 2.42　在途客流信息展示功能界面

3. 世博客流预测预警

世博客流预测技术依据政府决策部门、世博管理部门、交通管理部门及社会公众对客流预测信息的需求，通过全面分析世博园票务数据及相关票务政策、天气等对于客流的影响，结合进入市域客流与在途客流的采集分析结果，建立了多影响因素条件下的多尺度世博客流预测技术方案，其中核心技术包括：分方式客流短时预测技术、未知交通方式来源客流短时预测技术、多尺度入园客流预测技术等。同时，准确客流预测也为实现世博大客流预警提供了技术支撑。

依托上海市交通综合信息平台开发了世博客流采集、处理与发布系统，实现世博会期间每日世博客流的汇聚、处理与发布工作。相关技术方案应用得到的技术指标如下：轨道交通 15min 客流单步预测日均精度达到 90%以上；截至中午 12 点在途客流日均精度 90%以上，全天入园客流预测精度达到 96%以上。

客流预测预警功能界面如图 2.43 所示。

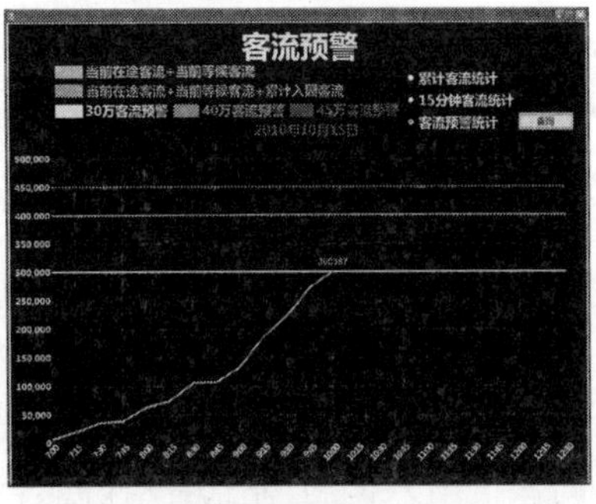


图 2.43　客流预测预警功能界面

### （四）交通信息发布服务

依托世博交通信息服务应用平台，世博交通信息服务系统实现了包括道路交通状态、封道养护、重大交通事件和事故等实时路况信息，市内公交及换乘查询信息在内的日常交通信息的多种方式发布。根据这些信息游客可以快捷、准确地规划出行方式和路径，及时调整观博行为，保证游客出行便捷和高效。

#### 1. 多种交通信息服务

世博交通信息服务应用平台支撑多种手段发布的世博交通信息，包括世博交通公告信息、世博道路交通状态信息、世博实时动态客流信息、世博公共交通信息、世博停车换乘信息和世博主要交通管理信息等。其中，发布的最主要的信息包括世博周边区域实时路况发布、世博公交线路与换乘方案、世博自驾车停车信息等。

（1）世博道路交通状态信息：在电子地图中集成了城市道路的动态交通状态信息、重大交通事件信息、重要道路施工信息、高架匝道控制信息、封道管制信息等。

（2）世博公共交通出行信息：系统发布了包括世博公交线路、班次、站点及换乘信息查询，航空、铁路和长途客运的班次、线路等信息服务内容。

（3）世博自驾出行停车信息：系统发布了世博周边 P+R 模式停车场信息，包括停车场的位置、进出方式、停车费用，公交换乘信息等。

#### 2. 多种信息发布方式

世博智能交通系统实现了上海世博交通网、电台和电视台、世博交通服务咨询热线、手机与车载导航等移动终端、触摸屏查询终端、可变情报板、交通指南 7 种载体的世博交通信息发布，如图 2.44 所示。

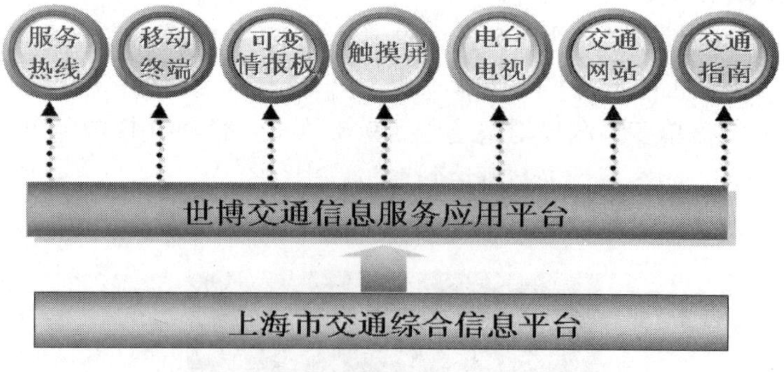


图 2.44 多种方式和载体的世博交通信息发布

（1）世博交通网信息发布：实现了道路交通实时信息展示、公共交通查询和行程规划、出行实用信息查询及个性化服务等世博交通出行网站功能。

（2）电台和电视信息发布：通过服务数据提供接口分别向上海交通广播 FM105.7 和上海东方电视台两大媒体提供世博入园客流信息、在园客流信息，配合其业务应用和语音、视频节目播出，从而达到向社会公众发布和提供相关交通信息服务内容的目的。

（3）世博交通服务咨询热线：利用 Web 形式，实现了对世博声讯服务热线 962010，以及上海城建热线 12319 的电话声讯话务咨询员的信息内容和操作的支持。

（4）手机与车载导航等移动终端发布：上海世博交通信息服务系统通过服务数据提供接口，利用 CMMB 技术、DAB 技术与 FM 调频负载波等多种通信技术向世博出租车调度中心提供交通信息数据，配合出租车车载应用终端，实现了交通信息在车载移动终端上的发布和应用。

（5）触摸屏查询终端发布：利用上海市旅游局分布在上海各大星级酒店 400 多台触摸查询信息终端，以及在上海市高速公路服务区，布设了交通信息触摸查询信息终端，向世博自驾游客发布世博交通相关信息。

## 三、应用效果

据统计，世博交通网点击访问数量为 348.3 万次，设置在 400 余家酒店的触摸屏查询终端总计访问 19.2 万次，访客遍及国内外。12319 世博交通服务咨询热线接受问询共 7.8 次。设置在 4000 辆世博专属出租车上的导航终端、上海交通广播电台和上海综合新闻台、全市 300 多块可变信息标志等也为世博游客获取世博交通信息发挥了重要的作用，交通出行效率提高 15%以上。

上海市博交通网界面如图 2.45 所示。

图 2.45　上海世博交通网

上海世博会交通信息服务保障系统的建设与应用，改善了世博期间的交通管理水平，提高了出行者的出行质量，降低了出行时间与成本，保障了上海世博会客流的高效集散。基于交通信息服务保障系统，开展了跨部门协同交通管理，支撑全市交通系统184天正常运行，经受了24次日超50万人次大客流和最高单日103万人次超大客流的考验，取得了良好的社会经济效益。在世博结束后，交通信息系统还继续为日常交通管理与公众出行服务发挥重要作用，推动上海智能交通系统可持续发展。

（主要撰稿人：何　承、顾承华）

# 上海淞虹路停车换乘信息系统示范工程

停车换乘（P+R）是 2010 年上海世博会交通保障的一个重要环节。本项目通过对停车换乘涉及的主要环节的关键技术进行联合攻关，面向世博会期间的实际应用，解决技术难点，先行示范应用，为世博会期间的交通组织和保障提供了有力的技术支撑。同时，利用世博会的发展机遇，解决上海日常停车管理中遇到的主要技术问题，为上海交通长远发展奠定了基础。

上海于 2009 年 7 月 21 日至 9 月 30 日，在淞虹路和虹梅路 P+R 停车场开展停车换乘试点运行，采用换乘优惠政策，吸引私家车换乘公共交通出行，取得了很好的社会效果。自驾车的市民在每天 5:30～23:30 时段内，使用公共交通卡进入试点停车场，并用该卡换乘轨道交通，即可享受停车收费优惠。

## 一、总体技术框架

停车换乘信息系统由 5 个子系统组成：基于交通卡的换乘优惠收费系统、停车预约系统、场内诱导系统、场外诱导系统、基于 RFID 的车辆定位查询系统，5 个系统接入停车管理信息系统中心计算机，各个子系统共同使用进出口线圈、车位检测器等停车信息采集设备，共享停车信息，停车收费系统向场外诱导系统和场内诱导系统发送空车位信息。停车管理信息系统的计算机与公共停车信息系统和公共交通卡结算中心相连，实时向公共停车信息系统传输数据，以实现全市停车信息服务，定时向公共交通卡公司传输交易记录，清算公共交通卡交易信息，计算政府补贴金额。

停车场中心计算机管理各个子系统，采集处理车位信息、收费信息、换乘优惠信息，将采集到的数据进行存储、处理后将车位数据发送到分层信息发布屏和停车场外部停车信息发布屏上，与公共停车信息系统进行通信，定期与公共交通卡结算中心结算，如图 2.46 所示。

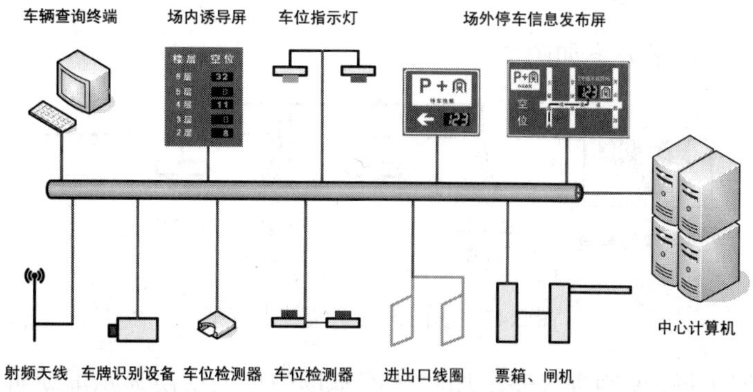


图 2.46　停车换乘信息系统的技术框架

## 二、主要子系统

### （一）可换乘优惠的收费管理系统

实现可换乘优惠停车收费，要求停车场收费管理系统不仅要有一般停车场收费管理系统发放临时卡或长包卡和按时、按次停车收费功能，还应安装可读取公共交通卡的读写器，读写公交卡内轨道换乘记录，并根据换乘优惠条件进行换乘优惠。

上海停车换乘优惠的时间时段为 5:30～23:30，自驾车车主必须在该时段内使用公共交通卡进入试点停车场，并用该卡换乘轨道交通，即可享受停车收费优惠。如果轨道交通记录为同站进出，则不享受优惠。

### （二）停车预约系统

停车预约系统向出行者提供停车预约服务，出行者在出行前可以在家里上网预定停车换乘停车场的停车位。

### （三）场外停车换乘诱导系统

场外停车诱导系统动态显示停车场的空位数，指引驾驶员开车进入停车场。停车信息发布屏分两级：大屏位于主干路上，显示停车场周边的地图、地铁站的位置、车辆行驶路径和空车位数，如左图；小屏位于停车场出口，指示停车场的进口位置和空车位数。

### （四）场内诱导系统

每个车位安装超声波检测器检测或地磁感应检测器检测各个停车位的停车信息，有车时车位检测器显示红色，车位空时检测器显示绿色。车位检测器首先将车位占有信息传输到停车场各分区域分中心计算机，分中心计算机统一将停车信息传输到中心计算机，中心计算机对车位占有信息统一处理后将车位信息发布到停车场内和场外的停车信息发布屏上。

场内诱导系统技术方案如图 2.47 所示。

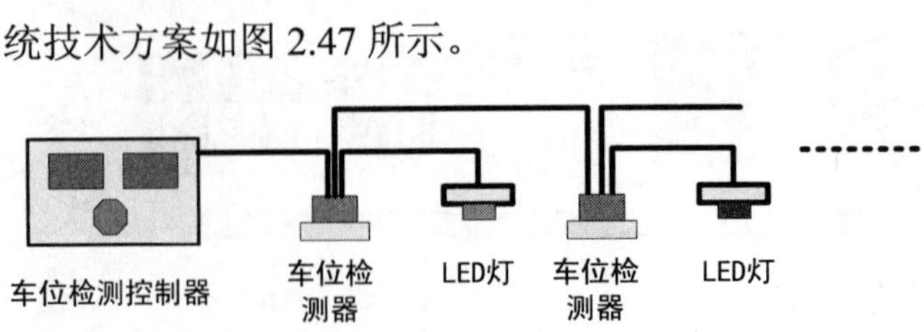


图 2.47　场内诱导系统技术方案

在淞虹路停车场，车辆进入停车场时从停车场门口的楼层显示屏就可以看到各个楼层的车位使用情况，直接开车到有车位的楼层，不需逐个楼层寻找停车位，车辆在上楼的过程中就可以看到前方每个车位的占有情况，快速找到空车位。

### （五）基于 RFID 的车辆定位查询系统

车辆进入停车场时，管理员发给进入车辆一张 RFID 卡，车牌识别系统识别车辆牌照，将车牌信息和 RFID 卡进行关联存入数据库内，车辆在停车位停好后，车位旁边的射频读卡器读取该车辆 RFID 信息和车位信息进行关联并存入数据库内，这样射频标签卡建立了车位和车牌的对应关系，从而可以通过车牌、RFID 卡等多种方式查询停车位。

淞虹路的车位查询系统支持多种方式的查询，单击屏幕上的车位的图标，可以查到该车辆的车牌信息、进入停车场时间、车牌识别系统拍的照片和 RFID 卡的信息。除了单击页面查询，该查询系统同时支持车牌和 RFID 卡的查询，模糊输入车牌号码，查询页面就可以显示模糊匹配的车辆车牌信息及所在车位的编号，车主只需输入两三位车牌数字就可以查到车辆的停车位。如果车主随身带了 RFID 卡，直接刷卡就可以查到车辆的位置，找到停车位。

## 三、推广应用

该示范工程的研究成果和运行经验，已经在世博会停车换乘交通组织方面得到应用。市交通港口局、市建设交通委、市财政局、市物价局联合发布了《公共换乘停车场管理若干规定》，以规范性文件形式，将示范工程的成功经验加以推广。

（主要撰稿人：朱　昊、刘　涛）

# 北京市综合交通信息服务系统

## 一、概况

随着经济的快速发展，公众对交通信息的需求日益增加。近年来，信息技术不断地应用到交通运输领域，交通信息资源不断丰富，交通信息服务的手段逐渐完善。为响应建设“服务型政府”的号召，在需求的迫切要求下，以及信息服务能力不断增强的基础上，北京市开展了综合交通信息服务研究，并依托交通部信息化示范工程进行了实际系统的建设。

## 二、系统构成及技术创新

在对交通信息数据采集、处理和发布等关键技术进行研究的基础上，设计了具有完全自主知识产权的系统架构，开发了国内首个面向公众服务的综合交通信息服务系统。系统提出了以服务功能为核心的综合交通信息服务系统顶层框架设计理论和方法，构建了综合交通信息服务系统的设计方法和流程，提出了具有通用性的综合交通信息服务系统架构。

北京市综合交通信息服务系统总体架构如图 2.48 所示。

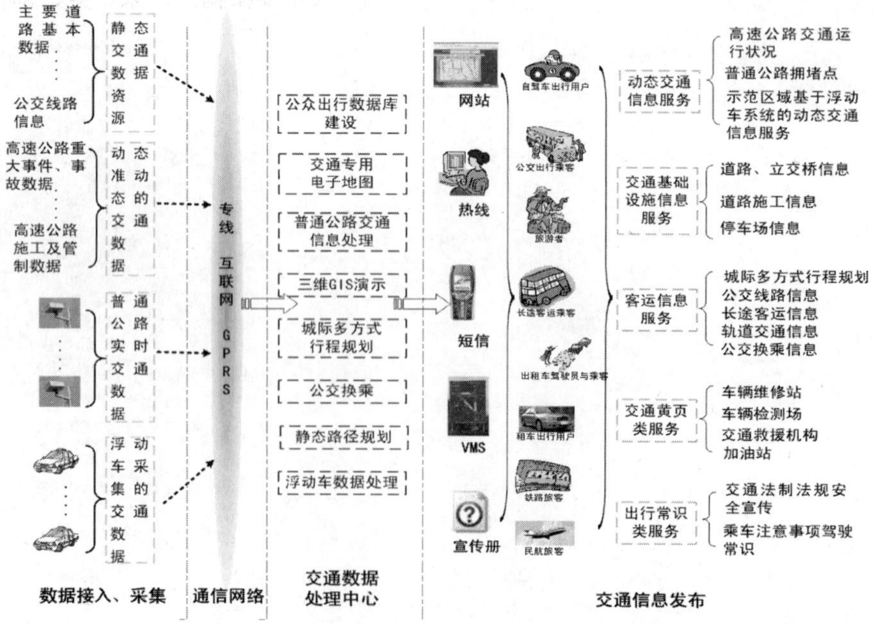


图 2.48　综合交通信息服务系统总体架构示意图

依托示范工程建立了北京市基于浮动车的交通信息服务系统（如图 2.49）。

该系统实时接入和处理的浮动车数量已达 1.3 万辆，动态更新周期小于 5 分钟，并具备处理 10 万辆浮动车数据的能力，是国内首个建成并实际运行的、国际上规模最大的浮动车处理系统。开发了“交通眼”互联网实时路况发布系统，国内首个动态综合交通信息服务系统，实现了城际多模式行程规划，还开发了面向手机用户提供个性化交通信息服务的系统——“掌上交通指南”。

系统在以下关键技术方面取得创新：

（1）多层城市路网数据模型。与普通路网模型相比较，多层路网模型可以满足交通信息的综合处理和多方面应用的需要，可有效地为地图匹配、路径推测等交通数据的复杂处理奠定基础。

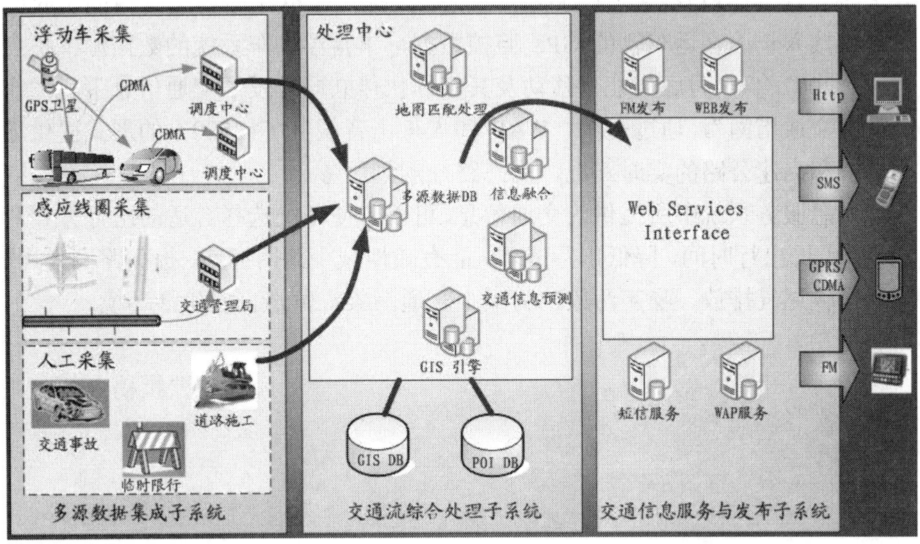


图 2.49　基于浮动车的交通信息服务系统体系架构

（2）基于小网格选择的地图匹配。提出的基于小网格选择点地图匹配方法是建立在道路高效索引思想上的，是一种可对大量车辆 GPS 数据进行高效实时处理的地图匹配方法，可满足大规模浮动车数据处理对地图匹配的要求。

（3）基于向量识别的启发式路径推测。实现的基于向量识别的启发式路径推测算法具有快速、高效和准确的特点，能较好地适用于我国城市独特的主辅路、立交桥等复杂道路结构，完成复杂路况数据的高效处理。

（4）基于多源数据的信息融合。提出了一种浮动车数据路况计算方法。此技术突破了传统的仅基于路链处理的数据融合方法，通过定义道路地理信息数据格式和道路交通信息数据格式，从多层次角度描述交通信息的格式和内容，将这些信息进行融合，可进一步增强道路交通信息描述的准确性和提供实用性。

（5）迭代式交通流信息的填补与预测。提出了一种基于时间迭代、实时数据和历史数据相结合的信息填补处理方法。

（6）路况信息准确自适应绘制。提出了一种将动态的交通数据和静态的电子地图进行滞后叠加的交通信息网络发布方法。

## 三、推广应用情况

北京公众出行网于 2006 年 4 月开通，为公众提供了 5 个栏目（5 大类 20 小类 40 多项丰富的便民服务内容）。新版北京交通网 2008 年 5 月 31 日重新上线，在 2008 年北京奥运期间通过互联网面向公众提供交通信息服务，受到众多新闻媒体的关注，也同时受到广大市民的好评。

2007 年 10 月，通过奥运合作伙伴——搜狐网站发布了实时路况信息；2007 年 9 月与六里桥长途客运枢纽签署了协议，目前向其提供了枢纽站周边路网的实时路况信息。同时将接入长途客运车辆的 GPS 监控数据，丰富浮动车系统的数据源，扩展系统覆盖范围。2007 年 5 月底与北京移动及其合作伙伴共同开发了交通信息手机发布系统——“掌上交通指南”，通过短信、WAP 和人工语音服务（12580）的形式提供城市道路、立交桥和高速公路的实时路况、动态路径规划服务。

交通信息服务系统中所提供的交通信息，可以方便市民选择合适的出行方式和出行路线，减少市民出行时间，降低出行成本，能有效地减少路网拥堵，提高路网使用效率，从而降低车辆尾气排放、噪声污染，为减少交通污染，营造良好生活环境。

（主要撰稿人：幺亚菲）

# 安徽省车驾管业务监管与信息服务平台系统

## 一、系统概述

在全省机动车保有量和驾驶人迅猛增长，各地市公安局交通警察支队车管所工作量不断增大，警力存在严重不足的情况下，安徽省公安厅交通管理局在2009年全省车驾管工作重点任务中着重强调："强化为民服务措施，构建和谐警民关系；加强信息化建设和应用，加大监督管理力度"。"安徽省车驾管业务监管与信息服务平台系统"被申报安徽省重点科研项目并获得批准，该系统根据公安交警目前工作需要，以及我省各地市公安局交通警察支队所面临的车驾管业务监管难度大和便民服务任务重双重需求而立项实施的。系统覆盖了公安交管工作中机动车和驾驶人管理业务的行政执法监管，对机动车安全技术检验、外观查验、驾驶人科目考试等业务重点环节进行全程监督管理。通过该系统的实施一方面提高了行政执法效率和服务水平，强化为民服务，和谐警民关系；另一方面通过加强内部执法监督，减少违规违纪事件的发生，为建立一个廉洁的行政执法环境创造了条件。

## 二、主要构成和技术特点

"安徽省车驾管业务监管与信息服务平台系统"主要包括后台业务数据扫描监测、业务办理情况以图表和现场视频方式的展现、业务咨询与代办管理、信息服务中心电话语音控制管理等几个方面，涵盖了驾驶证科目考试监管、机动车选号业务监管、机动车安全技术检测现场监控、不良数据业务监管和预警、各业务点工作日志统计和上传、车驾管业务咨询、车驾管业务委托办理、投诉举报等多个功能模块，主要技术创新点如下：

### （一）多方位立体化的监管模式

系统建立对全省车驾管业务的实时数据、照片、音频、视频等多方位、立体化的监管模式。

### （二）统一设计和兼容模式

系统建立统一的数据访问服务接口和信息关联模式，充分考虑不同地区应用需求和应用水平的差异，为各地自行软硬件系统拓展应用提供技术兼容。

### （三）先进的音视频管理模式

系统可兼容多种品牌和多种模式的监控设备，如DVR、DVS、IP 摄像机、数字矩阵等，不仅可实现对现场图像和声音的集中监控、集中存储、统一管理，而且还集成了流媒体转发、电子地图等多种实用功能。

### （四）安全的业务数据监管模式

系统采用可伸缩的“数据交换接口”技术，在实现各类业务数据安全交换的同时又能实现与业务系统的有效隔离，从而保证了业务系统的安全性，同时也便于系统集成的扩展。

## 三、应用情况

该系统于2009年12月通过安徽省科技厅组织的科技成果鉴定，获得了“科力车驾管业务办理预约系统”、“机动车检测远程监管系统”、“车驾管业务监管与信息服务系统”三项软件著作权。

系统技术成果及其衍生应用不仅能够及时为交通管理部门的行业管理提供良好的技术支撑，还为广大机动车车主和驾驶员朋友提供了极为便利的服务，同时也为政府机关开展社会管理创新工作找到了很好的落脚点，应用领域非常广泛。目前，系统已在安徽省全面推广应用，形成了以安徽省交警总队为中心，覆盖全省17个交警支队、67县级交警大队、300个业务办理点的监管网络，成为交通管理行业的一个技术亮点。

（主要撰稿人：朱晓光）

# 安徽省道路交通治安卡口联网布控系统

## 一、系统概述

根据公安部和安徽省公安厅“科技强警”科技建设要求，安徽省公安厅交通管理局把“卡口”建设与提高公路交通管控能力紧密结合，与安徽科力信息产业有限责任公司共同承担了公安部应用创新项目和安徽省重点科研项目——“安徽省道路交通治安卡口联网布控系统”，并获得2009年公安部科技进步奖和全国公安科技成果应用推广项目。

“安徽省道路交通治安卡口联网布控系统”以公安交警信息化应用平台为基础，实现安徽省17个地市已建“卡口”的统一管控，联网共享，建立点、线、面相结合的网格化监控交通网络应用体系和互动模式，解决了安徽省内“卡口”建设中不同型号卡口的统一接入问题和应用中多级管理存在分散孤立点问题，提高交通违法行为整治、交通事故快速处理与紧急救援的应用管理水平，完成公安部《关于加强公安交通管理科技应用的意见》中对中部地区省份所提出的示范应用建设目标，为安徽省道路交通管理带来实质性飞跃。

## 二、系统组成及功能

### （一）系统组成

“安徽省国省干线道路交通治安卡口联网布控系统”由6个部分组成：设备状态，车辆查询，流量统计，报警分析，车辆布控，设备管理。

### （二）系统主要功能

（1）系统提供了与各卡口设备厂家系统之间的数据通信接口协议，采用协议解析插件技术，建立了各类卡口设备的接入服务层，解决了大范围种类繁多的前端信息采集设备的信息集成和控制。在此协议的规范下，为全国范围内各类卡口系统的数据和应用提供了接入技术支撑平台。在有效利用现有卡口设备资源的基础上，提供了卡口系统的数据采集及存储格式，对现有和将来新增设的卡口设备所采集的数据信息，提供了统一的标准规范，为更好地利用这些数据进行更深层次的挖掘应用提供了强有力的支持。

（2）通过对全省公路卡口交通流量和路况信息的分析，研制开发的基于稀疏交通信息的公路交通状态判别和预警模型算法，实现了全省公路运行状态的监视和事件报警，解决了全省公路交通状态和交通事件智能采集与判断的难题。

（3）本系统与各功能子系统及其他相关系统的通信和交互采用“系统数据接口服务”（通信服务器）来实现，一方面保证各个模块的独立性和可维护性，另一方面通过信息接收、转发权限控制及数据格式校验，有效降低客户端的负载，提高系统性能。使用统一的“系统数据接口服务”还可以灵活采用各种标准协议，最大程度地接入各种类型的系统和设备，可扩展性好，降低用户的使用成本。

（4）系统用 GIS 地图的形式直观反映各卡口的相关信息，包括各卡口分布情况、设备运行状态、卡点流量、车辆运行轨迹等。系统通过 GIS 平台提供了可视化操作界面和数据表现支撑平台。

## 三、应用情况

系统已在安徽省 17 个地市和安徽省公安厅交警总队应用，实现安徽省内所有卡口的联网布控，解决了基层交警的管理需求，提高了基层民警交通管理工作效率和执法水平，改变了交通管理基层执法单位传统的静态管理模式，实现动态、实时、联动的交通管理，促进了公安交通管理基层单位现有业务流程的优化，提高公安交通管理部门的组织、协调和指挥能力，加强公安交通管理基层基础建设，提升道路交通管理工作效率与执法水平。

通过该系统的数据分点采集，集中共享和展现，大大提高了信息共享水平和数据支持力度，为公安交通管理部门维护道路交通秩序、遏制道路交通违法行为和道路交通事故发生、促进交通肇事逃逸事件侦破、打击机动车盗抢案件等提供了现代化的信息支持手段。

（主要撰稿人：朱晓光）

# 德阳市智能交通指挥系统工程

## 一、概要

到 2008 年，德阳全市道路里程达到 10242 千米、注册机动车 51 万辆、拥有机动车驾驶员 70 万人，“人—车—路“的矛盾十分突出，改变道路交通现状、缓解警力不足的压力已成为社会和人民群众的迫切需求。

为提升城区道路交通信息化管理水平，促进社会治安防控体系建设，进一步深化科技强警建设，规范道路行车秩序，减少各类交通违法现象，缓解交通拥堵状况，德阳市公安局通过广泛的调研、多次对国内智能交通建设先进城市的考察，结合德阳市的具体现状和城市交通特点，规划建设了德阳市智能交通指挥系统一期工程项目。项目以构建智能交通的基本架构为出发点，以规范交通参与者的交通行为、机动车辆行驶轨迹和交通信号联网控制为主要实现目标，重点完成了交通技术监控设备（公路治安卡口和固定抓拍）、交通信号联网控制系统和交通指挥控制中心等的建设任务。

## 二、项目建设内容

德阳市智能交通指挥系统一期建设包括如下 7 个子系统。

### （一）公路治安卡口子系统

公路治安卡口子系统可在交通、刑侦、治安等多部门进行综合利用，可实现对交通流信息的及时采集和各类嫌疑车辆的查控与处置，扼制并打击一些显见性违规违法行为，还能为案件侦破提供一定依据，具有十分重要的现实意义。

本期工程建设公路治安卡口 21 个点，其中双向 6 车道 8 处、双向 4 车道 10 处、双向 2 车道 3 处；提供两套用于现场设卡的设施与设备，便于现场设卡检查与布控。

### （二）闯红灯抓拍子系统

本期工程的闯红灯抓拍子系统包括普通抓拍电子警察系统和具有卡口功能的抓拍系统。系统的建立可及时采集交通状况信息，对闯红灯、逆行等交通违法行为适时抓拍取证，实现交通违法处罚的信息前端采集与传输。通过建设具有卡口功能的抓拍系统可实时对经过车辆号牌进行识别，与城市外围卡口一起构建城市网格化布控系统，及时发现拦截被盗抢车辆、事故逃逸车辆及其他需查控的嫌疑车辆，并且采集路口交通流量，实现交通旅行时间采集、运用。

本期工程建设闯红灯抓拍 43 个路口，86 个方向。其中，普通抓拍 34 个路口，70

个方向；具有卡口功能的抓拍 9 个路口，16 个方向。

### （三）交通信号灯联网控制子系统

通过对市区现有交通信号灯路口控制器，进行更换和升级改造，使交通信号灯系统升级为系统联网控制，达到指挥中心能适时监控和远程集中管理，实现统一配时、统一指挥、统一调度，减少车辆在路口无序滞留，提高道路通行效率和管理水平；同时，也为建立智能交通控制系统打下基础。

本期工程交通信号灯联网控制子系统采用西门子公司的技术和产品。具体建设内容包括：更换 100 个交通信号控制器（其中，8 相位 50 台、16 相位 40 台、32 相位 10 台）；100 个路口信号控制机安放基础施工；防雷接地施工；汇制红绿灯路口 CAD 图；后台信号灯联网控制软件。

### （四）DLP 电子屏显示子系统

DLP 电子屏设在德阳市公安局交通警察支队指挥中心大厅，用以显示控制中心所关注的各种态势信息，供指挥/工作人员快捷、直观地掌握大范围的交通态势，为指挥调度提供科学依据。

大屏系统采用 DLP 无缝屏幕拼接组成，实现监控信号、计算机图形监控系统等计算机图像信息和视频信号的综合显示，形成一个信息准确、查询便捷、管理高效、美观实用的信息显示管理控制系统。

本期工程 DLP 电子屏显示系统采用 2×6（60 吋）DLP 无缝屏幕拼接，包括投影子系统、控制子系统、LED 显示子系统、图像处理器、大屏幕控制软件、大屏幕显示控制系统集成软件、矩阵切换器、矩阵切换器系统控制集成软件等。

### （五）交通地理信息子系统（GIS-T）

该系统可针对智能交通系统对信息要求的特点，建立专属的地理信息、空间信息等数据库，GIS-T 作为整个系统的协调者，对数据、应用进行综合整合和集成管理，突显静态交通信息和动态交通信息的可视化展示与管控。

### （六）指挥中心技术支撑子系统

为确保智能交通指挥系统的各子系统能按照指挥调度指令完成相应的功能操作，就必须依靠相应软硬件的支撑。为适应信息采集、分析决策、指挥调度、媒体发布、技术支撑服务等方面的需求，德阳市交警指挥中心技术支撑系统建设包括：指挥中心装修、指挥中心强弱电、指挥中心防雷及消防、计算机网络、UPS、机柜、接处警操作席位、操作终端、专用维护工具等。

### （七）智能交通管理平台

德阳市智能交通管理平台是德阳市智能交通指挥系统的统一管理平台，它将集成所有子系统及模块，以 B/S 架构为主，以门户、大屏、智能手机等终端为显示载体的综合性智能交通指挥、管理、查询、调度、决策平台。

智能交通管理平台软件包括：交通流量统计与分析软件、“电子警察”（交通技术监控设备）综合管理信息软件、机动车布控与报警系统软件、旅行时间管理软件、系统运行故障监测软件、可疑车辆管理系统（黑名单车辆库）、其他适用于本项目的管理软件和接口。

## 三、应用情况

以搭建德阳城市交通智能管理平台为核心，在地理信息系统的基础平台上，综合集成了勤务指挥、交通控制、应急保障、数据服务等功能，实现了全市交通指挥调度的智能化、数字化和可视化，提高了在常态交通下的道路管控能力及应急事件状态下的快速处置和协调联动能力。

（主要撰稿人：杨红雨）

# 第三章

## 智能交通行业协会和联盟

# 中国智能交通协会

智能交通系统作为一项系统工程，需要各个有关政府部门、产业界及科研单位的共同配合。世界上绝大多数发达国家都有相关的智能交通协会组织，并且按照美洲地区、欧洲和非洲地区、亚太地区分别由美国智能交通协会（ITS America）、欧洲智能交通协会（ERTICO-ITS Europe）和日本智能交通协会（ITS Japan）分别负责协调组织工作。

为了更好地协调和开展我国智能交通规划和建设工作，2000 年科技部牵头会同原国家计委、原经贸委、公安部、原交通部、铁道部等十多个相关部门，联合成立了全国智能交通系统协调指导小组及办公室，后来随着政府机构的改革，增加了原建设部、原民航总局、财政部和总后勤部 4 个新成员单位。“十五”期间，协调指导小组成员单位在我国智能交通系统规划和建设中发挥了重要的协调和推进作用。

鉴于协调指导小组是由政府部门组成的临时机构，开展工作缺乏系统性和连续性，特别是在国际会议和交流合作方面有诸多不便，我国交通管理部门曾多次建议希望由科技部牵头在协调指导小组的基础上成立“中国智能交通协会”，并成立由科技部、公安部、原建设部、原交通部、铁道部、原民航总局等交通行业主管部门有关负责人组成的中国智能交通学会筹备工作组。

2007 年 3 月，科技部向民政部正式提出申请成立“中国智能交通协会”。2007 年 11 月，民政部批复同意科技部正式开展协会筹备工作。2008 年 5 月 14 日，中国智能交通协会成立大会暨第一届理事会全体会议在北京召开，由智能交通领域相关企业、事业单位、社会组织及个人自愿参加，经民政部注册、登记的具有法人资格的全国性、行业性的非营利社会组织——中国智能交通协会正式宣布成立。

成立后的中国智能交通协会遵守宪法、法律、法规和国家政策，遵守道德风尚，维护国家利益。在政府的领导下，面向企业，建立政府与企业沟通的桥梁，促进企业间的横向联系与合作；促进行业技术进步和产业资源整合，推进产、学、研合作，推动国际交流与合作；加快交通领域的信息化、智能化进程，依法维护行业和会员的合法权益，为我国智能交通事业的发展而努力。

中国智能交通协会业务范围：

（1）提供智能交通领域的发展战略、规划、政策和建设项目等方面的建议。

（2）推动各种交通方式之间，以及智能交通领域同其他相关领域之间的横向联系，促进企业之间的合作。

（3）接受政府主管部门的委托，开展有关智能交通领域发展战略和规划的研究，承担有关项目的可行性研究、论证、评审，研究制定智能交通相关标准，参与国际标准化活动。

（4）组织智能交通领域技术和经营管理培训，开展咨询服务。

（5）组织开展国内外智能交通领域学术研究与交流，编辑、出版有关智能交通领域的书刊和信息资料。

（6）建立国内外智能交通领域的沟通渠道，促进智能交通领域技术和产业的交流。

（7）向政府部门反映智能交通行业和企业的建议、意见和要求；维护行业和会员单位的合法权益。

（8）完成政府部门交办和企业委托的其他任务。

地址：北京市丰台区南四环西路 188 号总部基地二区 7 号楼 10 层

电话：010－63701100　传真：010－63702200　　网址：www.itschina.org

# 国家智能交通产业技术创新战略联盟

2009 年 6 月，科技部为了落实《国务院关于发挥科技支撑作用　促进经济平稳较快发展的意见》（国发[2009]9 号），加快推进技术创新工程，拖动产业技术创新战略联盟构建和发展，根据科技部、财政部、教育部、国务院国资委、中华全国总工会、国家开发银行六部门联合发布的《关于推动产业技术创新战略联盟构建的指导意见》（国科发政[2008]770 号）精神，科技部技术创新工程协调领导小组办公室研究制定了《产业技术创新战略联盟部内审核工作程序》。中国智能交通协会（以下简称“协会”）接到文件后，迅速联合国内智能交通技术、汽车技术领域有代表性和影响力的部分协会会员单位开始筹备成立国家智能交通产业技术创新战略联盟（以下简称“联盟”）。

2009 年 7 月，中国智能交通协会按照《工作程序》中科技部产业技术创新战略联盟有关申报要求，编写完成了联盟协议书、联盟经费管理办法、联盟项目管理办法等申报材料（草案）。其中，联盟协议书中规定联盟组织机构包括：联盟理事会、专家咨询委员会和联盟办公室。联盟理事会为联盟的决策机构；专家咨询委员会为联盟的咨询机构；联盟办公室为联盟常设执行机构。联盟理事会成员单位共同作为对外承担责任主体；2009 年 10 月，协会向各联盟成员单位发出了《关于商请发起成立智能交通与道路安全产业技术创新战略联盟的函》（中智交协函[2009]17 号）；2009 年 10 月底，完成了联盟成员单位有关的材料的提交工作；2009 年 11 月，中国智能交通协会筹备成立“国家智能交通产业技术创新战略联盟”各项工作准备就绪。

2010 年 8 月 26 日，召开了“国家智能交通产业技术创新战略联盟”第一次会议，会上确定了联盟名称、联盟理事长人选、执行机构设置，讨论完善了协议书中相关问题；2010 年 9 月 8 日在“2010 中国智能交通（道路交通安全）论坛”上，“国家智能交通产业技术创新战略联盟”正式宣布成立。2010 年 10 月，中国智能交通协会秘书处对国家智能交通产业技术创新战略联盟的申请材料、推荐信息表、审核意见表三部分进行整理、修改，并报送科技部进行备案。

**联盟宗旨：**引导科技资源配置、推动产业技术创新、全面提升我国智能交通领域的自主创新能力和核心竞争力，以《规划纲要》为指导，以缔约各方的共同利益为基础，充分发挥成员单位的科技创新、人才培养、成果转化等资源优势，加强产学研结合，共同致力于支撑我国智能交通领域的技术自主创新和产业健康可持续发展。联盟将具有包容性和开放性，实行对外开放的合作机制，积极组织联盟成员单位与非成员单位共同进行智能交通领域的相关技术研究、开发等。

**联盟主要任务：**突破我国智能交通领域的产业共性和关键技术瓶颈；搭建联盟成员联合攻关与研发平台，实现技术创新资源的有效配置和合理分工，促进研发、生产、应用的合理衔接，加快科技成果转化，提升产业整体竞争力；培育我国智能交通领域重大产品创新的产业集群主体，提升自主创新能力。

**联盟活动**：2011 年 5 月 11 日，中国智能交通协会与国家智能交通产业技术创新战略联盟、中国汽车运动联合会共同举办了“联合国道路安全十年行动中国启动日暨中国道路安全宣传日”公益宣传推广活动。

国家智能交通产业技术创新战略联盟秘书处和日常办公机构设在中国智能交通协会。

# 国家智能交通产业技术创新战略联盟协议书

鉴于：

1．本协议缔约各方均具有独立法人资格，具有签订本协议的合法主体资格，且各方相互确认彼此履行本协议的资格和能力。

2．本协议缔约各方签订本协议旨在成立国家智能交通产业技术创新战略联盟，加强自主创新，推动产业发展。

为贯彻落实《国务院关于发挥科技支撑作用 促进经济平稳较快发展的意见》（国发[2009]9 号）和《国家中长期科学和技术发展规划纲要（2006－2020 年）》（以下简称《规划纲要》）的精神，积极响应科学技术部《关于推动产业技术创新战略联盟构建的指导意见》（国科发政[2008]770 号）的号召，加快我国智能交通产业技术创新体系建设，经过友好协商,本协议缔约各方本着平等互利、优势互补、风险共担、利益共享、加强合作、共同发展的原则，就建立长期、全面、有法律效力的联盟契约关系，成立“国家智能交通产业技术创新战略联盟”事宜达成如下协议：

## 第一章　总则

第一条 联盟中文名称：国家智能交通产业技术创新战略联盟（以下简称“联盟”）。

联盟英文名称：National Industrial Technology Innovation Strategic Alliance of Intelligent Transport Systems，缩写为“ITS”。

第二条 联盟发起人：中国智能交通协会、北京北大千方科技有限公司、北京航空航天大学、北京宏德信智源信息技术有限公司、北京交通大学、北京市交通信息中心、北京四通智能交通系统集成有限公司、重庆长安汽车股份有限公司、东南大学、青岛海信网络科技股份有限公司、清华大学、上海市交通信息中心、同济大学、中国汽车工程研究院有限公司、中国汽车技术研究中心、中山大学。

## 第二章　组织原则

第三条 为贯彻国家“提高企业创新能力，建设创新型国家”的战略部署，落实《规划纲要》精神，充分发挥联盟在技术创新中的支撑和引领作用，提升我国智能交通领域的自主创新能力和产业核心竞争力，特创立本联盟。

第四条 联盟由国内积极投身于智能交通领域从事相关技术与产品的研究、开发、生产、制造、应用的企业、科研单位、大学院校和组织机构等自愿组成。

第五条 联盟坚持循序渐进、开放发展的原则，吸纳国内从事相关技术与产品的法人单位为联盟新成员。

## 第三章　组建宗旨

第六条 联盟以“引导科技资源配置、推动产业技术创新、全面提升我国智能交通领域的自主创新能力和核心竞争力"为宗旨，以《规划纲要》为指导，以缔约各方的共同利益为基础，充分发挥成员单位的科技创新、人才培养、成果转化等资源优势，加强产学研结合，共同致力于支撑我国智能交通领域的技术自主创新和产业健康可持续发展。联盟将具有包容性和开放性，实行对外开放的合作机制，积极组织联盟成员单位与非成员单位共同进行智能交通领域的相关技术研究、开发等。

第四章 联盟的技术创新目标

第七条 联盟以我国智能交通领域的技术创新需求为导向，以提高我国智能交通领域的产业核心竞争力为目标，积极探索产业技术创新战略联盟的管理体制和运作机制，充分发挥联盟成员的创新资源优势和行业影响，突破智能交通领域的核心关键技术、促进产业技术进步和产业链的有序发展。充分发挥联盟在推动科技创新中的作用，促进科技成果向现实生产力转化，加快建立以企业为主体、市场为导向、产学研相结合的智能交通领域的技术创新体系，使联盟成为国家技术创新体系的重要组成部分。联盟的技术创新目标包括的主要内容：开发自主知识产权的智能交通技术及产品；建立智能交通共性基础技术的研究平台和协作机制；实现智能交通领域关键技术成果的快速转化和应用；整合智能交通相关领域资源，建立产学研一条龙的发展模式等。

第五章 联盟的任务

第八条 联盟的主要任务。突破我国智能交通领域的产业共性和关键技术瓶颈；搭建联盟成员联合攻关与研发平台，实现技术创新资源的有效配置和合理分工，促进研发、生产、应用的合理衔接，加快科技成果转化，提升产业整体竞争力；培育我国智能交通领域重大产品创新的产业集群主体，提升自主创新能力。

第九条 近期任务。

1. 以智能交通共性基础技术研究为突破口，充分利用联盟成员现有研究开发等科研条件，建立协作机制。

2. 开发若干项具有自主知识产权、对行业有重大影响的共性技术，促进智能交通产业可持续健康发展。

3. 攻克智能交通领域关键技术并加强科技成果转化和应用，加快推动我国交通事业发展。

第十条 中远期任务。

1. 整合资源，建立产学研技术创新机制，构筑产业技术创新平台。统一协调和充分利用联盟成员优势科技资源，建立在产业技术创新价值链基础之上的契约式协作机制；互惠互利、优势互补，建立技术转移和回馈机制。

2. 瞄准前沿，统筹规划与分工协作，突破产业共性技术。共同开展智能交通发展战略研究和关键技术联合攻关，解决行业发展中遇到的技术、产业化问题。

3. 资源共享，组织国内和国际交流，面向行业促进技术成果扩散和转移。积极组织、参与、支持相关标准的制修订；推动行业基础数据、资料、信息的更新和编辑出版；

建立联盟资源库，实现资源共享和有效利用。

4．技术交流、培训和人才培养，促进技术成果的扩散和转移，开展国际交流与合作，引领产业走向国际化。

根据实际情况，联盟成员的具体任务分工，由联盟成员单位和专家咨询委员会结合各自的技术创新资源优势，对创新目标进行分解、落实后提出方案，经理事会讨论通过确定，各方另行协商签订有关协议。

第六章　联盟的组织机构

第十一条 联盟设立理事会、专家咨询委员会和联盟秘书处。联盟理事会为联盟的决策机构；专家咨询委员会为联盟的技术咨询机构；联盟秘书处为联盟常设执行机构。

第十二条 联盟理事会的组成、职责及活动规则。

1．理事会组成。联盟理事会由联盟成员单位的法定代表人或其委派的代表组成，设理事长单位一名，副理事长单位两名，任期一年。首届理事会由联盟发起人组成。理事会每三年进行换届。

2．理事会会议。理事长单位召集、主持理事会会议。当理事长单位不能履行其职责时，由副理事长单位代行职责。理事会须有三分之二以上的理事出席方能召开，其决议事项须有到会理事三分之二（含）以上表决通过方能生效。

3．理事会职责：

（1）决定联盟运行方针，制定和修改联盟章程。

（2）批准和取消联盟成员资格。

（3）选举、任命和免去联盟理事长、联盟秘书长，遴选和聘任专家咨询委员会主任和成员。

（4）审议和批准专家咨询委员会、联盟秘书处工作报告。

（5）根据专家咨询委员会的建议，决定联盟技术发展方向与重点工作任务。

（6）协调、决策联盟经费筹措、使用。

（7）讨论决策联盟所取得知识产权、成果的转化及收益分配方案等事宜。

（8）审议、批准和修改联盟内部管理制度。

（9）决定联盟组织的变更和终止。

（10）决定联盟秘书处的设立或撤销。

（11）审议财务预决算报告。

（12）其他提请理事会决议事项。

以下事项须经理事会成员五分之四以上（含）同意方能生效：

（1）修改本协议及联盟成员共有知识产权的许可使用协议及相关约定。

（2）联盟的终止、解散、分立、合并。

第十三条 理事长单位的产生和更换。理事长单位由理事会选举产生，每届任期一年。理事长单位或理事任职期间如遇工作调离原单位等情况，即为自行辞去其职务，由派出单位另行推荐人选，经理事会通过后方可接任。接续时间至理事会换届。

理事长单位职责：

1．召集和主持理事会。

2．检查理事会决议的落实情况。

3．受理事会委托和书面授权，代表联盟签署有关文件。

第十四条 专家咨询委员会的组成、职责及活动准则。

1．专家咨询委员会的组成。专家咨询委员会由行业内专家、学者等组成，主要分为专家指导委员会和专家工作委员会两部分，专家工作委员会设主任委员一名、副主任委员两名。联盟秘书处负责专家工作委员会的选聘和组建工作。

2．专家咨询委员会职责：

（1）为联盟决策提供咨询、建议意见。

（2）提出联盟的技术发展方向和规划。

（3）提出联盟项目建议。

（4）在联盟秘书处的组织下参加项目相关活动。

（5）理事会授权或委托的其他事项。

3．活动准则

（1）遵守国家有关法律法规。

（2）遵守专家咨询委员会工作条例。

（3）积极参加专家咨询委员会的各项活动。

（4）维护专家咨询委员会和协会的名誉。

第十五条 联盟秘书处的组织及主要职责。

1．联盟秘书处负责联盟日常事务、专家咨询委员会日常联系和项目的组织协调、监督等工作。秘书处设秘书长1名，秘书长原则上由秘书处依托机构向理事会推荐。联盟秘书处根据工作需要设立专职工作人员，由秘书长聘任。联盟秘书处依托单位为中国智能交通协会，配备专职工作人员，工作制度由秘书处根据主要职责另行制定。

2．联盟秘书处主要职责：

（1）执行理事会决议，负责组织、协调联盟的各项工作。

（2）经专家咨询委员会评审和理事会批准同意后，负责组织向有关政府部门申报项目。

（3）经理事会通过，组织联盟有关成员签订具体的项目协议。

（4）根据国家有关管理规定或具体协议约定，监督、检查项目执行情况，组织项目验收工作，并向理事会报告。

（5）对联盟取得的知识产权、成果等事项进行登记管理。

（6）负责联盟经费的财务管理，编制年度财务预算、决算方案。

（7）负责理事会的筹备和召开，向理事会报告年度工作、财务情况。

（8）负责联盟成员加入与退出的受理，并提交理事会审议。

（9）理事会委托的其他事项。

第七章　联盟成员

第十六条 联盟吸纳从事智能交通相关技术研究及产品开发、生产、研究和应用的单位为联盟成员。享受联盟成员权利，承担联盟成员义务。联盟各成员是独立的法人实体，相互应无投资、参股等关联关系，对联盟成员的债权债务不负连带责任。

第十七条 申请联盟成员必须具备下列条件：

1．具备独立法人资格。

2．自愿申请，遵守联盟有关规定，维护联盟利益。

3．在行业具有一定的代表性和影响力，具有研发体系、实验研究设施和人才队伍。

第十八条 联盟成员的权利：

1．参与讨论联盟发展的重大决策、决议和事项。

2．提议召开理事会。

3．提名代表参加专家咨询委员会。

4．对联盟提出建议、批评、监督。

5．优先享有联盟内成员相互协作的权利。

6．依据理事会或联盟有关管理规定，获得联盟收益分配。

7．获得联盟服务优先权。按优惠条件，享受联盟共享信息与技术交流、培训等活动的权利。

8．自由退出联盟的权利。

第十九条 联盟成员的义务：

1．拥护、遵守联盟章程，致力于联盟的建设。

2．执行理事会决议。

3．保守联盟相关的秘密。

4．根据各自优势，开放相关实验室和中试基地，对联盟成员实行优惠或免费使用。

5．实行联盟的信息共享，面向行业开展服务。

6．未经联盟书面授权或许可，联盟成员不能以联盟的名义开展任何活动或业务；任何联盟成员违反约定，给联盟或其他联盟成员带来任何损失的，有义务承担充分的赔偿责任。

7．按规定缴纳联盟年费。

第二十条 联盟成员的加入。

1．申请加入联盟的单位需要提交下列申请材料：

（1）加入联盟的书面申请。

（2）本单位介绍材料，独立法人资格证明材料（与原件核对一致的复印件并加盖公章）。

（3）本单位在联盟有关技术领域研发、生产、应用等情况书面报告。

（4）自愿加入联盟的承诺。

2．加入联盟的程序：

（1）自愿申请或经理事会成员提名。

（2）向联盟秘书处提交加入联盟申请及相关材料。

（3）由联盟秘书处受理相关资料，提交理事会。

（4）理事会决议。

（5）缴纳联盟年费。

（6）由联盟秘书处代表联盟与新联盟成员签署“国家智能交通产业技术创新战略联盟协议书”，视同新加入成员与联盟所有成员建立了契约关系。联盟成员单位都应受现行联盟协议约束。

第二十一条 联盟成员的退出。

1．联盟成员退出联盟时应提前30个工作日向联盟秘书处提出书面申请。联盟秘书处在收到书面申请后于7个工作日内向理事会通报。经理事会讨论通过，形成决议，向联盟成员通报。

2．自愿退出联盟的成员，在退出前签订的各项合同和协议仍继续履行，直至合同和协议履行完毕或经签约方协商一致同意终止。

第二十二条 联盟成员的除名。联盟成员严重违反联盟规定，或长期（一年以上）不履行联盟成员义务，经联盟秘书处核实，提交理事会决议。除名一年后，经过整改，方可重新申请加入。

第二十三条 联盟成员退出或除名后，有关知识产权的问题，按照本章程相关约定执行，已缴纳的联盟年费、提供和赠予联盟的其他各类资金、赠予联盟的知识产权不予退还。

第二十四条 联盟成员单位对外承担责任的主体及对外责任的内部分担方式：

1．联盟对外承担责任的主体为联盟承担科技计划项目组织管理的责任主体。

2．联盟责任主体对项目实施负总责，承担项目组织实施的法律责任。

3．如联盟责任主体超出授权范围行为，则全部责任由联盟责任主体承担。

4．联盟责任主体在授权范围内承担外部责任后，联盟内部建立相应的责任分担机制，明确联盟对外承担责任主体单位与课题承担单位相应的责任。

## 第八章 联盟的经费管理

第二十五条 联盟经费来源主要包括联盟成员缴纳的年费、联盟自筹经费、政府财政资助经费、行业或企业委托咨询研发经费、社会捐赠资金及联盟科研成果技术转移收益等。

第二十六条 联盟经费的用途。

1．公用办公费。主要用于联盟的会议、联盟日常工作支出等，原则上由联盟成员缴纳的年费承担，超出部分由联盟秘书处依托单位承担。理事会成员单位和联盟秘书处专职人员派员单位负责其人员费用。

2．项目研发经费。以联盟成员投入为主，以争取政府支持资金、联盟研发基金、行业或企业委托的研发资金、社会捐赠资金等为辅，用于项目研发。

3．研发基金。根据联盟成立后近期主要工作任务和联盟成员的需求，筹措联盟研发基金，主要由联盟成员单位按照其性质出资和联盟科研成果技术转移部分收益组成。

第二十七条 联盟的经费管理。

1．联盟经费由理事会委托联盟秘书处依托单位设立独立账目进行管理，接受理事会的监督和联盟成员共同认可的第三方的审计。

2．政府财政资助经费的使用办法和监督机制，按照国家有关经费管理规定执行。

3．制定《联盟经费管理办法》规范联盟资金使用办法及监督机制。

第二十八条 联盟的项目管理。

1．联盟项目主要分为非联盟经费项目、联盟经费项目。

（1）非联盟经费项目：以联盟的名义联合具有相应研发优势的联盟成员按照国家的产业技术创新战略部署共同申请的国家相关科技计划项目；联盟成员委托联盟进行的技术研究和产品开发项目；非联盟成员委托联盟进行的技术研究和产品开发项目。

（2）联盟经费项目：联盟理事会根据国家提升技术自主创新能力和产业核心竞争力的战略部署，由联盟研发基金设立的项目。

2．联盟项目的申请和立项程序。非联盟经费项目由联盟秘书处组织联盟相关成员撰写项目申请书，并向有关部门申请或推荐；联盟经费项目由专家咨询委员会提出项目建议，经理事会同意后，由联盟秘书处组织以择优或招标形式确定承担单位。

3．联盟项目的实施。联盟经费项目的实施由联盟秘书处组织项目承担单位签订协议或合同。联盟秘书处组织专家咨询委员会进行项目的监管与评估。非联盟经费项目按照委托单位的有关规定进行管理。

4．联盟项目的验收。根据国家的有关管理办法或协议（合同）约定的方式进行验收。

5．制定《联盟项目管理办法》规范项目管理。

### 第九章 联盟收益分配原则和知识产权管理

第二十九条 联盟知识产权来源于以下几个方面：

1．联盟成员自愿授权联盟转移和实施的、可以由联盟成员分享的联盟成员自有知识产权。

2．联盟项目取得的知识产权。

3．社会捐赠的知识产权。

第三十条 联盟成员使用和实施联盟知识产权，应该向联盟申请并获准后方能按约定使用和实施，约定有偿使用和实施的，应支付相应费用。

第三十一条 联盟成员负有采取有效措施保护联盟知识产权的责任，并承担因不当使用和实施或过失造成联盟知识产权权益损失的赔偿责任。

第三十二条 联盟成员退出联盟，按照联盟项目的约定，自动放弃作为联盟成员分享的知识产权权益。已经使用和实施的，与联盟协商可变更为有偿使用和继续实施。

第三十三条 联盟成员退出联盟，授权联盟管理和分享的自有知识产权，可以收回其授权。已经被联盟其他成员使用和实施该知识产权的，应继续授权联盟其他成员继续使用和实施，并可以协商该知识产权的使用和实施费用。

第三十四条 现有知识产权的投入和共享。

1．联盟成员在加入联盟前和在联盟组织的项目以外，未利用联盟资源和条件自行研发的现有技术成果，知识产权仍归其享有。

2．在联盟组织的项目中，项目合作方应签订协议，明确各自投入的现有知识产权及其权利共享的范围和方式。

（1）在联盟组织项目的研发阶段，如项目合作一方在项目合作中需要使用联盟其他成员的专利技术，可不经授权无偿合理使用；如需使用联盟其他成员现有的非专利技术（如非公知技术信息、技术秘密等），项目合作方之间根据现有知识产权投入的约定范围和方式使用，项目合作方和非项目合作方的联盟其他成员之间可通过协商，签订技术许可或转让协议。

（2）在联盟组织项目的产业化阶段，如项目合作一方因项目研发成果的应用而需要使用联盟其他成员的现有知识产权，项目合作方之间根据现有知识产权投入的约定范围和方式，在公平合理条件下使用；项目合作方和非项目合作方的联盟其他成员之间可通过协商，签订技术许可或转让协议。

3．联盟组织项目的合作方，未经许可不得将他人投入的知识产权用于联盟项目之外的其他用途。

第三十五条 新知识产权的权利归属、使用和利益分配。

1．在联盟项目启动前，由各承担单位与联盟签署知识产权协议。遵守国家知识产权相关规定，事先约定所产生的新知识产权归属问题及推广应用时的利益分配原则。

2．联盟申请的国家财政资金资助项目所取得的知识产权，归联盟所有；对于联盟成员单位以自筹经费为主、利用联盟的共性平台开发的产品与工艺技术等所形成的知识产权归开发该技术的联盟成员单位所有或通过协议约定；联盟成员单位自行合作的开发项目，知识产权按相关协议约定其归属。以上相关协议在形成知识产权的三个月内报联盟办公室备案。

3．新知识产权无偿向联合开发成员单位辐射和推广，采取相对优惠的条件向联盟内未参与开发的其他单位有偿转让，采取有偿方式向联盟外的其他企业转让，所形成的收益中提取一部分纳入联盟研发基金，其余收益按协议约定或理事会决议分配。

4．联盟项目所产生的专利、技术秘密、非专利技术成果及与技术开发内容有关的著作权属于联盟所有。联盟成员单位承担的政府资助项目形成的成果，技术扩散义务依据不同情况另行协商。

5．联盟知识产权管理和保护。

（1）联盟成员均有保护联盟知识产权及技术秘密的义务。联盟项目启动之前须签订技术保密协议，技术保密不得与联盟协议中相关规定矛盾。在联盟项目开发产生的技术成果中，对于符合技术秘密保护条件的技术，包括专利申请前技术，合作各方均应提出，经共同认定后成为合作各方的技术秘密进行保护。

（2）当联盟内某一成员单位主动退出联盟时，该单位将自动放弃与联盟的缔约关系，不再具备其在联盟内对归属联盟的知识产权的共享资格。

（3）关于知识产权管理相关条款的修改，由联盟成员提出并经联盟理事会讨论通过方可生效。视情况制定《联盟知识产权管理办法》经理事会讨论通过后执行。

（4）凡是涉及知识产权的争议须由理事会协调处理。

第十章　联盟的解散和清算

第三十六条 根据国家有关规定终止联盟或当申请退出联盟的成员单位超过联盟成员单位总数的三分之二（含）时，由联盟秘书处提请理事会决议，经理事会表决且到会理事单位五分之四以上（含）同意方能通过联盟解散。

第三十七条 联盟解散前，须经国家有关部门或有关机构指导下，由理事会负责组织成立清算组织，清理债权债务，处理善后事宜。清算期间，不开展清算以外的任何活动。剩余财产按照国家有关规定决定用途。

第十一章　违约责任

第三十八条 联盟任何成员不得违反本协议的约定。违反本协议约定的联盟成员应承担违约责任。联盟成员违反本协议约定的，经联盟理事会决定，可从联盟中除名，取消其联盟成员资格。被除名联盟成员承担联盟项目的，由联盟理事会指定的其他联盟成员代表联盟，追回其承担联盟项目获得的政府和联盟支持资金。被除名联盟成员给联盟和联盟其他成员造成损失的，应承担赔偿责任。

第三十九条 被除名联盟成员不再享有本协议约定的联盟成员权利，但仍应承担保守联盟和联盟其他成员技术秘密的义务。对已经许可联盟其他成员在联盟项目中使用和实施的知识产权，相应联盟成员仍有权按原有条件继续使用。

第四十条 联盟成员被除名或自愿退出联盟，其已缴纳的联盟年费、提供和赠与联盟的其他各类资金、赠予联盟的知识产权不予退还。

第四十一条 未经联盟批准和授权，任何联盟成员不得以联盟的名义和联盟其他成员的名义开展一切活动、签署任何法律文件。违反本条规定的联盟成员应承担违约责任。给联盟和联盟其他成员造成损失的，应赔偿联盟和联盟其他成员的损失。

第四十二条 未经联盟批准和授权，任何联盟成员不得使用和实施联盟知识产权，也不得超越批准和授权的范围使用和实施联盟知识产权。违反本条规定的联盟成员应承担违约责任。给联盟和联盟其他成员造成损失的，应赔偿联盟和联盟其他成员损失。产生的收益应全部归联盟和联盟成员所有。

第四十三条 因不当使用和实施联盟知识产权、未采取有效措施保护联盟知识产权给联盟和联盟其他成员造成损失的，应赔偿联盟和联盟其他成员损失；产生的收益应全部归联盟和联盟成员所有。

第十二章　争议解决

第四十四条 因履行本协议而引起的任何纠纷应通过相关各方友好协商解决，或通过联盟理事会调解解决。协商或调解不成的，可向联盟办公室所在地的人民法院提起诉讼。

第四十五条 本协议适用中华人民共和国法律。

## 第十三章　协议生效、变更和终止

第四十六条 协议生效。

1．本协议经各方法定代表人签字并加盖公章后生效，协议各方和联盟秘书处各执一份，具有同等法律效力。

2．新加入联盟成员的协议由新加入单位的法人代表和联盟秘书处代表签字并加盖公章后生效，新加入联盟的单位和联盟秘书处各执一份，具有同等法律效力。

第四十七条 协议变更。

1. 联盟任何成员可以提出协议变更要求，经联盟理事会一致通过后方可进行变更。

2．经联盟理事会书面授权，协议变更文件可由联盟秘书长签字并加盖联盟公章后生效，协议变更文件各联盟成员和联盟秘书处各执一份，具有同等法律效力。

第四十八条 协议终止。下列情况之一或多项发生时，本协议终止：

1．联盟解散和清算，协议终止。

2．有下列情况之一的，该成员与其他成员之间协议终止：

（1）联盟成员歇业、解散、清算、并购、出售等，不能继续履行本协议的。

（2）法律判决要求解除协议或不能继续履行本协议的联盟成员。

（3）联盟成员自愿退出联盟的。

（4）经联盟理事会决定，被联盟除名的。

## 第十四章　其他

第四十九条 因不可抗力（包括但不限于战争、自然灾害、政府法令等）不能履行本协议的，受不可抗力影响的联盟成员，应在不可抗力发生后的 7 个工作日内通知联盟秘书处。

第五十条 因法律诉讼和行政命令涉及联盟、联盟其他成员、联盟知识产权和其他权益的，法律诉讼关联的联盟成员应在 7 个工作日内通知联盟秘书处。

第五十一条 因联盟成员歇业、解散、清算、并购、出售等涉及联盟和联盟其他成员的知识产权和其他权益的，该联盟成员应在 7 个工作日内通知联盟秘书处。

第五十二条 本协议及其权利不能继承、转让和再授权。

第五十三条 本协议由联盟理事会负责解释。

# 国家智能交通产业技术创新战略联盟第一届理事会

| | |
|---|---|
| 理事长单位 | 北京四通智能交通系统集成有限公司 |
| 副理事长单位 | 青岛海信网络科技股份有限公司 |
| | 北京千方科技集团有限公司 |
| 理事单位（排名不分先后） | 中国智能交通协会 |
| | 北京千方科技集团有限公司 |
| | 北京航天航空大学 |
| | 北京宏德信智源信息技术有限公司 |
| | 北京市交通信息中心 |
| | 北京四通智能交通系统集成有限公司 |
| | 重庆长安汽车股份有限公司科技部 |
| | 东南大学 |
| | 青岛海信网络科技股份有限公司 |
| | 同济大学交通学院 |
| | 中国汽车工程研究院有限公司 |
| | 中国汽车技术研究中心汽车研究院 |
| | 中山大学 |
| | 清华大学 |
| | 上海市交通信息中心 |
| | 北京交通大学 |

# 广州智能交通信息服务产业联盟

## 一、成立背景

广州是广东省的政治经济文化中心，是华南地区的交通枢纽和珠三角中心城市，也是国家信息化试点示范城市。经济发展交通先行早已是人所共知的硬道理，要实现珠三角经济一体化，首先要实现交通一体化。广州市积极贯彻落实省委、省政府建设全省首善之区的决策方针，先行先试，努力推进交通信息化建设。目前，交通信息化建设中已经渗透于集 GPS 定位、GPRS 传送行车数据、数据挖掘、移动信息发布平台等于一身的移动信息化技术，实现了车辆监控调度、电子站牌、防盗防抢、羊城通支付和电召服务等功能，已覆盖了广州 18000 辆出租车、9000 多辆公交车、300 多电子站牌和 400 条公交线路，广州“智能交通”基础建设处于全国领先水平。

为了进一步加快推进广州交通信息化、智能化进程，由广州交通信息投资运营有限公司、中国移动通信集团广东有限公司广州分公司等单位联合智能交通信息服务产业业界企业、高等院校、科研机构及智能交通领域的科技工作者和有关企事业单位正式成立行业性、非营利性、非独立法人的社会群体——“广州智能交通信息服务产业联盟”。

广州智能交通信息服务产业联盟成立揭牌庆典于2009年4月29日在广州大厦隆重举行。广州智能交通信息服务产业联盟成立标志着广州市政企合作建设交通信息化工作步入了全新的阶段，产业建设由传统离散型生产向产业联盟一体化发展，成为广州市交通信息化进程中新的里程碑。

## 二、联盟现状

目前联盟共有成员单位 29 家，基本涵盖智能交通信息服务产业的整个产业链，包括平台建设、信息数据采集、运营服务、终端制造、中介服务等，见表 3.1。另外联盟还聘请 10 名业内知名专家作为联盟专家学术委员。

**表 3.1　联盟主要成员构成**

| | |
|---|---|
| 系统平台开发单位 | 广州交通信息化建设投资营运有限公司 |
| | 北京航天智通科技有限公司 |
| | 西门子（中国）有限公司 |
| | 广州海特天高信息系统工程有限公司 |
| | 广州市方纬交通科技有限公司 |
| | 广州金昊信息技术有限公司 |
| 智能交通信息运营单位 | 中国移动通信集团公司广东有限公司广州分公司 |
| | 中国电信集团广东有限公司广州分公司 |

| | |
|---|---|
| | 中国联合网络通信有限公司广州市分公司 |
| | 深圳万通大合科技有限公司 |
| 交通信息数据单位 | 广东道路信息发展有限公司 |
| | 广东瑞图万方科技股份有限公司 |
| | 北京四维图新科技股份有限公司 |
| | 广州市红鹏直升机应用服务有限公司 |
| 智能终端生产单位 | 广东好帮手电子科技有限公司 |
| | 深圳市有为信息技术发展有限公司 |
| | 广州伊爱高新技术开发有限公司 |
| | 广州通易科技有限公司 |
| | 广州海格通信集团股份有限公司 |
| | 广州飞歌汽车音响有限公司 |
| | 中山市长宝卫星监控系统有限公司 |
| | 广州亿程交通信息有限公司 |
| | 深圳友浩科技有限公司 |
| | 深圳市川基科技有限公司 |
| | 广州中宏信息科技有限公司 |
| | 广州赛格导航科技股份有限公司 |
| 咨询服务机构 | 广东省交通档案信息管理中心 |
| | 华南理工大学智能交通系统与物流技术研究所 |
| | 深圳市华儒科技有限公司 |

## 三、联盟宗旨

本联盟的宗旨是在广州交通委员会信息化领导小组办公室的指导下，以服务广州地区智能交通信息服务产业为目标，团结和动员智能交通领域的科技者、管理者，积极倡导“合作、创新、发展、奉献”精神，促进广州地区智能交通信息服务产业的科技繁荣与发展，形成掌握自主知识产权技术的智能交通信息服务产业链；通过产业示范项目建设，发挥群体优势，打造具有国际竞争力的智能交通信息服务自主品牌。

## 四、联盟组织结构

广州智能交通信息服务产业联盟由主要联盟大会、理事会、常务理事会、办事机构（秘书处）、监事会及学术委员会组成，如图 3.1 所示。

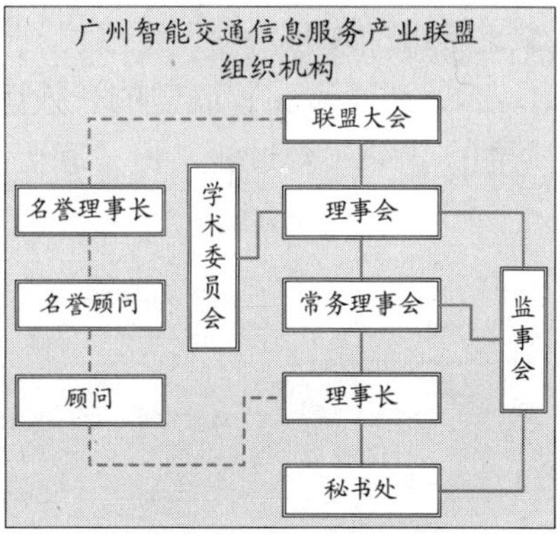


图 3.1　联盟组织结构

## 五、联盟职责

（1）智能交通信息服务产业技术攻关：针对智能交通信息服务产业关键技术和公共技术，采用产学研相结合方式，促进成员之间资源共享和互惠互利，推动政府制定有利于产业发展的方针、政策，协调社会资源，提升群体竞争力。

（2）服务于广州地区和广东省智能交通信息服务产业：向政府反映成员的愿望和要求，向成员传达政府的相关政策、法律、法规；利用联盟的力量，进行行业自律，针对产业关注的焦点，在联盟内达成共识，形成联盟标准或行业技术规范等；协助政府组织搞好本行业质量管理工作，协助企业对产品质量进行诊断、咨询和认证相关工作。

（3）技术交流平台的搭建：搭建国内智能交通技术领域的国内外交流的平台，不定期的举办智能交通领域的国际技术交流、产品推荐、交流活动，为行业、企业开拓国内外市场服务。

（4）产业咨询：收集国内外本行业基础资料和调研相关情况，向政府提出本行业发展等方面的建议，协助政府组织编制本行业发展规划和推动行业内相关方面的协调发展。

## 六、联盟发展目标及规划

联盟的主要目标是针对智能交通信息服务产业的市场特征和技术特征，通过建立创新联盟将智能交通信息服务产业链的企业联合起来，与高校和科研院所共同组成战略联盟，实现产学研强强联合，建立科技创新平台，对公共技术、关键技术、共性技术共同攻关与突破，促进广州和广东地区智能交通信息服务产业的科技繁荣与发展，形成掌握自主知识产权技术的智能交通信息服务产业链。通过产业示范项目建设，发挥群体优势，打造具有国际竞争力的智能交通信息服务自主品牌。目前，联盟的规划如下：

（1）服务广佛一体化，联合产业成员建立广佛一体化交通信息服务共享平台。

（2）服务广深一体化，联合产业成员建立广深一体化交通信息服务共享平台

（3）争取完成智能交通信息服务领域内相关标准的申请，结束本领域内产品和服务缺乏标准的现状。

（4）进一步完善联盟的长效运作机制。联盟由松散的结盟性质，逐步向具备一定资质的产学研平台过渡，提升联盟的运作效率和影响力。

# 江苏省智能交通产业技术创新战略联盟

“江苏省智能交通产业创新战略联盟”经江苏省科技厅批准，于 2010 年 9 月正式在南京市白下区成立。该联盟是以智能交通产业为主的产业集群，为区域科技创新和经济建设注入新的活力。

联盟集聚一批高水平创新团队，形成从研发、系统集成到典型应用示范的创新价值链，以智能信息、智能管理、智能芯片等其他智能产业为辅的产业集群，力求成为江苏省智能交通产业的标杆。进一步整合各方创新资源，组织协调产业骨干单位，共同推动江苏省智能交通产业快速健康发展。

联盟主要以推进信息化和工业化深入融合为突破口，扶持高新技术企业和科技型企业发展，鼓励企业实施新产品、新技术、新工艺的开发创新，促进企业转型升级。规模升级，主要是帮助企业做大做强。对急需土地扩大生产规模的企业，将依托高新园区等资源，助其扩大产能；对急需资金扩大生产规模的企业，积极搭建银企合作平台，完善担保、风投、基金等投融资机构体系，增强融资实力和规模。对大企业（集团），将及时掌握重点企业运行态势、主要产品产量及价格变化、企业资金链状况，落实优惠扶持政策，鼓励建立营销中心和研发中心等。而对于科技型企业，将通过政府推动、规划引导、典型示范、政策扶持等措施，增强企业内生动力，推动其上规模、出效益，实现高利税、高增长；创新升级，则在于提高企业的科技含量，包括支持技术中心建设、引导自主创新研发、推进企业技术改造和促进专利成果转化等；信息化升级，以核心企业为支撑，以智能交通产业园为载体，吸引智能交通产业相关企业入驻，强力打造以智能交通产业为主，以智能信息、智能管理、智能芯片等其他智能产业为辅的产业集群。

联盟通过搭建“服务+技术+人才”平台，共同开拓智能交通产业的应用领域与市场空间，聚集以智能交通产业为主，以智能信息、智能管理、智能芯片等智能产业为辅的产业集群，目标打造全省、全国智能交通产业标杆，共同推动智能交通产业快速健康发展。

# 地方智能交通协会建设情况

## 一、安徽省智能交通协会

安徽省智能交通协会，是在安徽省智能交通建设联席会议基础上，由省科技厅、省公安厅、省交通运输厅、省经信委共同发起，经省民政厅注册、登记的具有法人资格的全国性、行业性的非营利社会组织。省科技厅为协会业务主管单位。

协会性质：安徽省智能交通协会是由智能交通领域相关企业、事业单位、社会组织及个人自愿参加，经省民政厅注册、登记的具有法人资格的全国性、行业性的非营利社会组织。

协会宗旨：安徽省智能交通协会遵守宪法、法律、法规和国家政策，遵守道德风尚，维护国家利益。在政府的领导下，面向企业，建立政府与企业沟通的桥梁，促进企业间的横向联系与合作；促进行业技术进步和产业资源整合，推进产、学、研合作，国际交流与合作；加快交通领域的信息化、智能化进程，依法维护行业和会员的合法权益，为我省智能交通事业的发展而努力工作。

## 二、深圳市智能交通行业协会

深圳市智能交通行业协会成立于2007年5月8日。其主要职责是，在市政府有关部门的领导下，依靠行业集体的力量加速全市智能交通产业的发展，为会员单位的共同利益服务，维护全行业与会员单位的合法权益；发挥政府部门实施行业管理的助手作用；积极与国内外相关领域交流、往来，以促进全行业经济、技术、管理水平和经济效益的不断提高，推进全市智能交通产业的发展；为维护全市道路交通畅通、保护环境和人身安全做出努力。

协会性质：深圳市智能交通行业协会是经深圳市民政局批准登记、由市政府有关部门领导管理的行业性组织，是非营利性社会团体、社会独立法人。

协会宗旨：作为政企之间的桥梁和企事业间的纽带，本协会将以服务社会、服务行业、服务会员为自身的服务宗旨，以强烈的责任感、使命感，在促进政企双向沟通中彰显活力，积极帮助企业解决困难，拓展更广泛的发展空间和市场领域，提高行业抗风险能力，引领行业走向现代化、规范化、国际化。

## 三、南京智能交通产业协会

南京市智能交通产业协会是2006年9月由南京三宝科技集团有限公司、南京莱斯大型电子系统工程有限公司、南京市交通规划研究所有限责任公司、南京恩瑞特实业有限公司、南京熊猫信息产业有限公司、南京普天通信股份有限公司、南京摩尔信息技术有限公司、南京多伦科技有限公司、南京聚合数码科技有限公司等9家单位发起，经行业主管部门市科技局同意，市民政局批准成立的。

协会宗旨：通过贯彻国家发展智能交通产业的方针政策，整合及协调相关产业资源，充分发挥骨干企业的带动与辐射作用，形成合力，提升协会会员在智能交通领域的产品研究开发、生产制造及服务水平，提高会员单位的核心竞争力，扩大南京市智能交通产品在国内外的影响力和覆盖面，促进产业的快速健康发展。

# 深圳市智能交通产业发展概况

## 一、深圳市智能交通产业发展环境

### （一）、社会环境

1. 路少车多矛盾引发的交通问题需要借助智能交通解决

深圳道路总长 6164 千米，道路面积 9088 万平方米，2010 年底，深圳市机动车保有量已达 170 万辆，深圳道路车辆密度居全国之首。紧缺的道路资源和迅猛增加的机动车数量之间的矛盾已经成深圳市交通的突出矛盾，日益严重的交通拥堵和交通事故需要借助智能交通系统及其相关技术缓解和改善。

2. 举办大运会，增加智能交通产品需求

即将于 2011 年 8 月在深圳市举办的第 26 届世界大学生运动会将吸引数万名运动员、记者、官员和观众入场。针对大运场馆内外的停车管理、车辆疏导、突发事件处理和应急调度，需要一套完备的智能交通解决方案作为支撑，同时，大运会还将拉动全市交通信息服务、出租车电召服务和车辆停车服务的需求。智能交通市场的增长吸引了众多知名的传统 IT 企业和电信运营商进入本行业，如中国移动、中国电信等推出众多具特色的行业车辆 GPS 管理及交通信息查询等服务，促使产业格局发生变化。作为深圳大运会全球综合信息服务的唯一合作伙伴，深圳电信投入巨资致力于大运会的信息化建设，构建大运会信息系统。

3. 深圳率先全国建设公交都市，促进智能公交市场发展

2010年11月,交通运输部和深圳市人民政府在深圳签署共建国家"公交都市"示范城市合作《框架协议》,交通运输部今后将加大对深圳"公交都市"建设的指导和支持。根据《框架协议》,交通运输部将积极推动深圳市重大公共交通基础设施、智能交通系统和公共服务信息系统建设,鼓励新能源公交车辆的更新使用和配套服务设施建设,并创造条件提供资金支持；支持并安排深圳市在落实国家优先发展公共交通战略方面先行先试；将深圳市作为首批"建设国家公交都市示范城市",联合深入开展相关示范工程建设,积累和创造全国发展城市公共交通、缓解城市交通拥堵工作经验,为探索建立缓解城市交通拥堵的相关制度、标准和体制、机制奠定基础。围绕公交都市开展的信息化建设，将会带动智能公交市场的蓬勃发展。

### （二）政策环境

1. 智能交通行业政策法规、行业标准取得了长足进步

在国家层面，智能交通标准化建设取得了累累硕果，近年来颁布了有关交通管理、交通信号控制、道路交通标识标牌、不停车电子收费、交通诱导及运输车辆卫星定位平台等一系列标准，极大地促进了国内智能交通系统建设和发展。

2010 年，深圳市交通运输委员会成立了深圳市智能交通标准化技术委员会，制定并出台了《公交智能调度系统平台规范》。同时，初步完成了《深圳市道路交通设施设置标准》、《深圳市建设项目交通影响评价技术标准》等标准制定工作。此外，智能交通"1+6"系统项目建议书通过评审，开通运行了易行网，推进了办公自动化、移动执法、交通智能调度等系统建设。

2. 行业政策法规、行业标准依然有待完善

步入"十二五"，智能交通即将面临发展最迅速的阶段。一方面，国家在战略层面，如物联网，给予了充分的重视；另一方面，在国家和地方相关部门的努力下，行业政策法规、行业标准从无到有，对智能交通产业的发展起到了重要的指引作用。但智能交通是一个新兴的产业，现有的法律政策和行业标准还不够成熟、完善，覆盖范围不全面，如交通信息服务平台和交通管理业务缺少操作性强的地方标准，部分产品缺少权威标准，产品兼容性不高等现象依然存在。各行政主管部门之间的信息融合、共享缺乏相关法律法规，智能交通行业规范的建立还有很长的路要走。

### （三）产业集群

深圳市是电子信息产业、互联网、汽车电子、安防产业、制造业、服务业等传统产业的集散地，产业基础比较健全，也是全国最早发展智能交通系统的城市之一。在应用服务、核心支撑技术、基础设备设施 3 个产业链主要环节上涌现出一大批优秀企业。企业在 LED、RFID、GPS、道路监控、无线通信等分支领域形成了一定的规模，但仍然存在产业链上下游企业协作性有待加强，特别是在智能交通系统的研发和应用方面缺乏统一的规划和领导的问题。

2010 年 12 月 29 日，深圳智能交通产业示范基地在深圳正式签约并挂牌，示范基地以国家 ITS 中心为技术依托，将聚集更多优秀的企业形成产业集群。

### （四）人才环境

目前，深圳市以智能交通为核心业务的企业 300 余家，从业人员总数超过 2 万人。智能交通行业作为多学科融合、高科技应用行业，在从业人员结构中，专业技术人员所占比例约为 30%，从事市场销售人员比例约为 40%。

深圳市智能交通行业近年来一直高速发展，社会经济建设与发展对智能交通行业提出了非常大的需求。行业的发展迫切需要大批训练有素的各类专业人才，保守估计，从

业人员要以10%以上的年增长率增加才能满足社会对智能交通专业人才的需求。

但是，专业人才无论从数量上还是从质量上，都远远无法满足智能交通行业高速发展的需求，大批通信、电子、信息、计算机、自动化、土木工程、市政、交通、建筑等相关学科的专业人才逐渐加入到本行业，其中大部分人员单凭自己自学和经验的积累，缺乏专业、系统的职业培训。在人力资源市场上，拥有建造师或软件工程资格证书、从事智能交通现场工程项目3-5年的交通专业人员是智能交通企业的热门需求。另外，从事电子警察系统设计和GPS终端的软硬件工程师也是人力资源市场上抢手人才。除了专业技术人员不足外，熟悉市场运作、大客户管理以及高级经营管理人才也相当缺乏。国内大多数智能交通企业的管理者缺乏现代企业管理经验，极大地制约了本企业在激烈的市场竞争中的快速发展。

## 二、深圳市智能交通产业分析

### （一）企业规模

深圳市智能交通企业的业务领域包括车辆卫星定位和管理、车辆卫星导航、交通信息采集、不停车电子收费、道路交通诱导、智能公交调度、交通管理和控制、电子警察、视频监控、交通安全及设施、停车场管理、交通指挥系统、高速公路机电系统、高速公路卡口系统、物流信息化、电子口岸通关等。

据不完全统计，深圳市从事智能交通相关领域的企业及科研院所共700余家，以智能交通为核心业务的企业约300余家。

其中，从事车辆卫星定位、车辆卫星导航、运营服务、GPS芯片模块等企业共200多家；从事基于视频监控技术的电子警察、道路监控、车牌识别系统及高速公路卡口系统的设备生产、研发、施工的企业约200家；从事交通信号控制系统的设备生产、系统研发的企业（包括外地企业或外资企业深圳分公司在内）约10家；从事基于GIS技术的交通管理系统、交通信息服务平台开发及GIS地图供应商数量约20余家；从事交通安全及设施的产品生产、施工的企业约30家；从事基于RFID技术的车辆管理系统、不停车电子收费系统、交通信息采集系统、停车场管理系统、电子口岸通关系统的设备生产、系统研发企业约200余家；从事动、静交通诱导系统的相关设备生产及系统研发企业约10家；从事高速公路机电系统的相关设备生产及系统研发企业约50家； 从事智能公交及调度的相关设备生产及系统研发企业约10家；从事交通工程、智能交通系统设计和咨询的机构（包括外地企业或外资企业深圳分公司在内）约10家。

### （二）产业链状况及企业分析

#### 1. 硬件设备生产商

智能交通系统中涉及的硬件设备主要有视频监控器材、视频监控服务器、硬盘录像机、卫星定位行驶记录仪、卫星导航设备、交通信息采集器（包括传感器、探测器等）、交通信号灯、交通信号控制机、车道检测器、交通设施、车辆电子标签、射频天线、RFID 读写器、红外信标、LED 户外情报板、雷达探测器、无线专网通信设备、光纤通信设备、指挥中心控制设备等。这些与自动化、电子信息、传感技术相关的产品实现了车与路、车与车之间的信息交换与互动，构成了智能交通系统。由于市场的不断细分，一部分企业专注于相应的领域从事核心设备的研发和生产，一部分企业则同时还进行软件系统的开发而成为解决方案提供商。

在这些硬件设备和技术当中，以底层嵌入式芯片、信息采集核心设备、控制器的开发最关键，引领整个行业链的上下游发展。此类拥有核心技术的设备生产商在产业链中的盈利能力最强、利润最高，利润率在 30%～60%不等。据统计，我市设备生产商大多集中在技术要求不高或行业标准不完善的产品领域，如道闸、道路交通设施、GPS 定位器、低端道路监控摄像机等，这类产品的行业竞争激烈、产品同质化比较严重、利润率普遍较低。

在企业扩张成本、用工成本、采购成本和运输成本仍居高不下时期，科技企业进入智能交通领域通常从软硬件产品研发做起。在 2010 年，通过代理国外智能交通硬件产品或对此进行二次开发的深圳注册企业较以往增加了 20%以上，表明了众多拥有先进技术的国外企业对中国市场的重视。在接受调查的生产型企业中，80%的人看好智能交通领域的宏观经济前景，认为近期市场对本行业产品数量的需求较大，未来的产品将会朝着模块化、高度集成化、功能多样化的方向发展，适应不同的需求，具有较强的兼容性。

2. 软件开发商

深圳市智能交通企业中，有相当一部分的企业为软件企业，拥有一系列的软件著作权和软件登记证书的产品，这些企业大多还扮演着系统集成或运营服务的角色。深圳市智能交通软件公司主要从事于交通管理平台、卫星定位监控平台、电子警察系统平台、行业车辆调度管理平台、仿真平台、交通信息服务平台、停车场管理平台、中间件等业务。其中一部分企业是由 IT 软件开发企业转化而来的，产品研发能力强，处于行业领先，以提供软件外包服务为主。

云计算概念的提出，在智能交通系统中将发挥巨大的作用。智能交通是一门复杂科学，每个交通物体都具备不确定性，云计算作为一种高度可扩展的计算方式，正好满足复杂交通的要求。此外，未来的智能交通软件产品将会实现普及化，产品竞争力更侧重的是服务质量。

3. 系统集成和工程商

智能交通行业中集成的概念主要来源于建筑智能化和信息系统项目，是通过各种有效的技术手段如软件平台将各个分离的设备、功能和信息等集成到相互关联、统一协调的系统之中。

深圳市智能交通系统集成和工程商的数量占企业总数的三成左右，其中，拥有 200

人以上规模的企业只占企业总数的两成，年销售额/工程订单在1000万以下的企业居多，年销售额/工程订单超过3000万以上的企业较少，部分企业缺乏核心竞争力、利润率偏低。智能交通系统更多地体现出智能化、网络化和高度集成的特点，对工程商和集成商的技术能力、资金能力和集成能力的要求越来越高，规模较小的企业难以在大项目中形成竞争力。

2010年与2009年比，智能交通系统企业采购的核心原材料订单数量普遍增加，涨幅在10%以上，企业采购的核心原材料订单价格则下降或持平，企业产品销售订单（合同）数量普遍增多，企业产品销售订单（合同）价格普遍增长或持平。企业普遍认为，企业发展的有利因素主要有市场高速增长、行业处于成长期、政府出台产业扶持政策等。同时认为，制约其经营发展的因素有国内市场开拓难度加大、技术人才缺乏、市场未有准入门槛、行业标准不完善及政策落实不到位等。

4. 运营服务

智能交通系统运营被认为是未来的主流盈利模式。深圳市智能交通运营服务企业主要从事于私家车辆卫星导航服务、行业车辆卫星定位管理、智能停车管理、交通信息服务等领域。

以GPS运营服务为例，运营服务的对象和内容非常宽泛，既为社会车辆提供定位、监控、导航、报警服务，又为行业车辆额外提供速度监控、油料监控、掉电报警、调度等其他客制化服务，还为公安、交通、消防等行政部门的执法、公务用车提供监控、管理、调度等服务。深圳市从事运营服务的智能交通企业数量较多，其客户遍布国内各大城市，规模较大的有深圳市赛格导航科技股份有限公司、深圳市伊爱高新技术开发有限公司，入网车辆均在20万辆以上，后者为韩国SK公司的控股子公司。

由于进入门槛低，导致小规模的运营商遍地而生，为了生存以低价格作为主要的竞争手段，不断靠开发新客户来维持经营，自身服务能力差，而客户对服务的要求越来越高，服务内容也越来越多，使运营风险增加，行业洗牌在所难免。运营商将更注重对客户服务的质量，而不是仅仅从销售产品获得利润。另外，一些大型运输企业和汽车联盟自身将具备日常运营监管能力，这将进一步蚕食GPS运营商的生存空间。

随着交通信息系统的逐步完善、信息服务的内容逐渐多样化及电信运营商的积极介入，智能交通运营服务势必上升到更高的阶段，即从现阶段的行业需求转变到追求交通的便捷性、舒适性和安全性。

### （三）创新发展投融资模式

持续稳定的资金支持是智能交通系统建设与发展的前提。目前，政府出资建设是智能交通行业主要的投资模式。随着市场规模的不断扩大，除政府职能范围的系统由财政投资外，还需要发挥各个行业和社会各方面的积极性，多层次、多渠道地筹措资金，加大智能交通建设资金的投入力度，缓解建设资金总量不足。在原有模式中，用户和企业是利益的对立面，不利于整个行业的发展；通过扩充投融资渠道后，市场价格竞争的大环境将逐步降低产品制造和销售利润，使通过产品和系统的售后服务获取利润成为趋势，用户和企业则成为利益共同体。

该模式可以通过与移动通信公司等单位共同提供交通信息服务的方式合作，筹措建设和维护运营资金，也可以通过与智能交通系统集成和工程商合作，走合作、研发、产业化道路，拓宽筹资渠道。

# 第四章

## 智能交通主要企业

# 北京四通智能交通系统集成有限公司

北京四通智能交通系统集成有限公司（Beijing STONE Intelligent Transportation System Integreation Co,LTD，简称 SITS）成立于 1999 年，是国内最早致力于 ITS 发展的专业公司之一。

公司面向交通运输领域提供服务，以积极稳健的作风在实践中发展，具备优良的专业素质，是北京市道路交通管理部门的主要合作单位之一，与国内外交通运输领域的相关单位建立了紧密的合作关系。公司长期专注智能交通行业，特点突出、方向明确，在 ITS 领域取得了一系列突出业绩，成为我国 ITS 领域颇具影响力的专业公司。公司主导业务包括：智能交通系统集成、交通工程技术服务、交通专项产品经营、交通信息化。

公司以专业团队、创新技术和完善服务构建核心竞争力，具有以下综合优势：

- ❑ 扎实的交通工程专业基础，对交通运输业务运营和管理的充分了解，专业化、长期的技术服务支持。专业化的 ITS 综合集成涉及和实施能力。
- ❑ 智能化交通管理和智能化交通信息服务领域成熟的经验和雄厚的技术工程实力，动态交通信息采集、处理（分析）、发布系统建设的优良的业绩和工程基础。
- ❑ 交通违法监测、交通诱导、信息资源整合等专业创新的技术、完善的软硬件产品、全面的系统解决方案。

SITS 在多年的发展中，实施了多项国内 ITS 领域具有代表意义的项目，形成了雄厚的专业技术积累。公司主持和参与近 30 项包括“973”、“863”、支撑计划等在内的国家及北京市的 ITS 科技项目，参与多项标准制定，形成大批自主创新产品、产品专利等知识产权成果。“城市交通拥堵的形成机理与疏解方法研究”获北京市科技二等奖，“道路交通流信息采集、处理分析、发布系统”获北京市科技三等奖。

公司注重综合素质的提高，取得多项相关的专业资质，是多个全国性行业、学术团体的成员。公司是中国智能交通协会理事单位、国家智能交通产业技术创新战略联盟理事长单位、中国光学光电子行业协会副理事长单位、LED 显示应用分会理事长单位。公司积极关注和推动交通领域的学术交流和技术发展，是中国交通运输系统工程学会、北京交通工程学会等学术团体的主要支持单位，并协办《交通运输系统工程与信息》、《道路交通安全》等交通专业刊物。公司在专业技术、专项服务、推动行业发展等方面贡献突出，多次获得有关部门的嘉奖。

北京四通智能交通系统集成有限公司积极进取，坚持**“创新、专业、持久、完善”**的质量方针，倡导学习的整体理念。公司愿与国内外同行携手合作，共同推进智能交通的发展。

地址：北京市海淀区皂君庙 14 号鑫三元写字楼 5F　　　邮编：100081
电话：010-62128880　　　传真：010-62124578　　　网址：www.sits.com.cn

# 北京宏德信智源信息技术有限公司

北京宏德信智源信息技术有限公司是一家在北京市中关村科技园区注册的高新技术企业，中国智能交通协会的理事单位，国家智能交通产业技术创新战略联盟成员。

公司面向交通运输行业，致力于交通运输生产和安全保障相关的信息获取与交互、智能计算与控制、信息融合与智能分析、交通管理与调度指挥、决策支持与公众服务等方面的信息技术综合应用与工程建设；开展智能交通（ITS）领域相关技术咨询、技术服务和系统集成等工作。

公司多次承担科技部、北京市、铁道部等国家科技研究项目：

- ❑ 交通状态获取的新型传感器、传感器网络优化与融合（863）。
- ❑ 分布式交通系统信息互操作技术（863）。
- ❑ 最高试验速度400km/h高速检测列车关键技术研究与装备研制（863）。
- ❑ 新一代智能交通信号控制器研制（863）。
- ❑ 北京市浮动车辆监控管理与指挥调度系统（国家科技支撑计划、奥运工程）。
- ❑ 军交运输态势综合展现与辅助决策系统（国家科技支撑计划）。
- ❑ 新型直线电机管道运输系统关键技术研究与装备研制（国家科技支撑计划）。
- ❑ 交通安全信息集成、分析及平台构建技术开发与示范应用（国家科技支撑计划）。

公司以技术为基础，以市场为导向，相继自主研发了满足市场需要的交通状态传感网络系统、信息与应用资源监控管理系统、交通信息系统互操作平台、交通信息综合接入与服务支撑平台、警力资源调度指挥系统、区域交通服务水平评价与仿真系统、铁路运营综合监控与应急救援指挥系统、青藏铁路地理信息系统和综合监控中心系统、运营车辆监控管理系统、交通安全信息集成与应用服务系统等产品，广泛应用于交通运输管理与交通信息服务。

地址：北京市海淀区西三环中路莲花苑华宝大厦12层1228　　邮编：100036
电话：010-68471752　　传真：010-68471765　　网址：www.hdxinfo.com

# 青岛海信网络科技股份有限公司

青岛海信网络科技股份有限公司成立于1998年10月，是海信集团控股的下属子公司，是海信集团发展战略中信息板块的核心力量。青岛海信网络科技股份有限公司秉承海信集团“高科技、高质量、高水平服务、创国际名牌”的发展战略，围绕城市交通、公共交通、高速公路与机电工程、轨道交通、智能视频几大产业方向，立足自主研发，专业从事智能交通核心技术研究，重点研究交通信号自适应信号控制和优先技术、智能交通综合管理控制集成技术 、交警业务集成平台技术、交通信息发布技术、BRT智能控制技术、智能公交调度技术、视频智能技术、高清视频处理技术、交通流预测技术、平台化架构技术、城市轨道交通和监控技术等核心技术，研发具有自主知识产权的智能交通系统的自主产品。

海信网络科技公司是国家规划布局内重点软件企业、国家火炬计划重点高新技术企业、国家火炬计划软件基地骨干企业，是中国智能交通协会、交通标准化理事会常务理事单位，中国智能交通技术产业联盟副理事长单位。公司现有员工近600多人，拥有智能交通、计算机、自动控制及通信领域技术的高素质专业技术人才200多人，博士8人，硕士71人。同时，参与主持13项国家交通标准的制定，承担了国家“十五”、“十一五”科技攻关，以及863计划、973计划、科技支撑等18项国家科技攻关任务，申请了243项专利和软件著作权，是国内在智能交通领域承担及申报数量最多的企业。

海信网络科技以优化产业结构为基础、技术创新为动力、资本运营为杠杆，致力于中国城市级智能交通的建设。截至目前，海信智能交通控制系统已成功占据国内城市20%的智能交通管理市场份额，在快速公交智能调度系统（BRT）领域，市场覆盖率达到70%。

海信网络科技公司始终坚持“以市场为导向、以客户为中心”的经营方针，建立覆盖全国的营销机构和服务网络，建设全年24小时响应的呼叫中心（Call Center），提供400长途免费服务热线（400-6580111），设计并规划多种服务项目，为用户提供规范、标准、专业的服务。

创新就是生活，公司秉承“技术立企，创新生活”的核心理念，凭借雄厚的技术实力以提升智能交通民族产业的核心竞争力为己任，为城市智能交通提供创新而持久的解决方案，致力成为中国领先的智能交通系统整体解决方案的提供商和服务商。

地址：青岛市江西路11号海信高新技术产业园7号楼6层　　　邮编：266071
电话：0532-80874666 传真：0532-8387573
网址：www.hisense-transtech.com.cn　　　E-mail：wlscb@hisense.com

# 上海电科智能系统股份有限公司

上海电科智能系统股份有限公司长期致力于智能交通业务领域，是国内领先的解决方案提供商和系统集成商。公司拥有国家建设部、交通部颁发的多项一级资质证书，设有国家和省部级重点实验室、工程技术中心多个，是国家级高新技术企业和软件企业。

公司在智能交通和智能市政领域经过二十余年的历练和发展，汇聚了交通工程、计算机、自动化等专业人才 300 余人，其中享有国家政府特殊津贴 3 名，上海市优秀学科带头人 5 名，国家一级建造师 19 名，上海市新长征突击手、上海市重点工程立功竞赛记功个人、上海市争先创优先进个人、上海市技术能手等荣誉称号获奖者数十名，教授级高工、高级工程师 30 余人。公司连续两届六年被评为上海市劳动模范集体，2009 年获得上海市五一劳动奖状，2010 年获上海市模范集体光荣称号。

秉承严谨的科研作风和积极进取的创新精神，公司承担了包括 863 项目在内的多项国家级和省部级科研任务，取得百余项科研成果、技术专利和软件著作权。公司研发的“城市交通诱导系统与关键技术”获国家科技进步二等奖、“城市道路交通信息智能化系统及平台软件”获上海市科技进步一等奖。

公司在智能交通领域形成了城市智能交通、高速公路三大系统、隧道桥梁机电工程、轨道交通工程，以及数字水务、智能建筑、市政信息化平台等业务发展方向，多年来实施了近百项国家重点工程，取得了辉煌的业绩。公司承建的上海市交通综合信息平台及服务应用平台、上海市道路交通信息采集和发布系统工程、虹桥综合交通枢纽交通管理系统，实现了跨行业综合交通信息的资源整合、共享和交换，构筑了上海市交通信息化系统，保障了总客流突破 7000 万人次的上海世博会的顺利召开，并在日常运行管理过程中发挥着越来越重大的作用。具有代表性的项目还有：世界最长的跨海大桥——杭州湾跨海大桥机电工程；北京奥运会重点项目——京津高速公路天津段机电工程；国内最长的世博电力电缆隧道——上海市北京西路至华夏西路电力电缆隧道机电工程；世博重点项目——市政配套设施综合管沟机电工程项目等，足迹遍布上海、浙江、江苏、云南、湖南、福建、天津、新疆等十几个省份。公司通过承担近 90%的上海城市道路智能交通、高速公路机电系统项目，成为世界上少数几家能为特大型城市提供道路智能交通完整解决方案的系统集成商。凭借在多个国家重点工程项目建设中的优异成绩和突出贡献，公司荣获省市级市政工程金奖十余项，并连年被评为全国十佳系统集成商。

上海电科智能将引领智能交通、智能市政业务领域的技术发展为己任，以领先的技术、完善的解决方案、创优的系统集成、贴心的售后服务，打造智能交通、智能市政领域的卓越品牌！

地址：上海市武宁路 509 号电科大厦 3 楼　　　　邮编：200063

电话：021-32557700　　传真：021-32557002　　网址：www.seisys.cn

# 安徽科力信息产业有限责任公司

安徽科力信息产业有限责任公司是国家级重点高新技术企业。先后荣获团中央、全国青年“中国青年科技创新行动先进集体”，国家人力资源与社会保障部“博士后科研工作站”，国家科技部“国际科技合作基地”和两个安徽省委组织部的“安徽省115产业创新团队”等。

公司拥有安徽省科技厅“安徽省智能交通重点实验室”、“安徽省计算机软件工程技术研究中心”和合肥市“合肥智能交通工程技术研究中心”等技术创新平台，具有良好的技术创新支撑环境和政策资金支持。

公司与安徽省公安厅交通管理局、合肥工业大学、中国科技大学等共同参与安徽省发改委“安徽省智能交通（ITS）工程研究中心”建设，与安徽省公安厅交管局共建“安徽省公安交警科研及培训基地”。并联合北京航空航天大学、合肥工业大学、长安大学、中国科技大学、同济大学、公安部第三研究所和中国物联网研究院等国内一批重点大学、科研机构开展技术合作与交流，建立了富有特色的“警、产、学、研”合作体系，建成了具有应用技术研究与实际应用和成果转化无缝衔接的科研实验环境，不断在应用中凝练课题，集聚技术和转化成果。

公司是安徽省智能交通建设联席会议协调领导小组技术依托单位、安徽省智能交通协会秘书长单位，安徽省智能交通产业技术创新战略联盟主要依托单位。在安徽省经信委、公安厅、交通运输厅等有关部门的领导和支持下，团结省内行业、企业等共同开展一批重大项目建设，促进安徽省智能交通技术创新和产业发展。

公司还与德国宇航中心共同承担德国教研部“中国百万人口城市交通系统”项目，并与美国sensys公司、日本OKI等公司合作，实现在智能交通领域关键技术开放式创新。

公司先后承担国家发改委、科技部、公安部、工信部、财政部和安徽省及合肥市各类计划项目一百多项，三次获得安徽省科技进步一等奖，三次获得公安部科技进步奖和其他三十余项奖励。在“道路交通工程及交通安全设计”、“道路交通信息采集技术”、“道路交通信号机信号控制”、“道路交通警用装备”和“智能交通综合管控集成平台”等应用领域获国家专利授权和著作权四十多项。

公司现有各类专业人才200多人，其中1位全国“五一”劳动奖章获得者，6位享受国务院特殊津贴，2位享受安徽省政府特殊津贴，3位安徽省学术和技术带头人，1位“国家友谊奖”获得者和2位合肥市专业技术拔尖人才。

地址：中国安徽合肥黄山路628号　　　　邮编：230088

电话：0551-5325207　　传真：0551-5336686　　网址：www.ahkeli.com

# 浙江浙大中控信息技术有限公司

浙江浙大中控信息技术有限公司，成立于1999年，是中控科技集团的重要组成部分，是专注于系统集成事业，拥有行业整体解决方案的高级系统集成服务提供商。

中控信息依托浙江大学、工业自动化国家工程研究中心、工业控制技术国家重点实验室和先进控制技术研究所的科研实力，通过对实用技术和行业的深入研究、不断创新；并通过不断强化“整合资源能力、集成创新能力、精细化管理能力、成批人才培养能力”等核心能力，建立并持续改进、完善QEO（质量、环境、健康）体系，确保公司在所涉足的智能交通、轨道交通、数字化水务（水/污水自动化系统）、智能建筑、数字化医疗、公用工程等行业的系统集成项目中始终处于优势地位，并保障了项目的有效实施。

1998年，在高速公路机电控制领域首先提出并成功应用了双向环光缆冗余Profibus现场总线技术，并成为国家公路建设技术标准。

2005年，国内首创智能化、数字化医院整体解决方案并成功实施，开创中国数字化医疗信息化建设的新篇章。

2008年，参与《安全技术防范系统建设系列地方标准》的编撰工作。

2009年，通过“省级研发中心”认定。

2010年，获“2009年度浙江省最佳创新软件企业”称号。

2010年，中控轨道交通综合监控模拟平台获“杭州市2009年优秀新产品新技术二等奖”。

11年的辛勤耕耘，公司已建成一支由博士、硕士及各领域专家组成的富有活力、充满挑战精神的团队，同时获得并保有多项涉足国家重大项目所必备的顶级资质，公司业绩得到了业界的充分认可，业务区域遍布全国30个省（市），服务客户近400家，标志着中控信息已跻身国内一流系统集成企业行列。

胡锦涛、李长春、习近平、李克强、贺国强等多位中央领导在访问中控时，都充分肯定中控的发展模式，更坚定了中控信息走自主创新之路，创系统集成品牌的决心和信心。

秉承“敬业、合作、创新”的企业精神，中控信息将遵循“引领系统集成方向、跻身国际一流，提升客户投资价值、促进社会发展”的企业宗旨和“以人为本、合作共赢、回馈社会”的经营理念，不断拓展各相关方共同发展的平台，为客户提供超值服务，与合作伙伴共创锦绣未来。

地址：杭州市滨江区六和路309号中控科技园　　邮编：310053
电话：0571-81118832　传真：0571-86667849　网址：www.supconet.com

# 四川川大智胜软件股份有限公司

四川川大智胜软件股份有限公司（Wisesoft Co.,Ltd.）成立于 2000 年 11 月，是我国空中和地面智能交通领域具有自主知识产权的大型软件和重大设备供应商。2008 年 6 月 23 日，公司在深圳证券交易所中小企业板挂牌上市（公司股票代码 002253）。

在高端技术密集的空中交通管理领域，公司以自主研制的大型实时软件为核心，通过系统集成，形成了空管自动化系统和空管仿真模拟训练系统两大系列的重大技术装备，并逐步取代同类进口设备。在我国军民航空管领域的市场占有率居国内厂商首位，公司已成为国家规划布局内重点软件企业。

公司还将空管的先进理念和技术应用到市场前景更加广阔的地面智能交通管理领域，形成了以车牌识别技术为核心的具有较强竞争力的产品。

公司总部办公楼

公司培训楼

公司现有员工 400 余人，技术人员中博士、硕士和高级技术职称人员占 40%以上；其中，中国科学院院士 1 人，国家级有突出贡献的专家 2 人，留学回国人员和享受政府特殊津贴的专家 10 余人。公司员工中有 3 人先后担任“全国空管系统总体技术专家”，1 人担任“民航总局特聘专家”。

公司多项产品获国家大奖，公司取得了多项具有国内领先和国际先进水平的成果，分别获得了一项国家科技进步一等奖、两项国家科技进步二等奖、四项部省级科技进步一等奖和六项部省级技进步二等奖。

公司是国家认证的软件企业和系统集成企业，同时也是国家规划布局内重点软件企业和国家级高新技术企业。公司目前已通过 ISO 9001:2000 质量管理体系认证和国军标质量认证，并具有计算机系统集成一级资质、武器装备科研生产单位机密级资质、电子工程专业承包二级资质和安全技术防范工程设计、安装、维修一级资质；也是四川省“空中交通管制系统重大装备产品链”的牵头单位。

地址：四川省成都市武侯区武科东一路 7 号　　邮编：610045
电话：028-85372628　　传真：028-85372630　　网址：www.wisesoft.com.cn

# 北京千方科技集团有限公司

北京千方科技集团有限公司（简称千方集团）始创于2000年，是中国交通信息化领域首家登陆美国纳斯达克资本市场的高科技企业（交易代码 CTFO）。公司主要从事交通行业信息化、智能化建设和服务，拥有从交通信息化项目建设，到交通信息采集、处理、发布和运营的完整产业链及成熟的运营管理、服务模式。千方集团致力于成为中国领先的交通信息化产品和解决方案提供商、中国最优秀的交通信息服务运营商。

千方集团立足交通信息化行业，坚持自主创新。公司成立10年以来，坚持遵循产业链整合推动“技术创新”、产学研用相结合带动“产品创新”、用户需求驱动“应用创新”的原则，目前已拥有百余项专利及软件著作权，有20个自主创新产品被列入政府采购目录。千方集团目前已有幸成为中关村国家自主创新示范区首批“十百千工程”重点培育企业、中关村国家自主创新示范区核心区重点创新型企业、北京市经信委“四个一批”工程重点培育企业。千方集团连年承担了多项“十五”、“十一五”国家科技支撑计划项目，主持参与了多项国家“863”计划专项，不仅在业内建立起了良好的口碑及声誉，且获得了多个国家级、省部级奖项。

伴随着中国交通行业的高速发展，千方集团连续6年保持销售收入50%以上的高增长率，荣膺“2010德勤高科技/高成长中国50强”位列第28位、“2010福布斯中国潜力企业20强”位列第11位、“2010全球最具成长性的华商上市公司”等荣誉。

历经十余载的积累和沉淀，千方集团在智能交通领域已拥有成熟、完整的解决方案和丰富的运营管理经验，在提高交通管理效率和减缓交通拥堵方面做出了自己的贡献。其中包括交通资源整合与城市综合交通运行指挥中心系统、高速公路不停车收费系统、交通量调查设备与数据中心系统、轨道交通信息化系统、综合交通枢纽信息服务与综合管理系统、智能停车诱导与管理系统、交通应急指挥中心系统及高精度客流量检测系统等在内的多项自主研发系统（产品），已成功应用于全国多个省市、自治区，以及奥运会、世博会、国庆六十周年庆典、深圳大运会等大型社会活动。

千方集团建设的高速公路机电工程覆盖全国20余个省份，累计建设里程占全国高速公路通车总里程的20%，是高速公路机电工程建设领域领军企业。

千方集团以中国道路运输行业的科学、规范、高效管理为己任，为构建大交通行政管理体制下的国家综合交通运输监管服务体系做了大量工作。在日前为落实国务院要求由交通运输部牵头，联合公安部、安监总局及总装备部启动的全国道路安全监管和服务项目中，千方集团作为授权合作企业，负责道路运输车辆卫星定位动态监控系统车载终端与监控服务平台，以及全国货运服务平台的技术开发、服务体系建设和终端推广应用工作。

千方集团为公众出行提供全面的实时交通信息服务，通过旗下“掌城网”、“路况通”

等产品和新一代智能交通信息服务平台，向公众提供实时路况、交通管制、占道施工、停车场空位等信息，还可以结合实时路况制订出行路线规划，提供环保驾驶建议，帮助用户有效避开拥堵路段，提高出行效率，使公众出行变得更加轻松。

千方集团以“让交通更便捷”为使命，以提高道路运输效率和缓解交通拥堵为目标，以推动智能交通产业发展为己任，在今后的发展中仍将继续坚持自主创新的道路，团结上下游企业，以拉动产业链并实现共赢为目标，努力发展成为信誉优良、技术领先、服务优质的具有强大竞争力和强烈社会责任感的企业，为中国交通运输行业健康发展贡献自己的一份力量！

地址：北京市海淀区学院路 39 号 北航唯实大厦 9 层　　邮编：100191
电话：010-51691655　传真：010-51691666　　网址：www.techfront.com.cn

# 安徽汉高信息科技有限公司简介

安徽汉高信息科技有限公司位于合肥国家高新技术产业开发区，注册资金 3000 万元，公司是以高速公路、干线公路、内河航道、港口码头、邮政、航空等领域信息系统，以及交通信息化产品的研究、开发、设计、生产、销售、建设和维护为一体的软件开发公司和高新技术企业，为交通运输领域提供智能化、信息化及光机电一体化的 ITS 全面解决方案。

公司始终坚持以人为本，重视人才的引进和培养，同时公司还与中国科技大学、合肥工业大学等高校及中科院合肥分院等国家级科研院所进行密切合作，组建了一支较为完整的科研开发团队，具备交通运输领域信息化产品的自主研发和创新能力。

公司自成立以来始终秉承“合作、诚信、创新、自立”的经营理念，不断加强自身建设，公司通过了 ISO 9001:2008 国际质量管理体系认证，是安徽省科技厅认定的“高新技术企业”、安徽省信息产业厅认定的“双软认证”企业，拥有国家住房和城乡建设部颁发的“公路工程专业承包通信、监控、收费综合系统工程资质”一级资质证书，“安全技术防范行业二级资信等级证书”，公司被安徽省评为“2008 年度优秀企业”和“2009 年度、2010 年度安徽省优秀软件企业”，公司还承担省级交通科研计划项目，拥有汉高高速公路联网收费系统 V2.0、汉高高速公路电子不停车收费系统软件 V1.0、汉高公路治理超限超载应用管理系统软件 V1.0、汉高公路项目建设管理系统 V1.0 等 8 项自主知识产权的软件产品。

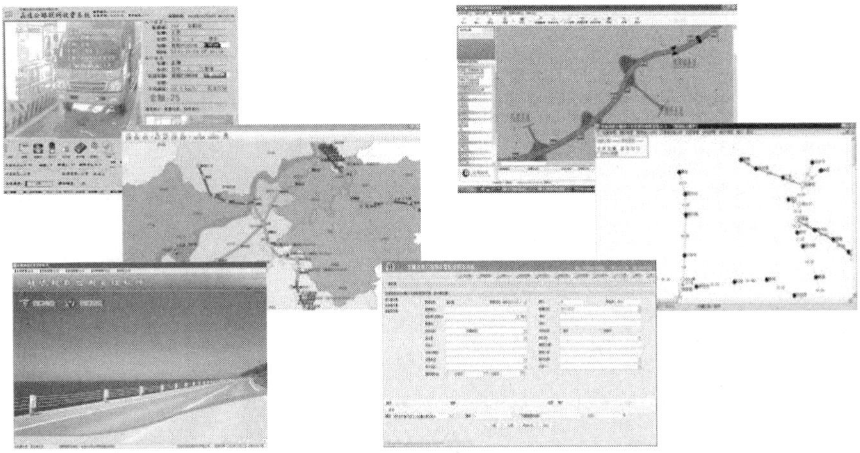

地址：安徽省合肥市高新区天达路 71 号华亿科学园 E1 座 3-4 楼

电话：0551-5397930/931/932/933　　　传真：0551-5316996

网址：www.highwayits.com.cn

# 深圳市易行网交通科技有限公司

深圳市易行网交通科技有限公司依托深圳市交通运输委，是深圳交通委业务直接委托的城市交通信息中心环境建设单位。公司成立于2010年1月，属全民所有制独立法人企业，首期注册资金500万元。

公司将构建深圳城市交通信息采集与传输汇聚中心；交通信息分析与挖掘处理中心；交通信息交换与共享服务中心；交通信息源提供与发布主渠道；交通信息体系日常业务与管理支撑中心。

公司主要业务范围包括：

- ❑ 交通信息咨询。
- ❑ 智能交通规划、设计、建设、管理、运营及维护。
- ❑ 交通信息采集、传输、处理、存储、发布、交换与共享。
- ❑ 智能交通信息平台建设。
- ❑ 智能交通系统核心技术研究，交通数据分析。
- ❑ 交通信息综合服务和增值服务。

公司在交通科学技术研究、城市交通模型体系、城市仿真平台、城市智能交通系统运维等方面取得多项业绩。近期主要完成了《深圳市智能交通"十二五"规划》、"基于手机数据的交通规划决策支持"、"交通信息服务体系"、"单枢纽、多枢纽、中心枢纽城市三层次交通枢纽协同调控平台"、"城市交通信息采集与汇聚平台系统"等交通信息规划、建设、科研、咨询类项目。

深圳市易行网交通科技有限公司目前正在积极建设深圳市智能交通系统"九网合一"新模式，即出行分布网、道路交通网、公交线路网、轨道客流网、信号控制网、停车诱导网、出租电招网、枢纽换乘网、设施位置网，打造城市交通信息源中心环境。

深圳市易行网交通科技有限公司地处我国改革开放的前沿阵地，将立足深圳特区，在智能交通系统、交通信息化等领域积极开展业务，并将充分利用深圳特区的综合优势，在深港莞惠乃至整个珠三角区域智能交通科技领域予以拓展。

公司愿与全国同行携手，共同推进智能交通的发展。

地址：深圳市福田区车公庙福安大厦三楼　　邮编：518040

电话：0755-83135079　　传真：0755-83130155

网址：www.e511.com

# 浙江浙大网新集团有限公司

浙江浙大网新集团有限公司由中国工程院院士、浙江大学前任校长潘云鹤先生创建于2001年6月，旗下拥有浙大网新科技股份有限公司和浙江众合机电股份有限公司等多家上市公司，资产规模与合同规模均超过百亿元，拥有员工近万名。浙江网新技术有限公司（以下简称网新技术）是浙江浙大网新集团有限公司依托浙江大学综合学科优势组建的创新型高科技公司。

浙江网新技术有限公司秉承“专注于客户的挑战和期望，提供卓越的智能解决方案和服务，持续实现客户价值最优化”的战略使命，致力于打造物联网领域、绿色智慧城市、智能交通和轨道交通运行控制系统领域的创新引擎和产业化阵地。基于物联网技术、传感器技术、传感网络技术、控制技术、信息识别技术、信息处理技术和信息系统技术等多项核心技术的突破和自主知识产权积累，网新技术致力于成为优秀的行业高端设备供应商和行业核心系统解决方案提供商。

浙江网新技术有限公司在物联网和传感网的研究上处于国内领先地位，拥有国家列车智能化工程技术研究中心，国家级智能列车传感器检测中心（筹备），国家级企业技术中心，创新研究院，创新孵化池，博士后流动站，是国家“十二五”科技支撑计划“智能高速列车项目”主要参与者，承担多项科技部、铁道部、交通部的科技支撑计划项目和863项目，在杭州总部拥有7500平米的现代化实验办公场地，目前公司拥有高端专业技术人员300余人，其中50%以上具有博士、硕士、中高级职称，本科以上学历人员达到100%。

网新技术拥有一支富有研发、产业化经验和实力的物联网产品团队，掌握了物联网、传感网、信息通信、自动控制等多项核心技术，从“智能服务社会”的愿景出发，以国家战略、社会发展需求为导向，以实现节能减排、绿色环保、可持续发展为目标，构建基于物联网、传感网技术的智能化平台，在实践中，网新技术将战略决策与新锐洞察结合起来，全方位提升铁路、公路、轨道交通及智能电网等多个领域的发展；同时网新技术期望在不久的将来能够帮助不同地区的人们更加智慧、更加绿色地应对全球挑战，享受城市化、智能化进程中的巨大利益。

融合了物联网技术、传感网技术、信息技术等尖端科技的智能高速公路是未来智能交通体系的重要组成部分，其中重中之重是关键交通设施的状态感知与预警。网新技术作为国内该领域领先的高科技企业，利用物联、传感、通信等技术，致力于研究高速公路全路段的交通设施运行状态监测（例如，桥梁、隧道、边坡等的应力疲劳、结构位移、二次衬砌受力等状态监测），同时结合多维预警系统，为智能高速公路的安全运行、运营效率的提高，以及实现路网可视、可测、可控，提供了完整的解决方案。

网新技术通过提供以高性能智能传感器、光纤传感器、传感网络为核心和以标签数据服务为核心的物联传感综合架构方案，已取得在列车智能化行业的突破性进展，并向轨道交通智能化、高速公路智能化、船舶智能化等行业稳步拓展，用自身物联网领域的研究成果和产业化经验为交通领域的智能化贡献力量。

地址：中国浙江杭州市天目山路 226 号 14 楼　　邮编：310007
电话：0571-87750000　传真：0571-87965700
网址：www.insigmagroup.com.cn

# 深圳市金溢科技有限公司

深圳市金溢科技有限公司（以下简称“金溢科技”）创立于2004年，注册资金3000万元，是一家业务定位于物联网（IOT）与智能交通系统（ITS）领域，专注于专用短程通信（DSRC）、射频识别（RFID）、智能卡（ICC）读写机具及嵌入式POS终端平台核心技术研究、产品开发、设备制造与服务的国家级高新技术企业。公司总部位于深圳，在北京、广州设立了分公司，在杭州、武汉等多地设有办事处，销售服务网络覆盖全国。

截至2010年底，金溢科技资产规模过亿，年营业额1亿多元，员工400多人，其中，研发团队规模近百人，核心研发团队由海归博士领衔。金溢科技自成立以来，年研发投入占销售额比例均达 15%以上，研发投入和技术实力为国内行业领先。同时，公司申请并获得了包括10多项发明及20多项实用新型专利在内的多项自主知识产权科技成果，这些成果先后通过了国家交通部、公安部、信息产业部等权威机构的检测认证。如今金溢科技ETC产品已在广东、北京、江苏、辽宁、四川等全国20多个城市成功应用。

金溢科技长期以来秉承“专注研发、专业制造”的经营理念，并依托中国珠三角地区雄厚的IT产品研发和电子制造技术资源，为客户专业提供高品质、快速响应和一站式的物联网与智能交通系统前端产品与解决方案定制开发及专业制造服务。同时，作为国内最早从事第一代5.8G微波电子收费（ETC）核心技术的开发单位，2006年金溢科技与交通运输部公路科学研究院合作，主力参与承担了自主创新的中国智能交通电子收费国家标准（GB/T-20851 系列）的编制，为我国电子不停车收费行业和智能交通产业发展贡献了力量。与此同时，公司凭借技术和服务双领先优势，自2006年起至今，已连续5年保持50%以上全国市场占有率的优势，成为处于领军地位的行业龙头企业。

金溢科技是中国智能交通行业协会理事单位，全国智能运输系统标准化技术委员会联网电子收费专家组成员，2008 年首批完成认证的国家级高新技术企业，深圳市智能交通协会副主席单位，粤港RFID产学研联盟副主席单位，广东省诚信示范企业，以及广东省软件行业协会和深圳市软件行业协会会员单位。

深圳．地址：深圳市南山区科韵路清华信息港A栋12楼/518057
广州．地址：广州市天河软件园建工路4号新泰大厦4楼/510665

北京．地址：北京市丰台区南三环西路 16 号搜宝商务中心 3 号楼 601 室/100068
电话：+86 755 33631699（深圳）+86 10 63785216（广州）+86 10 63785276（北京）
传真：+86 755 33631693（深圳）+86 20 85529116（广州）+86 10 63785216 转 810（北京）

# 中国安防技术有限公司

中国安防技术有限公司（China Security  Surveillance Technology, Inc. 英文简称：CSST），是一家同时在纽约证券交易所和纳斯达克迪拜上市的公司。股票交易代码：CSR。

CSST 以安全、健康为核心，致力于为中国平安城市、数字城市乃至智慧城市建设，提供整体解决方案及综合业务支撑。CSST 通过不断整合产业资源，凝聚知名企业，吸纳优秀人才，迅速提升核心技术水平、生产制造能力、系统集成能力及综合运营能力，构建完善的全国营销体系，技术服务和安全服务中心，全力打造智慧、数字与平安城市。

CSST 主要由投资、安防集成、安防智能、安防服务、安防销售、安防国际、消防、节能减排、感知物联网、安防教育、再生资源及研究院组成的十二大功能板块。

- ❑ 投资板块：总部管理机构及投融资主体机构。
- ❑ 集成板块：智慧、数字、平安城市及各行业安全系统集成业务。
- ❑ 智能板块：全系列安防、消防产品生产制造。
- ❑ 服务板块：综合安全服务运营体系。
- ❑ 销售板块：立足中国市场的国际安全产品渠道商和增值服务商。
- ❑ 国际板块：国内外安防产品“一站式”营销及国际项目集成。
- ❑ 消防板块：消防全系列产品、工程及服务业务。
- ❑ 节能减排板块：节能减排系统产品、工程及服务业务。
- ❑ 感知物联网板块：物联网系统产品、工程及服务业务。
- ❑ 安防教育：中国最大的数字城市专业人才培训基地。
- ❑ 再生资源板块：垃圾收集自动分类处理和再生资源利用设备及工程服务。
- ❑ 研究院：智慧、数字、平安城市领域国内一流的基础技术应用及技术研发团队。

CSST 致力于从事对社会安全有益的事业，以安全、健康、便捷、高效的理念推动城市提升综合运营管理水平。成为国内领先国际知名的：城市整体解决方案提供商、智能化产品供应商及渠道商、系统平台及集成工程服务商、安全服务运营商，以及专业人才培训基地。以务实、包容、专业、前瞻、超越的精神经营企业，服务社会。

地址：深圳市福田区深圳大道特区报业大厦 13 楼　　　邮编：518034
电话：86-755-83510888　　传真：86-755-83515671　　网址：www.csst.com

# 中国智能交通系统（控股）有限公司

中国智能交通系统（控股）有限公司（China ITS（Holdings）Co.,Ltd，简称 CIC，港股：1900，HK），是中国领先的智能交通产业技术解决方案及服务提供商。

作为中国第一批从事智能交通的国家级高新技术企业，CIC 专注于高速公路、铁路及城市交通领域，为客户提供整体解决方案、专业解决方案及增值运营服务，以满足客户对安全、可靠、高效、环保及保证收益的多层次需求。

公司通过产业和资本的紧密结合、行业的高度专注、业务的深度整合来发挥协同效应，在中国智能交通市场确立其不可复制的独特优势。经过十余年的发展与整合，业已成为中国唯一一家横跨高速公路、铁路及城市交通三大领域，集整体解决方案、专业解决方案及增值服务为一体的高科技企业集团。

CIC 致力于成为中国 ITS 发展的领航者，在铁路、高速公路、城市交通、民航乃至水运等领域积极推进业务发展。CIC 开展的整体解决方案、专业解决方案、增值运营服务三个业务板块，全面覆盖智能交通系统价值链，极具协同效应，并互为促进和推动。

CIC 总部位于北京 CBD，并在北京、上海、深圳、成都等地设立多家研发机构和生产基地，目前业务遍及中国 30 个省、自治区、直辖市及部分海外市场。CIC 在行业内率先通过 ISO 9001、ISO 14001、GB/T 28001、ISO 27001 管理体系认证和 CMMI 3 认证，建立了全方位的工程管理与运维体系、信息化管理平台、供应链管理平台和内控体系。CIC 现有员工 600 余人，团队核心成员拥有 10 年以上行业从业经验，本科以上学历员工超过 80%，已形成一支市场开发、技术研发、项目管理、运营维护与业务支持的多层次复合型团队。

作为中国智能交通行业发展的参与者和见证者，CIC 紧紧把握住快速增长的市场机遇，凭借雄厚的实力和良好的信誉，取得了良好的经营业绩，奠定了在中国智能交通行业的领军地位。2009 年，CIC 在中国高速公路智能交通系统整体及专业解决方案、铁路专业有线及无线通信解决方案市场中的占有率居首位，其中高速公路项目遍布全国 29 个省、自治区、直辖市。CIC 先后荣获“国家科技进步一等奖”、“鲁班奖”、“詹天佑奖”、“中国公路学会科学技术奖特等奖”等多项国家、行业大奖。

唯信至高，唯勤至远， 唯新至强，唯才至胜。未来的 CIC，将始终以客户需求为导向，继续提升客户的满意度。同时不断加强公司治理及人文关怀，为经济效益与社会价值的共同实现而努力。

地址：北京市朝阳区东三环中路 1 号环球金融中心西塔 17-18 层　　邮编: 100020
电话: +86-10-59330088　　传真: +86-10-59330999　　网址: www.its.cn

# 北方工业大学智能交通系统研究所

北方工业大学智能交通系统研究所依托北京市重点实验室、工程技术中心、交通控制产品检测中心和控制科学与工程学科开展交通控制及控制系统的研究、开发、设计和集成应用。在城市智能交通控制技术领域取得了丰富的成果，树立了突出的学术形象，形成了鲜明的技术特色。

研究所目前有教授16人、副教授（博士后）25人，专职工程技术人员16名，博士硕士20人；北京市高层次人才3人，北京市有突出贡献专家1人，全国优秀教师1人。3个团队分别于2005年被授予“智能交通系统北京市学术创新团队”、2006年被授予“基于知识发现的模糊专家系统北京市学术创新团队”和2007年“网络化控制北京市学术创新团队”。

近几年，研究所承担了国家863项目、国家科技支撑项目、国家自然科学基金项目等在内的50多项国家级和省部级科研任务，取得百余项科研成果、技术专利和软件著作权。2006年“公安交通紧急事件快速反应系统”获国家科技进步二等奖、2010年“交通信号控制远程托管中心系统”获大连市科技进步一等奖、2010年“长安街交通信号控制系统”获北京市科技进步奖。

研究所建有国内先进的多个城市道路交通信号控制系统研发实验平台13个，与北京市交管局科研所合作搭建了北京市交管局—北方工大智能控制联合实验室、与SIEMENS ITS签订了长期技术合作框架协议，在自适应交通信号控制系统、图像识别和综合视频检测技术、嵌入式数据传输和网络控制技术、标准交通信息传输协议（NTCIP）、交通信号控制技术等领域相继开发了一系列交通控制应用设备与系统，尤其在交通信号自适应控制系统、交通状态感知等关键技术方面取得了丰硕的研究成果，并在北京市多项重大交通项目中得到了应用。自2007年以来，研究所承担了“北京奥运交通项目——北京市中心区交通控制系统升级改造”项目、“建国六十年大庆长安街信号控制系统改造”项目的研究设计和工程任务；完成了“北京市智能交通管理系统三年规划”交通工程设计任务，并承担了五环内的1700多个主路口的交通控制研究与工程技术任务，任务经费超过1.2亿元；完成的北京市智能交通勤务系统为两会等重大活动的交通管控提供了技术保障（精确控制到秒），为北京市城市建设和交通控制及社会民生做出了重大贡献。

北方工大智能交通将以研发具有我国自主知识产权的城市智能交通系统和产品为核心，以引领国内智能交通控制技术发展为己任，以前瞻的技术创新、领先的技术实力、完善的解决方案，打造我国智能交通控制领域的卓越品牌！

地址：北京市石景山区晋元庄路5号　　邮编：100144
电话：010-88802228　　传真：010-88802228

# 北京世纪新运交通运输科技应用研究所

北京世纪新运交通运输科技应用研究所成立于 1998 年。研究所依托中国交通运输系统工程学会、中国综合交通研究中心、城市交通（北京）技术转移中心及北京交通大学等智库资源，专业从事交通运输领域系统工程研究设计、智能交通系统规划设计、交通咨询服务、交通运输新技术产品研发和推广应用。

研究所凭借雄厚的技术实力和基础研究成果，致力于我国交通运输现代化建设发展，在智能交通系统规划设计、交通技术应用研究及科研成果转化等方面积极开展相关工作。研究所目前拥有员工 29 人，其中设计研究人员 14 人、专家顾问 8 人、管理人员 7 人。研究所多年来承担了多项系统技术及相关课题的研究，并参与了多项行业标准的编制工作，取得了一系列优良业绩。

北京世纪新运交通运输科技应用研究所在交通运输系统的多个领域进行研究、技术开发和技术咨询服务。近年完成和开展的主要项目包括：

- ❑ 潍坊市道路交通管理规划。
- ❑ 潍坊市公路管理局公路信息指挥中心规划设计。
- ❑ 平凉市智能化交通管理系统规划设计。
- ❑ 乌海市交通管理规划。
- ❑ 武汉市交通诱导系统设计。
- ❑ 潍坊市道路交通智能管理系统设计。
- ❑ “一卡通数据处理分析”算法实证研究。
- ❑ 典型道路公共交通服务水平调查分析。
- ❑ 交通拥堵点段与公交运行调查研究。
- ❑ “公交运营计划编制系统”和“公交车队运营调度系统”测试服务。
- ❑ 973 项目“大城市交通拥堵瓶颈基础科学问题研究”交通数据采集与模型测试。
- ❑ 北京市快速路动态交通参数调查及数据处理。
- ❑ 北京轨道交通网络化运营技术研究。
- ❑ 北京地铁 4 号线黄庄、西单、宣武门站客流预测。
- ❑ 列车运行控制模型算法数据测试与分析。
- ❑ 北京地铁运营安全语音警示系统。
- ❑ 地方标准《北京市停车诱导系统技术要求》。

北京世纪新交通运输科技应用研究所拥有强大的技术队伍和综合资源条件，面向交通运输的智能化领域提供全面技术服务。

地址：北京市海淀区高梁桥斜街 44 号交大东校区科教楼 8F　　邮编：100044

电话：010-62116979　　　　　　传真：010-62145104

# 《交通标准化》杂志

《交通标准化》杂志创刊于 1973 年，半月刊，是经国家科委、国家新闻出版署批准的中央级期刊（国际标准刊号：ISSN 1002-4786；国内统一刊号：CN11-2815/U），由交通运输部主管、交通运输部科学研究院主办，系交通行业唯一将标准化理念、产品质量和市场融为一体的专业期刊。《交通标准化》杂志以“标准创造价值”为办刊理念，其权威性、学术性和可读性得到了业内外人士的一致认可。

《交通标准化》杂志实行社长负责制，内设总编室、记者部、编辑部、通联部、发行部、行政事业部等部门。为推动杂志的发展，2001 年《交通标准化》理事会成立，秘书处设在《交通标准化》杂志。2004 年《交通标准化》杂志社注册并运营了中国交通标准化门户网站，经过几年来运营、维护和扩建，现已颇具规模。

主要栏目：《交通标准化》杂志的主要栏目包括行业观察、标准大视野、高端访谈、新闻与评论、智能交通、低碳交通、质量前沿、检测与认证、商业价值、标准速递、业界扫描、领先者、标准解读与应用、道路工程、交通工程、桥梁与隧道工程等。

主要读者群：《交通标准化》杂志的主要读者为交通运输部、省（市）交通运输主管部门领导及决策者，交通行业各企事业单位的中高层管理人员，从事交通科学研究的科研院所、高等院校、学术团体的科技工作者等。

出版发行：自 2012 年 1 月起，《交通标准化》杂志社将自办发行。目前，发行遍及全国所有省（市、区），以及国外部分国家和地区，总发行量为 8000 册。每月 15 日出版，每期定价 20 元，全年定价 480 元。可破季订阅。

主要荣誉：2006 年在首届建设行业优秀期刊评选活动中荣获一等奖；2003 年被评为首届 CAJ-CD 执行规范优秀期刊，并成为中国期刊全文数据库全文收录期刊和中国学术期刊综合评价数据库统计源期刊。

《交通标准化》理事会：

《交通标准化》理事会（以下简称“理事会”）是 2001 年交通运输部科学研究院利用《交通标准化》杂志良好的媒体作用，以政府交通主管部门、质量监督检测部门、科研院所、大专院校及具有一定资质的规划设计单位及与交通相关的企事业单位为主体建立的一个平台。

理事会的宗旨是：加强政府交通运输主管部门和企事业单位的联系与合作，建立全新的高层互联体系，着力在交通运输行业实施国家标准发展战略，完善交通标准体系的工作中发挥交通运输行业各界的集成作用，共同为交通运输事业的发展做贡献。同时，为“理事会”成员单位在企业宣传、产品信息和重大活动报道和推广，以及在行业的交流与合作中实施更有效的服务。目前，“理事会”有理事单位 80 多个，发展态势良好，且越来越受到业内人士的认可和赞誉，已成为具有良好的知名度和品牌效应的组织。

2010年5月，基于理事会成员中交通工程和路用建筑材料领域的单位已达到一定数量和规模，为能在“理事会”中开展深层、量化、有效的交流与合作，成立了“《交通标准化》理事会交通工程设施分委会”和“《交通标准化》理事会路用建筑材料分委会”。

# 《交通运输系统工程与信息》杂志

《交通运输系统工程与信息》是中国系统工程学会主办、中国科学出版社出版的一级科技期刊，国内外公开发行，原为季刊，自 2005 年起变更为双月刊。2004 年被国家科技部评定为“中国科技核心期刊”。

《交通运输系统工程与信息》是“中国学术期刊综合评价数据库”来源期刊，已被“中国科技论文与引文数据库（CSTPCD）”、“万方数据－数字化期刊群”全文、“中国核心期刊（遴选）数据库”、《中国学术期刊文摘（CSCA）》、“中国知识资源总库（CNKI）”全文、“中国科技期刊数据库”全文、“中国科学引文数据库（CSCD）”、“SCUPUS 文摘引文数据库”收录，2007 年起，本刊与 Elsevier 出版公司合作，同步编辑出版发行由本刊部分论文组成的国际版（eISSN 1570-6672，英文），全球读者可通过 ScienceDirect 访问阅读这些论文。迄今为止，国际版论文全文均被 EI Compendex 数据库收录。

《交通运输系统工程与信息》面向交通运输系统、综合交通工程、智能交通工程、信息工程等学科，以传播新理论、新技术，探讨重大交通工程中的理论与实践问题、促进学术交流、推动学科发展为宗旨，坚持理论与实践、引进与创新相结合的方针，努力反映交通运输系统工程、智能交通与信息等领域的最新成就与世界交通运输科技的前沿动向，鼓励不同观点的争鸣。

《交通运输系统工程与信息》主要栏目设置：决策论坛、综合交通运输体系论坛、智能交通系统与信息技术、系统工程理论与方法、案例分析等。

《交通运输系统工程与信息》积极推动交通运输领域重要学术问题和重大实践问题的研讨，中国交通运输系统工程学会以杂志为平台开展的“交通 7＋1”论坛每季度举办一次，已成功举办了 23 次，论坛主题涉及综合交通运输、智能交通、交通安全、城市交通管理与发展、交通规划等领域，在我国交通运输领域具有广泛的影响。

《交通运输系统工程与信息》杂志对刊登的优秀论文定期进行评选，特别设立了“运通杯”优秀论文奖，对交通运输领域的优秀研究成果和实践成果进行表彰和鼓励。

地址：北京市西直门外上园村北京交通大学机械工程楼 D403　　邮编：100044
电话：010-51684836　　传真：010-51684109　　网址：www.tseit.org.cn

# 中国交通技术网

Tranbbs是交通行业领先的咨询、资讯传媒，为智能交通、交通咨询、交通建设等领域的用户提供技术、产品、应用、新闻等全方位资讯与互动服务。Tranbbs自2008年开始统计以城市ITS市场投资为核心内容的行业相关数据，是目前国内唯一具有详实和连续性的数据库，这也是Tranbbs市场研究业务的核心竞争力所在。Tranbbs为行业用户提供多维度（时间、金额、企业、地区）的智能交通行业数据，根据用户需求提供行业研究、产品研究、同业者研究、渠道研究、市场进入研究、营销研究等服务，为用户提供相关决策参考依据。

**市场研究：**智能交通产业核心数据库。

**<智能交通产业核心数据库>**

数据基本元素

- 项目名称
- 项目内容
- 项目中标金额
- 中标企业名称
- 中标时间
- 建设投资机构名称
- 建设投资机构联系人及联系方式
- 评标专家名单
- 项目所在省份、市、县

数据整合信息服务

- 整体和细分行业市场规模
- 各行政区域、省份、城市市场规模
- 目标企业中标信息
- 目标企业重点业务、业务构成、业务变化
- 目标企业业务地区分布
- N万中标金额以上项目信息汇总
- 某地区或城市市场活跃企业名单
- 某地区规划建设类项目信息
- ……

· 建库时间：2008年　　· 更新频率：每天　　· 数据库规模：截止20110801共有31500条信息

**市场研究：**智能交通行业用户解决方案。

| 方案内容 | 智能交通企业 | 投资机构 | 政府机构 | 规划设计机构 | 会展公司 |
|---|---|---|---|---|---|
| 行业发展整体状况和趋势 | ★ | ★ | ★ | ★ | ★ |
| 整体及细分行业市场规模 | ★ | ★ | ★ | | ★ |
| 按城市、省份、行政区域划分的市场规模及竞争格局 | ★ | | | | |
| 地区建设现状与规划类信息 | ★ | | | | |
| 行业企业名录 | ★ | | ★ | ★ | ★ |
| 名录中企业业绩、业务定位和地域范围 | ★ | | | | |
| 代理商或合作伙伴寻找 | ★ | | | ★ | |
| 投资对象选择 | ★ | ★ | | | |
| 及时了解已投资企业市场动向 | | ★ | | | |

地址：北京市丰台区小屯路9号御翰苑写字楼

电话：010-51811514　　传真：010-51811317　　网址:www.tranbbs.com

# 第五篇

# 纪事篇

# 第一章

## 中国智能交通协会大事记

## 2008 年

5 月 14 日，中国智能交通协会第一次全体大会在北京召开，协会由科技部、公安部、交通运输部、住房和城乡建设部、铁道部、中国民航局共同发起，经民政部批准成立。

9 月 26～27 日，由全国智能交通系统协调指导小组和山东省人民政府共同主办，中国智能交通协会承办的第四届中国智能交通年会在青岛成功举办。

11 月 16～20 日，中国智能交通协会吴忠泽理事长率领中国代表团赴纽约参加第十五届智能交通世界大会，并做了主题演讲。

## 2009 年

3 月 26 日，中国智能交通协会第一届常务理事会第一次会议在北京召开。

3 月 26～28 日，中国智能交通协会吴忠泽理事长一行赴上海就上海智能交通建设情况及 2010 上海世博会智能交通应用进行调研。

4 月 9 日，科技部正式授予中国智能交通协会举办科技会展资格。

5 月 25 日，中国智能交通协会会刊首刊正式印发，会刊定名为《ITS 世界》。

6 月 1 日，中国智能交通协会吴忠泽理事长会见瑞典智能交通协会主席 Hans Rode 先生一行。

7 月 1 日，“第五届中国智能交通年会暨第六届国际节能与新能源汽车创新发展论坛和相关展览新闻发布会”在科技部召开。

7 月 27 日至 28 日，中国智能交通协会承担的“十一五”国家科技支撑计划“交通安全信息集成、分析及平台构建技术开发与示范应用”课题启动会在京召开。

7 月 28 日，国务院发展研究中心产业经济研究部到协会秘书处进行调研工作。

9 月 21 日，中国智能交通协会吴忠泽理事长与瑞典智能交通协会理事长 Hans Rode 和 CEO Christer Karlsson 在瑞典斯德哥尔摩签署《中国智能交通协会和瑞典智能交通协会关于未来在智能交通领域开展合作的备忘录》。

10 月 17 日，中国智能交通协会理事长吴忠泽出席第五届中国交通高层论坛，并做主题演讲。

12 月 11 日，中国智能交通协会专家委员会正式成立。

12 月 11 日至 13 日，由全国智能交通系统协调指导小组、全国清洁汽车行动协调领导小组、中国智能交通协会、深圳市人民政府联合主办的“2009 中国智能交通年会暨第六届国际节能与新能源汽车创新发展论坛和展览”在深圳成功举办。

## 2010 年

3 月 25 日，我国台湾经济部车载资通信产业推动办公室拜访了协会秘书处。

5 月 31 日，中国智能交通协会代表团拜访了澳大利亚智能交通协会。

6 月 11 日，中国智能交通协会、总后军事交通运输学院共同在嘉兴组织召开了军地交通运输科技创新研讨会。

9 月 8 日，“2010 中国智能交通（道路交通安全）论坛”在北京成功举办。

9月8日，中国智能交通协会发起的国家智能交通产业技术创新战略联盟正式成立。

9月13日，中国智能交通协会代表团应邀访问日产汽车公司。

9月14日，中国智能交通协会代表团拜访了日本智能交通协会，并参观了VICS中心。

10月26日，在釜山国际会展中心召开的第十七届智能交通世界大会，中国智能交通协会吴忠泽理事长率领中国代表团出席并做了主题演讲。

11月1日，新西兰智能交通协会K BLAIR MONK先生一行拜访了中国智能交通协会秘书处。

11月19日，《中国智能交通行业发展年鉴（2010）》启动会在京召开。

12月16日，中国智能交通协会协办的“2010中国汽车安全技术发展国际论坛”在牙克石成功举办。

12月20日，“第六届中国智能交通年会暨中国国际智能交通展览会、第七届国际节能与新能源汽车创新发展论坛暨展览会”新闻发布会在科技部成功展开。

12月27日，中国智能交通协会常务副秘书长武平同志获“上海世博会先进个人”荣誉称号，由党中央、国务院颁发证书和奖章。

# 第二章

## 中国智能交通行业大事记

## 2009年

1月1日，河北省高速公路3个环京交通安全服务站正式启动。

1月1日，国务院实行关于修改《中华人民共和国水路管理条例》和《中华人民共和国航道管理条例》的决定。

1月1日，长江上海段水域船舶实行最高限速。

1月4日，华电集团曹妃甸临港重工装备制造项目开工奠基。

1月5日，宝钢集团与中国船舶工业集团签署《战略合作协议》，双方在钢材供应、技术开发、物流配送、钢材加工、信息共享、售后服务、企业管理等方面深化合作。

1月5日，交通运输部发布关于修改《国内船舶管理业规定》的决定，修正版同时发布。

1月8日，国家发改委公布《珠江三角洲地区改革发展规划纲要（2008年至2009年)》。

1月8日，中海集团和首钢集团签署《合资组建航运公司协议》。合资公司的注册资金为1亿元，其中中海和首钢分别占股51%和49%。

1月8日，中国海军护航舰艇编队顺利完成，为中国商船“哈尼河”号、“晋河”号、“河北翱翔”号、“观音”号护航的首次任务。

1月12日，中国交通运输协会邮轮游艇分会联合上海市虹口区人民政府共同发布《2008－2009中国邮轮发展报告》。

1月15日，全国交通运输工作会议在北京举行，这是交通运输部组建后首次召开的全国交通运输工作会议。

1月16日，和黄港口与惠州港务集团有限公司举行惠州荃湾国际集装箱码头奠基仪式，2个5万吨级集装箱专用泊位动工兴建。

1月18日，汕头至台湾海上直航班轮航线首航。

2月1日，宁波国际航运服务中心启用。

2月1日，交通运输部举行海事职务登记标识授予仪式，至此，我国直属海事系统全面实行职务等级标识制。

2月3日，交通运输部下发《关于报送第四批申请特案免税等级船舶材料的通知》。

2月5日，交通运输部发出通告，依法注销沧溟航运有限公司、美国西部汽船公司、明达航运有限公司、太平洋（海南）邮轮有限公司4家公司国际班轮运输经营资格。

2月6日，我国台湾交通主管部门以专案特许方式，依据“台湾地区与大陆地区海运直航许可管理办法”，核准两岸直航第一件邮轮申请案——丽星邮轮直航申请案，许可有效期为1年。

2月10日，交通运输部和湖北省人民政府联合发文批复《武汉新港总体规划》。

2月11日，国务院审议并原则通过《船舶工业调整和振兴规划》。

2月24日，中远集团与南京市人民政府签署《战略合作框架协议》。

2月24日，国际海事组织（IMO）秘书长Mitropoulos召开国际航运护航协调工作组第一次会议。

2 月 24 日，宁波梅山保税港区管委会举行《梅山（保税）港城总体规划（2008－2020 年）》发布会，首批落户的中远宁波梅山物流基地、宁波港梅山保税物流中心等 7 个项目在会上签约。

2 月 25 日，青岛、日照、烟台 3 个港口集团签订协议，结成战略联盟。

2 月 25 日，意大利歌诗达邮轮公司获得交通运输部批准，于 4 月至 5 月份特案经营大陆至台湾包船航次。

3 月 2 日，江苏省如皋港一类口岸对外开放。

3 月 5 日，海口交通局交通智能指挥中心启动建设。

3 月 9 日，青岛保税物流中心和日照保税物流中心两个项目获得批复。

3 月 17 日，由海航集团组建的大新华物流集团在上海挂牌成立。

3 月 17 日，中国法学会审判理论研究会海事海商审判理论专业委员会在上海成立。

3 月 18 日，中海集团及旗下 3 家企业将分别持有的中海集团液化天然气投资有限公司的股权在上海联合产权交易所联合挂牌，总价逾 1 亿元。

3 月 18 日，中集集团与国家开发银行在深圳签署《开发性金融合作协议》。

3 月 18 日，南航空客 330-343/B6098 号客机成功完成了拉萨 RNP 运行验证试飞，标志着中国民航在全世界首次获得宽体机 RNP 运行的能力。

3 月 21 日，上海国际航运服务中心开工建设。

3 月 23 日，国家邮政局出台《长江三角洲地区快递服务发展规划（2009－2013 年）》。

3 月 31 日，中国与欧盟在布鲁塞尔签署《中欧海运协定修改议定书》。

4 月 1 日，广东省人民政府常务会议通过《广东省沿海港口布局规划》。

4 月 10 日，中日俄韩四国成功举办溢油应急通信演习。

4 月 14 日，国务院出台关于建设上海国际航运中心的意见。

4 月 14 日，交通运输部和水利部签署加强长江河道采砂管理合作备忘录。

4 月 17 日，国内最大座底式海洋钻井平台在北船重工竣工。

4 月 20 日，长江重庆、三峡、宜昌三地海事局应对暴雨紧急启动应急预案。

4 月 20 日，我国设计的 3000 米海洋钻井平台在上海总装。

4 月 20 日，六代钻井平台在上海外高桥造船有限公司下坞。

4 月 27 日，《2009 至 2013 年新疆道路交通监控系统建设五年规划》获得通过。

4 月 29 日，天津港集团与深圳发展银行签署《战略合作协议》打造物流金融平台。

5 月 1 日，北京市域内高速公路电子不停车收费系统正式进入运行阶段。

5 月 4 日，“无锡-台湾”集装箱航线开通。

5 月 10 日，上海出台推进国际航运中心建设实施意见。

5 月 10 日，中国和科威特签署《交通合作谅解备忘录》。

5 月 15 日，《2009 年香港国际安全与无害环境拆船公约》通过。

5 月 16 日，交通运输部发布九项进一步促进两岸海上直航的政策措施。

5 月 18 日，上海外高桥造船交付自 1999 年公司成立以来累计完工的第 100 艘船。

5 月 25 日，虾峙门口外航道整治工程通过竣工验收，标志着我国第一条 30 万吨级人工航道正式建成。

5 月 27 日，中海集团与长荣海运签订全面开展集装箱班轮航线合作协议。

5 月 30 日，云南省十一届人大常委会 11 次会议审议并通过了《云南省道路运输条例》。

6 月 1 日，甘肃省开始对高等级公路全面实施载货汽车计重收费。

6 月 1 日，沪苏浙皖闽赣综合交通发展研讨会在杭州召开， 7 月底前，浙江、上海、江苏和安徽将全面启用无刷卡收费系统。

6 月 4 日，船舶工业振兴实施计划细则出台。

6 月 8 日，沪渝皖签署航运友好合作协议。

6 月 9 日，中国船级社与中国交通建设股份有限公司签订战略合作协议。

6 月 20 日，南京领航航海实训基地开工。

6 月 20 日，安徽省交通运输厅挂牌成立。

6 月 23 日，皖鄂签订《港航海事交流合作协议》，合力推进长江黄金水道建设。

6 月 26 日，51 家航运企业签署《珠江口通航安全珠海宣言》。

6 月 26 日，陕西省政府与中船重工集团签署《战略合作协议》。

6 月 26 日，“上海国际邮轮经济研究中心”成立。

6 月 29 日，中日俄韩四国陆海联运航线开通。

7 月 1 日，中国银行与中国船舶工业集团签署《战略合作框架协议》。

7 月 2 日，苏州市智能公交系统正式投入运行，实现对全市区公交线路、公交站台和公交车辆的全覆盖全监控。

7 月 3 日，上海审议并原则通过《关于推进国际航运中心建设、优化上海口岸通关环境的若干意见》。

7 月 8 日，苏、浙、沪、鲁、黑、皖、闽、青、川、内蒙古、宁共 11 个省、市、区交通部门共同签署《省际物流公共信息平台共建协议》。

7 月 8 日，河北港口集团有限公司揭牌成立。

7 月 13 日，大陆直航台湾本岛首艘客轮起航。

7 月 13 日，中美签署部门间《海上合作谅解备忘录》。

7 月 14 日，交通运输部公路交通安全工作座谈会在北京成功召开。

7 月 15 日，浙江省政府与海航集团签署战略合作框架协议。

7 月 21 日，海航集团与深圳市政府签署战略合作协议。

7 月 24 日，交通运输部与中国银行签署《金融合作备忘录》。

7 月 30 日，天津港首个“水面溢油监测报警系统”投用。

7 月 31 日，交通运输部在上海成立“国际集装箱班轮运价备案中心”。

8 月 1 日，银川正式启用城市一卡通电子收费系统。

8 月 4 日，中海集团与上海交运集团在上海签订战略合作框架协议。

8 月 6 日，交通运输部成立推进长江干线船型标准化专项工作组。

8 月 7 日，国内首个“海事通”研发成功并投入试用。

8 月 10 日，南京市“智能交通诱导服务系统”正式运行。

8 月 11 日，福建省交通运输厅挂牌成立。

8 月 22 日，南京长江隧道全线贯通。

8 月 24 日，中海集团与中国铝业在上海签署《战略合作框架协议》。

8 月 26 日，北京市政交通一卡通发卡量超过 2800 万张。

8 月 31 日，《中远集团与农业银行整体授信及银企合作协议》签字仪式在北京举行。

9 月 1 日，安徽高速公路不停车收费系统（ETC）进行试运行。

9 月 1 日，大连公交全面实现 GPS 定位。

9 月 8 日，天津滨海新区发布《关于加快北方国际航运中心建设的若干意见（试行）》。

9 月 14 日，徐工集团与连云港港口集团签订《战略合作协议》。

9 月 14 日，交通运输部与交通银行签署《战略合作协议》。

9 月 18 日，中国船级社与中国船舶重工集团公司在北京签署《战略合作协议》。

9 月 22 日，杭州公交推出公交出行信息实时服务系统。

9 月 24 日，广东移动 12580 交通频道推出了“高速公路实时路况信息查询”业务。

9 月 25 日，大连港举行开港 110 周年庆典。

9 月 26 日，西安市公安交通指挥中心正式启用。

9 月 27 日，京承高速公路全线贯通。

9 月 29 日，广东省内河第一大港口——广东云浮新港开港。

10 月 21 日，交通运输部发布《关于推动公路水路交通运输行业 IC 卡和 RFID 技术应用的指导意见》。

10 月 23 日，安徽在全国率先实现主要汽车客运站点视频监控的联网运行。

11 月 3 日，亚太经合组织港口服务网络港口发展大会在深圳闭幕，发布《深圳宣言》。

11 月 16 日，内蒙古交通公众出行信息服务网站暨服务热线“968858”开通。

11 月 17 日，《广东省公交一卡通工作实施方案》获批。

11 月 23 日，在国际海事组织第二十六届大会上，在亚丁湾、索马里海域执行护航任务的中国海军护航舰艇编队，荣获国际海事组织“航运和人类特别服务奖”。

11 月 25 日，《中英交通合作谅解备忘录行动计划》签署。

12 月 6 日，浙江省和交通运输部就共同促进浙江省交通物流发展签约仪式，浙江成为首个国家物流建设试点省份。

12 月 11 日，第五届中国智能交通年会暨第六届国际节能与新能源汽车创新发展论坛和相关展览在深圳展览中心开幕。

12 月 12 日，国务院副总理张德江调研考察长江航运，主持召开了内河航运发展座谈会。

12 月 15 日，世界上最长的跨海大桥——港珠澳大桥正式开建。

12 月 21 日，中国电信江苏公司“天翼公交翼卡通”正式上市，率先在南京、苏州推出。

12 月 23 日，香港特区政府兴建的启德邮轮码头举行土地平整工程动土典礼。

12 月 29 日，广西电子口岸海运物流服务平台正式开通。

## 2010 年

1 月 1 日，经交通运输部批准组建的中国交通通信信息中心（原名中国交通通信中心）正式挂牌。

1 月 4 日，《国务院关于推进海南国际旅游岛建设发展的若干意见》出台。

1 月 11 日，京杭运河两淮段航道整治工程竣工验收。

1 月 13 日，中国一汽集团与中国联通集团签署汽车 3G 信息化战略合作协议。

1 月 15 日，2010 年全国交通运输工作会议在北京召开。

1 月 16 日，辽宁省、吉林省、黑龙江省和内蒙古自治区交通运输部门签订东北地区四省（区）交通合作框架协议。

1 月 21 日，广西海上搜救中心成立。

1 月 21 日，由北京市公安局交通管理局自主研发的"城市智能交通管理指挥控制系统"荣获国家科技进步一等奖。

1 月 31 日，东海第一救助飞行队在舟山举行飞行救助基地启用仪式。

2 月 25 日，在十一届全国人民代表大会常务委员会第十九次会议上表决通过了《中华人民共和国车船税法》，国家主席胡锦涛签署第 43 号主席令予以公布。

3 月 1 日，《防治船舶污染海洋环境管理条例》正式施行。

3 月 2 日，"海洋石油 981" 停泊于外高桥造船有限公司码头，这是我国自行设计研制的第一艘深水半潜式钻井平台。

3 月 14 日，长江口 12.5 米深水航道全线贯通，长江海轮航线向内陆延伸 228 千米。

3 月 21 日，亚洲最大沥青船"三都澳"轮在闽东宁德白马船厂正式开工建造。

4 月 9 日，吃水达 5.2 米的 "翔海 3" 轮满载 5000 吨铁矿石安全抵达武汉港，该轮是首艘在 4 月抵达武汉港的吃水超 5 米海轮，为海轮直航武汉港打开了时间上的空间，在长江航运史上创下了新纪录。

4 月 20 日，交通运输部召开全国人大议案、建议和全国政协提案交办会。

4 月 27 日，交通运输部和浙江省人民政府在杭州联合举办港口物流论坛，交通运输部副部长徐祖远、浙江省副省长王建满出席论坛并致辞。

5 月 4 日，超大型海轮 "挪威超人" 轮顺利地靠上了高资镇江电厂 3 号泊位，该轮的安全驶靠不仅保障了电厂的电煤供应，也开创了长江尹公洲航段以上镇江港区夜间靠泊最大吨位船舶的记录

5 月 6 日，北京市交通运行协调指挥中心年内将建成并投入使用。届时，本市将建立交通拥堵指标评价体系，实现全面的拥堵点段、拥堵区域特征分析和拥堵指数的动态发布。

5 月 9 日，湖北省委副书记、市委书记、武汉新港规划建设领导小组组长杨松和市

长阮成发，共同为“武汉新港管理委员会”揭牌，标志着武汉新港管委会组织架构正式运转，武汉新港规划建设及各项工作驶入快车道。

5 月 11 日，世界首创的设计，雅西高速路拖乌山双螺旋隧道双线贯通。

5 月 11 日，中国国际航空股份有限公司（简称国航）在国内首家推出自助托运行李服务。

5 月 13 日，铁道部与成都市政府签署了关于推进成都市域轨道交通建设的框架协议，届时成都将实现多种轨道交通无缝衔接。

5 月 14 日，中国交通运输部在武汉市杨春湖客运换乘中心，正式启动了全国“车、船、路、港”千家企业低碳交通运输专项行动。

5 月 19 日，交通运输部发出通知，要求于 6 月 1 日至 30 日期间，在全国交通运输系统开展“安全生产月”活动。活动主题为“安全发展、预防为主”，普及安全知识，营造安全氛围，促进交通运输安全生产形势持续稳定好转。

5 月 24 日，经上海市地方海事局船舶检验中心检验通过，中国第一艘将太阳能动力及太阳翼装置运用于船舶推进及控制的新能源船舶——“尚德国盛”号船顺利完成航行试验。

5 月 28 日，由交通运输部会同国家发改委、水利部、财政部编制的《长江干线航道总体规划纲要》（简称《纲要》）正式获得国务院同意。

6 月 1 日，根据《长江三峡大坝—葛洲坝水域船舶分道航行规则》规定，两坝间水域将再次由非洪水期船舶分道航路转为洪水期船舶分道航路。

6 月 9 日，从长江委获悉，我国将对包括长江干流在内的 19 条河流，以及鄱阳湖、洞庭湖 2 个湖泊的采砂管理进行规划。这是长江流域首次大范围地开展重要河道采砂管理规划编制工作。

6 月 10 日，交通运输部组织开发的全国公路建设市场信用信息管理系统（简称部级平台）正式运行。

6 月 11 日，经国家发明奖项目查新单位确认：我国自主研发的一项船舶节能新技术——船舶主机节能转速测量技术，历经一年半的实船营运试验，证明能对船舶航速信号和主机油耗信号进行自动分析,直接显示船舶单位距离主机耗油量，通过选择船舶单位距离最小耗油量航行来达到最佳节能效果。

6 月 28 日，全省首条高瓦斯公路隧道——娄新高速公路新化刘家排隧道贯通。

7 月 1 日，山东省高速公路开通不停车收费系统。

7 月 5 日，国家发改委正式批复了《海南国际旅游岛建设发展规划纲要》，2015 年海南将形成两小时旅游交通圈。

7 月 11 日，交通运输部发布《2009 中国航运发展报告》。

7 月 28 日，沪苏皖赣高速公路电子不停车收费系统正式在江西南昌市联网，实现上海、安徽、江苏、江西 4 省市电子收费系统的互联互通和收费一卡通。

8 月 2 日，广州 18 米“巨无霸”BRT 公交车正式上路。

8 月 6 日，沪 ETC 用户突破 8 万大关。

8月9日，国际标准化组织（ISO）日前正式发布了ISO/PAS18186《集装箱RFID货运标签系统》。这是第一项由我国提出并积极推动制定，由ISO正式发布的可公开提供的规范。

8月10日，两艘长达16米的航标船在长江万县公路大桥水域航行。这是长江上迄今为止最大的标志船，并已开始为该桥区航道的安全畅通发挥功用。

8月11日，河北省高速公路管理局在全国高速公路中率先实施机电新技术试点示范工程——高速公路三维TGIS系统。

8月17日，海测人员通过利用这些国际先进设备扫测水域，可以像做“B超”一样使水域内的复杂地貌得以直观呈现。

8月25日，国务院总理温家宝主持召开国务院常务会议，专题研究部署推进长江等内河水运发展工作，特别明确了加快内河航运发展的努力方向和主要任务。

9月9日，广州市交委称快速公交（BRT）中山大道试验段逐渐展示其缓解交通拥堵的能力，并以逾96万人次的高峰单日客运量成为全亚洲BRT客运量之冠。

9月20日，长江南京至浏河口段数字航道与智能航运建设示范工程顺利通过交通运输部组织的竣工验收。

10月22日，中共中央政治局常委、国务院总理温家宝在武汉调研当前经济运行情况时，到正在建设中的武汉新港阳逻港区了解新港建设和运营情况。

10月24日，山西省高速公路不停车收费（一期工程）完成建设的75条车道已全部投入测试运行。

10月26日，三峡工程175米蓄水的成功，标志着长江航运迎来新的发展机遇，长江航运效益得到进一步发挥。

10月28日，全国交通运输科技大会在浙江杭州隆重召开。

11月4日，交通运输部召开部务会议，审议并原则通过《公路、沿海港口、内河水运和支持系统“十二五“建设规划》和《交通运输规章清理意见》。

11月11日，深圳市被交通运输部确定为首个“国家建设公交都市示范城市”。

11月16日，上海市交通运输和港口管理局与交通运输部长江航务管理局在沪签署共建协议，进一步提高上海港集装箱长江水系水水中转比例，逐步形成功能完善、运输快捷、安全有序、绿色环保的内河集疏运体系，推动上海国际航运中心建设。

12月12日，交通运输部和国家发改委、财政部联合出台《关于促进高速公路应用联网电子不停车收费技术的若干意见》。

12月12日，交通部表示2011年将对ETC用户给予通行费5%以上优惠。

12月16日，镇江港港口货物吞吐量成功突破1亿吨大关，实现了建设亿吨大港的历史性跨越。

12月25日，截至目前，武汉新港2010年货物吞吐量达到1.037亿吨，成为长江中游和上游首个跨入亿吨级的港口。

12月30日，深圳智能交通产业示范基地在深圳正式签约并挂牌。

# 第六篇

## 附录

# 第一章　国内智能交通行业主要研究单位

| 华北 | |
|---|---|
| | 国家智能交通系统工程技术研究中心 |
| | 国家铁路智能运输系统工程技术研究中心 |
| | 国家道路交通管理工程技术研究中心 |
| | 北京交通发展研究中心 |
| | 城市交通运行仿真与决策支持北京市重点实验室 |
| | 北京市交通信息中心 |
| | 北京交通大学城市交通复杂系统理论与技术教育部重点实验室 |
| | 北京交通大学轨道交通控制与安全国家重点实验室 |
| | 北京交通大学中国综合交通研究中心 |
| | 北京交通大学中欧智能交通培训中心 |
| | 北京交通大学中英智能交通研究中心 |
| | 北京工业大学交通研究中心 |
| | 北京航空航天大学国家空管新航行系统技术重点实验室 |
| | 北京航空航天大学车路协同与安全控制北京市重点实验室 |
| | 北京航空航天大学北京市智能交通研究实验中心 |
| | 北方工业大学智能交通系统研究所 |
| | 清华大学交通研究所 |
| | 清华大学自动化系 ITS 联合实验室 |
| | 清华大学汽车安全与节能国家重点实验室 |
| | 城市交通技术转移（北京）中心 |
| | 北京世纪新运交通运输科技应用研究所 |
| | 北京四通智能交通系统集成有限公司 ITS 研究中心 |
| | 亿阳集团智能交通研究院 |
| | 北京易华录信息技术股份有限公司智能交通研究院 |
| | 中国智能交通系统（控股）有限公司研究院 |
| | 天津市公安局公安交通管理局科研所 |

| | |
|---|---|
| | 军事交通学院交通信息工程及控制学科实验室 |
| | 交通运输部科学研究院城市交通研究中心 |
| **东北** | |
| | 黑龙江省交通科学研究所 |
| | 大连理工大学交通运输学院智能交通研究所 |
| | 哈尔滨工业大学交通安全特种材料与智能化控制交通行业重点实验室 |
| | 黑龙江省智能交通管理与技术重点实验室 |
| | 吉林大学交通学院 |
| | 辽宁公安厅公安交通管理局科研所 |
| **华东** | |
| | 公安部交通管理科学研究所 |
| | 上海市交通信息中心 |
| | 上海市城市综合交通规划研究所 |
| | 同济大学智能交通运输系统研究中心 |
| | 同济大学道路与交通工程教育部重点实验室 |
| | 同济大学中德交通研究中心 |
| | 同济大学智能交通高等研究院 |
| | 上海市智能交通与系统仿真技术研究所 |
| | 上海交通大学智能车辆技术研究所 |
| | 上海交通大学智能机电系统控制研究所 |
| | 中国科学院上海微系统与信息技术研究所 |
| | 浙江大学交通工程研究所 |
| | 浙江工业大学智能交通联合研究所 |
| | 上海电科智能系统股份有限公司智能交通研究院 |
| | 东南大学智能运输系统研究中心 |
| | 东南大学教育部智能运输系统工程研究中心 |
| | 浙江省交通科学研究所 |
| | 江苏省感知交通信息服务工程技术研究中心 |
| | 杭州市综合交通研究中心 |
| | 南京智能交通产业研究院 |
| | 青岛市智能运输系统工程技术研究中心 |
| | 无锡物联网产业研究院 |
| | 上海市路网智能交通技术研究所 |
| | 安徽省智能交通（ITS）工程研究中心 |
| | 安徽省智能交通重点实验室 |
| **华中** | |
| | 武汉市交通科学研究所 |
| | 武汉大学交通研究中心 |
| | 武汉理工大学智能交通系统研究中心 |
| | 水路公路交通安全控制与装备教育部工程研究中心 |

| | |
|---|---|
| | 长沙理工大学智能交通与车路协同技术研究所 |
| **华南** | |
| | 广州市交通规划研究所 |
| | 广州交通信息化建设投资有限公司智能交通研究中心 |
| | 华南理工大学智能交通系统与物流技术研究所 |
| | 中山大学智能交通研究中心 |
| | 中山大学广东省智能交通系统重点实验室 |
| | 深圳市智能交通中心 |
| **西南** | |
| | 昆明市城市交通研究所 |
| | 重庆交通大学畅通重庆研究所 |
| | 重庆市交通运输工程重点实验室 |
| | 西南交通大学 |
| **西北** | |
| | 长安大学 |
| | 兰州交通大学 |

# 第二章　中国智能交通协会会员单位

| 序号 | 单位名称 | 邮编 | 通信地址 | 电话 | 网址 |
|---|---|---|---|---|---|
| 1 | 安徽博微广成信息科技有限公司 | 230088 | 合肥市黄山西路 605 号民创大厦 4 楼 | 0551-5319189 | www.gctec.net |
| 2 | 北京工业大学交通研究中心 | 100022 | 北京工业大学交通研究中心 | 010-67396460 | trc.bjut.edu.cn |
| 3 | 北京航空航天大学 | 100083 | 北京市海淀区学院路 37 号 | 010-82338300 | www.buaa.edu.cn |
| 4 | 北京航天智通科技有限公司 | 100082 | 北京市海淀区西直门北大街枫蓝国际中心 A 座 1605 | 010-62128888 | www.newcom.com.cn |
| 5 | 北京宏德信智源信息技术有限公司 | 100036 | 北京市海淀区西三环中路莲花苑华宝大厦 12 层 1228 室 | 010-68471762 | www.hdxinfo.com |
| 6 | 北京交科公路勘察设计研究院有限公司 | 100088 | 北京市海淀区西土城路 8 号 | 010-62079136 | www.rioh.cn/WEB/shejiyuan/index1.asp |
| 7 | 北京交通大学 | 100044 | 北京海淀区西直门外上园村 3 号 | 010-51688202 | www.bjtu.edu.cn |
| 8 | 北京交通发展研究中心 | 100055 | 北京市丰台区六里桥南路甲 9 号（首发大厦）A 座 | 010-57079705 | www.bjtrc.org.cn |
| 9 | 北京九州联宇信息技术有限公司 | 100190 | 北京市朝阳区安翔北里甲 11 号北京创业大厦 B 座 501 | 010-52011001 | www.realtraffic.cn |
| 10 | 北京快通高速路电子收费系统有限公司 | 100070 | 北京市丰台区海鹰路 1 号 2 号院 12 层 | 010-83681502 | www.bjetc.cn |
| 11 | 北京理工大学电动车辆工程技术中心 | 100081 | 北京市海淀区中关村南大街 5 号 | 010-68940589 | www.bit.edu.cn |
| 12 | 北京全路通信信号研究设计院 | 100073 | 北京市丰台区华源一里 18 号楼 | 010-51865266 | www.crscd.com.cn |
| 13 | 北京市公安局公安交通管理局交通科研所 | 100037 | 北京市西城区阜成门北大街 1 号 | 010-68398336 | www.bjjtgl.gov.cn/publish/portal0/ |
| 14 | 北京市交通信息中心 | 100073 | 丰台区六里桥南里甲 9 号 B 座 6 层 | 010-57079658 | www.bjjtw.gov.cn/ |
| 15 | 北京四通智能交通系统集成有限公司 | 100081 | 北京海淀区皂君庙 14 号鑫三元写字楼 5F | 010-62194622 | www.sits.com.cn |
| 16 | 北京四维图新科技股份有限公司 | 100028 | 北京市朝阳区曙光西里甲 5 号 北京凤凰置地广场 A 座写字楼 16 层 | 010-82306399 | www.navinfo.com.cn |

（续表）

| 序号 | 单位名称 | 邮编 | 通信地址 | 电话 | 网址 |
|---|---|---|---|---|---|
| 17 | 北京星通联华科技发展有限公司 | 100192 | 北京海淀区学清路 8 号科技财富中心 B 座 1102 | 010-82737172 | www.highwaychina.com |
| 18 | 北汽福田汽车股份有限公司 | 102206 | 北京市昌平区沙河镇沙阳路 | 010-59914228 | www.foton.com.cn/ |
| 19 | 成都深港路通科技有限公司 | 610041 | 成都市洗面桥横街 6 号阳城大厦 2 单元 1201 | 028-85540762 | www.sgits.com |
| 20 | 东南大学交通学院 | 210096 | 江苏省南京市四牌楼 2 号 | 025-83795108 | tc.seu.edu.cn |
| 21 | 泛亚汽车技术中心有限公司 | 201201 | 上海市龙东大道 3999 号 | 021-28941903 | www.patac.com.cn |
| 22 | 广东好帮手电子科技有限公司 | 528133 | 佛山市山水区西南工业园 C 区 | 0757-89887107 | www.caska.cn |
| 23 | 高德软件有限公司 | 100080 | 北京市昌平区昌平科技园区昌盛路 18 号 B1 座 | 010-59855607 | www.autonavi.com |
| 24 | 公安部交通管理科学研究所 | 214151 | 江苏省无锡市钱荣路 88 号 | 0510-85505772 | www.tmri.cn/ |
| 25 | 广东联合电子收费股份有限公司 | 510101 | 广州市越秀区白云路 27 号广东交通大厦 5 楼 | 020-84203123 | website.96533.com |
| 26 | 广州交通信息化建设投资营运有限公司 | 510405 | 广州市天河区体育东路 108 号创展中心西座 1402 室 | 020-86010202 | www.gci-china.com |
| 27 | 广州新软计算机技术有限公司 | 510101 | 广州市白云路 27 号广东交通大厦南座 15 楼 | 020－83730639 | www.gznewsoft.com.cn |
| 28 | 国家道路交通管理工程技术研究中心 | 100062 | 崇文区东兴隆街 56 号 6 层 B 段 | 010-67022626 | www.nterc.org.cn |
| 29 | 国家智能交通系统工程技术研究中心 | 100088 | 北京市海淀区西土城路 8 号 | 010-82028595 | www.itsc.com.cn |
| 30 | 哈飞汽车股份有限公司 | 150060 | 哈尔滨市经济技术开发区综合工业区 | 0451-86582425 | www.hafeiauto.com.cn |
| 31 | 杭州市综合交通研究中心 | 310006 | 杭州市中河中路 275-1 号 | 0571-87152927、 | |
| 32 | 华南理工大学智能交通系统与物流技术研究所 | 510640 | 广州市天河五山华南理工大学 | 020-87114469 | www2.scut.edu.cn/jtxy/ |
| 33 | 吉林大学交通学院 | 130025 | 长春市人民大街 5988 号 | 0431-85095086 | |
| 34 | 江西昌河汽车有限责任公司 | 333002 | 江西省景德镇市新厂东路 208 号 | 0798-8462461 | www.changheauto.com |
| 35 | 江西凯源科技有限公司 | 330096 | 江西南昌高新区京东大道 698 号 | 0791-8383360 | www.kysonix.com |
| 36 | 交通部公路科学研究院 | 100088 | 北京市海淀区西土城路 8 号 | 010-62079555 | www.rioh.cn/Stencil/001/index.asp |
| 37 | 交通部规划研究院 | 100028 | 北京市朝阳区曙光西里甲 6 号 2 号楼 | 010-59629386 | www.tpri.gov.cn |
| 38 | 交通部科学研究院 | 100029 | 北京市朝阳区惠新里 204 号 | 010-58278412 | www.moccats.com.cn/ |
| 39 | 交通信息通信技术研究发展中心 | 100011 | 北京市朝阳区安外外馆后身一号 | 010-65293369 | www.cttc.org.cn |
| 40 | 昆明理工大学 | 650224 | 昆明理工大学交通工程学院 | 0871-3802061 | www.kmust.edu.cn |

（续表）

| 序号 | 单位名称 | 邮编 | 通信地址 | 电话 | 网址 |
|---|---|---|---|---|---|
| 41 | 兰州交通大学 | 730070 | 兰州交通大学 507 号 | 0931-4956109 | www.lzjtu.cn |
| 42 | 南车株洲电力机车研究所有限公司 | 412001 | 湖南株洲市石峰区时代路 169 号 | 0733-8493763 | www.teg.cn |
| 43 | 南京三宝科技股份有限公司 | 210049 | 南京市栖霞区马群大道 10 号 | 025-84356614 | www.samples.com.cn |
| 44 | 普天首信通信设备厂（集团） | 100016 | 北京市朝阳区将台路 5 号 | 010-59222162 | www.capitel.com.cn |
| 45 | 启明信息技术股份有限公司 | 130011 | 长春市东风大街 2489 号 | 0431-89603750 | www.qm.cn |
| 46 | 青岛海信网络科技股份有限公司 | 266071 | 青岛市江西路 11 号海信研发中心 7 号楼 6 楼 | 0532-80874666 | www.hisense-transtech.com.cn |
| 47 | 清华大学 | 100084 | 北京市海淀区清华大学自动化系 | 010-62782189 | www.au.tsinghua.edu.cn |
| 48 | 清华大学汽车安全与节能国家重点实验室 | 100084 | 北京市清华大学汽车工程系 | 010-62788774 | www.car.tsinghua.edu.cn/lab2003/index.php |
| 49 | 上海安乃达驱动技术有限公司 | 200240 | 上海市闵行区剑川路 953 弄 154 号 | 021-51591515 | www.ananda.com.cn |
| 50 | 上海宝康电子控制工程有限公司 | 201901 | 上海市宝山区杨行工业园区锦富路 298 号 | 021-51831088 | www.shbaokang.com |
| 51 | 上海大郡动力控制技术有限公司 | 201114 | 上海市闵行区漕河泾浦江高科技园区新骏环路 188 号 1 号楼 3 层 | 021-34978900 | www.dajuntech.com/contact.php |
| 52 | 上海电科智能系统股份有限公司 | 200063 | 上海市武宁路 509 号电科大厦三层 | 021-32557700 | its.seari.com.cn |
| 53 | 上海汽车集团股份有限公司技术中心 | 201804 | 上海市嘉定区安研路 201 号 | 021-61388990 | www.roewe.com.cn |
| 54 | 上海燃料电池汽车动力系统有限公司 | 201804 | 上海市曹安公路 4800 号同济大学新能源汽车工程中心 4 楼 | 021-69589366 | www.fcv-sh.com |
| 55 | 上海申磬产业有限公司 | 201203 | 上海市浦东新区张江高科蔡伦路 1609 号 3 号楼 4 层 | 021-50277588 | |
| 56 | 上海市城市建设设计研究院 | 200125 | 上海东方路 3447 号 | 021-50890136 | www.sucdri.com |
| 57 | 上海市交通信息中心 | 200032 | 上海市徐汇区宛平南路 75 号 11 楼 | 021-64048209 | |
| 58 | 绍兴县富通汽车服务有限公司 | 312030 | 绍兴县柯桥柯华路柯华公交站 | 0575-84887260 | |
| 59 | 深圳市城市交通规划设计研究中心 | 518034 | 深圳市福田区红荔西路 8009 号规划大厦 3 楼西 | 0755-83947519 | www.sutpc.com |
| 60 | 深圳市金溢科技有限公司 | 510665 | 广州市天河软件园建工路四号新太大厦四楼 | 0755-26030388 | www.genvict.com |
| 61 | 沈阳北方交通重工集团有限公司 | 110142 | 沈阳经济技术开发区中央大街 16 号 | 024-31813999 | www.bfjt.com |
| 62 | 世博集团上海市国际展览有限公司 | 200040 | 上海市延安中路 841 号东方海外大厦 8 楼 | 021-62472343 | www.siec-ccpit.com |

（续表）

| 序号 | 单位名称 | 邮编 | 通信地址 | 电话 | 网址 |
|---|---|---|---|---|---|
| 63 | 水路公路交通安全控制与装备教育部工程研究中心 | 430063 | 武汉市武昌区和平大道 1040 号 | 027-86582280 | its.whut.edu.cn/its_new/index.html |
| 64 | 天津大学 | 302272 | 天津市南开区卫津路 92 号 9-305 | 022-27403763 | |
| 65 | 天津清源电动车辆有限责任公司 | 300457 | 天津市经济开发区西区新业五街 19 号 | 022-66320013 | www.qyev.com |
| 66 | 铁道部经济规划研究院 | 100038 | 北京海淀区羊坊店路甲 8 号 | 010-51892302 | |
| 67 | 铁道第三勘测设计院集团有限公司 | 300142 | 天津市河北区中山路十号 | 022-26178813 | www.tsdig.com |
| 68 | 同济大学智能交通运输系统（ITS）研究中心 | 201804 | 上海市曹安公路 4800 号 | 021-69584674 | web.tongji.edu.cn/~yangxg |
| 69 | 万向电动汽车有限公司 | 311215 | 浙江省杭州市萧山经济技术开发区金一路 | 0571-82861071 | www.wxev.com.cn |
| 70 | 武汉大学交通研究中心 | 430079 | 武汉市珞瑜路 129 号武汉大学 P.O BOX C307 | 027-86582280 | www.trc.whu.edu.cn |
| 71 | 武汉理工大学 | 430063 | 武汉市武昌区和平大道 1040 号 125 信箱 | 027-86582280 | www.whut.edu.cn |
| 72 | 武汉理工大学智能交通系统研究中心 | 430063 | 武汉市武昌区和平大道 1040 号 125 信箱 | 027-86582280 | its.whut.edu.cn/its_new/index.html |
| 73 | 西南交通大学 | 610031 | 四川成都二环路北一段 111 号 | 028-87600213 | www.swjtu.edu.cn |
| 74 | 湘潭电机股份有限公司 | 411101 | 湖南省湘潭市下摄司街 302 号 | 0732-8596678 | www.xemw.com |
| 75 | 浙江华立科技股份有限公司 | 310023 | 杭州市余杭区五常华立科技园 | 0571-89300333 | www.holleykj.com |
| 76 | 浙江中控电子技术有限公司 | 310053 | 杭州市滨江区六和路 309 号中控科技园 | 0571-81118832 | www.supconet.com |
| 77 | 中国北方机车车辆工业集团公司 | 100078 | 北京市丰台区方城园 1 区 15 号中国北车大厦 | 010-52608076 | www.cnrgc.com |
| 78 | 中国城市规划设计研究院 | 100037 | 北京市三里河 9 号 | 010-58323101 | www.caupd.com |
| 79 | 中国第一汽车集团公司技术中心 | 130011 | 长春市创业大街 1063 号 | 0431-85788113 | |
| 80 | 中国电信股份有限公司北京研究院 | 100035 | 北京市西城区西直门内大街 118 号 509 室 | 010-58552036 | |
| 81 | 中国交通信息产业杂志社 | 100101 | 北京亚运村汇欣大厦 A 座五层 | 010-84990502 | www.chinaits.cn |
| 82 | 中国民用航空总局空中交通管理局 | 100022 | 朝阳区东三环中路 12 号 | 010-87786732 | www.atmb.net.cn |
| 83 | 中国南方机车车辆工业集团公司 | 100036 | 北京市海淀区西四环中路 16 号院 5 号楼 | 010-51862018 | www.csrlc.com.cn |
| 84 | 中国汽车工程研究院有限公司 | 400039 | 重庆市九龙坡陈家坪朝田村 101 号 | 010-63324126 | www.caeri.com.cn |
| 85 | 中国汽车技术研究中心 | 300162 | 天津市河东区程林庄道天山路口 | 022-84771621 | www.catarc.ac.cn |
| 86 | 中国人民解放军军事交通学院 | 300161 | 天津市河东区东局子 1 号 | 022-84657958 | |

（续表）

| 序号 | 单位名称 | 邮编 | 通信地址 | 电话 | 网址 |
|---|---|---|---|---|---|
| 87 | 中国铁道科学研究院 | 100081 | 北京市海淀区大柳树路 2 号 | 01051893204 | www.rails.com.cn |
| 88 | 中国铁路通信信号集团公司 | 100071 | 北京市丰台区西四环南路乙 49 号 | 010-51844283 | www.crsc.cn |
| 89 | 中山大学 | 510275 | 广州市海珠区新港西路 135 号中山大学东北区 312 栋 | 020-84112683 | its@mail.sysu.edu.cn |
| 90 | 中铁电气化局集团有限公司 | 100036 | 北京市万寿路南口金家村 1 号院 | 010-51846566 | www.eeb.cn |
| 91 | 中铁信息工程集团有限公司 | 100044 | 北京市海淀区首体南路 22 号国兴大厦 8 层 | 010-88355963 | www.sinorail.com |
| 92 | 中通客车控股股份有限公司 | 252000 | 山东省聊城市建设东路 10 号 | 0635-8322139 | www.zhongtong.com |
| 93 | 中咨泰克交通工程有限公司 | 100083 | 北京北四环中路 229 号海泰大厦 8 层 | 010-51726005 | www.techhighway.com.cn |
| 94 | 重庆长安汽车股份有限公司 | 401120 | 重庆渝北区双凤桥空港大道 589 号 | 023-67921021 | www.changan.com.cn |
| 95 | 安徽科力信息产业有限责任公司 | 230088 | 中国安徽合肥黄山路 628 号 | 0551-5325207 | www.ahkeli.com |
| 96 | 北京千方科技集团有限公司 | 100191 | 北京市海淀区学院路 39 号 北航唯实大厦 9 层 | 010-51691655 | www.techfront.com.cn |
| 97 | 北京华大智宝电子系统有限公司 | 100015 | 北京朝阳区高家园 1 号 | 010-51661577 | www.bhz.com.cn |
| 98 | 北京嘉捷博大汽车节能技术有限公司 | 100176 | 北京经济技术开发区西环南路 26 号院 22 号楼 | 010-67817676 | www.chargebroad.com |
| 99 | 北京日立北工大信息系统有限公司 | 100022 | 北京市朝阳区南磨房路 37 号华腾北搪商务大厦 401 室 | 010-51908103 | www.hbis.com.cn |
| 100 | 北京邮电大学（计算机学院） | 100876 | 北京市海淀区西土城路 10 号 | 010-62282222 | www.bupt.edu.cn |
| 101 | 广东省电子技术研究所 | 510630 | 广州市天河区中山大道西 61-65 号 | 020-85514380 | www.geri.com.cn |
| 102 | 广州易联软件有限公司 | 510640 | 广州市天河区五山路金颖大厦 912-914 室 001 号 | 020-38319061 | www.yiliansoft.com |
| 103 | 河北省高速公路管理局 | 50051 | 石家庄市工农路 519 号 |  | www.hbgs.com.cn |
| 104 | 华北高速公路股份有限公司 | 100176 | 北京经济技术开发区狮北路 9 号 | 010-58021166 | www.hbgsgl.com.cn/ |
| 105 | 青岛海尔软件有限公司 | 266071 | 青岛市青大一路 19 号 11 层 | 0532-88038120 | www.haiersoft.com.cn |
| 106 | 厦门高校电子信息技术有限公司 | 361008 | 厦门市思明区软件园二期望海路 17 号 301 | 0592-2952802 | www.uni-creative.com |
| 107 | 上海安盾电子有限公司 | 200030 | 上海市文定路 221 号青之旅大酒店商务楼 8A-B-C 座 | 021-64697213 | www.cse800.com |
| 108 | 上海市城市综合交通规划研究所 | 200040 | 上海市铜仁路 331 号 11 楼 | 021-62890117 | www.scctpi.gov.cn |
| 109 | 上海展博软件科技发展有限公司 | 200235 | 上海市徐汇区沪闵路 9505 号 B 栋 401 室 | 021-61213168 | www.ddnav.com |

（续表）

| 序号 | 单位名称 | 邮编 | 通信地址 | 电话 | 网址 |
|---|---|---|---|---|---|
| 110 | 上海智合电子科技有限公司 | 200235 | 上海市中山西路 1919 号 B 座 411 | 021-54992219 | www.zhiheits.com |
| 111 | 深圳市航盛电子股份有限公司 | 518103 | 广东深圳市宝安区福永和平村福园一路航盛工业园技术中心 | 0755-29776783 | www.hangsheng.com.cn |
| 112 | 深圳市中盟科技股份有限公司 | 518057 | 深圳市南山区海德三道天利中央商务广场 C 座 30 楼 | 0755-26743399 | www.unihz.com |
| 113 | 沈阳聚德视频技术有限公司 | 110179 | 沈阳市浑南新区高歌路 2 号第立信息园 B 座 515 室 | 024-23921699 | www.godjupiter.com |
| 114 | 宜高美信息服务（成都）有限公司 | 610041 | 成都市高新区天府软件园 B2 号楼 108、109 室 | 028-85491046 | www.ygomi.com |
| 115 | 山东铭豪科技有限公司 | 250011 | 山东省济南市济大路舜玉花园 7-102 室 | 0531-86922111 | |
| 116 | 北京握奇智能科技有限公司 | 100015 | 北京市朝阳区首都机场路万红西街 2 号燕东商务花园 | 010-64722288 | www.watchdata.com |
| 117 | 上海遥薇实业有限公司 | 200433 | 上海市杨浦区黄兴路 1675 号五角场科技大厦 4 楼 | 021-39199523 | www.yaowei.com |
| 118 | 智能交通网 | 100142 | 北京市海淀区阜成路甲 28 号新知大厦 1826 | 010-88893800 | www.21its.com |
| 119 | 南京多伦科技有限公司 | 211112 | 南京市江宁区科学园天印大道 1555 号 | 025-52168888 | www.doron.com.cn |
| 120 | 博世汽车部件（苏州）有限公司 | 215024 | 苏州市工业园区星龙街 455 号 | 0512-67676131 | www.bosch.com.cn |
| 121 | 东莞市华兰海电子有限公司 | 523136 | 广东省东莞市麻涌镇大盛工业园 | 0769-88236550 | www.hualanhai.com/www.chinesesensor.com |
| 122 | 北京交大科技孵化器有限公司 | 100044 | 北京市海淀区高梁桥斜街 44 号一区科教楼 1006 室 | 010-51686441 | www.jdsp.com.cn |
| 123 | 上海慧昌智能交通系统有限公司 | 200233 | 上海市徐汇区桂平路 555 号 45 号楼 | 021-64857700 | www.its-huichang.com.cn |
| 124 | 上海经达实业发展有限公司 | 200031 | 上海市建国西路 285 号科投大厦 11 层 | 021-64452140 | www.sssjd.com |
| 125 | 中国软件评测中心 | 100048 | 北京市海淀区紫竹院路 66 号赛迪大厦 12 层 | 010-88559301 | www.cstc.org.cn |
| 126 | 惠州亿纬锂能股份有限公司 | 516006 | 广州省惠州市仲恺高新区亿纬工业园 | 0752-2610503 | www.evebattery.com |
| 127 | 杭州立讯科技有限公司 | 310005 | 杭州市莫干山路 256 号墅园大楼 6 楼 | 0571-88826959 | www.lsun.cn/ |
| 128 | 广州市埃特斯通信设备有限公司 | 511356 | 广东省广州市萝岗区永和经济开发区华峰路 5 号 | 020-32225030 | www.artc.com.cn |
| 129 | 无锡物联网产业研究院 | 214135 | 江苏省无锡市震泽路 18 号 | 0510-81156953 | www.wsn.cn |
| 130 | 中国移动通信集团辽宁有限公司 | 110179 | 中国辽宁沈阳市浑南新区新隆街 6 号 | 13889888988 | www.ln.chinamobile.com/ |
| 131 | 深圳市易行网交通科技有限公司 | 518040 | 深圳市福田区车公庙福安大厦三楼 | 0755-83135079 | www.e511.com |

（续表）

| 序号 | 单位名称 | 邮编 | 通信地址 | 电话 | 网址 |
|---|---|---|---|---|---|
| 132 | 四川省集创科技有限责任公司 | 610000 | 成都市青羊区西华门街 17 号天府中心 1012 | 028-86639999 | www.sccist.com.cn |
| 133 | 深圳市华路德电子技术开发有限公司 | 518040 | 深圳市福田区车公工业区泰然九路 21 皇冠小区三栋 C 入口三楼 | 0755-83266032 | www.horoad.com.cn |
| 134 | 四川川大智胜软件股份有限公司 | 610045 | 成都市武科东一路七号 | 028-85372612 | www.wisesoft.com.cn |
| 135 | 安徽汉高信息科技有限公司 | 230088 | 安徽省合肥市高新区天达路 71 号华亿科学园 E1 座 302/402 | 0551-5397930 | www.highwayits.com.cn |
| 136 | 山东云锦成智能科技有限公司 | 257000 | 山东省东营市东营区西五路 765 号（西五路与黄河路交汇处向南 500 米路东） | 0546-7777765 | |
| 137 | 哈尔滨优先泊车管理有限公司 | 150036 | 黑龙江省哈尔滨市司徒街 101 号 | 0451-82723455 | www.hrbyouxian.com |
| 138 | 北京文通科技有限公司 | 100190 | 北京市海淀区北四环西路 9 号银谷大厦 1609 | 010-62800286 | www.wintone.com.cn |
| 139 | 上海惠为信息技术有限公司 | 200135 | 上海市浦东新区沈家弄路 770 号 313 | 021-68559970 | www.huiway.com |
| 140 | 上海鸿与智实业有限公司 | 200070 | 上海市秣陵路 355 号铁路大厦 3 层 | 021-51013727 | www.hnzmedia.com |
| 141 | 爱立信（中国）通信有限公司 | 100102 | 北京市朝阳区利泽路东街 5 号爱立信大厦 | 010-84769110 | www.ericsson.com |
| 142 | 北方工业大学 | 100144 | 北京市石景山晋元庄路 5 号 | 010-88802226 | www.ncut.edu.cn |
| 143 | 固力保安全系统（中国）有限公司 | 200021 | 上海淮海中路 222 号力宝广场 1802-1803 单元 | 021-54662978 | www.gunnebo.com |
| 144 | 石家庄优创科技股份有限公司 | 050000 | 石家庄市新华路 159 号华泰家园都市名苑 E 座 | 0311-85271030 | www.uchuang.com |
| 145 | 万达信息股份有限公司 | 201112 | 上海市联航路 1518 号 | 021-24178888 | www.wondersgroup.com |
| 146 | 北京远特科技有限公司 | 100025 | 北京朝阳区东四环北路 88 号院甲 8 号楼 | 010-52820999 | www.chinatsp.com |
| 147 | 青岛依鲁光电显示有限公司 | 266108 | 青岛市城阳区青威路南头流亭立交桥北 | 0532-89087078 | www.qdel.cn |
| 148 | 北京易华录信息技术股份有限公司 | 100043 | 北京市石景山区阜石路 165 号中国华录大厦 | 010-52281134 | www.ehualu.com |

# 反侵权盗版声明